景泰帝朱祁钰

景泰帝第二位皇后肃孝杭皇后

据说这是景泰帝的另一幅画像

明英宗衮龙袍全身像

明英宗正妻孝庄钱皇后

正统皇帝正妻钱皇后

景泰陵1

景泰陵2

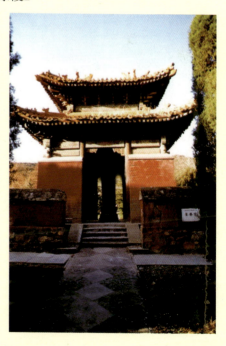

景泰陵3

景泰陵4

景泰陵5

景泰陵6

景泰陵7

景泰陵8

景泰陵9

景泰陵全景

景泰陵近景

景泰朝内阁阁臣商辂

正统帝"父师"、大珰王振像

明英宗复辟后对"父师"王振念念不忘,立碑于北京净化寺内以示纪念

夺门之变第一号"功臣"石亨画像

天顺朝首席阁臣李贤像

天顺朝由李贤、彭时主编的
《大明一统志》

浙江人民出版社出版的明代孙高亮
撰写的《于谦全传》

大明帝国系列⑬
The Great Ming Empire XIII

景泰、天顺帝卷（上）

Transitional Period of Competent Emperor Zhu Qiyu and Incompetent Emperor Zhu Qizhen (Volume 1)

马渭源 著
Ma Weiyuan

东南大学出版社
SOUTHEAST UNIVERSITY PRESS

图书在版编目(CIP)数据

大明帝国.景泰、天顺帝卷：全2册/马渭源著.
—南京：东南大学出版社，2016.5
 ISBN 978-7-5641-6466-9

 Ⅰ.①大… Ⅱ.①马… Ⅲ.①中国历史－研究－明代
Ⅳ.①K248.07

中国版本图书馆 CIP 数据核字(2016)第 086701 号

景泰、天顺帝卷 上

出版发行：东南大学出版社
出 版 人：江建中
责任编辑：谷 宁 马 伟
社　　址：南京市四牌楼2号(邮编　210096)
经　　销：全国各地新华书店
印　　刷：南京玉河印刷厂
版　　次：2016年5月第1版
印　　次：2016年5月第1次印刷
开　　本：890mm×1240mm　1/32
印　　张：18.375　彩插8页
字　　数：520千
书　　号：ISBN 978-7-5641-6466-9
定　　价：49.00元(上、下卷)

(若有印装质量问题，请直接与营销部联系，电话：025-83791830)

序　言

马渭源教授的最新著作《大明帝国》系列之⑪~⑭《正统、景泰帝卷》(上、下)和《景泰、天顺帝卷》(上、下)就要出版了,他邀我作序。其实马教授太谦虚了,他自己早已是国内外著名的明清史专家,经常在南京电视台、南京广电、江苏电视台、安徽电视台、中央电视台和福建宁德网等中国国内公共媒体上担任历史文化讲座的主讲人和电视节目的特邀嘉宾,他的两大系列著作《大明帝国》(至今为止出版了14卷)和《大明风云》(至今为止出版了8卷)则更是深受广大读者的喜爱。据说有一次在上海展览馆举办他的签名售书活动,原定活动时间为半小时,结果因为读者太多了,主办方不得不延长了一个小时,但还是未能满足广大读者的需求。最近有朋友告诉我,国内外有名的网络运营商如亚马逊、中国移动、苏宁易购等都与马教授签订了电子书出版合同,广大读者(尤其是年轻人)只要按按手机上的键钮就能轻松阅读他的著作。

更令人欣喜的是,自2010年前后起,马教授应邀前往马来西亚和美国等国家,作《大明帝国兴亡300年》《破解大明第一谜案》等学术讲座。对此,美国《世界日报》《星岛日报》和《侨报》等海外新闻媒体以"著名明史专家马渭源来美做讲座　受众反应热烈"等为题分别做了专门的报道。稍后,中国媒体称马渭源教授为"第一位走上美国讲坛的明史专家"。2015年4月,马教授再次接受美国China Institute in America和美国中文电视台Sinovision的邀请,作《大明五大谜案》和《大明帝国探秘》等学术讲座。而马教授的大作《大明帝国》系列与《大明风云》系列自问世后,也深受海内外读者朋友的喜欢;最令人兴奋的是,它们还被哥伦比亚大学、普林斯顿大学、哈佛大学、斯坦福大学等世界一流的高等学府和美国国会图书馆、澳大利亚国家图书馆等西方诸国国家图书馆所收藏。不仅如此,这些世界一流的高等学府中的历史学教授或致信马教授以示祝贺，或向他发出了讲学的邀请。就连当代美国著名历史学家、夏威夷大学和匹兹堡大学名誉教授、海外国学大师许倬云先生也对马教授的明史系列著作予以了充分的肯定和高度的赞扬。由此，我们不难看出马教授的影响力是何等之大！

一个学者能将历史研究学问做到这样，实属不易。在我看来，马教授之所以能取得如此的成就和拥有这样的影响力，其原因恐怕不外乎以下几个方面（由于《大明帝国》系列其他几卷皆有序了，以下就以本次出版的《正统、景泰帝卷》和《景泰、天顺帝卷》为例）：

第一，从原始史料入手，扎扎实实地进行研究，客观公正地撰写明史，决不人云亦云。

研究历史在一些人看来，无非是看看几本书，讲讲历史故事。其实不然。俗话说得好，外行看热闹，内行看门道。长期以来，元、明、清历史研究中，政治化味道似乎过于浓烈，中国封建社会后期这600余年中唯一正宗的传统王朝就是大明王朝，元、清都是由少数民族政权演化而来的，且带有较为浓烈的民族压迫和民族歧视之色彩。但出于现实政治的需要或利益得失的考虑，现在有些人往往不能实事求是地研究历史、还原历史和诠释历史，而是盲目地拔高元、清两朝。相反对于这其中唯一正宗的传统王朝——明朝则予以极度的歪曲，将它描绘得一团漆黑，好像除了明初"二祖"外，几乎乏善可陈。于是在一些人眼里，明代历史成了可以任意扭曲的"丑八怪"。最为典型的事例，有关明朝历史的书籍连个正儿八经的名字也没有，什么"野兽皇帝"、什么"明朝××事"、什么"明朝××的几张皮"，等等，这就造成了在一般人的心目中，明史是一团糟。更为糟糕的是，一些所谓的"明清史专家"或言权位高势能者到处赶场，左右逢源，对于地方上随时冒出的所谓"旅游历史文化资源"暗送秋波，在赚得盆满钵满时，自己来个华丽转身，留下的是让人越想越糊涂、越想越觉得明朝不就是"那些事"。于是，理性的人们开始不断地对其质疑，甚至唾弃。

再看马渭源教授自2008年首次推出他的《大明帝国：从南京到北京》系列后，虽然也受邀到各地去传播中国传统文化，但他几乎每一两年都有严谨的明史新作问世，且影响不断在扩大。那么马教授这些严谨的历史著作是如何产生的？在我个人看来，首先是他阅读了大量的历史文献,立足于可信的史料。那么什么是可信的史料？相对于笔记和野史,正史要可靠些,用马教授曾经跟我说过的话来讲,就是以正史为经,以野史和笔记为纬,相互参照,然后做出一定的历史判断,再用通俗的现代汉语表达出来。从目前马教授已经推出的《大明帝国：从南京到北京》系列6册、《大明帝国》系列14册和《大明风云》系列8册来看,其处处可见史料之出处,甚至在很多时候还有史料之甄别,这就在真正意义上做到了述史严谨,有根有据,绝不戏说、胡说。

就拿本次出版的《正统、景泰帝卷》和《景泰、天顺帝卷》来说,其主要阐述的是大明帝国由盛转衰的非常历史过程。那么明朝在经历了自洪武开国到"仁宣之治"70余年的发展后,为什么到了正统帝践祚亲政之际会发生急剧的转折？这里边既有明英宗亲政后的举措失当、宦官干政等一系列新问题,又有历史积弊在起惯性作用的因素。

正统初元,冲龄即位的明英宗基本上是个缺少独立意志的娃娃,当时朝廷政治主要是由杨士奇、杨荣、杨溥、胡濙和张辅等五大臣主持着,其后台支持者就是历经明初数朝风浪的仁宗皇帝的皇后张皇太后。而就在这样的历史当口,已经运转了70余年的大明帝国原有机制不断地出现问题,这就需要当时的帝国最高统治者适度地调整统治政策。可无论是主持朝廷日常事务的"三杨"、胡濙和张辅,还是帝国最高权力——皇权临时代行者张皇太后,他们既没有魄力也没有精力来及时正视这样的现实,而是继续沿袭大明黄金时代"仁宣之治"的治国理政方针而行。这样的做法在相当程度上赓续了大明帝国"盛世之治"的大好形势,马教授在本书的开篇第1章中将其概括为"初元循规　盛世余晖"。

在这个章节里,马教授首先提出了"内外除弊,正统更新"的历史新概念,随即他通过"节省开支　裁抑冗费""蠲免赋役　赈济饥荒""纠偏补漏　关爱民生　恢复生产　发展经济""重视社会多层面教化,添设提调学校官员——明清提督学政制度自始而立"和"兴廉惩贪　整顿吏治"等6个方面展开论述,而后他又考察了《明史》对该段历史的概述："英宗(践祚之初)承仁、宣之业,海内富庶,朝野清晏"(《明史·英宗后纪》卷12),发现其还算客观、公正。诚然,正统初元"盛世余晖"之功从严格意义上来讲，是不能只记在正统帝朱祁镇头上的，同样那时积聚已久的历史遗患也不能全让一个乳臭未干的小娃娃来承担，时代呼唤着一个既能乾纲独断又能把握准全局形势的皇帝出来除旧布新，继往开来。

再看那时即位的正统帝，自来到这个世上起，朱祁镇就享受到了万千之爱，他诞生于大明帝国的第一家庭，虽然不知生母为谁，但名义上的生母和嫡母合二为一，父亲为帝国权力金字塔的巅峰人物，由这样家庭背景造就出来的皇储自幼年和童年时代起便高高在上，目空一切。据史料记载，明宣宗曾将幼儿朱祁镇抱在膝上，问他："他日为天子，能令天下太平乎？"朱祁镇吐口而出："能！"又问："有干国之纪者，敢亲总六师往正其罪乎？"朱祁镇回答："敢！"明代史官描述娃娃皇储"答应之际，音响洪亮，神采英毅，无所疑虑"（《明英宗实录》卷一）。这似乎是正面的刻画。不过在今人看来，他更像是个胆大鲁莽、不计后果的雏形愚夫和狂人。而后来的史实恰恰证明，朱祁镇就是个妄自尊大的愚夫庸君。

说他是愚夫庸君，这是以明朝前期列帝总体之势而言的。正统帝虽然长得一表人才，但实际智商与情商并不高。在父亲早亡的情况下，他对宫廷大珰"王先生"王振言听计从，在有意和无意之间纵容了明廷宦官势力的坐大，以至于在他亲政后不久，大明历史上首次出现了宦官干政的不堪情势。而正统帝本人却对此浑然不觉。恰恰相反，在大珰"王先生"的诱导下，朱祁镇不切实际、不自量力地做着一代"盛世之君"的白日梦：他五次发动远征麓川之役，"连岁兴兵，军需所费万万不可计"，弄得"东南搔扰，军民罢弊"，"兵连祸结"（【明】李贤：《古穰杂录摘抄》）；他拒绝还都南京，下令重修北京明皇宫三大殿、两大宫……梦想就此便能将父祖辈开创的"盛世之治"推向了极致的境地。殊不知因此而大大地耗损了大明的国力，劳民伤财，加剧了正统危机。（详见马渭源教授的《大明帝国》系列之⑪《正统、景泰帝卷》的第2章"少帝错爱　阉竖大害"）

正统危机并不是一开始就严重，而是在朱祁镇当政后，大明朝廷措置不当而使之逐渐加剧的。不过公正地说，小皇帝朱祁镇即位当政的时机不算好。据马教授考证：自宣德末正统初起，自然灾害特别频繁地光顾大明帝国。科技史学界很早起就关注到太阳黑子的活动与地球上自然灾害之间的关系。一般来说,在太阳黑子活动频繁的年份里,地球上的自然灾害就特别多。马教授从《明实录》入手,考察了明朝前期近100年间的气候变化,发现正统14年间共有6次太阳黑子出没的记载,景泰8年间也有6次记载,天顺8年间有2次记载。而在这以前,洪武31年间只有2次记载,永乐22年间没有记载,洪熙1年间有1次记载,宣德10年间有2次记载。换句话来说,在明朝前期近100年历史中,正统、景泰时期是太阳黑子出没最多的时候,也是特别寒冷天气或言极端气候、灾异事件最为频现的时期。那时自然灾害特别多,为此马教授专门制作了《正统元年至正统十四年各地大自然灾害情况简表》,在此基础上他随即做了归纳和总结:"正统时期各地水涝、亢旱、蝗螟和大雨雹等灾害特别多,无论是大江南北还是黄河流域,大明帝国没有一个地方是太平安宁的。"(详见马教授的《大明帝国》系列之⑫《正统、景泰帝卷》第3章"积弊交集 正统危机")

面对如此严峻的形势,正统帝所采取的应对举措是遣官抚定、蠲免赋役、恢复生产。与明朝后期的混账皇帝相比,朱祁镇算得上是有所作为的。但正统帝的这种有所作为所产生的积极效用相当有限,除了治标和应急外,并没有从根本上消弭社会危机的渊薮。面对造成"地荒民逃"的人祸因素:藩府宗室、宫廷宦官近侍与勋旧贵戚对土地资源的巧取豪夺和权贵势豪耍奸使滑将赋役"飞洒""诡寄"给小民百姓,正统帝除了下发一些敕令戒谕,予以严禁外,几乎别无其他作为和应对良策,由此使得大明帝国"身不由己"地步入了流民聚集发展、社会危机日益加剧的境地,而民逃地荒也就越来越成为困扰当时正统君臣的一大难题。

就在正统朝民逃地荒之势日趋严峻之际,东南多地又发生了民众起义,其中在浙江有叶宗留领导的失业矿徒起义、再有福建爆发了邓茂七领导的农民起义、在广东有黄萧养领导的底层民众起义,等等。虽然这些起义大多数在正统帝当政时被镇压了下去,但同样也表明了大明帝国就此进入了由盛转衰的社会不安宁时代。(详见马教授的《大明帝国》系列之⑫《正统、景泰帝卷》第3章"积弊交集 正统危机")

帝国社会不安宁,大明朝廷上下理应同心同德,励精图治。可事实恰恰相反,为了树立自己少年天子的绝对权威,朱祁镇自登极起就在"王先生"的诱导下,先后以懈怠、蒙蔽、漠视、欺罔不恭等各种罪名借口,将犯有轻度过失或有微不足道之失的兵部尚书王骥和右侍郎邝埜、礼部尚书胡濙、户部尚书刘中敷和右侍郎吴玺、刑部尚书魏源和侍郎何文渊等一批又一批的朝廷大臣送进了大牢,其中老臣胡濙和魏源、何文渊等还曾"二进宫"。少年正统帝的这般做法,后人曾概括其为"用重典御下,防大臣欺蔽"(【清】谷应泰:《明史纪事本末·王振用事》卷29)。殊不知如此作为给当时的大明朝廷政治造成了极度的尴尬:一方面法网森严,动辄得咎;另一方面正统帝"父师"大珰王振狐假虎威,口含天宪,胡作非为。最为极端的例子是,就在学生皇帝朱祁镇的眼皮底下,王振指使爪牙马顺对逆鳞进谏(实为痛斥王振擅权)的直臣、大明皇家秘书刘球来个极端恐怖杀戮和残忍肢解,由此也就使得当时的朝廷上下噤若寒蝉、离心离德。而正是在这样的不堪情势下,年少轻狂的正统帝又不顾"军官腐败 武备大坏"的军事现状,相继发动了一系列的南北平乱战争(详见马教授的《大明帝国》系列之⑫《正统、景泰帝卷》第3章"积弊交集 正统危机")。其中影响最大的当数正统十四年七月,他亲率50万大军远征蒙古瓦剌。

　　皇帝亲征本无可厚非,但正统帝的这次北行亲征恰恰是在经过70余年兴盛发展后大明帝国步入了空前危机之际:自然灾害频仍,经济大衰退;豪强兼并,流民成堆;各地动乱不断,社会危机严重;朝廷政治紊乱,宦官擅权;军官腐败,慵懒怕死;军士逃亡,武备大坏……马教授用了三章的篇幅,通过一系列的多层面研究、考察与分析,将正统帝御驾亲征前的不堪局面活脱脱地展示在大家的眼前,试想这样的御驾亲征队伍能打胜仗吗?所以从某种程度上来说,即使没有土木堡之变,大明帝国在情商和智商都不高的朱祁镇治理下也会由盛转衰(详见马教授的《大明帝国》系列之⑫《正统、景泰帝卷》第4章"土木被俘 明朝大辱")。再看当今某些"名家"在"××讲坛"上一拍脑袋信口开河地说道:"要不是由于宫廷大珰王振的误导,大明天子正统皇帝就不会成为蒙古瓦剌的俘虏,明朝也不会由盛转衰。"这是何等的肤浅啊!我不知道这位"名家"怎么会得出这个结论的?又不知道他有何依据?

大凡学过明清史的人都知道,明代开始,君主专制主义达到了登峰造极的地步。正统时期王振擅权确实是不假,但那时的宫廷奴才远比不上汉唐时代的了,他们充其量是短时间窃取、僭用皇权,而从根本上来讲,皇帝还是掌控了一切。所以说,要将明朝由盛转衰和皇帝被俘之责的板子打在一个刑余之人的身上,不就应了数千年来一直流传的一个腐论:皇帝永远是没错的,坏事就坏在皇帝身边的奸人身上,这是何等之荒唐!反观马渭源教授在书中专列一章"少帝错爱 阉竖大害",将历史之责首先锁定在正统帝朱祁镇身上,其次才是宫廷大珰王振等,这是极富见地的,也吻合当时的历史实际,说理透彻,有根有据。

这就是我要讲的马教授取得巨大研究成就和拥有极大影响力的第一方面缘由。

第二,《大明帝国》与《大明风云》两大系列全景式地展示了明代历史实际,环环相扣,引人入胜,马教授正在撰写的是全新明代史。

全新明代史,这是何等巨型工程?说到巨型工程,我们社会中的许多人往往会十分激动。原本需要3年工期的哈尔滨阳明滩大桥最后仅用18个月就完成了建设,可使用后不久就发生了断裂事故;曾获得"国家科学科技进步奖"和"中国建筑工程鲁班奖"的安徽铜陵长江公路大桥也在交付使用后不多时垮塌了;耗资87亿元的甘肃天定高速公路在建设后的80天全面返工……(《现代著名的豆腐渣工程巡展》,2011年12月17日《中华网论坛》)

与不断"做大做强"的巨型建设工程相比,我们的教育文化科技巨型工程也在迎头赶上。各地高校不断升级扩大,就连原本的中专学校也摇身一变挤入了大学的行列,更别提那高校和研究机构对教师和科研人员每年论文发表的数量要求了,你追我赶,数量越来越大,已经大到了十分吓人的地步。为了应付行政长官们的主观意志要求,我们的高校和研究机构中的教师、科研人员自有一套聪明的做法。听说有高校老师一年内居然能发表30多篇论文,这是何等样的速度和规模啊,实在让人"望文兴叹"。更奇葩的事情是还要与"国际接轨"。怎么与国际接轨?各校各科研单位自有一套政策,大致是你要晋升职称什么的,就必须要到欧美等西方国家去"进修"和"学习"一番。有人说:我研究的是国学,也要出去"接轨"?对,研究国学的也必须出去"接轨"!于是研究古代汉语的、研究中医的以及研究中国古代史的,统统被逼了出去。那到哪里去"进修""学习"和"接轨"呢?这行政长官可管不了了。

诚然,外国人研究中国学的视觉独特,值得我们学习。但我们的学习完全可以通过阅读他们的论著与研究成果,大可不必非要跑到他们那边去专门学呀!再说那些研究中国学的外国人可能连我们的古文都读不懂,我就不信他们研究中国国学一定会比中国本土人士强!

姑且暂不再细说这些,我们来看看,当下教育文化科技领域内的如此与国际接轨和不断地做大做强到底有着怎样的成果和国际认可呢?最近《中国社会科学网》转载了《光明日报》上这样的一则消息:"2015年3月份,英国BMC出版社撤回43篇论文,其中有41篇出自中国学者之手。8月份,全球著名的学术期刊出版集团斯普林格也撤回旗下10个学术期刊已发表的64篇论文,而这些文章也是全部来自中国。紧接着,10月份,爱思唯尔出版集团撤销中国9篇论文。"(《中国学术界遭遇第三次撤稿风波 揭秘事件背后罪魁祸首》,2015年11月16日《中国社会科学网》)由此看来,那些身居海外的外国同道们尽管是"老外",但他们还是有着道中的良知与"觉悟",也分得出真货与赝品。

大约在两年前,中央级大报《光明日报》曾刊载一文,其中说道:"世界上SCI检索影响力较大的2000种期刊中,中国期刊只有5种;排在本学科前3位的世界顶级期刊中,没有一本中国期刊。"(《光明日报》2013年11月30日第7版"科教文新闻")

与此相类或者说更不尽如人意的是,我国虽是当今世界上头号出版大国,但中国出版的各类专著为西方国家收藏的却不到20%,社科类不到10%,历史类更是凤毛麟角。

而马渭源教授撰写的《大明帝国》和《大明风云》等系列著作能被那么多的世界一流高等学府和美、澳等西方国家图书馆所收藏,拥有那么大的影响,这实在是不容易!马教授的著作拥有如此大的影响除了前面我讲的第一方面缘由外,还有一个重要方面的因素,那就是他立足于当时历史实际,扎扎实实地研究,以全景式展示新的明代史。无论是《大明帝国》系列还是《大明风云》系列,如果仅从每册的书名来看,似乎其为传统的帝皇历史传记。但就实际而言,它们都一一阐述了不同帝皇时期的政治、经济、文化、思想、教育、军事和社会等各个层面的内涵,因此说马教授的两大系列著作实际上就是全景式新明代史。

就以本次出版的《正统、景泰帝卷》和《景泰、天顺帝卷》为例,正统—景泰—天顺年间是明朝由盛转衰的非常关键时期,但长期以来研究明史的人基本上都对此泛泛而谈,什么正统帝上台后王振擅权耍奸,导致大明天子蒙尘北疆;什么景泰帝上台后虽然取得了北京保卫战的胜利,但随后他的治国也是弊政连连;什么天顺帝复辟夺位,虽未能扭转大明帝国下滑之势,但也无可过多指摘。那么历史真相到底如何?

马教授经过潜心研究后发现:在正统—景泰—天顺三朝30年间,虽说只有朱祁镇、朱祁钰两个皇帝当政,但他俩的理政指导思想与治国策略有着截然的不同,即使是同一个皇帝朱祁镇,在正统与天顺不同时期的治国思想也有很大的差异。为此,马教授将这非常关键的30年划分为四个不同的时期:第一个是"内外除弊 正统更新"的"盛世余晖"时期;第二个是"少帝错爱""积弊交集"的"正统危机"时代;第三个是"保家卫国""景泰中兴"时期;第四个是"夺门内乱"、反攻倒算和政变不断的"天顺遗患"时代。有关前两个时期马教授的新研究成果,我在前文中已做了概述,在此不再赘言。下面主要讲讲他对景泰时期历史研究的贡献。

景泰帝是明史研究中常被人忽视或轻视的一个重要历史人物。之所以如此,我想可能主要是因为好多人因袭了传统思维概念,抓住景泰帝的两个致命"软肋"不放:一个是废了皇兄朱祁镇长子朱见深的皇太子之位,立了自己的儿子朱见济为太子;另一个是他末年为了生育儿子而迎妓女李惜儿等入宫,由此人们往往将他归入历代昏君行列而不予重视。

但马渭源教授在阅读明代史料时却发现,景泰帝是个被人误读误解了的有为之君,因此在本次出版的著作中,他花了3个章节的篇幅专门阐述了景泰朝的历史,即第5章"保卫北京 拯救大明"、第6章"明朝转折 景泰大德"和第7章"上皇回京 景泰中兴",尤其是第 6、7 章专门论述"景泰中兴"问题,这是以往从来没人做过的。

他首先在第 5 章中由北京保卫战、击退蒙古瓦剌入侵之话题引入景泰朝廷适时提出的"国防至上 整军肃纲"的治国宗旨,随即高度评价景泰君臣喊出"社稷为重,君为轻"的口号为"时代呼唤",而后又做了进一步的分析和阐述:第一,大明上下必须以帝国利益为根本,保家卫国。"正因为有着这样理性的最高指示,大明北疆边将们才敢拒绝也先之诱惑,固守城池,进而一次次地挫败瓦剌军挟持明英宗诱占边城的阴谋,使得也先手中的'奇货'(明英宗)变成了'空质',最终也为明英宗的南还赢得了无法估量的砝码。"第二,"确立'社稷为重,君为轻'的救国指导思想,在皇帝被俘、北虏步步进逼的情势下,大明重新立了一个君主。原来高居云端的'九五之尊'并不那么神圣,专制君主不仅让人从神坛上揪了下来,而且还被'搁置'在塞外。由此自大明开国起就不断强化的绝对君主专制主义统治打开了缺口,人们的言行思想较前有了一定的自由,甚至一时出现了臧否皇帝的言论"。第三,"景泰朝廷确立'社稷为重'的救国指导思想,广开言路,号召人们:只要是利国利民的和能拯救大明的,任何人都应该直言无隐,都要向上积极进言,群策群力,保家卫国。这或许正是明朝中后期天下忧患意识的最早萌芽吧!"(详见马教授的《大明帝国》系列之⑬《景泰、天顺帝卷》第 6 章)

在上述三者中,特别是在第三个方面,马教授又花了极大的篇幅予以详述,尤其强调"景泰帝上台之初广开言路,实际上意味着明初立国起就实行的思想文化专制主义至此开始有着很大程度上的解禁。"(详见马教授的《大明帝国》系列之⑬《景泰、天顺帝卷》第 6 章)这就告诉了人们一个不同以往的新时代开启了——"景泰中兴"。

"景泰中兴"在中外史学界极少被人提及,更无人专门研究过。马教授在阅读了《明实录》等大量的第一手史料后发现了该问题,并颇为感慨地说道:"景泰中兴不知什么原因一直没被当代人们所发现,但它在历史上却真真切切地发生了。景泰朝最早提出'中兴'说法的是在正统十四年(1449)九月二十四日,这时朱祁钰登极称帝已有 18 天,距离土木之变近 40 天。"(详见马教授的《大明帝国》系列之⑬《景泰、天顺帝卷》第 6 章)随后他进行了大量的考察和研究,将"景泰中兴"的核心锁定在"富国强兵"上。而从景泰帝上台时非常时期的非常情势来讲,要想实现"富国强兵"(《明英宗实录》卷204、《废帝郕戾王附录》卷22)这个宏伟目标,大明朝廷在领导全国人民保家卫国的同时必须得改革军事,这就是马教授在第6章中详述的景泰朝"顺应时势,大兴募兵,组建团营,提高战斗力,揭开明代军事改革序幕"。随后从第7章开始,他在多个层面对"景泰中兴"分别做了研究与阐述:即在政治上,景泰朝廷"勇于纳谏,励精政治,为'中兴'大明创造良好政治氛围";在科举教育层面,景泰朝廷"改进科举制度,为'中兴'大明选拔与储备高素质官僚人才";在司法公平与社会安定层面,景泰朝廷"平反冤狱,明刑慎罚,为'中兴'大明创造和煦的政治、社会空间";在经济民生层面,景泰朝廷"安定民生,恢复、发展经济,为'中兴'大明打好坚实的经济基础";在国防军事层面,景泰朝廷"增加国防力量,平息南北武力之乱,编撰《寰宇通志》,强化帝国一统意识——为'中兴'大明创造良好的国家安全氛围,提升国威"。(详见马教授的《大明帝国》系列之⑬《景泰、天顺帝卷》第7章)

那么,这么多的"景泰中兴"举措实施下去的实际效果将是如何呢?马教授随即又在上述的每个层面上一一展开剖析。以经济与民生为例,他从明代官方史料中寻找依据,制作了《明仁宗、宣宗、英宗正统和代宗景泰时期主要经济数据表》,发现"国难战乱中上台的景泰帝在当政期间,除了户口数和田赋数比仁宣时期和正统时期稍稍减少外,大明帝国的人口数、田地数和主要经济作物棉花的收入数等方面不仅超过了正统朝,而且还超过了'黄金盛世'时代——仁宣时期。要知道景泰帝统治时期是明朝开国后百年史中太阳黑子出没最多的时候,也是特别寒冷天气或言极端气候、灾异事件最为频发时期,又是南北战乱频仍时代,能取得上述这样的经济成果,说明景泰帝是个不错的皇帝,他的'富国'举措行之有效,十分给力"。(详见马教授的《大明帝国》系列之⑬《景泰、天顺帝卷》第7章)

当然在政治、社会、思想、教育、科举、军事等其他层面也有类似的可喜之状,本次出版的论著都对其做了详细的阐述,在此我就不再一一说了。

总之,通过这样严谨、周密的考证,马教授不仅将一个被人扭曲了的景泰帝形象给恢复了历史的本来面目,而且还把他当政时的大明帝国之实际状况以全新的和全景式的面目展示给了世人。而这样的研究与阐述,在马教授先前出版的其他系列著作中早就有了,且一以贯之。

因此,在我看来,马教授的《大明帝国》与《大明风云》两大巨型工程性套书已不仅仅是传统的帝皇传纪系列,而是全景式和全新式的明代历史实际之再现。

马教授的历史研究既扎实可靠,又予人以耳目一新之感,难怪他的著作和讲座在海内外那么受欢迎。

第三,正确解读历史,敏感发现问题,纠正以往的认识偏差,传播历史文化正能量。

长期以来,对于历史上的人物与事件,我们社会当中的许多人不是存在固化概念,就是喜欢标新立异,哗众取宠,但又没有什么根据。明史研究领域何尝不是如此!

明英宗冲龄即位,懵懵懂懂当了十四五年皇帝,由于才识短缺,加上妄信奸佞阉竖王振,在正统末年他轻率地发动了御驾亲征,不料却给自己和大明帝国招来了几近灭顶之灾。而就在这样的关键时刻,皇弟郕王朱祁钰被推上了大位。朱祁钰一上台就依靠于谦为代表的一大批救时大臣,当机立断,挽狂澜于既倒、救国家于危亡,不仅取得了北京保卫战的胜利,打退了入侵之敌瓦剌的数次军事进攻,而且还迎回了俘虏皇帝明英宗,并开启了以"富国强兵"为宏伟目标的景泰"中兴"……

由此,我们不难发现,尽管同是大明第一人家的龙种子孙,但景泰帝要比他的皇兄明英宗强得多。然而,历史的无情恰恰就在这位被人误读了的有为之君当政末年,以石亨、曹吉祥和徐有贞为首的宵小之徒发动了宫廷政变,将被软禁在南宫中的明英宗捧上了大位,这就是明史中有名的"夺门之变"。对于夺门之变,一般历史研究者往往将其视为历史上常见的宫廷政变,甚至还有人把"成王败寇"的强盗逻辑理论引入其中,认为明英宗的复辟成功是历史之必然,也是人心所归。那么历史真相到底是不是这样?马渭源教授在研读了大量的史料后这样说道:"夺门之变是一场因皇位继承问题所引发又完全可以通过正常的、平和的方式加以解决而并不需要造成朝政混乱的政变。但宫廷政变者却权欲熏心,根本不顾国家大局和利益,丧心病狂地发动武力夺位,冤杀于谦等功臣忠良,废黜景帝,恢复朱祁镇君统……"(详见马教授的《大明帝国》系列之⑭《景泰、天顺帝卷》第9章开头)

那么,如此之说有何依据呢?马教授从明代宗朱祁钰易储招惹麻烦和景泰中兴"迷路"一一说起,指出在当时大明帝国内外形势已变的情况下,景泰帝却依然跟着感觉走,终致"中兴"大业和自己的帝位稳固大受影响。这里边既有景泰帝上台后没有对正统朝旧的人事来个全盘清理和整顿的因素,又有辅佐景泰帝进行中兴大明改革的朝廷领导集团内部成员之间的矛盾内耗的问题,当然最为主要的还是景泰帝对掌握军队实权的功臣勋旧之子孙和军中高官缺乏足够清醒的认识,尤其是对石亨、曹吉祥和徐有贞等宵小之徒没做防备,终致自己不知不觉地成了宫廷政变的牺牲品。(详见马教授的《大明帝国》系列之⑭《景泰、天顺帝卷》第8章)言语之间,马教授对正能量受打压、受摧残充满了惋惜和同情,而后他又从明英宗复辟后使用的年号"天顺"入手,客观地描述了天顺朝初年大加杀戮,朝纲紊乱,魑魅魍魉粉墨登场,招权纳贿,肆意胡为……一派不堪之景象,随即十分痛心地指出:"原本已有'中兴'起色的大明帝国经此折腾,再次走上了回头路。虽然在天顺中期,明英宗及时地清除了本可以避免的两场内乱,但几乎与之相随,政治恐怖,锦衣卫猖獗,宦官横行,皇庄多置,矿课恢复,流民云集……天顺,何以顺天?"(详见马教授的《大明帝国》系列之⑭《景泰、天顺帝卷》第9章)

敏感地发现问题,纠正以往的认识偏差,原来明英宗的复辟并不是什么历史上常见的宫廷政变,更不是历史的必然和人心所归,而是大明帝国社会的大倒退。

读到此,历史的正义感油然而生。

而就在这样的历史研究与论述中,马教授又考证了景泰帝与明英宗各自的身世及其相互之间的帝位衔接问题,发现两人实际上都是明宣宗的庶子,因此无论怎么说,景泰帝即位称帝完全是合理又合法——有当初明英宗被俘之时大明皇家第一女主子孙太后下达的懿旨为凭:"其命郕王即皇帝位,礼部具仪择日以闻。"(《明英宗实录》卷181)哪像是历来盛行的腐论那样:郕王朱祁钰是临时当政为帝的,在俘虏皇帝明英宗回还之后,他理应将帝位归还！由此再进一步地论述,景泰中晚期,在自家独苗苗朱见济夭折的情势下,景泰帝是恢复已被废黜了的皇兄长子朱见深为皇储,还是立别的宗藩王子为储君理应都是合法的,完全没有必要通过发动惊心动魄的宫廷政变来解决皇位继承问题——这就从当时通行的传统规制与法理层面上更加清楚地论证了夺门之变的非法性与反动性。而后马教授又通过大量的历史事实向人们展示了英宗复辟后的大明帝国颓废之状,这就进一步鞭挞了倒行逆施的天顺复辟和天顺政治,传播着历史文化的正能量。

第四,说事到位,通俗易懂,面向大众,雅俗共赏。

历史著作讲述的是过去的事情,由于年代的变迁,许多术语在历史上曾经很时髦,但今人或许根本不知道是怎么一回事了。还有一些历史上发生的事件有着特定的背景,倘若一般人去阅读当年的史料记载或许会感到困难,这就要求当代历史研究者在探寻真相基础上用现代语言将其叙述好。当今历史类的作品不是没有,前些年清宫戏盛行,连有些人的称呼也跟着变了,小女孩叫"格格",父亲叫"皇阿玛"。我们汉族人自古有自己的礼俗,何必要喜称别民族的？还有那书摊上俯拾皆是戏说历史、穿越小说,等等。在这等历史类题材作品中,编剧与作者要么将昔日杀人如麻的专制君主个个都变成了柔情似水和爱民如子的"仁君圣人",要么变成坏得不能再坏的历史垃圾。更有一些所谓的研究专家,一会儿说东,一会儿说西,历史在其嘴里真成了可以任意打扮的小女孩。甚至还有人将街头巷尾的民间传说直接串成了"论文",里边连一个史料引证和考据都没有,据说不仅能在某个所谓的"国际学术会议"上作为论文宣读,而且还为某学会某长所津津乐道——相互吹着捧着混呗,想来就不得不让有良知的人为其感到脸红。

我一直认为:历史研究与著述应该十分严谨,有一说一,实事求是,绝不能一拍脑袋来个胡说和戏说,这是历史研究者和文化工作者最起码的道德底线。而作为历史题材作品就应该有一种时代的责任,应该给我们的读者尤其是年轻人一种真实的、正确的历史观和社会文化道德观。

四五十年前,吾师云眉先生就是秉着时不待人的时代责任感和社会文化道德正能量，专心致志地从事《明史》考证这项巨型工程。按照眉师的心愿，这仅仅是第一步，接下来要做的就是重修《明史》。然天不假年，先生终未全部如愿。当我接到整理先生遗稿、继承先生未竟之业的通知时，顿感身上有千钧之重。阴差阳错的是，等我整理工作干得差不多时，又受命从事行政工作。幸好现在先生的第二代传人马渭源教授实际上已经接替了此项重任（2011年底，海内外眉师儿孙们云集一堂，经过反复研究、讨论，最后慎重做出决定：某为黄学第一代传人，马渭源教授与日本关西学院校长、国际明史专家阪仓笃秀教授为黄学第二代传人）。由此，我感到万分的欣慰。

马教授是历史专业研究生出身，20多年前的研究生可不像现在只学两年左右甚至更少，至少得学三年，因此其专业功底扎实，既熟悉古代史，又掌握古代汉语。这还是基础的基础，关键在于能在研读的基础上进行考疑，去伪存真。马教授曾多次跟我说：他每用一段史料都要翻翻黄先生的《明史考证》，以此作为指南，研究起来就方便多了。当然接下来的撰述也极为重要，由于时代的变迁和社会节奏的加快，大多数普通人已不可能去攻读那看似"天书"一般的古文了，这就要求我们的史学研究者用通俗的语言将历史研究成果流畅地表达出来，但绝不是戏说。通读马教授这近百万字的文稿，发现其内既故事连连，扣人心弦，又有张有弛，收放有度，说事到位，通俗易懂，雅俗共赏，且文笔优美，寓意深刻，读后令人深思。

另外，据我所知，自2007年受南京市委宣传部"市民学堂"邀请，主讲《大明帝国与古都南京》和《中国科举制》起，马渭源教授就深受广大普通民众的喜爱，其将中国科举制形象地比喻为"中国古代第五大发明"，立即被《南京日报》《金陵晚报》《现代快报》《扬子晚报》等国内外众多平面媒体和各大网站所转载和援引。之后他又受邀到江苏教育电视台、中央电视台、江苏电视总台、安徽电视台、福建宁德网等机构做了一系列的明清历史电视节目。而就在这个过程中，北京、四川、陕西、湖北、河北、山东、广东和安徽等省市相继将马教授的独特新史论当作了高考历史素材题。

通过讲坛、考题、广播电台、报纸、电视和网络等多种渠道和多种媒介,马教授的历史文化讲座早已"走进"了千家万户,甚至还"走进"了"流动的小屋"——汽车。

与此同时,因马来西亚和美国等国家之邀,马教授在 China Institute in America 和美国中文电视台等机构多次主讲明朝历史与中国传统文化。对此,《世界日报》《星岛日报》和《侨报》等海外新闻媒体相继做了专门的报道。由此人们亲切地称他为广受海内外民众喜爱的大众历史学家。我看差不多,但最好要加个定语,应该为不低俗和有责任的大众历史学家。

第五,叙事清晰,条剖缕析,博古通今,融会中西。

历史学与文学等其他社会学科有着很大的不同,其中之一就是不仅要有一说一,更需要叙事清晰,条剖缕析,博古通今,融会中西。否则的话,只能是以其昏昏,使人昭昭。大凡研究与讲述明史的人,对蒙元帝国崩溃后北方蒙古诸部演变问题的叙述要么三言两语,含含糊糊,要么语焉不详。这就造成了一般人在阅读明史之作时,对于正统时代瓦剌的强盛与南侵感到十分唐突,甚至不大理解一个被推翻了的蒙元帝国之残部为什么能威胁到大明帝国的生死存亡。

马渭源教授在阅读了大量的历史文献及参考蒙元史研究者所取得的成果基础上,首次将该段历史空白给叙述得清清楚楚。他由明初"驱逐胡虏,恢复中华"说到"老辣的洪武帝构建大明北疆三道防线",再论及"浅薄的永乐帝改造北方边镇,自造北疆'癌症病源'"和"明宣宗对待北疆国策的修补与大明北疆之隐痛",随后逐渐地将人们的视线引向了大明头号心腹大患——"北虏",再以"瓦剌的前世与今生——斡亦剌与大元'黄金家族'之间的恩恩怨怨"和"明初漠北'三雄':鞑靼、瓦剌、兀良哈与永乐朝扶此抑彼策略"为题,将瓦剌、鞑靼和兀良哈三卫的来龙去脉及其与明朝之间的争斗历史给说个明白,随即对瓦剌的兴盛进程做了剖析与阐述,即将其分为马哈木首先称雄、脱欢统一漠北和也先联合东西巩固两翼包抄大明。而与此相对,"在明朝前期列帝中,若以才略远见和政治洞察力而言,正统又不如宣德,宣德不如洪熙,洪熙不如永乐,永乐不如洪武。"(详见马教授的《大明帝国》系列之⑫《正统、景泰帝卷》第4章)

正是在这样的内外优劣不能相比的情势下,大明与瓦剌之间的战争爆发了。其最终结果不用多说,早就一目了然了。

如此条剖缕析的研究与阐述在书中还有许多,这不仅让人们感到读了马教授的著作会茅塞顿开,而且还会回味无穷,受益良多。

当然,研究与阐述历史仅做到叙事清晰和条剖缕析,似乎还不够完美,更高的档次当是博古通今、融会中西。这个话题我在几年前就已经说过。

一个优秀的历史研究者应该是博古通今、融会中西,这是我在山东大学时黄云眉先生、王仲荦先生和张维华先生等师长亲口跟我说的,也是当年我们山东大学历史系的一项基本要求。那时的山东大学云集了一大批全国一流的学者,他们都是博古通今、学贯中西。博古就是要通晓历史之事,通今就是要了解现在之事或历史之事的走向。就说眉师8卷本的《明史考证》,一般粗浅的看法,往往以为仅仅是考证了《明史》所载的相关之事。其实不然,眉师每涉及一件《明史》所载之事,都要考察其历史渊源、发展与走向,这才有了蔚为壮观的8卷本巨著,其难道不是一个博古通今的典范吗?再说融会中西,就是要对中西文化融会贯通。毕业于国外名牌大学的张维华先生就不用多说了,而对于王仲荦先生,一般人或许只知道他是精通魏晋南北朝历史文化的一流专家。其实在我看来,他还是个中西交通史专家。在教授我们魏晋南北朝史的同时,王先生还开设了世界中古史。最终成书于20世纪六七十年代的《魏晋南北朝史》从表象来讲似乎仅仅是一部断代史,但实际上从某种角度来讲它还是一部中世纪中西交通史。在书中王先生不仅考察了各民族的缘起、发展与流变,而且还注意到东西方物态文化与精神文化的交流与融合。

正因为受他和张先生的影响,我在学习明史的同时又喜欢上了中西交通史,曾一度担任了山东大学中西交通研究室主任。在经过一段时间的学习与研究后,我对先前人们断言中西早期交通开启于两汉产生了很大的怀疑,冥冥之中总感觉应该更早。后来我相继阅读了《论语》《山海经》等先秦著作,发现其中有"黑人"、孔子学生出海远航和秦始皇时代有印度和尚来华的文字记载,这些都是我们以前闻所未闻的。由此说明中国早在先秦时代就已经同海外或称域外有着相当程度上的交往。当我同马渭源教授说及这些史料发现时,他高兴地跟我说:"这可太好了,过去人们在谈论先秦时代中西交通问题时,几乎都是拿考古来说事,且考古的主要地点在西域,少有中原内地的实物证据,更别提相应的文字记载了。现在找到了这样的史料依据,那可大大夯实早期中外交通史实论点了!"

马教授是有感而发的,据我所知,他在华东师大硕士研究生时代就开始研究明清之际中西文化交流,对于中西文化都比较熟悉,甚至对于现代西方学术也很为关注。20世纪90年代初他从上海毕业来南京工作不久,就撰写了《历史心理学》一文,对西方历史心理学的研究做了介绍。该文发表于《书与人》杂志后,迅速被中国人民大学报刊复印资料中心所收录、转载。21世纪开启之际,他又撰写了许多中西社会文化结构对比和中西交流方面的论文,如《论马克斯·韦伯与中西传统社会结构对比研究》《论中西传统法律教育历史命运与地位的差异性及其影响》《论中西传统法律教育的差异性及其影响》《论明清西画东渐及其与苏州"仿泰西"版画的出版和传播》《论西画东渐对明清中华帝国社会的影响》《论辛亥革命定都南京的过程及其历史影响》等,发表于《南京社会科学》、澳门《中西文化研究》等杂志上。这些论文刊出后,被"中国博士学位论文全文数据库"列为参考文献,为许多博士生与博导引用,并为中国知网《中国期刊全文数据库》、南京社科、维普资讯、知网空间比较法、新浪网爱问空间、知网空间硕士论文参考资料、知网空间世纪之交、知网空间当代法学、知网空间探索、知网空间中华文化论坛、知网空间读书等网站所转载,由此可见马教授一直是走在学术前沿的。

不仅如此,马教授还将他所掌握的西方社会学、历史心理学等方面知识内容运用到他的明史研究中。在本次出版的《大明帝国》系列之⑪《正统、景泰帝卷》第1章、第2章和之⑬《正统、景泰帝卷》第5章中,他花费了大量的笔墨分别对明朝转折时期的两帝即明英宗和景泰帝的人生早年经历做了考察,发现出生后三个月不到就被立为皇太子的"绝对正统"皇位继承人朱祁镇在锦衣玉食的人间"仙境"里并没有被培养成"盛世圣君",甚至连守成之主都算不上。由于自小起就处于绝对至尊环境下的长期熏陶,加上内官"先生"王振的不停瞎指导,明英宗除了妄自尊大,几乎一无所能。

与此相对,明宣宗侧室吴妃所生的朱祁钰"由于母亲和自己的身份与地位在很长时间内得不到大明皇家的认同,尽管衣食无忧且不必东躲西藏地生活,但说到底他的童年始终见不得'阳光'"。随后马教授引用了马斯洛的人本主义心理学理论分析道:"朱祁钰童年时代至少缺失了归属和爱及尊重等基本需要,由此造成了他自卑、胆小和谨慎的性格特征,但没有大的心理危机或心理创伤。而他的这种性格特征要是在和平年代的皇帝家族内倒不是什么坏事,反而能避免很多或明或暗的政治风浪,平平安安地当他的藩王爷。但正统十四年(1449)八月十五的突发国难,打破了这样的平静日子,一下子将他置身于政治格局重组的风口浪尖上,让他措手不及。理性而言那时的朱祁钰并没有什么个人野心,他所想的也就是尽一个'留守'和'临时代理皇帝'之责……"如此分析阐述,使得读者一下子看到了明朝转折时期两帝的人格心理差异,而这样的差异在相当程度上又影响了以后他们各自的治国理政:朱祁镇刚愎自用、唯我独尊,朱祁钰广开言路、鼓励进谏、集思广益;朱祁镇肆意妄为,几近覆国,朱祁钰团结救时大臣,挽狂澜于既倒、救国家于危亡……

这样的分析与论述极为精到,读后令人叹服。由此看来,马教授真正做到了融通中西。

融通中西,说得通俗一点就是在学术上做到横向之间的相容相合。与此相对,在纵向上的融会贯通,我们不妨称之为"博古通今",那么马教授做得怎么样呢?

翻开14卷的《大明帝国》系列著作,我们随处可见这样的研究与论述。以本次出版的4卷本而言,其涉及的内容有兵制、户籍制、科举制、粮长制……甚至还有不为人们所重视的马政制度,马渭源教授每每谈到这类历史问题,总会追根溯源,一一道来。最为集中和精彩的可能就要数"景泰中兴"章节了。(详见马教授的《大明帝国》系列之⑬《景泰、天顺帝卷》第7章)

总之,全书精彩迭现,观点新颖又可靠,读之既如品尝陈年美酒,又似沐浴和煦春风。作为年过八旬的垂垂老者,我感到欣慰,

"黄学"后继有人啊！也愿马教授不断努力，推出更多的新作！

权作为序

南京大学中国思想家研究中心常务副主任、教授

2015年8月12日初稿

2016年2月27日修改于病榻中

目 录（上册）

第1章 保卫北京 拯救大明

- 大明危急 景帝登极 ·· 1
  - 都是中秋节，冰火两重天，只隔了26年 ······················· 1
  - "肉票"皇帝朱祁镇紧急求救，孙太后、钱皇后偷偷支付"赎金" ·· 6
  - 痛斥徐珵逃跑主义，胡濙、于谦力主固守北京，终使朝廷安定下来 ·· 8
  - "肉票"皇帝明英宗丢人现眼，国母孙太后、钱皇后眼中有家无国，郕王朱祁钰和大臣于谦等在直面国难的过程中逐渐地走到了一起 ·· 12
  - 国难之际，孙太后要立两岁的娃娃为国君，朝廷大臣急欲立长君！ ·· 28
  - 皇帝应该是最爱国的，可大明正统帝却是这样的一个软骨头，配合敌军来大同扣关，在遭守将郭登拒绝后，又令人从大同国库中取出财物来讨好瓦剌人 ·· 31
  - "左顺门事件"突发 王振奸党土崩瓦解 ····················· 36
  - 众望所归，代理皇帝"转正"——朱祁钰登极 ················ 41
- 保卫北京 拯救大明 ·· 46
  - 明代宗景泰帝与救时社稷之臣 ····························· 47
  - 景泰朝上下一心，当机立断：挽狂澜于既倒，救国家于危亡 ······ 49
  - 以北京为中心的大明军事防御之调整与强化 ·················· 57
  - 瓦剌也先第二次南犯，景泰帝、于谦领导北京保卫战，拯救大明帝国 ·· 79

第2章 明朝转折 景泰大德

- 国防至上 整军肃纲 ·· 93
  - 京师、边关，孰轻孰重？景泰朝修复永宣时代北疆军事防卫格局的努力 ·· 93
  - 整饬军事武备 强化国防力量 ····························· 111

- 众志成城六次打退瓦剌军的进攻 …… 134
- ● 明朝转折　景泰大德　143
  - ● "社稷为重,君为次之"　景泰呐喊,时代呼唤 …… 143
  - ● 广开言路,力倡直言无隐;国家兴亡,人人有责 …… 152
  - ● 顺应时势,大兴募兵,组建团营,提高战斗力,揭开明代军事改革序幕 …… 160
  - ● 扩大和强化军中文职官的领导和文臣对军事的参与,强化文武相制 …… 168

第3章　上皇回京　景泰中兴

- ● 上皇回还　大明储患 …… 181
  - ● 瓦剌集团阵营的分化与主动上门议和 …… 182
  - ● 景泰帝兄弟各自的心事与也先对明朝俘虏皇帝态度的改变 …… 184
  - ● 计除叛阉喜宁,使也先失去了南下侵犯的向导 …… 190
  - ● 瓦剌太师也先终于改变了对大明之策略——朝鲜国王都看清了鬼把戏 …… 194
  - ● 景泰朝廷两次派遣使臣北上议和 …… 196
  - ● 大明君臣对议和迎驾的争议与景泰帝的无奈默认 …… 207
  - ● 当了一年俘虏的正统天子终于回来了 …… 213
  - ● 上皇回还　大明储患 …… 217
- ● 富国强兵　景泰中兴 …… 221
  - ● 景泰帝"富国强兵"国策的提出 …… 221
  - ● "景泰中兴"之说早已为历史所定局 …… 224
  - ● "景泰中兴"——被人遗忘了的历史幽深处 …… 226
  - ● 勇于纳谏,励精政治,为"中兴"大明创造良好政治氛围 …… 227
  - ● 改进科举制度,为"中兴"大明选拔与储备高素质官僚人才 …… 248
  - ● 平反冤狱,明刑慎罚,为"中兴"大明创造和煦的政治、社会空间 …… 260
  - ● 安定民生,恢复、发展经济,为"中兴"大明打好坚实的经济基础 …… 267
  - ● 改革军事,增加国防力量,平息南北武力之乱,编撰《寰宇通志》,强化帝国一统意识——为"中兴"大明创造良好的国家安全氛围,提升国威 …… 299

第1章 保卫北京 拯救大明

> 土木之役或称土木之变,八月十五中秋节,这原本风马牛不相及的两者在正统十四年(1449)那个特殊的年份里交集在了一起。50万御驾亲征队伍全军覆没,大明天子居然当了瓦剌人的俘虏(【明】高岱:《鸿猷录·己巳虏变》卷10),这一大独特的历史怪象不能不说是继西晋"永嘉之乱"和北宋"靖康之变"后的又一奇耻大辱。更为令人不堪的是,事变发生后瓦剌也先挟持着俘虏明英宗上大明北疆边关去扣关,并大举南犯,进逼京师,企图恢复"大元一统天下"。大明危矣!
>
> 在这个国难当头的关键时刻,以朱祁钰、于谦等为核心的景泰朝廷果断地采取措施,力挽狂澜,保卫京城,拯救大明,由此谱写了大明历史上甚至是中国历史上抵御外敌侵犯保家卫国的精彩篇章。

● 大明危急　景帝登极

◉ 都是中秋节,冰火两重天,只隔了26年

八月十五,本是中国传统的团聚喜庆的日子,也曾是明英宗太爷爷明成祖朱棣"靖难"造反福星高照的吉祥日。建文元年(1399)那年中秋节,刚刚起兵造反的燕王朱棣在河北涿州娄桑"令军士秣马蓐食",利用清晨天色微亮的有利时机,偷渡白沟河,袭击雄县,"获马八千余匹","尽诛"建文朝廷将士9000人,将一个好端端的

雄县弄得血流成河,到处都是冤魂屈鬼的人间地狱。(《奉天靖难记》卷1;《明太宗实录》卷3;【清】谷应泰:《明史纪事本末·燕王起兵》卷16)

建文二年(1400)又是中秋节,"靖难"造反头子朱棣假意要征伐辽东,可当走到天津直沽时,他突然命令手下将士立即转向,向河北沧州发起了突然袭击,"遂斩首万余级,获马九十余匹,而生擒都督徐凯、程暹,都指挥俞琪、赵浒、胡原、李英、张杰并指挥以下百余人",还有3000人被惨无人道地活埋了。(《明太宗实录》卷7;《奉天靖难记》卷2;【清】谷应泰:《明史纪事本末·燕王起兵》卷16;《明史·谭渊传》卷145)

一个中秋节杀了9000人,另一个中秋节杀了10000余人,活埋3000人,这些都是当年朱棣子孙皇帝手里钦定的明代官史中正式记载的死难人数。其实在整个"靖难"内战中,无辜被害者何止这些,可能有上百万。那么在这场莫名其妙的皇位争夺战中,这些死难者到底应该如何定性呢?被人美誉为"伟大的政治家"的朱棣在建文四年(1402)即将渡江成功抢夺到侄儿皇帝朱允炆帝位时就曾这样说道:"夫天下者,我皇考之天下;民者,皇考之赤子。"(《奉天靖难记》卷4;《明太宗实录》卷9)如果依照这位"伟大的政治家"的此番定性,那么在无厘头的四年"靖难"之役中就有上百万的生命被无辜地剥夺了生存权利。由此我们不难看出,本来就没有什么国难可"靖"的、由窝里斗好手朱棣一手挑起的内战实际上就是一场人为的大浩劫、大灾难。就此而论,所谓的八月十五为"靖难"造反吉祥日,从本质上来讲也就是明成祖朱棣大作恶、大作孽之日,也是千万个无辜"赤子"变成冤魂屈鬼的殉难日。

无论你信不信,在中国传统社会里有着这样的一个事实:民间人们更多地相信因果报应,作恶、作孽者必将要付出代价,只不过这样的偿还时间有早有晚。祖宗作恶、作孽不一定在他们活着时就会得到报应,而极有可能为自己的子孙后代留下了极大的灾难隐患。当然现代很多唯物主义者就不信这个说法,但毋庸否定的客观事实是,在"靖难"大作恶者、大作孽者朱棣死后的第26年中秋节,他的曾孙朱祁镇率领一大帮子"靖难英雄"的儿孙、数十位正统朝臣和数十万大明军在土木堡却实实在在地遭受了灭顶之灾。

尽管明代官史对这场灭顶之灾的具体描述闪烁其词,含含糊糊，但从一些零星的记载中我们大致还能窥豹一斑：八月十五那天，"官军人等死伤者数十万"(《明英宗实录》卷181)。明正统朝大臣刘定之记载道："我师死伤者过半矣。"(【明】刘定之:《否泰录》)清代史学家谷应泰经研究后说："从臣得脱者萧维祯、杨善等数人。军士脱者踰山坠谷，连日饥饿，仅得达关。骡马二十余万，并衣甲器械辎重，尽为也先所得。"(【清】谷应泰:《明史纪事本末·土木之变》卷32)《景泰实录》"正统十四年九月己丑条"记载：那天，提督居庸关巡守都指挥同知杨俊上奏说："近奉(景泰帝之)旨于土木拾所遗军器，得盔六千余顶，甲五千八十余领，神枪一万一千余把，神铳六百余个，火药一十八桶。"(《明英宗实录》卷183,《废帝郕戾王附录》第1)随后的"正统十四年九月庚寅条"记载：宣府总兵官昌平伯杨洪言于土木拾所遗军器，得盔三千八百余顶，甲一百二十余领，圆牌二百九十余面，神铳二万二千余把，神箭四十四万枝，礘八百个，量给宣府、万全、怀安、蔚州等卫马步官军领用外，余下神铳一万六千、神箭十八万二千、大礘二百六十发万全都司官库收贮。(《明英宗实录》卷183,《废帝郕戾王附录》第1)

看了上述的这些零零碎碎又触目惊心的史料记载，我们不难想象，土木之役发生时大明御驾亲征大军是何等之惨败，何等之狼狈！不过与之相比，大明正统天子的被俘及其以后的遭际却有过之而无不及。

关于明英宗被俘的情景，奉行"为尊者讳"的原则，明代中期开始流行这样的说法：目击数十万大军全军覆没与扈从随驾朝臣及宠爱的"父师"王振等一一败亡，走投无路的正统帝只好下马，找到附近一个高岗大石，并坐了上去。这时只有两个亲兵护卫着他。忽然间从瓦剌军中窜出两员敌将，发疯似地向明英宗方向杀过来，且边杀边喊，其中杀在前头的一员敌将特别凶猛，手里攥着长长的马刀，见人就砍。护卫明英宗的两个亲兵眼见情势不妙，赶紧躲闪。只见马刀砍在了大明天子身边的大石头上，顿时将石头砍得直冒火星，而火星又窜得足足有一丈高。这下可把那敌将给惊呆了，"你是什么人？"他下意识地发问。明英宗因听不懂对方的蒙古语，所以也就没有直接作答。但稍稍停了一下，他反问对方："你莫非是也先？你莫非是伯颜？你莫非是也先的弟弟赛刊王？你莫非是脱脱不花可汗?"正当大明天子不停地问话时,后面的一员瓦剌将领也冲了上来。两人由于都不懂汉语,只觉得眼前这个穿戴与神态迥异的汉人头头上嘴唇与下嘴唇不停地碰着,他们反应过来了:今天被俺们俘虏的人可不一般,赶紧去找太师也先。两人嘀咕了几句,随即冲下了山冈。走到半路上时,遇到了军师伯颜,两人如此这般地描述了一番,伯颜听后自言自语道:"按你们的这般描述,那人莫非是大明天子?这样吧,你们暂且慢一点去报告太师,我跟你们上那山冈去看一看再说。"

当那两个瓦剌将领领着伯颜来到山冈时,只见正统帝正在那里打坐。伯颜是瓦剌集团里头见多识广的头脑人物,虽说没有亲眼见过正统帝,但他从对方那与众不同的穿着打扮上判断出,今天可谓是喜从天降了,他们俘获的这个人极有可能是明朝天子。怎么来辨认他的身份?突然间他的脑子里闪现出这样的想法:不是才收降了一个大明内廷宦官叫什么喜宁的,对,就叫这个喜宁来辨认,宫廷里的奴才肯定不会认错主子的。想到这里,伯颜立即命令手下人赶紧将喜讯报告给太师也先,并将那个叫喜宁的被俘宦官叫来。

不一会儿,一个走路扭捏犹如妇女一般的无须男人挪着小步向山冈走了过来。走到半道时,只听得他发出那怪异的雌鸡般声音:"我倒以为你们讲的是谁,他呀,就是大明朝的正统天子!"就喜宁的这一喊,可把伯颜一行人给乐坏了。不过,乐归乐,干正事才是最重要的。伯颜当即下令,将正统帝看守起来,扶上马,随即下山冈,"一径拥到也先营来"(【明】孙高亮:《于少保萃忠传》,第15回,P92~93)。

关于明英宗被俘经过的这个版本在正统朝时官至翰林编修、景泰朝出任太子洗马的刘定之的笔记中也大致得到了证实,其曰:"上(指正统帝)与亲兵乘马突围,不得出,虏拥以去。"(【明】刘定之:《否泰录》)

上引两段明代史料中都用了一个很关键的字——"拥",那么在古汉语中"拥"作何解释?经查,"拥"字有"抱、持、围裹、拥有、阻塞、遮"等六七种释义(史东:《简明古汉语词典》,云南人民出版社,1985年3月第1版,P585)。再看上述史料,"拥"字六七种释义中后两者明显不对;若用"拥、抱"之意去解释,即瓦剌兵会去拥、抱一个陌生的大明天子,这可能吗?显然从逻辑上说不过去。因此这儿的"拥"字应该含有"挟持"和"围裹"的意思。换句话说,明英宗被俘时实际上等于我们现代人通常所说的被绑票了。

明代人的这种说法为清代人所继承,史学家谷应泰在《明史纪事本末》中不仅予以了整体的采纳,而且还根据一定的史料做了进一步的演绎。

据说明英宗被挟持到也先军营时,这位瓦剌第一权臣简直就不敢相信这是真的,"也先闻车驾(指正统帝)来,惊愕未信"(《明英宗实录》卷181)。可不相信也不行,昔日高高在上、位居天庭的大明天子竟然被挟持到了自己的眼前,这种突然得不能再突然的喜讯使得也先一下子没了主意,他仰头望天,口中念念有词:"我常告天,求大元一统天下,今果有此胜!"在场的瓦剌人都懂,这是太师在感谢长生天(苍天)的保佑。于是大家纷纷附和:"长生天(苍天)保佑太师、赐福太师!"没等众人说完,也先忽然发问:"各位头领,你们看看今天这事如何处置?"有个叫乃公的头领立即说道:"老天开眼,将我大元祖宗的仇人后代送上了门,我们还用多说吗?杀了他!"军师伯颜帖木儿听后不乐意,立即快步走到也先跟前,说道:"那颜(蒙古语,即为大人之意),您不能听乃公的那般胡言乱语!两军交战,人马必定会受刀箭之伤,或被践踏踩压致死。可眼前的这位大明天子不仅安全无恙,而且还毫发未损,这说明了什么?再有,我们都是久受大明皇帝洪恩厚赏,即使说是上天发怒将他扔到了漠北来,但也不见得要置之于死地啊!我等怎能违背上天之意?以我看,那颜不如派遣使臣上明廷去,让他们来将天子接回去。这样对谁都有好处,而那颜您的美名也将会流芳百世!"众人听后都觉得没有比这更好的主意了,可也先当场没表什么态,只是命人将俘虏皇帝明英宗交给伯颜帖木儿,让他负责看管。(【清】谷应泰:《明史纪事本末·土木之变》卷32;【明】高岱:《鸿猷录·己巳虏变》卷10)

这时,作为俘虏的明英宗有个特别的待遇,瓦剌人允许他身边继续保留少许明朝随从。之所以如此,我想也先和伯颜帖木儿等权臣或许是出于如下几方面的考虑:第一,明英宗原为"天下共主",现在虽然被俘了,但作为外藩臣子再怎么说也不能对昔日的宗主太过分，四面八方的人们都看着呐；第二，明英宗从小就生活在锦衣玉食的"天堂"里，现在突然间掉到了漠北荒原上，暂不说他能不能适应这样的恶劣生存环境，就是跟他进行沟通交流还真少不了他的那帮子随从；第三，作为昔日朝贡贸易和马市贸易的赢家，也先与瓦剌其他权贵们获利多多，尝足了大甜头，想当年明英宗是那么自觉、那么大方地广赐厚赏。而现在他被俘虏了，不难设想大明朝廷肯定会对瓦剌人更慷慨、更大方。好好地留着这个小杆子皇帝，与北京做几笔好交易。想到这些，也先的脸上露出了奸笑。

● "肉票"皇帝朱祁镇紧急求救，孙太后、钱皇后偷偷支付"赎金"

再说这时被俘的明英宗身边虽然留有袁彬、哈铭、高盘、蒋信、刘浦儿和沙狐狸等随从服侍，但他的内心却似翻江倒海一般。就一天的工夫，人生来了个命运大转折，不，应该说是个大劫难。不说别的，就眼前的被囚生活，这让人怎么过啊！看到主子一脸的痛苦相，负责蒙古包内服侍工作的袁彬走了过去。

袁彬，字文质，江西新昌人。正统末年，"以锦衣校尉扈帝北征"。土木之变突发，也先部众"拥帝北去"，扈从随驾"悉奔散"，唯独袁彬对明英宗不离不弃，相随左右。要说掉了毛的凤凰说到底还不如鸡呐，那时被俘了的大明天子朱祁镇真可谓连鸡都不如，因为他完全没有什么自由。因此说眼前最大的问题就是迅速争取到自由。当看到袁彬走到自己跟前时，他开口便问："你叫什么来着？想当初你们锦衣卫有那么多人，可如今就你一个人跟随朕……你会写字？"朱祁镇一口气问了好几个问题，袁彬都一一作答了，当回答完最后一个问题"能写字"后，袁彬反问了正统帝朱祁镇："陛下有何吩咐？"朱祁镇说："你赶紧替朕写封求救信，否则我们就永远不会有出头的日子。"袁彬问："怎么写？"朱祁镇说："这样吧，我说你写，……"（《明英宗实录》卷181;【明】孙高亮：《于少保萃忠传》，第15回，P92~93;《明史·袁彬传》卷167）

不一会儿，信写好了。正统帝随即让袁彬将先前出使瓦剌的大明使臣梁贵叫到帐里来，如此这般地作了当面交代。只见梁贵跨上马背,狠狠地抽了一鞭子,马如飞箭似地朝着怀来方向奔去。不到一顿饭的工夫,他就来到了怀来城下,扯开嗓子大喊:"喂,城内的人听着,我是当今天子派来的特使,有十万火急的书信在此……"城上的人回答:"听不太清楚你讲什么!"梁贵回话:"那你们就打开城门,让我进去再说。"城上的人说:"现在是深夜,按规定是不能随便开城门的。再说,听说今天早上我朝天子率领数十万大军在土木堡蒙尘了。形势这么紧张,我们可不能乱开城门啊!这样吧,你实在要是有紧急事情,我们在城头上放个箩筐下来,你就坐在这里头,我们再将箩筐与你一起吊到城里头来,到时候有什么事都可说清楚了。"

当梁贵被吊到怀来城里时,城里的守城将领见到正统帝的御宝、御书当场就惊呆了,稍稍镇静了一会儿后便挑选了手下一员精干将士充当特使,让他骑上快马,火速赶往北京。

八月十六日夜里三更时分,经过十余个时辰的拼命赶路,怀来特使终于到达了京师北京。这时,明皇宫西华门早已关闭。见到火急火燎的边关来使,守门人便问道:"何人?这深更半夜的有什么事?"怀来特使上气不接下气地回答道:"边关十万火急警报!"守门人听到这话岂敢懈怠,立即通报给守门太监,守门太监又三步并作两步地将边关送来的紧急信件直接递进皇宫里头。(【明】刘定之:《否泰录》;【清】谷应泰:《明史纪事本末·土木之变》卷32)

朱祁镇的老妈(姑且这么称呼)孙太后看完皇儿叫人送来的紧急信函后,顿时就瘫在了座位上起不来了,她的儿媳、正统帝的正妻钱皇后赶紧前去抚慰,同时利用间隙将皇帝丈夫的来信也匆匆地读了一遍,然后抱着皇太后婆婆一起号啕恸哭。深宫大院里头深更半夜有人大哭,守夜太监听到哭声走了上来。这时孙太后已缓过气来了,见到太监走近自己,立即"醒悟"过来:皇儿被俘,他要我们立即置办金银宝物去赎他,还不赶快办啊!经皇太后婆婆这么一提醒,钱皇后也意识到了当下所要办的头等大事,就是迅速搜罗宫中的顶级宝物,将皇帝丈夫给"换"回来!(【明】高岱:《鸿猷录·己巳虏变》卷10)

经过半夜的折腾,到天亮时,孙太后、钱皇后婆媳俩终于将金银珠宝准备得差不多了,然后叫上几个贴心太监,偷偷地将那些顶

第 1 章 保卫北京 拯救大明

级宝物放在八匹高头大马上。等一切处理得差不多了,孙太后反复叮嘱贴心太监:带上绝对可靠之人押送宝物,换回天子! 同时她还宣布:对此事要绝对保密,谁要是泄露了当今天子被俘的消息,那就得要受极刑处置。

孙太后、钱皇后婆媳俩天真地以为,她们这样做了就能摆脱眼前的特大危局。殊不知人家瓦剌太师也先是个一流的"绑匪"头子,在八月十七日接到孙太后、钱皇后婆媳俩派人送来的"赎金"——九龙蟒衣缎匹及珍珠六托,金二百两、银四百两等物后,他只字不提放人之事。就这样,大明正统天子只能继续做他的特殊俘虏,并由宣府转到了大同。(《明英宗实录》卷181;【明】刘定之:《否泰录》)

还有更让孙太后、钱皇后婆媳俩始料未及的是,就在她们搜罗和奉送"赎金"的同时,大明京城内外流言四起,"人心恟恟"(《明英宗实录》卷181)。这是怎么一回事?

● 痛斥徐珵逃跑主义,胡濙、于谦力主固守北京,终使朝廷安定下来

原来,土木之变后一些从战场上侥幸逃得性命的兵士,浑身是血,蓬头垢面,翻山越岭,历经千辛万苦,终于到达大明北疆边关扣关。守关的将士们一看是狼狈不堪的自家人,立即将他们给放了进来,然后不停地追问,到底发生了什么事。(【明】高岱:《鸿猷录·己巳虏变》卷10)这些死里逃生的兵士边哭边痛斥王振误国,说着说着就泣不成声了。守关的将士们听后莫不义愤填膺,有的甚至还失声大恸。由此一来,边关地区的老百姓也知道了这事。

消息随后很快地传入了京师北京。北京城里的人听说后将信将疑,但看到大街上陆陆续续出现衣衫褴褛、步履踉跄、满身都是刀箭之伤的败兵,大家开始相信了:原来谣传不虚啊! 京城里的留守朝臣们也逐渐听说了这事,但大家就是不清楚正统帝到底怎么样了,有人搓手跺脚,有人痛哭流涕,有人急得在原地团团转。就在这时,有人看到萧维贞、杨善等少数几个随驾从征的朝臣也失魂落魄地回来了,众臣不约而同围了过去,七嘴八舌地问开了:"到底怎么啦? 圣上安全否? 怎么去的时候浩浩荡荡,回来时就你们

几个?"萧、杨经这么一问,好似受了委屈的孩子回到了家里,立马痛哭起来,哭着哭着,嘴里含糊不清地吐出了几个字:"乘舆被陷!"即说皇帝被俘了。这下可似五雷轰顶,将在场的朝廷大臣都给惊呆了。君父被难,犹如国之大殇,"人心恟恟,群臣聚哭于朝"(《明英宗实录》卷181)。

此时受皇兄正统帝之命留守京师的郕王朱祁钰见到朝臣们议论纷纷、情绪激昂,当场就没了主意。这下可使得大殿上的议论更像炸开锅似的,几乎什么样的言语都有。其大致分为两类:一类认为,以眼下的严峻态势来看,应该立即加强北京的军事守卫,以防也先发兵继续南犯;另一类则认为,目前北京城已十分危险,朝廷应该马上考虑将都城南迁……在后一类主张的朝臣中,有个叫徐珵的说得最为起劲,也最容易让人"活心"。

○ 国难当头,身为朝廷翰林的徐珵居然超然,犹如旁观者

徐珵,后易名有贞,字元玉,苏州府吴县(今江苏省苏州市吴中区)人。宣德八年(1433)进士,选庶吉士,后被授予翰林编修。徐珵尽管身材不高,但短小精悍,脑子特别活络、聪明,"凡天官、地理、兵法、水利、阴阳方术之书,无不谙究"。不过脑子特别聪明的人往往又会聪明过头,而徐珵就是这样一个聪明过头的人。他总想在别人面前表露出自己非凡的智慧和本领,以便在功名仕途方面取得惊人的大突破。为了实现心中的这种既定目标,徐珵平时于"天文、风角、占验尤精究不倦"。有人见此批评他:"这难道是一个朝廷大臣所应该经常把弄的吗?"没想到徐翰林听后反而笑答:"待职而后习,则已晚矣!"即他不以为嫌,反倒更加乐此不疲。
【清】傅维鳞:《明书·徐有贞传》卷123)

所以说在明英宗正统年间,徐珵的"出道"还不仅仅因为他是个朝廷官僚,更多的是由于他能掐会算而闻名遐迩。不过老天似乎故意跟他开了个不大不小的玩笑,徐珵越是看重功名,而功名却似乎越不垂爱于他。他是宣德八年(1433)进士,"选庶吉士,授编修",但直到正统十二年(1447)才被擢升为翰林侍讲,就这一级官阶足足让徐珵等了14年。尽管在这14年里,徐珵不断地努力:正统初年起,朝廷对"西南用兵不息",他"以为忧。正统七年,疏陈兵

政五事,(正统)帝善之而不能用"(《明史·徐有贞传》卷171)。多次积极"上进"无果后,徐珵更加沉迷于象数之术,总想以此一鸣惊人,求得高位。

正统十四年(1449)初秋,天象出现"荧惑入南斗",徐珵见之就跟朋友刘溥私下说:"祸不远矣!"回到家里他叫妻子赶紧做准备,带上一家老小和金银细软迅速南还老家。妻子不乐意,他就说:"你若不走,恐怕接下来想做汉人的妻子都不可能啦!"意思是瓦剌人马上要南犯,攻下北京城,全城人都将大难临头。(《明史·徐有贞传》卷171)此事过后没几天,正统朝廷突降谕旨,皇帝亲征漠北。大军临行前,徐珵指着天象跟身边的人说:"兹行也,必败。上不归矣!"(【明】焦竑:《国朝献征录·武功伯徐有贞传》卷10)后来果然随驾大军全军覆没,正统帝被俘不回。这下徐珵成了地地道道的活神仙,一时名噪京师内外。

○ 此一时彼一时,胡濙、于谦坚决主张固守北京,痛斥徐珵的逃跑主义

当朝臣们云集阙下议论纷纷又恸哭不已之际,酷爱表现自己聪明才智的徐珵逮住了机会,当场说道:"验之星象,稽之历数,天命已去,惟南迁可以纾难。"(《明史·徐有贞传》卷171)话音刚落,忽然有人大声呵斥:"一派胡言!"循着声音望去,只见群臣中一位老者颤颤巍巍地走了出来,大家一见到他,便感到由衷的敬佩。此人不是别人,正是正统初元顾命大臣胡濙。要说这时候的顾命大臣,"三杨"已先后作古了,英国公张辅也阵亡了,唯独剩下的就是眼前这位快要半身入泥土的数朝老臣——礼部尚书胡濙。胡濙这些年过得可不咋样,小杆子皇帝与他的"父师"王振时不时地拿他开刀,将他这个唯独留存于世的顾命大臣早就整得彻底没了脾气了。怎么今天大家才开始议事,他就发那么大的火呢？在场的朝廷同事们惊愕地屏住呼吸,聆听着这位数朝元老的一番高论。那瞬间只听得朝廷殿堂上萦绕着这样的声音:"文皇(指朱棣)定陵寝于此,示子孙以不拔之计!"(《明英宗实录》卷181)

胡濙的话很少,就这两句。没想到,他一说完,有人就开始咋呼了:"现在谈的是要不要都城南迁,这跟太宗皇帝定陵寝有何相

干?"更有人以略带讥讽的口吻低声嘀咕:"胡濙等一些南方人都是老滑头,前些年仁宗皇帝在位时,还不是他带头上章,请求还都南京,现在又怎么变为不愿南迁的呢?"尽管嘀咕声音很低,胡大臣可能耳背没听到,可站在他不远处的一个中年人、兵部侍郎于谦在听到这等闲言碎语后实在按捺不住了,大声说道:"欲迁者,可斩!为今之计,速召天下勤王兵,以死守之!"(《明英宗实录》卷181;《明史·徐有贞传》卷171)说到这里,于侍郎清了清嗓子,随后继续侃侃而谈:"京师,天下根本,一动则大事去矣。为什么这么说呢?这叫此一时彼一时,太祖皇帝定都南京,是那时的国家根本。太宗皇帝迁都于此,至今已有三十年,当今天下皆将北京视为国家的根本。如果在这个紧要关头将国都南迁,极有可能助长了也先的嚣张气焰。他会率领瓦剌骑兵乘机继续南犯,攻入我大明内地;而我大明军又刚刚战败,士气低沉,如果再听到国都要南迁的消息,那么大家势必不会安心作战,抵御外敌,到那时,一切都将晚矣!诸位同僚,千万别忘了历史上北宋末年宋徽宗、宋钦宗两帝被俘时,宋皇室南渡,从此以后宋朝再也没有收服北方大好河山啊!"(《明史·于谦传》卷170)

○ 北京明皇宫里六神无主的孙太后终于拿定主意:哪儿都不去!

于谦的话铿锵有力,充满了天地之间的浩然正气,一下子击中了以徐珵为代表的逃跑主义者的要害,博得了朝堂上一批正直大臣的大加称赞。翰林学士陈循率先说道:"于侍郎所言极是!"众人随即应曰:"于侍郎讲得好!"(《明英宗实录》卷181;《明史·徐有贞传》卷171)这时一直站在郕王朱祁钰身边的宫廷资深太监金英走到徐珵跟前,边呵斥边将他轰出了大殿。(【清】查继佐:《罪惟录·金英传》卷29)

朝堂上朝议纷纷,有人唉声叹气,有人悲悲切切,有人慷慨激昂,有人大声呵斥……这一切传到宫廷中,本来就惶惶不可终日的孙太后听到后就更加"疑惧"了,随即轻声地问身边的大太监李永昌:"这下如何是好啊?"李永昌说:"太宗、仁宗和宣宗等先皇帝的陵寝在此,大明都城宫阙在此,仓廪、府库、百官、万姓(也)在此。要是现在迁都南还的话,明朝江山社稷之大业也将去矣!'独不鉴南宋乎?'"说到这里,李永昌看看孙太后似乎没有什么反应,随即他将于谦在大殿上说的那番话"复录"给主子听:"当下之情势与北宋末年很相似,想当年靖康(北宋末帝宋钦宗的年号)年间两帝蒙尘,康王赵构南下,在南京应天府(即今天的河南商丘)即位,改元建炎,后又南逃到临安府(即今天的浙江杭州),并在那里定都,虽说他重建了赵宋王朝(史称'南宋'),但就此再也没有恢复宋帝国的江山一统啊!且也没能迎回北狩的徽宗、钦宗两帝。太后陛下,靖康事变,前车之鉴,距今不远!"李永昌侃侃而谈,滔滔不绝。老美女孙太后原本没了主意,但听到李太监说到宋朝迁都后再也没能迎回被俘的徽宗、钦宗两帝时,她立即明白了道理,也终于拿定了主意:就在北京,哪儿也不去!(《明英宗实录》卷181)

- **"肉票"皇帝明英宗丢人现眼,国母孙太后、钱皇后眼中有家无国,郕王朱祁钰和大臣于谦等在直面国难的过程中逐渐地走到了一起**

其实孙太后内心最大的隐痛和最大的担忧也就是"宝贝儿子"朱祁镇被俘及其皇位的保住,她极不愿将事情的真相公之于世,而是依然抱着侥幸心理,想通过满足也先的经济勒索来换得明英宗被迅速地放回,可事实恰恰往着她设想的相反方向发展着。

就在大明朝臣云集朝堂,与郕王朱祁钰讨论应对骤然恶化形势的同时,孙太后心心挂念的宝贝儿子正统帝正被也先押着,来到宣府城南。

○ 无耻"肉票"皇帝明英宗竟让宣府守将开门揖盗,巡抚罗亨信大声呵斥

此时俘虏皇帝朱祁镇身上不仅没了那昔日朝堂上颐指气使和唯我独尊的半点影子,就连一般士人与庶民都有的骨气也没了。他让人传话给明朝宣府守军领导杨洪、纪广、朱谦和罗亨信等,命令他们迅速打开城门。可让他万万没想到的是,守城的将领却正气凛然地回答道:"我们守卫的都是皇上您的城池,对于其他的事情一概不知。现在天色暗了,我们就更不敢开城门了!况且主将杨洪现在也不在这里,我们不敢擅自做主!"(《明英宗实录》卷181)当

场就把无耻皇帝朱祁镇噎得说不出话来。不过在朦朦胧胧的夜色中,宣府城里有眼力好的人还真认出皇帝的旗帜,由此一嘀咕,人心开始浮动。就在这个关键时刻,巡抚大同宣府、右副都御史罗亨信仗剑坐在城门口,对着大家高声喊道:"出城者斩!"刹那间,守城军士立即安静下来,开始一心守城,无论城外明英宗、也先怎么叫喊,大家都信守一条,就是坚决不开城门!(【清】夏燮:《明通鉴》卷24)这下着实让也先空算计了一场,但他还不死心,总想利用手中被绑票了的正统帝向大明好好地挖一大勺子。于是他下令给瓦剌全体将士,当夜扎营在宣府城外,为第二天的军事行动做好准备。(《明英宗实录》卷181)

  那天夜里,当人们渐渐进入梦乡之际,突然间天空中响起了雷声。伴随着阵阵响雷,大雨倾盆如注。对于瓦剌人来说,这正是他们打败数十万大明军后首次发动大规模围城战前的兴奋期,现在突遭大雷雨,大家心里不免都有了负面情绪。要说眼前最应该关注的是,宣府城里的明军会不会冷不丁地出城闯营?为此瓦剌将士们干脆不睡了,密切注意着营帐外的夜间动态。而就在大家瞪大了眼睛注视着黑漆漆的大雨夜色时,一道闪电从空中滑下,直劈瓦剌人的马厩,刚好击中了太师也先的坐骑,顿时将那活蹦乱跳的宝马变成了烤肉马,也着实让瓦剌人吓得半死。(《明英宗实录》卷181)

  这时,一直待在自己营帐里头的俘虏皇帝朱祁镇听到外面的雷击声与嘈杂声,觉得十分好奇,就叫随身侍卫袁彬出去看看,到底外边发生了什么?袁彬领命走出营帐,发现原来自己与明英宗一起用来过夜的那个营帐上头有着一圈圈的红光,且这些红光久久都不散。再看那些瓦剌人见到红光没有一个不害怕的。"时虏有欲谋逆者,见上幄(指明英宗之营帐)有瑞异,乃止。"就连太师也先也为之惊诧不已,第二天一大早,他就带了大大小小的瓦剌头领们来到正统帝的营帐外拼命地磕头,随即又令人将许多美味熟食和皮服寝具一道送给朱祁镇享用。(《明英宗实录》卷181)

  ○ 无耻"肉票"皇帝明英宗第二次求救与孙太后的无奈抉择——令郕王理政

  尽管这样的明代官史记载有着很大的夸张成分,但从中我们也不难看出,从这时起被俘的明英宗的生活待遇有了很大的提高。不过待遇再提高,说到底他还是俘虏或称"肉票",对于这一点没有人比正统帝本人更清楚了。为了摆脱自己的不堪困境,已经黔驴技穷的正统帝觉得眼下唯一可做的,还是派遣贴身宦官喜宁和通事(即翻译)岳谦上北京去,让皇太后她们赶紧再搜罗金珠彩币来将自己赎回去。(《明英宗实录》卷181)

再说皇太后孙老美女第二次接到皇帝儿子的求救信后,心里凉透了,原来自己与钱皇后偷偷摸摸派人送去那么多的"赎金"让也先他们"黑吃黑"地"黑"掉了,否则怎么会有第二次索要"赎金"这档子事呢?再说透一点,看来自家的那个"宝贝儿子"正统天子一时半会儿还真回不来,这下可怎么办?快三四天了,朝廷内外依然人心浮动。看来眼下还真的要有人来代理一下皇帝的职责啊!正统十四年(1449)八月乙丑即八月十八日,迫于内外形势之压力,孙太后不得不给郕王朱祁钰降下敕谕,其敕文曰:"迩者虏寇犯边,皇帝率六军亲征,已尝敕尔朝百官。今尚未班师,国家庶务不可久旷,特命尔暂总百官,理其事。尔尚夙夜祗勤,以率中外,毋怠其政,毋忽其众,钦哉!"同时又敕谕文武群臣:"凡合行大小事务悉启王听令而行,毋致违忌!"(《明英宗实录》卷181)

从这两道懿旨来看,比起先前让郕王代理兄长皇帝朝见群臣,现在又让他暂时总领百官,处理朝政,这无疑是孙老美女不得不又退了一步。但从内心深处而言,她还是不甘心的,总希望奇迹能发生,"宝贝儿子"朱祁镇能从天而降,回来重揽军国大权,所以在懿旨里头她用了"迩者虏寇犯边,皇帝率六军亲征……今尚未班师"等字样,极其小心地回避了明英宗被俘之事实,梦想以此蒙过眼前的难关。但整个懿旨的精神却是很明确,就是要朱祁钰领导大明百官们处理好国家事务,保卫京师北京,维护大明帝国的稳定。实质上其潜台词说透了就是她还不想让朱祁钰登基当皇帝,哪怕是暂时的代理皇帝名分她都不愿给。

○ 国难当头,正在形成中的以郕王为核心的新朝廷集团从大局出发积极面对

与孙太后和朱祁镇极端丑陋的人性相比,"暂总百官"的朱祁

钰和以于谦为代表的文官群臣们在这个国难当头的关键时刻则表现出高度的大局意识。孙太后发布懿旨的当日,驸马都尉焦敬等给郕王朱祁钰上言:"车驾(代称皇帝朱祁镇)未回,恐贼(旧时称造反者、谋乱者,这里是指瓦剌入侵者,笔者注)迫近京师,官吏军民有能奋勇设谋出奇制胜者俱听,赴官投报有能擒斩贼人者、能反间济事者,不次升赏,城市关厢有潜住听探消息之人,许锦衣卫、五城兵马挨拏(拿)处治。"(《明英宗实录》卷181)

焦敬是明仁宗朱高炽的二女婿、庆都公主的丈夫,也是朱祁镇、朱祁钰的姑父。可这位皇家姑父在正统年间过得不咋样,先是正统五年(1440)五月妻子大长公主薨世,焦敬成了鳏夫。(《明英宗实录》卷67)三年后的正统八年(1443)十二月,有人参劾他"受留守卫舍人赃,纵之征私债于外"(《明英宗实录》卷111)。正统帝接到奏劾后既不询问也不派人再进行调查就立即下令,枷号姑父焦敬于长安右门。(《明英宗实录》卷111)前文说过,凡是被处以枷号的人每日必须肩负那沉重无比的枷圈一动不动地站在一个地方,这样的刑罚使得受刑者在饱受身体折磨的同时遭受精神摧残,是一种耻辱性的酷刑。焦敬,这位正统帝的姑父就这样被大明皇家内侄折磨着,且被折磨了近两个月,直到正统九年(1444)二月初一才被宽宥。(《明英宗实录》卷113)

从一般人的角度来讲,做姑父的领受了内侄儿这般折磨后往往会对大明皇家之事睁一只眼闭一只眼。可在国难当头的关键时刻,焦敬却及时地站了出来,上言郕王,要求"临时朝廷"激发京师官吏军民的积极性,奋勇设谋,出奇制胜,擒杀瓦剌来敌,同时命令锦衣卫、五城兵马加强巡逻防卫,侦察和逮捕瓦剌奸细。

郕王朱祁钰爽快地接纳了姑父的建言,随即命令由老臣胡濙主管的大明礼部出榜告示,使得在京的"多人知之"(《明英宗实录》卷181)。

饱受小皇帝凌辱的大明皇亲国戚尚能不计前嫌,救国救民,而那些从小就饱读儒家经典、素以齐家治国平天下为己任的大明朝廷臣僚们则更不含糊了。在这些人当中有礼部尚书胡濙、户部尚书王直、兵部左侍郎于谦、内阁大学士陈循、工部右侍郎高谷、左都御史王文和巡抚直隶工部尚书周忱等,其中以于谦最为著名。

○ 经世治国之栋梁（坊间称"救时宰相"）于谦横空出世，济民救国

于谦，字廷益，浙江钱塘（今浙江省杭州市）人。他从小就聪明机灵。据说有一年清明节，本家叔叔带他去扫墓，路过凤凰台时，叔叔随口来了一句："今朝同上凤凰台。"没想到话音刚落，小于谦马上接上一句："他年独占麒麟阁。"直把他叔叔给惊愣了。为了验证侄儿是不是真的少年英才，在扫墓回来的路上，叔叔领了小于谦故意绕到一牌坊群，指着那牌坊上的字念道："癸辛街。"随即他要侄儿作下联。据说当时的于谦不慌不忙地应对道："子午谷。"叔叔听后十分好奇，便问："你怎么知道子午谷？"小于谦说："《三国志》里蜀国大将魏延曾对丞相诸葛亮说过：'延愿得精兵五千，由陈仓道而东，当子午谷而西，不消十日，可到长安。'"听到这里，本家叔叔更是惊讶不已。（【明】孙高亮：《于少保萃忠传》，第1回，P2~3）

有关少年于谦的故事还有很多。据说有一天，人们正在大街上走着，突然间天公不作美，下起了大雨，众人纷纷躲到屋下避雨。小于谦学样，哪想到一不留意跌了个狗吃屎，让在场避雨的人们笑得前仰后合。这下可把小于谦给惹怒了，只见他不慌不忙地爬了起来，随口来了首打油诗："雨落忽绸缪，天街滑如油；麒麟跌在地，笑煞一群牛。"（【明】孙高亮：《于少保萃忠传》，第1回，P3）由此可见少年时代的于谦就已十分聪明和机灵。更有传言，于谦七岁时有个和尚出来给人相面，看到小于谦走过来时，他就停下自己手里的相面活，"喜动颜色"，指着于谦说："他日救时宰相！"（《明史·于谦传》卷170）

尽管上述这些故事并不一定属实，但于谦的勤奋好学与胸怀大志之品格确是从小就养成的。史传他青少年时代就满怀救国救民之抱负，喜欢收藏宋朝有名的爱国英雄文天祥的画像，经常拜读其诗文，并矢志以其孤忠大节作为自己学习的榜样。他曾作诗《石灰吟》，诗云："千锤万凿出深山，烈火焚烧若等闲。粉骨碎身浑不怕，要留清白在人间。"以此来表达他的宏大志向和高洁气节。

永乐十九年（1421）于谦中进士，开始入仕为官，担任大明朝廷的监察御史。（《明英宗实录》卷274）宣德元年（1426），新天子朱瞻基

南征山东乐安，平定高煦之乱，于谦等从征。在朝廷大军的重重围困下，日暮途穷的朱高煦只得走出乐安城，向侄儿皇帝投降。当时朱瞻基就让说话"音吐鸿畅"的于谦走上去，"声色震厉"地痛斥朱高煦之罪行。朱"高煦伏地战栗，称万死"。见此，明宣宗朱瞻基顿时龙颜大悦，回朝后对于谦等扈从大臣进行了褒扬与赏赐。那时的于谦尽管还是七品官衔的监察御史，但他坚守自己的职业道德操守，清正廉洁。在宣德初年的反腐治贪"风暴"中，许多监察御史都不能幸免地卷入了大贪官刘观的窝案中，唯于谦等少数监察官能洁身自好，敢作敢为，戒腐惩贪，因而也就深得当时新任大明都察院最高领导都御使顾佐的信任与喜欢。顾佐是历史上出了名的清官，同时也是做事一板一眼的老正统，在他的眼里没有几个官员能看得舒服的，故史书说他待下属甚严，唯独对于谦格外谦和，因为他认为这个后生将来一定会成为超过自己的国家栋梁。(《明史·于谦传》卷170；《明英宗实录》卷274)

再说于谦，在宣德政权稳固后不久便被明宣宗任命为钦差，巡按江西。据说在江西任上他"执法不挠，豪猾慑服"(《明英宗实录》卷274)，一次就"雪冤囚数百"(《明史·于谦传》卷170)，由此于谦的好官名声在地方上逐渐地传播开了。

那时陕西境内的官校常常打着办理公务的旗号，为非作歹，祸害百姓。许多官员看到或听到后学做猫头鹰睡觉——睁一只眼闭一只眼。而于谦听说后再也坐不住了，他上疏给宣德皇帝，痛陈陕西时弊，奏请朝廷诏遣御史，前去逮捕违法乱纪的官校，为民除害。宣德帝朱瞻基接疏后大为感动，"知(于)谦可大任，会增设各部右侍郎为直省巡抚，乃手书谦名授吏部，超迁兵部右侍郎"(《明史·于谦传》卷170)，让他巡抚河南、山西，与新提拔的吏部右侍郎赵新、户部右侍郎赵伦、礼部右侍郎吴政、刑部右侍郎曹弘和工部右侍郎周忱等一批名臣循吏同时离京赴任，并予以当面嘱咐。(《明宣宗实录》卷70)

就说那时于谦巡抚的河南、山西两地，灾祸频仍，百姓艰辛。但见于侍郎一上任，就"轻骑遍历所部，延访父老，察时事所宜兴革，即具疏言之。一岁凡数上，小有水旱，辄上闻"(《明史·于谦传》卷170)。与此同时，他还积极采取措施，兴利除弊，整饬吏治，平反冤狱，当地百姓们见之交口称赞他为"于青天"。

第1章 保卫北京 拯救大明

一转眼于谦在山西、河南出任巡抚已有好几年了,大明天子由宣德换成了正统。正统初年,山西地区出现了日益严峻的流民问题。之所以如此,其原因大致有以下几个方面:

第一,正统、景泰时期整个气候大环境发生异常变化,各地自然灾害频发,山西本来自然条件就不太好,遇上天灾小民们可没什么活路了。

第二,永乐帝篡位登基后改变了朱元璋的北疆军事防御战略,迁都北京,将大宁都司南徙至河北保定。这就在客观上将其原军事掌控的塞外地区奉送给了蒙古人,从而使得山西一下子成了大明北疆的军事前沿地区。明朝后来历史上有名的九边镇中的山西三镇大同、宣府和偏头关(太原总兵治所偏头关,见《明史·兵志三·边防》卷91,笔者注),就是在这以后逐渐地凸显出其重要的军事防卫地位。永乐至宣德正统之际,为了加强对京师北京的军事拱卫,大明加大了对北疆军事力量与军备的投入,仅每年运往山西三镇的军粮就达1550000石。不过,这还仅仅是军粮额定数,而要将这么多的军粮运到三镇,就山西境内的运费而言便高达221428石。如果再加上前面讲到的三镇额定军粮1550000石,那么当时山西每年实际所需军粮费用开支约为1771428石。(上述这些数字比例是于谦在奏章里头说的,见《明英宗实录》卷55)这1771428石粮食从何而来呢?本着就近节省成本的原则,帝国政府下令由山西地方百姓解决。可问题是山西绝对称不上是个自然条件优越的产粮区,倘若将这1771428石税粮任务交由"人间天堂"苏杭等地的老百姓来完成,那也是一笔不少的负担。明朝开国始朱元璋就实行重赋于江南之国策,明成祖迁都北京后帝国政府大搞南粮北运,那时每年的南粮北运之数就达4000000石。由此对比下来,我们就不难发现:山西一省每年仅供给三边镇的军粮就接近帝国政府每年大搞南粮北运之数的1/2。这对于本身自然条件并不好的三晋地区来说无疑是一项极其沉重的负担。

第三,山西是大明皇家宗室藩邸与俸禄的"重地","晋、代、沈三王府及郡王、将军、郡主、县主、仪宾岁禄"皆产由此。前章已述,明英宗时代山西一省的亲王、郡王就多达33个,将军、仪宾以下的多得不计其数,仅大同一城,"见有代府等十三府,将军、仪宾宅第三十余处,未出合郡王、将军及郡县主又不知其数"(《明英宗实录》卷308)。概言之,在当时山西地面上供养着一大批大明皇家"朱男朱女"及其他们的配偶与家眷,这些人饭来张口衣来伸手,平添了当地百姓的经济负荷。

第四,山西位于大明北疆前沿,军事防备任务重,军事活动频繁,由此造成当地摊派、差遣及苛捐杂税等额外负担特别多,"各部坐派物料、柴炭、夫役,内地军卫有司俸粮为费不一"(《明英宗实录》卷55)。

面对不堪负荷的生存压力,山西等地成千上万的老百姓别无选择地去当流民。大约自正统初年起自然灾害越来越频仍,而山西等地的流民也随之越来越多。流民越来越多,但政府规定的税粮定额等又不能减少,如此下来势必要让那些尚未逃跑和尚未成为流民的当地普通百姓都成了缴纳税粮的"大户",于是"人人畏其繁重,亦复逃徙,不惟负朝廷旷荡之恩,抑且误边疆缓急之用"(《明英宗实录》卷55)。

正统初元,在接到朝廷命令自己继续巡抚山西河南之圣旨后,于谦首先对当地的流民问题展开了一番详细的调查与研究,然后上奏正统帝。在奏文中他不仅剖析了山西流民问题愈发严重的根本原因,而且还提出了解决问题的方案:跳出山西一省的视野局限,从全国范围内来考虑问题,"请以法司赃罚并江南折粮银,每岁区画六十万两,分送大同、宣府,俟秋成易米上仓,或定价与米麦相兼支放,可免山西馈运之半,各部物料宜暂停止,则民无重困而军食足矣"(《明英宗实录》卷55)。

于谦的这个方案是讲,从大明法司部门罚没到的赃款、罚金和江南税粮折合成的银两中每年筹划600000两,然后让人分送到大同、宣府等山西边关重镇,等到秋季新米上市时将其购入上仓,或者定好一个米、麦价格比率,两者皆收购储备,然后再以此作为军粮发放给边镇将士。而在此过程中,朝廷应该下令给各部院,令其暂停对山西的物料科敛与苛捐杂税的摊派。如此下来,不仅让山西边关运输减少了一半的负担,同时也使得当地的百姓们舒缓了经济压力,且宣府、大同与偏头关等边镇的军粮需求也可得到满足。

正统帝接到于谦的奏章后,交由户部等相关衙门的官员集议。少保、工部尚书吴中支持于谦的主张,户部官虽然提出了于谦的方案不合成例的说法,但最后还是肯定了其合理性。明英宗随即批准了该方案。(《明英宗实录》卷55)由此,山西百姓的负荷压力大减,流民问题也逐渐开始得到了控制。

大约半年后,于谦在山西、河南等地"抚定寄籍者三万四千二百三十户"(《明英宗实录》卷63)。这近35000户安定下来的流民家庭到底有多少人?按照古时候家庭人口的规模而言,大致平均每户人数为5人,那么35000户就相当于175000人。半年时间,就安抚了175000人,按照官场的一般思维,该巡抚大人真可谓功莫大焉,也可好好歇一歇了。可心系天下的于谦却并没有因此满足,正统五年(1440)正月癸亥日,他上奏正统朝廷,对解决流民问题提出了"久远之计":"逃移之民,递年躲避粮差,以为得计。即今寄籍之数,既有乡贯来历而易于察理,又有主保收领而难于复逃,比之往年,颇有次第,镇之以静,待之以宽,固可无虑。而此辈动以万计,中间岂无凶顽奸诈脱逃军囚来历不明之人,所宜设法防闲,以为久远之计。"(《明英宗实录》卷63)

于谦上奏的这个奏章的中心意思就是上请正统朝廷,要求对已在山西寄籍(长期离开本籍,居住在外地,并附于当地籍贯的就叫做寄籍)的流民及其相关人群进行适度的清理,从根本上挖掉动乱的"苗子"。朱祁镇接奏后,"览奏称善",随即跟当时大明都察院一把手陈智这般说道:"朕主宰天下,务使民庶安生乐业,永享大平。比者有贫民困乏,迫于科差,遂致逃移。已曾选官,抚招复业,又有诏书宽宥厥罪,许于随处附籍,纳粮当差,其愿复业者复其粮差二年。今省谦所奏,恐尚有潜匿山林、拘留豪势之家者,不知朝廷招抚,尚未复业,似此者除令有司招抚存恤,其已复业者所在官司如例优恤,中间敢有展(通'辗')转复逃、团聚山林湖泺、投托官豪势要之家、藏躲抗拒官府不服招抚者,正犯处处死,户下编发边远充军,里老窝家知而不首及仍前占悋者同罪。该管官吏一体论罪。"都察院接到皇帝的这番谕旨后,岂敢怠慢,"备榜晓谕禁约,遍行河南、山西、南北直隶各处"(《明英宗实录》卷63)。

治标又治本,正因为有于谦这样的好官巡抚北方、安缉流民,大明帝国后来尽管在山西边关不远处发生了皇帝被俘和瓦剌南侵之国难，但这一带地区却并没有因此发生大乱，这不能不说是于谦等清官循吏对当时帝国所做出的重大贡献。

也许正是考虑到稳定河南、山西等北方地区的重要作用，正统四年(1439)六月，英宗朝廷对九年任满且考绩合格（明代考绩合格相当于现代的优秀等第，笔者注）的巡抚河南山西、行在兵部右侍郎于谦做出了升任本部左侍郎与仍理前事的任职决定(《明英宗实录》卷56)并令其"食二品俸"。当时大明朝廷尚由"三杨"等顾命大臣辅政，也许都是正人君子的缘故吧，"三杨"等老臣非常敬重品行俱佳、才能果敢的于谦(《明史·于谦传》卷170)。

一个外放的后生小辈居然能受到朝廷数朝元老的如此礼遇，这在讲究权力本位与论资排辈的中国传统社会里是十分难得的，由此可以看出于谦在当时大明朝廷内外的地位与分量了。史载：于谦的奏章早上送达北京明皇宫，到了晚上由"三杨"票拟的朝廷处理意见就下发了。换句话来说，于谦的建议与进言很得"三杨"为首的顾命大臣所辅佐的正统朝廷的支持，也正因为如此，当时作为封疆大吏的于谦在地方任上干得风生水起。

那时各地灾荒特别多，本身自然条件就不好的河南、山西等地老百姓的生活十分艰辛，一旦遇上自然灾害，就会命悬一线。于谦发现了该问题所隐含的巨大后患后直接上奏朝廷，说："建立规章制度不难，难就难在坚持和恪守。小臣曾目睹我大明当年推行的洪武预备仓之法，筹划布局合理，处置得当，这不仅仅是为万民谋福，而且也想让万世得利啊！可日久之后，洪武预备仓之法逐渐被人废弃了。承蒙皇上涣布德音，兴举旧制，小臣受命巡抚河南、山西，总揽与督理这里的事务，恢复洪武旧制，储备粮食以备灾荒之际救济芸芸众生。就今日小臣巡抚之地的储备仓内在仓储粮数目而言，恐怕不下数百万石。由此看来应对大灾荒是没什么好怕的了。但眼下还有另一类问题亟须解决，那就是每年到三四月份青黄不接之际，我们河南、山西一带的百姓生计往往会出现难以为继的窘迫。对此，小臣想到了一个解此燃眉之急的办法：每年三月初就让州县官留心调查与登记生活有困难的家庭，然后将之上报给省里，省里布政司与按察司对此进行核实，一旦确认没什么问题了,就让地方上打开储备仓,贷粮接济那些嗷嗷待哺的百姓。原则上政府对人口多的家庭每月贷粮3斗,对人口少的每月贷粮1.5斗。五月时蚕豆、麦子上市时就停止放贷,随即将贷出的粮食数目一级级地往上呈报,直至中央户部。等到秋收以后再让贷粮百姓予以偿还,年底时地方官府汇总各自辖区内的贷粮偿还情况。如果是老弱贫残者或家里实在贫困得无力偿还的,官府设法代其偿还官粮,这样就使得官方设立的预备仓之储粮不会减少。至于放贷粮食的次序,应该先是菽,然后是蜀秫,再是黍麦,最后才是米稻。这是放贷粮食过程中的一个总体性先后顺序,但要是有些粮食放久了,还是尽早放贷出去为好,以免在官仓中藏久了腐烂掉。地方州县官要是有能力通过经济杠杆来盘活预备仓内的粮食,不致使其腐烂的话,那么朝廷就应该让他们放开手脚,好好地经营一番。与此相对应,地方州县官一旦任满当迁,上级部门就应该对其辖区内的预备仓储粮情况进行考察。要是仓内储粮不足的,就不能让他离任他迁。而朝廷还应时不时地派遣风宪官即纪检干部前去地方上检查、考察预备仓,'如此则出纳以时而所贮不腐,防闲严密而奸弊不生矣!'"(《明英宗实录》卷76;《明史·于谦传》卷170)

　　正统朝廷接到于谦的奏章后,认为其主意不错,随即予以准行。差不多与此同时,于谦还上奏朝廷,请得130000银两的赈饥款,分发到辖区内的各州县,令其在通衢要隘煮粥,救济饥民。他甚至从自己的俸禄积蓄中拿出2500两,带头捐款,并动员各级官员及地方"土豪"、大款们一起献爱心,建立"尚义仓"和"平准仓"(简称"两仓"),储粮备荒,然后在"两仓"前竖碑立坊,将献爱心的豪门富民之名镌刻其上,以示旌表鼓励。

　　与此积极解决民生问题之举措相适应,于谦在继续留任河南、山西巡抚期间还展开了深入的调查研究,着力解决黄河腹地河南的水患问题。他组织当地民众加固黄河堤坝,并沿堤计里置亭,每一亭设亭长一人,责令其督率亭内百姓专门负责大堤的修缮。在此基础上,为防止黄河沿岸大堤的水土流失而引发河水决口,于谦又令人在大堤上种植榆树与柳树,在其附近再让人一一凿井。如此下来,河南境内黄河沿岸榆柳成荫,商旅往来不仅畅通无阻,且无干渴之苦。(《明史·于谦传》卷170)

诚如前言，山西自永乐迁都、大宁都司南徙至保定后一下子成了拱卫京师的边关省份，尤其是其北方大镇——大同孤悬塞外，军事情势格外错综复杂。为此于谦上章朝廷，恳请上方派出御史，予以专门督理。同时他又直面山西边关军事费用开支颇大等难题，将边镇将领私自强占的土地没收为官府所用，以此进行屯田，然后再将屯田所得的收入补充边防费用。

　　正因为于谦恩威并施，又政绩斐然，所以他赢得了广大官民的啧啧称赞，就连当初饥荒之年逃入了太行山入伙为盗的暴民们也因为耳闻了他的美名而纷纷返乡安心下来生活了。(《明史·于谦传》卷170)

　　至此我们不难看出，正统中后期在大明帝国上下普遍腐败的情势下，于谦确实是个不可多得的经世治国之才。

　　大凡有才的人都比较傲气，于谦也不例外。明代官史说"(于)谦英迈过人，历事三朝，知无不言，巡抚十有八年，政达大体"；又说他"恃才自用，矜己傲物"(《明英宗实录》卷274)。

　　正统初元，大明朝廷正由"三杨"为代表的顾命大臣辅政着，傲气的经世治国之才于谦总算在此期间得到了施展自己才能的机会。但自正统中期起，随着"三杨"为代表的辅政大臣一一谢世和平庸无能的正统帝亲政，"矜己傲物"的于谦开始遭受无尽的烦扰与痛苦。

　　那时大明朝廷上下风气已变得很不正常，大珰王振一手遮天，宫廷内外大小臣工大多趋炎附势，唯独于谦等正直官僚压根儿就没把这当回事。在他的内心深处：我是大明帝国的大臣，尽心尽力地做好自身的工作，那才是对国家社稷的最大忠诚！于是每次回京议事，他都是一身轻便，囊橐空空如也，在众多的外放廷臣中显得十分另类。他曾为之写诗云："手帕蘑菇及线香，本资民用反为殃。清风两袖朝天去，免得闾阎话短长。"(【明】于谦：《入京》，姜葆夫、韦良成选注《常用古诗》)那时已经不可一世的宫廷大珰王振听说后视于谦为怪物，并对他忌恨在心。刚好朝中有一个与于谦同名同姓的御史得罪了王振，王振就暗中授意通政司右通政李锡等弹劾于谦。拿什么证据来弹劾呢？李锡搜肠刮肚找了好久，可一直没找到证据。忽然有一天，事情出现了转机。(《明英宗实录》卷77)

第1章　保卫北京　拯救大明

正统六年(1441)三月庚子日,一直在河南、山西当巡抚的于谦从工作地轮换角度向朝廷提出了建议:想让参政王来和孙原贞来代替自己巡抚晋豫大地。按理说这样的上请建议本来也没什么不妥,但对于蝇营狗苟之徒李锡来说却如获至宝,他立即上奏正统帝朱祁镇,弹劾于谦久于外放不迁、怨望朝廷、擅自荐人自代,实为不忠!那时已经沦为大珰王振应声虫的六科给事中与十三道监察御史立即看懂了"戏中戏",他们交章弹劾于谦。向来苛严对待臣僚的明英宗可能是看在于谦往日工作业绩的份上,只是作出了对其进行记过处分的决定。可谁曾料想,在这以后不久,当于谦来到朝廷汇报工作时,六科给事中与十三道监察御史立即再度发起了对他的弹劾。他们认为正统帝先前的处理不够严厉,理应将于谦逮捕入狱。正统帝一时没了主意,但他的"父师"大珰王振示意他决不能"姑息养奸",应当严厉惩罚这类"不忠不孝"之徒。这下可害苦了于谦,他一路风尘仆仆地赶回京城,还没来得及歇一歇,不仅让人给弹劾了,而且还稀里糊涂地被关进了都察院的大牢里。(《明英宗实录》卷77;《明史·于谦传》卷170)

　　三个月后一个偶然的机会,有人说起,有个监察御史叫于谦的怎么怎么可恶。正统帝的"父师"王振王先生听到这里,终于明白:前面自己整人整错了。那怎么办?直截了当地将错案给纠正过来?说得倒简单,要是这样的话,那就不是我们中国特色的政治了。人家皇帝的"父师"王先生真要是跟人说:"我搞错了!"那他老人家的脸面往哪儿搁?所以万万不可直说,只能绕着弯子说或做。先是王振令人以天热清狱为名,将于谦从牢里放出,并放出话来,让他改过自新。过了一段时间正统帝的"父师"又暗示学生皇帝朱祁镇从"治病救人"和"爱惜人才"的角度出发,给于谦恢复朝臣的身份,不过还是将其正二品的兵部左侍郎、巡抚官给抹掉了,降官为大理寺少卿。(《明英宗实录》卷79、卷274;《明史·于谦传》卷170)

　　再说于谦原先巡抚的河南、山西两省那时空缺巡抚官已达数月之久,好多地方政事都不便处置,当地的人们又听说于大清官到了朝廷汇报工作,却莫名其妙地遭罪,数千名吏民自发地来到北京,伏阙上书,要求朝廷"归还"于谦,巡抚当地。这时,在河南、山西的大明皇家宗室周王府与晋王府也派人上北京明皇宫,力言于谦的功德与佳绩。而恰恰就在这时,山西地方上又不断有人向朝廷上奏,说那里发生了严重的灾荒,成群结队的山西饥民涌向河南就食。如果朝廷再不派出巡抚大臣前往当地进行抚恤的话,其后果不堪设想。(《明英宗实录》卷274;《明史·于谦传》卷170)

面对如此态势,行在户部尚书刘中敷上言建议:解决山西等地的问题没有谁比于谦更合适了!正统朝廷当场就来个顺水推舟,任命行在大理寺左少卿于谦仍巡抚山西、河南。(《明英宗实录》卷82)"时山东、陕西流民就食河南者二十余万,(于)谦请发河南、怀庆二府积粟以振。又奏令布政使年富安集其众,授田给牛种,使里老司察之。"史载:于谦巡抚河南、山西"前后在任十九年,丁内外艰,皆令归治丧,旋起复"(《明史·于谦传》卷170)。

正统十三年(1448),在外巡抚了19年的于谦终于被正统帝调回了朝廷,任职兵部左侍郎,即相当于他10年前的官衔。一个德才兼备且做出了很大功绩的好官在外当了10多年的巡抚回朝后居然还官旧任,这对于一般人来说或许还真不那么容易接受,但于谦却似乎毫不介意。

那时兵部的一把手即兵部尚书邝埜与于谦都是永乐时代的进士,不过从登科的时间角度来讲,邝埜要比谦早十年,他是永乐九年(1411)进士,而于谦则是永乐十九年(1421)进士,按照中国传统社会科场及第与文人官僚间形成的成规惯例,于谦应该喊邝埜为老前辈或老师呐。不过在"为人勤廉端谨"(《明史·邝埜传》卷167)的邝埜看来,能与谦这样的经世治国之才同事一朝,共理兵部,那简直就是上苍格外恩赐的福分。因此,凡是部里有什么重要的事情,他总会找于谦商议。而于谦本身也是个儒雅的学士文臣,且才干出众,对于谦谦君子般的上级领导如此尊重自己,他打心底里敬佩邝埜。于是两人在兵政领导工作与军事谋划等方面精诚合作,为了大明江山社稷的安稳而不辞辛劳地操持着。

正统十四年(1449)七月,北疆边关急报:瓦剌入寇!血气方刚的正统帝朱祁镇在大珰王振的唆使下,没经群臣廷议而率性地下达了御驾亲征的诏书。兵部尚书邝埜与左侍郎于谦等极力谏止,可小杆子皇帝哪儿听得进去,一意孤行,坚持亲征。邝埜随驾从征治兵,于谦被留了下来,料理兵部之事。(《明史·邝埜传》卷167)

第1章 保卫北京 拯救大明

土木堡之变突发,消息传之北京,群臣云集阙下,怨愤不已,舆论汹汹,刚受命留守北京本不问政事的郕王朱祁钰对此却不知所措。幸亏于谦、胡濙等朝廷重臣处置得当,当场驳斥了徐有贞等人的南迁主张,这才初步稳定了大局。

○ 为保卫京师于谦、周忱等积极献计,郕王顺应时势,甚得人心

当然稳定大局仅靠舌战逃跑主义者是远不够的,最为关键的还得要落实到实际行动之中。鉴于瓦剌也先在土木堡一下子击溃了500000大明军,气势正旺,接下来很有可能会挟持着俘虏皇帝到大明北疆上闯关。前两天不是有人来报,说是也先绑票了正统帝在宣府叫关呐!由此看来,他们还真有可能会继续南犯,围攻大明之都北京,因此当务之急就是保卫北京。而要保卫北京首先得解决好三大问题,即军队、粮食和人心。"时京师劲甲精骑皆陷没,所余疲卒不及十万,人心震恐,上下无固志"(《明史·于谦传》卷170)。那么怎么解决这三大问题?

于谦等上奏郕王朱祁钰,建议从河南等都司以及南北直隶卫所中调集先前御史所选备调的官军到北京,从山东、南直隶备倭军中选取4500名精壮兵士,再将江北直隶、北直隶36000名运粮官军也调来,在北京统一进行操练,"以次经画部署"。郕王朱祁钰当即批准了于谦等人拟订的方案,并下令予以实施。由此一来,原本十分空虚薄弱的北京军事防卫力量得以迅速增强。(《明英宗实录》卷181;《明史·于谦传》卷170)

北京军事防卫力量得到了增强,但要是没有足够的粮食储备,那也难以守卫好大明首都的。由于当年明成祖盲目迁都,没有充分考虑到并不富庶的北京及其周围地区的经济承受能力,于是自永乐起,大明首都的粮食供应成为了困扰与折磨帝国君民的一大难题。不过在魔鬼的天才皇帝朱棣那里,他有的是办法:劳师动众地疏通南北大运河,从江南地区搜刮民脂民膏,再劳民伤财地运往北京,这就是历史上充满血和泪的南粮北运。但即使这样,通过大运河进行南粮北运的终极点也没能直接定格在北京,而是在其东60里的通州,由户部仓场侍郎负责管理收支。所以说永乐之后的京郊通州应该算得上是大明首都的大粮仓。在没有大战事的和平

年代,明朝官方会组织人马按部就班地从通州运粮到北京城里去。但土木之变爆发得太突然了,500000大明军垮得太快了,以当下的情势,瓦剌军很有可能向着北京方向继续进犯过来。一旦这样的局面出现,京郊通州数百万石的粮食便会落入敌手,到那时很可能重现北宋末年的悲剧:金兵占领了开封城外的牟施冈粮库,稳稳地围灭北宋朝廷。因此当时有大臣提出,不管三七二十一,先派人上通州去,一把火将它给烧了,以免留下巨大的后患。刚好这时来北京公干的江南巡抚周忱听说了此事,他当即提出了异议:"(通州)仓米数百万,可充京军一岁饷,令自往取,则立尽,何至遂付煨烬?"(《明史·周忱传》卷153,【清】夏燮:《明通鉴》卷24)

周忱的主张好是好,一旦实行了,它既能使通州仓的粮食不落入敌人之手,又能为我大明军民所用,以做长期抗战的准备。但问题是如何去做呢?只见得朝堂上的周巡抚款款走出群臣行列,如此这般地向郕王朱祁钰讲述他所想到的上通州去取粮的方法。在旁的于谦等大臣听后立即称好,郕王当场下令:第一,对于新选军士之余丁官舍并旧操舍人及报效者,朝廷赐予每人银1两、布2匹,守城匠人、守门军火夫并皇城四门内外官军每人赐布2匹,顺天府急筹500辆车,大家突击上通州去运粮。第二,在京文武官员,自下月即正统十四年(1449)九月起到明年五月的俸禄之米,朝廷现在预先发放,各官员自己想办法到通州去取;在京的全体军人也预发半年的粮饷,同样也是由自己到通州去运取。第三,北京城内有车之家能到通州去运粮20石进京仓的,大明朝廷给予1两银子的奖励。"在京从五城兵马、通州从都指挥陈信挨报,令各司官管运,仍令户部差官二员、御史二员、给事中二员沿途提督巡察,以都御史陈镒、指挥同知马顺、都督同知武兴、都指挥汤节等总其事。"(《明英宗实录》卷181)

稍后,朱祁钰又发布了《运米则例》,规定:"通州运至京仓,杂犯斩、绞三百六十石,三流并杖一百,徒三年者二百八十石,余四等递减四十石,杖每一十八石,笞每一十四石。通州运至居庸关、隆庆卫等仓,杂犯斩、绞九十石,三流并杖一百,徒三年七十石,余四等递减十石,杖每一十二石,笞每一十一石。"此《运米则例》一出,社会边缘人群——囚犯也给发动了起来。(《明英宗实录》卷184,《废帝郕戾王附录》第2)于是人们看到,从通州到北京的道路上正活跃着一支人欢马跃、川流不息的运粮队伍。由于以郕王为中心的新朝廷政府决策正确,将个人的切身利益与高度的政治热情巧妙地结合在一起,运粮备战与保家卫国融为一体,官员、军人和百姓以及囚犯等各方面的积极性都给调动了起来,因此那时的大明帝国首都及其周围地区出现了开国以来罕见的欢快喜人局面。通州运粮问题很快得到了妥善的解决,这为不久后的北京保卫战奠定了坚实的物质经济基础,也充分显示了正在形成中的以郕王朱祁钰和兵部尚书于谦等人为核心的新帝国政府不仅适应时势,而且还很得人心!

- 国难之际,孙太后要立两岁的娃娃为国君,朝廷大臣急欲立长君!

面对这样可贺可喜的大好情势,作为当时领导核心阶层的主要人物于谦却有着阵阵的不安。正统中后期起,大珰王振擅权,朝纲不振,贿赂公行,武备废弛,危机四伏,以至于最终英宗皇帝蒙尘北疆,数十万大军全军覆没,对此于谦痛心疾首。但自小起就接受的传统儒家忠君爱国思想教育与熏陶又使得他时时刻刻地盼望着正统帝能奇迹般地归国复位。然而残酷的现实摆在眼前,尽管皇太后、皇后按照"绑匪"也先的要求,偷偷地"奉献"了一大批的金银财宝,尽管正统帝本人也派了使者回京要去了一大批珍宝去讨好也先,可六七天过去了,御驾回还却愈发遥遥无期。如果君位长时间空缺,大明帝国人心就会很不稳定。人们不是常说:"国可不能一日无君!"因此在目前正统帝不在的情况下,从保住大明江山社稷角度来考虑还不得不拥立一个新君。虽然这样做很对不起正统帝,也可能为自己的将来带来不可预测的后患,但于谦认为:自己一心为公,光明磊落,满腔热血,上可昭示天界神灵,下不欺瞒黎庶百姓。即使日后正统帝复位了,想必他也能谅解自己的一片苦心啊!想到这里,他就联合了一些朝臣,上请皇太后孙氏速定新君,以固邦本,以安人心。(《明英宗实录》卷181)

尽管于谦等人的上奏说得很含蓄、很巧妙,但对于孙太后来说却是不小的刺激与震惊。这些天来她日日夜夜所担心的事情最终还是发生了。坦率而言,与历史上大腕级的政治女星吕雉、武则天等相比,孙太后算不上是什么厉害人物。宣德年间皇帝老公在世时,这对活宝夫妻一唱一和地导演了一场绝妙的"逼宫"闹剧,虽说他俩达到了事先预期的目的,但也让杨士奇等正直大臣从内心深处予以鄙薄,由此可见其伎俩的水准。而今皇帝老公不在了,孙太后那张漂亮脸蛋也早已不管用了,剩下的就是让人一看就能看到底的"美人心计"。面对大臣们的上请,孙老美女装聋作哑地予以这般回应,你们不是要我速立新君吗?按照惯例,新君就该由皇太子来担任。而正统皇帝在被俘时他的正宫还没有产出龙仔来,现在要想速立新君就必须得从正统后宫庶出皇子中选立一个为皇太子。按照传统的"有嫡立嫡,无嫡立长"的原则,正统十四年(1449)八月二十日,即土木堡之变后的第6天,孙太后让司礼监太监金英传旨:"立(正统)皇帝庶长子(朱)见深为皇太子。"(《明英宗实录》卷181)

当时朱见深多大?才两周岁,所以说皇太后孙氏的这道圣旨简直就是糊弄朝廷大臣的,故而当金英传达完孙太后的懿旨时,朝堂上顿时议论纷纷。国家正处于危难之际,一个2周岁的娃娃当皇太子,何以能领导全国人民共渡眼前的国难呢?也算皇太后孙美女"聪明",两天后的八月己巳日即二十二日,她赶紧做了"补救",让人宣诏:"迩因虏寇犯边,毒害生灵,皇帝恐祸连宗社,不得已躬率六师,往正其罪。不意被留虏庭,尚念臣民不可无主,兹于皇庶子三人之中选其贤而长者,曰:'见深正位东宫,仍命郕王为辅代,总国政抚安天下。'呜呼,国必有君而社稷为之安,君必有储而臣民有所仰,布告天下,咸使闻知。"(《明英宗实录》卷181)

从这道诏书来看,至少以下三点值得我们注意:

第一,孙太后直到土木堡之变后的第8天才被迫宣布正统皇帝被留漠北,但即使这样,她还是竭尽全力地为自家宝贝"儿子"朱祁镇的草率愚蠢行为辩白和掩饰事情的真相。什么"虏寇犯边,毒害生灵,皇帝恐祸连宗社,不得已躬率六师,往正其罪",什么"不意被留虏庭"(《明英宗实录》卷181),她就是不说正统皇帝被人家俘虏了,更不提自己已经支付给"绑匪"巨额的赎金而没能将皇帝赎回来这档子暗箱操作的事情。

第二，孙太后强调朱见深的皇太子地位，仍命郕王朱祁钰充当"辅代"的作用，"总国政抚安天下"（《明英宗实录》卷181），再说白一点就是要他像历史上周公那样，辅助成王，等成王长大了，将权力交还出来。

第三，她只字不提国难当头之际如何确立新君领导全国人民共渡国难，却大打太极，尽说一些不着边际的话，什么"国必有君而社稷为之安，君必有储而臣民有所仰"（《明英宗实录》卷181），就是不肯将有众望所归之势的合适新君人选朱祁钰捧上皇位。

其实这几天孙太后的算盘打得叮当响，宝贝儿子朱祁镇亲征前确立了同父异母的皇弟朱祁钰留守，而朱祁钰在晴天霹雳般的土木堡之变后所表现出来的言行举止大体上还是得体的和得人心的，加上其身份很特别，是当时国难之际最为合适的皇帝人选，于谦等朝臣上奏所请的也正是要立朱祁钰为新君。可孙太后却不乐意，道理很简单，因为朱祁钰不是她生的，他是明宣宗朱瞻基的次子，生母是吴贤妃。（《明史·景帝本纪》卷11）一旦立了吴贤妃生的朱祁钰为帝，朱祁钰必将会尊崇自己的老妈吴贤妃，而孙太后即所谓的正统帝"生母"就会被冷落下去。更有麻烦的事情可能还在后头，一旦朱祁钰当了皇帝，要是他的哥哥正统帝从漠北回来了将会受到何等的处置呢？要是朱祁镇不再当皇帝，那么大明皇家的帝统就得让朱祁钰这一支来传承下去了！想到这里，孙太后倒抽了一口冷气，在贴身太监的提醒下，她最终拿定主意：先立"宝贝儿子"的庶长子朱见深为皇太子，再次强调郕王朱祁钰的"辅代"，就如周公辅助成王一般。这样一来就确立了大明帝统不论正统帝能不能回来，帝位一直在为他留着。哪想到国难之际的大臣们却对此很不买账，尤其是以于谦为代表的主张拥立朱祁钰为新君的朝臣们征引了"民为贵，社稷次之，君为轻"等传统儒家的大道理来说事，一下子就将孙太后等人的英宗皇位保留主张给巧妙地顶了回去。而孙太后也不是什么省油的灯，在接下来的日子里她不管国事究竟如何危急，就恪守一条，对册立新君之事三缄其口。（《明英宗实录》卷181）

- 皇帝应该是最爱国的,可大明正统帝却是这样的一个软骨头,配合敌军来大同扣关,在遭守将郭登拒绝后,又令人从大同国库中取出财物来讨好瓦剌人

与上述这位"国母"大人有着相似甚至更差表现的是她的那个宝贝"儿子"、身陷虏廷的活宝皇帝朱祁镇。

○ 瓦剌太师也先流窜至大同"作案",无耻"肉票"皇帝明英宗配合扣关

前文讲过,土木之变后的第3天,瓦剌军押着正统帝来到宣府叫关,没想到遭到了杨洪、罗亨信为首的守关将士正义凛然的拒绝。无计可施的瓦剌太师也先只得再次动用手中的那张皇牌,让正统帝朱祁镇给杨洪写了一封书信,然后叫弓箭手将书信射入宣府城内。杨洪接信后,将原件封好,然后叫来快骑,将其直接送往京城。这下可让也先、正统帝他们空等了一场。

见到宣府这里实在无利可获,甚至连一点小便宜也捞不到,也先只得继续押着正统帝向着下一个边关重镇进发。3天后的八月二十一日,他们来到了山西大同镇。(《明英宗实录》卷181)一到那里,也先就让人给城里传话:"我们只是要些金银布帛等财物,没有其他的企求。你们的正统天子在我们的手里,只要你们乖乖地将我们要的东西如数送到的话,我们就放了你们的皇帝!"此时大同总兵官为广宁伯刘安,而具体负责军事守卫的是刚刚被擢升为都督佥事的郭登。郭登何许人也?

郭登,字元登,明初朱元璋大杀功臣时仅留的两个侯爷之一的武定侯郭英之孙。从血缘亲属关系角度来讲,郭英是朱元璋的小舅子,而作为明太祖第五代子孙的明英宗朱祁镇可能应该喊郭英之孙郭登为舅公。由此说来,这个叫郭登的将领也是个地地道道的"官三代"或"军三代"。不过郭登可不像现在某些"官二代""官三代"那样,全靠着爷爷或父亲大包大揽而得以"成长"。他的爷爷郭英一生很尴尬,洪武时期十分得宠,朱元璋最终留下他与耿炳文两个侯爷,大概是要他俩共同辅佐好建文帝。可没想到的是建文

帝一上台,"好叔叔"朱棣就在北方造反。郭英理所当然地接受了建文朝廷的安排,作为偏将领兵与燕军作战。哪想到自古以来绝少能最终取胜的地方藩王武装叛乱居然在建文末年获得了成功,身份特别的郭英在最后的时刻投降了燕王朱棣。朱棣登位后一年即永乐元年(1403),原本身体还硬朗的武定侯郭英突然薨世,郭家就此风光不再。(《明史·郭英传》卷130)

郭登的父亲叫什么?有什么史绩?史书并没有留下什么记载。以笔者愚见,很可能当时郭家家道中衰。不过到了郭登时其情势又开始变化了。这种变化主要归结于郭登本人拥有一定的才干和不断的进取。

○ 郭登这个"官三代"可不一般,君辱国难,他方寸不乱,坚守大同城

郭登自小就很聪明、机灵,可能是受爷爷郭英喜欢读书的影响,在大明功臣后代大多成为纨绔子弟的映衬下,喜书好学、博闻强记的郭登简直就是鹤立鸡群。据说他看书后总喜欢作些总结和评论,尤其在谈起军事战争与战略时往往会讲得头头是道,让听者不得不心悦诚服。洪熙年间,作为大明功臣的后代郭登被朝廷授予勋卫,可能相当于中下级军官吧。

正统中期,郭登受命跟随兵部尚书、总兵官王骥远征西南麓川,因作战有功,被授予锦衣卫指挥佥事。后跟随沐斌南征腾冲,迁署都指挥佥事。正统十四年(1449)七月,正统帝在大珰王振的蛊惑下草率下诏御驾亲征,郭登随驾扈从。因一路上所言所行为天子朱祁镇赏识,行至大同时,"超拜都督佥事,充参将,(辅)佐总兵官广宁伯刘安镇守(大同)"(《明史·郭登传》卷173)。车驾行至雷家站时,瓦剌骑兵开始跟踪大明军,明英宗命令太子太保朱勇迎敌,不料在鹞儿岭中了埋伏,朱勇所率队伍全军覆没。这时不可一世的正统天子才意识到形势的严峻,于是突然改变主意,不再亲征,立即班师回京。而就在这当口,郭登跟随驾学士曹鼐、张益说:"车驾返回最合适的路线应该是从紫荆关入。"哪料到权珰王振执意不从,终使土木之变爆发。那时,郭登正与广宁伯刘安在土木堡不远的大同负责镇守,听到随驾明军惨败的消息后,立即下令加强

大同军事防守，防止瓦剌也先来袭。(《明史·郭登传》卷173)

就实而言，那时的大同情势也很不佳。正统帝御驾亲征之前，大同已遭受了瓦剌军的袭击，将士死伤无数，城内城外一片萧条，人心汹汹，就连大白天城门也不开启。郭登看到这样的境况很是着急，经过一番思考后便将兵士们召集起来，他慷慨激昂地登台发表演说，鼓励大家奋勇杀敌，保家卫国。当然光有雄心壮志还不够，最为关键的还得要落实于实际行动。郭登深知此理，带头上城头，与将士们一起修葺被瓦剌军搞坏了的城墙，修缮兵器。一旦空闲下来，他就深入军中，抚循士卒，吊死问伤，甚至亲自为受伤兵士敷药和包扎伤口。郭登还经常将这么一句话挂在嘴边："吾誓与此城共存亡，不令诸君独死也。"这下着实感动了大同守军将士，大家都乐意听命于他。因此说，尽管土木之变明军一败涂地，但与之不远的大同城在郭登的治理下却是众志成城，固若金汤。(《明史·郭登传》卷173)

正统十四年(1449)八月二十一日，瓦剌太师也先挟持着正统帝来到大同城下扣关，碰到的对手正是这位在军队中一路磨炼过来的优秀领导郭登。郭登听说这回也先来大同扣关，俘虏皇帝朱祁镇也被挟持到城下，他先不作声，让人去侦察一番后再做决定。这样一来，城下叫关的人可不耐烦了，怕死的无耻皇帝朱祁镇就让人传旨大同城中，说："郭登，朕与你是姻亲，今天你怎能将朕拒之城外？"郭登听说后派人去回话："臣奉命守城，不知其他。"这时一直紧跟正统帝的锦衣卫校尉袁彬可着急了，他想：在宣府也先已经吃了闭门羹，灰头土脸的，这回在大同要是再吃闭门羹、得不到财物的话，他很有可能就会恼羞成怒，进而加害正统帝。情势十分危急，怎么办？忽然间一个绝妙的主意从袁彬头脑中迸出，只见他手举驾牌，快步走到大同城下，用头猛烈撞击城门，并大声哭喊。(《明英宗实录》卷181;《明史·郭登传》卷173)

城上的人见到这番架势，又听到是汉人在哭喊，估计着是正统帝派的什么人来扣关了，于是赶紧向郭登作汇报。郭登听后令人将箩筐从城上放下，让袁彬自己爬到里头去，再叫人将箩筐吊到城上。见到袁彬，听其诉说，郭登与刘安大致了解了土木之变的经过及其当前的情势。几个人一合计，决定先由广宁伯刘安、给事中孙祥和大同知府霍瑄出城去探个究竟。

○ 大明竟有这样无耻的国君,拿了国库里的钱去讨好"绑匪"竟然脸不红

再说刘安等人一出城,看到由20来个瓦剌兵围着一个人正迎面而来,他们立即放慢了脚步。这时,正统帝已经迫不及待了,远远望见刘安等人就说道:"汝等勿疑。朕,汝主也!"刘安等人原是正统朝廷派出来的高官,在北京时曾多次见过主子,这不,眼前这位失魂落魄的老兄不就是当年在皇宫里颐指气使的正统帝?!他怎么会变成这样?容不得多问了,眼见为实啊,大家立即伏地叩拜,恸哭不已。(《明英宗实录》卷181)

过了一会儿,众人的情绪稍稍稳定了一点,正统帝就跟刘安说:"你回去跟郭登讲,是朕,没假!再有就是叫上一个精通蒙古语的翻译,让他与袁彬一起出来。"刘安以旨行事。没多久,穿着正装的都督佥事郭登率领镇守大同的大小官员走出大同城,见到俘虏皇帝,大家立即跪了下来,郭登边哭边说:"随驾大军原本好好地东向回京,哪料到竟然会落到这般田地呀!"正统帝听后这样应答道:"将骄卒惰,朕为所误,复何言?"到了这般地步了,糊涂的明英宗还不归罪于王振误国,真是无药可救!郭登是个聪明人,昔日主子再愚蠢,作为臣子也不能明说,只是场面上应诺一声而已。可正统帝却来劲了,随即问道:"大同国库里的钱物有多少?"郭登说:"大概还有140000两银子吧!"正统帝当即命令郭登从大同国库里取出22000两,将其中的5000两献给也先,5000两献给伯颜帖木儿等3人,还有12000两分给其他的瓦剌头领与将士。郭登只得遵命。再看明英宗拿了国库里的钱去讨好"绑匪",以此来换得"绑匪"对他的关照,作为一国之君如此慷国家之慨居然一点也不脸红,史载:"时上(指正统帝)谈笑自若,神采毅然。"(《明英宗实录》卷181)

再说那个叫袁彬的校尉与通事即翻译自从接到刘安转达的正统帝圣旨后,岂敢怠慢,立即上武进伯朱冕、西宁侯宋瑛、内官郭敬等高官家中取出了3件蟒龙衣和金银细软,再到指挥、千户、百户等军官家中取出了一大堆衣服和彩段(币),车载手抱地拿出了大同城,直接来到俘虏皇帝朱祁镇跟前。朱祁镇当即令人将这些财物奉献给了也先等,唯恐不周,他随后又让郭登大摆酒席,宴请瓦

刺首领与全体将士。(《明英宗实录》卷181)大概是犒劳他们俘虏了明朝天子,劳苦功高!

由此有人曾这么说:每当国家民族危难之际,常常会出现无数的平民民族英雄,而与此相对的则是地位越高的人越容易当卖国贼或无耻的叛降者。我看这话一点也不假!

再说当时的明英宗在干完此等无耻之事后,或许其良心稍稍有些不安,最终还是跟郭登这么说道:"固守城池,人来有所传报,必察诚伪,慎勿轻信!"(《明英宗实录》卷181)

吃也吃饱了,喝也喝够了,拿也拿了不少了,"瘟神"北房终于在城外扎营安静下来了。可镇守大同的都督佥事郭登的内心却久久不能平静,望着漆黑的夜空,他焦虑着、筹划着……忽然想到救驾一计,随即叫来手下将官,让他趁着黑夜迅速赶往大同城西20里的瓦剌军扎营地,密见校尉袁彬,请正统帝找个借口从瓦剌营地出来到附近的石佛寺去拜佛,郭登将派出5名夜不收(机敏的侦察兵)暗中跟随,寻找合适的机会,带着正统帝从小路奔向大同城。这本来是一出妙计,当然冒的风险也很大。当袁彬将郭登的密计告诉正统帝时,贪生怕死的正统帝坚决不愿冒此风险,他说:"我命在天,今若为此,万一不虞,乃自取也!"(《明英宗实录》卷181)

皇帝不配合,再好的计策也是白搭。当天夜里,内心五味杂陈的郭登毫无睡意,他将同僚找来商议:"瓦剌也先狼子野心,欺人太甚!吃够了,喝足了,钱物也拿了不少,依我看他们现在正得意洋洋着,没什么防备。我们何不乘此有利时机,假装再去奉送钱物,出其不意地武力劫营救驾,将皇上抢到大同城里来!"众将一听,顿时都觉得这是个金点子,随即各自忙碌起来。都督佥事郭登从大同守城将士中挑选出70个敢死之士,饱以酒食,晓之以大义,并让人立下文书,许诺事成后报之高官厚禄。70位壮士听后个个摩拳擦掌,跃跃欲试,眼看一项惊心动魄的营救"肉票"皇帝的绝妙军事行动就要开启了。哪料到一直在暗中紧盯的瓦剌奸细看到大半夜明军中竟有这么多的人不睡觉,络绎不绝地来到主将郭登那里,然后又各自散去,他马上意识到可能要有什么重大的军事行动,于是连滚带爬地逃回瓦剌大营,密报给了也先。也先听后大惊,当即下令拔营,带着正统皇帝连夜出塞北逃。(《明英宗实录》卷181)

● "左顺门事件"突发　王振奸党土崩瓦解

也先挟持着明英宗在宣府扣关、在大同城外索要金银财物,这一次次的北疆紧急险情之讯传到北京,不仅使得以郕王朱祁钰为首的新中央朝廷集团愈加谨慎地对待北方边关及京师北京的安全问题,而且也让他们的工作变得更加忙碌。在于谦、王直、陈镒等一批正直大臣的辅佐下,郕王朱祁钰制定和推行了一系列的举措,革故鼎新,正本清源,保卫北京,捍卫大明。这样大约忙碌了七八天左右,诸事稍稍有了头绪,越来越多的大臣开始议论起土木之变的缘由,并提出了要求惩办酿成该国难的元恶大凶及其死党。
《明英宗实录》卷181）

正统十四年(1449)八月庚午日即二十三日,郕王朱祁钰来到午门旁左顺门朝见百官。按照往日的做法,他要与大臣们一起商议国事。这时,都察院右都御史陈镒会合朝廷众臣,突然上章,弹劾误国殃民的权阉王振一党,其章文如下:"尝谓擅政专权者,尚难逃于显戮;陷君误国者,当速置于严刑,论十恶莫加其罪,虽万死犹有余辜,天地不容,神人共怒。切照司礼监太监王振,本自刑余,幸居内侍,素无学问之益,岂有经纶之才？误蒙圣上眷顾之隆逾于师保,倚托之重过于丘山。为振者自合竭诚守分,以图补报,岂期怙宠狃恩,夺主上之威福,怀奸挟诈,紊祖宗之典章,每事不由于朝廷,出语自称为圣旨,不顾众议之公,惟专独断之柄,视勋戚如奴隶,目天子为门生,中外寒心,缙绅侧目。卖官鬻爵则贿赂大行,恣毒逞凶则诛杀无忌。孕妇被剖,童稚遭屠,伤天地之至和,致宫殿于回禄。迩者胡寇犯边,止宜命将讨罪。缘振乃山西人,因见大同有警,逼胁圣驾亲征,备历艰危,躬冒矢石。既欲保全其家,又欲光幸其第,增一己之威势,屈万乘之尊严。彼时文武群臣恐陷不测之祸,上章恳留。皇上畏其强愎不臣,不得已而强行。舆论皆欲驻跸宣府,被振逼胁,直抵大同。兵柄在其掌握,总戎惧其威权。亲信小人钦天监官彭德清不择善地驻扎,以致逆虏犯跸,邀留乘舆,扈从官军肝脑涂地。宗社为之震惊,臣民为之痛愤。原其罪恶,虽殄灭其族,籍没其家,亦不足以上回列圣在天之怒,下雪全师覆没之冤。况振一门贵盛，素无汗马之劳，屡肆奸回，尤甚指鹿之衅。驰马入正阳门，蓄跋扈不轨之心。度僧住隆恩寺，皆奸诈无赖之辈；擅杀谏官则刘球之忠良受害，怒诛大臣则齐韶之处决非时。兵马范质为挟私仇而枷项，御史李俨因嗔不跪而充军。及柴文显等固有难容之罪，过施惨酷之刑。指挥受其棰楚几死，内官被其非法加诛。所厚太监郭敬，私遗胡寇兵器则潜为蒙蔽，所任尚书王骥远征麓川，无功则略不加罪，欲使其侄王山专锦衣之柄，故遣指挥徐恭为南征之行。管家内官陈玙为其聚敛珍货，侔于府库。上天遣戒，焚其私藏。振恬不知畏，怙奸稔恶，愈肆贪婪，广置塌房、庄所、田园、马坊，侵夺民利，不输国课。信用无籍之徒，多为家人名色；倍支官盐，船挂黄旗；府县官员望风拜跪；委任匠役等辈，挟其声势，出入其家，求谋请托，遂至豪富；纵侄王林等淫乱暴横，强抬良家子女，夺占邻家地基，甚至搬抬官物，出入朝门，守卫官军不敢盘诘。邪佞投之则生，善良悖之则死。勋臣多结为姻亲，勇士悉布为牙爪。养群马于内厩，潜服用如尚方。侄妇之丧，孙妇之葬，越礼制而犯分，虽王者莫能及。罪恶滔天，擢发难数，怨声动地，粉骨莫偿。虽三尺之童，恨不寝其皮，饮其血；六军之众，皆欲刳其心，剖其肝。虽汉之石显，唐之仇士良，宋之童贯，罪恶未有若此之甚者也。臣等切思天下者，祖宗列圣之天下也。由此奸贼，几至倾危，若不明正典刑，则亲王宗室及四海臣民皆痛心扼腕，宁无异议之可虑乎？复恐此贼潜匿偷生，乞令诸司缉捕得获，万锉其尸，以伸天下之愤，以释神人之怒。仍将其九族诛夷，籍没家产，财物、宝货给付阵亡之家；发其祖宗坟墓，暴弃骸骨。庶几可以固臣民之归心，鼓三军之锐气，剿逆虏之强暴，解圣驾之拘留。宗社复安，端在于此。不然无以警戒将来，人皆解体矣。"（《明英宗实录》卷181）

听完了陈镒的上奏谏言后，大多先前被迫屈就于王振与正统帝淫威之下的六科给事中和十三道监察御史跟着上言，纷纷表示：陈都御史所言极是，必须要坚决清算王振一党。郕王朱祁钰一一听着，尽管一两个月前自己还是一无所虑的皇弟藩王，但自从接受皇兄嘱托留守北京那一刻起，他就逐渐感觉到大明这潭子水很深啊！从表面看上去，正统天子北征蒙尘似乎是权阉王振惹的祸，但实际上全是皇兄他自己犯的错。要是没有皇兄的纵容，王振哪来那么大的能量与权势呢？所以说当下之势要想清算王振一党,就不可能不触及皇兄他本人。而自己代理天子之职才几天,就要伤筋动骨地搞大行动,这可万万使不得啊！想到这,朱祁钰言简意赅地跟大臣们这般说道："汝等所言皆是,朝廷自有处置！"(《明英宗实录》卷181)

说完,他就起身朝左顺门里头走。哪想到情绪激动的朝廷百官们疾步向前,立即跪倒在地,恸哭不起。大家边跪边哭诉道："圣驾被留,皆(王)振所致。殿下若不速断,何以安慰人心？"这时负责皇帝朝见仪仗与保卫的锦衣卫指挥马顺在旁大声呵斥："王振已为国家死于土木堡前线,你们在此还啰唆什么！"七八天了,朝廷百官们一直处于极度的悲愤之中,正愁无处发泄。而向来作威作福的马顺却没看清形势,仍想以正统时期的那股霸气和杀气来欺凌、喝退大臣们,哪想到他这一呵斥就如在朝廷上下充满对王振一党愤怒的火药库上扔下了一枚燃烧弹,立即将人们的愤怒之火给彻底点燃了。给事中王竑奋跃而起,死死抓住马顺的头发,且不停地摇晃着他的头,边摇着边厉声大骂："马顺,你这个逆贼,过去你狐假虎威,仗势欺人,助纣为虐。而今随驾之师全军覆没,天子蒙尘,你这个十恶不赦的王振奸党却依然为非作歹,真是恶贯满盈！"王竑骂了尚不解恨,随即用嘴来咬马顺身上的肉。马顺岂肯服输,仗着自己是一员武将,有的是力气,对着王竑不断地捶击。眼看血性给事中王竑吃亏了,众官一齐冲了上去,围住了马顺拼命地打。千万别小看了这些平日里手无缚鸡之力的文臣官僚,一股股浩然正气充盈了全身,其发挥出来的能量是无限的。再看那马顺平日里有着那么大的力气和那么好的武艺,此时全不管用了,文臣官僚们的拳头犹如密集的雨点一般落下,不多一会儿,就将他打得眼珠突出,脑浆四溢,血流如注,当场毙命于殿廷。(《明英宗实录》卷181;《明史・王竑传》卷177)

众官怒火未消,上请郕王立即派人前去籍没权奸王振家。朱祁钰当场就答应了,可大臣们还是没有退去的意思,大家愤怒地跪着、哭着,就连郕王身边负责保卫和安全的卫兵们也跟着哭了起来,"朝班大乱"。目睹急剧变化着的一幕幕,郕王朱祁钰傻眼了,没想到朝参之地今天竟然突发人命大案了,这下可怎么办？大太监金英在旁向他做了一下暗示：还是先回宫再说吧！朱祁钰立马明白，起步正要离去回宫。突然间兵部尚书于谦(他是在正统十四年八月二十一日由兵部左侍郎升为兵部尚书的)(《明英宗实录》卷181)从群臣中急速走出，跨步向前，一把拽住郕王朱祁钰的袍袖，叩请他端坐，并请辞恳切地说道："今日之事全是群臣太激于义愤，大家都想要与王振奸党算账，绝无加害您郕王之意。殿下，为了大明帝国的前途与未来，您应该主持大义啊！"说完，于谦转过身来，以郕王的名义宣布："今日大家为忠义激愤，马顺是王振奸贼之同党，他误国害民，死有余辜。今日打死他，勿论。不过诸位注意，宫廷朝堂之上岂宜如此喧乱！"(《明英宗实录》卷181；《明史·于谦传》卷170)

由于于谦平日里一向忠贞廉洁，刚正不阿，在同僚中享有极高的威望，今天经由他这么一说，大家的心里就有了一定的宽慰，并恢复了一定的理智，喧嚣、混乱的场面也由此得到了稍稍的控制。这时郕王朱祁钰终于脱身，走到了宫门里头，大太监金英随即令人关起宫门。就在这时，殿廷上再次喧乱起来，受惊不浅的郕王朱祁钰急忙问身边的金英："大臣们还要干什么？"金英说："奴才也不知，不过可以出去问于谦等人。"于谦告诉金英，让他转告给郕王："宫中还有两个王振同党内官毛贵和王长随，如果不把他俩放出来，恐怕今天是难平群愤的！"郕王听后只得允奏，令人将内官毛贵和王长随从宫门缝中推出。两个作恶多端的王振死党一到宫门外，立即遭受众臣的捶击，一刹那间就被打死了。(《明英宗实录》卷181)

打死毛、王两个内官后，众臣还不解恨，随后将他俩尸体与马顺尸体一起拖到东安门外陈列示众。京师军民听说后纷纷前来捶击尸体，以泄心中郁积之愤。

再说宫门口的大臣们在连续打死了3个王振死党后，别提心里有多高兴，个个都扬眉吐气。不知哪个人忽然想起，还有王振家没来得及籍没！经他这么一说，众臣之中犹如炸开锅似的。这时于谦又出来上请郕王："今日众臣皆为痛恨王振所激发，绝对没有其他意思，恳请殿下降旨，立即抄灭王振家族，以慰众臣之心。"朱祁钰当即予以恩准。(【清】谷应泰：《明史纪事本末》卷33)

只见得都察院右都御史陈镒率领一拨子人马火速出发，前往王振在京的府宅，没多一会儿就将王振的侄儿王山捆来了。这时大多数大臣趋向于更多的理智，大家相约：对于这个为虎作伥、民愤极大的王振死党，大家现在不要动手，只怒唾其面，列数罪状，等郕王下旨后再明正典刑。再说此时的郕王朱祁钰也完完全全明白了大臣们的意思，"民意不可违"的古训提醒着他立即发布令旨：将王山绑缚到西市凌迟处死！王振一家，不分老小，一律处斩！史载："(王)振擅权七年，籍其家，得金银六十余库，玉盘百，珊瑚高六七尺者二十余株，他珍玩无算。"(《明史·宦官一·王振传》卷304；【清】夏燮：《明通鉴》卷24)

在处理完上述事情后，郕王朱祁钰发布令谕："国家多难，皆因奸邪专权所致，今已悉准所言，置诸极刑，籍没其家，以谢天人之怒，以慰社稷之灵。尔文武群臣务须各尽乃职，以辅国家，以济时艰。"当宫廷太监念完郕王的令谕时，百官们这才意识到：应该恢复朝廷礼仪了，于是大家立即跪拜郕王，然后才渐渐退去。(《明英宗实录》卷181)

惊心动魄的一天终于要过去了，当于谦等人满怀喜悦地走出大殿，来到左掖门口时，已经是深夜一鼓时分，但那里还是聚集了不少引首翘望想表达一片敬爱悦服之意和了解朝廷最新决策的大臣。大家一见到于谦，就不停地交口称赞他为危难之中拯救国家之能臣，其中年逾古稀的吏部尚书王直走上前去，想拉拉于谦的手，以此来表达敬意，忽然间他发现于谦的袍袖全给撕烂了，老王直由此更加激动地说："今日之事，实属突发，幸亏于公镇定自如，维持大局。国家正需要像您这样的顶梁柱啊，要是换成了我，今天的事情即使有100个王直，又有什么用啊！"(《明史·于谦传》卷170)

以上就是明史上有名的"左顺门事件"的经过。"左顺门事件"虽说是偶发，但实际上是正统帝及其以"父师"王振为首的极权专制集团长期高压所造成的群体无意识本能反抗的总爆发，也可在一定程度视为明初以来广大臣工对极权君主专制主义的一次变相大宣泄。与大明军中一大批猥亵贪婪、腐败无能又丧权辱国的武官将领形成鲜明对比的是，左顺门事件的主角——朝廷文臣们从传统的儒家理想出发，表现出了为国纾难与激浊扬清的高度社会民族责任感，也展示了那时的大明帝国虽然历经坎坷与磨难但依然贯通着天地之间威武不屈的浩然正气。整个事件中虽有非理性的言行，但以于谦为代表的能臣还是基本上把握住了事态的走向；而代行皇帝之职的郕王朱祁钰所采取的一系列应对举措从整体上来看还是适合时势的，也很得人心；加上土木之变后这七八天时间内面对前所未有的大明国难，他与于谦等人殚精竭虑，勤勉操持，救国于危难之中，自然赢得了人们的尊敬。因而可以这么说，自"左顺门事件"起，以郕王朱祁钰和经世治国能臣于谦为首的新中央朝廷集团不仅业已形成，而且也为众望所归。

● 众望所归，代理皇帝"转正"——朱祁钰登极

不过突发的"左顺门事件"也给了于谦等朝廷大臣一个提醒：虽然代行皇帝之职的郕王朱祁钰及时接受了大臣们的谏言，妥善地处理了应急突发事件，但毕竟他还是个代理皇帝。再说这几天来不断有边疆急报：瓦剌也先押着大明正统天子从宣府到大同，一路敲诈勒索，名义上出面的都是正统皇帝，特别是在大同城下，瓦剌军吃喝拉撒拿全由大明官方来买单，这叫什么事呀！强盗打我们打累了，我们反过来还要好好地犒劳他们、奖励他们？这不是明摆着犯贱！通盘考虑这一系列问题，于谦等人感觉到，无论如何也不能再拖下去了，必须得马上拥立新君，否则后患无穷。就目前情势而言，也先很有可能会有恃无恐地再来犯边，更有可能会押着俘虏皇帝到处乱窜，每到一处就让正统天子对着大明臣民发号施令。而大明臣民听谁的？是以郕王为首的新中央朝廷下发的谕令还是无耻的俘虏皇帝朱祁镇的临阵喊话？从国家与民族的大局出发，于谦觉得自己必须与同僚们好好地说说。

○ 孙太后：该来的没来，不该来的却偏偏又来了。万般无奈之下她只得答应群臣，立郕王朱祁钰为大明新君

当他将自己的担忧与打算同王直、陈镒、胡濙等朝廷同事一说起时，大家都感到，无论如何再也不能不速立新君，且必须在上请时给孙太后直接点明，免得她老揣着明白装糊涂，进而误国坏事。于是在正统十四年（1449）八月二十九日即土木之变后的第15天，于谦与文武百官同僚联合上奏皇太后孙氏，说："圣驾北狩，皇太子

幼冲，国势危殆，人心汹涌。古云：'国有长君，社稷之福。'请定大计，以奠宗社。"(《明英宗实录》卷181)

这份奏疏文字虽少，却很有分量：

第一，直接告诉孙太后，当今国家有难，皇帝北狩（这是皇帝被俘的委婉说法），我大明朝正处于生死攸关之际，考虑问题就应该以国家社稷为重！

第二，想立皇太子为新君或想等着正统帝回来复位，这都不太现实，"皇太子幼冲，国势危殆，人心汹涌"，就眼下局势而言再不册立合适的新君，形势就会越来越危急。

第三，自古以来，主少国疑，尤其目前国家处于危难之中那就更不适宜册立幼主了。随即引用了古语"国有长君，社稷之福"，虽没有指名道姓说要拥立郕王朱祁钰，但话里话外都是这个意思，因为当时除朱祁钰外，正统帝还真没有其他的兄弟了。

该来的没来，不该来的却偏偏又来了。当宫廷太监将以于谦为首的朝廷百官上请奏疏呈达到孙太后手中时，这位曾经将一代风流天子弄得神魂颠倒的大美女却一下子蒙了，除了嘟嘟囔囔地表露出本能的抵触情绪外，她还能为自家的宝贝"儿子"做什么呢？拒绝大臣们的上请，再拖延下去？等宝贝"儿子"正统帝回来再定夺？可问题是眼前这一关就很难过去，朝廷百官们还在外廷等着回音呐，如果拒绝了他们的要求，保不准会再次发生五六天前的"左顺门事件"。说起这个事件，孙大美女就魂飞魄散，早就听宫廷太监李永昌等人描述过了，那场面太暴力太血腥，且发生地距离后宫是那么的近，即使是事过那么多天了，想起来就让人一身冷汗。看来啊，今天的廷臣奏疏上请还不能不批准。孙太后在反复思虑着，身边的太监也在不时地提醒着："皇太后，大臣们正等着回音呢！"经这么一催促，美女太后孙氏终于拿定了主意，恩准了众臣的上请，随后下达懿旨："卿等奏国家大计，合允所请，其命郕王即皇帝位，礼部具仪择日以闻。"(《明英宗实录》卷181)

○ 老皇帝"外室"之子朱祁钰做梦也没想到，自己还能捡个皇帝当当！

拖了半个月的册立新君之事终于有了下文，兴高采烈的朝廷大臣捧着孙太后的懿旨在于谦率领下，迅速赶往郕王府，将此喜讯禀告给郕王朱祁钰。

郕王朱祁钰是明宣宗的次子，正统皇帝朱祁镇的弟弟，生于宣德三年(1428)，也就是说他比哥哥朱祁镇小1岁。母亲吴氏原系明宣宗之叔叔朱高煦的女眷，宣德元年(1426)朱高煦谋乱，侄儿皇帝朱瞻基统率六师南下平乱，俘获了朱高煦及其家眷。(《明史·宣宗本纪》卷9)就在返京途中，风流天子朱瞻基邂逅了罪犯叔叔朱高煦的女人吴氏。按那时候的伦理与章法来讲，这个吴氏就近似于婶婶或类婶婶的女人，作为侄儿的朱瞻基是万万不能碰她的。更何况她还是犯有十恶不赦大罪的罪犯之女眷，那也是罪犯啊。但吴氏太漂亮了，那水灵灵的大眼睛时不时地发出勾魂摄魄的魅力，将风流天子朱瞻基给牢牢吸引住了。什么纲常礼教，什么婶婶侄儿名分，这都是给臣民们设定的高压线，明宣宗才管不了那么多，眼前这位简直就是仙女下凡的吴氏就是他的了。朱瞻基乘着平定汉王之乱后的忙碌之际，偷偷地将美女罪犯吴氏给临幸了。等到御驾亲征大军回到北京时，这个特别的侄儿和特别的"婶婶"已经好得跟一个人似的。不过朱瞻基毕竟不是昏庸之主，激情过后，他也在思考着如何将这美丽的"小婶婶"安排妥帖：直接带入宫中？那可万万使不得，朝廷上下一旦知道了不知会闹出什么事来。因为作为罪人，美女吴氏连普通的平民之女都不如，她是不能被封为皇帝的嫔妃女眷的。那可怎么办呢？放弃？明宣宗无论如何也舍不得。从小就机灵的朱瞻基忽然想到了一个绝妙的主意：将"小婶婶"安排在一个紧贴明皇宫宫墙的大宅院里，这样一来既能免去美女罪犯吴氏进入皇宫后院所要带来的麻烦与啰唆，同时也方便自己快活快活。你说多远？就在皇宫隔壁，明宣帝什么时候性起，就什么时候去临幸临幸，反正吴氏一天到晚就是专门侍候他的。

朱瞻基临幸"小婶婶"没多久，吴氏便珠胎暗结，宣德三年(1428)八月壬午日产下了一个儿子，取名朱祁钰。(《明宣宗实录》卷46)这下可将风流皇帝朱瞻基给乐坏了，心想着怎样找个合适的借口将母子两人接到宫里去？但纵然死了成千上万个脑细胞，明宣宗却始终没有想出个好办法来。一转眼就到了宣德九年(1434)，那一年朱瞻基生了一场重病，行将不起，不过他还能记得自己在宫廷隔壁安下的那个"外室",当即吩咐手下人将美女吴氏与儿子朱祁钰一起召到宫中来,并当着宫中众人的面,托付自己的母亲张皇太后和正妻孙皇后要善待朱祁钰母子。随后便是宣德帝驾崩,大明国丧,朝廷上下忙得不可开交,谁也没注意吴氏母子已在宫中悄悄地住下了。自此以后,朱祁钰也获得了大明皇家与朝廷的默认。宣德十年(1435)二月辛亥日,在父皇宣德帝去世后的第二个月,刚刚登基的8岁哥哥正统帝册封7岁弟弟朱祁钰为郕王。(《明英宗实录》卷2)宣德十年(1435)八月,正统帝敕令"兵部拨京卫官军三百人、校尉五十人"给郕王作使令之人。正统五年(1440)十月,正统帝敕令户部,定郕王朱祁钰岁禄10000石。(《明英宗实录》卷72)正统十年(1445)八月,18岁的皇兄朱祁镇为17岁的皇弟朱祁钰迎娶了兵马指挥汪英之女汪氏为郕王妃。(《明英宗实录》卷132)郕王与郕王府也由此开始为世人所熟知。(《明英宗实录》卷8)

正因为郕王朱祁钰有着这样一段特别的童年岁月,他的心理有很大的阴影。由于母亲和自己的身份与地位在很长时间内得不到大明皇家的认同,尽管衣食无忧且不必东躲西藏地生活,但说到底他的童年始终见不得"阳光"。现代人本主义心理学大师马斯洛告诉我们:人的基本需要都具有类似本能的性质,或者说都是由人的潜在能量或潜能所决定。他说,人的基本需要分为七种,按由下而上的层次排列:生理、安全、归属和爱、尊重、认知、审美和自我实现。如果人的这些基本需要被剥夺了,就会引起心理挫折,最终导致人的病态。"那就是说,它们是人人都需要的,这些需要的满足能避免疾病、达到最完美的人性和成长。因内在价值的剥夺而引起疾病,我们可以称之为超越性变态。"(马斯洛:《人性能达到的境界》,1972年英文版,第316页,见刘恩久主编:《社会心理学简史》,江苏教育出版社,1988年5月第1版,P180—181)

在马斯洛开列的人的七种基本需要中,朱祁钰童年时代至少缺失了归属和爱及尊重等基本需要,由此造成了他自卑、胆小和谨慎的性格特征,但没有大的心理危机或心理创伤。而他的这种性格特征要是在和平年代的皇帝家族内倒不是什么坏事,反而能避免很多或明或暗的政治风浪,平平安安地当他的藩王爷。但正统十四年(1449)八月十五的突发国难,打破了这样的平静日子,一下子将他置身于政治格局重组的风口浪尖上,让他措手不及。理性而言那时的朱祁钰并没有什么个人野心,他所想的也就是尽一个"留守"和"临时代理皇帝"之责。因此我们看到,当朝廷大臣热议都城要不要南迁时,他最初是不持主张的,后来听从主战大臣的建议,以北宋覆灭,徽宗、钦宗无以南还为借鉴,最终拍板坚守北京。"左顺门事件"突发,朱祁钰起初也是惊恐不已,后又听从于谦等人的谏言,清除王振死党,为国除害。按理说那时的朱祁钰在朝臣们心目中的地位是如日中天,假如他要是有个什么想法也是有些资本向孙太后说说的,明的直接说不妥,暗的或委婉地说又何尝不可!可朱祁钰就是没有这么做,他所想到的还是国家和民族的利益,自己仅仅是临时代理皇兄理政而已。所以当八月二十九日于谦等人来到郕王府禀告:孙太后让他登基即位。朱祁钰本能性地表露出极度的惊讶与恐惧,且这样说道:"卿等何为有此议?我有何才何德敢当此请?"并退让再三。可大臣们还是一股脑地地请他出来登基做主,弄得谨小慎微的朱祁钰后来没办法了,发火说道:"皇太子在,卿等敢乱法邪?"众臣听到这话,顿时无言以对,不过很快有大臣机灵地答话上来了:"皇太后有命,(郕王)殿下岂可固违?"兵部尚书于谦正色进言:"臣等诚忧国家,非为私计。愿殿下弘济艰难,以安宗社,以慰人心。"于谦说得言辞恳切,并点明了自己与众臣僚不计成破利钝,没有丝毫的私利考虑。这下郕王朱祁钰才接受了孙太后的懿旨。(《明英宗实录》卷181;《明史·于谦传》卷170)

皇弟朱祁钰要当皇帝了,消息像长了翅膀一般飞遍了京师内外,也飞到了漠北塞外。正在瓦剌那里当"肉票"的正统帝听到消息后,虽说是万箭穿心,但也无可奈何,思来想去,倒不如自己做个顺水人情,于是他就派了岳谦、梁贵等人前往北京,口传谕旨,同意弟弟郕王朱祁钰登基即位。(《明英宗实录》卷183,《废帝郕戾王附录》第1)

○ 大明帝国第七位皇帝朱祁钰登极,景泰时代开启

这样一来,到正统十四年(1449)九月初六,即预定的新皇帝登基即位的日子,大明帝国方方面面都取得了一致的意见,共推郕王为帝。就在这一天,大明帝国历史上第七位皇帝朱祁钰在北京明

皇宫举行了隆重的登基大典,遥尊被俘皇帝朱祁镇为太上皇帝,以明年为景泰元年(1450)。朱祁钰也由此被人称为景泰帝、景帝或明代宗,其登基即位诏书宣称:

"朕以皇考宣宗章皇帝仲子奉藩京师。比因虏寇犯边,大兄皇帝恐祸连宗社,不得已亲征,敕眇躬(景泰帝自谦词)率百官居守。不幸车驾误陷虏廷,我圣母皇太后务慰臣民之望,已立皇庶长子见深为皇太子,命眇躬辅,代总国政。皇亲、公侯伯暨在廷文武群臣、军民、耆老、四夷朝使,复以天位久虚,神器无主,人心遑遑,莫之底定,合辞上请,蚤(通'早',笔者注)定大计。皇太后以太子幼冲,未遽能理万机,特命眇躬君临天下。会有使自虏中还者,口宣大兄皇帝诏旨:'宗庙之礼不可久旷,朕弟郕王年长且贤,其令继统,以奉祭祀。'顾痛恨之方殷,岂遵承之遽忍?虽避让再三,而俞允莫获。仰惟付托之至重,敢以凉薄而固辞。已于九月初六日祗告天地、宗庙、社稷,即皇帝位,遣使诣虏问安,上大兄皇帝尊号为太上皇帝,徐图迎复。为政之道,必先正始,其以明年为景泰元年,大赦天下,咸与维新。一切合行事宜,条示于后。"(《明英宗实录》卷183,《废帝郕戾王附录》第1)

景泰帝的这份即位诏书有以下几点值得我们注意:

第一,他强调自己登极是不得已而为之,上台以后要"徐图迎复",绝无篡夺皇位之意。

第二,他遥尊被俘皇兄朱祁镇为太上皇帝,重申皇兄朱祁镇之子朱见深为皇太子。

第三,他告诉天下人,我景泰皇帝要革新国事。

事实上自朱祁钰监国理政起,大明帝国就开始进入了一个新的时期,那就是保卫北京,拯救大明,革故鼎新的"景泰中兴"时代。(《明英宗实录》卷183、卷186,《废帝郕戾王附录》第1、第4)

● 保卫北京　拯救大明

说起景泰帝朱祁钰,不知是什么缘故,许多现在人都不喜欢他。一般历史学者又往往将他描述成既贪婪又好色的乖戾昏君。不过笔者却不这么看,至少说,自土木堡之变突发那刻起,原本并不为人们所关注的大明皇家备用皇储或言"备胎"皇帝郕王朱祁钰一下子就被推到了历史舞台的中心。再看那时的朱祁钰虽说还是个监国的藩王，但实际所担当的是临时皇帝之责。他广开言路，纳谏如流，唯才是举，激浊扬清，赏罚分明，练将训兵，整饬武备，保卫北京，将一个风雨飘摇中的大明帝国给拯救了过来。暂且毋论别的，就此而言，景泰帝功莫大焉！不过，从更为确切的角度来说，景泰帝的这一历史大功绩并非是由于他一人拥有超级才干与能量才取得的，而是依靠了以于谦为代表的一大批救时大臣的积极推动和共同努力而铸就的。

● 明代宗景泰帝与救时社稷之臣

其实景泰帝与以于谦为代表的一大批救时大臣起初并不太熟悉。前文说过，朱祁钰由于出生"偏房"，自小就没被大明皇家认可，犹如中国传统社会里民间大户人家小老婆生的孩子常常会受到正室和周边人的歧视、冷落一般，青少年时代大明皇家这位备用皇储或言"备胎"皇帝就有着这样的个性特质趋向：自卑、胆小、谨慎，没什么政治野心。他比朱祁镇仅仅小1岁，且朱祁镇生的龙仔是一窝又一窝，因此说无论怎么看，他虽然与大明皇家的那把九龙椅只有咫尺之遥，但要想坐上去登基称帝那可能是下辈子的事情，或言根本不敢企及。再说朱祁镇对他也不薄，老爸宣德皇帝一躺下，朱祁镇就承认了他与他妈吴氏的身份、地位，且还封了他为郕王(《明英宗实录》卷2)。作为皇弟，他还有什么不满足的呢？!

而从朝廷大臣角度来讲，老皇帝(实际并不老，宣德死时只有37岁)驾崩后，小杆子皇帝朱祁镇虽然宠信宦官，且狂妄自大，任意胡为，但他毕竟是皇家正统龙种，且稳稳地坐着大位，要不是脑子进水了或神经错乱了，谁也不会冒着毁家灭族的极端危险将政治赌注押在那个眼前甚至将来都看不到有多大希望的"备胎"皇帝朱祁钰身上。因此说，尽管正统末期郕王朱祁钰受命代理皇兄处理一些无关紧要的事务，开始在大明政治舞台上亮亮相，但朝廷大臣谁也不会将其太当回事或者说有着特别的想法。再说那时的朝廷上下几乎都是权阉王振及其死党控制着，谁也不愿"冒天下之大不赀"而与正统帝及其"父师"为首的中央朝廷不保持一致。因而我们可以这么说,直到正统十四年(1449)八月初为止,郕王朱祁钰与大明廷臣之间的联系或交往并不密切,更谈不上有什么很深的感情了。

但这一切随着八月十五突发的土木堡之变而得以改变,尤其是皇兄朱祁镇被俘的第二天,于谦、胡濙等大臣痛斥徐珵的逃跑主义,让有着留守之责的郕王朱祁钰对眼前这些救国拯民的大臣有了个充分的认识,同时也拉近了双方之间的心理距离。尤其是社稷之臣于谦因巡抚河南、山西等地而长期不在朝,但那天在朝堂上勇敢地站了出来,大声呵斥徐珵,基本上稳定了群臣的情绪与朝廷大局,这给朱祁钰留下了很深的印象。在随后的几天里,于谦不断地上进谏言,并不辞辛劳地奔波着,忙碌着,派人到通州运粮,迅速调集运粮官军、备倭官军、备操官军等入卫北京,以填补正统帝御驾亲征时几乎倾巢出动所造成的京师防卫力量的空虚,还敦促郕王迅速对北京军事将领人事做出安排:升石亨为右都督,"掌后军都督府事,仍管大营操练;驸马焦敬管神机营;忻城伯赵荣管三千营"(《明英宗实录》卷181)。

正因为于谦有着杰出的才干和过人的胆识及非常之举,在孙太后不得不下旨,令郕王代行皇帝之职的第4天即土木堡之变后的第7天,"暂总百官,理其事"的朱祁钰发布了他执掌大明国器以来第一批擢升的朝廷大臣与封疆大吏的名单,将一年多前调入朝廷、官复兵部左侍郎的于谦提升为兵部尚书(位居名单之首);大理寺卿俞士悦为都察院右都御史,仍理本寺事;通政司右参议邹来学为都察院右佥都御史,参赞应城伯孙杰等处军务,仍理粮草;山西布政司右布政使杨鼎为本司左布政使,山西布政司左参政朱鉴为本司右布政使。(《明英宗实录》卷181)

第二天即正统十四年(1449)八月二十二日,也就是孙太后在确立2岁皇长子朱见深的太子之位的前提下,不得已令"郕王为辅代,总国政抚安天下"的同一天,朱祁钰下旨公布第二批擢升的朝廷大臣与封疆大吏的名单,"令升工部左侍郎周忱为户部尚书,升宁远守备、右都督焦礼充左副总兵,义州守备、右都督施聚充右副总兵,协同辽东总兵官(曹义)调军杀贼"(《明英宗实录》卷181)。

第三天即正统十四年（1449）八月二十三日，郕王朱祁钰"令升户部右侍郎兼翰林院学士陈循、工部右侍郎兼学士高谷俱为本部尚书，仍兼学士；升浙江道监察御史段信为都察院右佥都御史，往保定等府抚安军民；升锦衣卫千户吕贵为本卫指挥佥事；升知府范理为福建布政司右布政使；知州陈琰为四川布政司右参议；监察御史上官尹为湖广按察司副使，刑部员外郎周瑄为福建按察司副使；主事李颙、杨珏俱为佥事；复除佥事张彦于福建按察司"（《明英宗实录》卷181）。

而就在这一天，宫廷里突发"左顺门事件"，群臣长期在正统皇帝及其"父师"王振的极权专制高压下郁积起来的怒火如火山一般爆发了出来，尽管饱受凌辱的大臣们不敢公然否定正统皇帝，但对其"父师"王振及其死党的愤恨在集体无意识下演化为一场政治暴力事件。而在这场暴力事件的整个过程中，新任兵部尚书才两天的于谦处惊不乱，出力最多，始终保持着高度的理性，竭力设法控制着势态的发展，展示了一代社稷之臣的风范。对于这一切，作为当时帝国的实际最高领导、现场当事人之一的郕王朱祁钰都看在眼里。虽说从自己留守、监国算起到眼下为止，总计时间还不到十日，但在这个多事之秋，随着军政议事的不断进行与工作活动的频繁开展，他对于谦的才干与见识了解得越来越多，也越来越钦佩。而今又目睹了他为了大明帝国江山之大业而奋不顾身，力挽狂澜，由此郕王朱祁钰确认：保卫北京，拯救大明，能担当此大任的社稷之臣非于谦莫属！随后便命令于谦为这场以北京保卫战为核心的拯救大明军事行动的总负责人，并于正统十四年十月乙卯日（初八），正式"敕兵部尚书于谦提督（内外）各营军马"（《明英宗实录》卷184，《废帝郕戾王附录》第2）。而于谦"亦毅然以社稷安危为己任"（《明史·于谦传》卷170），临危不惧，当仁不让，慷慨受命，救国于危亡之际，在大明帝国历史上书写了慷慨悲壮且令人万般景仰的精彩篇章。

● 景泰朝上下一心，当机立断：挽狂澜于既倒，救国家于危亡

坦率而言，正统帝御驾亲征被俘后，以朱祁钰、于谦为核心的

景泰朝廷集团接手的大明帝国还真是个烂摊子,当时留守京师的"羸马疲卒不满十万"(《明英宗实录》卷181)。而在这个烂摊子中最烂的可能莫过于国家军事防卫。

　　正统末期,大珰王振愈发猖獗,权倾朝野,甚至视勋戚如奴隶,而昏庸的小杆子皇帝朱祁镇却对其"父师"王先生言听计从,宠信有加,陶醉于虚幻的"太平盛世"美梦之中。加上当时的大明升平日久,朝纲紊乱,文恬武嬉,边帅、监军和监枪等边疆军事领导几乎全方位腐败,他们肆无忌惮地奴役军士,蚕食鲸吞军粮,巧取豪夺边关屯田,以至于行伍脱籍,逃军泛滥,军械不修,兵马失训,军事武备严重废弛,终致土木之役中50万大明军不堪一击,全军覆没。这样的颓废之势一直到以朱祁钰、于谦为核心的景泰朝廷接手时不仅没有改观,而且还呈现出愈发恶化的趋向。

　　正统十四年(1449)九月庚寅日,浙江道监察御史李宾上言景泰朝廷,指出:"各边总兵等官多有肆为欺罔,官军被贼杀虏,则称为病故;买诱番夷进贡,则称为向化;出师则或以负为胜;败敌则或以少为多;杀避敌之人则假作犯边,擒来降之众则捏作对敌伪作功次,希求升赏,以致赏罚不当,人心解体。"(《明英宗实录》卷183,《废帝郕戾王附录》第1)

　　由此看来,当时以于谦为代表的景泰大臣接受皇帝朱祁钰之命,全权处理军国大事还真是非同寻常。再看受命于危难之际的以于谦为代表的景泰大臣虽然十分清楚自己责任之重大,工作之艰难,但他们毫不畏惧,通过不断上请景泰帝,果断地采取一系列举措,挽狂澜于既倒,救国家于危亡,整饬与加强京师和大明北疆的军事防卫,严阵以待来犯之敌。具体说来,主要有以下几方面:

　　○ 全国调兵,号召各地勤王,加强京师军事防卫力量

　　明永乐以后的军事力量布置是这样的,地方上仍实行卫所制,直至省级设立都指挥使司进行管理,到了中央归统于五军都督府。而中央京师地区则形成三大营制,即五军营、三千营和神机营,"其制皆备于永乐时"。"居常,五军肄营阵,三千肄巡哨,神机肄火器。大驾征行,则大营居中,五军分驻,步内骑外,骑外为神机,神机外为长围,周二十里,樵采其中。三大营之制如此。"但到了洪熙、宣

德以后,"狃于治平,故未久而遂有土木之难"(《明史·兵志一》卷89)。由于正统帝御驾亲征时几乎将朝廷主要班子与京师主干军事力量都带了出去,终致土木之变突发时大明精锐京军和骨干亡佚殆尽,帝国都城北京危矣!

就在这国难发生的第二天,反应敏捷、眼光锐利的于谦上请当时还称为郕王的朱祁钰"速召天下勤王兵,以死守之"(《明英宗实录》卷181)。随后就以新调集来京的运粮军、备倭军、备操军和各地卫所的勤王军来补充、整合三大营。差不多与此同时,他还建议景泰帝派人到各地去"招募民壮,就彼卫所量选官旗,兼同操练,听调策应"(《明英宗实录》卷183,《废帝郕戾王附录》第1)。由此一来,北京的军事力量倒是得到了大大的加强,但随之而来的问题又令人十分头疼,各营"不相统一,每遇调遣,号令纷更,兵将不相识"(【清】谷应泰:《明史纪事本末》卷33)。就此而言,这样新整合起来的京军能否担当起保卫京师的重任?那可是个未知数,且整顿与操练新整合起来的京军还非得要有专业的军事将领来统帅和驾驭,而在土木之难中却有那么多的军事统帅与将领都莫名其妙地殉难了,大明军事统帅人才奇缺啊!在经过一番仔细观察和理性思考后,于谦向景泰帝推荐了石亨。石亨虽说是大同阳和之战中单骑逃回的败军参将,但就那时而言,"边将智勇者推杨洪,其次则(石)亨"(《明史·石亨传》卷173)。杨洪负责京师的主要屏障之一宣府的镇守,那么在军中摸爬滚打一路过来的石亨也该要用起来呀!景泰朝廷先恢复了他的军职,旋升其为都督,后又升其为武清伯,充总兵官,管军操练。(《明英宗实录》卷181)北京保卫战前又令石亨统率京营,以此来切实加强北京的军事防御。

○ 严惩违法乱纪和临阵脱逃的将官,整肃军纪,奖励杀敌

当然,加强军事防御力量不能仅停留在增加军士人数的"量"方面,还必须得在"质"上多下工夫。否则的话,即使军事人数力量再增加,大明军还是不堪一击,刚刚发生的土木之役就是一个最有说服力的例子,500000御驾亲征大军居然不敌20000人马的瓦剌军。(【明】高岱:《鸿猷录·己巳虏变》卷10)对此,以朱祁钰、于谦为核心的景泰朝廷集团接受建议,从严惩军中临阵脱逃和违法乱纪者

第1章 保卫北京 拯救大明

51

入手，整顿军纪。

正统十四年（1449）九月，巡抚大同、宣府的副都御史罗亨信上章奏劾："守备赤城堡指挥郑谦、徐福，雕鹗堡指挥姚瑄先于七月内闻贼入境，弃城挈家奔走，以致怀来、永宁等卫亦行仿傚。乞正其罪，以为边将不忠之戒。"景泰朝廷接奏后下令，允准罗亨信所劾，将郑谦、徐福和姚瑄等临阵脱逃者以律论处。（《明英宗实录》卷182）没过几天，提督守备保定等处右佥都御史段信也上疏奏劾："紫荆关都指挥佥事左能弃关逃归，致达贼开关脱去，请治其罪。"景泰朝廷立即下旨，令锦衣卫速速派人前往紫荆关逮捕都指挥佥事左能。（《明英宗实录》卷182）同年九月，万全都司都指挥佥事黄宁、奉御阮葵"先以守备永宁，闻达贼犯边，弃城不守，坐斩，遇赦俱宥死"。但非常时期的景泰朝廷并没有就此放过他俩，将黄宁降为办事官，于军中立功赎罪，阮葵发往南海子种菜。（《明英宗实录》卷183，《废帝郕戾王附录》第1）

与正统朝廷对待军中武官违法犯罪之处置有着很大不同的是，景泰朝廷基本上不论官职大小，一断于律。在前面第3章里我们已经讲过，朱棣发动无耻的"靖难"战争时，洪武时代的老将顾成背叛了建文帝，投降了朱棣。朱棣在篡位登基后便封顾成为镇远侯。顾成死后孙子顾兴祖袭承了侯爵，镇守广西等地。（《明史·顾成传》卷144）宣德初年膏粱子弟顾兴祖在广西当地欺男霸女，私役军士，建造豪宅，贪虐不法。有人将状子告到了宣德朝廷那里，明宣宗仅口头警告警告，吓唬一下顾家"官三代"，最终什么也没处理（《明宣宗实录》卷28）。正统时顾兴祖又多次违法乱纪，黔驴技穷的明英宗只得沿袭父皇的吓唬做法，殊不知这种不痛不痒的警告毫无作用，终致土木之变中顾兴祖和万全都司署都指挥佥事康能等中高级军官"俱以失机"。后值景泰帝登基即位，大赦天下，顾兴祖和康能"遇赦俱宥死"，景泰朝廷将顾"兴祖革除冠带，康能降为事官立功"（《明英宗实录》卷183，《废帝郕戾王附录》第1）。差不多与此同时，大同总兵官广宁伯刘安因不顾边关安危、擅离职守回京要官，被廷臣判为处斩，景泰帝最终将其定为禁锢。（《明英宗实录》卷182）

正统十四年（1449）九月己亥日，兵部尚书于谦等上章奏劾："管三千营忻城伯赵荣不赴营操练，以致军容不整，纪律全无，士卒喧哗，

行伍错乱,请治其罪。"景泰帝令法司禁锢赵荣,以都督佥事孙镗代领军务。(《明英宗实录》卷183,《废帝郕戾王附录》第1)

与严惩军中临阵脱逃者和违法乱纪者相对应,景泰朝廷对于勇敢杀敌的军中将士不吝升赏。正统十四年(1449)九月,因奋勇杀敌而受山西左参政朱鉴等推荐,山西太原右卫指挥使王正、同知张瑛,太原左卫指挥使宫端,平阳卫指挥使张怀俱被景泰朝廷升为"署都指挥佥事,领军杀贼管事"(《明英宗实录》卷182)。

为了应对即将到来的北京保卫战和及时鼓励将士们奋勇杀敌,景泰帝还接受了太监兴安的建议,"造功赏牌,分奇功、头功、齐力三等,以文臣主之。凡战挺身先行,突入阵中斩将夺旗者,与奇功牌;生擒达贼,或斩首一级者,皆与头功牌;其余虽无前功而被伤者,与齐力牌。贼平,视此论赏"(《明英宗实录》卷184,《废帝郕戾王附录》第2)。

○ 招抚北征溃散将士,清理土木战场,祭奠死难者,激发将士的忠勇精神

与平庸无能的正统帝相比,景泰帝一上来的所作所为就令人耳目一新,在于谦等清直大臣的辅佐下,他首先弄清了土木之败的主要责任者不在下级兵士,随即对其流散者进行招抚。正统十四年(1449)八月,景泰朝廷令谕各营大小把总、管队官:"迩者大驾亲征胡虏,不意被留贼庭,究其所由,皆由主事者不得其才,所以赏罚不当,运谋不得其人,所以号令不严,勇敢之士莫用其才,忠正之士莫展其志,致有此失!于尔何罪?尔等即将所领官军回到京者一一开报,以凭给赏,果有阵亡及被伤成残疾者,令弟男子侄袭替,其无伤者仍旧操练,每人再给赏银二两、布二匹。"(《明英宗实录》卷181)据说当时随驾北征的"官军脱回者尚众,人怀疑惧,不敢报官"(《明英宗实录》卷181)。朱祁钰此令一出,无疑是一帖极好的安慰剂。就在那年九月癸卯日这一天,景泰朝廷"以随驾出征来归劳苦"之名,赏赐了土木之役败亡后存活下来的厨子就达2307人。(《明英宗实录》卷183,《废帝郕戾王附录》第1)当然这样做的主要目的还在于安抚军心与人心。

与此相关,景泰朝廷还及时注意清理土木等地战场,埋瘗尸

骸,祭奠阵亡将士,抚慰人心,激发将士们的忠勇精神。正统十四年(1449)九月甲午,朱祁钰"命有司备祭物、翰林院撰祭文,遣建平伯高远、侍郎项文曜等往宣府、居庸关、土木等处,谕祭阵亡官军,并量起军夫埋瘗尸骸"(《明英宗实录》卷183,《废帝郕戾王附录》第1)。据说光宣府一地选出的前去土木焚瘗将士遗骸的官军就达7000人。由此反观所谓"盛世圣君"正统帝御驾亲征最终所导致的局面是何等之狼狈,景泰帝接手的大明帝国有着何等的不堪之势!

○ 储备粮草,赶制、打造军事武器,加强军事战备

招抚北征溃散将士,清理土木战场,埋瘗尸骸,祭奠死难者……固然必不可少,但这些举措说到底都属于精神层面,主要作用就在于激发将士们的忠勇士气,唤醒国人的爱国热情。但面对日益逼近的南犯北虏和岌岌可危之情势,大明帝国更为紧迫要做的事情还是在物质层面充分做好作战准备,以便痛击来犯之敌。

正统十四年(1449)八月二十六日,朱祁钰下令,命顺天府派出大批车辆上通州去运粮,且规定:凡运满10000石后再运给价银一两,以示鼓励。(《明英宗实录》卷181)二十七日,因户部所奏,朱祁钰下令:在(北京)城召人纳草,"每谷草一百束,官给价银三两二钱;禾一百束,给二两二钱,毋分官员军民之家,许令报纳于城内立场,铨官收放。其义河等马房宜发军一千名赴南石、渠马房,量运官草赴彼堆积,上直骑操等项,马宜折与官银,每草一束给银二分,听其买用,各处已解未到草,差官查催"(《明英宗实录》卷181)。同日,他又令给古北口等关调集军马口粮草料。(《明英宗实录》卷181)九月初一日,朱祁钰"令增给宁夏等处差操哨瞭等官军月粮一斗,运直隶、保定等府所属州县仓粮以给紫荆关守备官军"(《明英宗实录》卷182)。九月初五日,他又"令改拨原派开平、永宁二处仓粮一千余石于密云县龙庆古北口仓上纳,给山海关古北口等处缘边选操舍人,月粮二斗五升"(《明英宗实录》卷182)。九月初七日景泰帝"命户部郎中李秉往直隶凤阳、庐州、淮安、扬州四府并除、和二州提督起运粮储赴京"(《明英宗实录》卷183,《废帝郕戾王附录》第1)。

除了粮草外,战马、战车、弓箭、火铳等作战武器在那时也实在是必不可少。而正统中后期大明帝国上下浮夸成风,各处边关守

军不仅缺衣少食,甚至连基本的作战武器和军马等都出现了严重短缺的不堪局面。正统十四年(1449)八月二十六日,新组建的景泰朝廷一次给密云等卫官军马就达868匹,九月初四日朱祁钰下令给在京各营官军马5000匹(《明英宗实录》卷181);九月二十九,他下令给神机等营官军马23817匹;三十日,又命令给辽东官军马1000匹。(《明英宗实录》卷183,《废帝郕戾王附录》第1)

那时军器、军车的打造与配备工作也展开得有声有色,土木之变后仅半月时间,南京兵仗局上奏说,他们已经打造成军器1260000件。朱祁钰接奏后令人将其速发下去。登基即位后的第4天,景泰帝调整人事,在北京就近增造武器,"升工部员外郎张忠为郎中,通判韩铎、张亨,副兵马指挥张逊,按察司经历陈信,知县兵继、任忠、吴复俱为工部主事,调兵部主事萧余庆于工部,以造军器、战车,增官督理也"(《明英宗实录》卷183,《废帝郕戾王附录》第1)。3天后朱祁钰又下令:"命工部造战车一千两(辆),每两(辆)车箱上用牛皮十六张,下用牛马皮二十四张,后以皮不足,乃杂以芦席木板车成,遣尚书周忱祭而用之。"(《明英宗实录》卷183,《废帝郕戾王附录》第1)正统十四年九月十九日,"工部以鞍辔局造撒袋不给,请于浙江等布政司并直隶苏州等府",景泰帝接奏后命令:"令增造以给边用",但"不为常例"(《明英宗实录》卷183,《废帝郕戾王附录》第1)。

○ 发布举贤令,广开言路,号召军民群出群力,共赴国难,公布杀敌赏令

与正统帝及其"父师"王振刚愎自用、闭目塞听和任意胡为形成鲜明对比的是,朱祁钰自监国起就提出了"国家为政,莫急于听言用人;人臣为国,莫先于输忠荐士"的治政口号,发布了举贤令及一些相关的旨令,广开言路(后章将详述),号召朝廷内外和军民各阶层人士群出群力,共赴国难,勇敢杀敌。(《明英宗实录》卷181)

朱祁钰的举贤令打破了明初开始的思想文化绝对专制主义禁忌,在相当程度上激发了大明臣民大胆上书直谏和积极"参政议政"的爱国热情。就在该令发出的当天,礼科给事中金达上言二事,礼科给事中李实也上奏朝廷进言二事。(《明英宗实录》卷181)两天后后军右都督石亨上言进谏,请求选练军士,奖励优异。他说:

"京师官旗军民匠作人等不下百万,岂无才智出众勇力过人者!伏于其间许令自报,俾臣试验,果中式者,授以冠带,赏银三两,仍给与器械、鞍马、月粮一石,随军操用,有功之日,不次升赏。"朱祁钰接奏后很高兴,当即予以采纳。(《明英宗实录》卷181)监察御史郭仲曦上奏说:"御史任宁能通诸葛武侯八阵及天地人三阵、左右前后策应之法,谨将其原画阵图以献。乞召试之,以资边备。"景泰帝听后"诏石亨、于谦同宁议论以闻"(《明英宗实录》卷184,《废帝郕戾王附录》第2)。

再说那时受命全权处理军国大事的兵部尚书于谦则几乎天天都有上进之言,而景泰"帝知(于)谦深,所论奏无不从者"(《明史·于谦传》卷170)。

可以这么说,当时的景泰朝廷虚怀若谷,耳听八方,不论有什么建言,也不论你是什么人,只要是利国利民的都不会拒绝接受。鸿胪寺通事序班阮宗琦是交阯人,他上奏建议,让大明兵部出榜招谕交阯归顺土官人等,专门编成交阯杀敌支队,他也参与其中,然后一起"操练标牌枪弩杀贼"。朱祁钰接奏后令兵部照办。(《明英宗实录》卷182)太医院原本是专门服务于大明皇家的,此时有太医院医士程礼上奏说:"采诸种毒药,以为毒矢,用之御虏,人马可毙。"朱祁钰听后觉得程医士的主意不错,随即命令相关部门与人士照此实施。(《明英宗实录》卷183,《废帝郕戾王附录》第1)

当然光广纳谏言是不够的,更多的是要充分发动与鼓励帝国社会各阶层奋勇杀敌,或者说至少不能寒了国人的爱国热情。对于这一点,景泰朝廷也有着充分清醒的认识。土木之变后的第7天,朱祁钰"令户部量给大同等处守城应敌军余民壮口粮"(《明英宗实录》卷181)。同日他还"令户部锦衣卫各差官巡视被伤官军,给粮赈济"(《明英宗实录》卷181)。数日后,朱祁钰发布全民杀敌赏令,"令谕兵部榜示军民职官及诸色人等,有能临阵敢勇当先,生擒贼一名或斩贼首一级者,军民职官并旗甲军校俱升一级;官下舍人就与冠带食粮一石五斗,民人除副巡检,人各赏银五两;斩首三级并擒贼三名以上者,军民职官旗甲军校俱升二级、舍人、民人除试百户,不愿除百户者除副兵马,人各赏银十两,后再有功仍加升赏;其逃军逃囚有功升赏,并照此例;若能设计用间、偷劫营寨、致贼溃散或能搴旗斩将立大功者,不次升赏;其擒获人口系被贼所虏者,给发宁家人口,头畜系贼人者就给赏有功之人"(《明英宗实录》卷181)。

○ 清除内奸,纯化队伍,建立稳固的抗战阵营

除了上述几项举措外,景泰朝廷还十分注意整顿纲纪,清除内奸、纯化队伍、建立稳固的抗战阵营。朱祁钰登基称帝后半个月左右,大同总兵官、都督同知郭登上奏说:"通事指挥李让以讲和为由,潜结也先,约许幼女为也先弟大同王儿妇,又密受也先赏马四匹,被虏妇女二口,将各城指挥姓名尽报与也先。又诈传上皇圣旨,令臣与也先相见,又擅许也先以口外城池,臣已羁留让于此。"与此同时,副都御史朱鉴也上奏,检举揭发内奸李让卖国。景泰帝接奏后将该事交由于谦主持的兵部集议。大家觉得,如果公开处决李让,"恐激边患,欲取赴京,恐致奔窜"。最后朝廷采纳了众臣的建议,密令大同总兵官郭登"密切处置"(《明英宗实录》卷183,《废帝郕戾王附录》第1)。

差不多与此同时,为防止北虏之敌利用大明国难非常时期安插内奸进来,也鉴于"大驾亲征所有御用器物并龙旂、御马、驾牌、旗号等物,俱为虏寇所获"的无奈情势,在于谦等大臣的建议下,朱祁钰一方面下令给边关守军,要他们警惕敌人"持前项器物诈言,大驾(指明英宗)回还,胁尔开关,切勿轻听,堕其奸计"(《明英宗实录》卷181);另一方面让人另行设计和赶制新的战车、军器、衣甲、旗帜等,"甲背后'勇'字,旧用方黄绢为地,今为圆地,前面左用红圆日、右用黄圆月;旗号上用青绢,带下用黄绢,旗取上青为天、下黄为地之义……"(《明英宗实录》卷183,《废帝郕戾王附录》第1)以此来建立和稳固大明帝国自身的抗战阵营。

● 以北京为中心的大明军事防御之调整与强化

在辅佐景泰帝推行上述一系列举措的同时,受命于危难之际的大明兵部尚书于谦将工作重点放在了以京师北京为核心的北疆军事抗击与粉碎漠北来犯之敌上。而京师北京的地理形势很特别,史载:"燕地方千里,带甲数十万,此天府之国也。……居庸障

其背,河济襟其前,山海扼其左,紫荆控其右。……京东之外镇营、蓟、辽阳也,京西之外镇宣、大、偏头也;京东之内险山海,京西之内险居庸、白羽、紫荆、倒马、雁门、龙泉也。"(【清】光绪 黄彭年:《畿辅通志·舆地二十二·关隘一》卷67)

这是清代人眼中的北京形胜,那么明代人对此有何看法呢?在北京保卫战取胜后没过多久就编纂而成的《寰宇通志》(后改定为《大明一统志》)曾这么描述北京:"左环沧海,右拥太行,北枕居庸,南襟河济,形胜甲天下。"(【明】李贤、彭时:《大明一统志·京师》卷1)

由此看来,在以京师为核心的北疆线上,宣府、大同为北京的重要屏障,居庸关、紫荆关、白羊口、倒马关和雁门关为北京的咽喉。因此,要想保卫京师北京,就势必要强化上述这些北疆边关重镇的防务。

○ 擢升"为一时边将冠"的杨洪为昌平伯,令其继续镇守宣府

有鉴于此,于谦首先上请景泰帝,将"为一时边将冠"的宣府总兵官杨洪封为昌平伯,让他继续镇守宣府。(《明英宗实录》卷181)

杨洪,字宗道,南京六合人。祖父杨政在明朝开国时跟随太祖皇帝"闹革命","以功为汉中百户"。父亲杨璟战死灵璧。由此看来杨洪尽管出身于行伍之家,且"嗣职而出",但与当时大明帝国军界几乎占据了垄断地位的"官二代"或称"军二代"们有所不同的是,爷爷官小,父亲早亡,他没什么依靠,只能通过自身不断的努力才可获得进步。从军后没多久,杨洪的部队被调往开平。开平自永乐帝打乱洪武时期大明北方国防线后成为了悬居北疆之外的孤镇,时不时地受到北虏的侵扰。由此杨洪所在的部队随时都会有出征作战的任务,而每次出征,作为小军官的杨洪总是毫不畏惧地冲入敌阵,奋勇杀敌,加上他善于骑射,很快就在军中崭露头角。明成祖朱棣亲征漠北时,杨洪所在的部队加入了随驾亲征的大军。据说有一次在斡难河杨洪还曾俘获了一些北虏人马。当他将这些人马带回明军营地时,永乐帝朱棣龙颜大悦,夸赞杨洪将来一定是个将帅,随后便擢升他为千户官。(《明史·杨洪传》卷173)

宣德四年(1429),杨洪受命专门巡徼北疆边塞。据说他当时只带了200名精骑,数次挫败北虏的扰边阴谋。而后他被调往猫

儿峪,统领兵士戍守那里的边关。有一次杨洪发现了一部分在红山转悠的北虏,他立即召集手下兵马,火速出击,大败北虏。由此而始,杨洪之名渐渐为北虏所惧。(《明史·杨洪传》卷173)

杨洪能征善战的美名后来传到了京师。那时宣德皇帝已经驾崩,小皇帝朱祁镇登基即位,正统初元之政由"三杨"等顾命大臣辅佐着。当时兵部尚书王骥上奏朝廷说:"我大明边疆军队怯弱无能,必须得加以好好训练。可现在要是加以训练的话,就连好一点的军事将领也找不着啊!"有人听说后推荐了杨洪,正统朝廷随即擢升杨洪为游击将军。游击将军可能相当于军中的中层干部,主要职责是率领游兵往来防御。这种往来防御看似轻松地走来走去,十分风光,其实却十分危险的,尤其人数少时,很容易让敌人给盯上并被其消灭。杨洪受命为游击将军时,所率部下不过500名。十分明显,这样往来防御的游兵人数必须得增加才行。正统帝接受了臣下的建议,下诏在开平、独石骑兵中挑选精锐,然后让杨洪统帅这支增补了的游兵队伍来回巡视着,顺便训练兵士。自那以后,大明北疆独石沿线一直都比较安宁,杨洪也由此被晋升为都指挥佥事。(《明史·杨洪传》卷173)

杨洪的一路晋升果然与他个人拥有才干有关,但更多的或许得益于正统前期大明朝廷中一批正直老臣的提携与保护。因为那时以王振为首的腐朽势力已经开始蔓延,朝廷上下的正能量正在被吞噬,妒贤嫉能、拉帮结派等不良苗头时不时地出现。杨洪这个在"先朝宿将已尽"的帝国大转折时期的"群鸡"当中逐渐显现出来的"仙鹤","以敢战著名。为人机变敏捷,善出奇捣虚,未尝小挫",但也因此遭人妒忌。有人乘着他长期在边关而不在朝的机会,不断地对他进行诋毁。幸好当时还有一些前朝留存下来的正直官僚"皆知其能",从正义的角度保护着他,杨洪这才"得展其才"(《明史·杨洪传》卷173)。

正统二年(1437),行在刑部尚书魏源受命整饬宣府、大同边务(《明史·魏源传》卷160)。对杨洪心怀不满的军中指挥杜衡和部卒李全听说后,找了个机会到魏源跟前告杨洪的黑状。魏源可是个正直的中央部院领导,史书说他经手过的案子"多平恕",现在一听说有人要告边疆后生能将杨洪,他可上了心思。经过一番调查,魏源发现,杜、李两人在诬告,随后便如实向上禀奏。正统朝廷依从了他的奏请,将杜衡发配到广西充军,把李全交付给杨洪自行处置;同时为了加强赤城、独石的军事守卫,正统帝接受了魏源的建议,命都指挥佥事杨洪辅佐都督佥事李谦,镇守赤城、独石等重地。(《明史·魏源传》卷160;《明史·杨洪传》卷173)

可让人没想到的是,都督佥事李谦不仅"老而怯",而且还是个妒贤嫉能的小人。看到虎虎生威的杨洪,他感觉浑身不舒服。每次杨洪要调军去巡边,他总会在暗中阻挠;杨洪鼓励将士们奋勇杀敌,保家卫国,李谦在边上说说风凉话:"敌人能杀得光吗?老叫人去杀敌,弄得最后连自己军队里的人都没了。"有个叫张鹏的御史听说后上章弹劾李谦,请求朝廷以杨洪来取代李谦。朝廷依了张御史之请,从而使得杨洪成为了独当一面的边关将领。

再说那时的杨洪正值壮年,做事既有经验又有分寸,加上自身天赋甚好,脑子反应也快,所以很受正统朝廷的看重与厚待。每当杨洪有边疆战绩上报,不论大小,朝廷总会给他记录在册。据说正统初元有一年,杨洪率军打败了经常来扰边的兀良哈骑兵,并抓住了他们的头目朵栾帖木儿,旋又在西凉亭打败了前来增援的兀良哈军。正统皇帝接到捷报后,龙颜大悦,赐敕嘉奖了杨洪。(《明史·杨洪传》卷173)

与此同时,正统朝廷还降敕给宣大总兵官谭广等,说:"最近在独石一线扰边的兀良哈骑兵被杨洪打得落花流水,但你知道这股北虏骑兵是从哪儿来的?朕听说就是先前在延绥那儿扰边被指挥王祯打退了,一路流窜,最终到了独石的。这些地方距离你谭广老将军统帅的巡视边军驻扎地不远,你顾不上去剿灭他们吗?再看看杨洪、王祯,你老将军不觉得惭愧?"(《明史·杨洪传》卷173)

尽管朝廷一再褒奖,但杨洪始终保持着清醒的头脑。作为军人,奋勇作战才是硬道理,至于其他的,他概不过于关注。

正统三年(1438)春,率军巡边的杨洪在伯颜山发现了准备前来扰边的北虏骑兵,他立即组织人马对其发起了攻击。不料自己的坐骑的腿受伤了,杨洪顾不了那么多,靠着自身的军事本领,勇闯敌阵,抓住了这股扰边北虏骑兵的头目也陵台等四人,随即又乘胜追击,一直追到了宝昌州,又擒获了阿台答剌花等五人,北虏最终大败远遁。正统朝廷听说后,立即遣人带去了玺书等,对杨洪等人进行了慰劳,还派了医生专门为受伤将士进行医疗。后又晋升杨洪为都指挥同知,并赐予了很多的银币。(《明史·杨洪传》卷173)

那时大同总兵官谭广年老体衰,正在边地受命整饬边务的魏源上请朝廷,以黄真和杨洪充左右参将,协助镇边巡守,"诸将肃然"(《明史·魏源传》卷160)。

杨洪履任新职后,上奏朝廷,加筑开平城,拓建龙门所,从独石至潮河川,增置堠台60座。由于他的工作业绩突出,没多久朝廷晋升他为都指挥使。(《明史·杨洪传》卷173)

而就在这时,有谍报称:兀良哈骑兵侵扰三岔口。杨洪闻讯后立即率兵前去追赶和痛击。再说扰边的兀良哈骑兵听说是杨洪率领的增兵来了,撒腿就跑。杨洪哪肯这么轻易地放过他们,一路猛追,一直追到了漠北的亦把秃河,看到那里实在是太荒凉了,一个鬼影子也见不着,最终不得不下令南还。(《明史·杨洪传》卷173)

尽管这次战斗斩获不大,但杨洪率兵长距离追击北虏,让塞外之人都为之闻风丧胆。事后朝廷为了褒扬这样的勇猛战斗精神,特别提升杨洪为都督同知。(《明史·杨洪传》卷173)

正统九年(1444),兀良哈骑兵又来寇边,进犯延绥。杨洪听说后,与监军内臣韩政等一起率领将士出大同追击敌人。敌人一听说又是那个不要命的杨洪追来了,赶紧逃。敌人一逃,杨洪一行则更拼命地追,一直追到了黑山迤北,"邀破之克列苏"。此次战斗后,杨洪晋升为左都督,他的将士9900余人皆受到了朝廷的奖赏。(《明史·杨洪传》卷173)

就在这时,杨洪想到,自己在边疆上镇守了这么多年,真正能跟随自己出生入死的也就是这眼前近万人,其他的不过是跟着混混而已。为了将自己的这支能征善战的队伍训练好,他向上奏请,想让朝廷特授他旗帜和令牌。杨都督想得倒很好,可朝廷不乐意,因为特授旗帜和令牌则意味着杨洪可以另立一军,这叫哪门子的事!但眼下北疆上能统兵打仗的实在不多啊,除了郭登,还有就是这个提出特殊要求的杨洪。正统朝廷什么人都可以得罪,就是不能得罪像杨洪这样的军事顶梁柱!于是在回复他的请示时,只说不另给旗牌,且用语甚是缓和。杨洪尽管没有像当今某些领导那样特别有才,都已硕士、博士毕业了,就是不认识自己"母校"的大门,但他却是实实在在地"颇好文学"。朝廷诏书的那般用词,喜欢读书的杨都督一眼就看出了名堂,随后他自制小羽箭和木牌令,用于自己统率的军队训练之中。有人听说此事后偷偷上报给了中央朝廷,正统帝接报后置之不问。(《明史·杨洪传》卷173)

正因为杨洪治军别具一格,且敢作敢为,所以他的名声越来越大。正统十二年(1447),朝廷提升他为总兵官,替代郭玹,镇守宣府。由下级小军官家庭出身的杨洪之所以能当到这么高的军事领导,诚如前言,这里边既有他个人努力与良好天赋的因素,也有当时客观有利的形势。史称:"自宣德以来,迤北未尝大举入寇",即说当时大明北疆上并没有什么大的战事,要说经常遇到的也就是朵颜三卫或称兀良哈骑兵时不时地前来扰边,他们要么数骑组团,要么数十骑成群,最多时也不过百骑。但即使这样,大明北疆边关将领一听说北虏骑兵来扰边了,就两腿发软,只有杨洪等极个别将领敢战且能战,于是北虏"诸部亦惮之",称杨洪为"杨王"。(《明史·杨洪传》卷173)

"杨王"的美名不仅在边关上盛传着,而且还远播漠北。漠北瓦剌可汗脱脱不花和太师也先都曾给杨洪去信,并赠予其宝马,以示友好。按照大明朝的规制,臣民无"外交",即说作为大明帝国的臣子与百姓不得擅自与境外人士有什么交往。做人做事向来十分谨慎的杨洪在接到脱脱不花和也先的书信及礼物后立即上报给了朝廷,正统朝廷敕令他收下礼物,并以礼还之。再说瓦剌也先见到杨洪这里"有戏",随后又数次赠予。有人见此,上报给了正统帝,正统帝听后笑而不语。(《明史·杨洪传》卷173)

从这样的君臣关系来看,杨洪还是很得明英宗信任的。但是即使这样,他做事依然特别谨慎。除此之外,杨洪还有一个很重要的特征,那就是在大是大非面前他的头脑中始终有着大局意识。土木堡之变后,瓦剌军挟持着正统帝前往宣府,太师也先逼迫朱祁镇在城门外叫喊开门。城上守军一时手足无措,当即请示杨洪。杨洪如此这般地教了一番,守城将士这下心里有底了,而后这样回应无耻的正统帝:"所守者主上城池。天已暮,门不敢开。且(杨)洪已他往。"真是绝妙透顶,直把正统帝噎得无话可说,也让也先白

白挟裹着俘虏皇帝,最终不得不怏怏离开。(《明史·杨洪传》卷173)

在关键时刻拥有大局意识,并能把控得住,"为人机变敏捷"且"以敢战著称"的杨洪由此也得到了刚刚监国代理皇帝之职的郕王朱祁钰和全权负责军国大事的兵部尚书于谦的青睐与重视。尽管土木之变后曾有人攻击他镇守宣府而坐视乘舆陷敌而不救,但兵部尚书于谦却不畏人言,在"左顺门事件"后为他向郕王朱祁钰请封为昌平伯,并将京师的重要屏障之一宣府的军事防务交给了他全权处置。与此同时于谦还上请朝廷,奖谕在正统帝被挟叫关时仗剑端坐城门稳定军心的宣府、大同巡抚右副都御使罗亨信。(《明英宗实录》卷181;《明史·杨洪传》卷173;《明史·罗亨信传》卷172)

而就在这个过程中,瓦剌太师也先没忘一切可利用的机会争取杨洪,他曾让正统帝出面给杨洪送去书信。但杨洪接信后连看都没看就将其封好,然后叫人直接送达北京明皇宫。监国理政的朱祁钰由此大受"启示"和感动,并随后于正统十四年(1449)八月下旬癸酉日专门派人给杨洪等送去令谕:"今得尔等差人送原来黄纸文书一张,众辨此文委系诈伪,或复有文书与人到,不问真伪,一切拒之,毋堕奸计!"杨洪接令后除了一一照办外,还积极开展各种抗战准备工作,将整个宣府打造成了令敌人望而却步的战斗桥头堡。由此而言,那时的宣府军事守卫可算是真正落实到位了。(《明英宗实录》卷181;《明史·杨洪传》卷173)

○ 严肃处理擅离职守的广宁伯刘安,提拔精干的郭登为总兵官,镇守大同

与宣府军事地理位置有着相同重要性甚至还有过之的京师西北另一大屏障就是大同,史称"京师以宣(府)大(同)为障,而宣府又以大同为障"(【明】陈仁锡:《皇明世法录》卷62)。明朝永宣之后,大同军事防卫区域很广,下辖大同五卫、阳和五卫以及东胜五卫,总计有十五卫(【清】顾祖禹:《读史方舆纪要》卷44),其战略位置十分重要,是瓦剌军南犯的必经之地。因此大明朝廷对此极为重视,往往是非"靖难英雄"或其后代不被委派到这里担任军事总负责人。

正统三年(1438)时,大同总兵官为直接跟随明成祖朱棣起来造反的"靖难英雄"陈怀(《明英宗实录》卷32),正统四年(1439)二月

开始此职为武进伯朱冕担任,都指挥同知石亨充当参将(《明英宗实录》卷51)。朱冕的父亲叫朱荣,他很会打仗。朱棣发动"靖难"之役后,朱荣投降了他,历经"大小二十余战,论功授都督佥事"。永乐二十年(1422)朱荣被封为武进伯,食禄1200石。(《明史·朱荣传》卷155)

但朱冕这个"官二代"却没有父亲朱荣那般有出息,尽管自正统四年起到正统十四年大明国难发生为止,总计不下十年的时间里,他一直担任大同总兵官,镇守这个至关重要的北疆要塞,可是他的军事能耐就没一点长进。土木之变发生前的那年七月癸巳日,他与大同总督军务、西宁侯宋瑛和左参将都督石亨等在阳和后口迎战瓦剌军时,连手下的参将石亨的水平都不如,与同为"英雄"后代的西宁侯宋瑛双双战死于战场。(《明英宗实录》卷180)

这样一来,大同总兵官之位一下子成了空缺。幸亏不久亲征到此的正统帝及时做了补救,任命随驾扈从的广宁伯刘安接替该职。(《明英宗实录》卷181)

刘安也是"靖难英雄"的后代,他的父亲叫刘荣,曾冒刘江(刘荣的父亲)之名跟随明成祖朱棣造反,"攻大宁,狗山东,战灵璧,渡江至京师(南京)为前锋",所向无敌,由百户累升至中军右都督。后来在永乐十七年(1419)他晋升为广宁伯,食禄1200石,更名为刘荣。永乐十八年(1420)三月卒。(《明太宗实录》卷223;《明史·刘荣传》卷155)

刘荣死后,广宁伯爵位由他的儿子刘湍继承。但没想到的是,这个叫刘湍的却是个短命鬼,宣德九年(1434),年纪轻轻的他就急匆匆地往着黄泉路上奔去(《明宣宗实录》卷108),且还身后无子。由此一来,广宁伯之爵位就由刘荣的次子、刘湍的兄弟刘安来继承。不过,这已是明英宗登基即位后宣德十年(1435)二月的事了。(《明英宗实录》卷2)

要说这个没有寸尺之功就能坐上庙堂高位的"官二代"刘安,除了他出身好外,几乎乏善可陈。大明皇家"帝五代"朱祁镇让他参与管理一些军队事务,可他倒好,与同为"靖难英雄"后代的镇远侯顾兴祖、武安侯郑能沆瀣一气,大肆收受军中将士贿赂,犯下了好多不法之事,让行在六科给事中和十三道监察御史好好给奏了

一本。小皇帝明英宗念及这些人都是侯、伯、都督等重臣的份上，特命宽宥了他们。(《明英宗实录》卷57)

按理说自己犯了事，虽然得到了朝廷的宽宥，但也总该反思和收敛一下自身的言行，可刘安这批"官二代"简直就是无可救药。正统九年(1444)十一月，六科给事中、十三道监察御史交章劾奏："神机营总督操备镇远侯顾兴祖、广宁伯刘安私自强占军士，索取月钱，请求朝廷对于此等不法之事予以严处。"让人没想到的是，对于二次犯事的这些"靖难英雄"的后代，那时已经亲政了的正统帝还是来了个网开一面，不过为了教育人，他随后下发了这样一份不痛不痒的敕令："姑屈法宽贷，如再弗悛，必罪不宥。"(《明英宗实录》卷123)

正因为有着小杆子皇帝朱祁镇的格外恩宠与庇护，刘安、顾兴祖一类的"官二代"不仅违法乱纪得不到应有的惩处，相反还能官运亨通，好事连连，甚至被大明朝廷视为安邦定国的股肱之臣。正统十四年(1449)六月即明英宗御驾亲征前一个月，正统朝廷任"命广宁伯刘安掌中军都督府事，建平伯高远掌前军都督府事"(《明英宗实录》卷179)。甚至在随后的七月正统帝亲征时也没忘了带上他们。

正统十四年(1449)八月，当御驾亲征大军来到大同时，阳和战场伏尸满野，一片狼藉。目睹此景的明英宗首先想到的就是用有着红色背景的"官二代"来擎住这已经坍塌了的半边天，当场就任命广宁伯刘安为大同总兵官，不过可能出于安全保险方面的考虑，他同时又令都督金事郭登充当参将，协助刘安镇守大同，"降失机参将石亨为事官，俾募兵自效"(《明英宗实录》卷181)。

按理说，这样一来，大同的军事安全应该有所保障了。可总兵官刘安压根儿就不是那个料，且也没那心思，他所想的就是自己如何一步步地高升，而要不断地高升就必须与中央朝廷第一人保持着高度的一致。现在巧的是，土木之变后中央朝廷第一人正统帝就在大同不远的塞北虏营内，更巧的是他还被北虏瓦剌太师也先挟持来到了大同，且要刘安等人去见他。有何不可见的?!中央朝廷第一领导的话不听，还听谁的？至于国家、民族利益不关他什么事！刘安不仅带了镇守大同的一批官员出城去叩见正统帝，而且事后还做参将郭登等抗战派的思想工作,让他们也去拜见俘虏皇帝明英宗,并十分听话地奉送了22000两银子给瓦剌人。(《明英宗实录》卷181)

在做完这些事后,刘安感觉自己特别神气,特别牛,大明上下谁能与我广宁伯相比啊! 每每都能与时俱进,弄不好没多久我又能高升了! 高升,对,我要高升,可谁来提拔我呀? 就是那个被北房俘虏的正统帝? 从眼下的情势来看,他是泥菩萨过河自身难保,我指望他来提拔,那简直就是痴人说梦话。想到这里,刘安立即回过神来,还是赶紧与新朝廷中央保持联系。听说新朝廷业已形成,只是没有正式的名分而已(那时朱祁钰尚未称帝),不过好在未来新天子还是正统帝的亲弟弟。弟弟快要当皇帝了,可他的哥哥还被北房挟持着到处漂呐,想必做弟弟的不会不有所关心吧。想到此处,刘安立即给北京明皇宫里监国的郕王朱祁钰写了个奏章,将大同城下发生的事情做个汇报。(《明英宗实录》卷181)

刘安汇报了两件事情:"第一,我们走出大同城朝拜正统天子时,天子跟小臣说:'瓦剌太师也先想把他的妹妹嫁给我,也就是将我招为瓦剌人的女婿,然后再将我送回来,让我继续当皇帝。'第二,正统天子还叫小臣转告皇太后:'我虽在房营,但身体很好。要是朝廷还能派遣使臣多带些金银珠宝等财物来送给瓦剌人的话,我可能很快就会被他们放回来了;要是送晚了,恐怕就要被他们带到遥远的漠北之地了。'"(《明英宗实录》卷181)

刘安所奏的内容是否完全属实,我们不得而知。不过当时监国的郕王朱祁钰可不像他哥哥朱祁镇那样昏庸。这些天他早就听人说了,负责镇守北疆大镇的大同总兵官广宁伯刘安连最起码的军事安全知识都不具备,居然带了一大拨子官员擅自出城去朝见俘虏皇帝,要不是大同参将、都督金事郭登及时稳住,后果将不堪设想。这个广宁伯还亏他是个伯爵、总兵官,朱祁钰正要找他问问事呐。所以当郕王朱祁钰一接到刘安的上奏奏章,就气不打一处来,不过鉴于自己刚监国且国家处于非常状态,他最终还是压住了点火气,回复道:"上报之事知悉,北房向来狡猾无比。他们拥持一个人,称他是至尊天子,你们就不辨是非地出去朝见了,且还孝敬了那么多的金银财宝给他们,谁能说这不是他们设计引诱你们啊!

你们怎么这么愚昧无知，朝廷重用你们是叫你们镇守好边关。自古以来，人们都知道，什么才是国家的根本和核心？社稷为重啊！倘若今后再发生类似的事情，你们可不能不辨真伪，更不可轻易妄信，误害国家啊！近来北虏活动确实很猖獗，他们到宣府去诱骗讹诈了3次，可人家宣府总兵官杨洪就是不理睬他们。如果日后再听到你们轻信瓦剌人的讹诈与引诱的话，朝廷决不轻贷。还望总兵官慎重再慎重！"随后郕王朱祁钰派人将该谕旨通令北疆各边关将领知晓，以便大家提高警惕。（《明英宗实录》卷181）

谕令一一发出后，郕王朱祁钰忽然想起：光发发这种红头文件可能还不行，尤其那个位居要冲的京师重要屏障大同必须得加强军事防卫。想到这里，他令人喊来兵部尚书于谦，对大同军事领导人士作出一番调整："令镇守大同广宁伯刘安仍充总兵官，佩征西前将军印；都督佥事郭登为都督同知，充副总兵；都督佥事方善、张通充左右参将；大同后卫指挥使姚贵为署都指挥佥事，管行都司事；都指挥佥事张淮为都指挥同知，仍旧管事。"（《明英宗实录》卷181）

朝廷调整大同军事领导的公文很快到达了北疆边关，除了总兵官广宁伯刘安挂个虚衔征西前将军印外，其他几个大同镇守副官都得到了提升。刘总兵官看到人士调整的公文后，一下子心里很不舒服，加上前面的郕王谕旨训斥，他觉得自己简直是比窦娥还冤！想想自己早就是个伯爵级别的高官了，弄了半天白忙乎了，还是原地踏步，于心不甘！刘安越想心里越难受，算了，老子什么也不管了，马上上北京去，同当今朝廷新主子当面说说清楚。

正统十四年（1449）九月初五日，刘安回到北京，看到大街小巷到处都是积极备战的忙碌景象，他的神经稍稍有所触动："看来我到新朝廷去还不能直接说我的官位问题，得迂回行事。"想到这里，刘安就以汇报军情为由入朝拜见新主。可刚见到皇帝，他内心的委屈之情就犹如奔腾的黄河之水，想拦也拦不住啊，刘安说："是正统天子叫我出城去见他的，也是他叫我将虏情转告给朝廷的，且他还说要擢升我为侯爷……"狐狸尾巴终于露出来了，原来这个广宁伯置边防重务于不顾回到北京来，一心想到的是自己如何乘着国难之际升官加爵。这下可把满朝的官员们都给惹怒了，"文武大臣及六科十三道劾（刘）安，擅离信地，径赴阙庭，素无智谋，莫救邦家之难,不由朝命,自加侯爵之荣,宜正典刑,以为众戒!"郕王朱祁钰听后觉得大家都讲得十分有理,随即下令,给刘安议定罪名。众臣经过一番讨论,认为刘安所犯之罪行够得上判处斩刑。朱祁钰听后觉得,非常时候斩一个军队高官似乎不怎么妥当,随后令人将广宁伯刘安打入大牢,禁锢起来。(《明英宗实录》卷182)

眼里只有自己没有国家和民族利益的刘总兵官被禁锢起来了,大明朝廷上下莫不拍手称快。不过静下心来仔细想想:那么重要的北疆要隘大同还缺个总兵官呐,朱祁钰立即让人将于谦找来,商议大同新总兵官人选。那还用多说吗?熟悉大同军事戎务、富有领导之才且能征善战者,没有谁比副总兵、都督同知郭登更合适的了!于是,正统十四年(1449)九月壬辰日,新即位的景泰帝采纳了兵部尚书于谦的建议,任命大同副总兵、都督同知郭登佩征西前将军印,充总兵官,仍镇守大同。(《明英宗实录》卷183,《废帝郕戾王附录》第1)

再说郭登,自从接受朝廷新任命,大同边关"士卒堪战者才数百,马百余匹"。但郭总兵官对此却毫不畏惧,奋勉自励,尽心尽职。经过不懈的努力与大力整饬后,"马至万五千,精卒数万,大同兵遂为天下最"(【清】夏燮:《明通鉴》卷24)。换言之,景泰朝廷让郭登来负责镇守大同,不仅使得大同这个北疆要塞成为了当时大明对瓦剌战争的最强大的塞上军事堡垒和着力点,而且也在情势上起到了保卫大明、保卫北京的积极作用。

○ 处理与调整晋北三关、冀北万全和辽东、大宁、永宁、山海、永平、宁夏等军事要隘地区的军政领导,加强大明北疆一线的军事防务

当然光加强宣府与大同两大重镇的军事防卫是远不够的,以朱祁钰和于谦为核心的景泰集团还十分注意整个北疆沿线的守卫边务。

在山西,雁门关、宁武关和太原镇治所偏头关(《明史·兵志三·边防》卷91)是历史上有名的晋北"三关",也是仅次于大同的军事要塞,自古以来一直为人们所重视。朱祁钰自监国起就不断发出令旨,加强该沿线及附近地区的军事防御与管理。

正统十四年(1449)九月辛巳日,他下"令守备居庸关地方都督

佥事孙安往山西（山西镇在宁武关边，本书作者注）镇守"。旋又从山西左参政朱鉴等人之荐，"令山西太原右卫指挥使王正、同知张瑛，太原左卫指挥使宫端，平阳卫指挥使张怀，俱署都指挥佥事，领军杀贼管事"（《明英宗实录》卷182）；"升山西太原府同知魏琳、平阳府通判李茂俱为山西布政司右参议"（《明英宗实录》卷183，《废帝郕戾王附录》第1)。

正统十四年（1449）九月乙酉日，兵部尚书于谦等人上奏说："雁门关为山西的喉襟之地，其周围地区有关口数十处，都是通行人马的。一旦北虏窥伺入寇，那就祸害不小！为此恳请皇上降敕给镇守山西的都督佥事孙安等，让他们立即行动起来，或砌建城垣，或堵塞残缺口子，或开凿壕堑。总之，要让他们想方设法杜绝北虏的进犯之路。"朱祁钰当即予以采纳。（《明英宗实录》卷183，《废帝郕戾王附录》第1)

真不出于谦等人所料，就在景泰君臣讨论加强雁门关地段军事防卫的第二天，于谦主管的兵部接到了山西按察司佥事黄文政上呈的奏文，说："蒙古骑兵出没在雁门关北部的马邑，让驻守在代州等处的指挥石彪率领的3000明军从里向外给追杀了一阵子，正当其外逃时，巡视于雁门迤东的都指挥孔旺等率领2000名精骑从外往里截杀了过来，本想扰边的北虏这下可被杀得四处逃窜。不过小臣在此要上请朝廷留意，我方不能沿袭过去仅将扰边北虏驱赶走了了事之做法，而是应该敦促指挥石彪与都指挥孔旺迅速会兵剿贼，并令该地区的其他将领适时出击，互为应援，力争将其消灭干净，以绝后患。"于谦立即将此上报给了景泰帝，景泰帝授权于谦便宜行事。（《明英宗实录》卷183，《废帝郕戾王附录》第1)

可对于大明边疆长期形成的贪生怕死、懒惰偷闲之风和空虚的边防，新朝廷想要改变又谈何容易！就在于谦让人将朝廷命令送达山西时，镇守山西的都督孙安和巡抚副都御史朱鉴待在山西城内，连缺少人马守卫的雁门关的巡视之职都不愿履行。兵部尚书于谦获悉后将之上报给了景泰帝。景泰帝立即降敕切责都督孙安和巡抚副都御史朱鉴等："若再怠慢，必罪不宥！"（《明英宗实录》卷184，《废帝郕戾王附录》第2)

正统十四年（1449）九月丁未日，因大同前沿缺少军官，朱祁钰又采纳了总兵官、都督同知郭登等人的建议,"升山西大同后卫指挥使盛广,指挥同知张瑀,指挥佥事毕瑛,大同前卫指挥同知王全,指挥佥事李俊、刘谦、李瑛,安东中屯卫指挥同知杨旺,河南陈州卫指挥佥事青云,颍州卫指挥佥事王政俱为署都指挥佥事,仍于大同领军杀贼"(《明英宗实录》卷183,《废帝郕戾王附录》第1)。

在河北,除了做好京师北京西北门户宣府的军事防御准备外,景泰朝廷还十分重视宣府附近的万全、永宁等要地的防务守卫工作。正统十四年(1449)九月乙酉日,刚刚即位称帝并诏告大赦天下的朱祁钰既严肃又灵活地处理了失机坐斩的万全都司守卫将领顾兴祖和左能、康能等,革除镇远侯顾兴祖之冠带,将左能等降为事官,命其戴罪立功。同日,又对先前瓦剌进犯时弃城不守而坐斩遇赦宥死的永宁守备将领万全都司都指挥佥事黄宁、奉御阮葵进行了相应的处置,黄宁降为事官,戴罪立功;阮葵发往南海子种菜。由此整肃了河北北疆边关之军纪。(《明英宗实录》卷183,《废帝郕戾王附录》第1)

其实这样的军纪整肃不限于河北一地,就在严惩永宁守备将领万全都司都指挥佥事黄宁、奉御阮葵的同一天,兵部尚书于谦还向新皇帝上奏说:"据辽东相关部门奏报,最近北房骑兵30000余人进犯我辽东境内,攻破驿堡、屯庄80多处,掳走官员、军士、旗兵和男女人口共计13280余人,马6000匹,牛羊20000多头,盔甲2000余副。尽管这事发生在陛下登基即位大赦天下之前,但其所造成的严重损失和恶劣影响却不可小觑,尤其是主管那里军政事务的辽东提督军务左都御史王翱、总兵官都督曹义、镇守太监亦失哈等人之罪责实在难以宽恕。"景泰帝听完后这样说道:"当下之势,守边为急务。姑且免除这些人的死罪,提督军务左都御史王翱和总兵官都督曹义皆罚俸半年。"(《明英宗实录》卷183,《废帝郕戾王附录》第1)

五天后,巡按山东(当时山东的行政区划还包括辽东半岛一带)监察御史刘孜也上奏给景泰朝廷,弹劾提督辽东军务左都御史王翱等人,指摘他们平日里不谨哨瞭,不举烟火信号,以致北房入侵时还浑然不知。更为可气的是,大明被掳之人急盼朝廷官军速去营救,哪知提督军务左都御史王翱、总兵官都督曹义和都督佥事刘端等朝廷命官接报后全然不当一回事,马马虎虎,松松垮垮,这下可让北房钻了空子。当侦察得知我朝廷军官竟然这般漫不经心,他们随即对大明官军教场内存放军器的仓库发起了袭击,抢去了大量的军事武器。就此上请朝廷将辽东失职各官明正典刑。于谦获悉后认为:对于王翱、曹义等人的失职之罪,朝廷几天前已做过处理,处理这类事情的核心精神就在于整治风纪而不是整人,因此现在就不必再议对王、曹等人如何处罚了,倒是前次处罚中漏掉的失职官员都督佥事刘端等人这次可不能再将其给漏了,"宜照例罚俸半年"。至于军中百户官施带儿私自"交通外寇,泄漏边情,宜令巡按御史究治"。景泰帝听后觉得于谦的主意甚好,下令照此执行。(《明英宗实录》卷183,《废帝郕戾王附录》第1)

正统时期大明军中腐败盛行,真正能主持和负责好一方军事的军官少之又少。现在又一个个玩忽职守的军队官员受到新朝廷的严肃处置,这样一来,军中堪任领导者就变得愈发紧缺,尤其是辽东的大宁、山海和永平等军事要地,那可是万万不可将就的。正统十四年(1449)九月甲辰日,根据兵部的建议,景泰帝将"以失机解京遇赦"又颇有才能的前广东都指挥佥事姚麟复职,命其前往辽东,"管大宁都司事",以填补大宁军事领导的缺位。(《明英宗实录》卷183,《废帝郕戾王附录》第1)

大宁军事领导缺位问题解决后的第二天,辽东总兵官都督曹义遣人来奏:"宁远等卫系冲要地方,现正缺都指挥守城与出战。"景泰帝接奏后命廷臣集议推荐,最终选得指挥使孟贵、指挥同知刘清、指挥佥事任义三人俱堪委任。朱祁钰于是下令,将大臣们推荐的三位军官皆升署都指挥佥事,负责管理宁远等卫之军务。(《明英宗实录》卷183,《废帝郕戾王附录》第1)

与宁远相距不远的辽东重镇山海、永平倒不是主管军事官员缺额,那里有一个应负全局之责的总兵官应城伯孙杰,可他什么本领也没有,靠着父辈跟随明成祖"靖难"积下的"功德"承袭了应城伯的爵位,因此说他是地地道道的"官二代"。自出任山海、永平总兵官后,"不恤人难"又"素无将略"的孙杰得过且过,吃喝玩乐,简直就没把军事守务当回事,以至于"士卒嗟怨,军政废弛"。兵部尚书于谦获悉后十分着急,上请景泰帝调派合适的人士前往那里,加强当地的军事领导。景泰帝将此交予文武大臣集体廷议。这时有人推荐了都指挥同知宗胜,说他有能耐,且现任为当地驻军的参将,在那里任职年久,"善抚士卒,宜加升擢"。景泰帝听后当即下令,将都指挥同知宗胜擢升为后军都督府都督佥事,代替孙杰负责镇守山海、永平。第二天,他又"命给辽东官军马一千匹"(《明英宗实录》卷183,《废帝郕戾王附录》第1)。至此,辽东的军事防御总算得到了切实的加强。

对于宁夏地区的军事防御,景泰帝采纳了太监来福的奏请意见,擢升巩昌府知府韩福为右佥都御史,参赞宁夏军务。(《明英宗实录》卷183,《废帝郕戾王附录》第1)

这样,大致到正统十四年(1449)九月中下旬时,以朱祁钰和于谦为核心的景泰朝廷对军事边务的整顿与军事防卫的强化等各项举措已在大明北疆沿线一一展开起来,并取得初步的成效。那时大明朝廷内外骤然出现了虎虎生威的新气象与正能量,就连远在西北镇守陕西的兴安侯徐亨也被景泰朝的这股正气所感动,他上奏朝廷,说:"陕西沿边俱有总兵官守御,臣居内地偷安,乞回京扈从,遇警奋勇杀贼。"景泰帝朱祁钰接奏后十分高兴地表扬了徐亨的忠勇,但随后劝慰道:"但陕西重地亦须得人具留镇守!"(《明英宗实录》卷183,《废帝郕戾王附录》第1)

○ 处理与调整京师近郊地区的军政领导,加强近畿地区的军事防御

在做好大明北疆一系列重要边关的防御守卫与军事领导人事安排的同时,以朱祁钰与于谦为核心的景泰朝廷集团又将战略目光投向了另外一些紧靠京师的军事要塞,如白羊口、紫荆关和居庸关等。居庸关与大同几乎处于同一平行线上,是从北面通往北京的门户;白羊口紧挨着居庸关,也是进入北京的重要关口;紫荆关位于大同、宣府和北京三地等距离之处,是京西地区一个十分重要的军事要冲。因三者近邻京师,故而皆被人视为京师之咽喉,具有"一夫当关,万夫莫开"之势。因此说,把守这些关口,其重要性绝对不可小觑。那么究竟派谁去担当起此类重任呢?诚如前文所言,正统帝做了15年的皇帝,留下了一个烂摊子,而在这个烂摊子

中最烂的可能莫过于大明军界了。如果按照正常的军事人才选拔方式来进行操作的话,那肯定是解不了眼前的燃眉之急。鉴于此,兵部尚书于谦与翰林院学士陈循向景泰帝力荐,"(派)遣右都御史陈镒往顺天府通州等处抚安军民";破格提拔广东东莞县河泊所闸官罗通为兵部员外郎,令其镇守居庸关,提督该要塞军事防卫;特释因工作之失而"坐斩久锢刑部狱"(《明英宗实录》卷163)的前四川按察使曹泰,恢复其官职,并派其前往紫荆关督察抚守(《明英宗实录》卷181);特赦被佥事韦广诬告而入狱的广东左参议杨信民,恢复其职务,令其前往白羊口,"会同(诸地)军职,守备关隘,抚恤军民"(《明英宗实录》卷181)。

景泰朝廷的这一系列人事任命安排还真是恰当其时,就说最新履职的紫荆关守关按察使曹泰一上任就展开了实地调查,结果发现这个京师西北军事要隘的防卫几乎成了摆设。曾有200名北虏骑兵侵犯易州、涞水等处,剽掠男女百姓,进出紫荆关时,简直就如进入无人之境,守关明军将士居然无一人敢去阻击。鉴于此,他上奏朝廷说,不要以为有署都指挥佥事左能守备着紫荆关,那是聋子的耳朵。而从以往的历史来看,难保接下来北虏不再由此进出,况且守关"官军怯懦,倘复入寇,恐不能制",由此他恳请朝廷"命曾经战阵智勇武职重臣一员,量带精锐官军来关镇守"。景泰帝立即接受了曹泰的建议,命令山东都指挥佥事韩青前往紫荆关守备。(《明英宗实录》卷183,《废帝郕戾王附录》第1)

再说提督居庸关军事的新领导兵部员外郎罗通上任后也发现了那里的军事防卫状况实在不容乐观。居庸关是有官军镇守了,可它四周的永宁、怀来、独石、马营和密云等地的军事布置极度空虚,大小关口36处中有7处是可通人马的,有29处是可通人不可通马的。因此罗通向朝廷提出建议,对于那可通人马的7处关口,每个地方都增添1000人守备;对于那可通人不可通马的29处关口,每个地方都增添100人守备,仍命大将一员,将30000人分作10营,于各关口策应。朱祁钰接到奏报后,将此事交予兵部去讨论。兵部尚书于谦等认为,居庸关周围的军事布防之具体细务应该交给都指挥同知杨俊去落实,而对于非常时候居庸关新任提督罗通的积极负责之精神当予以褒扬或升职。朱祁钰接受了于谦的

建议,擢升提督居庸关兵部员外郎罗通为兵部郎中,仍理居庸关守务。(《明英宗实录》卷182)

数日后的正统十四年(1449)九月辛丑日,景泰帝又"升兵科给事中孙祥、兵部郎中罗通俱为右副都御史",并令罗通主守居庸关,孙祥主守紫荆关。至此,京师西北两大喉襟的军事防御得到了切实的加强。(《明英宗实录》卷183,《废帝郕戾王附录》第1)至于京郊其他"大小关隘,但可通人马之处,或塞或守,塞则广积木石,守则锋利器械"(《明英宗实录》卷184,《废帝郕戾王附录》第2)。

如此下来,北京外围军事诸务措置大体得宜,防御部署基本停当。

○ 京师北京军事防御的重大调整与强化

而对于大明京师北京的防务,以朱祁钰与于谦为核心的景泰朝廷则更加用心。

北京原系元大都,大明军北伐赶走元顺帝后,朱元璋曾令工部主事萧洵等于洪武元年捣毁了元大都的故宫【明】萧洵:《元故宫遗录》,《中华野史》第1册,P25),并将其改名为北平。不过作为北疆边防上的一大重镇,北平军事地理位置的重要性还是让明初统治者有着清醒的认识的。"大将军徐达命指挥华云龙经理故元都,新筑城垣,北取径直东西,长一千八百九十丈。"(《明太祖实录》卷34;【清】孙承泽:《春明梦余录》卷3)

朱棣篡位改元的当年,将北平升格为北京,并开始筹划北京城的建设。永乐十五年(1417)六月,北京大规模的营建工程开工,历时近四年,至永乐十八年(1420)十二月初步建成,"凡庙社、郊祀、坛场、宫殿、门阙规制,悉如南京,而高敞壮丽过之。复于皇城东南建皇太孙宫,东安门外东南,建十王邸,通为屋八千三百五十楹"(《明太宗实录》卷232)。

宣德九年(1434)七月,明宣宗"命都督佥事王彧以五军神机营官军及民夫修北京城垣"(《明宣宗实录》卷111)。

正统元年(1436)十月,鉴于"京城(北京)因元旧,永乐中虽略加改葺,然月城、楼铺之制多未备",明英宗"命太监阮安、都督同知沈清、少保工部尚书吴中率军夫数万人修建京师九门城楼"(《明英宗实录》卷23）。正统三年（1438）正月，"拨五军神机等营官军一万四千修葺京师朝阳等门城楼"（《明英宗实录》卷38）。正统四年（1439）四月，工程竣工，"修造京师门楼、城濠、桥闸完，正阳门正楼一，月城中左右楼各一，崇文、宣武、朝阳、阜城、东直、西直、安定、德胜八门各正楼一，月城楼一，各门外立牌楼，城四隅立角楼。又深其濠，两涯悉甃以砖石。九门旧有木桥，今悉撤之，易以石，两桥之间各有水闸，濠水自城西北隅环城而东，历九桥九闸，从城东南隅流出大通桥而去。""至是始毕，焕然金汤巩固，足以耸万国之瞻矣。"（《明英宗实录》卷54）

不过美中不足的是，那时的北京城垣其外都已经破旧，其内皆以沙土堆砌而成，一旦遇上大雨，城墙就很容易颓毁。正统十年（1445）六月，明英宗朱祁镇令"太监阮安、成国公朱勇、修武伯沈荣、尚书王卺、侍郎王佑督工修甓之"（《明英宗实录》卷130）。

至此，经永乐、宣德和正统三朝30年左右时间不惜民力和财力倾心打造与修建起来的北京城，已成为巍然屹立于世界东方的坚固城池，其足以抵御潮水般的蒙古骑兵之冲击。但即使这样，土木之变后上台的景泰帝还是感到不放心，正统十四年（1449）九月庚辰日，他下"令工部于京城堞口俱置门扉，缚沙栏木于城东、西、南三面垣上，凡为门扉一万一千有余，沙栏长五千一百余丈"（《明英宗实录》卷182）。

诚然，物质基础坚实与否在某种程度上影响着战争的胜负，但真正决定战争胜负的关键还在于人。对于这一点，500多年前突遭土木国难之变的明朝人恐怕是再清楚不过了。50万大明军在没有充分准备的情势下，仓促上路，随驾亲征，不仅没能打退来犯的北虏，反倒让人家杀得全军覆没。这样沉痛的教训与国难就在眼前刚刚发生过，新组合起来的景泰朝廷对此切记在心。如何调动各方面的积极性，尽可能挖掘与使用好军事人才，以此来加强大明首都北京的军事防御，成为了当时景泰朝廷的当务之急。

正统十四年（1449）八月下旬，朱祁钰采纳于谦的建议，先是提升有着军事才能但因战败逃跑而被降职为事官的石亨为右都督，掌大明后军都督府事，兼管京军大营之操练；后又擢升他为武清伯，充总兵官，总理京营操练诸军事务。（《明英宗实录》卷181）

第 1 章　保卫北京　拯救大明

再说那时的石亨一下子被提升到了那么高的官位,内心充满了喜悦,干起事来也十分用心。上任后没几天他就向朱祁钰上言进谏,提出对"才智出众勇力过人者"要"不次升赏"。朱祁钰当即予以接受。(《明英宗实录》卷181)半个多月后,石亨又向景泰帝上奏说,京营操练这个盘子太大,就他一个人主管忙不过来,请求皇帝陛下增派辅助人手。景泰帝随即就问:"石都督,你看谁能堪任此类官职呢?"石亨提出了毛福寿和高礼两个高级军官作为人选,朱祁钰马上擢"升都督同知毛福寿为左军都督府都督佥事、高礼为都督同知,于三千营把总管操"。(《明英宗实录》卷183,《废帝郕戾王附录》第1)

正统十四年(1449)九月辛丑日,武清伯石亨再次向朝廷上奏说:"(京军)五军各哨缺官,乞赐升用都指挥同知卫颖、管右哨马步都指挥佥事范广、管大营围子手署都指挥佥事张义、管中军马步署都指挥佥事陈友、管左哨马步都指挥佥事王良、管右掖马步指挥使李贵宜升署职管中军步队,署指挥同知王淳、指挥同知王英、崔福俱堪升用。"景泰帝当即予以应允,"命颖、广俱署后军都督府都督佥事,义、支、全、良俱署都指挥同知,贵、淳、英、福俱署指挥佥事"(《明英宗实录》卷183,《废帝郕戾王附录》第1)。

但即使这样,京营操练那么一大摊子的事情还是让总兵官石亨无法完全顾及。为此,兵部尚书于谦向景泰帝上奏,推举辽东都指挥范广为副总兵官,直接协助石亨佐理京营。

至此,北京军事防御领导人士大体上得到了落实。不过当时以朱祁钰和于谦为核心的景泰朝廷却对此还是感觉有所不足。正统十四年(1449)九月甲午日,会昌伯孙忠上奏景泰帝,说:"广西总兵官安远侯柳溥廉能公正,智勇超群,宜召回统领军务。"(《明英宗实录》卷183,《废帝郕戾王附录》第1)

这个柳溥是跟随朱棣"靖难"造反的"英雄"柳升的儿子。柳升在永乐初年率军随从张辅远征交阯,立有战功,被封为安远伯。永乐七年(1409)他扈从随驾亲征漠北阿鲁台,再次立功,被晋封为安远侯。史书评述柳升"质直宽和,善抚士卒,勇而寡谋"。这样个性的人做跑龙套的部将尚可,但要是让他独当一面时,问题就来了。宣德二年(1427),在平定交阯(也称安南)之乱的过程中,柳升误中了交阯黎利叛军之奸计,战死倒马坡。由此一来,使得另一路大明军陷入了十分尴尬的境地,"王通孤军援绝,遂弃交阯"(《明史·柳升传》卷154)。我们现在讲到的柳溥就是战死于异国他乡的柳升之子。因为父亲柳升丧师失地,朝廷上下要求追责,所以儿子柳溥在父死之后好久才得以继承爵位,"初掌中府,出镇广西。廉慎,然无将略,承山云后,不能守成法,过于宽弛。瑶、僮(壮)相煽为乱,溥先后讨斩大藤峡贼渠,破柳州、思恩诸蛮寨,而贼滋蔓如故"(《明史·柳升传附柳溥传》卷154)。

从家世与自身经历来看,尽管柳溥算不上是个将门虎子,但他毕竟不同于同时代的那些"官二代",在南方地区的平乱战争中经受了一番洗礼,因此说在土木国难后景泰帝登极那个非常时期,柳溥也可算得上是能领兵打仗的军事将领。当会昌伯孙忠提出这样的人选时,兵部尚书于谦召集了朝廷大臣好好作了讨论,最终觉得:柳溥"诚堪用,但两广蛮寇生发,宜留溥镇之"。景泰帝获悉后做了一番人事调整,"升都指挥使田真为都督佥事,佩征蛮将军印,充总兵官,都指挥佥事武毅为都指挥使,充参将,镇守广西",同时下令将柳溥调回北京,加强京师的军事领导。(《明英宗实录》卷183,《废帝郕戾王附录》第1)

由柳升、柳溥父子,人们自然会联想到安南平乱战争中的另一个将领王通。王通是跟随朱棣"靖难"造反的"英雄"王真之子。建文四年(1402),燕军南窜至淝河,王真所部陷入了建文朝廷军队的包围之中,眼见救援无望,他自刎而尽。朱棣即位后追封王真为金乡侯。(《明史·王真传》卷145)王通"嗣父官为都指挥使,将父兵,转战有功,累进都督佥事。复以父死事故,封武义伯,禄千石,予世券。永乐七年董营长陵。十一年进封成山侯,加禄二百石。明年从北征,领左掖。二十年从出塞,以大军殿,连出塞,并领右掖。仁宗即位,命掌后府,加太子太保"(《明史·王通传》卷154)。宣德初年,王通佩征夷将军印,远征交阯。在战事不利的情势下,王家这位"官二代"竟然私自与叛军头领黎利议和,终致大明军在交阯战场上一败涂地,"官吏军民还者八万六千余人,其陷于贼及为贼所戮者不可胜计"。宣德三年(1428),王通被召还京,"群臣交劾,论死系狱,夺券,籍其家。正统四年特释为民"(《明史·王通传》卷

154)。土木国难发生后,大明军界领导严重缺员。有人想起了"坐失交阯,落职为民"的王通,并向朝廷作了推荐。鉴于王通以往有着相当的军旅经历和大明正处于国难的非常时期,景泰帝决定起用他,升他为中军都督府都督佥事,提督守备北京九门;同时还升都指挥同知刘信署后军都督府都督佥事,照旧操练军队。《明英宗实录》卷183,《废帝郕戾王附录》第1)。

军队领导果然不可缺少,但要想取得战争的胜利,在更大程度上还得要做好合适的兵力部署、相应的军事准备和严格的军事管理等工作。根据兵部尚书于谦的建议,正统十四年(1449)九月甲辰日,景泰帝下令,从京军中调2000名军士前往古北口,调5000名兵士前往紫荆关,以此来增加该两地的军事守卫力量。《明英宗实录》卷183,《废帝郕戾王附录》第1)两天后,兵科给事中刘斌上言朝廷,奏请调拨京兵来加强北疆边备。景泰帝接奏后决定,将此事交予大明兵部来处理。兵部尚书于谦获知后十分理性地跟皇帝朱祁钰分析道:"守边守关将士不是越多越好,而是应该恰到好处,且重在加强军事管理,落实到位。紫荆关原有官军7000人,近日又增调了5000人;居庸关原有官军9000人,近日又增调了10000人。据该两处军事守卫的范围而言,拥有这么的人马已经足够了。接下来所应该要做的就是行文武清伯石亨处,让他尽快催促调拨军士迅速前往那两关去镇守。至于山西境内的雁门关等处的军事守备,近期也已增调了振武等卫所的官军,又有指挥石彪率领的马军3000在那里巡视放哨,余下所应该要做的就是行文巡抚山西的副都御史朱鉴等,让他们严督提备。"景泰帝听后觉得于谦讲得十分有理,随即下令让人按照于谦的建议去做。《明英宗实录》卷183,《废帝郕戾王附录》第1)

正统十四年(1449)十月初二日,镇守密云署都指挥佥事王通遣人上奏说:"密云是北虏南犯经常侵扰的地方,近来不断有人看见他们出没在那里,恳请朝廷迅速增兵密云。"景泰帝接奏后将其交予兵部讨论。兵部尚书于谦召集部下集体议事,最终大家觉得,密云兵力确实少了些,理应增调2000人前往那里,不过密云又离古北口不远,古北口刚刚增调了3000兵马,朝廷应该马上发文到那里,让他们听从镇守密云署都指挥佥事王通的节制,这样一来,兵力布置可谓恰到好处了。"景泰帝听了于谦的汇报后,当场就同

意了兵部的建议,并下令予以实施。(《明英宗实录》卷184,《废帝郕戾王附录》第2)

总之,在以朱祁钰与于谦为核心的景泰朝廷上下日夜辛苦操持与不懈努力下,经过一个半月紧锣密鼓的积极准备,到正统十四年(1449)十月之初时,帝都北京及其周围地区的军事防务已落实得差不多了。那么作为战争的敌对方瓦剌此时又在哪里?在干什么?

● **瓦剌也先第二次南犯,景泰帝、于谦领导北京保卫战,拯救大明帝国**

前文我们已经讲到,正统十四年(1449)八月二十一日,瓦剌太师也先挟持了正统帝到大同城下威逼利诱了一番,在攫取了一大批金银财物后,忽然发现大同将领郭登正在筹划劫营救驾之计,顿时惊慌不已,于二十四日当夜挟裹着明英宗向着塞北逃去。

○ 第一次南犯后,瓦剌也先为何退回塞北老营休整了一月之余?

也先此次北逃速度相当之快,过威宁海子、九十九个海子、柳源县、黑河、八宝山、断头山等,在八月底到达了塞北老营黑松林。对于瓦剌军的如此"怪异"行为,有人曾发问:以当时之势,也先为何不继续发兵南犯,进攻大明之都北京?

就实际而言,恐怕是出于如下几个方面的考虑:

第一,也先与可汗脱脱不花、阿剌知院原来是兵分三路进犯大明边疆,说白了就想抢掠一番,捞一票就走人,并没有进攻北京的军事安排。哪想到平庸无能的正统帝朱祁镇自己"送上了门",撞在枪口上,当了俘虏。如果这时瓦剌太师也先忽然改变战略,其他两路军就不太可能迅速地协调作战,合力进攻大明。

第二,鉴于自己是瓦剌的太师,不是名义上的最高领导,也先做事多少得考虑一下可汗脱脱不花和阿剌知院等人的感受,而退回塞外老营恰好可以与他们当面商议合计一番,也可调动更多的兵力,卷土重来。

第三,也先所看到的中原王朝帝国是个以皇帝为绝对权威的家长制天下，逮住了正统天子这个奇货就能打开了大同的国库，同样未来也能以此来打开大明帝国的国库，甚至可以挟天子以令天下，何必在乎这一时半会儿！眼下情势的关键就在于要充分地利用好手中的这奇货。

○ 瓦剌也先挟持"肉票"正统皇帝第二次南犯，剑指明都北京

正因为被俘的大明天子在也先的眼里具有无限巨大的潜能神效，所以自土木之役起正统皇帝一直被瓦剌人紧紧地看管着，就如同现在社会中被绑票了的"肉票"一般，让人带来带去。也先回老营，正统帝被带到了那里；也先南犯大明，正统帝也挟持着一起过来了。

也先之所以做出如此举动，一方面是由于他确实有着独特的见识与谋略，另一方面是由于受到了明朝的叛徒、昔日正统帝跟前的红人太监喜宁的"指点"与引诱。正统十四年（1449）十月初一日，在经过一个多月的休整与备战后，他统率瓦剌大军，挟持着正统帝，开始了对明朝的第二次大举进犯，剑指大明之都北京。（《明英宗实录》卷184，《废帝郕戾王附录》第2）

○ 本想到大同再好好敲诈一番，没想到"肉票"正统皇帝成了空质

那天他们闯到了大同东门，因为事先已获悉大明新立了君主，所以也先就派了知院阿剌、叛徒太监喜宁和被扣留的明朝通事指挥岳谦到城下去喊话："今天我们是送你们的正统天子回京的，若他不得正位，即使是五年、十年，我们都要前来仇杀！"也先这样叫人喊话的目的就是要分化明朝，让新即位的景泰帝朱祁钰与他的哥哥、太上皇朱祁镇之间产生对立情绪，这样自己就有机可乘。再说在这喊话的三个人中，前两者就不用多说了，肯定是站在瓦剌的角度，而后者岳谦却是被扣留下来的明朝使臣，他身在曹营心在汉，乘着别人不注意，向明朝人密言"虏情叵测"。这时，大同知府霍瑄听说正统皇帝又被人挟持来了，从君臣大义角度来讲，自己就不能不出城去拜见呀。而要想出城去就得要开启城门，但战争期间这城门岂能随意打开的？苦思冥想了好一阵子，霍瑄终于想到

了一个好方法,从水道秘密出去。在见到正统帝时,他拉住了被俘皇帝的马缰绳,献上了美酒、肥鹅等物。正统帝趁人不留意之际偷偷地跟霍瑄说:"你回去与郭登说,好好坚守住城池,千万不要轻易地打开城门啊!"(《明英宗实录》卷184,《废帝郕戾王附录》第2)

从这话的内容来看,俘虏皇帝朱祁镇似乎没有以前那般无耻了,这或许是一路上的所见所闻让他有所醒悟:也先压根儿就没有要将他送回的诚意,自己只不过是他手中的一个可居之奇货,与其这样窝囊下去,倒不如尽可能暗中帮一把受难中的祖国。再说那时也先听到三人喊话,看见俘虏正统帝与霍瑄嘀咕了好一阵子,可就是不见城门开启,他实在有点不耐烦了,于是亲自出马,走到城下喊话:"郭总兵官,听好了,你们的皇帝在这里,赶紧出来将他接回去!否则的话,我们瓦剌与你们大明之间的战争将会没完没了!"让也先没想到的是,他一喊完话,郭登随即回应道:"赖天地祖宗之灵,国有君矣。"(【清】谷应泰:《明史纪事本末・景帝登极守御》卷33;【清】夏燮:《明通鉴》卷24)

郭登的这个回答十分巧妙,但意思又很直白:也先啊,你手中的那个"肉票"皇帝现在不管用了,我们已经有了新皇帝。你要是觉得他很稀罕,那就多拜拜他吧!换句话来说,原来在也先眼里为可居之奇货现在一下子变成了空质。这下可让他恼羞成怒,本打算诉诸武力,但见到大同城严阵以待,无机可乘,无利可图,最后只好怏怏离去,将侵犯目标转向了明朝的腹地。郭登立即遣人将瓦剌进犯的军情火速送往京师北京。

○ 瓦剌军杀向紫荆关 & 景泰御前会议 & 守备右副都御史孙祥战死紫荆关

两天后的正统十四年(1449)十月初三日,瓦剌军进犯到京师西北喉襟紫荆关。紫荆关提督守备就是前文提到的由兵科给事中一下子擢升为右副都御史的孙祥,他可是进士出身的文臣,但从头到脚充满了保家卫国的一身正气。看到也先带领的瓦剌军气势汹汹地杀奔而来,他一边下令守关将士严防死守,一边派了指挥刘深秘密出关,以朝见正统帝为名,相机而行,设法刺探敌人情报。刚巧也先这次又派了岳谦等人前来扣关,岳谦找了个机会偷偷地告诉刘深:"你回去告诉孙提督,前来紫荆关这里扣关的瓦剌骑兵共有30000,其中精壮者只有20000,另外还有20000到古北口去扣关了。"(《明英宗实录》卷184,《废帝郕戾王附录》第2)

孙祥获悉后立即派人十万里加急将军事情报送往北京。十月初五日,耳闻紫荆关告急风声的景泰帝诏令诸王遣兵入卫北京。十月初六日,在接到紫荆关守备孙祥遣人送来的正式文书后,朱祁钰立马召开御前会议,让文武大臣一起来讨论御虏之策。会上出现了两种不同的意见:总兵官武清伯石亨认为,瓦剌军大举进犯,人多势众,为今之计,明军当暂避其锋,尽闭京城九门,固守不出,待其疲惫懈怠时,再发起攻战;兵部尚书于谦不同意这种主张,他认为,敌人刚刚在紫荆关取得了小胜,气焰正嚣张着,现在应该给他们来个下马威。如果明军退入京城,闭门守卫,这岂不是示弱于敌人。到那时他们会更加猖狂不已,因此说,现在必须要将京军精锐阵列于九门外,给敌人来个迎头痛击。(【清】夏燮:《明通鉴》卷24)这时大太监金英也发表了观点,支持于谦的主张,甚至当廷对着大臣说:"死则君臣同死!"景泰帝听后表示认可,"固守之议始决"(【清】夏燮:《明通鉴》卷24)。

接下来就是讨论如何具体部署作战的问题,众臣经过讨论后,认为:当下之势应该挑选精兵16000人,配备军马5000匹,任命都督佥事孙镗为总兵官,高礼为左副总兵,率军火速赶往紫荆关增援;同时为防止瓦剌骑兵侵害紫荆关附近地区百姓的生命与财产,朝廷应该立即派遣佥都御史段信和都指挥佥事姚麟等赶往真定、保定去,将那两府的军民百姓全部转移到城里去;另外还建议景泰帝对都督佥事孙镗、领军都督佥事王通和都指挥佥事杨寿等军官予以一定的擢升,以激励他们的斗志。朱祁钰当即接受了众臣的意见,下令:升孙镗为右都督,王通为都督同知,杨寿为都指挥同知;马上选调精兵20000人,将其中的10000人交给孙镗去统领,增援紫荆关;另外10000人交给都督毛福寿、陶瑾,用以策应孙镗。至此景泰帝似乎还不怎么放心,于是又敕谕孙镗:"近闻达贼(指瓦剌)从紫荆关进,如果送上皇(指正统帝)回京,止许放五七骑,或十数骑入关,若或过此数,拥众而来,必须固拒,飞报京师处置。"(《明英宗实录》卷184,《废帝郕戾王附录》第2)

朝廷实施上述举措花费了一些时间,而处于军事前线的紫荆关在这几天内可谓是大敌当前又瞬息万变。最初也先想硬攻闯关,但见到孙祥严阵以待,他有些犹豫了,不停地转悠着眼珠子,总企盼奇迹出现,找到攻打这个京师西北喉襟的软肋。就在这时,叛阉喜宁摇着尾巴迎了上来,再次讨好起新主子。只见他领着一部分瓦剌军抄小路绕过关,然后与关前的也先军一起,两面夹击镇守关城的明军。提督守备副都御史孙祥万万没料到,昔日正统皇帝眼前的红人现在居然认贼作父,来这么卑鄙的一手,他顿时腹背受敌,但还是拼死作战,最终因寡不敌众,在坚守了四日后,于十月初九日战死于关城战场。瓦剌军攻入紫荆关后,继续挟持正统帝,口口声声地叫嚷着要送上皇回京,长驱直入,扑向北京。(《明英宗实录》卷184,《废帝郕戾王附录》第2)

这时,总兵官、都督孙镗率领的增援部队刚刚集合好,正要出发,突然听到紫荆关失守的消息,他只好下令,驻营于北京近郊。

○ 保卫北京城的血战与瓦剌的北遁

再说景泰帝在获悉京师西北喉襟告急、失利的消息后,立即敕命兵部尚书于谦提督各营军马,宽宥广宁伯刘安之罪,命顾兴祖、刘聚俱复冠带,刘安充总兵官,顾兴祖、刘聚充副总兵,俱领军杀贼。(《明英宗实录》卷184,《废帝郕戾王附录》第2)

◎ 景泰朝廷陈兵于京城九门,再次调整京城的军事守卫力量与战略部署

于谦受命后"分遣诸将帅兵二十二万陈于京城九门,总兵官武清伯石亨陈于德胜门,都督陶瑾陈于安定门,广宁伯刘安陈于东直门,武进伯子朱瑛陈于朝阳门,都督刘聚陈于西直门,副总兵顾兴祖陈于阜城门,都指挥李端陈于正阳门,都督刘得新陈于崇文门,都指挥汤节陈于宣武门,皆受石亨节制"。与此同时,景泰帝还敕令总兵官武清伯石亨及左副总兵署都督佥事范广、右副总兵右都督武兴等,告诫道:"今达贼窥伺京城,特命尔等统率大军屯于九门,或设伏,或设险,或守正用军,或出奇取胜,或获守城池,以逸待劳,或攻劫营阵,以计陷敌,或分兵策应,务出万全,事定报功,升赏

不吝。"(《明英宗实录》卷184，《废帝郕戾王附录》第2)

就在果断采取上述这些措施的过程中，景泰帝还任命刑部右侍郎江渊参赞都督孙镗军务；擢升翰林院庶吉士刘清为兵科给事中，让他跟随江渊赞理军务；敕令驸马都尉焦敬巡视皇城四门，提督官军，严加防慎。鉴于当时兵马司为方便守卫京军屯驻，拆毁京城九门外的军民房屋而引发众人争负行李入城的混乱情势，以及瓦剌军日益逼近所造成的京师人心浮动的不利局势，景泰帝又及时地接受了给事中李震的上言，下令立即停止对军民房屋的拆毁；且还敕命已故的蒙古族人恭顺侯吴克忠之子吴瑾袭封恭顺侯爵位，从深远的民族关系角度来分化以也先为首的异族敌对阵营。(《明英宗实录》卷184，《废帝郕戾王附录》第2)而对于京师守卫力量的不足和战略部署的调整等问题，景泰帝发出了这样的号令："有盔甲军士但今日不出城者，斩！"同时他又接受了吏科给事中姚夔的建议，遣人火速赶往宣府和辽东等地，命令宣府总兵官杨洪率领20000人，辽东副总兵焦礼、施聚率领30000人，分别从西北与东北两个方向启程，向京师进发，从整体战略上对入侵的瓦剌军构成腹背受敌的战势格局。(《明英宗实录》卷184，《废帝郕戾王附录》第2)

在做完这些可行的人事后，景泰帝还从神祇中寻求精神告慰，以瓦剌军入寇，亲告昊天上帝、后土皇地祇及七庙太皇太后、皇考宣宗章皇帝，他说："兹者房寇猖獗，越山进入居庸关内，布列野外，欲窥京城。已命总兵等官统率大军剿杀。尚祈洪造默相敷佑，将勇兵强，房寇迎刃瓦解，国家宗社永保康宁，伏惟鉴知！"(《明英宗实录》卷184，《废帝郕戾王附录》第2)

◎ 北京保卫战之序幕——彰义门外的杀敌

再说那时挟持着正统帝的瓦剌大军已经过了紫荆关东边的易州，在十月初十那天来到了北京西南方向的河北良乡。据称，当地的父老听说自己的皇帝来了，主动上进茶果羊酒。第二天即十一日，也先大军挟裹着明英宗驻扎在北京近郊的卢沟桥，"果园署官以果品进"。眼见朴实的父老与果园署官的一片孝心，遥望卢沟晓月与离别月余的京师，俘虏皇帝朱祁镇感慨万千，情不自禁，他叫来袁彬，让他作书三封，一封给圣母皇太后孙氏，一封给御弟朱祁

钰,一封给文武百官,大致通报一下瓦剌军的情况,让京城的人们固守社稷。(《明英宗实录》卷184,《废帝郕戾王附录》第2)

书信写好后,朱祁镇想让被扣留在瓦剌军营里头的明朝通事指挥岳谦去送信。可也先不放心,他叫瓦剌人纳哈出同岳谦一起去。就这样,两人一前一后来到了北京城彰义门外喊话,说是上皇朱祁镇有三封书信要给景泰朝廷。纳哈出当然不会忘了也先交待他要喊的话:"我们送上皇回来,你们赶紧开门迎接!"彰义门城楼上的明军将士看到瓦剌人打扮模样的在叽里呱啦地叫个不歇,就想起了以往人们常说的,北虏如何狡诈,利用上皇前来诓诈,想必这次也是的吧,不容分说,搭弓射箭。可怜那个岳谦还没反应过来这究竟是怎么一回事,就让自己人给射死了。与他同来的瓦剌使臣纳哈出目击这等情形,赶紧溜了回去。(《明英宗实录》卷184,《废帝郕戾王附录》第2)

这时也先率领的瓦剌大军已经抵达北京城下,列阵于西直门外,将俘虏皇帝明英宗安置在德胜门外空房中,并派人看守着。(《明英宗实录》卷184,《废帝郕戾王附录》第2;【明】袁彬《北征事迹》)这时,景泰朝廷已完成了京城保卫战的战略部署之调整,北京城九门外的明军守卫力量也早已落实到位,有的地方明军甚至发起了对来犯的瓦剌军之打击。在彰义门北都督高礼、毛福寿率领明军杀退敌人300人,夺回被掠民众1000余人。景泰帝听到喜讯后十分高兴,当即敕令武清伯石亨和兵部尚书于谦等:"尔等即选精兵于教场住扎(驻扎),以便调用,自都指挥而下不用命者,斩首以徇,然后闻奏。"随即又"敕太监兴安、李永昌往同石亨、于谦等整理军务"(《明英宗实录》卷184,《废帝郕戾王附录》第2)。

◎ 于谦部署和领导北京保卫战与王复、赵荣议和

再说此时的于谦早就把兵部的日常事务交由副手侍郎吴宁去打理,自己却身披甲胄,亲临德胜门外军事作战前线,下令"悉闭诸城门",申饬军纪,"临阵将不顾军先退者,斩其将;军不顾将先退者,后队斩前队。于是将士知必死,皆用命"(《明史·于谦传》卷170)。随后于谦又对将士们进行激情的战前动员,"泣以忠义谕三军,人人感奋,勇气百倍"【清】谷应泰:《明史纪事本末·景帝登极守御》

卷33)。

经过这一系列的不懈努力和精心打造,整个北京城早已成为了众志成城的铜墙铁壁。见此,瓦剌太师也先不免心中有些发憷,他不敢贸然发动武力进攻。这时叛阉喜宁向他献计,以奉迎太上皇銮驾还宫为诱饵,将于谦等景泰朝重臣骗出来,借机将其扣下,这样就会使得北京城处于不攻自乱的状态。也先一听这主意好,于十月十二日率兵将俘虏皇帝朱祁镇拥上土城,声称要景泰朝廷将正统帝接回宫去。守城将领获悉后飞报殿廷,景泰帝立即召集群臣问计。群臣各执一词,持议不决。有人说也先诡计多端,绝不能轻信他;也有人说,虽然也先居心叵测,但迎回上皇于理难辞,所以还得要派遣使臣出城去,顺便也可探一探瓦剌人的虚实。不过,绝不能让于谦等国家栋梁轻易蹈危履险。正当大家众说纷纭,议而未决时,中书舍人赵荣挺身而出,慷慨请行。永乐时代进士入仕,历经数朝风浪的老臣、大学士高谷为之十分激动,他拍着赵荣的肩膀说:"你啊,绝对的忠义之人!"说完他解下了自己佩戴的犀带,将其赠送给了赵荣。(《明史·赵荣传》卷171)通政司参议王复见此也立即自告奋勇,愿与赵荣同行。景泰帝当即擢升王复为右通政,赵荣为太常寺少卿,派遣他俩出城去朝见太上皇朱祁镇,进献羊酒等物。(《明英宗实录》卷184,《废帝郕戾王附录》第2)

也先听说景泰朝廷遣使来了,立即做出安排:命令朱祁镇带刀坐在帐内,他自己与伯颜帖木儿等擐甲胄张弓矢,"侍卫"在俘虏皇帝的周围,让瓦剌兵站在帐外排列两旁,刀剑出鞘,注视着上门而来的明廷使臣。只见得赵荣与王复一路向前,毫不畏惧,见到全副武装的瓦剌兵,他们大声叱责道:"不得无礼!自古道,两国和好必遣使臣,以通其意。而现在你们想威胁我们,难道我们怕死吗?"也先听到这话,顿时觉得十分没趣,立即下令,让士兵们将刀箭收起来。看到赵荣与王复走了过来,他立即上前,说是引他们去见太上皇,顺手取来番字敕书,让朱祁镇取看汉字敕文,然后冲着赵、王两人问道:"你们俩是什么官职?"赵荣、王复回答道:"我们是通政司右通政王复、太常寺少卿赵荣。"这时叛阉喜宁悄悄地走到也先跟前密语道:"他俩都是没有什么实权的小官,太师您不要去理睬他们!"也先听了这话,立即变脸,随后对王复、赵荣说:"你们都是小官,没资格来议和。回去叫于谦、石亨、王直、胡濙、杨洪等前来议和吧!"(《明英宗实录》卷 184,《废帝郕戾王附录》第 2;【明】刘定之:《否泰录》,本书作者注,《明实录》与《否泰录》记载该事略异,本书以《明实录》为准)

◎ 德胜门之战

王复、赵荣回到殿廷后,向景泰帝复述了也先说过的话。朱祁钰拿不准主意,就派人去征求于谦的意见。于谦回答说:"今日止知有军旅,它非所敢闻。"(【清】夏燮:《明通鉴》卷 24)这时朝廷大臣也纷纷议论道:"于谦等都是国家倚仗的大臣,怎么能轻易地让也先呼来唤去的。"景泰帝听后决定,不派任何人出城去议和了!自此,朝廷上下同仇敌忾,人人言战。(《明英宗实录》卷 184,《废帝郕戾王附录》第 2;《明史·赵荣传》卷 171)

也先见到欺骗的阴谋没有得逞,便决定对北京城发起进攻。十月十三日,瓦剌军开始攻打德胜门。攻城前,也先派了几个骑兵偷偷走近德胜门,想窥探一下明军的兵力布置。于谦见此来了个将计就计,让石亨令兵士埋伏于德胜门两旁的空房里,然后派出一支小股骑兵前去迎敌,刚刚一交手就假装失败退了回去。瓦剌军岂敢轻易放过这样的机会,赶紧拼命追赶,一万多的骑兵犹如潮水一般涌向德胜门前。这时埋伏在空房里的明军兵士见到火候差不多了,立即从里往外杀出来。就在这个关键时刻,神机营火铳和火炮齐发,瓦剌骑兵还没弄明白究竟是怎么一回事,就一一到阎王爷那里去报到了。就在这当口,副总兵官范广"跃马陷阵,部下从之,勇气百倍"(《明史·范广传》卷 173)。这下瓦剌骑兵可更惨了,成批成批的尸体留在了德胜门前。就连素有"铁元帅"之称的瓦剌骁将、也先弟弟平章孛罗卯那孩也死在了范广所部的炮火射程之内。(《明英宗实录》卷 184,《废帝郕戾王附录》第 2;《明史·范广传》卷 173)

◎ 西直门之战

德胜门外居然吃了这样的败仗,气急败坏的也先岂肯罢休,他立即集结更多的人马,孤注一掷地转向西直门,想以强大的猛烈攻势打开缺口,突入城内。这时负责西直门军事防守的明军都督孙镗见到情势不妙,立即率领兵士奋力抵抗,刚把瓦剌前队军马杀退,不曾想到也先率领的大部队又猛冲了过来。孙镗等拼死作战,但因兵力死伤太惨重了,渐渐出现了不支之势,他想退入西直门内。这时负责西城监军的给事中程信发现了这个情况,心想:"孙镗初战便退入城中,这不仅会影响大明军的士气,而且还会助长瓦剌人的气焰,所以说无论如何也不能将孙镗等放入城内。"于是他当机立断,闭门不纳,并与都督王通、都御使杨善等人在城楼上擂鼓助威,激励孙镗等回身再战,且让城上神枪营发炮轰击敌人,以此进行支援。(《明史·程信传》卷172)

再说孙镗闻听震天动地的炮声,顿时来足了劲,转身浴血奋战。随从的将士们见到主帅这般卖力,大家也不敢含糊,拼命杀敌。可敌人实在是太多了,眼看就要全军覆没了。突然间前后左右又响起了震天的炮声,且喊杀声如雷,原来是毛福寿、高礼率领的增援部队赶到了!不过不巧的是高礼在参战后不久就让流箭给射杀了,于是危机再度出现,怎么办?说来还真巧,就在这生死危急关头,总兵官石亨率领大队人马杀到了,只见他顶盔掼甲,抡起大刀,冲入瓦剌军阵,犹如削草一般,将瓦剌兵的人头一一给削了下来。他的部下也个个如猛虎下山似地冲向敌群,见人就砍。瓦剌军终于支撑不住,退出了战场。(《明英宗实录》卷184,《废帝郕戾王附录》第2;《明史·石亨传》卷173)

西直门战斗虽然最终取胜了,但在这个过程中也暴露出了明朝防务方面存在的某些问题。譬如兵力不足和各门的军力相互之间不能临时很好地调配和增援。对此,西直门战斗当天快结束时,十三道监察御史耳闻了战场的险情,纷纷上奏朝廷,要求兵部立即采取措施,规定五军都督府各卫官署、各衙门除了留有一员管事外,其他的不论是官还是吏,不论是在职还是闲职,都必须自备衣甲、鞍马,随时听候调用。等到战斗胜利时,统一对他们进行论功行赏。要是有谁敢借故推托、躲避的话,由锦衣卫和五城兵马司一一查实问罪。景泰帝听后觉得此提议甚好,当即批准执行。(《明英宗实录》卷184,《废帝郕戾王附录》第2)

◎ 彰义门之战

除此之外,兵部尚书于谦等人经过实地调查与理性思考后决定,对西直门与彰义门之间的防御军力做了部分调整与加强,规定两门守军协调作战,相互配合。为确保这个作战宗旨的贯彻,于谦随即派了新任佥都御史王竑上毛福寿、高礼处提督军务,让他们与镇守西直门的孙镗合兵一处,彰义门则仍由都督王敬、武兴和都指挥王勇等率军镇守。但不管是彰义门还是西直门,一旦哪边情势告急,另一边就必须尽力前去救援,不许自分彼此,贻误军机。同时于谦还上请景泰帝,让他敕令都督毛福寿等于京城外西南街巷要路,堵塞路口,埋伏神铳、短枪,以待策应;同时下诏对京城实行夜禁,"兵部分遣郎中巡督,以防奸细"(《明英宗实录》卷184,《废帝郕戾王附录》第2)。

于谦上请景泰帝推行如此举措似乎很有针对性,也先在德胜门、西直门进攻中没能取得胜利,随后便在十月十四日把进攻的重点放在了彰义门。于谦接报后立即下令:都督王敬、武兴和都指挥王勇率军在彰义门外迎战!武兴"以神铳列于前,弓矢短兵次之,报效内官数百骑列于后"(《明英宗实录》卷184,《废帝郕戾王附录》第2)。这样的队形布阵甚为恰当,长兵器、短兵器、热兵器和冷兵器有效搭配,只见得瓦剌军前锋一冲上来就让明军神铳打得人仰马翻。这时,排列在最后排由数百个宦官组成的骑兵敢死队按捺不住了,心想这立功的机会不能全让神铳营给抢占了,于是他们纷纷从后排跃马而出。刹那间,明军军阵大乱,原先有着很大杀伤优势的神铳火器此时失去了对敌人的攻击力。瓦剌骑兵乘机反攻,追击到土城。明军都督武兴中流箭而亡,其手下将士死伤甚多,土城随即被敌人包围。就在这紧急时刻,土城居民纷纷登上了屋顶,用砖头、瓦块投掷敌人。一时间"号呼投砖石击寇,哗声动天"(《明史·于谦传》卷170)。瓦剌骑兵没料到明朝方面有这一手,防不胜防地"中招"了,很多人看到后都吓得不敢再往前冲了。这时,王竑和毛福寿率领的援军也从西直门赶了过来。瓦剌兵望见明朝援军的旗帜,哪敢恋战,纷纷退回到自己的军营里去了。(《明英宗实录》卷184,《废帝郕戾王附录》第2)

德胜门、西直门、彰义门三场战斗打下来,瓦剌太师也先的斗志全无,原本以为明军不堪一击,北京城唾手可得,没想到屹立在眼前的这座城池却是如此之坚硬,明朝人心却是如此之坚定,他顿时沮丧不已。而就在这时,从居庸关又传来了不好的消息,迫使他不得不改变既定的战略方案。

◎ 居庸关保卫战

原来也先在对大明帝国发动第二次大规模进犯时,曾分兵50000进攻居庸关。而就在那里,瓦剌骑兵也遭到了明军的沉重打击。

前文已述,居庸关一向是北虏进出内地的要冲,景泰帝上台后接受了兵部尚书于谦的建议,提拔和调配有军事才干的罗通前往那里镇守,而后又不断地调集其他方面的兵力予以增补。但即使这样,居庸关要塞在北京保卫战打响时,明军总人数还不到20000人,而今一下子要面对来势汹汹的50000瓦剌铁骑的进攻,其压力可想而知。幸好提督居庸关守备副都御史罗通十分有才,他充分利用了天时地利人和等各方面的优势打击敌人。当时正值农历十月中旬,相当于现代公历的十一月中旬,北方地区已经天寒地冻,滴水成冰。看到潮水般的瓦剌铁骑向居庸关涌来,精通兵法的罗通召集将领,设计予以迎头痛击。夜幕降临后,罗提督命人不断地汲水浇灌城墙,由于天气十分寒冷,浇到城墙上的水很快就结成了冰,到天亮时整个居庸关关城成了一座晶莹剔透的冰城。第二天发起进攻的敌人只要向前冲一点,就不由自主地滑倒了。这样的事情重复了7天,瓦剌兵始终未能走近居庸关半步,最后不得不开始撤退。这时罗通等以逸待劳,率领明军精兵冲出关城,乘势杀敌,三战三捷,斩获甚众。(《明史·罗通传》卷160)

◎ 瓦剌退兵北遁与北京保卫战的胜利

居庸关战果传到北京城下,也先愈发惊慌,本想挟持正统皇帝向大明朝廷好好地敲诈一大笔,没想到这个可居的奇货却成了空质,明朝失君而又得君了。由此看来,要想使自己的瓦剌军在眼前的这场战争中取胜,这似乎是不太可能了。而不佳之势到此还没有打住,他派出去的哨探不断地回来报告:大明各地的勤王兵马正向着北京集结,尤其是那精锐的大同兵、辽东兵据说马上就要到了。这时的也先想起,自己这一路过来,大同、宣府和居庸关等军事重镇雄关都没拿下,如果再将眼前这场没有什么取胜希望的战争拖延下去,恐怕就连自己回家的老路都要没了。十月十五日,他下令拔营,撤离北京。不过临走时他可没忘了喜宁的指点,千万不能让明军夺去自己手中的"奇货"——俘虏皇帝朱祁镇,于是他又一次挟持着明英宗,急急忙忙地向着来时的良乡方向遁去。(《明英宗实录》卷184,《废帝郕戾王附录》第2)

也先这次遁去不同于一月前的那一次,他憋足了火气和窝囊气,一路走一路在寻找泄愤的对象,"散遣部属掠畿内诸府州县",于是"所过州县大掠",甚至他还派兵去偷袭北京昌平天寿山皇陵卫,杀死该卫官吏,"虏去人口不计其数"(《明英宗实录》卷184,《废帝郕戾王附录》第2)。最令大明朝廷光火的是,瓦剌军将明英宗、明代宗的曾祖父明太宗永乐帝的长陵、祖父明仁宗洪熙帝的献陵和父亲明宣宗宣德帝的景陵寝陵尽行焚毁。

景泰帝闻讯后急诏昌平伯杨洪、都督孙镗、都督佥事范广、陶瑾、都指挥张义、陈友、刘聚等率领官军50000人,"分为两军前后而行,声势相接,往彼追袭,相机剿击"(《明英宗实录》卷184,《废帝郕戾王附录》第2)。

正统十四年(1449)十月十六日,都指挥杨俊率领官军800人在居庸关斩获瓦剌兵首级6个、马120匹、牛骡470余头,追回被掳百姓500余人。(《明英宗实录》卷184,《废帝郕戾王附录》第2)二十五日,昌平伯杨洪率领大军在霸州境内打败瓦剌军,俘虏敌人48人,夺回被掳人口10000多人,马牛羊无算。(《明史·杨洪传》卷173;《明英宗实录》卷184,《废帝郕戾王附录》第2)差不多与此同时,孙镗、范广一路明军也在涿州打败了瓦剌骑兵,且颇有斩获。(《明史·孙镗传》卷173)

十一月甲申日即初八日,瓦剌军退至塞外,景泰帝就"以虏退诏天下"。他说:"朕以凉德嗣承大统,仰惟祖宗创业之艰,宵旰孳孳,勉图治理。重以大兄太上皇帝銮舆未复,痛恨日深,方诘兵数十万,欲以问罪于虏。而虏以使来请迎复者,屡皆诈太上皇帝诏旨,谓若重遗金帛以来,虏必款送还京。朝廷固疑其诳,而于礼难辞拒,悉勉从之。奈何其计愈行,而诳愈笃。乃十月十五日也先悉众躬诣城下,仍以请迎讲和为词。朕遣大臣出迓,遍历虏营,不见大兄銮舆所在,遂焚书斩使,挥六师捣之,斩获其类无算。虏众大溃,乘夜奔遁,余孽散伏于近郊者,亦皆搜戮无遗,京师内外为之帖然。尚虑四方远近,罔闻克捷,犹怀惊怖,耕鉴未遑,室家靡定,无以慰安人心。特兹诏示,其各复尔旧宁尔生,永彰杀伐之功,共乐雍熙之治!"(《明英宗实录》卷185,《废帝郕戾王附录》第3)

景泰帝这一诏书的发布,宣告了京师北京戒严解除,历时一月之余的北京保卫战取得了胜利,岌岌可危的大明帝国得以拯救。
(《明英宗实录》卷185,《废帝郕戾王附录》第3)

第 2 章　明朝转折　景泰大德

> 　　北京保卫战取胜后,以朱祁钰、于谦为核心的景泰朝廷奉行保家卫国、国防至上的宗旨,秣马厉兵,肃纪整纲,励精政治,安定社会,多次打退瓦剌军对大明边关的侵扰,不仅将一个岌岌可危的大明帝国给拯救了,而且还把它纳入了一个和平发展的轨道。虽然景泰帝当政时间并不长,但他奉行"社稷为重"的救国指导思想,广开言路,号召人们直言无隐,群出群力,拯救大明;他整军肃纲,大兴募兵制,始创团营制,强化军职文官化与文武相制之机制……尽管那时的许多举措随着后来无耻的俘虏皇帝明英宗的复辟上台而被一一废止,但毋庸置疑,景泰帝在大明帝国历史大转折时期是有大德大功的!明代中后期的许多国策与政治导向及社会风尚就是从那时开启的。

● 国防至上　整军肃纲

瓦剌军败退塞外后,也先不甘于失败,时不时地派遣间谍到京师或近畿地区刺探大明虚实,甚至联络潜伏在大明内部的奸细,图谋再次发动大规模的军事进攻。对此,以朱祁钰、于谦等为核心的景泰朝廷予以了高度的重视,并及时采取了相应的举措。

　● 京师、边关,孰轻孰重?　景泰朝修复永宣时代北疆军事防
　　卫格局的努力

自北京保卫战取胜后,景泰帝朱祁钰一方面诏令杨洪、孙镗和

范广等将领,兵分两路,对流窜于大明境内的瓦剌兵进行了围追堵截和彻底清剿;另一方面在于谦等大臣的辅佐下确立社稷为重、国防至上的治国宗旨,广开言路,整军肃纲,强化国防,重新调整京师与边关之布防,修复永宣时代北疆军事防卫格局。

  社稷为重就是国家与民族利益高于一切,而国防至上就是强调时代赋予了景泰朝廷上下保家卫国的职责。这在正统十四年(1449)八月底朝廷文武百官合辞上请孙太后的请呈书中就已经说得很明白了,让郕王朱祁钰即皇帝位,就是要"以奠宗社"(《明英宗实录》卷181)。一周后的正统十四年九月初六日,朱祁钰在即皇帝位诏告天下的诏书中再次强调,为了国家的利益,自己才"代总国政"(《明英宗实录》卷183,《废帝郕戾王附录》第1)。这绝非是朱祁钰上台时的作秀虚辞,而是那个时代的呼唤与共识。作为景泰集团的另一位核心人物——兵部尚书于谦则更是以社稷为重、以保家卫国作为自己义不容辞的历史之责了。北京危急之际,他在景泰帝的全力支持下,殚精竭虑,组织京师保卫战。虽临时被朝廷任命为提督各营军马,但他却身披铠甲,亲临作战前线,与武将一起合力打退入侵的瓦剌军,将一个岌岌可危的大明帝国给拯救了。

  要说此时的景泰帝可谓声誉日隆,深得民心,帝位渐固;与之相随,北京保卫战中的头号大功臣于谦那更是光彩照人,如日中天。为了表彰于谦等人在保家卫国中所取得的丰功伟绩和激励国人杀敌御寇,正统十四年(1449)十月十五日,景泰帝朱祁钰擢升于谦为少保兼兵部尚书,北京保卫战总兵官、武清伯石亨为武清侯。(《明英宗实录》卷184,《废帝郕戾王附录》第2)

  升赏敕书宣布后,于谦上言请辞,说:"臣猥以浅薄致位六卿,任重才疏,已出望外。今虏寇未靖,兵事未宁,当圣主忧勤之时,人臣效死之日,岂以犬马微劳遽膺保、傅重任?所有恩命未敢祗受,如蒙怜悯,仍臣旧职提督军务,以图补报,庶协舆论。"(《明英宗实录》卷184,《废帝郕戾王附录》第2)

  于谦的这份请辞在今日社会很可能被人看做是政治作秀的虚饰之辞,不过在笔者看来却不是这样。作为忠实的儒家信徒,于谦说的是心里话。从儒家正统角度来讲,齐家治国平天下是每一个儒士所必须践行并要为之奋斗终生的理想目标。现在大明有难了,作为儒士出身的帝国朝廷大臣岂能袖手旁观? 岂能计较个人的得与失? 这就是那个时代的正能量,而景泰帝所竭力扶持的就是这样的一股正能量。无论于谦怎么谦虚,怎么不敢接受少保这样的荣誉称号,皇帝朱祁钰就是铁了心要赏赐给他,于是就这般说道:"国家重务,委托于卿。卿当勉之,所辞不允。"(《明英宗实录》卷184,《废帝郕戾王附录》第2)

当然这些都是历史上官场中很常见的说辞,那么于谦等景泰朝"救时"大臣到底虚不虚伪呢? 如果说其不虚伪,又有何史实依据呢?

○ 阁臣陈循的"腹心与手足"理论和景泰帝对战将的调整

北京保卫战取胜后,大明在追剿瓦剌残余的过程中,就战守策略和京师与边关的防卫力量分配等问题展开过讨论。

正统十四年(1449)十一月十三日,户部尚书兼翰林院学士陈循等上言景泰帝,说:"自古大臣以道事君,不深于道,则必以人事君。况今之急务,尤当为朝廷得人。朝廷得人,莫先六卿。致仕刑部右侍郎何文渊年与臣等自进士出身,历御史、知府至今官,臣每见其行已莅官操守慎密,至于难进易退,不苟得患失,又皆不在人下。近日六卿之中,擢用一二,诚当其选,若文渊者宜召之至京,以备方来之选,则六卿愈见得人,庶官何患无贤? 且文渊甘自引退久矣,臣非为文渊求再进,欲为六卿得人以及庶官故也。守居庸关副都御史罗通,虽发身科目而晓畅军事,非他人所及。窃谓京师犹腹心,边鄙犹手足,其间固有轻重缓急,朝廷以通为能,而委以治兵,必当就重违轻,就急违缓。若止令守一关,所用已小矣。臣亦非为通求迁秩,欲京师训练攻战者得人故也。大同天城、阳和、宣府一带边城,闻石亨言,一城得五百人以守,虏虽众不能破,是边城务守而不务战尚矣。徒贮善战兵将于务守之城堡,何益? 石亨、杨洪及洪之子俊,皆为之善战者,前日都人长幼一闻洪父子兵来,皆相与喜。以其素有善战之声在人耳也。善战而使之守,犹善行者使之坐,岂不弃其所长乎? 亨及洪父子又皆虏所畏惮而不敢攻大同、宣府者也,与其虏畏惮吾手足,孰若畏惮吾心腹? 臣亦非敢为洪父子求进用,欲虏畏惮京师,如昔畏惮宣府等城而不敢攻故也。关不可无守,而守不必骑兵,守关不可无人,而人不必谋士。洪父子骑兵之将,通善谋之士,况洪父子所领又皆惯战之兵,宜留在京,使亨与洪、通三人引置京军之间,兼习岁余,京军必可用矣,或令俊代其父,协守宣府,亦可。自昔用人或德或才,未常求备。而求备者,圣贤之所戒也。四人者材德虽未必皆备,随长器使皆足有济。伏乞圣明奋刚健之断,允臣所言,非独臣之私幸,实天下国家之幸也。"
(《明英宗实录》卷185,《废帝郕戾王附录》第3)

  陈循,字德遵,江西泰和人,与永宣时期有名的内阁大臣杨士奇为同乡。他是永乐十三年(1415)进士,且为该年录取的351进士中的第一名,即状元。正因为如此,陈循人生仕途的起点一开始就比较高,任职翰林院修撰,与当时的一些学界名流共同纂修《性理大全》等巨著。那年与陈循一起考中但位列第二甲、第三甲的还有正统、景泰之际的工部尚书高谷和都察院都御史王翱。(《明太宗实录》卷162)从三人早年的仕途来看,陈循比后两者要更为平坦。永乐年间明成祖有事没事老屁颠屁颠地往北京跑,曾命取秘阁书到北京行在去办公。陈循幸运地被选中了,从此他有着更多的机会与皇帝有了零距离的接触。(《明史·陈循传》卷168)

  洪熙元年(1425),陈循晋升为翰林院侍讲。宣德初年,受命上值南宫,日承顾问。宣德帝朱瞻基十分喜欢他,曾赐第于玉河桥西,且每次巡幸都要带着他。宣德五年(1430)五月,陈循参编的《明太宗实录》和《明仁宗实录》修撰完成,他由此被宣德帝提升为侍讲学士。(《明宣宗实录》卷66)正统元年(1436)二月开始,陈循与少詹事兼侍读学士王直、少詹事兼侍讲学士王英、侍读学士李时勉、钱习礼,侍读苗衷,侍讲高谷,修撰马愉、曹鼐等兼任经筵官,为小杆子皇帝朱祁镇讲课。(《明英宗实录》卷14)后又晋升为翰林院学士。正统九年(1444)四月,他受命进入文渊阁办事,典机务。也就是说,从那时起他算得上是大明帝国中枢机构的重要人物了。(《明史·陈循传》卷168;《明英宗实录》卷115)

  这事说来还有一定的背景。正统中期起,内阁"三杨"中杨荣与杨士奇相继病故,杨溥也已年老体衰,加上他本来就与世无争,性格温和,在阁期间并不太多管事。当时朝廷就接受了礼部的建议,让陈循与曹鼐、马愉同阁办事典议。(《明英宗实录》卷129)正统十年(1445)，陈循晋升为户部右侍郎(相当于财政部副部长)，同时还兼任翰林院学士。正统十二年(1447)九月，翰林院侍讲学士兼礼部右侍郎马愉病卒，内阁就此只剩下曹鼐与陈循两位阁臣了。(《明英宗实录》卷158)正统十四年(1449)七月，朱祁镇一意孤行要亲征瓦剌，并命大明朝廷主要班子随驾扈从，内阁阁臣曹鼐被钦定为随驾文臣。八月十五日土木之变突发，曹鼐殉难于战乱之中。(《明英宗实录》卷181)这样一来，大明内阁就只剩下陈循一位阁臣了。当时朝廷内外"人心汹惧"，陈循身处宫廷要职，与兵部尚书于谦等人一起辅佐郕王即后来的景泰皇帝共赴国难，多有进言，且大多被采纳，旋晋升为户部尚书(相当于财政部部长)，并兼职如故。(《明史·陈循传》卷168)

也先率领瓦剌军进犯京师之际，于谦直接组织和领导北京保卫战，陈循等则在宫廷中时不时地向景泰帝献计献策，曾"请敕各边精骑入卫(京师)，驰檄回番以疑敌"。景泰帝都予以一一采纳。当受困于北京城下的瓦剌军听到大明各地的勤王兵不久将要到达时，立即乱了阵脚，随后开始撤退。(《明史·陈循传》卷168)

正因为有着这样一段非同寻常的往事，当瓦剌退兵后，陈循再次上言，就京师与边关的防卫力量分配问题提出了"腹心与手足"理论，一下子很让人为之心动。他说："京师北京与北疆边关之间的关系就好比是腹心与手足之间的关系。从北京保卫战后大明军事力量布局的现状来看，如果仍然将能征善战的名将杨洪、杨俊父子和罗通放在宣府和居庸关的话，那就等于让擅长跑的人却叫他坐着，这难道不是弃之所长而用之所短吗？更何况这样的安排还会造成腹心与手足本末倒置的尴尬局面。"所以他恳请景泰帝迅速下令予以调整，将杨洪、杨俊父子和罗通等名将调入京师，与总兵官石亨一起操练京军，以改变土木之变后京军薄弱的不良格局。(《明英宗实录》卷185,《废帝郕戾王附录》第3)

景泰帝接到章疏后，"甚嘉纳之"，即相当高兴地接受了阁臣陈循的建议，随后便命令曾率领宣府军前来京师支援北京保卫战的杨洪父子及其所统领的军队留下来，并让人迅速前往居庸关，召罗通来京"参赞(杨)洪等军务"(《明英宗实录》卷185,《废帝郕戾王附录》第3)。

○ 于谦的藩篱门户防御理论和叶盛的力挺边关充实疏及景泰帝的折中处理

两天后，兵部尚书于谦听说了此事，急忙给景泰帝上奏，说："迩者尚书兼翰林院学士陈循等言，杨洪与其子俊善战，俱留京师。臣等切惟宣府者京师之藩篱；居庸者京师之门户。未有藩篱门户之不固而能免盗贼侵扰之患者也。今洪、俊并所领官军既留京师，则宣府、居庸未免空虚，万一逆虏觇知，乘虚入寇，据宣府附近以为巢穴，纵兵往来剽掠，虽不犯我京畿，而京畿能独安乎？囊自逆虏犯边，俊望风奔溃，将独石、永宁等十一城并弃之，遂使边境萧然，守备荡尽，虏寇往来，如在无人之境，闻者无不痛恨。幸存宣府一城，有洪以守之，虽不救土木之危，以解君父之难，然足以为京师及居庸之应援，接大同等处之声势。今宣府、居庸兵将俱无，是弃之也，彼尚存者不过疲兵羸卒，无主将以统驭之，安能保其不离散乎？事之可忧，莫此为甚。臣等叨掌兵政事，有当言不敢隐默。况今国家多事，用舍举措，当合公论，苟公论不协，则事之成否利钝未可期也。乞以臣言，付文武大臣及六科、十三道从公会议。洪、俊既留京师，边务当若何处置？或推选谋勇老成、廉静持重武职大臣一员，充总兵官镇守宣府，能干才勇武臣一员守备居庸，其原来官军亦宜斟酌遣还，庶彼此守备不至失误。"（《明英宗实录》卷185，《废帝郕戾王附录》第3）

于谦在奏疏中将宣府比作为京师的藩篱，将居庸关比作为北京的门户，并极富远见地指出：如果藩篱门户不固，那么盗贼侵扰之患就难以免除。随后他进一步说，现在皇帝已经下令将杨洪父子留在京城镇守，那么宣府、居庸关等地必然会空虚，而瓦剌人一旦要是侦察到了这个情况，便会乘虚而入，进犯大明边境，扎营于宣府附近，时不时地往来剽掠。虽然他们没进犯到大明的京畿地区，但就此京畿能独自安宁吗？由此看来，目前宣府、居庸关等地的军事防卫配备就已令人十分堪忧了。出于国家安稳整体角度考虑，于谦最后恳请景泰帝将该事交由文武大臣、六科给事中和十三道监察御史等集体讨论，慎重做出决定。（《明英宗实录》卷185，《废帝郕戾王附录》第3）

于谦上呈的奏疏景泰帝刚刚看完，兵科都给事中叶盛等也上言奏事,说:"中国之驭夷狄,固当保卫京师,尤宜整饬边关。自虏骑奔遁之后,至今声息未宁,往往有复来犯边之说。虏之复来,不来不必问,顾我之有备无备何如耳?今之极边险要,莫若大同、宣府;切近边关,莫如居庸,其次紫荆、倒马、白羊。大同、宣府无备,则虏骑直抵边关矣。边关失守,则长驱直捣,有不忍言者矣。以往事言之,独石马营不弃,则乘舆何以陷土木?紫荆、白羊不破,则虏骑何以薄都城?即是而观边关,不可不固也。然御戎固在守边,而守边尤在得人,故凡择良将以重,委托设文臣以资参,辅选士马以备攻守,运粮草以供馈饷,修器械以御冲突。是数者皆守关要务,而实本于任用得人,又皆今日所急而不可缓者也。以今京师言之,有武清侯石亨以总兵、少保于谦以总督军务,允惬舆情,事渐就绪。近复以昌平侯杨洪、都督范广分理各营,复因近臣之请,以都督杨俊、副都御史罗通留京操守,经画处置至矣。以边关言之,紫荆、倒马、白羊等关,虏贼退后几及一月,至今尚未设守,都督顾兴祖等虽承差遣,尚未启行,是未足以称皇上安内攘外汲汲遑遑之盛心也。在外惟大同以郭登镇守,可谓得人,其他天城、阳和等处亦皆有人可守,独宣府切近居庸,实关外重地,为大同一带应援;居庸切近京师,天险莫比,自昔必争之地。守之者固不可以无人,尤不可以非人。往时,杨洪父子、罗通辈分守二处,号称得人。今洪等既留京师,必求如洪等者以代之,然后足以副重寄而集大功。乞令廷臣从长会议,务合众情,毋徇偏见,未得人者,必求其人;未启行者,必促其启行,何以致器械之不乏?何以使粮草之足用精选而信用之,熟思而审处之如此,则边关充实而贼虏寒心,中国载宁而大举可图矣。"(《明英宗实录》卷185,《废帝郕戾王附录》第3)

兵科都给事中叶盛的上疏有理有节,丝丝入扣。他直接引用了近来大明北疆上发生的虏寇不靖之事,尤其提到了历历在目的沉痛教训,"以往事言之,独石马营不弃,则乘舆何以陷土木?紫荆、白羊不破,则虏骑何以薄都城?"这就有力地支持和佐证了于谦的军事防卫布防理论,遂为景泰帝所接受。随后朱祁钰"命兵部集廷臣,慎选文臣一员、武臣二员以代洪等,仍促(顾)兴祖等启行毋缓"(《明英宗实录》卷185,《废帝郕戾王附录》第3)。

至此,京师与边关之防卫力量分配的争论理应画上了一个句号。可令人意想不到的是,在原先拟定要调回北京的三员名将中,镇守在居庸关的副都御史罗通却以为于谦的那番上奏论事是在妒忌他的才能,并就此与其结下了怨隙。

○ 于谦的好心没得好报与仕途坎坷的罗通之敏感、偏激与狭隘

罗通,字学古,江西吉水人,永乐十年(1412)进士,入仕时被授予监察御史。永乐十四年(1416)六月,巡按四川的监察御史罗通发现:四川行都司都指挥使郭瓒在查抄犯人家财时上下其手,前往四川清军的御史汪琳中又与其狼狈为奸,分受进贡马匹及诸不法事。他马上上奏永乐朝廷,朱棣接奏后命令都察院对该案进行了调查和处理。(《明太宗实录》卷177)永乐十九年(1421)四月庚子日,迁都才3个月,北京新都明皇宫奉天、华盖、谨身三大殿突发火灾。3天后的四月甲辰日,年轻气盛的罗通与官场同僚监察御史何忠、徐瑢、郑惟桓等上书朝廷,以灾异极陈时政阙失。老辣的永乐帝"披览皆嘉纳之"(《明太宗实录》卷236)。一个月后,他不露声色地将这些拎不清形势又喜欢提意见的朝廷小官提升为地方知州,让罗通出任交阯清化知州。(《明太宗实录》卷237)原本是响应皇帝老爷的号召,积极参政议政,没想到却落得个出往化外当知州的结局,罗通的心里可不是滋味。谁叫自己太年轻、太幼稚,而眼下能做的唯有认命了。

因为仕途不得志,罗通在交阯任上一旦空闲下来就读读他自小就喜好的兵书,且逢人便以此作为谈资。不过光谈还不行,必须得用。你还真别说,罗通对军事理论的刻苦钻研终于有一天派上用场了。宣德元年(1426)十二月,皇帝朱瞻基有了撤兵交阯的意向,但没有公开正式宣布。作为新任交阯战场的战将,成山侯王通不知从哪里得到了这样绝密的情报,就开始消极御敌。自宁桥之战失利后,他便与交阯叛军首领黎利进行私下和谈,擅自传檄,以清化迤南城池悉听黎利管属,其官吏军民皆令出城赴东关。消息传开后,唯清化州不服从王通擅自做出的决定。当时在清化州任知州的就是罗通,驻扎在当地的军队领导叫打忠,两个人都精通兵法,于是同心合力率领清化州百姓多次抗击和打退黎利叛军的进攻,甚至还出其不意地攻破叛军的土山,杀伤敌兵甚多,使清化成

为了大明军在交阯战场上最为坚实的堡垒之一。王通擅自撤军的命令下达后,罗通找到了打忠,说:"我们与黎利叛军相持了这么长时间,他们不仅未能将我们的城池攻下,反而让我们打败了好几次。现在总兵官王通却要我们放弃清化出城去,那是死路一条啊!再看清化城高池深,粮多人众,我们与其出城束手就缚,倒不如拼死作战,为大明尽忠!更何况继续作战下去并不一定会死,总兵官王通将城池卖给了叛军,我们绝不可听他的!"说完他与打忠一起,奖励军士,坚固城池,多次打退敌人的疯狂进攻,最终弄得黎利叛军束手无策,只得灰溜溜地遁去。清化的坚守一直要等到王通完全放弃交阯时才中止。(《明宣宗实录》卷23;《明史·罗通传》卷160)

正因为如此,当罗通还京向朝廷复命时,宣德皇帝"大奖劳之",将其改为户部员外郎,出理宣府军饷。上任后不久,罗通发现了问题并上奏给宣德朝廷,他说:"朝议决定在开平储存军饷,规定每个军士要运1石的粮食到那里,又让骑兵护卫者,这样的运输成本太大了,大约是运1石的粮食要花费2.7石的成本(那时的粮食也是货币单位)。而今百姓与军士多喜欢用运米来换盐引,请朝廷恩准,捐旧例2/5,那么大家都会乐意运输,如此下来,边饷自然运足而军士也不疲急。"宣德帝一听,这个主意不错,当即予以了采纳。(《明史·罗通传》卷160)

正统初年,罗通被提升为兵部郎中,跟随兵部尚书王骥整饬甘肃边务。他曾与都督蒋贵等在兀鲁乃打败了前来扰边的北虏,因为自己在交阯有着一定的作战经验与功劳,罗通在兀鲁乃战斗胜利后可能太过于自满和自信,经常在别人面前自夸战功,这就引起了蒋贵及其顶头上司尚书王骥的不满与恼怒。刚好这时有人发现,罗通"私带家人中盐,又冒(王)骥名索盐商及都指挥而下金帛、裘马",且"诱致军妻与奸"。最让王骥受不了的是,自己"有所谋辄泄焉",于是就设计收拾罗通。文人办事比起武夫来要少张扬,王骥自己想搞掉罗通,又不愿在自己的地盘上出现"不和谐"之事,他就想到了很绝的一招,以边关军情要向正统朝廷通报为名,让罗通为他去一趟北京。罗通不明就里,拿了王尚书交付的绝密文书高高兴兴地上了京师明皇宫。等到朝廷打开的那一刻,他才知道原来王尚书在所谓的绝密文书里写的哪是什么边关军情,而是整他的材料。这下可倒大霉了，罗通随即被打入大牢，按律当赎死罪为民。正统朝廷可能考虑到了他的才干，以小皇帝特命的形式将他降为广西北流县容山闸闸官。(《明英宗实录》卷43)后又调为广东东莞河泊所官。(《明史·罗通传》卷160)

堂堂的永乐朝进士、监察御史和地方知州，到了正统朝当官却当到了在国家公务员花名册上连踮着脚都看不到名字的小官，罗通心里的憋屈和怨气别提有多大！最让人难受的是，在两广这种荒蛮之地，罗通当闸官、河官一当就是12年，一直到了朱祁钰监国时由于大臣于谦、陈循的举荐，他才得以重新回到了风云际会的大明官场舞台中心，起为兵部员外郎，镇守居庸关。不久又升为郎中。景泰帝即位时，罗通晋升为右副都御史。正统十四年(1449)十月，瓦剌太师也先大举内犯时，曾派别部猛攻居庸关，时"天大寒，(罗)通汲水灌城，水坚不得近。七日遁走，追击破之"(《明史·罗通传》卷160;《明宪宗实录》卷77)。

瓦剌退兵后，景泰朝廷重新调整军事布防。由于阁臣陈循之请，作为当时名将的罗通与杨洪、杨俊父子被调入京师供职。杨洪督理京营事务，罗通则受命理都察院事，仍兼参赞军务。(《明英宗实录》卷186,《废帝郕戾王附录》第4)

终于回到帝国腹心工作了，从太爷爷永乐皇帝任上外放到小曾孙朱祁钰当了皇帝，历经大明四代帝位更替的罗通感慨万千。在明皇宫上班没几天，他就听人说起，要不是阁臣陈循向景泰帝奏请调整军事布防，自己这辈子很可能就要外放到底了。他又听说，在自己回京供职一事上，兵部尚书于谦"挡过道"。由此及彼，联想起自己在正统初年遭受王骥等人的"暗害"，罗通的心里别提有多怨恨。当然，从资历角度来讲，王骥是永乐四年(1406)的进士(《明史·王骥传》卷171),比自己要早入仕6年，老进士欺负小进士，多少还能讲得过去一点。可最近的情势是，这个叫于谦的永乐十九年(1421)进士(《明史·于谦传》卷170)居然"欺负"到我罗通这个永乐十年(1412)的进士头上，是可忍孰不可忍？现代心理学研究表明：长期处于压抑和被排挤、打击状态下的人往往会表现出十分敏感、偏激和狭隘。数十年仕宦生涯中一直在外折腾的罗通就是这样的一个人。

在回到京师任职的一个月即景泰元年(1450)闰正月丁未日，他借着向景泰帝汇报军事防卫事务的机会，含沙射影地说："最近辽东地区送来了北虏寇边的军事急报，以小臣来看，事实并不像他们说得那样，充其量也不过是几个北虏到那里扰边而已。受命援助京师保卫战的辽东精兵尚未来得及回还，辽东守将一见到几个北虏前来边境晃悠，就上报说有数千虏寇犯边。这样的事情在甘肃、宁夏、大同、宣府等边镇同样也经常发生。遇到十来个敌寇，就说发现数千个敌人；杀了几十个敌人，就说杀敌数千。一两个月前，在德胜等门外不知到底杀敌有多少，而由此升官者却多达66000人。皇城根底下尚且如此，更何况塞外边陲之地了。为今之计，宣府、大同这两大京师门户当屯驻重兵，并要不断地加以操练。宣府军就在独石马营或德胜口屯练，大同军在大同威远卫屯练，朝廷从武将中挑选骁勇善战者充任这两镇的总兵官，从文臣中精选刚毅善谋者充任其总督军务。届时再派遣通晓北虏语的人穿上北虏人的服装，出境侦探与收集敌情，夜捣巢穴。到那时，纵然恃有健马劲弓的北虏也会手足无措，落荒而逃。当然这样的军事行动必须得要组织好，也就是说我朝廷要海选出一两个精通兵事的军事将领。那么这样的军事将领从哪儿去找？古之名将韩信（西汉初年有名的大将）起于行伍，田穰苴（春秋时期齐景公手下的名将，与有名的国相晏平仲同时代，本书作者注）来自民间。由此小臣乞请皇上降敕给兵部、五军都督府，让他们从都指挥官和指挥官以下者中去发现和考察，如果一旦找到了韩信、田穰苴一般的人才，就交由大臣们集体商议而行之。'若腰玉珥貂者，皆是苟全性命保守爵禄之人，与憎贤忌能徒能言而不能行者，不足与议此也'。"(《明英宗实录》卷188,《废帝郕戾王附录》第6;《明史·罗通传》卷160)

罗通的这份奏疏说出了当时大明京师内外军事方面普遍存在着的一些问题，也提出了解决问题的方案，但最终将落脚点落在了对当朝整个军事领导层的否定上。尤其是他说的"若腰玉珥貂者，皆是苟全性命保守爵禄之人，与憎贤忌能徒能言而不能行者"，尽管没有指名道姓是谁，但明眼人一看便知，实指当时总督军务、兵部尚书于谦等人。那么罗通所指摘的到底属实不属实？于谦等到底是不是苟全性命保守爵禄者？他们有没有虚报北京保卫战立功

人数?我们不妨将历史镜头作个回放:

○ 于谦二辞少保之衔与朝廷内外涌动着否定北京保卫战胜利成果之暗流

就在也先城下撤兵、北京保卫战取胜后的当天,景泰帝进封京师保卫战的总指挥于谦为正一品的太子少保。这对于文臣来说是很少能获得的高级别官衔,可于谦获悉后却极力予以推辞,还讲了这样一句掷地有声的铿锵壮语:"四郊多垒,卿大夫之耻也,敢邀功赏哉!"(《明史·于谦传》卷170)可景泰帝硬要给他,于是少保头衔就被硬戴到了于谦的头上。

再说那时的大明虽然取得了北京保卫战的胜利,但北疆地区的军事情势却依然十分严峻。于谦日夜所操劳的是如何加强京师内外的军事防卫,根本无意于"少保"的头衔。这样的日子大约过了一二十天,军事防卫工作稍稍有了点头绪,他忽然又想起了,先前景泰帝给的少保官位称号应该辞掉为妥。于是在正统十四年(1449)十月二十八日,他上言景泰帝朱祁钰,说:"赏罚以示公论,爵禄以待有功,此古今之通义也。比者狂胡犯我京畿,命臣总督官军,赖宗社神灵皇上洪福,军士奋勇,杀退胡寇。臣本书生,素不知兵,既无骑射之能,又乏运筹之略,叨蒙圣恩,升臣少保。自揣浅薄,上章恳辞恩命,下临未俞所请。臣以此时兵事未息,身在营垒,勉受职命,未敢再辞。今胡虏远遁,人心向安。臣既乏功能,难居重任,而保、傅之职所系匪轻,必才德兼优、声望素著者,然后足以当之,岂臣后生晚辈肤陋鄙薄之人所能负荷?苟臣冒昧荣宠,不自揣度,其如士大夫清议,何其如天下后世公论?何矧惟国家之治乱系乎用人之当否?用人不当,则众心不服;众心不服,则治功无由而成,祸乱无由而弭矣。伏望圣恩允臣所请,乞回少保、总督之命,仍臣尚书旧职,庶几上无负于国恩,下以协乎舆论。"(《明英宗实录》卷184,《废帝郕戾王附录》第2)

于谦的这个奏疏写得十分谦虚,核心意思是自己组织领导北京保卫战,取得了一点点的功劳,但不足以胜任皇帝陛下恩赐的保、傅之职,那是要才德兼优、声望素著者方可膺任的。如今国家尚未走出危难之困局,自己组织领导的军事防卫工作是否用人得当、举措合适,这都是有待天下公议,而不是目前所能定论的。

而景泰帝呢,他说得更实在了:"国家重务委托于卿,故授以少保,卿既累辞,足见谦退,但今正用人之际,不允所辞。"若将朱祁钰这段话翻译成现代文,即为:"我将国家的重务都委托给你去处理,所以才授予你少保的头衔。你却一再推辞,这足以看出你谦虚、礼让的品德。只是眼下国家正是用人之际,你就不要再推辞了。你即使推辞,我也不允准你!"(《明英宗实录》卷184,《废帝郕戾王附录》第2)

从上述朱祁钰与于谦之间的对话中,我们大概可以看出,在北京保卫战取胜后,大明朝廷上下正涌动着一股暗流,对于刚刚取胜的这场军事战争的文武领导者于谦、石亨等人的加官晋爵及这场战争胜利的定位问题存在着争议或非议。对此,作为当事人的于谦是有所感觉的,用他的话来说,自己所言所行交予"天下后世公论"吧。

果不出其所料,就在于谦上辞少保之职的同一天,正统初年进士、翰林院侍讲刘定之向景泰帝上言十事,其中说道:"自古如晋怀、愍,宋徽、钦,皆因边塞外破,藩镇内溃,救援不集,驯致播迁。未有若今日以天下之大,数十万之师,奉上皇于漠北,委以与寇者也。晋、宋遭祸乱,弃故土,偏安一隅,尚能奋于既衰,以御方张之敌。未有若今日也先乘胜直抵都城。以师武臣之众,既不能奋武以破贼,又不能约和以迎驾。听其自来而自去者也。"又说:"昨德胜门下之战,未闻摧陷强寇,但迭为胜负,互杀伤而已。虽不足罚,亦不足赏。乃石亨则自伯进侯,于谦则自二品迁一品。天下未闻其功,但见其赏,岂不怠忠臣义士之心乎?"(《明史·刘定之传》卷176;《明英宗实录》卷184,《废帝郕戾王附录》第2)

刘定之的这些话讲了两个关键点:第一,北京保卫战未能迎回太上皇朱祁镇能算胜利吗?第二,北京城下德胜等城门外敌我互有杀伤,迭为胜负,虽不足罚,亦不足赏,可现在石亨却晋封为侯爵,于谦晋升为正一品的少保,天下忠臣义士闻之不寒心吗?

坦率而言,书生大臣刘定之的话既有一定的道理又似乎没道理。从正统角度来讲,迎回太上皇朱祁镇才能算得上是挽回土木之辱的面子,但这对于那时已经岌岌可危的大明帝国来说似乎是太难了一点,它还需要政治、军事和外交等方面的一系列举措与步骤相配套、跟进,而于谦等当时正在忙碌的正是这类事情。至于北京保卫战后于谦与石亨加官晋爵,石亨有没有多次坚辞,那是他个人之事;而于谦则辞了几次,但都没能辞掉。由此当朝廷内外正涌动以刘定之为代表的对北京保卫战胜利横加责难之暗流时,以朱祁钰和于谦为核心的景泰集团从大局出发,未予以正面理睬。哪想到两个月后的景泰元年(1450)闰正月丁未日,曾为于谦所举荐而被重新起用的参赞军务右副都御史罗通,在回京没几天的时间里就借着上奏军事防务的机会,重拾刘定之的牙慧,借题发挥,攻击于谦苟全性命、保守爵禄、憎贤忌能。《明英宗实录》卷188,《废帝郕戾王附录》第6;《明史·罗通传》卷160)

○ 口水仗胜负众臣集议而定,景泰帝着眼精诚团结共同对敌

景泰帝接奏后这才意识到问题的复杂性,随即便将罗通的奏章交予廷臣讨论。这时,少保、兵部尚书于谦上奏回应:"辽东、宣府、大同等处近日累报声息,若依(罗)通所言,一概劾其不实,恐边将果有警不奏,必致误事;其奏德胜关等门外滥升官军六万六千有余,盖以武清侯石亨缴功,次册内将当先一万九千八百八十人升一级,阵亡者三千一百一十八人升二级,其余齐力之人止是给赏,并无六万之多。今通既谓官军不曾杀贼,宜将臣谦同石亨已升职爵革去,其余官军俱不升。前此已奏,令石亨、杨洪各率精锐马、步官军,亨自紫荆关往大同,洪自居庸关往宣府,沿途巡哨,提督官军,堵塞关口,修理墙榍,剿降贼寇,防护耕种。今通奏欲宣府、大同各宜屯练重兵,盖已行事务,其推举武职,已有诏书,举到部者,送石亨等处试验。虽才略不齐,亦可随机任用,未见有如韩信、穰苴者,且武清侯石亨、昌平侯杨洪、安远侯柳溥等头珥貂蝉,与都督范广、孙镗、卫颖等俱腰玉带之人,亦有守战功绩,不见苟全性命、保守爵禄之情。今通奏其不与议此事,又自荐其仕途年久,颇知边情,恐有如韩信、穰苴堪任大将之人,宜就令指实姓名保荐。通久奏乞选文臣刚毅者充总督军务官,功念臣谦既无此才,又素不知兵,宜罢少保、总督之命,或就令通或别选老成大臣代臣管理,臣指管部事,捐躯尽瘁,以报朝廷。"(《明英宗实录》卷188,《废帝郕戾王附录》第6;《明史·罗通传》卷160)

于谦说："辽东、宣府、大同各处近来屡有军务报告,若依照罗通所言,一概斥之为不实,这恐怕会造成边关守将真有紧急军事警报了也不上奏,那必将会误事!罗通上奏说德胜等门外作战有功者受赏人数高达66000余人,小臣是根据总兵官、武清侯石亨缴功,并查阅了他所提供的应受赏者花名册而上请朝廷最后才定夺的,其中当官位升一级的有19880人,官位当升二级的阵亡者(古时候往往由其子孙袭位)有3118人,其余出力者只给予行赏,但总人数加在一起也没有60000多人啊!罗通说我京师官军没杀什么瓦剌之敌,朝廷不妨再派人核查,如果其所说属实,那么就将我于谦与石亨等人已升的职爵统统革除,其他军官也概不升迁。罗副都御使又上请,令石亨、杨洪各率精锐官军与骑兵,石亨自紫荆关往大同,杨洪自居庸关往宣府,沿途巡哨,提督官军,堵塞关口,修理墙垣,剿降贼寇,防护耕种。这些小臣早已上请朝廷同意,落实到位了。至于他所提出的边军训练也开展得有一段时间了。还有就是推举武职人才,皇帝陛下早已就此下诏,各地推举到我兵部来的人很多,我已让人将他们送到总兵官石亨那里去接受测试与考察。虽然这些人的才略、本领各不相同,各有各的用处,但至今为止尚未发现有韩信、田穰苴一般的军事人才。武清侯石亨、昌平侯杨洪和安远侯柳溥等确实是头珥貂蝉,都督范广、孙镗、卫颖等也确实是腰系玉带,但他们都有守战之功,小臣也未见其有苟全性命和保守爵禄之事啊!现在罗通说不与他们讨论军事之事,又自荐其仕途年久,颇知边情,恐有如韩信、田穰苴堪任大将之人,那么就让他指实姓名,保荐上来。至于罗通多次上奏,乞选文臣刚毅者充当总督军务官,那是指摘小臣既无此才,又素不知兵,朝廷就该罢了小臣的少保、总督之职。或者让罗通本人或别选老成大臣代小臣来管理军队之事。我于谦就只管兵部的事情,捐躯尽瘁,以报朝廷。"(《明英宗实录》卷188,《废帝郕戾王附录》第6;《明史·罗通传》卷160)

景泰帝接到于谦这样的奏疏后一时没了主意,稍稍静思了一会儿,随即下诏,让五府、六部、都察院、翰林院及六科及十三道监察御史等集体讨论于谦和罗通的两本奏疏。经过一番热议后大家一致认为:"石亨、杨洪蒙任以战守之事,皆封列侯;于谦蒙委以总督军务,加授少保,此三人者实堪其任。罗通所说的腰玉珥貂者,不足与议,意指石亨等,但罗副都御使用词不当,不过他的整个上疏意思还是要积极抗御敌寇的。伏望皇帝陛下圣断,并委任如初。"景泰帝听到大臣们这般定性后说道:"卿等所言皆是。于谦公廉勤慎,才识俱优;石亨存心宽厚,善抚士卒;杨洪军旅整肃,有谋有勇。三人朕亲用之,故特授以重职,罗通志在灭贼,以国为计。卿等将此意问谕于谦、罗通等,今后同心协力,不许互相猜疑,以妨兵务。"(《明英宗实录》卷188,《废帝郕戾王附录》第6;《明史·罗通传》卷160)

○ 风波再起:增添山西军事布防,派遣文武双全的罗通前去镇守?!

由偏执的罗通引发的一场口水仗最终以景泰帝朱祁钰的折中手段予以了平息,坦率而言,皇帝朱祁钰的性格有着很大程度上的柔的一面,但他绝不是无原则的"和事佬"。可能是由于国难之际上台登基的缘故吧,与哥哥朱祁镇相比,朱祁钰的大局意识与整体观念要强得多。虽然从情感上他是倾向于"救时宰相"于谦,但在处理国家政事与朝臣纷争时还是广开言路,博采众议,秉公而论,而不偏听偏信。罗通的上疏尽管为廷臣斥之为用词不当,但景泰帝也没有全盘否定它,就其中的北京保卫战取胜后总兵官石亨等属下冒功领赏问题令人展开了调查,并敕命于谦重录诸将士军功,且反复强调"不得如从前冒滥"(《明史·罗通传》卷160)。而对于口水仗的挑起者罗通,两个月后景泰帝接受了兵科给事中覃浩等建议,诏令其"专一参赞军务,不必理都察院事",理由是罗通"所长者兵法,况今边务方殷,正宜训练士卒,以备不虞;若兼理院事,岂不彼此失误!"(《明英宗实录》卷188,《废帝郕戾王附录》第6)

不露声色地将大打口水仗的双方给巧妙地拆开了,免得他们老见面心里别扭进而影响了工作,景泰朝廷就此宁静了一阵子。

大约到景泰元年(1450)六月时,少保兼兵部尚书于谦上奏说:"口外军民连年遭受兵祸,无法耕种,衣食艰难。北虏时不时地前来边疆剽掠,要是见到边地荒芜,一无所掠,便以送驾为由,挟持太上皇突入太原等地。山西若有什么闪失,那么河南淮甸之间也会令人堪忧。所以为今之计,宜选派有谋略的文职大臣往镇山西。"景泰帝接到于谦的上奏后,碰巧又收到了来自北疆巡边的昌平侯杨洪的上疏。杨洪在疏文中说,他在巡边时发现:从雁门关用鹿角抬营护送山西人夫馈运至大同,其间路途较远,冷不丁地冒出北虏前来寇边。为保险起见,恳请朝廷派遣文武大臣前来山西护送军饷运输。(《明英宗实录》卷193,《废帝郕戾王附录》第11)

前后两个疏文都提到了要派遣文武大臣到山西,景泰帝一读完疏文就想起了一个既能文又善武的人选——罗通。北疆上要善武的,那就不用多说了;要能文的,主要是考虑军事谋略问题,而罗通经常上奏建言,深谋远虑,要说在当今的大明朝像他这样有才干的人还真是不多。景泰帝基本上拿定主意后,就去咨询兵部的意见,兵部官听后觉得皇帝的主意甚好。于是罗通就被调任为山西军饷护送督运官。

哪知道,调令下发后,罗通就是不乐意前去上任,并给朝廷上奏说:"于谦考虑到北虏有可能进犯边地,影响中原,于是要差官防御,这不失为一项很好的安民之策啊!杨洪考虑的是大同的安全,供馈接济,这也不失为一项很好的运粮之策啊!不过,在臣下看来,当今位高名重者莫有过于此二人,而提出上述两项良策的不就是他俩吗?为什么他们自己不去而要叫别人去呢?所以臣下在此上请朝廷乞敕于谦、杨洪与臣下一起前往山西,共同实施他们上呈的两项良策,如此下来,督理边务与护送运粮两不误!"(《明英宗实录》卷193,《废帝郕戾王附录》第11)

看了上述罗通的奏文,笔者感觉他像一个街头泼妇,逮谁咬谁。明代国史曾说他"初为于谦所荐,既而欲反噬之。每与人语其言,缠绕不可晓然,卒归于诡怪不经说者,谓其挟诈以取功名,非端人也"(《明宪宗实录》卷77)。清代人在《明史》中则说得相对客气点:"(罗)通本(于)谦所举,而每事牴牾,人由是不直通。"(《明史·罗通传》卷160)

那么对于这么一个确实有才的"街头泼妇"之上奏,国难之际的景泰帝将如何处理呢?

当看到罗通在奏疏中的那般说辞时,朱祁钰立马就头大了,在冷静一阵子后他将奏文交予廷臣讨论。于谦首先说道:"当国家多事之秋,非臣子辞劳之日。臣谦谙熟山西事情,宜令谦往彼,扬兵运谋,以固地方,或止令通往彼镇守,运粮委之三司亦可。"(《明英宗

实录》卷193、《废帝郕戾王附录》第11;《明史·罗通传》卷160)

景泰帝听后不乐意,当即决定仍命罗通一人前往,并敕曰:"山西(镇)外控大同,内卫京师,连及河南、大名等处,实为西北重镇。况今虏寇在边,累以讲和为言,实则设诈,缓我边备。今特命尔往彼,与内官怀忠、署都指挥佥事王良一同镇守地方,提督军马,修整器械,设法训练,分守关隘,以防御之务,令寇不能侵,地方宁靖,庶尽尔职。"(《明英宗实录》卷193、《废帝郕戾王附录》第11)

○ 景泰朝廷修复永宣时代北疆军事防卫格局的努力

景泰帝运用绝对皇权,严正告诫罗通:前往山西镇去镇守是你新调动的工作之职。就此一场由边关与京师防卫孰轻孰重而引发的长达半年之纷争才算终结。

由整个事件的前后经过来看,以朱祁钰和于谦为核心的景泰朝廷从社稷为重的大局出发,较为妥善地解决了自身内部之间的人事与意见纷争。同时在这场纷争的过程中他们又逐步稳妥地完成京师北京与北疆边关的军事防卫重新再布置。

正统十四年(1449)年底,景泰帝"升右都督朱谦为左都督,佩镇朔将军印充总兵官,都督同知纪广充左参将,都督佥事杨俊充右参将,俱镇守宣府"(《明英宗实录》卷185、《废帝郕戾王附录》第3);"命右佥都御史王竑、都指挥同知夏忠、署都指挥佥事鲁瑄镇守居庸关"(《明英宗实录》卷185、《废帝郕戾王附录》第3);后又"命右佥都御史萧启、署都指挥佥事董宸赴河间府卫,右佥都御史祝暹、都指挥佥事赵瑄赴保定府及大宁都司,右佥都御史陆矩、署都指挥佥事葛旺赴真定府卫镇守",并各降敕谕之曰:"近因虏寇入境肆掠,人民不能安生,军卫不能守御。今命尔等往彼镇守,提督各府并各卫官,抚安人民,操练军马,修理城池,坚利器械,遇有盗贼生发,即便相机剿捕;人民流移者,招抚复业;田地荒芜者,督令耕种。凡有一应公私废坠利弊,悉听尔等从长区画,处置得宜,务在盗息民安,不致失机误事。官吏或有酷害军民,激变良善,轻则依律惩治,重则具奏处置。尔等受朝廷委任,惟当秉公持廉,勤慎率下,不许偏私怠忽,致有稽违;如违,罪有所归。勉之慎之。"(《明英宗实录》卷185、《废帝郕戾王附录》第3;《明史·罗通传》卷160)

景泰元年(1450)正月戊戌,少保兼兵部尚书于谦上言朝廷,说:"怀来、永宁内捍京师,外连宣府,若无人守备,则声息不通,京师非便。乞将总兵官杨洪原带来官军二千,再添调一千,量给赏赐。令都指挥王林、李纲分领,赴二处操备,仍令都指挥杨信往来提督,务须修理城池,筑立墩台,收刈田禾,预备粮草,探报声息,提防贼寇。如遇贼犯边,少则出兵剿杀;多则飞报宣府总兵等官夹攻。"景泰帝接奏后当即批准了该边防方案,并令人予以执行。(《明英宗实录》卷187,《废帝郕戾王附录》第6)

这样一来,大致到景泰元年(1450)春时,京师北京与北疆边关的军事防卫重新再布置总算大体上得以完成,并一一落实到位。

在此基础上,景泰帝又接受大臣们的建议,恢复永宣时代的巡边做法,派遣石亨、杨洪、杨能和范广等将领统帅精兵不断巡哨北疆边关。景泰元年(1450)正月,应大理寺卿孔文英之奏和于谦主管的兵部所请,朱祁钰敕令"石亨自紫荆关往大同,杨洪自居庸关往宣府巡哨,提督官军,堵塞关口,修完墙栅墩堡"(《明英宗实录》卷187,《废帝郕戾王附录》第6)。景泰元年二月丙戌日,明代宗"命武清侯石亨佩镇朔大将军印充总兵官,都过兴充左参将、都指挥王良充右参将,统率京军三万又往大同巡哨;都指挥同知杨能充游击将军,统京军一万五千,往宣府巡哨。陛辞敕之曰:'近因逆虏寇内,内外墩土堙营堡城守瞭望之处,多被焚劫损坏,官军难于居守樵种。今特命尔亨等率兵往大同,与总兵官郭登等调度巡哨,尔能率兵往宣府,与都督官朱谦等调度巡哨,遇有贼寇,即便相机行事,可击则击,可守则守,不可退怯,不宜轻进,务在计出万全,毋得听贼妄言,以堕奸计;贼若引退已远,即督所部并彼处官军,修筑损坏,俾皆坚固完整,使人人得以为生,事事有所倚赖,而寇无所窥伺。事毕营驰奏班师。尔为朝廷大臣务在经画得宜,其临敌之际敢有不用命者,一听处治。尔其如敕奉行'"(《明英宗实录》卷189,《废帝郕戾王附录》第7)。

● **整饬军事武备 强化国防力量**

当然仅靠上述那般皇帝降下敕谕和恢复巡边之法,想以此来医治土木之变所带来的国难创伤、抵御北虏随时都有可能发动的进攻和修复永宣时代的北疆军事防卫格局,那是远远不够的,还必须得对大明军事武备及其相关方面进行大力的整饬。为此,自北京保卫战取胜后,以朱祁钰和于谦为核心的景泰朝廷做了进一步的努力,其具体情况分述如下:

○ 整肃军纪与加强军队管理

土木之役中数十万大明军全军覆没,之所以如此,原因纵然很多,但有一个不容忽视的因素,那就是军纪不整。尽管景泰帝上台后做过整治的努力(前章已述),可军纪问题还是在北京保卫战中及其以后不时地冒了出来。

总督军务、少保、兵部尚书于谦发现,在西直门战斗中都指挥魏兴等军官上阵打了一会儿,就擅自先回营休息了。于尚书上请朝廷对其予以治罪。景泰帝鉴于当时正处于战时状态,军中缺人,于是下令,暂时不处死魏兴等,令其杀敌赎罪。《明英宗实录》卷184,《废帝郕戾王附录》第2)。

应城伯孙杰出任山海、永平镇守总兵官时废弛军政,丢城失地。景泰帝获悉后命将其降为事官,送武清侯石亨处立功。《明英宗实录》卷184,《废帝郕戾王附录》第2)。

蔚州左卫指挥使魏真那更是个活宝,当他远远望见瓦剌军不请自来时,顿时就被吓破了胆,来个脚底下抹油——开溜了。景泰朝廷接报后遂命即军中斩首以徇。《明英宗实录》卷184,《废帝郕戾王附录》第2)

前文说过,紫荆关失守是由于也先指挥的瓦剌军得到了叛阉喜宁的"指点",从小路包抄奇袭,而相关方面的官员却见死不救或举措不力,其也应该予以追究责任。正统十四年(1449)十二月庚戌日,大明"三法司、六科论紫荆关失守者罪,按察使曹泰为首斩,右佥都御史段信,监察御史吴中、郭仲曦、王晋,锦衣卫指挥王虹为从流。(景泰帝)命俱宥之,降为事官。从顾兴祖筑关口自效"(《明英宗实录》卷186,《废帝郕戾王附录》第4)。

鉴于紫荆关在瓦剌大举内犯时遭受了巨创,朱祁钰在景泰元年(1450)初就接受了巡按直隶监察御史刘琚的建议,委任都督同知顾兴祖在该关专职提督,修砌大小隘口,统率官军哨守。哪知顾兴祖这个"官三代"在接令后却嫌在关提督巡备太苦,就偷偷跑到附近的易州城里去逍遥了。兵部官知道后上奏给朝廷,景泰帝命令顾兴祖:立即返回紫荆关,"今后敢再擅离关口,听御史等官劾奏,执问不宥"(《明英宗实录》卷187,《废帝郕戾王附录》第6)。

景泰元年(1450)正月,少保兼兵部尚书于谦等上奏说:"镇守雁门关的都督佥事孙安当官不作为,坐视北虏入境抢掠,祸害百姓,视人命如草芥,以边务为儿戏,请求朝廷对其追究罪责。"景泰帝当即予以应允,"诏三法司廷鞫之"(《明英宗实录》卷187,《废帝郕戾王附录》第6)。

军纪不整与军界腐败就如当今人们有目共睹的社会腐败一般,其往往有着"互动效应",你要是不把这种邪恶的势头打压下去,它会急速发酵、传递,并最终腐蚀整个帝国大厦。对此,以朱祁钰和于谦为核心的景泰朝廷予以了高度的重视。

正统十四年(1449)十月底,有人上告说:"镇守天津等三卫的都指挥李端诈盗官物,强奸部卒妻女。"景泰帝知道后立即命令巡按御史前去调查,结果发现,上告属实,按律应处以绞死之罪。朱祁钰下令:宽宥李端的死罪,将他发配至边疆充军。(《明英宗实录》卷187,《废帝郕戾王附录》第6)

景泰元年(1450)闰正月,又有人上奏说:"新镇守居庸关的万全都司都指挥同知赵玫一上任就大搞经济创收,擅自派人出境围猎。没想到偷鸡不成蚀把米,出去围猎的人让北虏给掳走了。"景泰朝廷获悉后立即下令,将赵玫逮捕入狱,论罪当死。此时的赵玫终于明白,生命比金银更重要,于是上奏说自己犯浑触犯了法律,恳请朝廷开恩,给他立功赎罪的机会。景泰帝鉴于眼下为非常之时就同意了赵玫的请求,"令自备鞍马,随石亨擒贼(这里的'贼'是指瓦剌骑兵,笔者注)立功"(《明英宗实录》卷188,《废帝郕戾王附录》第6)。

边军腐败多多,在皇帝眼皮底下的京军会好一点吗?正统十四年(1449)十二月,负责京军操练的昌平侯杨洪等上奏说:"三千等营管队官旗不以军务为重,往往在接受钱财等好处后将那些健壮又富裕的军人给放走,剩下的都是一些穷困不堪的弱者在部队里。"因此他上请朝廷对京军进行一番整治,拣汰军士。景泰帝同意了杨洪的建议,怕他一个人忙不过来,随即下令让"少保于谦同领其事"(《明英宗实录》卷186,《废帝郕戾王附录》第4)。

再说于谦自从领命整治京军、拣汰军士后,发现除了上述卖放富壮、滞留贫弱外,还存在着其他的问题。景泰元年(1450)闰正月,由他领导的兵部上请说:"五军、三千等营征伤并久病残病官军,宜暂留该营,减半支粮,杂差遗文各该卫所精壮官军内拨补;若无卫无丁者,转发各军原籍勾取补替。"简单地说围绕京营军士的源流问题得要进行一场清理和整顿!景泰帝立马批准了于谦的请求,随后京军中勾军和清军行动开始了。(《明英宗实录》卷188,《废帝郕戾王附录》第6)

以上这些整饬举措几乎都是针对军官的,那么对于当时军中的绝大多数者军士该如何进行整治?正统十四年(1449)十月底,刑科给事中徐正上奏说:"小臣承蒙皇帝陛下委任,受命到范广军中去监督纪功,临场突发灵感,想上请朝廷推广掠阵法。什么叫掠阵法?就是在军队里每10个军士中设掠阵1人,每1队设掠阵5人。一旦与虏敌开战,军士列于前,掠阵者督于后。如果1队之中有1个人退缩,那么其他9个人都可以去斩他;如果有1个人立功了,那么其他9个人都应该连带受赏,'如是,则人皆尽心而虏可灭。'"景泰帝接奏后觉得这个方法不错,"命兵部议行"(《明英宗实录》卷184,《废帝郕戾王附录》第2)。

其实整治军队与纲纪还不能局限于京师与边关,大明升平日久,尤其是正统帝当政的十四五年间瞎折腾,追求表面的光彩,腐败这株罂粟花早已被植遍了大明帝国各地。

正统十四年(1449)十月乙亥日,应天府江宁县前任主簿王冕上言说:"南京快马船供送官物,船夫岁食粮米。近者每供送辄贿其官,将一船所载官物散十余船,甚至暴露船仓之外,而以仓承揽客货,沿途起夫,拽送动辄百余船,有司承送不暇。如马槽,本粗物,暴露日久,至则朽裂不堪用矣。今后在京易办不急之物,可不必远取,其快船朽烂者,可停造;船夫可令还伍。"景泰帝当即采纳了王冕的建议,"命工部议行之",想以此来遏制住漕运军中的腐败。(《明英宗实录》卷184,《废帝郕戾王附录》第2)

○ 对杀敌和积极抵御外辱者进行论功行赏

惩治腐败，整肃军纪，加强军队管理，这些固然都很重要，但不免给人一种肃杀的感觉，尤其是在国难当头自己刚刚上台、统治根基并不很稳定的前提下，仅有肃杀或铁血是远远不够的，还必须要给人一定的奖赏。这就是景泰朝廷为整饬军备和加强国防而推行的另一方面举措——奖赏杀敌将士与积极报效国家者。

北京保卫战取胜后的第四天，即正统十四年（1449）十月十九日，景泰帝接受大臣的奏请，奖赏捍卫居庸关的大明守军将士，"敕守备居庸关少监潘成、副都御史罗通、署都督佥事杨俊：'前敕尔俊领兵来京，今贼已遁，尔俊仍在关守备。已敕运银二万两，胖袄二万副，前赴罗通处，给赏官军。又闻余寇近关劫掠，此必强盗，假为达贼，以掠人者，尔俊其擒剿之"（《明英宗实录》卷184，《废帝郕戾王附录》第2）。

宣府守军在抵御外敌入侵时表现得也不错，正统十四年（1449）年底，景泰帝朱祁钰"升赏宣府官军一百九十二人有差，以斩获达贼并追还被掠人畜功也"（《明英宗实录》卷186，《废帝郕戾王附录》第4）。

还有在北京保卫战中那些积极赶赴过来支援京师的边军，景泰帝也没忘记对他们进行奖赏。景泰元年（1450）正月乙未日，朱祁钰"赏辽东官军一万五千人银币。先是京城戒严，命都督焦礼、施聚帅众赴京。既而虏寇遁去，官军悉回。朝廷以其道路跋涉，特命赏之，礼、聚各赏银十两二表里，都指挥各赏银三两一表里，指挥各赏银二两，千百户、镇抚、旗军各赏银一两"（《明英宗实录》卷187，《废帝郕戾王附录》第6）。

景泰时期奖赏规模最大的一次可能就要数北京保卫战取胜后朝廷对石亨及其属下将士的论功行赏。据罗通的说法，当时受赏人数高达66000余人。但兵部尚书于谦解释说，根据石亨军中的纪功簿所载，升官一级的有19880人，阵亡后子孙袭位的有3118人，没有66000余人受赏。（《明英宗实录》卷188，《废帝郕戾王附录》第6；《明史·罗通传》卷160）

但就上述这些人数来看，那可不是什么小数目。这一方面反映出当时景泰朝廷保家卫国杀退虏敌的一种急切心理：不管你是谁，哪怕是北虏，只要为我大明杀敌立功，我朝廷绝不亏待你，会好好奖赏你的。如，正统十四年（1449）十二月辛未日，朱祁钰就"升达官都指挥同知吴阿寅台为都指挥使并官军三百七十八人俱一级，以击败达贼及追还被掠人畜功也"（《明英宗实录》卷186，《废帝郕戾王附录》第4）。378人同时各升一级，这是何等的军界升官规模啊！

另一方面，上述那么大的受赏人数多少也反映出景泰朝论功行赏有水分，尤其是北京保卫战总兵官石亨及其属下的冒功贪赏之广已到了令人质疑多多的地步，以至于副都御使罗通将其说成了66000人之多，弄得景泰皇帝后来也不得不下令，让兵部尚书于谦重新核查此事。但这笔糊涂账到了景泰元年（1450）年初时似乎一直也没法彻底查清楚。那年闰正月庚午日，从保家卫国、团结一致和共同对敌的大局出发，朱祁钰敕少保兼兵部尚书于谦，说："向在德胜、西直、彰义门等处纪杀贼官军功，多有不明，但事已往，不必查究。今后俱要是实，不许狗（徇）私作毙（弊），致令有功者不得升赏，无功者诈冒滥受。凡纪功写字人等敢有容情滥报，皆处以极刑，家属发边远充军！"（《明英宗实录》卷188，《废帝郕戾王附录》第6）

没法彻底查清楚冒功贪赏之事，最后干脆就不查下去了，这在一定程度上有损于公平化和朝廷的威信。但从整体角度而言，对杀敌者进行论功行赏，其积极意义还是毋庸置疑的。因此说，景泰帝在这方面表现得十分执著和相当之慷慨大方，以至于半年后大明朝廷财政出现告急之势：正统十四年（1449）十一月初六日，户部左侍郎（相当于财政部副部长）刘中敷等上奏说："方今用兵之际，论功行赏，殆无虚日。府库之财有限，宜撙节以备缓急，各处取来及征进回还官军未赏者，俟安靖之日具闻定夺。"朱祁钰接受了刘副部长的意见，随后便开始有所节制了。（《明英宗实录》卷185，《废帝郕戾王附录》第3）

○ 加强军马训练

北京保卫战取胜后，景泰集团为整饬军备和加强国防而推行的第三方面举措是加强军马训练。正统十四年（1449）十一月，少保兼兵部尚书于谦上言朝廷说:"训练军马是国家非常重要的事务。现在瓦剌人虽然远遁了,但他们来也匆匆去也匆匆,其军情令人难以预测。而我军就该严饬兵政,做好十分充足的战斗准备。可现在京军各营总兵、把总等官都是在朝参后才到教场上去训练军士,这不仅仅是让军士们久等了,而且也实在耽误了军事训练。因此小臣在此恳请皇帝陛下允准,凡值操之日各营总兵、把总等军官免去朝参,直接上教场去主持军士操练。小臣我于谦来回总督军训事务,凡发现有怠惰贪黩者,即奏闻黜罚。这样一来,我大明京军才会军政修明,训练不误。"景泰帝听后当即批准了奏请。(《明英宗实录》卷185,《废帝郕戾王附录》第3)

事实上,自北京保卫战一结束,在于谦等人的积极建议下,景泰帝就诏令京军与边军因地制宜地开展军马训练。而那时的军马训练主要是针对正统时代的失误而进行的,因此从本质上来讲没什么大的改进与创新。可能是深受于谦等人的满腔爱国热情的影响,本来谨小慎微又新掌神机营事的安远侯柳溥也站出来向朝廷上奏建言。他说:"小臣以前在广西任职时,那里的官军操练了一种叫花牌的队阵,它轻巧圆活,趋走利便,遇敌深入,无不取胜。现在瓦剌人凭借他们骑射的优势,常常策马扬鞭,南进侵犯,如入无人之境。我军要是先以神铳炮轰他们,然后再叫花牌阵跟上,奋跃而进。瓦剌人从未见过这种队阵,必将惊慌失措。这时我官军大部队乘势发起进击,一定能大获全胜。当下之时,陛下应传令广西桂林中、右二卫,让他们挑选150人来京,教授神机营官军操习此种军阵。等京军将士熟悉了这种军阵后,再将那150人遣还给广西桂林卫。"朱祁钰一听,觉得这个新型作战训练方式好,当即诏令相关方面的官员立即操办。(《明英宗实录》卷186、卷190,《废帝郕戾王附录》第4、第8)

○ 上下用心,着力军事战备的规划和整顿

连向来"廉慎"(《明史·柳升传附柳溥传》卷154)仅掌神机营一方面事的安远侯柳溥都出来向朝廷献计献策了,主持大明军事全面工作的总督军务、少保兼兵部尚书于谦则更是殚精竭虑、夜以继日地操持着、忙碌着,从军马衣甲、器械装备到边关设置、粮草储备及相关地区的百姓安抚等方面，他与石亨、杨洪等总兵官及军中大将们一起做了进一步的规划与整顿。景泰元年(1450)正月甲辰日，于谦向景泰帝上言：

第一，鉴于当下在京各营缺少军马，小臣恳请陛下让户部制定一个"买马给授冠带事例"，并行文到总兵官武清侯石亨处，令其在军中推行。有谁自愿买马送到户部的，户部当场给价，并以圣旨形式张榜公示；在京官吏军民有马且愿意献给国家的，户部也应给予相应的马价；皇家养马机构御马监和其他各处马坊现有之马，除预备为皇上御用外，其余的全送至军中操练；朝廷行文至河南、山东等布政司并直隶大名等府，令其将所属存留税粮、马草并折色丝绢等按照时价折收马匹，然后再将购买到的马匹交予各州县原养马人户收领孳牧，以便日后国家取用；据闻皇家宗室楚王、肃王等府和官吏军民之家都有马匹，朝廷应派人运输银子前去与其交易马匹。(《明英宗实录》卷187，《废帝郕戾王附录》第5)

第二，鉴于目前各营操练官军多缺衣甲军器，恳请陛下让人将内外库藏打开，将其内现有的一切军器全部送到军中去，另外还应降敕给工部，令其催督在外军卫将已经制造好了的衣甲军器送到北京来，以此来缓解目前军需奇缺之势。(《明英宗实录》卷187，《废帝郕戾王附录》第5)

第三，紫荆关、白羊口、倒马关一带大小缺口不少于百十来处，附近满山四野中又有众多可通人马的地方，小臣已上请派遣官军前去砌塞。但官军将士们大多都很贫困，由此恳请陛下给他们每人两钱银子，让他们自制器具，及早将这些关隘缺口修理完毕。(《明英宗实录》卷187，《废帝郕戾王附录》第5)

第四，石亨、杨洪领命各自统军已出往口外巡哨，调拨前往紫荆关的官军也已抵达就位，但这些军队都需要有足够的粮草供给。乞敕户部遣官往山西大同、宣府一路设法予以解决。(《明英宗实录》卷187，《废帝郕戾王附录》第5)

第五，由于瓦剌军入侵剽掠，直隶真定、顺天府所属州县及涿鹿等卫所军民惊散逃命，以逃往河南等处潜住的为多，其留下的房屋、桑枣又被过往军民和留守下来的人家拆毁砍伐；况河南地方有限，流入人口太多了，恐怕会积聚成大患。乞敕各处巡抚、镇守等

官将所在军民善能抚恤,严切禁治,不许仿效逃移,拆毁砍伐。"(《明英宗实录》卷187,《废帝郕戾王附录》第5)

景泰帝接奏后"诏悉从之"(《明英宗实录》卷187,《废帝郕戾王附录》第5)。

在那个社稷为重、国防至上的非常岁月里,作为文职官的兵部尚书于谦能如数家珍地上言军事战备规划与整顿问题,或许正是受到景泰朝廷上下这股日益腾升的正能量之影响,大明军界上自总兵官武清侯石亨、昌平侯杨洪等,下至中下级军官也都用心起来了,他们踊跃上书建言,从更为专业的角度,对当时军务整顿与军事防卫等方面提出一系列有益的建议。

景泰元年(1450)正月初十,昌平侯杨洪言四事:第一,申饬军令。"臣以为,为将之道在乎号令严明,则兵之畏将过如畏敌。孙子所谓可以使之赴水火是也。乞赐总督军务、少保于谦以将权,俾军士知所以畏令。"第二,选军操练。"臣见在京教场德胜、安定门外两处军士,自城南至者,往回三十余里,操拣时少,走路时多。宜于九门外各设教场,将官军选过精壮一等、软弱一等,量数拣能干惯战都指挥分领,常时操练。臣等时去比较弓马,倘或有警调用,则管军者知爱其军,为军者知听其令。"第三,成造军器。"臣见在京操备官军数多,盔甲器械数少。乞敕工部移文各布政司,将所属州县成造兵器、匠作人等取赴本司,准该班日期,著令成造,凡合用布、铁就于各库收贮,官钱内支给买办,造完陆续送京。"第四,撙节粮储。"臣见口外近被达贼惊散来京官军,优给纪录者多系老弱残疾寡妇。宜听回原籍,依亲优给者支与半俸,纪录者免支月粮。待出幼之时,令亲管、官司起送袭职应役。"(《明英宗实录》卷187,《废帝郕戾王附录》第5)

景泰帝接奏后说:"杨洪所言极是,只是少保于谦已被授予总督军务,即朝廷早就赋予了他将帅权,所以没必要再重新降敕任命了。至于其他的几条军事事务建议都提得很好,就让兵部即计议行之。"(《明英宗实录》卷187,《废帝郕戾王附录》第5)

昌平侯杨洪上言后的第七天即景泰元年(1450)正月十六日,大明朝廷接到了总兵官武清侯石亨的奏疏,其疏文说:"如今五军、三千、神机三营官军在京师操练的有200000人,大家集中于东西两个教场一起操练，人马数多，布阵窄狭，难于教演。应该挑选机动游击兵10000人，侦查骑兵10000人，敢死队10000人，给予不同的番号和相异颜色的旗帜，将他们分遣至东直、西直、阜城门外空地筑场，别选善战廉干武臣管领操习，臣等往来巡视，考核其勤怠。"景泰帝接受了石亨的建议，"诏兵部同三营官议行之"(《明英宗实录》卷187，《废帝郕戾王附录》第5)。

第二天也就是景泰元年(1450)正月十七日，总兵官石亨就自己与杨洪分别巡哨边关之事又向朝廷上书，奏言四事：第一，增添边兵。"以大同、宣府官军数少，贼若小至，可以出击；倘如日前大举，岂敢迎锋抗敌？乞每处添精兵三万。"第二，整饬边备。"大同沿边原设烟墩九十余座，每座用人十五名，占人数多，莫若于紧关要路并立大墩一座，各添人三四十名守望。"第三，摆堡运粮。"大同粮道不通，即今将岁纳粮草俱积于代州城内，宜于雁门关北、广武站西安驿设城堡二处，转输粮草供给。"第四，置造军器。"今军器缺少，而新收报效之人多，有殷实之家不敢私造，宜听其自置，赴官看验，量给工价。"(《明英宗实录》卷187，《废帝郕戾王附录》第5)

就在这同一天，昌平侯杨洪又上言八事：第一，"怀来、永宁、雷家站三处当用精兵守备，除原守备官军外，宜将在京官军添辏一处可用五千，一千守城，二千耕种，二千巡哨"；第二，"宣府、大同等卫所屯田军余被贼惊散，未得耕获，子粒粮草无从追征。临城田地宜听其耕种，不许禁止"；第三，"大同边城俱少铁以造军器，宜于在京官库内关领，每处给十万斤"；第四，"紫荆关城低壕浅，东西受敌，难以备御，合于春暖土开之时，移窑子口修筑关隘城郭，其石门峪东至白阳口，直抵居庸关，宜遣都督一员，率领曾经修筑官军，将通行人马道路设法砌垛"；第五，"大同、宣府各边隘口甚多，虽设置栅榨、挑掘、壕堑，但恐贼人窥伺越过。闻山西潞州出铁，宜令于秋粮内折办铁蒺藜一百万，遣人送至雁门关，俟官军自运备用"；第六，"向者虏寇入境，保定等处俱无火堠，所以人不得知。宜于各村社立柴墩五座，接至边墩，但闻举放炮火，各村随即接应，人得移入附近城中，庶不失所"；第七，"万全都司所辖卫所原有余丁编成队伍，宜令把总管队官员如法操练，以防不虞"；第八，"永宁城宜令都指挥黄宁守城，都指挥张受巡哨，指挥张荣提督边墩；怀来城宜令都指挥康能守城,都指挥沈礼巡哨,指挥朱亮提督墩台;雷家站宜令都指挥王俊守城,指挥郝忠巡哨,指挥汪琮提督墩台"。景泰帝的答复是:"领兵巡哨及措置边务,俱准所言,但京城守备尤重,兵部同多官议石亨、杨洪、柳溥内推一人以闻。"(《明英宗实录》卷187,《废帝郕戾王附录》第5)

又是这同一天,巡抚山西的右副都御史朱鉴也上奏说:"平阳等卫府,泽、潞等州县民壮共一万五千九百余名,俱在山西教场操备,听候策应京师;太原府所属原调二千余名,在振武卫操备,听候策应雁门。今闻诏书谕以事定,仍旧宁家为民,即便各将原领器械、马匹径自散回原籍。乞敕巡按御史及都、布、按三司委平阳等卫、府、州、县官拘集押赴原处,照旧操练,俟边境宁息再行定夺。"明代宗当即予以允准。(《明英宗实录》卷187,《废帝郕戾王附录》第5)

景泰元年(1450)正月十八日,总兵官、武清侯石亨再次上奏说:"紫荆关、白羊口等处累遣人守砌,止在内伐木遮榨,其外未及垛塞,以致贼来无阻。乞敕都督王通、总兵官朱谦等调拨官军,委老成知识兵事、谙晓道路官分往各关口,相视阔狭,设法作急砌垛拦截。"景泰帝答复:"从之。"(《明英宗实录》卷187,《废帝郕戾王附录》第5)

同为十八日这一天,宁夏总兵官、都督同知张泰等也上奏说:"河东达贼约有三百余,披戴明盔青甲,欲来犯边。缘宁夏兵分三路,调用不敷。乞敕该部将河南都司直隶潼关等卫所见操听候策应官军三千,韩府安东中护卫等衙门及平凉卫见操汉、土官军六百,庆府宁夏中护卫见选止回官军五百,俱调赴臣处操备,并力杀贼,庶不误事。"朱祁钰当即准许。(《明英宗实录》卷187,《废帝郕戾王附录》第5)

以上是笔者随机截取的景泰元年(1450)正月十七日、十八两天内最为重要的历史画面,从这些历史画面中我们看到:

第一,两天内两个侯爵、两个总兵官和一个右副都御史争先恐后地上书朝廷,且一开口就讲了好几件重大的防务之事。由此我们可以这么说,当时的景泰皇帝治国理政很不轻松,套用一句耳熟能详的话来讲,即为心系天下,日理万机。

第二,上述这种奇特的场面也反映出,当时大明朝廷内外由于深受北京保卫战胜利的鼓舞正积聚着越来越大的正能量,而这样的正能量不仅涌动在大明帝国的上层群体中,而且还深刻地影响到中下级人士,就连过去相对比较消极的中小军官也在想着法子,如何报效国家。如:在宁夏总兵官、都督同知张泰和武清侯石亨上书的同一天,山西太原左卫指挥佥事江涌向景泰朝廷上奏说:"我的父叔兄弟四人在与北房作战中都奋不顾身地战死了,我们江家与北房有着不共戴天之仇,只是眼下小臣一人,抱恨于心,莫能报仇。乞将家父原来操练过的军士让小臣来统领,赴边操备,遇警竭力杀敌,以复国恨家仇!"景泰帝接奏后相当高兴地答应了。(《明英宗实录》卷187,《废帝郕戾王附录》第5)

第三,虽说于谦、石亨、杨洪等朝廷高层官僚的上奏都立足于全面御敌的角度,但就大明北疆边防整体实际而言,多多少少都会对于他们所不太熟悉的西北与东北边防之事有所疏漏,而宁夏总兵官、都督同知张泰等人的上书建言恰恰弥补了这一缺憾。

因此,可以这么说,经以朱祁钰和于谦为核心的景泰集团的积极倡导,大明朝廷内外正上下用心,拧成一股劲,进一步整顿与规划军事战备,同仇敌忾,随时准备歼灭来犯之敌。

○ 多管齐下筹集军需物资,解除大明将士的后顾之忧

而军事战备规划与整顿有一个重要方面的事情必须得注意,那就是要解决好军需物资的供给问题。前章已述,正统中后期,权阉当道,政治腐败,武备废弛,逃军频频。而来不及逃亡的兵士则饱受军官们的欺凌、盘剥和压榨,常常食不充饥、衣不蔽体,更别提他们是否会拥有其他必备的军需物资了。有一则史料很有意思,也能说明问题:正统十一年(1446)十二月浙江右参政高峻向明英宗上奏说:"沿海巡检司有50多处,且多是抗击倭寇的战略要地。不过这些地方的城池原先都是由夯土建筑而成的,历经岁月的风风雨雨,如今已变得低矮微小,不足以御敌,且守卫民兵都穿着纸甲。小臣恳请皇帝陛下降敕给相关衙门,让他们召集人马,修筑砖城,打造铁甲,如此下来才有可能确保地方平安。"(《明英宗实录》卷148)

虽说这是正统十一年(1446)十二月的事情,且发生地在东南地区的浙江沿海,但无论怎么说,让抗倭前线的民兵凭借土城穿着纸甲去御敌,这绝对是件荒唐的事情。试想这样装备的军队怎么

能打胜仗呢？

土木之变，天子蒙尘，国之大伤，可令人不曾想到的是，随之而后不仅是频频光顾的天灾，还有那北虏时不时地南犯所造成的人祸。正统十四年（1449）十二月，顺天府漷县运粮30余石，山东德州运绢730匹，大宁都司保定等卫所运草27600余束，而就这些军用物资运往北京的途中突然遭遇到了北虏的剽掠，所剩无遗。景泰帝知道后尽管十分恼火，但考虑到地方民力有限，最终不得不下令"除豁"（《明英宗实录》卷186，《废帝郕戾王附录》第4）。

除豁就是免除，即不再重搞了。不过，大明京军与边军的军需物资严重匮乏问题还得要解决呀。为此，景泰帝朱祁钰接受臣下的建议，除了上面讲到的，令人打开中央朝廷与地方官府的藏库，将库藏物资运往军中外，还通过刚性皇权，命令各地官府及相关部门迅速筹集或打造军需物资。如正统十四年（1449）九月，明代宗接受了工部官的建议，令浙江等布政司和直隶苏州等府增造军用撒袋，并告诉他们不为常例，即属于临时加派的额外任务。以此来解决边防军用撒袋短缺问题。（《明英宗实录》卷183，《废帝郕戾王附录》第1）

正统十四年（1449）十二月，根据相关部门的请示，景泰帝下令给京师五军等营官军和居庸等关官军，一次补充军马就分别为8400匹和2100匹。（《明英宗实录》卷186，《废帝郕戾王附录》第4）

景泰元年（1450）正月初七日，大同参将都督同知方善上奏说，军力不足，难以御敌，请求朝廷调拨人马。明代宗朱祁钰下令：从石亨、杨洪等处调拨骁勇官军5000人，且带上火药、铳炮等军备前往大同增补。（《明英宗实录》卷187，《废帝郕戾王附录》第6）第二天即同月初八日，蓟州、永平等处奏报，军中缺少军马1000匹，请求增补。景泰帝下令立即予以补给。（《明英宗实录》卷187，《废帝郕戾王附录》第5）

从上述几段史料来看，当时大明京师与边疆的粮饷等军需物资供给都存在着很大问题。不过好在景泰帝一接到这样的奏报就立即设法予以补给。立即补给，我想要不是从现存的官府库藏中取出或通过紧急筹集是难解燃眉之急的。

其实，差不多与此同时，景泰朝廷还从根本上入手，开源节流，解决粮饷等军需物资问题。节流就是节省开支。正统十四年

第2章 明朝转折 景泰大德

123

(1449)十二月,掌颁行诏敕、册封宗室、抚谕四方等事宜的行人司行人陈浩上奏说:"依照祖宗旧制,亲王妃与郡王妃薨逝,礼部奏遣中官致祭,我们行人司主办其丧葬礼仪;各王府仪宾死了,也要我们行人司遣行人谕祭。而今国有大难,公务冗丛,差遣多多,况且边务警急,驿传还十分吃紧。所以小臣在此恳请陛下降敕,规定今后亲王妃、郡王妃薨世及仪宾死了,只让中官与所在衙门遣官致祭,皆不派遣行人司官员前去操办,以节省开支。"景泰帝高兴地接受了这个建议,并令人予以执行。(《明英宗实录》卷186,《废帝郕戾王附录》第4)就在这同一天,礼部官员上奏说:"咸阳侯追封潞国公张武夫人何氏卒,宜赐祭葬。"景泰帝答复道:"如今国难当头,军民艰窘,让咸阳侯自家建造坟墓,我朝廷派个把官员前往祭祀一下就行了。"(《明英宗实录》卷186,《废帝郕戾王附录》第4)

当然这些例子都不免给人"小打小闹"的感觉,景泰帝上台后最大的一次节流行动可能就要数景泰元年(1450)三月朝廷内外的"财经大紧缩"了。那年三月庚申日,鉴于京师多故、粮用浩大和各地供给不足等严酷现实,太子太保兼户部尚书金濂召集了众多官员一起讨论撙节粮储事宜,最终拟定了10多条建议,并将之上奏给景泰帝,其具体内容如下:

(1)在京文职官本色俸未从一品,岁减六十石;二品岁减四十八石;正三品,岁减二十四石;仍关与折色,候事宁之日,照旧关给。

(2)在外镇守巡抚等项官该支俸米,令于镇守、巡抚去处照例关支,或愿与原籍关支者听。

(3)在京公、侯、驸马、伯禄米洪武年间米钞兼支,进年米麦兼支,即令撙节,亦宜照旧;其文武官员有二俸兼支者,亦今止支一俸,南京文职官员本色俸粮,有愿分回原籍者,听。

(4)工部所属营缮所等衙门官员不无冗滥,宜从本部查选,老疾不堪任用者悉送吏部定夺,其六部、都察院等衙门属官虽添除数,多缘今边事未宁,政务繁冗,合候事平之日,另行奏请裁减。

(5)天德观庙官顾敬、灵济宫庙官曾辰孙俱支食米五斗,今顾敬见任太常寺寺丞,又关本等俸粮,宜将顾敬止关寺丞俸粮,曾辰孙每月支米一石食用。

(6)在京金吾左等卫永乐年间因是领养孳牧掺马匹,俱各添设马科典吏二名,今马匹见存者少,合通行革去。

（7）各衙门官吏人等俸粮各年积出附余粮斛,务要从实开报,户部以凭盘量见数正收支销。

（8）各衙门历事监生有家小者月支米一石,无家小者支米六斗,不无虚费。今后再历复考并听候取用者,每月有家小者,支米六斗,无家小者支与四斗;其工部取拨收匠、监生八十五名,写本十名亦宜简,工部办事官六员在于长安左、右等门收放人匠、牌面,每人月支米一石,宜住支。

（9）在京文职官员该支三分、四分俸粮,俱于南京仓粮内支给,宜按季折与银两;不愿者,听。

（10）在京各卫所官吏、旗军人等俸粮俱系首领官该吏并把总、识字军人造报关支,中间有将逃亡事故造于实在项下关支者,有将无家小人役造于有家小项下关支者,又有一处应役而两处造报开支者,奸弊百端,宜移文各卫门,今后务从实造报,敢有仍前作毙者,俱发为边远充军。

（11）在京并通州各卫仓每年各佥收粮军斗有十名者,有十五名者,一年之后俱令守支,即今在仓不下数千余名,每月俱于在京征掺旗军,一体关粮,不无虚费,宜将各仓军斗有家小者,减支六斗;无家小者,减支四斗,余丁原无粮者,照旧不支,侯（候）守支尽绝回卫差掺之日,仍旧关支。

（12）国子监师生既不会馔,馔米亦宜住支。

（13）南京大小衙门所管事务简,冗食人多,宜令南京户部会官查勘计议,凡可以减省粮储及宽舒民力者,悉者悉听明白条陈,奏请定夺。（《明英宗实录》卷190,《废帝郕戾王附录》第8）

再说景泰帝面对如此用心做事且拥有大局观念的户部官员之上奏,一下子就被感动了。他随即下诏,全照金濂等人所议的执行。（《明英宗实录》卷190,《废帝郕戾王附录》第8）

与节流并举的还有开源,开源在景泰朝时方法就有很多。

第一种叫"开中法"。开中法在宋元时代就有了,而明代开中法多用于边地,是指明朝官方鼓励商人运输粮食到边塞,以换取官府的盐引,获得贩盐专利的一种制度。其具体实施起来分三步:第一步叫报中,报中就是商人根据明朝官方张榜公布的要求,将粮食运到官府指定的边防地区粮仓,交割完毕后再向官府领取盐引(即官府盐控专用券);第二步叫守支,守支就是盐商拿了从官府领取到的盐引,到指定的盐场去守候支盐;第三步叫市易,市易就是盐商将守支到的食盐运到指定的地点去销售。在开中法操作的整个过程中,可能是第一步报中最为费力,由于要将粮食运输到遥远的边疆要塞,其间所费物力财力甚多,所以商人们后来就想到了一条"捷径",即在边疆直接雇佣劳动力屯田开荒,生产粮食,并就地将粮食输入官仓,换取盐引,以便获取更多的利润。这就是历史上有名的商屯,笔者在以前的著作中曾专门讨论过,在此不做展开。(读者朋友如有兴趣可参阅拙作《大明帝国》系列之②《洪武帝卷》中册,东南大学出版社出版,2014年1月第1版,P532~534)

明朝开中之制最早开始于洪武四年(1371)二月戊午日,由晋王相曹兴上言,洪武帝朱元璋批准而实施。(《明太祖实录》卷61)数日后大明朝廷户部首次制定出开中法之详细则例,即淮浙山东中盐之例,"皆以一引为率,商人输米临濠府仓,淮盐五石,浙盐四石;开封府及陈桥仓,淮盐二石五斗,浙盐二石;襄阳府仓,淮盐二石五斗,浙盐一石五斗;安陆府仓,淮盐四石,浙盐三石五斗;辰州府、永州府及峡州仓,淮盐三石五斗,浙盐二石五斗;荆州府仓,淮盐四石五斗,浙盐四石;归州仓,淮盐二石,浙盐一石二斗;大同府仓,淮盐一石,浙盐八斗;太原府仓,淮盐一石三斗,浙盐一石;孟津县仓,淮盐一石五斗,浙盐一石二斗;北平府仓,淮盐一石八斗,浙盐一石五斗,山东盐二石三斗;河南府仓,淮盐一石五斗,浙盐一石二斗;西安府仓,淮盐一石三斗,浙盐一石;陈州仓,淮盐三石,浙盐二石;北通州仓,淮盐二石,浙盐一石八斗,山东盐二石五斗"(《明太祖实录》卷61)。

洪武以后明朝历代皇帝都对开中法十分重视,并因时制宜地将实施地区与操作标准做了调整。景泰帝上台时,帝国多事,财政经济严重不足,尤其是京师及其周边的北疆地区在经历了土木之变与瓦剌南侵的破坏之后,其军用与民生经济捉襟见肘。对此,明代宗朱祁钰于景泰元年(1450)正月,"命召商于密云、隆庆仓中纳淮盐者,每引米八斗,豆五斗,或草四十束,于古北口中纳者,每引米七斗,豆三斗,或草三十五束"。但这个标准定得似乎太高了,操作起来很不容易。景泰元年正月底,朝廷接受诸方建议,降低开中标准,"其于密云、隆庆仓中纳者米、豆俱减一斗,草减十束,古北口中纳者米减五升,豆减一斗,草减十束"(《明英宗实录》卷187,《废帝郕戾王附录》第5)。就在同一个月,朱祁钰又下令在大同、宣府等地实行开中法,其"命召商于大同、宣府并大同府右二卫中纳盐粮,其中淮盐者,每引纳米、豆六斗,或谷、草八束,或秋青草十二束;中浙盐者,每引纳米、豆四斗,或谷、草六束,或秋青草九束;中长芦盐者,每引纳米、豆三斗,或谷、草三束,或秋青草六束,俱不次支给"(《明英宗实录》卷187,《废帝郕戾王附录》第5)。

从上述史料中我们不难看出,与明初相比有所不同的是,景泰朝的开中对象有了扩大,原先主要是以运输粮食来换取盐引,现在扩大到豆、草料等军备物资。其实这样的事情早在朱祁钰登极后的第三个月就已有了。

正统十四年(1449)十一月十三日,太子太保兼户部尚书金濂上奏说:"京城里外象、马、牛、羊数多,各场所积草束,近因胡虏入寇烧毁,抛弃殆。尽请召商纳草中盐,两淮盐每引谷草十五束,禾草二十二束;两浙盐每引谷草十二束,禾草十七束;长芦盐每引谷草十六束,禾草十束。"景泰帝接受了建议,令人予以实施。(《明英宗实录》卷185,《废帝郕戾王附录》第3)

景泰朝开源的第二种方法叫"纳米赎罪"。纳米赎罪也是在明初就有了,洪武三十年(1397)五月甲寅日,朱元璋命六部、都察院等官议定赎罪事例:"凡内外官吏犯笞、杖者,纪过;徒、流、迁徙者,以俸赎之;三犯罪之如律;杂犯死罪者,自备车、牛运米输边,本身就彼为军民有犯徒、流、迁徙者,发充递运水夫;凡运米赎罪者,甘肃车一辆、牛四头、米十石,山丹加一石,永昌加二石,西凉加三石;云南曲靖、普安,如西凉之数。"(《明太祖实录》卷253)

从洪武时期"纳米赎罪"实施的地区来看,主要是在偏僻的大西北和大西南。永乐以后这样的运输粮食特殊制度有了进一步的发展,其实施区域也在不断地扩大。建文四年(1402)八月,为了解决自己发动的"靖难"战争所造成的灾难性后患,刚刚登极的明成祖朱棣命令法司部门制定了永乐朝第一部狱囚输米赎罪条例,将罪犯赎罪纳米的目的地扩大到了北京,其规定为:"除十恶、人命、强盗及笞罪不赎外,其杂犯死罪输米六十石,流罪三等俱四十石,徒罪一年十石,一年半十三石,二年十六石,二年半二十石,三年二十五石,杖罪五等六十者四石,七十以上每等加五斗,输毕,释之。"(《明太宗实录》卷11)。

永乐十九年(1421)十月,因为迁都北京而造成北方地区军用物资用度大增,"宣府等处急缺粮储",永乐帝"令法司罪人运粮赎罪。杂犯死罪十石,流罪八石,徒罪六石,杖罪四石,笞罪二石"(《明太宗实录》卷242)。由此开始,大明将纳米赎罪的目的地扩大到了北疆上。之后宣德和正统两朝在这方面都做了许多的努力。

景泰帝上台后,面对边疆军用物资极为短缺之势,除了沿用前朝之法外,他还令人修订罪囚纳米豆赎罪例。

景泰元年(1450)闰正月戊申日,朝廷重定"山西所属罪囚于大同纳米豆赎罪例",其中规定:"杂犯死罪纳米豆四十石,三流并徒三年减十石,徒二年半以下等每递减五石,杖一百纳米豆八石,余四等递减八斗,笞五十纳米豆二石,余四等递减四斗。"(《明英宗实录》卷188,《废帝郕戾王附录》第6)

景泰元年二月壬寅日修订而成并随后公布的"贵州囚犯减轻纳米例"中规定:"三司及所属卫所府、州、县官吏军民、舍余人等除真犯死罪、强盗外,其余笞、杖、徒、流、杂犯死罪,俱比旧减轻纳米赎罪,杂犯死罪纳米二十五石,流罪二十石,徒五等递减二石,杖一百九石,余四等递减一石,笞五十三石五斗,余四等递减五斗。"(《明英宗实录》卷189,《废帝郕戾王附录》第7)

景泰朝开源的第三种方法叫"纳米冠带荣身"。"纳米冠带荣身"是指明朝政府号召帝国人民行动起来,将自家米谷等财物捐献出来,以此来解决国家军饷困难和赈济灾民。而帝国政府在政治上对其进行旌表与褒扬,并在经济与社会等方面配备一定的奖励,即旌表为义民,免除其杂役三到五年。这些都是宣德、正统时期的常见做法。到了景泰时期有了进一步发展,往往授予纳米者一定品级的"冠带",使其享受朝廷的功名。

景泰元年(1450)三月辛未日,朱祁钰接受十三道监察御史毕鸾等人的奏请,"命户部出榜,召募军民客商人等纳米,以备各处军饷及赈济饥民,其不用兵处顺天等八府及贵州、四川、陕西、山西、辽东每名四百石,山东、广西、福建、云南每名五百石,直隶、浙江、江西、湖广、广东、河南每名一千二百石,苏州、松江、常州、嘉兴、湖州五府每名一千五百石,其有贼生发用兵处,大同、宣府、贵州每名一百五十石,湖广、福建、四川、广东、浙江每名四百石,俱给冠带,以荣终身,半其数者赐敕旌为义民"(《明英宗实录》卷190,《废帝郕戾王附录》第8)。

其实无论是:景泰朝实施的"开中法""纳米赎罪"法还是"纳米冠带荣身"法,其运输或捐献的对象不一定是米,也可能是谷子、草料,甚至还有马匹。譬如:景泰元年(1450)三月,太子太保、户部尚书金濂上奏说:"先前都察院检校何英奉敕上河州等卫去筹集军马,应允当地军民纳马中盐,以此来解决我大明军马不足问题。何英定的价位为每匹上等马,官府支付淮盐50引;每匹中等马,官府支付40引,现在总共征收到马1400匹,何英说要我们户部验看马匹,给予相当的盐引,并让马主不受地方区划限制就近去盐场守候支盐。但老臣以为河州本来就是产马之地,而何英给的价位却又那么高,我朝廷岂不当了冤大头!因此在老臣看来,既然马匹已经征集来了,我朝廷就派人前去验马,要是真是属于上等的,每匹支付25引;中等马的,每匹支付20引。"景泰帝觉得这个主意不错,令人照此执行。(《明英宗实录》卷190,《废帝郕戾王附录》第8)

总之,通过"开中法""纳米赎罪"法和"纳米冠带荣身"法等多种开源节流渠道,数管齐下,景泰朝廷筹集到了相当的军需物资和提高了财政经济,为抗击瓦剌进犯的大明军将士提供了可靠的物质保障,解除了他们的后顾之忧。

○ 改进作战武器和武器取用之法,提高军队战斗力

军事战争中作战武器也十分重要,从某种程度上来讲,它是赢得战争胜利的一个基本前提。对此,以朱祁钰和于谦为核心的景泰集团自执政起就予以了相当大的关注。

北京保卫战取胜后,为了进一步抵御和抗击瓦剌的进犯,景泰集团博采众议,改进作战武器,以期提高大明军的战斗力。

正统十四年(1449)十一月十六日,左副都御史杨善上请景泰帝下令铸造两头铜铳,他解释说:"这种两头铜铳每头置铁弹十枚,用以弥补使用短枪的缺陷:每当短枪弹尽时,敌人最容易乘机攻上来。这时如果使用两头铜铳,就能有效地杀伤敌人。"朱祁钰听后

觉得很有意思，命兵仗局铸造式样，并随后进行了专门的试验。(《明英宗实录》卷185，《废帝郕戾王附录》第3)

明代原先战车的式样是，每辆战车用7匹马，由十几个士兵缓轮笼毂，兵仗之制相当齐备。但这样的战车只能用于平原旷野上列营遏敌，一旦在屯田町畦沟渠甚多的宁夏等北疆地方使用，那就驾驶起来很不方便。为此，在正统十四年(1449)十一月十六日同一天，宁夏总兵官张泰上奏朝廷，请求建造小型战车，其每辆车只用1匹马拉着，车辕中暗藏兵器，遇到险阻就由人来拉动。这样的战车"外足以抗敌锋，内足以聚奇兵"，且在宁夏地区已试用过，大家都说很好。景泰帝听说后十分开心，令人以此打造。(《明英宗实录》卷185，《废帝郕戾王附录》第3)

明朝原来的神机短枪是人执一把，不能相继。正统十四年(1449)十二月，北京顺天府箭匠周四童上言：能造一种特殊车辆，其上安四板箱，内藏短枪20把，神机箭600枝。临用时将5把枪安在车上，驾驶车子时车叉也能用来御敌，因为枪多，好相继而发。使用这种车子只需要4人，1人推车，2人各在两旁扶车，1人随从，烧火做饭。改造后的这种新型作战武器比起原先的人执一枪，发辄不继者要"功相十五"。景泰帝接奏后令武清侯石亨先试用之，要是确实发现效果不错，就令人修造。(《明英宗实录》卷186，《废帝郕戾王附录》第4)

景泰元年(1450)二月，镇守辽东的太监易信上奏说："军中手把铳，发辄不继，贼已习知，每乘隙进兵。自今手把铳须柄长七尺，上施枪头，铳尽用枪，庶不撼挫，因以木为式。"景泰帝闻悉后下诏，让兵仗局以此打造。(《明英宗实录》卷189，《废帝郕戾王附录》第7)

景泰元年(1450)三月庚申日，少保兼兵部尚书于谦上言："我军所用长枪，杆长刃短，难于回转攻刺，请改造今刃长杆短，庶利于用。"景泰帝批准了于谦的请求，下令予以改造。(《明英宗实录》卷190，《废帝郕戾王附录》第8)

明朝时军事战争中真正威力大的作战武器是枪、铳等类火器，而这类火器在那时是实行特别严格的朝廷专控。一旦要取用，必须得由皇帝特许及办理相关的手续。这对于处在非常时期的大明军想以此作为战斗锐器、夺取战争的胜利显然是不利的。鉴于此，正统十四年(1449)十月,南京守备太监袁诚、丰城侯李贤等上言朝廷,请求在这非常时期变通火器的领取与分发使用方法,"每队给手铳四把,选教师演习";一旦遇到紧急事情发生,可令将士们迅速领取火器,投入战斗。这样一来,既可免除军士自备军器之累,又可简化从内府收贮的火器领取时所必须一一详细奏闻等一系列繁复的程序。景泰帝觉得南京留守大臣讲得十分有理,当即准奏。(《明英宗实录》卷184,《废帝郕戾王附录》第2)

○ 剿灭内奸与间谍,清除北虏南犯向导

军事战争胜利与否最直观的反应就是战场上的输赢,但军事战场之外还有一种常人所看不见的角逐与博弈,那就是谍战。瓦剌军每次南犯,也先往往都事先安插一些间谍到内地,为他提供明朝的军事情报。对此,处于战争敌对方的明朝总督军务、少保兼兵部尚书于谦,大同总兵官、右都督郭登以及其顶头上司景泰帝等都十分重视,他们采取了相应的对策,密令相关人士侦察破获了一系列的间谍案。在这些侦破的间谍案中较有名的有三起:

第一起叫跛儿干间谍案。跛儿干是大明正统皇帝朱祁镇当政时的御马监少监。御马监是大明皇宫二十四宦官衙门中实际地位仅次于司礼监的重要机构,因为其掌皇帝御用厩马和兵符等事项,多与兵部相关。(【明】沈德符:《万历野获编·内监·内官定制》补遗卷1)所以说尽管御马监少监的品秩并不算高,但他是皇帝身边的重要人物,其地位之显要是有目共睹的。想当年明成祖朱棣驾崩前,与文渊阁大学士兼翰林院学士杨荣一起接受遗命,成为洪熙朝顾命大臣的海寿就是这样身份的要人。(《明太宗实录》卷273)而我们现在讲到的跛儿干就是与海寿有着相同地位的正统朝重要宦官。他原本是北虏,后来被大明俘获了,在明皇宫里当宦官一当就当了几十年,也算得上是个老资格宦官了,深受正统帝及其父祖的信任。可就是这么一个正统帝眼前的红人却在土木之变后反为瓦剌人所用,为他们提供军事情报,且领着他们进攻大明内地,射杀朝廷内使黎定,乘着大明国难之际帮着瓦剌向明廷狮子大开口,敲诈勒索。景泰朝廷闻悉后于正统十四年(1449)十月令人设计将他抓捕,并随后予以诛杀。(《明英宗实录》卷184,《废帝郕戾王附录》第2)

景泰朝侦察破获的第二起间谍案叫安猛哥间谍案。安猛哥原本也是北虏，为永乐二十一年(1423)十月明成祖第五次亲征漠北时自动前来归降的也先土干(汉名金忠)的外甥把台之部下。(《明太宗实录》卷264)正统十四年(1449)七月，他与主子、当时已被封为忠勇伯的把台一起，扈从明英宗朱祁镇亲征，并与正统帝跟前的大红人喜宁及其两个家奴打得火热。土木之变突发，忠勇伯把台等一批明军将领被俘，已升为明军高级将领指挥使但仍属于把台麾下的安猛哥也由此成为了瓦剌人的俘虏，并在北京保卫战后被带到了漠北大本营。那时的瓦剌太师也先很不甘心北京城下受挫，时刻都想着反攻倒算，曾密谋明年春夏即景泰元年(1450)春夏之际再次发动南侵战争。为了确保来年战争的胜利，经由叛阉喜宁的点拨，也先将目光聚焦在明军降将安猛哥和喜家的两个家奴身上。经过一番诱惑、密谈，三人彻底背叛了明朝，成为了也先的走狗。正统十四年(1449)十一月，也先派遣他们乘着当时混乱之势迅速返回内地，刺察大明军事情报，并再三嘱咐安猛哥，要他在暗中策反明军都指挥石连台等，让他们率领部下和与自己关系甚好的明军做内应，配合瓦剌军的下一轮进攻。可谁知机关算尽，老天不帮忙，安猛哥等三个间谍还没来得及完全展开来活动，就让明军给侦察捕获了。随后景泰朝廷命令大明法司部门对其进行了鞫问，在一一查验核实后，将三个间谍全部斩首，并籍没了叛阉喜宁家，而对忠勇伯把台家暂时不问其罪，"恐降胡惊疑者众也"(《明英宗实录》卷185，《废帝郕戾王附录》第3)。

　　景泰朝侦察破获的第三起间谍案叫小田儿间谍窝案。小田儿在明代官史中记载甚少，人们只说他与叛阉喜宁一起充当瓦剌军南侵的向导。起初明朝并不知悉这人，大概是在景泰元年(1450)闰正月，大同总兵官定襄伯郭登在巡边时抓获了两个鬼鬼祟祟的人，一审问才知这里边的问题可大了，两人中的一人是太监郭敬的家人把伯其，另一人是义州卫军王文。他俩原是明朝人，后来投降了也先，也先派他俩潜回内地刺察大明军事情报。没料到走到大同地段就让郭登军给逮住了，郭登随即将其送往京师，交由锦衣卫进一步鞫问。(《明英宗实录》卷188，《废帝郕戾王附录》第6)

　　锦衣卫鞫问可有本事了，审问下来，事情的来龙去脉大致明了。原来也先在俘获的明朝人中最信任的是昔日明英宗跟前的大红人、叛阉喜宁,而喜宁更是时时刻刻摇尾乞怜地讨好新主子也先。两人曾在一起密谋,派人到大明京师去刺探城中军马有多少,大明皇帝到底是否另立了,朝廷有无能人。他们打算今年即景泰元年(1450)五月间将太上皇朱祁镇给送回来,并趁机谋夺京师北京。已沦为瓦剌间谍的把伯其和王文还交代:明将忠勇伯把台虽被俘了,但他还常到太上皇那里去问安,一问安便痛哭流涕,且边哭边说:"太上皇归,我亦归;若不归,我亦不归。"看来他的心还向着大明朝啊!把伯其和王文两间谍最终说道:"引诱也先南犯明朝肆意掳掠的有两个人,头号人物就是喜宁,第二号人物叫小田儿。"(《明英宗实录》卷188,《废帝郕戾王附录》第6)

锦衣卫在审理完案件后立即向朝廷做了汇报,景泰帝授意兵部尚书于谦处理该事。景泰元年(1450)闰正月,边关有报:北虏成群结队想来大明贡马。于谦立即找来兵部侍郎王伟,让他前往边关大同去办理北虏贡马之事,并如此这般地做了交待。再说王伟到了大同后,让人一打听,前来进行朝贡贸易的北虏当中就有一个叫小田儿的人,他立即明白这伙人不请自来的真实目的了,随后便假意热忱接待,并不露声色地将小田儿给捕获住,而后杀了他。至此,景泰朝初年,三起有名的间谍案均已告破。(《明英宗实录》卷274)

其实当时以朱祁钰和于谦为核心的景泰朝廷的压力还真不小,除了要清除瓦剌派过来的间谍外,还得要注意大明境内的内奸乘机作乱。前章已述,北京保卫战之前,新朝廷及时清除了内奸通事指挥李让。京师保卫战刚取胜,于谦等兵部官员发现:"京城内外并附近地方安插达官及平日无赖之徒乘机劫掠,扰害良民。"于是他们上奏景泰帝,命令锦衣卫捕盗官擒捕之。(《明英宗实录》卷184,《废帝郕戾王附录》第2)

这事过后两天即正统十四年(1449)冬十月二十五日,有人向朝廷上报说:"过去我们将归降过来的北虏安置在京畿地区,总以为他们已经归化大明了。哪料到这次瓦剌南犯时这些归降的北虏辫起头发、穿起了胡服,也乘机作乱,掠人劫财,驱赶难民,无恶不作。一般人不知道还真以为他们是瓦剌人,况这些人在内地生活已久,熟悉当地地形与环境,作恶起来危害更大,恳请朝廷赶紧派军前来剿灭他们。"景泰帝下令,惩治乘机作乱者,"俱命斩首以徇"(《明英宗实录》卷184,《废帝郕戾王附录》第2)。

总之,自北京保卫战取胜起,以朱祁钰与于谦为核心的景泰集团奉行社稷为重、国防至上和整军肃纲的治国宗旨,通过对大明军纪的整肃与军队管理的加强、对杀敌和积极抵御外辱者进行论功行赏、加强军马训练、着力军事战备的规划和整顿、多管齐下筹集军需物资、改进作战武器和武器取用之法、剿灭内奸与间谍等诸多层面的大力整饬,到景泰元年(1450)上半年为止,以北京为中心,以居庸关、紫荆关、倒马关、白羊口等为近畿屏障和以大同、宣府、辽东、宁夏等北疆重要边镇为着力点的大区域国家防卫体系已大体重构完成,大明国防力量由此大为增强,帝国上下在经历了那么多的苦难后,正由带着巨大正能量的景泰集团引领,众志成城,随时准备痛击和歼灭一切来犯之敌。

● 众志成城六次打退瓦剌军的进攻

我们回过头来再说说明朝的敌对方瓦剌军。自北京城下受挫后,也先挟持着明英宗,带了他的瓦剌骑兵,大体上沿着来时的老路退到了塞外,大约在正统十四年(1449)十一月初时,再次回到了迤北瓦剌老营。(《明英宗实录》卷186,《废帝郕戾王附录》第4)休整一个多月后,于正统十四年十二月中旬起,瓦剌军再次发动了对大明的进攻。瓦剌的新进攻到底有几次?具体情况又是如何的?至今为止在明史研究界都没人说得清楚,笔者根据《明实录》对此做了一番梳理,具体分述如下:

○ 北京保卫战后击退瓦剌发动的第一次进攻

北京之战后瓦剌发动的第一次对大明的进攻是在正统十四年(1449)十二月癸亥日即十七日。那天,瓦剌骑兵600人逼攻大同城,总兵官右都督郭登当即组织人马及时予以击退。大约又有1000名瓦剌骑兵见到大同城无利可图,就转向南行。郭登派人火速上报景泰朝廷。朱祁钰接报后,立即命令于谦、石亨等饬兵提备,并敕令紫荆、雁门、倒马诸关守将严督瞭望,相机剿杀。可能是

见到明朝边关防备严密到位，无机可乘，瓦剌军最终不得不怏怏退去。(《明英宗实录》卷186，《废帝郕戾王附录》第4)

○ 北京保卫战后击退瓦剌发动的第二次进攻

北京之战后瓦剌发动的第二次对大明的进攻是在景泰元年(1450)正月下旬。那月二十一日，宁夏右参将都指挥使王荣上奏说："宁夏镇下辖的灵州城最近几天有人来报，说是先前有2000多号瓦剌兵从城墙外面经过，叫着嚷着，要送太上皇朱祁镇回京。随后又有20000多名瓦剌骑兵来到了灵州城下，气势汹汹地吼道：'大明将士听好了，你们要是再不开城门的话，我们这20000来号精兵可不是吃素的。你们不理睬我们，我们就在城门外住着打搅。'"景泰帝接奏后将兵部尚书于谦找来，让他与众官议议，拿出个应对方案来。于谦等最终上奏说："皇上您赶紧降敕给宁夏总兵、镇守等官，叫他们严加提备。'如本处军马不敷，飞报邻境，调兵策应，亦须设法招募民壮勇敢，协同战守，有功照例升赏。'"(《明英宗实录》卷187，《废帝郕戾王附录》第5)

两天后的正月庚子即二十三日，少保兼兵部尚书于谦接到报告，有个叫王贵的军人刚从北房那里脱逃回来，对瓦剌军的行动情况比较了解。他说："阿剌知院率领人马上辽东去抢掠，也先带领他的人马往陕西去剽掠。"为此，于谦上奏景泰帝，让他迅速下令给赶赴京师支援北京保卫战而刚刚离去返回辽东的都督焦礼和施聚等，叫他们在返回途中一定要注意辽东军首尾联属，谨慎提备，互相应援，不许自分彼此，以致误事。景泰帝依之。(《明英宗实录》卷187，《废帝郕戾王附录》第5)

但从事后的《明实录》中并没有见到景泰元年(1450)正月在宁夏、陕西和辽东等地双方之间发生战斗之记载，由此笔者认为：瓦剌这第二次对大明的进攻与第一次一样，也是无功而返的扰边行动，没给大明帝国带来什么大的影响。

○ 北京保卫战后击退瓦剌发动的第三次进攻

北京之战后瓦剌发动的第三次对大明的进攻是在景泰元年(1450)闰正月。那年闰正月初，总兵官武清侯石亨接到右副都御史罗通的报告,说是瓦剌太师也先率领的人马都往宁夏方向去了,他想统领80000大明军出其不意地迅速远征漠北,捣毁瓦剌的老营,一举而成。可石亨并不赞成罗通的军事冒险计划,经过多方打听,尤其是从瓦剌军营里脱逃归来的人口中得知,瓦剌现在的大本营已不在老营了,而是在断头山,也先也不曾上宁夏、陕西,仅派了手下30000人马过去。因此石总兵最终上请景泰帝谨慎调兵,让自己与杨洪各领马步官军前往距离断头山不太远的大同、宣府去,相机行事。景泰帝是何等聪明之人,一下子就考虑到了全局问题,在接受石亨的上请建议后,发出了这样的敕令:"京师根本重地,宜留杨洪掺兵提备,石亨其同左少监彭以从得雁门关出,都指挥杨能其同太监裴当从居庸关出,随去官军每人赏银一两。"(《明英宗实录》卷188,《废帝郕戾王附录》第6)

  事情后来的发展果然如石亨和景泰帝所预料的那样,前往宁夏、陕西的瓦剌骑兵在对明朝边镇发动进攻时,遭到了当地守军的迎头痛击。没捞到什么好处,这些剽掠成性的北虏在撤离时没忘了抢掠当地的男女百姓和牛马羊等牲畜,然后洋洋得意地向着大同方向进发。当来到山西与河北交界的顺圣川时,他们见到那里并没什么明军驻守着,当即来了一通抢掠,然后将大营驻扎在沙窝。这时大同总兵官、右都督郭登正率领800名官兵在附近不远处巡边,听到作恶多端的瓦剌兵就在眼前,他把诸将官召集起来问计。有人说:"敌军有数千人,而我们却只有数百人,敌众我寡,还不如全部人马退到大同城里去固守!"郭登听后说道:"我们现在距离大同城有100里,如果一旦退兵而去,人困马乏,敌人以精骑迅速追赶,恐怕我们还没来得及退到大同城就让敌人给解决了。"说到这里,他十分激动地拔出了宝剑,厉声吆喝:"敢言退兵者,斩!"说完纵身跃马,快马扬鞭,直逼敌营。众将士深受主帅感召,立即跟了过去,个个如猛虎下山似地向前直冲。刹那间,满山谷杀声震天。再说那些瓦剌兵还没有弄明白到底是怎么一回事呢,脑袋就搬了家,只有反应得快的人才捡到一条小命。明军乘胜追击,一追就追了40多里。在栲栳山大败敌军,斩获瓦剌兵首级200余个,夺得盔甲、弓箭、腰刀、铜铁器皿400余件,追回被掳人畜800余口。(《明史·郭登传》卷173;《明宪宗实录》卷103;《明英宗实录》卷188,

《废帝郕戾王附录》第6)

自从土木之变以来,边将大多畏缩,不敢与前来犯边的北房军作战。而郭登却以800将士大败了数千敌军精骑,一时间大明边军士气为之一振。景泰帝接到栲栳山捷报后,喜不胜收,特封郭登为定襄伯,给予世券,而对于其他有功官军也进行了升赏。(《明史·郭登传》卷173;《明宪宗实录》卷103;《明英宗实录》卷188,《废帝郕戾王附录》第6)

○ 北京保卫战后击退瓦剌发动的第四次进攻

北京之战后瓦剌发动的第四次对大明的进攻是在景泰元年(1450)三月。那月初五日,转了一圈的瓦剌骑兵溜达到了山西朔州西北边境的妳河堡,发现那里的大明军事守卫空虚,于是就发起了袭击,并大肆掳掠当地人畜。消息传到附近的边关重镇偏头关,那里的守备、署都督佥事杜忠率领轻骑3000人立即出击,在土塞、荞麦州与瓦剌军遭遇上了。明军将士奋勇作战,当场生擒敌兵3人,斩首110余级,夺回被掳百姓1800多口。喜讯传到北京,景泰帝立即擢升杜忠为都督同知,赏赐白金20两,底下将官均有升赏。(《明英宗实录》卷190,《废帝郕戾王附录》第8)

荞麦州之战实际上是北京大战后瓦剌第四次发动对大明进攻的一个序幕,那时的也先已经怨愤至极,前有北京城下受阻,后有景泰元年(1450)二月最为信任的走狗喜宁为大明所杀(下章将详述,笔者注),这次他发足了狠劲就想一举攻入大明内地,进逼北京,于是兵分数路:自己与弟弟赛刊王率17000军马进犯大同、阳和,大同王领人马1700进攻偏头关,答儿不花(也称为答儿卜花)王领人马进犯乱柴沟,铁哥不花(也称为铁哥卜花)王统领7000人马进攻大同八里店,铁哥平章领7000人马围逼天城,脱脱不花(也称为脱脱卜花)王领20000人马寇犯野狐岭和万全。(《明英宗实录》卷190,《废帝郕戾王附录》第8)

数路大军出发前,也先曾精心策划了一番:在老营他叫人扎了些草人,给他们穿衣戴帽,让人远远看去就像是一群真人似的,以此来引诱明军劫营。他还将被掳的汉人集中起来,叫他们鹦鹉学舌,说太上皇朱祁镇已到北京去了,也先也被人杀了。然后想乘着明军犹豫不决时让人将老营营门关闭,来个关门打狗。对于赶赴明朝边疆去发动侵略战争的瓦剌军将士，也先也做了一番交代："一旦与明军相遇，我们立即将事先扎好的草人缚在马或骆驼的屁股上，并迅速点燃草人。这样草人一烧起来，马或骆驼受惊后就会往前向明朝军队方向疯跑，到那时明军想怎么挡都挡不住啊！"最后他说道："大家注意了，我瓦剌大军生死在此一举了！"（《明英宗实录》卷190，《废帝郕戾王附录》第8）

但也先的这般疯狂算计实际上是在看着隔年的老黄历，如今景泰朝廷可不是当年的正统朝廷，当政的皇帝是朱祁钰而不是朱祁镇，他所倚重的是以于谦为代表的一批有着满腔爱国热情且有德或有能的救时大臣，而不是才拙智短、无德无能的权阉王振。所以人们不难看到，在也先发动第四次对大明进攻的一开头，瓦剌大同王统率的那一路军就在偏头关附近的荞麦州遭到了沉重打击。

再看脱脱不花王所率领的20000人马那一路军，大约在景泰元年（1450）三月初九日，他们到达了宣府附近的万全等地，随即便开始了围攻战，并四散剽掠。当时宣府总兵官、左都督朱谦发现情况后，除了立即组织人马进行抗敌外，还派人十万里加急向景泰朝廷作了奏报。朱祁钰接报后马上叫来兵部尚书于谦，让他召集在京各营武臣进行讨论，遴选将帅，统兵赶往万全等地去救援。大家一致认为，能担当如此重任的也只有范广和罗通两人了。景泰帝接受了众臣的建议，立即敕令都督同知范广充总兵官，右副都御史罗通提督军务，巡哨宣府。不过，随后朱祁钰又觉得，这样的军事力量调集似乎力度还不足，因为万全、宣府就在北京不远的西北方，是北虏南犯进入内地的边疆大门，无论如何得让人牢牢守住！想到这里，他又作出如下敕命，令内官方胜、张温领神机营和神铳营，协同范广剿灭来犯之寇，恢复因纵寇殃民而被问罪的镇守雁门关的都督佥事孙安之原职务，宽宥都指挥张斌先前失守永宁城之罪（《明英宗实录》卷185，《废帝郕戾王附录》第3），降为办事官，令其在与北虏交战的前线领头杀敌。同时还敕命少保兼兵部尚书于谦等整搠军马，以护京师。（《明英宗实录》卷190，《废帝郕戾王附录》第8）

但景泰帝的敕命刚下，闻讯的六部官急急忙忙地赶到宫里来，向皇帝上言道："北疆重镇宣府、万全的军事防御力量都得到了加强，北京军事防卫也由总督军务、少保于谦在操持着，就是宣府至京师的中途要塞居庸关——北京的北大门防御力量没什么增强。陛下，您可不能掉以轻心啊！在小臣们看来，应该从五军、神机营中调拨800名官军将士，给他们配上盔甲、武器，让都指挥夏思等统领，前往居庸关去，协同当地官军共同镇守。"朱祁钰一听，忽然想起最近巡视居庸关等地的昌平侯杨洪病了，那里的军事力量还真需要加强呐。于是立即下令，以六部官所议，下发增兵居庸关的敕谕。(《明英宗实录》卷190,《废帝郕戾王附录》第8)

见到总兵官、都督同知范广率领的明军增援部队赶赴过来了，又获悉居庸关也得到了增兵，进攻万全的瓦剌军顿时感觉事态不妙，无处下手，又无利可图，于是老祖宗遗传给他们的传统基因在此时发挥着重要的作用——搞些村庄破坏，然后朝着来时的方向退了回去。

再说此时进攻大同的那一路瓦剌军，那是由也先和他的弟弟赛刊王所统领，人数接近20000。当他们来到大同时，明朝大同总兵官、定襄伯郭登早已制定好了迎敌策略，坚壁清野，将瓦剌军耗死在大同城下。不过话得说回来，军队归你郭登管，可地方百姓却不一定听话了。就在也先大军快要到达、即将开始围城时，大同附近西南方的朔州有些百姓出城去扫墓。瓦剌军来到大同城下，溜了一大圈找不到下手的地方，就往朔州方向流窜，哪想到忽见数百号百姓在一起搞什么祭祀，顿时他们来了劲，扬鞭催马，如老鹰抓小鸡似地将一个个百姓拎到了马背上。这时郭登手下有个叫周宁的军官正在附近巡逻，发现情况不对，立即指挥手下人杀敌，大约有400个北虏当场被杀，1200匹牛马被追获。小胜后周宁稍稍整了一下兵马，随即领人追赶败逃的瓦剌军。不曾想到瓦剌骑兵狡诈无比，就在撤退时还设下了圈套，截杀了明军将士660多人，"踩躏死者数千"。不过从整个大局而言，朔州与大同的军事防卫还是安然无恙。(《明英宗实录》卷190,《废帝郕戾王附录》第8)

与上述偏头关、荞麦州之战、宣府万全之战、大同朔州之战几乎同时，明朝将领马昂在甘肃、王翱在辽东、徐安在宁夏等地分别打退了流窜而至的瓦剌兵的进攻，虽然有些地方付出了一定的代价，如景泰元年(1450)三月癸丑日，瓦剌兵流窜到宁夏、庆阳等地作恶，杀了当地人1000多口，掳走男女6600余人和马、驼、牛、羊

270000头。但从整体角度而言，大明军还是捍卫了大明北疆国防线。(《明英宗实录》卷190，《废帝郕戾王附录》第8)

○ 北京保卫战后击退瓦剌发动的第五次进攻

北京之战后瓦剌发动的第五次对大明的进攻是在景泰元年(1450)四月。可能是由于上月大举进犯之图谋没有成功的缘故吧，这月一开始瓦剌按兵不动。进入下旬时，他们又风驰电掣地来到大明北疆沿线，伺机寻找下手的机会。四月二十二日，大约有一二百个瓦剌骑兵在怀来、宣府一带"溜达"，提督军务、右副都御史罗通率军迎面而上，瓦剌骑兵望风而逃；明军一看这般情势，便收兵回营。哪料到他们刚到营地歇脚，就有人来报：瓦剌骑兵又回来"溜达"了。这样反复了好几次，始终都未能有什么结果。负责这一带军事巡逻的提督军务罗通为此感到十分头疼，他上奏景泰朝廷，指出："敌人是想用小股部队骚扰、疲惫我们，实际上他们现在并不敢发起大举进攻。可我军就此现状也颇为不利，军饷与粮草匮缺问题尤为突出，看来我们还不能不考虑这巡逻军有没有驻扎下去的必要了。末臣在此乞请班师回京。"景泰帝接奏后回复："若边报未绝，不可轻动！"(《明英宗实录》卷191，《废帝郕戾王附录》第9)。

就在四月二十二日这同一天，与在宣府附近来回"溜达"的北房兵相比，南犯山西的数万瓦剌军可谓气势汹汹，他们从鸦儿崖窜入，来到广武站时分为三路，然后开始合围攻打雁门关。雁门关守将署都指挥李端立即率领官兵予以坚决抵抗，与此同时他还派遣手下人禀告巡抚山西的副都御史朱鉴，请求支援。朱鉴发现情势严峻，马上派人火速上报朝廷。景泰帝接报后敕令总兵官、武清侯石亨挑选精兵，与朱鉴约定时间，两路夹击围攻雁门关的瓦剌军。这时瓦剌军中有部分将士感到，雁门关这根骨头一下子很难啃下，于是就窜到了石峰口，并对此发起了突然袭击，烧毁关门，肆意掠掳。(《明英宗实录》卷191，《废帝郕戾王附录》第9)

消息传到北京，景泰帝觉得前番降敕调集的兵力还不够，应该从更广的范围来考虑问题，于是下令，让山西北方边关宣府总兵官、都督朱谦(杨洪有病，由朱谦出任宣府总兵官，笔者注)和巡哨驻兵在河北怀来的都督范广合力剿杀流窜作恶的瓦剌兵。少保、兵部尚书于谦获悉敕令内容后感觉尚不保险,立即上请皇帝朱祁钰同意,从五军营中选拔出马步官军20000人,由都指挥同知石端,都指挥佥事汪礼、刘全,署都指挥佥事陈旺,指挥使王信等人统率,分别赶往易州、涿州、保定、真定、通州等各城,与当地镇守官一起共同加强军事防御,以此来确保这些京师藩屏的安全。与此同时,景泰帝又敕命宁远伯任礼统领官军精兵5000巡守各城,"一切军马悉听节制"。但由于当时任礼年老体衰,后来皇帝朱祁钰只好改命都督同知刘安代充总兵官,大理寺少卿曹泰改为右佥都御史,参赞军务。(《明英宗实录》卷191,《废帝郕戾王附录》第9)

经过此番努力,大明京师与西北近边地区的军事防御力量得以重新组合与加强。对此,流窜和转悠了一大圈的瓦剌兵因实在找不到合适的突破口,便失望地开始北撤。四月二十九日,他们窜到了大同城下。大同总兵官、定襄伯郭登远远望见气急败坏的敌人,顿时心生一计。当敌人靠近时,他率领小股部队走出东门,主动前去"迎接"。瓦剌兵看到迎面而来的明军势单力薄,立即发起了猛烈的攻击。郭登招呼手下人赶紧撤退。瓦剌兵岂肯放过这样的机会,当即予以追击。这时,埋伏在周围的数也数不清的明军将士突然间出现了,一下子将北房兵吓得落荒而逃。(《明英宗实录》卷191,《废帝郕戾王附录》第9)

不过在总兵官郭登看来,贪婪成性的瓦剌兵并不会因此而善罢甘休,明军必须得给他们更加严厉的教训。第二天一早,从大同城里陆陆续续走出了一些"祭祀的百姓"。他们分别来到关外的一个个土丘旁,摆起了案几,点起了香烛,并献上猪头、羊头和楮钱,然后不停地磕头。这时站在远处望风的瓦剌兵见到这番场景,立即快马加鞭穷凶极恶地赶了过来。"祭祀的百姓"当即扔掉手中的祭祀之物,拼命往着大同城里跑。瓦剌兵见到这等狼狈相,当场就得意洋洋起来,并狼吞虎咽地吃起了祭祀酒肉。可令他们万万没想到的是,这酒肉一到肚子里,就要了他们的小命。原来这一出"百姓祭祖"之戏是郭登与他手下将士事先策划好的。

没来得及吃上祭祀酒肉的瓦剌兵见到自己的馋嘴哥儿们一个个倒地而亡,七窍出血,个个都吓得魂飞魄散,随即滚回了塞外。

(《明史·郭登传》卷173)

○ 北京保卫战后击退瓦剌发动的第六次进攻

北京之战后瓦剌发动的第六次对大明的进攻是在景泰元年(1450)五月。

可能是想报复上次明朝的严厉打击,这次瓦剌发动了不下于60000的兵马南犯。南犯的主要区域有两个:一个是在偏头关南部地区,另一个则在大同与太原之间的腹部地区。

景泰元年(1450)五月乙巳日,数千瓦剌兵分道犯境,进犯偏头关西南的河曲县,"杀虏人畜殆尽";旋又"犯义井屯堡,尽杀其守卒及指挥佥事刘受安"。警报传到北京,景泰帝立即降下敕令,河曲、保德、岢岚、兴岚等地由偏头关官军策应,宁化、静乐、忻州、定襄、太原、清源、交城、文水等地由山西镇官军策应,五台、繁峙、崞县等地则由雁门关官军策应。(《明英宗实录》卷192,《废帝郕戾王附录》第10)

瓦剌军见到山西境内的明朝军事势力有了迅速的增强,便将进攻的重点转向了晋中腹地,当时集结了五六万骑兵,围攻太原北部的代州,射杀百姓,四处剽掠。景泰帝获悉后急命驻扎在代州之北易州的明朝官军迅速增援代州,并令总兵官刘安及各边镇守等官相机战守策应。(《明英宗实录》卷192,《废帝郕戾王附录》第10)

在明朝的积极抗敌、防御下,瓦剌此次进攻几乎又没捞到什么好处。数日后他们开始撤兵,向着宣府方向北行。当走到宣府附近的关子口时,数千名疲惫不堪的瓦剌兵想扎营休息,让他们没想到的是,宣府总兵官、左都督朱谦在获得消息后立即组织人马对其发动了袭击,双方由此展开了激战,最后以瓦剌兵的败北撤退而告终。(《明英宗实录》卷192,《废帝郕戾王附录》第10)

从正统十四年(1449)十二月到景泰元年(1450)五月,在这半年的时间里,瓦剌对大明发动的军事进攻共计有六次,从一开始挟持正统帝到边关要塞去扣关,到后来进行赤裸裸的土匪式打劫与骚扰,也先用足了心思,变化着手腕,就想整垮大明帝国,恢复"大元一统天下",但这一切皆为徒劳。延及景泰元年(1450)春夏之际,眼见数次大举军事进攻没捞到什么大的好处,瓦剌集团内部脱脱不花王和阿剌知院等开始主动与明朝进行暗中议和,也先似乎也意识到形势的变化将会使自己处于极为不利的状态,但赌徒心

态促使他作最后一搏。(《明英宗实录》卷193,《废帝郕戾王附录》第11;《明史·郭登传》卷173)

景泰元年(1450)六月丙戌日,也先率领2000精骑,挟持着明英宗,来到大同城下,随即让人拉开了嗓门喊:"我们是送你们皇帝回来的,赶紧把城门打开!"大同总兵官定襄伯郭登听到喊话后,令人先答应下来,并转告也先:"既然是皇帝回来了,我们可要穿上朝服,在月城正儿八经地迎接他!"与此同时,郭总兵官又马上召集手下将官密计:在月城上暗藏精兵,等正统皇帝一步入城门内,立即放下月城闸门,将瓦剌兵挡在外头。

再说也先在城门外等了好久,一直没见到城门打开,他就很不耐烦地指挥手下人向前走去。就在这时,忽然有人喊道:"好像月城上有伏兵!"也先听到这话,立马窜到明英宗身旁,并迅速地将他裹挟住,然后疯狂地向北逃窜。(《明英宗实录》卷193,《废帝郕戾王附录》第11;《明史·郭登传》卷173)

正因为有着这一回回的深刻教训和六次扰边军事进攻的受挫,也先终于彻底地意识到:景泰朝不是正统朝,大明帝国不好对付!这才有了他真诚"醒悟",主动要求与明朝和解、送回明英宗这档子事(后章将详述)。而从明朝角度来说,以朱祁钰和于谦为核心的景泰集团奉行社稷为重、国防至上的治国理政精神,通过取得北京保卫战胜利和屡次打退瓦剌军事进攻,不仅捍卫了大明的江山社稷,而且还在这期间广开言路,革故鼎新,整军肃纲,中兴大明,稳定了帝国社会秩序。如果说是正统帝及其"父师"王振等将大明推向由盛转衰和空前危机之泥潭的话,那么"挽狂澜于既倒",并将帝国纳入和平、稳定和理性发展之轨道的非景泰君臣莫属!因此说,以朱祁钰和于谦为核心的景泰集团功莫大焉!用明朝后来官方定性的话来说:"戡难保邦,奠安宗社。"(《明宪宗实录》卷147)

其实景泰之大德何止于此,还有其他诸多的层面,其分述如下:

● 明朝转折　景泰大德

◉ "社稷为重,君为次之"　景泰呐喊,时代呼唤

土木之变看似"偶然",但实际上是步入正统时期的大明由盛

转衰过程中各种矛盾与危机的总爆发。而这样的总爆发所带来的直接后果是,帝国统治立即滑到了崩溃的边缘。500000 随驾亲征大军全军覆没,正统皇帝被俘,"天下闻之,惊惧不宁"(【明】李贤:《古穰杂录摘抄》)。大明朝廷面临着宗社倾覆、亡国灭家之危险。朱祁镇"轻屈万乘,亲御六师,临于寨险,被虏遮留,扈从文武群臣、天下将士十丧八九。逆虏乘势,长驱逼临京师,四方震惧,几乎危殆"(《明英宗实录》卷215,《废帝郕戾王附录》第33),"寇至都门,几丧宗(庙)社(稷)"(【清】傅维鳞:《明书·怀献世子记》卷88)。

○ 社稷与君主之间概念关系从清晰到模糊,再从模糊到清晰

就是在这样极端危急的情势下,由朱祁钰和于谦等首先倡导,大明朝廷上下这才达成了共识:"惟知社稷为重"(《明英宗实录》卷181),"当务者惟知有宗社为重而已"(《明英宗实录》卷183,《废帝郕戾王附录》第1)。即说原本天下至尊的大明天子被俘了,但江山社稷还在,虽然它已是岌岌可危,但并没有随之一起立即消失。保卫国家、稳定江山社稷是当下大明帝国上下的头等大事。至此,自明朝开创以来国君与社稷的概念在一定程度上有了"分离"。

"社稷"概念在中国自古就有了,"社"是指土地神,"稷"是指谷神。商周时代的经典著作《尚书》中有语:"先王顾諟天之明命,以承上下神祇,社稷宗庙,罔不祇肃。"(《尚书·商书·太甲上》)这段话的意思是,先王成汤重视上天之明命,敬奉天地神灵,对社稷祖宗之神,没有不庄重严肃敬奉的。(参见顾宝田注译:《尚书译注》,吉林文史出版社,1995年3月第1版,P291~292)。由此看来,那时的人们已将社稷与宗庙相提并论了。被后人称为儒家"亚圣"的战国时代思想家孟子曾说:"民为贵,社稷次之,君为轻。"(《孟子·尽心下》)孟夫子这段话的意思是,民众最为重要,土地神和谷神即国家为其次,国君为轻。(参见金良年:《孟子译注》,上海古籍出版社,1996年12月第1版,P300)这可能是中国传统社会中"民贵君轻"和"社稷为重"思想的最早来源吧。

而自古以来,我国传统社会的王朝更替往往是以一家一姓的兴衰为轴心,尤其是秦以后的传统中国,君主专制主义得以不断强化,人们对社稷的认识往往也就混同于以君主为核心的国家概念,

祭祀社稷之神也就成为以专制君主为核心的国家特别行为。明朝也不例外。

洪武元年（1368）二月壬寅日，在中书省大臣李善长、傅瓛、翰林学士陶安等进《郊社宗庙议》时，洪武君臣就"社稷"之说做了专门的讨论："《周礼·小宗伯》：掌建国之神位，右社稷、左宗庙，社稷之祀，坛而不屋，必受霜露风雨以达天地之气。凡起大事、动大众，必先告于社而后出，其礼可谓重矣！盖古者天子，社以祭五土之祇，稷以祭五谷之神，其制在中门之外、外门之内。导而亲之，与先祖等人非土不立、非谷不食，以其同功均利以养人，故祭社必及稷，所以为天下祈福报功之道也！"（《明太祖实录》卷30）在这里，君主、专制国家与社稷、天下等原本并不等同的概念被洪武君臣给划一了。六天后的洪武元年（1368）二月戊申日，"上（指朱元璋）亲祭大社、大稷"，祭币上写着"有国有人，社稷为重"（《明太祖实录》卷30）。这大概是明朝官史中最早出现"社稷为重"的记载了。那么这儿的"有国有人，社稷为重"到底是什么意思？

"有国有人"中的"国"应该是指大明帝国，而"人"又是指谁？是君主还是臣民呢？或者说在洪武君臣的眼里，君主与臣民之间究竟有着怎么的关系呢？我们不妨来看《明实录》中其他有关这类内容的记载。

洪武十年正月，朱元璋在与中书省大臣谈话时就君民关系这般说道："食禄之家与庶民贵贱有等，趋事执役以奉上者，庶民之事。若贤人君子既贵其身，而复役其家，则君子野人无所分别，非劝士待贤之道。"（《明太祖实录》卷111）

洪武十五年十一月，洪武帝就户部榜谕两浙、江西之民发表这样的"高论"："为吾民者，当知其分，田赋力役出以供上者，乃其分也，能安其分，则保父母妻子，家昌身裕，斯为仁义忠孝之民，刑罚何由而及哉。"（《明太祖实录》卷150）

由上不难看出，在大明开国君主的眼里，君民关系就是主子与奴才的关系，大明帝国的主人或言天下至尊者理所当然就是君主而不是黎民百姓。既然如此，那作为人间之主的大明君主为何还要"屈尊"去祭祀所谓的天神、地神以及社稷神？洪武元年春正月丙子日，朱元璋在开国诏告天下文中就曾这样说道："朕惟中国之君,自宋运既终,天命真人起于沙漠入中国为天下主,传及子孙,百有余年。今运亦终,海内土疆,豪杰分争。朕本淮右庶民,荷上天眷顾祖宗之灵……即皇帝位……奉天承运,庶见人主,奉若天命,言、动皆奉天而行,非敢自专也。"(《明太祖实录》卷29上)

奉天承运、奉天而行,替天行道,非敢自专,原本芸芸众生的一个朱姓男人、现任的大明君主摇身一变,成了天地之间的代言人、神仙之化身。天地神格、人格与君格三位一体,天地、社稷的主祭祀者与专制君主、国家(其代名词就是社稷)被合而为一。明代官书记载说:"(大明)社稷坛在宫城之西南背北向,社(指祭土地神的坛)东、稷(指祭谷神的坛)西,各广五丈,高五尺。四出陛,每陛五级。坛用五色土,色各随其方,上以黄土覆之。坛相去五丈,坛南各栽松树。二坛同一壝,壝方广三十丈,高五尺,甃以砖,四方有门,各广一丈,东饰以青,西饰以白,南饰以赤,北饰以黑。瘗坎在稷坛西南,用砖砌之,广、深各四尺。周围筑墙开四门:南为灵星门三、北戟门五,东、西戟门各三,东、西、北门皆列二十四戟。神厨三间,在墙外西北方,宰牲池在神厨西。社主用石,高五尺,阔二尺,上锐微立于坛上,半在土中,近南北向;稷不用主。"(《明太祖实录》卷24)洪武十年改建"社稷坛于午门之右,其制社稷共为一坛,坛二成,上广五丈,下如上之数,而加三尺,崇五尺四,出陛筑以五色土,色如其方,而覆以黄土。"(《明太祖实录》卷114)。大明皇家的社稷坛是帝国政权的象征,它的档次很高,一般来说,在坛中央竖有一方形石柱,为"社主",又名"江山石",象征帝国江山永固万代。(《明太祖实录》卷24)

明朝开国时这种的天地、社稷与专制君主、国家合而为一的认知概念一直为后来的人们所承袭,直到正统帝朱祁镇继承帝位前后依然是如此。明代官史在说到明英宗之"由来"时这样描述道:"是日(即朱祁镇出生那天),日下五色祥云,见瑞光烛于殿陛……阳德初复长子(指朱祁镇)肇生。"(《明英宗实录》卷1)由此看来这个朱祁镇还不仅是他老爸明宣宗与宫中"美眉"床上运动的"杰作",而更多的是天地神祇呈祥之产物!天下人们听说后"莫不欣忭",且讲"此真吾主也"(《明英宗实录》卷1)。换言之,朱祁镇是大明帝国的"货真价值"的正宗主子啊!如果站在明英宗角度来讲,朕即国家。他不仅是大明整个国家的象征并应该拥有这帝国的一切,而且还是这艘帝国巨轮命运的掌舵者。可这一切随着土木之变的突发而被无情地撕裂了,天子与大明国家即社稷之间的概念有了清晰的分离,也迫使当时朝廷内外在两者之间必须做出孰轻孰重的选择,这就是那时的时代命题"社稷为重"。

○ 从正统到景泰时代的呼唤与理性的选择:社稷为重!

据明代官史所载,正统与景泰交替的非常时期,最早提出"社稷为重"说法的是代理皇帝之职的郕王朱祁钰。正统十四年(1449)八月二十八日,即土木之变爆发后的十余天,镇守大同的广宁伯刘安上奏朝廷说,瓦剌军挟持了正统帝来到大同城下,出于当时的情势与君臣之礼的考虑,大同军将们一一出城去叩见了。朱祁镇发出"最高指示":"也先欲将其妹与我结姻,送我回京,仍正大位";"朕虽虏中,身体无恙。若再遣使臣多赍表里物货前来给赏,可得早回;如来迟,恐深入虏地"。代理皇帝之职的郕王朱祁钰接到刘安的奏报后回复道:"得报,虏围拥一人,称是至尊,尔等俱出朝见,及与银两缎匹赏众。此盖虏寇设计诈诱尔等。尔等无知无谋至于如此,朝廷用尔镇守何为? 中国惟知社稷为重。今后但有此等不分真伪,尔等决不可听信,以误国家。近者虏寇诈诱杨洪三次,洪皆不听。如尔等日后再听诈诱,罪不容诛。慎之,慎之,遂以此意遍谕沿边诸将。"(《明英宗实录》卷181)

从当时的情势来看,只是担负临时监国之责还没有被推到皇帝宝座上的朱祁钰说出"社稷为重"这样的话来,可以称得上是大公无私的。而这样的说法在第二天朝廷百官向孙太后的上请时几乎形成了共鸣,"'国有长君,社稷之福',请定大计,以奠宗社"。随后在劝导郕王即皇帝位的过程中,"救时宰相"于谦再次强调"社稷"意识:"臣等诚忧国家,非为私计。愿殿下弘济艰难,以安宗社,以慰人心。"(《明英宗实录》卷181)

其实景泰朝臣的如此说辞在当时的形势下与"社稷为重"的概念有着相同的含义,只不过后者还隐含了另一层意思,即将已被俘了的先前当政皇帝搁置在一边,以帝国利益作为大明朝廷上下一切取舍之标准。而作为大臣来说,如果直白地说出这样的话来,就不免有无君无父大逆不道之巨大风险,但对于当时受皇兄之命监国的帝国政府实际掌门人郕王朱祁钰来说,这样的风险可要小得多,更何况在后来的数日内他还获得了皇太后的"恩准",正式即了皇帝位(九月初六)。这样一来,"社稷为重"之说在他那里自然而然地成了号召与指挥帝国臣民抗击外辱、保家卫国的一面战旗,也是他开创与稳固景泰朝统治的最大的亮点。

在朱祁钰即位后的二十天左右,镇守宣府的太监赵琮等上奏请示:"瓦剌人时不时地来到宣府城下,说是要将陛下您的皇兄送回来,我们不知道该怎么办?"景泰帝回复道:"尔等为朝廷守边,所当务者惟知有宗社为重而已。虏情难测,设有真情,送驾回京,人马若止五七骑或十数骑,可听其自来,如或大举,必非真情,尔等从长计议,或事袭击,或用固守,务出万全,尔等慎之。"(《明英宗实录》卷183,《废帝郕戾王附录》第1)

一周后的九月三十日在回复庆王朱秩煃的信函中,朱祁钰又这样说道:"镇守等官奏,叔祖与诸王因达贼声息,欲同宫眷搬移凤翔居住。然今达贼正窥伺我中国动静,若一搬移,彼必得计。叔祖当镇静藩屏,以保卫宗社为重,决不可轻迁,专此奉复,惟叔祖亮之。"(《明英宗实录》卷183,《废帝郕戾王附录》第1)

北京保卫战前,为了安抚大明皇家宗室,稳定人心,朱祁钰针对这些特殊人群再次发布相似内容的敕书:"兹者虏寇乘机入关,侵犯京城,危急之秋,尚赖宗室至亲以宗社为重,命将统率精兵,不拘多寡,星驰赴京勤王,以除虏寇,以安国家,期在旬月,毕集仍自镇静,固守藩疆。"(《明英宗实录》卷184,《废帝郕戾王附录》第2)

面对瓦剌南犯京师,决计在北京城下歼灭来犯之敌,朱祁钰亲自祭告昊天上帝、后土皇地祇及七庙、太皇太后、皇考宣宗章皇帝,他再次虔诚地说道:"兹者虏寇猖獗,越山进入居庸关内,布列野外,欲窥京城。已命总兵等官统率大军剿杀,尚祈洪造默相,敷佑将勇兵强,虏寇迎夕瓦解,国家宗社永保康宁,伏惟鉴知!"(《明英宗实录》卷184,《废帝郕戾王附录》第2)

甚至在北京保卫战最为激烈的时刻,景泰帝还没忘记宣传自己指导全国抗战的精神核心宗旨——"社稷为重"。正统十四年(1449)十月十五日,在回复安塞王朱秩炅、真宁王朱秩荧、山阴王朱逊煁、安化王朱秩炵之书中这样说:"比奏边报甚急,欲同宫眷迁居内地。然今达贼正窥伺中国动静,若一搬移,彼必得计。叔祖皆当镇静藩屏,以保卫宗社为重,决不可轻动。"(《明英宗实录》卷184,《废帝郕戾王附录》第2)

一直到改元前夕的正统十四年(1449)十二月初八日,景泰帝在给居庸关及宣府、大同等处诸边将的敕谕中还在不停地强调"社稷为重"的保家卫国宗旨:"自土木师溃之后,也先累言送上皇还京。朕喜以为实,然三遣使赍书及金宝、缯锦往迎,不见送来。十月,也先亲率人马犯京师,至土城外,又言送上皇还。朕念至亲,立遣王复、王荣出迎,虏意遂变,乃知也先欺诈。今闻又以送驾为名,显是欲来窥伺边境。倘彼复来,尔等其念宗社为重,固守城池,拒绝勿纳,毋堕虏计,以误国事;如其送上皇来,有喜宁随行,尔等先诱喜宁入城,即时杀之,枭首示彼,以见拒绝之意;如喜宁不来,必是欺诈,必无上皇,其仍前固守,拒绝勿纳。"(《明英宗实录》卷186,《废帝郕戾王附录》第4)

经过景泰朝近半年的高亢吟唱和反复渲染,"社稷为重"的理念在大明帝国上下终于深入人心,或言成为了那个时代人们的共识。而这样的共识不仅在大明京畿与内地产生了积极的反响,使得当时的人们凝聚在景泰朝廷的周围,同心同德,抗御外辱,保家卫国,而且还在遥远的帝国边陲甚至是塞外都得到了正面的回音。正统十四年(1449)十二月底,在那时大明帝国官吏队伍的花名册中,可能让你踮着脚尖都无法看到他名字的云南五井盐课提举司为事吏目胡仲伦在给朝廷上书中就曾这样说道:"陛下宜念宗社之重,急命大同、宣府守将,固御城池,整肃军伍,昼张旗帜,夜鸣金鼓,伏兵要害,谨守扼塞。虏知我备,不敢轻进,如其计欲送回圣驾,许其自来,阳遣无器甲之士远接,使虏无疑;密敕总兵官杨洪,率兵伏其归路,石亨选兵,伏于险僻,俟驾至关,坚闭勿放虏复逃归,我即发兵邀其主帅,则战无不胜,而圣驾可还矣。"(《明英宗实录》卷186,《废帝郕戾王附录》第4)

最令人欣喜的是,被掳到塞北当俘虏的明英宗于正统十四年(1449)即将过去的前两天即十二月二十九日在给朝廷的书信中,也认同了"社稷为重"的说法。"是日,上皇(指被俘的正统帝)在虏营,令袁彬写书,遣人赍回,与皇帝(指景泰帝)并文武群臣:'以祖宗、社稷为重,用心操练军马,谨守城池,不必顾虑。朕身自有归日也。'"(《明英宗实录》卷186,《废帝郕戾王附录》第4)

○ 被人长期忽视的景泰朝廷提出"社稷为重"口号的深刻影响

连被搁置一边的俘虏皇帝明英宗自己也说出了上述这番话来(姑且暂时不去探讨他是否有作秀的成分),由此我们可以看出,当时景泰朝廷打出"社稷为重"这样的旗号有着何等重大的影响力和说服力。具体说来其至少有三个方面:

第一,奉行"社稷为重"的理念就意味着在君主与国家之间孰轻孰重问题上必须得做出选择,那就是在中国流传了上千年的传统儒家信条:"社稷为重,君为次之。"土木之变突发,正统帝被俘了,大明上下可不能在一棵树上吊死,必须得以帝国利益为根本,保家卫国。对于瓦剌挟持着明英宗四处扣关,引诱边将出去朝见,景泰朝廷遍谕北疆沿边诸将:"中国唯知社稷为重",倘若有将领不遵此诫谕,"罪不容诛"(《明英宗实录》卷181)。正因为有着这样理性的最高指示,大明北疆边将们才敢拒绝也先之诱惑,固守城池,进而一次次地挫败瓦剌军挟持明英宗诱占边城的阴谋,使得也先手中的"奇货"变成了"空质",最终也为明英宗的南还赢得了无法估量的砝码。

第二,确立"社稷为重,君为次之"的救国指导思想,在皇帝被俘、北虏步步进逼的情势下,大明重新立了一个君主。原来高居云端的"九五之尊"并不那么神圣,专制君主不仅让人从神坛上揪了下来,而且还被"搁置"在塞外。由此自大明开国起就不断强化的绝对君主专制主义统治被打开了缺口,人们的言行思想较前有了一定的自由,甚至一时出现了臧否皇帝的言论。

正统十四年(1449)十二月戊午日,顺天府昌平县儒学增广生员(所谓增广生员从严格意义上来讲还不是正式招收计划内的学生,而是属于计划外的自费生或言议价生,笔者注)马孝祖上言四事,其中讲道:"往者太上皇帝,凡内外所奏不共大臣商榷,第与一二近幸批断,其中谬误,宁保必无。伏乞陛下鉴上皇之误,凡有章奏,大者召诸大臣面议可否;细者令该司遵例而行,不可责付近幸轻自批断。"(《明英

宗实录》卷186,《废帝郕戾王附录》第4)

就在马孝祖上言的第二天,吏部听选知县黎近在上书朝廷时也直截了当地批评起正统帝的失误:"臣闻自昔圣帝明王必有盛德,元老大臣相与坐论道德,开陈义利,以臻至治。近年上皇虽有经筵之设,不过稽颡一讲辄退。讲者不能尽其余辞,听者不能悉其蕴奥,以故先王政教有所未举,祖宗成宪有所未修,天下利害有所未闻,及北伐罔功天步少艰论者,始咎太监王振专权误国,则已无及矣。"(《明英宗实录》卷186,《废帝郕戾王附录》第4)

与上述较为温和的批评形成鲜明对比的是,下列两人的上书直言就要来得激烈多了:

正统十四年(1449)十二月二十六日,云南五井盐课提举司为事吏目胡仲伦上言二事,其中讲道:"曩者上皇在位,王振专权,忠谏者死于非命,鲠直者谪为边军,君子因廉而见斥,小人以贪而骤升,凡有章奏,悉出内批,不知果上皇亲批欤?抑奸臣擅权欤?遂使诸司政治黑白,倒置邪正,杂揉天变警于上,人心怨于下。闽浙之寇方殷,胡虏之衅大作,辱我君父,杀害赤子,痛切骨髓,深可悲伤。夫朝廷元气也,天下肢体也。元气盛则肢体壮而百邪不能害;元气衰则肢体弱,风薄则不仁,湿侵则为肿。今元气之虚久矣,邪气之入深矣,非忧四肢疮癣不痊,其痈疽已发于背,非得良医未易愈也。"(《明英宗实录》卷186,《废帝郕戾王附录》第4)

景泰元年(1450)六月庚子日,肃府仪卫司余丁聊让上言五事,其一开始就全盘否定了正统朝的治政:"近年以来,土木屡兴,异端并起,太监、番僧进贡络绎于道途,污吏贪官残虐纵横于郡邑,相臣不正其非,御史不劾其罪,遂至上下蒙蔽,民生凋瘵,胡虏侵犯边疆,上皇躬罹不测。"(《明英宗实录》卷193,《废帝郕戾王附录》第11)

原本明英宗专制统治下的帝国是一团漆黑,哪有什么正统的"真主"及其帝位神圣不可侵犯。而景泰朝廷对于余丁聊让的"狂言"上奏不仅全部接受了下来,而且还"诏……议而行之"(《明英宗实录》卷193,《废帝郕戾王附录》第11)。暂且不论景泰帝这样做的真实动机究竟是什么,但不可否认的一个客观事实是,新皇帝推行如此之举最终将一个几乎要被窒息了的且即将倾覆的大明帝国给拯救了,由此也开启了有着相对宽松空间的明朝中后期"新时代"。

第三，景泰朝廷确立"社稷为重"的救国指导思想，广开言路，号召人们：只要是利国利民的和能拯救大明的，任何人都应该直言无隐，都要向上积极进言，群策群力，保家卫国。这或许正是明朝中后期天下忧患意识的最早萌芽吧！

● 广开言路，力倡直言无隐；国家兴亡，人人有责

明朝自朱元璋开国起就将帝国人民划分了好多种类："凡户三等：曰民，曰军，曰匠。民有儒，有医，有阴阳。军有校尉，有力士、弓、铺兵。匠有厨役、裁缝、马船之类。濒海有盐灶。寺有僧，观有道士。毕以其业著籍。"(《明史·食货一·户口 田制》卷77)不同种类之人各自从事不同的职业，而保家卫国、抵御外敌的重任就由"军"来担当了。但土木之变突发，数十万随驾队伍全军覆没，原本以为是帝国政府的护身符和保家卫国的顶梁柱，现在看来是靠不住了，面对虎视眈眈的瓦剌军即将大举南犯和步步进逼京师之危急情势，受命监国的郕王朱祁钰站在"社稷为重"的高度发出了广开言路的号召，要求社会各阶层积极参政议政，群策群力，共赴国难，保家卫国，拯救大明。

○ 景泰帝向臣下发出"直言无隐"的号召，且不断地扩大言路范围

土木事件发生后没几天，朱祁钰就令谕朝廷文武群臣："国家为政，莫急于听言用人；人臣为国，莫先于输忠荐士。尔等国之股肱耳目，凡有治国安民，除邪辅正，御灾捍患，备贼方略，并许直言无隐，毋徒事虚文。古人有言：'忠厚者举老成之人，正直者举廉能之士。'凡有智勇廉能屈在下僚不得展布其素蕴者，并许举荐擢用，毋曲为亲故。《书》曰：'举能其官，惟尔之能，称匪其人，惟尔不任。'敬哉！"(《明英宗实录》卷181)

从上述这项令谕的内容来看，朱祁钰要求大臣们直言无隐的范围是治国安民、除邪辅正、御灾捍患与备贼方略，应该说这位即将登临大位的准皇帝一开始就将言路拓得比较宽。但由于明朝立国起就实行极端君主专制主义，一旦臣下有一言不合皇帝的口味，

轻者受罚被施予廷杖，饱受皮肉之苦；重者受罚则为降职、罢官、充军，甚至丢命。

正统帝上台后在"父师"大珰王振的"指点"下，完全承袭了祖宗的专制独裁衣钵，滥施淫威，大搞顺之者昌逆之者亡，终使正统朝犬儒盛行，言路堵塞，其所产生的后果十分可怕。刚愎自用且为所欲为的正统帝在远征瓦剌的过程中，不仅御驾亲征队伍全军覆没，而且连他本人也当了敌人的俘虏。而留守在北京的朝廷大臣们，除了于谦等少数几人就军事防御及其相关问题不断上言进谏外，大多还是唯唯诺诺，尤其不敢切诊时弊，上言直谏。所以尽管朱祁钰一上来就高调宣布，广开言路，但半个月过去了，朝廷上下进言直谏者却屈指可数。为了拯救岌岌可危的大明帝国，景泰帝朱祁钰不得不调整策略，对上言进谏的人群范围做了扩大，想以此来广开言路。

正统十四年(1449)九月初六日，在即皇帝位诏书32条"合行事宜"中景泰帝专列了这样一条："朝廷及军民中，事有未宜及利有当兴、害有当除者，许诸人直言无隐！"该诏书结尾语为"于戏，惟敬仁诚，可以安宗社，惟恭俭勤，可以惠万民，尚赖宗室、叔祖、叔父协心藩屏，爰暨中外文武贤臣同德匡辅，弘济重大之艰，永隆雍熙之治，布告天下，咸使闻知。"(《明英宗实录》卷183，《废帝郕戾王附录》第1)

原来只要求文武群臣踊跃进谏，现在在"布告天下咸使闻知"的诏书里，新天子"许诸人直言无隐"，由此看来，景泰帝将上言进谏的人群从最初的朝廷范围一下子扩大到了帝国社会的各个阶层，像这样在全国范围内和社会各阶层中广开言路或言力倡直言进谏的，在大明历史上还真不多见，这在客观上也为自开国始就建立起来的几乎是铁桶一般的大明君主专制主义政治、文化、思想城堡打开了内外通道，那时的人们再也不必有那么多的禁忌，对于"朝廷及军民中，事有未宜及利有当兴、害有当除者"，大家都可以大胆地上言直谏。于是大明帝国上下出现了一股几乎是空前绝后的"参政议政"之热潮。

景泰诏书下达后的第四天，即正统十四年(1449)九月丙戌日，大明宗室赵王朱瞻塙上奏，请求朝廷允准他"领军舍死捕贼迎回"太上皇正统帝(《明英宗实录》卷183，《废帝郕戾王附录》第1)；法司部门上请,要求凌迟处死王振奸党骨干分子郭敬;山西按察司佥事黄文政上奏,乞敕督促指挥石彪、都指挥孔旺等率领精骑在雁门关等地截杀瓦剌将士;镇守山西的都督孙安向朝廷推荐,乞将龙门卫充军进士张鉴"量加擢用";紫荆关镇守官上奏,请求增调官军和武器(《明英宗实录》卷183,《废帝郕戾王附录》第1)。

第六天即九月戊子日,吏部听选知县单宇上言直谏,请求革除太监监军制度。同日,国子监生姚显上书朝廷,公然指斥正统朝崇佛之祸,他说:"朝廷修大隆兴寺,侈极壮丽,京师谣曰:'竭民之膏,劳民之髓,不得遮风,不得避雨。'又将崇国寺杨禅师尊为上师,仪从同于王者,坐食膏梁(粱)之美,身披锦绣之华,视君上如弟子,轻公侯如行童。自此之后,天灾屡见,胡虏犯边。太上皇帝被留贼庭,国师、僧众谈笑自若,臣愿陛下令,上师同僧人仗佛威力,前往贼庭,化谕也先送驾还京,庶可见佛护国之力,以彰尊崇之效;不然则佛不足敬信,明矣,今后再不许崇尚佛教,实万代之法也。"(《明英宗实录》卷183,《废帝郕戾王附录》第1)

第七天即九月己丑日,刑科三覆奏:"请决奸党彭德清。"

第八天即九月庚寅日,浙江道监察御史李宾上言景泰帝,对大明军界高级军事将领的腐败堕落与欺罔行为作了深刻的揭露,最后他恳请朝廷:"今后凡总兵等官奏报边情重务,乞行巡按御史及按察司核实以闻。敢有仍前欺罔作毙(弊)者,治以重罪。"同日,巡按山东的监察御史刘孜奏劾提督辽东军务左都御史王翱、都督佥事刘端失职;交阯归顺土官百户陈复宗上言,说自己愿领象军北征瓦剌;都察院办事吏郑名上奏举报,负责北疆军事监察的右都御史俞士悦有违规之举。(《明英宗实录》卷183,《废帝郕戾王附录》第1)

正统十四年(1449)九月辛丑日,十三道监察御史秦颙等就集思广益与加强廷议、放权边将与强化京卫、严格号令与重振军威、辨别忠奸与振作士风、弘开言路与务求实效等五个层面上书建言;三日后的九月甲辰日,南京都察院右副都御史张纯分别从迎复圣驾、开广言路、分兵耀武、考察文官、激劝武职、禁革仓毙、弭除盗贼、拔擢旧臣、选任风宪、旁求豪杰、增禄养廉、斟酌漕运、练将训兵等十三个方面,对当时的大明帝国诸多弊政提出了相当中肯的改革意见。(《明英宗实录》卷183,《废帝郕戾王附录》第1)

正统十四年（1449）十月庚戌日，即北京保卫战前十余天，国子监生练纲就帝国御敌与和议、当朝皇帝与太上皇之间的关系处理等方面的问题，发表了个人建议。景泰帝接奏后"深纳之"。(《明英宗实录》卷184，《废帝郕戾王附录》第2)

正统十四年十月壬戌日，即北京保卫战开战当日，负责管理皇家图章一类事务的文官尚宝司丞夏瑄上奏建言杀敌。(《明英宗实录》卷184，《废帝郕戾王附录》第2)

正统十四年十一月庚辰日，翰林院侍讲吴节上千余字言；戊子日，太子太保兼吏部尚书王直进言；己丑，户部尚书兼翰林院学士陈循等上言；同日，太子太保兼户部尚书金濂就财用问题上书直言……(《明英宗实录》卷185，《废帝郕戾王附录》第3)

○ 景泰帝上台之初广开言路，实际上意味着明初立国起就实行的思想文化专制主义至此开始有着一定程度上的解禁

以上我们截取了景泰改元前数月间的主要上言进谏画面，从中我们不难发现：

第一，在景泰帝一再号召人们大胆建言之初，大明朝廷大臣除了于谦、石亨、杨洪、郭登和罗通等高级领导就军事防御和守卫等问题不断进谏外（参见前述内容），大多还是"庸庸保位，缄默不言"(《明英宗实录》卷183，《废帝郕戾王附录》第1)。

第二，景泰朝言路大开大致要到正统十四年（1449）九月中旬时才开始，如上文中说到的九月丙戌日这一天内，景泰朝廷就接到了五份有分量的上言奏疏。这时距离土木之变数十万大明随驾队伍全军覆没已过去了1个月，由此可见正统朝极权专制主义的负面影响有多深！

第三，景泰朝言路大开远及边关，深至社会中下层，甚至是先前帝国政府不允许其对国家政事发表评论的社会群体。前者如上文提到的正统十四年（1449）十二月二十六日，云南五井盐课提举司有个叫胡仲伦的为事吏目上书言事就是一个很好的例证；后者如正统十四年十二月乙卯日，顺天府箭匠周四童上言改进作战武器；戊午日，顺天府昌平县儒学增广生员马孝祖上书，直接对当朝天子朱祁钰犯颜直谏，提出了养圣心、隆大臣、戒游食、恤臣下等多

条建言。"(《明英宗实录》卷186,《废帝郕戾王附录》第4)而这样的情况在别的皇帝当政时却是很少有的。由此可以看出,景泰朝广开言路并非仅仅口头秀秀,而是的的确确地落实下去了。

与之相随,朱祁钰还接受臣下的建议,奖励帝国各界人们抗敌、杀敌。如在他监国时就"令谕兵部榜示军民职官及诸色人等"杀敌赏令,对杀敌人数与奖赏标准做了明确的规定(《明英宗实录》卷181),且说话算数,不管你是谁,一旦有杀敌之功上报上来,朝廷随即就兑现诺言,按功行赏。如正统十四年(1449)冬十月二十日,有人上报说,小军官子弟叶思实和6个老百姓在北京城外杀了几个瓦剌兵。景泰帝立即令人给他们予以了赏银。(《明英宗实录》卷184,《废帝郕戾王附录》第2)

还有一些底层人不直接杀敌,但他们积极支持抗战,保卫国家,景泰朝廷也给予了一定的奖励。曾经有个户部官上报说,月粮本来就很少的宫中伙夫群体中有人自愿报效守城。朱祁钰听说后立即命令,给"月粮三斗"。正统十四年(1449)十月二十日,"在京在外锦衣卫等衙门,文武官员军民李效良等各进驼马,以备战陈之用"。景泰帝下令:"赐钞并彩币表里有差。"(《明英宗实录》卷184,《废帝郕戾王附录》第2)

原本太祖皇帝规定只能"趋事执役以奉上"(《明太祖实录》卷111)的庶民、草民和底层下人,现在也在景泰朝廷的号召和鼓励下直接管起了社稷安危之事,"肉食者谋之"事开始广为社会中下层人们所普遍关注,帝国上下自此以后逐渐形成了以"社稷为重"和心系天下安危的强烈社会忧患意识。而这样的结果在客观上恰恰是对明初立国起就开始实行的政治、思想、文化等诸多层面的极端专制主义起到了一定程度上的解禁作用。景泰帝的这种无意识开禁在以后的岁月中深深地影响了帝国社会人们的思想和行为,明朝中后期相对宽松和自由的空间氛围与帝国社会草野臧否国事之风气大致也是自此而始逐渐积聚而形成的。

○ 明朝中后期帝国社会盛行的天下情怀意识的最初萌发应该归功于景泰广开言路?!

有个典型的事例很能说明问题——明朝中期开始儒士、生员等中下层知识分子对国家的忧患与政事的评判之大胆表达在相当程度上就要归功于景泰朝的广开言路。

洪武开国起，大明君主就强化了对学校学生（当时称为生员）等中下层知识分子的专制管理和控制。洪武十五年八月，朱元璋"颁《学校禁例十二条》于天下，镌立卧碑，置明伦堂之左。其不遵者，以违制论"（参见《明太祖实录》卷147）。该《禁例》不准生员参与国家政治，议论朝政得失。如第三条明文规定："一切军民利病，农工商贾皆可言之，唯生员不许建言。"（【明】王圻：《续文献通考·学校考》）《大明会典》则记载得更为详细："军民一切利病，并不许生员建言。果有一切军民利病之事，许当该有司、在野贤才、有志壮士、质朴农夫、商贾技艺，皆可言之，诸人毋得阻当。惟生员不许！"（万历版《大明会典·礼部·儒学》卷78）

永乐二年（1404）七月，江西饶州鄱阳有个书生叫朱季友，可能是在乡下教书教久了，他对大明朝政治似乎没有充分的认识，更没有琢磨当今的政治风标的变向，而是一头扎进自己的书堆。经过潜心研究，自我感觉良好的朱季友发现了最大的秘密：原来孔子所作的儒学典籍讹误甚多，没法用它来教化人，于是他上书给永乐帝朱棣，"专斥濂洛关闽之说，肆其丑诋"。朱棣读完朱学究的上书后勃然大怒："愚民若不治之，将邪说有误后学，即遣行人押还乡里，会布政司、按察司及府、县官，杖之一百，就其家搜检所著文字，悉毁之，仍不许称儒教学。"（《明太宗实录》卷33；【明】杨士奇：《三朝圣谕录》）

再看看正统十四年（1449）年底即朱祁钰即将改元的前夕，顺天府昌平县儒学增广生员马孝祖在响应景泰皇帝广开言路的号召时是怎么上书言事的，他说：

第一，养圣心。"盖陛下一心乃天下之本，本正则天下靡不正矣。然君心之正，实有赖于左右前后人之伏望陛下于退朝之余，召三五大臣讲论便殿，求二帝三王所以治天下之道，太祖、太宗所以得天下之难，何为而天下可安，何为而天灾可弭，何为而边鄙可宁，何者为利所当兴，何者为弊所当革，务极讨论之详而审至当之归慎，勿役于耳目之好，以为一心之害；至于所用内臣，尤宜择谨厚者以备使令，不可用轻浮逢迎之途，以荡圣心；若先儒所谓接贤士大夫之时多，亲宦官宫妾之时少，则自然德性涵养而气质变化矣。"

《明英宗实录》卷186,《废帝郕戾王附录》第4)

第二,隆大臣。"盖大臣,君之股肱而任用不可不专也。往者太上皇帝,凡内外所奏不共大臣商榷,第与一二近幸批断,其中谬误,宁保必无。伏乞陛下鉴上皇之误,凡有章奏,大者召诸大臣面议可否;细者令该司遵例而行,不可责付近幸轻自批断。"(《明英宗实录》卷186,《废帝郕戾王附录》第4)

第三,戒游食。"今天下僧徒动数十万。耕者少而食者多,欲保无饥,不可得矣。乞敕风宪官及各提调官,拣选在寺僧人有能精严戒律妙悟禅机及疾废年五十以上者,照额留寺,余悉勒令还俗。"(《明英宗实录》卷186,《废帝郕戾王附录》第4)

第四,恤臣下。"天下内外文臣中间委身尽职三四十年者有之,一旦老疾致政,家赀贫窘,又无子孙赡养,遂致饥寒不免,深为可矜。乞敕今后致政官员,或照见任优免差徭,或照品级量给食米。"(《明英宗实录》卷186,《废帝郕戾王附录》第4)

从上述"议价生"马孝祖上奏的四条意见来看,后面两条没什么新意和令人惊诧的,但前两条尤其是第一条在那时可谓是惊世骇俗的,什么"盖陛下一心乃天下之本,本正则天下靡不正矣",什么"勿役于耳目之好,以为一心之害;至于所用内臣,尤宜择谨厚者以备使令,不可用轻浮逢迎之途,以荡圣心",这种指桑骂槐的话到底是什么意思呢?依照马孝祖行文的语义、语境来看,似乎是在说刚刚上台正在拯救危难中大明的景泰帝是个不一心、不正本、好声色犬马和没什么德性涵养之人?这样的上书进谏要是逢上明太祖或明成祖,这个叫马孝祖的生员恐怕早就被杀头或充军了。即使是在景泰帝的哥哥明英宗当政时,与此相类的上言进谏也没什么好结果。正统八年(1443)六月,翰林院侍讲刘球就当时朝政实际提出了"勤圣学以正心德"、"亲政务以总权纲"和"任贤德以重大臣"等十个方面的意见,语气要比马孝祖缓和得多,但刘侍讲最后却被"碎其尸,弃之"(《明英宗实录》卷105)。

可到了景泰时代,像马孝祖那样"带了刺儿"的上言进谏不仅被送了上去,而且还让景泰皇帝用心地考虑了一番,随后再命令老臣礼部尚书胡濙组织官员廷议,看看是否有建议切实可行的。

(《明英宗实录》卷186,《废帝郕戾王附录》第4)

正因为景泰朝有着这样的言论开放和面临着严峻的国危情势,思想相对自由、心系国家与天下安危的忧患意识才开始在帝国社会各阶层中扎下了根,并拥有了广泛的社会基础和深远的历史影响。

在景泰之后不久,一批与官史记载有着较大不同的有关明朝前期历史之著作、笔记如雨后春笋般地涌现了出来,如李贤的《古穰杂录》、徐祯卿的《翦胜野闻》、陆容的《菽园杂记》、佚名的《建文皇帝遗迹》,等等。在这类书籍中,原本官史里一个个正襟危坐、高高在上的明朝前期列帝都从圣坛上走了下来,开始步入凡夫俗子的行列。

与之相随,"清议"骤起,评判政事和臧否国事逐渐成为了时尚。据笔者统计,明朝景泰以前80年中有关"清议"字样的记载在官史中只出现了三四处,景泰年间一下子就有8处记载,成化24年间有15处记载(详见笔者即将出版的《大明帝国》系列之《成化帝卷》)。

成化、弘治之后诞生的王阳明心学强调"心即是理",追求"致良知",认为朱熹等大儒的大道是正确的,但其次序和方法是错误的。就实际而言,这在相当程度上是对明朝开国起官方一直崇尚的程朱理学之否定。极端专制主义皇权在大明帝国嬗变中衰落,有着思想与言行更多自由空间的人们所关注的不仅仅是天子皇家事,更多的是天下之事。

延及万历时代,东林书院的师生们在书院里贴上了这样的对联:"风声雨声读书声声声入耳,国事家事天下事事事关心。"而这样的忧国忧民的天下情怀又在一定程度上影响了明末启蒙思想的诞生。

明末大思想家黄宗羲对君主专制主义展开了猛烈的抨击,他说:"今也以君为主,天下为客,凡天下之无地而得安宁者,为君也。是以其未得之也,屠(荼)毒天下之肝脑,离散天下之子女,以博我一人之产业,曾不惨然!曰'我固为子孙创业也'。其既得之也,敲剥天下之骨髓,离散天下之子女,以奉我一人之淫乐,视为当然,曰'此我产业之花息也'。然则为天下之大害者,君而已矣。"(【明】黄宗羲:《明夷待访录·原君》)

另一位启蒙思想家顾炎武则从亡国家与亡天下之辨来阐述忧

国忧民的天下情怀意识。他说:"有亡国,有亡天下,亡国与亡天下奚辨?曰:易姓改号谓之亡国。仁义充塞,而至于率兽食人,人将相食,谓之亡天下。"由此他推演道:"保国者,其君其臣,肉食者谋之;保天下者,匹夫之贱与有责焉耳矣!"(【明】顾炎武:《日知录》卷13)这就是后世人们熟悉的"国家兴亡,匹夫有责"的最早由来。

至此我们再回头来看看景泰帝在发布诏告天下诏书中的那句:"朝廷及军民中,事有未宜及利有当兴、害有当除者,许诸人直言无隐!"《明史》曾说"景帝嗣位,惩王振蒙蔽,大辟言路,吏民皆得上书言事"(《明史·聊让传》卷164)。谁能说景泰帝对大明国家无功?我们换个角度来说,这或许正是明朝中后期"国家兴亡,匹夫有责"的天下情怀意识的最早萌芽吧!

● 顺应时势,大兴募兵,组建团营,提高战斗力,揭开明代军事改革序幕

其实景泰帝在确立"社稷为重"的救国指导思想,号召人们直言无隐,群策群力,拯救大明的过程中还曾做过一大功德之事,那就是对帝国军事实行改革,大兴募兵制、始创团营制,揭开明代军事改革序幕。

前章已述,正统时期,大明承平日久,吏治腐败,屯田被坏,军政废弛,逃军盛行,这不仅使得大明军中士气和战斗力日益下降,而且军队人数也大为锐减。时人记载:"为将帅者,平日贪淫败度,贪财卖军,互相交通,汇缘党比,战斗之事不习,兵戎之政不修。将帅互为仇仇,上下自相矛盾。"(【明】于谦:《于忠肃公集》卷3)正统十四年(1449)土木之变发生之前,官军额定人数应为3258173名,而实际人数却只有1624509名,缺额为1633664名。(【明】叶盛:《水东日记·府卫官旗军人数》卷22)

名义上320多万大明军队实际上却只有160多万人,其缺额率超过50%,这里边还包括大量的老弱病残者。由此说来,正统末年的大明帝国简直就是一个烂摊子。而明英宗朱祁镇亲征瓦剌时又抽调了50万的精锐,且在土木之役中全军覆没,连皇帝本人也当了瓦剌人的俘虏,这不仅给当时的大明帝国上下带来了奇耻

大辱和迫在眉睫的国破家亡之危险，而且也给留守的朝廷政府猛烈地敲响了警钟：大明出大问题了，尤其是那积弊已久的帝国军事防卫力量——军队必须得改革！正是在这样的背景之下，一种相对合理的军事兵役制度——募兵制开始正式走上历史舞台的中央，并在以后的岁月里逐渐取代军户世兵制的地位和作用，成为帝国最为重要的集兵方式。

○ 景泰帝顺应时势大兴募兵制

如果从明朝历史渊源的角度来讲，有明一代募兵制最早可能萌芽于宣德末年。宣德九年（1434）十月，明宣宗朱瞻基"榜谕边境，有愿奋勇效力剿贼立功者，许赴官自陈"（【明】王圻《续文献通考》卷122）。这道谕令的关键点就在于，招军是以自愿为前提的，而不是"军民以籍为定"，因此有人将此视为明代募兵制的开启。不过在笔者看来，这只能视为明代募兵制的萌芽，理由是：第一，史料记载就只有这一条；第二，这条史料记载有着相当的模糊性，就这些所谓自愿来投军的，他们是算军还是算兵呢？要知道明代募兵是称兵的，而不是称军。（参见陈高华、钱海皓总主编《中国军事制度史》，王晓卫主编《兵役制度卷》，大象出版社，1997年8月第1版，P292～316）因此，我们毋宁将宣德末年的这次招军视为明代募兵制的最早萌芽更为妥当。

明代正式开启募兵制应该是在正统皇帝即位之后。《明史》说："正统二年（1437），始募所在军余、民壮愿自效者，陕西得四千二百人。"（《明史·兵三·边防、海防》卷91）但《明实录》则讲得似乎更早些，据"正统二年六月壬戌"条所载："镇守陕西都督同知郑铭募军余、民壮愿自效者，四千二百人，分隶操练，人给布二匹，月粮四斗。时有榜例令召募故也。"（《明英宗实录》卷31）

"时有榜例令召募故也"这话是讲，在正统二年（1437）六月镇守陕西都督同知郑铭在招募到4200名军余、民壮愿自效者之前，朝廷张榜告示要募兵已有一段时间了。但在随后的《明实录》中有关募兵的记载却并不多。

"正统十三年三月乙巳"条载："命陕西西安府所属州县募到善射壮丁，随军操练，人给绵布二匹，月支口粮四斗，仍优免其杂泛徭

役。"(《明英宗实录》卷164)

"正统十四年八月己酉"条载:"(土木之变前夕,正统帝)命广宁伯刘安充总兵官、都督金事郭登充参将镇守大同,降失机参将石亨为事官,俾募兵自效。"(《明英宗实录》卷181)

目前为止,笔者所能见到的正统朝募兵史料也就这几条。由此看来,正统时期的募兵制可能还处于初级阶段。明代大规模的募兵应始于景泰时期。景泰帝正式即皇帝位的前一日,即正统十四年(1449)九月壬午日,都察院右都御史俞士悦等上言:"浙江、福建、湖广、广东等处贼徒生发,巡按御史调度军马,供运粮饷,事务惯熟,人情周知。河南、山西、山东等处即令召募士卒,抚安军民,亦系巡按御史在彼行事。若差官代之,始末不知,宜令二年更代,事平之日仍旧。又,各处巡按御史承行公事,因惧利害,多不完结,候满脱身,互相仿效。今后御史差出巡按,所理公事,务令完结,方许更代,如此则公事易完而刑狱不滞矣。"景泰帝当即接受了俞士悦的建议。(《明英宗实录》卷182)

20天后的正统十四年(1449)九月甲辰日,也就是北京保卫战开始前的半个月,景泰帝朱祁钰正式任"命监察御史白圭、李宾、夏裕以,侍讲徐珵,编修杨鼎,检讨王玉,郎中谢佑、陈金,主事王伟、姚龙,给事中金达、王庚,知州陈诚、汪庭训、苏璟俱行监察御史事,往直隶、山东、山西、河南各府县,招募民壮,就彼卫所量选官旗,兼同操练,听调策应。有功之日,照例升赏,事定之后仍归为民。应受职者,听从冠带闲住"(《明英宗实录》卷183,《废帝郕戾王附录》第1)。

从这道敕令来看,景泰帝一口气任命了15个朝廷官外出,前往中原地区去募兵,而这样规模性的募兵在明朝开国后的历史上还从来没有过。那么募到兵了没有?大约在朱祁钰发出募兵敕令后的10来天,即正统十四年(1449)十月初六日,兵部上奏:"招募得官舍旗校有勇力者四百余名,其上等者依例给冠带、银两、器械,又有一百三十余名愿自备鞍马效力,宜仍送武清伯石亨处试验。"景泰皇帝诏令:"不必试验,俱与冠带,俟杀贼有功授职。"(《明英宗实录》卷184,《废帝郕戾王附录》第2)

兵部官在上奏中说招募到400多名"官舍旗校有勇力者",而"官舍旗校有勇力者"本来就属于军伍系统,而不是景泰帝诏书中所指的"民壮",倒是兵部上奏中提到的"愿自备鞍马效力"者与"民壮"有着很大的相似。问题是,就算这130余名"愿自备鞍马效力"是"民壮",但若你想一想,皇帝老爷兴师动众地派专人出去募兵,忙乎了10来天就募到130多人,这似乎太说不过去了吧!问题的症结在哪儿呢?大约又10来天后也就是北京保卫战发生的当天,有个叫程信的吏科给事中就巩固北京城防、加强京师安全等问题上言给景泰帝,其中谈到朝廷募兵之事。他说:"京城召募勇敢,固有乐于向用者,亦有不愿应募者,盖其意谓有功则受官赏于今日,无功则难免军于后日。怀此疑惧,隐匿者多。乞敕该部榜谕军民、官舍、匠役人等,但有勇敢应募奋力出奇有功者,不次升擢;无功者,事毕听回。如此,则人疑释而勇敢至矣!"(《明英宗实录》卷184,《废帝郕戾王附录》第2)

程信的这段话点到了景泰朝廷紧急招募民壮,社会对此反应冷淡的症结所在,就是老百姓怕现在去参军了,上战场没立什么功不说,最大的后患就是日后将会世世代代永为军户。所以他恳请景泰帝敕令兵部,榜谕军民、官舍、匠役人等,明确告诉大家:只要你来报名参军,勇敢杀敌,立有军功的,朝廷将会按不寻常的套路擢升你为官;倘若你没立什么军功,等国家太平了,放你回去继续为民。只有这样号令明确了,老百姓才会踊跃来参军当兵。

可能是由于当时处于战时状态事务繁多的缘故吧,景泰帝对于程信的谏言似乎并没有立即采纳。这样一来,募兵活动在地方上的反应依然如故。北京保卫战开战后数日,兵部官在给景泰皇帝的上奏中这样说道:"先次起调河南等都司及江北直隶守城运粮官军并所募义勇、民壮未到者,多恐在中途闻风退散,宜遣人催促前来,水路于天津、德州、东昌三处,陆路于大宁都司、河间卫二处,暂委官管领,支给口粮,操练听调。"(《明英宗实录》卷184,《废帝郕戾王附录》第2)

兵部官员的这段奏言似乎说得很委婉,调拨的外省军队和运粮军及招募的民壮很可能是因为途中遇到了大风而退散,皇帝陛下应该派人去催促,并在天津、德州、东昌和大宁都司、河间卫等水陆要冲委官接站、管领,支给口粮,操练听调。

从上述这段兵部官的工作请示中,我们大致可以看出,当时朝廷募兵遭受冷遇的局面还是没有改变。而这样的局面迫使景泰帝随后正式做出许诺和规定。正统十四年（1449）十二月初，在尊上圣皇太后、皇太后及册立皇后、贵妃昭告天下的诏书中，明代宗朱祁钰专列一款："各处民壮起程赴京者，就令该管官司管领，在于本处操练，暂自守御，以俟有警，调赴京师策应。所司谕以事定仍旧宁家为民，切勿疑有编入军伍之意，庶民知所信从。"（《明英宗实录》卷186，《废帝郕戾王附录》第4）

景泰帝的这段最高指示至少具有三个层面的意义：

第一，进一步明确朝廷募兵是以民壮为主体，民壮通常是指维持地方社会治安而组织起来的民兵，因此招募这类人有个最大的好处，就是一旦召来了就能迅速致用。

第二，朝廷募兵不限于某一地区，而是带有普遍意义。这从景泰帝的诏书中"各处民壮""所司谕⋯⋯"和"庶民知所信从"等字样中可以看出。由此说来，以社稷为重的景泰帝在上台之初就将募兵制做了全面的推开。

第三，大明帝国首次以最高当局者的名义，明确规定："事定仍旧宁家为民"，这就告诉全国人民，我们招募民壮为兵是有"限定"的，其中一个限定就是时间上的限定，事完为止；另一个限定就是"身份"上的限定，民壮为兵，事情结束后民壮照样可以继续为民，不像当军户那样为世袭制。这就明确划分了招募民壮为兵与旧有的军户世兵制之间的区别。

"世兵制是指国家从人民中划定一部分，令他们专门承担兵役，在军者终身为兵，父死子继，兄终弟及，成为世代为兵的兵役世家。"这实际上是一种落后的兵役制度，已逐渐为历史所淘汰。而募兵制是指"国家或地方以出钱雇佣的形式集结兵员，是一种雇佣兵制"。原则上，应募当兵者乃出于自愿，应募者须具备一定的年龄、体力和技能条件，受雇佣的时间也有约定，募值一般应包括应募金和定期发给的粮饷等主要部分。（参见陈高华、钱海皓总主编《中国军事制度史》，王晓卫主编《兵役制度卷》，大象出版社，1997年8月第1版，P6、P11）

回头我们再看景泰朝初期的招募民壮为兵几乎都能与上述募兵制特性一一对上号。由此可以说景泰朝廷的如此大规模之举是大明历史上的一次大的军事制度变革。自此以后，募兵制逐渐地取代了军户世兵制的地位，成为了明朝中后期集兵的最为重要的方式。就此，你能说景泰无功？

更有景泰帝在为政之初及时调整方略，昭告天下，大举募兵，明确规定"事定仍旧宁家为民"，这就在制度上为广大民众参军免除了后顾之忧。正因为有这样给力的朝廷政策，大明才汇聚起蔚为可观的新生军事力量。据《明实录》记载，在朱祁钰发出"事定仍旧宁家为民"的诏令后一个月，即景泰元年（1450）二月初，大明官方已"召募民壮共九万五千二百余名"（《明英宗实录》卷189，《废帝郕戾王附录》第7）。

见到如此喜人的成果，以朱祁钰和于谦为核心的景泰集团并没有就此歇歇，而是继续努力。景泰元年（1450）二月癸未日，于谦在向景泰帝进行工作请示时再次提到："宜令（石）亨或于山西腹里或于大同所属，召募勇敢精壮，或一万或二三万，分布各城，守备杀贼"，以此来夯实北疆军事兵力布防基础。朱祁钰听后当即表示："俱准所言"（《明英宗实录》卷189，《废帝郕戾王附录》第7）。《明实录》景泰三年（1452）五月丙申条记载："升广东广州府南海县县丞周瑄为顺德县知县。瑄九载将满，县民告保瑄简易清贫，黄萧养之乱，募丁壮三千七百余人，固守城池，招徕惊散男妇陆万余口，民甚爱戴。"（《明英宗实录》卷216，《废帝郕戾王附录》第34）

由此可见，正因为景泰朝廷治国有方，措施得力，无论是北方还是南疆，一股股新鲜的募兵血液才及时地汇聚在一起，铸成了一道道摧不垮的长城，不仅抵御住了一次次外虏的入寇侵扰，而且还平息内乱，拯救和稳定了大明帝国。

○ 始启团营制，提高军队战斗力

当然我们若将大明的被拯救与稳固全归结于景泰朝的募兵制的大举推行，那就显得十分偏颇了。有了"好兵源"，如果不加以好好地管理、训练，战斗起来不得法，那也是白搭。对此，以朱祁钰和于谦为核心的景泰集团似乎也及时地意识到了这个问题。

正统十四年（1449）深秋，兵部尚书于谦在景泰帝的全力支持下组织了大明历史上有名的北京保卫战，打退了瓦剌军的进攻，赢得了军事胜利。但在这场殊死之战中,明朝军队暴露了好多问题,譬如,京军三大营虽然各有自己的总兵官,但他们相互并不相统一,"三大营各为教令,临期调拨,兵将不相习"(《明史·兵志一》卷89)。对此,少保兼兵部尚书于谦在进行一番研究后决定,整饬兵备,改革大明营制。

景泰二年(1451)初,于谦上言说:"胡寇谲诈,而使臣皮儿马黑麻察占等时有怨言,虑其乘间入寇。"景泰帝朱祁钰听后随即诏令于谦召集相关官员集体讨论应对胡寇之策。那年十二月丙戌日,于谦又上奏说:"国之所持者兵,兵之所赖者将,将得其人,则兵无不精,兵精而国威镇,则虏寇可平。"随后他上呈了改革大明营制方案:"选官军十万,分五营团练,每队五十人,一人管队,两队置领队官一员,每千人把总官一员,三五千人置把总都指挥一员,其管队把大小总官,各量其才器谋勇谋之,使之互相统属,兵将相识。管军者知军士之强弱,为兵者知将帅之号令,不敢临期错乱。贼来多则各营俱动,少则量势调遣,随机应敌。头目素定,交战之时,但调其头目而士卒自随,相处既久同辈者易其相救,管队者易以使令。"(《明英宗实录》卷211,《废帝郕戾王附录》第29)

景泰三年(1452)十二月癸巳日,"总督军务少保兼兵部尚书于谦、总兵官武清侯石亨等议选五军、神机、三千等营精锐官军十五万,分为十营,每营置坐营都督一员,都指挥三员,把总都指挥十五员,指挥三十员,每队置管队官二员,有警分调剿贼,其余官军各委头目于本营训练守备,京师命太监阮让、陈瑄、卢永,都督杨俊、郭震、冯宗,提督让、俊四营,瑄、震三营,永、宗如之,俱听太监刘永诚、吉祥及谦、亨等约束调遣。"(《明英宗实录》卷224,《废帝郕戾王附录》第42)《明史》也有相关的记载:"于诸营选胜兵十万,分十营团练。每营都督一,号头官一,都指挥二,把总十,领队一百,管队二百。于三营都督中推一人充总兵官,监以内臣,兵部尚书或都御史一人为提督。其余军归本营,曰老家。"(《明史·兵志一》卷89)

上述史料即说,景泰二年(1451),于谦先从三大营中挑选10万精壮马步官军,分为5个营团操练,称为"五团营"。第二年十二月即景泰三年(1452)十二月,于谦又增选5万兵马,打乱了"五团营",共15万人,分成10个营团操练,称为"十团营"。十团营编制如下：

每个营设坐营官都督、掌号头官各 1 人，下辖 3 个都指挥，官军 1.5 万人；每个都指挥下辖 5 个把总、官军 5000 人；每个把总下辖 2 个指挥，官军 1000 人；每个指挥下辖 5 个领队，官军 500 人；每个领队下辖 2 管队，官军 100 人；每个官队共有 50 人，内设管队官 1 人。这样总计起来，每个团营编制为都指挥 3 人，把总（又称把总都指挥）15 人，指挥 30 人，领队官 150 人，管队官 300 人。（《明英宗实录》卷 211，《废帝郕戾王附录》第 29）另外从三大营都督中推选出 1 人充总兵官，以宦官作监军，兵部尚书或都察院都御使 1 人为提督官。其余没有被选中编入十团营的军士，仍然留在三大营里训练，称为"老家"。（《明史·兵志一》卷 89）

十团营制一改过去三大营制各为教令、兵不识将、将不识兵之缺点，使得京军相互统属，兵将相知相识，不至于临期错乱。由于被编入团营的军士都是从三大营中挑选出来的精壮者，老弱病残大都已被淘汰掉了，因而当时的团营军成为甚为精干的军事力量。加上于谦亲自抓团营建设，明号令，严纪律，重赏罚，勤训练，即使是勋臣宿将，只要你违规了，于谦也会上请景泰帝予以切责。所以这样的一支按照新型军事组织形式组建起来的军队很有战斗力。（参见陈高华、钱海皓总主编《中国军事制度史》，刘昭祥主编《军事组织体制编制卷》，大象出版社，1997 年 8 月第 1 版，P377～378）

景泰朝于谦主持的团营制改革，揭开了明代军事改革序幕。虽然后来夺门之变后，明英宗复辟一上台就杀了于谦，废除了十团营制度，恢复了他太爷爷朱棣开启的三大营旧制。但等到明英宗去见阎王后，他的儿子明宪宗即位上台就恢复了团营制，后虽然再罢，但在成化三年(1467)兵部尚书马昂等人的建议下，明宪宗朱见深又重定团营制，建立了十二团营。（《明宪宗实录》卷 14）由此我们不难看出，以朱祁钰和于谦为核心的景泰朝廷在明朝历史转折时期所起到的重要作用与影响。

其实要说景泰帝在大明历史上所起的作用和做出的重大贡献还有一项——长期以来它一直没被人们所注意到，那就是加强军中官僚文职化，强化文武相制。

- **扩大和强化军中文职官的领导和文臣对军事的参与，强化文武相制**

不知你留意过没有，在中华大一统帝国历史上，凡是文官制或言科举制搞得好的朝代，其寿命往往就比较长，汉、唐、宋、明、清等就是这样的典型例子；反之，其寿命就比较短，晋、隋、元等莫不如此。不过要细细说的话，那情况就比较复杂了。明朝文官制或言官僚文职化也不是一开始就广为普及、搞得很好的，它经历了很大的曲折。

自开国起大明就实行"右武抑文"的国策，朱元璋定制：中央最高文职官六部长官品秩要低于五军都督府长官，大明国子监校长的品秩居然低于为皇帝管理马政的太仆。【明】朱鹭：《建文书法拟》正编；【清】赵士喆：《建文年谱》卷上）更有洪武帝滥施淫威，动不动就对大臣们实行廷杖，一旦廷杖开启，"血贱玉阶，肉飞金陛"，就实际而言，"君之视臣如狗彘"（陈登原：《国史旧闻》卷45，明世皇叔；卷49，廷杖）。建文帝即位后推行"新政"，更定官制，提高文臣的地位。可这一切随着朱棣"靖难"篡位的成功都化为乌有，大明帝国倒退到了"右武抑文"的旧时代。

不过，好在自小起就在儒家正统教育熏陶下的朱棣的儿子与孙子在继承帝位后，逐渐改变了大明"祖制"中对于文臣的偏见与歧视。朱高炽一上台就给自己十分亲近的文臣如杨士奇、蹇义、夏原吉等人加官晋爵，升其为从一品的"三孤"——位近大明最高军事武官正一品的五军都督。朱瞻基即位后也十分钟爱与重用文臣杨士奇、杨荣、蹇义等人，隆升与完善内阁制。不仅如此，在委任巡视与监察地方的官员方面，明宣宗及其子孙们还大量任用文职官员，逐渐推行巡按监察御史文职化、巡抚文职化与总督文职化等等。这样地重用文臣，就大大地推动了大明官僚文职化的进程。据《明史·职官志》所载：到明朝灭亡为止，有明一代总共设立了15个总督或言总理，30个巡抚，他们遍及全国各地，其职官要求基本上都是文职官僚。（《明史·职官二》卷73）

中央朝廷内阁制的确立与地位的隆升及文职化、地方督抚新制文职化,加上明初就已开启的三年一循环的科举选官制的正常运行,至此可以这么说,自仁宣时期起大明帝国四方八面与社会主要层面都开始渗透文官制,中国传统社会中官僚文职化由此进入了历史的"新高"。(参见笔者《大明帝国》系列之⑨《洪熙、宣德帝卷》上,第2章和第5章,东南大学出版社,2014年1月第1版)

而在这个将官僚文职化推向历史"新高"过程中,除了明仁宗和明宣宗父子两人外,景泰帝和他的哥哥正统帝所起的作用也绝不能忽视。

正统帝尽管平庸无能,但在明朝中后期地方实际最高领导总督的文职化开启层面上却似乎很有贡献。明宣宗驾崩的当年十一月,大明历史上正式出现了第一位"名正言顺"的总督官。宣德十年(1435)十一月丙戌日,明英宗朝廷"升行在通政司左通政周铨为行在都察院右副都御史总督南京粮储"(《明英宗实录》卷11)。

明朝后来的总督多以文官正三品的兵部侍郎或正二品的尚书挂都察院官衔驻守地方,官衔多以"都察院××都御史总督××事务"。周铨原先的官职为行在(即北京)通政司左通政,属于文职官僚,他出任总督官,挂的官衔为都察院右副都御史(正三品),总揽和管理南京粮储。南京是当时大明帝国的京师,周铨被授权处理南京的粮储,其权位当然比一般三司衙门甚至巡抚要高得多,更有周铨在任上一干就是三年,明英宗正统三年(1438)十一月丁亥日,"行在吏部言:'总督南京粮储都察院右副都御史周铨三年秩满,欲循例诣行在,缘铨所掌粮储重务,未可辄离,乞令免来。'(英宗)从之"(《明英宗实录》卷48)。

从《明英宗实录》中的这段史料记载来看,周铨出任总督任期为三年(秩满),但当时朝廷考虑到他所掌粮储是重务,于是就不让他回京述职,而是留任继续干下去,总督作为一种官职的长久化在此得以显现。在随后的正统年间,总督制逐渐地开始走上了成熟之路。

正统五年(1440)四月戊子,英宗朝廷"铸总督管粮、关防二颗,给参政沈固、刘琏。时固在大同,琏在宣府,各参赞总兵官,综理边务,兼管粮储,然皆无印信钤记,文移于事不便,固以为言,故铸给之"(《明英宗实录》卷66)。

第2章 明朝转折 景泰大德

正统六年(1441)正月乙卯日,英宗朝廷"命定西伯蒋贵佩平蛮将军印充总兵官,都督同知李安充左副总兵,都督佥事刘聚充右副总兵,都指挥使宫聚充左参将,都指挥佥事冉保充右参将,行在兵部尚书兼大理寺卿王骥总督军务,统率大军征讨麓川叛寇。思任发、蒋贵、王骥先往云南会计军饷,相度方略;李安、宫聚统领四川、贵州官军;刘聚、冉保统领南京、湖广并安庆等卫官军,以俟调用,仍各以制敕授之"(《明英宗实录》卷75)。

到了明英宗的儿子明宪宗时,总督制已基本成熟,且与总兵制等同日而语。成化八年二月乙酉日,"兵部尚书白圭等复言:'虏势深入顷,已敕吏部右侍郎叶盛亲诣狭西、延绥、宁夏会议边务。然臣等切虑,虏性桀点,苟知我内地空虚,未免复肆剽掠。宜如臣等所会议,敕王越等俟盛至日,即调甘凉庄浪兰县官军防守要害。又今河冰既开,虏无遁意,计其秋高马肥,必复入寇,在边并见,调官军仅足捍御,未可穷追。若明春复然,则边患何时可息。必须于明年二月大举搜剿河套,庶收一劳永逸之功。请先调军夫五万摆堡,运粮计可足半年之费,然后选集精兵十万,简命文武重臣各一员,充总督、总兵,二员充副参将官,每兵一万坐营,统领者各一人,所须出战驮马鹿角、战车军器之类俱宜预备,期以十二月启行。'上(指明宪宗)曰:'虏寇悖逆天道,累犯边境,明春必须统调大兵以剿除之,可悉如议,但今日尤须严加防御。'其令盛与越等计议机宜以闻"(《明宪宗实录》卷101)。

综观正统时期总督制度的发展状况,笔者发现其具有以下几个特点:

第一,总督制日渐见重于大明帝国,笔者曾对《明英宗实录》前180卷做了粗略统计,正统十四年(1449)九月前"总督"字样出现了150次。(《明英宗实录》卷1~181)不过在这里要指出的是,这个时候的总督权力与地位远没有后世那么大,大致在总兵官之下。

第二,总督制逐渐与巡抚制相区分开来,并往着两种类型方向发展:第一种为事务总督,如"总督南京粮储",这类在永乐时代已有"雏形",但不是很多,到了宣德时期大发展,在正统时期更为盛行;第二种为地方总督,拥有兵权,如"总督蓟辽事务""总督陕西三边军务"。"弘治十年,火筛入寇,议遣重臣总督陕西、甘肃、延绥、

宁夏军务，乃起左都御史王越任之。十五年以后，或设或罢。"（《明史·职官二》卷73）

第三，总督文职化。前文说过的总督南京粮储的周铨就是一个高级文官，这从他兼任的官职都察院右副都御史之名上就能看出。正统五年（1440），受命总督管粮、关防的参政沈固、刘琏是文官（《明英宗实录》卷66）；正统六年（1441）正月，统率大明军征讨麓川叛乱的军务总督王骥在朝廷兼任的职务是行在兵部尚书、大理寺卿，是文官（《明英宗实录》卷75）；正统七年（1442）三月左右起，受命"总督永平、山海边储"的张隆在朝廷挂职为通政司右参议，也是文官。（《明英宗实录》卷90）与其差不多同时，"总督边储"的户部右侍郎沈固，当然也是文官（《明英宗实录》卷99）……

与皇父朱瞻基和皇兄朱祁镇对大明官僚文职化的贡献相比，景泰帝朱祁钰则更多地着力于扩大与强化军中文职官的领导和文臣对大明军事的参与。之所以如此，我想这很有可能是由于他所处的那个非常年代和面对的实际情势十分严酷而迫使他做出较为理性的选择。

诚如前述，明初立国起就实行"右武抑文"的国策，明太祖朱元璋曾这么说道："朕诸子将有天下、国家之责，功臣子弟将有职任之寄。"（《明太祖实录》卷41）这句话的后半句本身似乎就有这样的含义：大明武臣后代不需要有什么贡献或才能就能当上很高的官职，就像明宣宗所说的那样，"是皆因父祖有功，故录用之"（《明宣宗实录》卷35）。换言之，即使你再有才干、再有能耐，如果没有红彤彤的血统而只是平头百姓的子弟，那就别异想天开了。那么在这样的变相世袭制或言近似世袭制下所孕育出来的红彤彤的中高级武官后代究竟又是怎么样的？宣德时期皇帝朱瞻基曾这么描述他所见到的大明帝国"军二代"或"军三代"："比年以来，军官子弟安于豢养，浮荡成风，试其武艺，百无一能用之。管军不能抚恤，有司但知循例铨除。一旦有警，何以得人？祖宗时置武学，教之书且俾习骑射，当袭职之时，严加比试。赏罚之法，载在典章，尔其申明之，务求实效。庶几人知劝惩，国家亦有赖焉。"（《明宣宗实录》卷35）

朱瞻基说，当今大明的"军二代"或言"官二代"安于享乐，浮荡成风，就武艺而言，百无一能。所以现在官方要加强对他们进行考核，按照祖宗之法进行赏罚。只有这样，大明帝国日后才会有所依靠啊！

那么宣德皇帝所指望的这些军中"依靠"，后来大明帝国靠着他们了吗？

朱勇是永乐帝视为左膀右臂的太傅、成国公朱能的儿子。父亲朱能死后，他袭爵成国公，后跟随明宣宗南征高煦之乱和巡视北疆边关，但没见到他立有什么大功，就是因为他的体内流淌着红色的血液而最终高居太子太保之位。正统帝土木堡被围之前，朱勇与同为"靖难英雄"的薛斌之子永顺伯薛绶等受命断后，负责打退瓦剌的围攻。没想到这群草包"军二代"一下子就在鹞儿岭中了敌人的埋伏，全军覆没。(《明英宗实录》卷181)泰宁侯陈瀛是朱棣"靖难"造反时的"战斗英雄"陈圭之子，遂安伯陈埙是当年朱元璋"闹革命"时的重要将领陈志之玄孙……这些平时里呼风唤雨、作威作福的帝国"栋梁"在正统十四年(1449)随驾亲征中却在土木之变那一刹那间几乎全部命丧黄泉。死了的，我们暂且不多说，再来看看那些活着的"官二代""军二代""军三代"又将是怎么样的？

宣德十年(1435)二月丙辰日，刚刚即皇帝位的朱祁镇"命故武安侯郑亨子(郑)能、平江伯陈瑄子(陈)佐、广宁伯刘荣子(刘)安俱袭封父爵，清平侯吴成孙(吴)英袭清平伯"(《明英宗实录》卷2)。

四年后的正统四年(1439)七月，正统帝令行在六科给事中、十三道监察御史纠察在京各种不法之事。监察御史周瑛等经过一番调查后上言奏劾："镇远侯顾兴祖(老镇远侯顾成之孙)、武安侯郑能、广宁伯刘安、都督李通、毛翔、罗文及都指挥刘法贵等受贿纵军，请治其罪。"明英宗"念侯、伯、都督重臣，特宥之，令行在锦衣卫逮都指挥以下鞫问。比狱具，亦宥焉"(《明英宗实录》卷57)。

皇帝特恩宽宥、特别照顾，作为一般人来说从此以后就要收敛一些，可大明帝国所依靠的这些"栋梁"却是另类。五年后的正统九年(1444)十一月，六科给事中和十三道监察御史交章劾奏："神机营总督操备镇远侯顾兴祖、广宁伯刘安隐占军士，输纳月钱，宜置诸法。"正统帝朱祁镇接奏后犹如没原则的家长教育屡教不改的孩子一般，当即说道："你们这些监察官讲得都很对，但朕姑且屈法宽贷顾兴祖、刘安等人。要是他们日后再犯浑的话，朕一定会重罪

不宥！"(《明英宗实录》卷123)

可就是这些让正统皇帝一再宽宥、视为宝贝的大明"官二代""官三代"刘安、顾兴祖等在土木之变中竟然毫无还击之举,一败涂地,抱头鼠窜,终致帝国大家长明英宗被俘受辱,大明军血流成河,暴尸遍野。(《明英宗实录》卷181)

对此,留守在北京辅佐郕王朱祁钰监国理政的大明朝廷文臣们义愤填膺地"交章劾随驾失机总兵官、公侯、驸马、伯。镇远侯顾兴祖等无谋无勇,不义不忠,受制奸臣,但求阿附贻忧……磔其尸不足以舒列圣在天之愤,食其肉不足以慰四海切齿之心,乞将各官明正典刑,籍没家产。及武臣太师英国公张辅等(和)文臣、尚书、侍郎、都御史、学士等官王佐等同时扈从,并无协济之功,未审存亡,难逃悖弃之罪,亦应挨究,以警其余"。朱祁钰最终大体上接受了大臣们的谏言,下令将从土木战场逃回来的镇远侯顾兴祖等人"下狱禁锢"(《明英宗实录》卷181)。

与腐朽无能、卑鄙无耻的"官二代""官三代"形成鲜明对比的是,在大明国难临头之际,以兵部尚书于谦为代表的文臣们则表现出大无畏的英雄气概和以"社稷为重"的高度国家社会责任感。

于谦本是文臣,可在土木之变后"毅然以社稷安危为己任",廷臣中有人主张将朝廷南迁,他当即厉声呵斥:"言南迁者,可斩也！"由此稳定了朝臣们的情绪。左顺门除奸事件突发,他又及时地站了出来,机智灵活地对非常时期非常国事做了妥善的处置,也为大明帝国保护了大量的忠臣义士。瓦剌军大举内犯时,于谦殚精竭虑、夜以继日地组织军事抵抗,甚至披上铠甲,亲临北京保卫战前线督战(《明史·于谦传》卷170)。北京保卫战刚刚取胜,皇帝朱祁钰就擢升他为少保等官位,但他却多次上呈恳请辞去(《明英宗实录》卷184,《废帝郕戾王附录》第2),并颇为动人地说道:"四郊多垒,卿大夫之耻也,敢邀功赏哉！"(《明史·于谦传》卷170)可以这么说,景泰朝统治的确立和大明帝国的转危为安,于谦之功实为大也！

王竑,正统四年(1439)进士,按照那时的说法,他是天子正统帝的门生。但他性格豪迈,有气节,正色敢言。土木堡之变发生后,受命监国的郕王朱祁钰"摄朝午门,群臣劾王振误国罪。读弹文未起,王使出待命。众皆伏地哭,请族振。锦衣指挥马顺者,振党也,厉声叱言者去。(王)竑愤怒,奋臂起,捽顺发呼曰:'若曹奸党,罪当诛,今尚敢尔!'且骂且啮其面,众共击之,立毙。朝班大乱。王恐,遽起入,竑率群臣随王后。王使中官金英问所欲言,曰:'内官毛贵、王长随亦振党,请置诸法。'王命出二人。众又捶杀之,血渍廷陛。当是时,竑名震天下,王亦以是深重竑。"(《明史·王竑传》卷177)

王翱,永乐十三年(1415)进士,正统中后期升任右都御史,提督辽东军务。正统十四年,"诸将破敌广平山,进左(都御史)。脱脱不花大举犯广宁,(王)翱方阅兵,寇猝至,众溃。翱入城自保。或谓城不可守,翱手剑曰:'敢言弃城者斩!'"(《明史·王翱传》卷177,列传第65)

……

正统十四年(1449)九月中旬,鉴于土木之变后武清伯石亨和兵部尚书于谦等在戡难保邦、奠安宗社和加强国家军事防御方面所做出的重大贡献,景泰帝朱祁钰对他们进行了升赏。于谦与石亨随即"各辞免已赏赐,并请免武职都督以上、文职四品以上赏赐,以其银添赏操备官军。"朱祁钰听说后很是为难,而后命礼部官员集体讨论出一个处理方案。经过一番激烈的争论,最终达成了一致的观点,由礼部尚书胡濙上报景泰帝:"武职都督以上出军临阵置备衣装,难准辞免;其文职大小官员俱宜免赏。"(《明英宗实录》卷183,《废帝郕戾王附录》第1)

北京保卫战取胜后不久,景泰帝接到了来自河间的监察御史姚龙的上呈奏折,奏文是这样写的:"小臣接受朝廷之命负责镇守河间,瓦剌军大举进犯京师时路过我们这里,老百姓听说瓦剌人来了,吓得四处乱窜。那时正值半夜,有人偷偷地打开了我们河间城的东门跑了。小臣处置不当,今自动上请皇上治罪。我们一起受命镇守的'沈阳卫指挥同知董芳、河间知府杨定宜治其罪'。"(《明英宗实录》卷184,《废帝郕戾王附录》第2)

于谦等文臣官僚不仅满腔热情,铁血忠魂,力挽狂澜,而且主动带头辞免朝廷赏赐,以作国用,更有文臣即使身在千里之外,一旦有过还主动上请治罪。

再看看腐朽无能、贪得无厌和苟且偷生的军界"官二代""官三代"刘安、顾兴祖之流,景泰帝朱祁钰的心里可明亮着啦。土木之变发生后,他就擢升兵部侍郎于谦为尚书,北京保卫战开启时又任命于谦为总督军务(《明英宗实录》卷184,《废帝郕戾王附录》第2)。一个文官居然能总督大明军务,这在帝国历史上是前所未有的。北京保卫战开战前的正统十四年(1449)十月初,景泰帝一口气任命了洪英、朱鉴、王来、王文、金达、谢佑、王伟、陈金、姚龙、陈诚、汪庭训、苏璟、徐珵、王玉、杨鼎、李宾、夏埙、白圭、王庚等近20个文职官巡抚山东、山西、河南、陕西等地各府,并敕令他们"各收所守地方军民男女入城,以防剽掠,其所选官军民壮躬自率领来京策应"(《明英宗实录》卷184,《废帝郕戾王附录》第2)。北京保卫战快要结束时,朱祁钰任"命副都御史王暹、吏部侍郎曹义、礼部侍郎仪铭、工部侍郎张敏、右通政栾恽、大理寺丞薛瑄、太常寺少卿习嘉言、鸿胪寺丞张翔、太仆寺少卿俞纲分守正阳等九门"(《明英宗实录》卷184,《废帝郕戾王附录》第2)。后他又"擢进士郑和、赵蕃、杨绍、江真,知县杨寿、刘豫、张祯、董英,监生冯敬、丘迨、韩文、陆祯、陈安俱为户部主事,专理京师各门预备粮储,以虏寇临城,户部奏请添置故也"(《明英宗实录》卷184,《废帝郕戾王附录》第2)。

景泰二年,"因漕运不断,(景泰帝)始命副都御史王竑总督(漕运),因兼巡抚淮、扬、庐、凤四府,徐、和、滁三州,治淮安"。由此,王竑成为明清历史上第一位漕运总督。(《明史·职官志二》卷73;《明英宗实录》卷204,《废帝郕戾王附录》第22;【美】黄仁宇:《The Grand Canal during the Ming Dynasty》,1368—1644,中文本《明代漕运》,张皓、张升译,海峡出版发行集团鹭江出版社,2015年10月第1版,P49—50。按:该书翻译错误甚多,连明代大史学家王世贞的《弇山堂别集》的书名也没弄清楚。)

差不多与此同时,朱祁钰还派遣朝廷文臣外出提督地方军事,安抚社会。正统十四年(1449)十月十七日,在给巡抚、右副都御史王来的敕谕中,景泰帝就这样说道:"今特命尔巡抚河南并湖广襄阳、黄州等府接连河南地方,抚安军民,提督所在都司卫所,操练军马,整搠器械,修理城池。遇有寇贼生发,即调官军相机剿捕,毋令滋蔓,严督所在司府、州、县存恤人民,遇有流移饥窘,设法招抚,安插赈济,毋令失所。凡一应军民利病、官吏贤否、事有当兴革者,悉听尔从宜区画而行,应具奏者奏来处置,务在事妥民安,地方宁靖,仍将各卫所官军选其精壮可调用者,督令就彼操练,如闻京师有警,即委能干骁勇官员管领,尔亲率前来策应,毋致稽违。尔为风宪重臣,受朕一方之寄,务须持廉秉公,宽猛得宜,举措不偏,使人有所惩劝,毋惑贪酷怠忽,有负委托,尔其勉之,慎之重慎之。"《明英宗实录》卷186,《废帝郕戾王附录》第4)

上文中皇帝命令王来等"提督所在都司卫所,操练军马,整搠器械,修理城池。遇有寇贼生发,即调官军相机剿捕,毋令滋蔓",这哪是文臣分内的活,分明是皇帝将文臣当作武臣使用了。不仅如此,景泰帝在随后的岁月中还派遣办事官吏、监生随同文职官员一同北征。《明实录》中就有这样的记载:景泰元年(1450)正月丙申日,皇帝"赏办事官吏、监生何清等一千一百六十人布米有差,以其随文职官员北征回也"(《明英宗实录》卷187,《废帝郕戾王附录》第6)。

更有景泰帝当政后,以大量的文臣充任军中的"参谋""政委",当时官名为"参赞军务"、"提督守备"。

"参赞军务"之官职最早出现在明成祖时代,永乐十三年(1415)四月丙戌,朱棣"升吏部左侍郎陈洽为兵部尚书,赐钞二百锭、彩币四表里,仍往交阯参赞军务"(《明太宗实录》卷163)。宣德时期"参赞军务"字样在官史中出现过4次,担任此官职的是行在兵部右侍郎戴纶(《明宣宗实录》卷4)、尚书陈洽、太子少保兼兵部尚书李庆(《明宣宗实录》卷23)、广东布政司左参议李守中(《明宣宗实录卷》43)。

到了正统时期,"参赞军务"在官史中出现的频率一下子就增多了,出任该职务的有兵部试右侍郎徐晞(《明英宗实录》卷6),少保黄福(《明英宗实录》卷6),兵部左侍郎柴车(《明英宗实录》卷16),右佥都御史郭智(《明英宗实录》卷26),右佥都御史曹翼、罗亨信(《明英宗实录》卷35),右佥都御史金濂(《明英宗实录》卷94),右佥都御史王翱(《明英宗实录》卷62),右佥都御史卢睿(《明英宗实录》卷78),礼部右侍郎侯琎(《明英宗实录》卷94),刑部右侍郎杨宁(《明英宗实录》卷127),大理寺右寺丞罗绮(《明英宗实录》卷132),都察院右副都御史马昂(《明英宗实录》卷145),工部尚书石璞(《明英宗实录》卷175),给事中刘清(《明英宗实录》卷185,《废帝郕戾王附录》第3)等15人。

而到了景泰时期,则有更多的文臣充任"参赞军务"官了,他们是尚书金濂(《明英宗实录》卷185,《废帝郕戾王附录》第3)、给事中刘清(《明英宗实录》卷185,《废帝郕戾王附录》第3)、都察院右副都御史罗通(《明英宗实录》卷186,《废帝郕戾王附录》第4)、右佥都御史任宁(《明英宗实录》卷188,《废帝郕戾王附录》第6)、佥都御史韩福(《明英宗实录》卷188,《废帝郕戾王附录》第6)、侍郎侯琎(《明英宗实录》卷189,《废帝郕戾王附录》第7)、兵部左侍郎孙原贞(《明英宗实录》卷190,《废帝郕戾王附录》第8)、右佥都御史曹泰(《明英宗实录》卷191,《废帝郕戾王附录》第9)、侍郎刘琏(《明英宗实录》卷192,《废帝郕戾王附录》第10)、都察院副都御史马昂(《明英宗实录》卷195,《废帝郕戾王附录》第13)、云南按察司副使郑颙(《明英宗实录》卷202,《废帝郕戾王附录》第20)、右佥都御史李秉(《明英宗实录》卷212,《废帝郕戾王附录》第30)。

整个正统14年间共有15个文官出任"参赞军务"官,而从景泰帝登基上台起到景泰二年(1451)年底为止,在这2年多一点的时间里,就有13个文臣出任"参赞军务"官,几乎与正统14年间"参赞军务"官人数相等。

"提督守备"也有着相似的情况。"提督守备"字样在明朝官史中最早出现于明成祖末年,永乐二十一年(1423)九月甲午日,朱棣"命武安侯郑亨、安平伯李安、兴安伯徐亨、新宁伯谭忠、遂安伯陈英等率军分巡缘边关隘,令修筑坚固及提督守备,务在严密"(《明太宗实录》卷263)。永乐22年间也只有这么1次出现该词。宣德时期"提督守备"字样在官史中出现了2次:宣德三年(1428)正月戊戌日,"(明宣宗)命通州卫指挥佥事夏春掌茂州卫,隆庆左卫指挥佥事吴迪掌威州守御千户所,驰驿以往。先是总兵官都督陈怀奏:'威、茂、松、叠四处皆临边要害,请遣都指挥指挥四人提督守备。'松潘时有指挥使吴玮,叠溪有成都中卫指挥佥事郭靖掌之,故惟遣春、迪云"(《明宣宗实录》卷35)。宣德七年(1432)八月己未日,"镇守肃州都督王贵奏:'肃州西北极边昨遣人往各处戒饬官军,守备惟一人还哨探,至寒水石口,见同差之人皆被杀,疑赤斤蒙古卫都指挥且旺失加部属所为,此皆提督守备指挥许昺不严警逻所致,请治其罪。仍遣人往且旺失加所根究,以戒后来。'上(指明宣宗)曰:'杀人当问罪,但疑似之间不可不审,令与刘广、王安详议而行,许昺失机就治其罪'"(《明宣宗实录》卷95)。

明英宗正统时期,"提督守备"字样在官史中出现了5次:宣德十年(1435)十月癸卯日,"(明英宗)命万全都司都指挥佥事汪贵往龙门提督守备,释为事千户张杰等六员戴罪,仍往开平巡哨,从游击将军都指挥佥事杨洪奏请也"(《明英宗实录》卷10)。正统元年(1436)三月癸未日,镇守大同的太监郭敬上奏说:"原给有马官军一千内选择五百,跟随累出口提督守备。今御史、给事中奉朝命,将原跟随人马调散。乞仍付与管领,有警当先杀贼。"(《明英宗实录》卷15)。正统二年(1437)六月壬戌日,明英宗"敕行在刑部尚书魏源曰:'得奏,令署都督佥事李谦往独石提督守备,与游击将军杨洪协和行事,且见尔之用心,朕岂不欲尔日侍左右,以匡政务。第因边将恣肆非为,特命尔巡视,其任甚重,尔尚体朕心,凡事从长处置,俾将士悦服,边方宁静,庶副委任'"(《明英宗实录》卷31)。正统二年(1437)九月庚戌日,正统帝"召提督守备独石等处署都督佥事李谦赴京,命游击将军都指挥佥事杨洪代谦提督。谦在边所行多不法,边备废弛,为监察御史张鹏劾奏。故召之"(《明英宗实录》卷34)。正统八年(1443)十一月,朱祁镇"命都指挥佥事王整往山海关提督守备,以右佥都御史王翱奏请也"(《明英宗实录》卷110)。正统十年(1445)七月庚寅日,明英宗对广西总兵官安远侯柳溥推荐的官员人选做出指示:"彭瑛等令溥及三司、御史调紧要地方把总提督守备,待有功升擢,张能、余英、吴昇升署指挥佥事。去浔州、南宁、庆远各卫管事,若怠慢误事,贪暴害人,重罪不宥,今后果系紧要卫分缺官,溥等仍从公推举奏来定夺。"(《明英宗实录》卷131)

可到了景泰帝上台后,"提督守备"字样在官史中出现了12次,至少有21个官员出任过该职:正统十四年(1449)九月戊寅,"提督守备保定等处右佥都御史段信劾:'紫荆关都指挥佥事左能弃关逃归,致达贼开关脱去。请治其罪。'(朱祁钰)令锦衣卫执鞫之"(《明英宗实录》卷182)。正统十四年九月戊戌,(朱祁钰)"升广西左参政谢泽为通政使,提督守备白羊口"(《明英宗实录》卷183,《废帝郕戾王附录》第1)。正统十四年九月甲辰日,朱祁钰"命王通为中军都督府都督佥事,提督守备九门"(《明英宗实录》卷183,《废帝郕戾王附录》第1)。正统十四年十月己酉日,(景泰帝)"调掌鸿胪寺礼部左侍郎杨善为都察院左副都御史,仍掌寺事,同都督王通提督守备京城,从右都御史俞士悦奏举也"(《明英宗实录》卷184,《废帝郕戾王附录》第2)。正统十四年十月乙卯日,"提督守备紫荆关右副都御史孙祥奏……"(《明英宗实录》卷184,《废帝郕戾王附录》第2)正统十四年十月乙卯日,(景泰帝)"敕守备紫荆关按察使曹泰往倒马关提督守备"(《明英宗实录》卷184,《废帝郕戾王附录》第2)。正统十四年十月庚午,(景泰帝)"命提督守备九门文职官回任理事"(《明英宗实录》卷184,《废帝郕戾王附录》第2)。正统十四年十二月癸亥日,(景泰帝)"命都指挥同知翁信镇守山西及提督守备雁门关代都督佥事孙安还京"(《明英宗实录》卷186,《废帝郕戾王附录》第4)。景泰元年(1450)闰正月乙丑日,"提督守备居庸关右佥都御史王竑奏:'巡关御史王璧数致军妻与奸。'(景泰帝)命执鞫之,狱具,充铁冶卫军"(《明英宗实录》卷188,《废帝郕戾王附录》第6)。景泰五年(1454)三月甲子日,景泰帝"命监察御史董廷圭提督守备白羊口,代监察御史左景还京"(《明英宗实录》卷239,《废帝郕戾王附录》第57)。景泰五年(1454)八月甲辰日,景泰帝"敕金吾右卫带俸都指挥使欧信往白羊口,代患病都指挥段昇提督守备"(《明英宗实录》卷244,《废帝郕戾王附卷》第62)。景泰七年(1456)五月戊寅日,明代宗"命提督守备永平署都指挥佥事罗政子纲代为永平卫指挥同知"(《明英宗实录》卷266,《废帝郕戾王附录》第84)。

　　以上是《明实录》中所载景泰朝"提督守备"之官的全部史料汇集,除了中军都督府都督佥事王通、都督佥事孙安、都指挥使欧信、都指挥段昇和都指挥佥事罗政等5人为军中官员兼理外,其余16名负责提督守备的全是文官。换言之,景泰朝前后7年,共有16名文官负责军中提督守备,而正统朝14年间居然没一个文官干这个的。

　　由此我们不难看出,景泰朝已大大地扩大和强化了军中文职官的领导和文臣对大明军事的参与,这不仅在相当程度上加大和深化了大明官僚文职化进程,而且还强化了文武相制,提高了军队管理。

　　总之,在北京保卫战开启前后,景泰帝朱祁钰在以于谦为代表的一大批朝廷大臣的辅佐下,奉行保家卫国、国防至上的宗旨,秣马厉兵,肃纪整纲,多次打退瓦剌军的进犯与侵扰,不仅"挽狂澜于既倒",而且还将大明帝国纳入了和平、理性的发展轨道。就在此过程中,景泰朝廷始终以"社稷为重"作为救国指导思想,广开言路,纳谏如流,大兴募兵,始创团营制,强化军职文官化与文武相制机制……虽说其治下的大明并没有从根本上彻底扭转自正统中后期开始的衰微之势,更没能来得及恢复昔日帝国的"辉煌"与"荣耀",但毋庸忽视的是,在这大明非常转折过程中,极端专制主义控制下的帝国一潭死水开始慢慢地变活了,社会由单一变为多元,思想由独裁、专制变为相对自由、理性,文化由一枝独秀渐渐变为百花齐发。有人说清朝是在由盛转衰的过程中变得越来越专制、封闭,而明朝恰恰相反,它是在由盛转衰的过程中变得愈发开放、自由。大明的这些进步如果要从源头上去寻找的话,恐怕身处那由盛转衰节点处的救国皇帝景泰帝和"救时宰相"于谦等就应该位居首功。换言之,大明转折,景泰大德!

　　其实要是细说景泰大德的话,恐怕还远不止上述这些,在那非常的七八年间,大明朝廷君臣不仅将上皇朱祁镇迎还北京,而且还展开了多层面的"景泰中兴"。

第3章 上皇回京　景泰中兴

同为大明宣德皇帝的龙种，一个为"大奶"所生，即所谓的"正统之主"，一个为"N奶"所生，小时候入不了宫廷正堂，是皇家的灰天鹅。历史之机缘使不可一世的"正统之主"让瓦剌人给俘虏了；而昔日不被人们所重视的皇家灰天鹅在于谦等一批救时大臣的辅助下，担当起救国救民之重任，领导与组织全国军民打退了瓦剌的多次进犯，稳固了大明，迎回了皇兄，并开启了重振大明雄风的多层面的"景泰中兴"。

至今尚不明朗，究竟是什么原因使得"景泰中兴"一直不为人们所注意，但在历史上却真实地发生了。真正的历史研究不是简单地重述历史，而是应该探究被人们所忽视或遗忘的历史背后幽深处，寻找历史的真相。那么"景泰中兴"的本来面目到底如何？它为何让人们久久遗忘了？我们不妨从它发生的历史大背景——正统帝被俘后明朝与蒙古瓦剌之间的较量说起。

● 上皇回还　大明储患

诚如前章所述，通过秣马厉兵，整军肃纲，加强国防，以皇帝朱祁钰和"救时宰相"于谦为核心的新朝廷中央领导着全国军民取得了北京保卫战的胜利，并一次次地打退了瓦剌军对大明帝国边关的进攻和侵扰。这不仅使得景泰帝的个人威望日隆，统治愈发稳固，而且还为大明在与瓦剌之间的较量中赢得了胜利的砝码。

● 瓦剌集团阵营的分化与主动上门议和

从正统十四年(1449)下半年到景泰元年(1450)上半年,在经历了兵挫北京城下和对大明边关屡次发动军事侵犯的失败后,蒙古瓦剌统治集团内部阵营开始发生了很大的分歧。眼见大举军事进攻不仅没捞到什么好处,反而损兵折将,脱脱不花王与阿剌知院等先后背着太师也先,主动与明朝进行暗中议和。

正统十四年(1449)十月二十日,瓦剌脱脱不花王遣使兀灵哈等来朝议和。太子太傅兼礼部尚书胡濙、太子太保兼吏部尚书王直、户部尚书兼翰林院学士陈循等闻讯上言:"脱脱不花王原本是与也先等一起来侵犯我大明边关的,如今他主动遣使议和,我们朝廷不妨依了他,厚待来使,'依例赏赐遣回,使也先知彼潜求和好,不无怀疑,此亦离间之一端也'。"景泰帝接受了建议,赐脱脱不花王使臣兀灵哈等宴并彩币表里等物。兀灵哈回去时,大明朝廷让他带了一大堆的财物送给脱脱不花(《明英宗实录》卷184,《废帝郕戾王附录》第2),双方之间的和议也随之而形成。

闻听脱脱不花暗中议和获利甚多,原先进攻大明北疆的瓦剌集团三股主要势力中的另外一股阿剌知院也开始按捺不住。景泰元年(1450)五月,阿剌知院派了参政官完者脱欢带了贡马来到大明北疆边关,声称弭战议和。议和是大事,边关守将岂敢擅自做主,当即将完者脱欢留在了怀来城里,随后派人飞报北京,请示景泰朝廷。朝廷为之集议,大臣们觉得,仅凭参政完者脱欢贡马求和一事很难判定阿剌知院的真实意图,眼下最佳的做法就是朝廷不妨先派遣使臣前往边关去探探究竟,然后再作定夺。那么派谁去呢?有人提议,太常寺少卿兼翰林待诏许彬是最为合适的人选。(《明英宗实录》卷192,《废帝郕戾王附录》第10)

许彬是永乐十三年(1415)进士,入仕之初为翰林院庶吉士,后任检讨。他"性坦率,好交游",说白了此人是个头脑活络的朝廷老臣。正统末年,许彬被明英宗朱祁镇提升为太常寺少卿兼翰林待诏,且提督四夷馆即外语学校。由此看来,在当时的朝廷大臣中似乎没有谁比许彬充当这个特殊使臣更为合适的了。不过话得说回来，许彬的诸多条件虽然再合适，但他毕竟是个文臣，而眼下明蒙之间尚处于敌对状态，仅派文臣出使就显得很不妥当。于是大臣们合计，还得要派个会武功的军官与许彬同往。最终朝廷议定，派锦衣卫都指挥同知马政充当许彬的佐官，一起上北疆怀来。（《明史·许彬传》卷168；《明英宗实录》卷192，《废帝郕戾王附录》第10）

见到明廷朝臣使臣许彬与马政的到来，阿剌知院的求和特使参政完者脱欢当即表现出特别的激动。当前者对阿剌知院的求和诚意表示出怀疑时，他变得愈发不能自控，冲着明廷使臣说道："朝廷应该派遣大头目上阿剌和也先及脱脱不花等处去讲和退军，'如欲迎上皇，就奉还京；若不讲和，我三家尽起人马来围大都（指北京），彼时毋悔'；'此非特阿剌意，凡我下人皆欲讲和。如朝廷不信，留我一人为质'。"（《明英宗实录》卷192，《废帝郕戾王附录》第10）

听了参政完者脱欢的这番"大言"，大明朝廷使臣太常寺少卿许彬、锦衣卫都指挥同知马政哪敢再多说什么，赶紧回北京，上报景泰皇帝定夺。

当时23岁的景泰帝朱祁钰当皇帝当了一年不到，面对转瞬即变的复杂形势，他一下子就没了主意，沉默了许久，最终降下谕旨：召户部尚书兼翰林院学士陈循等大臣上明皇宫文华殿，讨论如何处理瓦剌议和之事。

见到被召众臣到齐了，景泰帝最先这样说道："也先背逆天道，邀留上皇，不共戴天之仇，如何可和？"陈循等人听后觉得，仅凭阿剌知院特使参政完者脱欢的红口白牙就相信了敌方的求和意愿，则未免显得太草率、太幼稚了。不过自去年双方开战起，在这一年不到的时间里，虽然整体上大明取得了很大的胜利，但战争所带来的创伤隐患和巨大破坏却是不容忽视的，尤其是昔日国君朱祁镇至今还被扣在对方的军营里头，敌对方的任何表示，大明朝廷都得要加以认真对待。所以众臣最终议定，景泰帝应该敕谕阿剌知院，厚赏他的特使，并令其先回漠北去，"以缓其谲诈之情，仍敕在京各营及各边关，整掫军马以备"（《明英宗实录》卷192，《废帝郕戾王附录》第10）。

朱祁钰听后觉得大臣们的主意不错，当即令人起草敕谕。敕谕这样写道："自我祖宗以来，与尔瓦剌和好，尝加恩意相待。不意也先违背天理，去年率领军马犯边，朕兄太上皇帝兴师问罪。也先背义,邀留大驾,毒我生灵,残我边境。赖天佑我国家,命朕嗣承大统,宗室、臣民咸请兴兵复仇。朕以也先屡奏,欲送大驾回京,是以遣人赍书给赏,乃知也先谲诈,终无实情。今阿剌使至,又奏要朝廷遣使讲和。朕欲从之,但闻也先军马尚在边上,似有挟制之意,恐违天道,难以讲和。盖天下者,天所与之天下,朕不敢违天。阿剌若欲讲和,必待瓦剌军马退还原地之后,异日和好如旧,未为晚也;若在边久住,往来寇掠中国人民,朕决不惜战斗,也先后悔恐无及矣。使回,朕加恩赏赉并颁赐阿剌礼物,以答来意,至可领之。"
(《明英宗实录》卷192,《废帝郕戾王附录》第10)

景泰明廷的这份敕谕写得很有水平,一方面将明蒙之间的战争祸首锁定为也先,这样一下子就把发动战争的从犯阿剌知院、脱脱不花与主犯也先给区别开来,分化敌对方阵营;另一方面答应了阿剌知院的议和请求,但同时又开出了讲和的前提条件:瓦剌军退回到原地,别老在大明边疆晃来晃去。要是做不到的话,大明朝廷决不惜战!

不亢不卑,有礼有节,景泰朝廷的政治智慧可见一斑。

再说阿剌知院的求和特使参政完者脱欢,见到景泰朝廷这样的态度也就无话可说了,赶紧带了明廷敕谕赶回漠北去,向主子复命。第二月即景泰元年(1450)六月,阿剌知院再次派遣完者脱欢等5人上怀来,提出要进京朝贡的请求。当时怀来守备都指挥同知杨信不敢做主,马上派人火速上报朝廷。景泰帝敕令杨信,派兵护送完者脱欢等人赴京。(《明英宗实录》卷193,《废帝郕戾王附录》第11)

当完者脱欢等人到达北京递上番文议和表文后,景泰帝简单地瞄了一眼,然后将其交予朝堂上的各大臣传阅。众大臣读完表文后纷纷上请景泰帝,说:从阿剌知院派人送来的这份议和表文内容来看,不仅阿剌知院与脱脱不花可汗都有议和的意愿,就连昔日老押着正统皇帝到处讹诈的瓦剌权臣太师也先现在似乎也改变了态度。因此眼下应该要做的紧要之事就是"差人往房中议和,奉迎太上皇帝(回还)"。(【明】李实:《北使录》)。

● 景泰帝兄弟各自的心事与也先对明朝俘虏皇帝态度的改变

哪壶不开提哪壶,景泰帝朱祁钰一听到这样的上请,当场就要发火,但理智告诉他:千万不能在大臣们面前露底!想到这,他就让太监兴安传旨:既然大家都主张议和,那就得在大臣中挑选出像宋朝的富弼、文天祥那样的人物来充当朝廷使臣,方可任事。(《明李实:《北使录》》)富弼和文天祥分别是北宋仁宗时期和南宋末年出使境外辽国与蒙古国不辱使命的汉民族大英雄,也是百年来不多有的人中豪杰。景泰帝的这般降旨的真实意图是什么?

本来皇帝哥哥亲率大军去远征,留下皇弟朱祁钰在北京城里监国,这是再正常不过的事情。可没想到的是,皇帝哥哥有去无回,皇弟还没弄明白究竟是怎么回事,就被推到了皇帝的宝座上。随即而来第二个没想到的是,明明朝廷内外一致要求皇弟朱祁钰荣登大位,可后宫里的那个曾上明宣宗爱得死去活来的孙老美女却在暗中使了个绊,先立皇兄朱祁镇之子朱见深为皇太子。(《明英宗实录》卷181)当时正值国难,瓦剌军步步紧逼,不久便兵临北京城下,大明处于生死存亡的关键时刻。大敌当前,同仇敌忾,抗击外辱,景泰帝朱祁钰明白事理,顺应时势,立即投入领导全国的保家卫国行动中去。在随后的北京保卫战和抗击瓦剌六次发动的对大明边关军事进攻中,景泰朝廷领导了全国军民不仅取得了一个又一个的军事胜利,捍卫了大明的江山社稷,而且还在此过程中秣马厉兵,整军肃纲,改革军事,励精政治,乂安社会(《明史·景帝本纪》卷11)。由此景泰帝朱祁钰的人格形象大放光彩,帝位也渐趋稳固。偏偏就在这时,第三个意想不到的事情冒了出来——最先从后宫孙太后那里发出的不切实际的懿旨:无论付出怎么样的代价都得要将俘虏皇帝给弄回来,此时却在朝廷大臣中逐渐有了回声;更为巧合的是,昔日敌对的瓦剌集团阵营中,阿剌知院和脱脱不花竟主动遣使上门议和,甚至连过去一直拿被俘皇兄朱祁镇作为攻城略地敲门砖的瓦剌太师也先,据说也有了议和与送还太上皇的意图。这将如何处置呢?朱祁钰为之头疼不已。

虽说相比于曾经不可一世的皇兄正统帝朱祁镇,景泰帝朱祁钰显得羸弱,但他却不呆啊!议和与迎回太上皇虽然是好,但一旦太上皇真的回来了,自己算什么?且将如何处置这个仅比自己长一岁或许还是史上最年轻的太上皇呢?

景泰帝的这等心思让时刻紧随其身边的太监兴安等近侍给看

第 **3** 章 上皇回京 景泰中兴

了出来，他们不断地给主子出主意，或以明蒙之间和战情势不明朗为由，回避讨论迎回太上皇这个头等棘手的话题；或以也先历来狡诈无比，谁能相信此时他的议和又有多少诚意为由，对和谈之事拖拖再说。

皇弟景泰帝对和谈之事要拖拖再说，皇兄俘虏皇帝朱祁镇可一刻都不能等了。自土木之变被俘后，原本位居九五之尊的朱祁镇顿感从云端仙境掉入了地狱苦海，昔日钟鸣鼎食一呼百应的极乐生活立即离他而去，恐惑、惊惧和凄凉轮流袭上心头。按照朱明皇家老祖宗的说法，被俘者即为不洁之人，那就该早点自我了断。洪武初年朱元璋及其爪牙就是这么要求和对待元末名士降臣危素等人的，(参见《明史·文苑一·余阙传》卷285)作为朱明皇家的子孙想必不会不知道这样的祖宗"立制"。可让朱祁镇无法割舍的是，在北京皇宫大院里头，上有时时都在关心他安危的太后老母，下有出生不久的龙种皇子，中间还有那一大堆曾经让他欲死欲仙的后宫"美眉"们，自己实在舍不得啊！所以自当上俘虏的那一刻起，每当瓦剌太师也先说要送他回北京时，这位昔日苛求臣民无限忠君爱国的人间之主却表现出极度的"配合"，甚至干出了帮助也先向自己帝国大索财物和命令边关将领开门揖盗等不齿行为。不过随着时间的推移，昏聩的朱祁镇终于明白：原来自己早已成了瓦剌向大明进行讨价还价的一枚顶级砝码或言奇货，也先压根儿就没有送自己还京的意图。尤其是在正统十四年(1449)十月中旬，北京城下明蒙两军激战时，自己被也先强制安置在德胜门外空房中，差一点让自家的明军炮铳给打死。(《明英宗实录》卷184，《废帝郕戾王附录》第2，【明】袁彬：《北征事迹》)这下总算让朱祁镇体内一直在燃烧着的回京高烧给大大地降了个温。而后随着瓦剌军兵挫北京城下和迅速北撤，正统帝又被挟往漠北，途中发生了令明朝官方不敢正视的事情，堂堂大明天子居然"驾宿猪房"，品尝到了人世间诸多苦楚。(【明】杨铭：《正统北狩事迹》)

朱祁镇被裹挟到也先老巢漠北老营时，大约是在农历十一月中旬。那时正好是漠北隆冬季节，滴水成冰。打小起就过惯了舒适温暖日子的下台皇帝朱祁镇此时可谓五味杂陈，感慨万千。昔日前呼后拥、左搂右抱的神仙生活没了，暂且不说，就眼前这个呼口气都可能结成冰的漠北冬季自己能不能挨过,这还是个问题。好在那时身边还有几个旧时的下人无怨无悔地紧随其后,驱寒问暖地服侍着。在这几个下人中,与俘虏皇帝关系最为密切的就是前章讲过的锦衣卫识字校尉袁彬,史书称:土木之变后,正统帝"从官悉奔散,独(袁)彬随侍,不离左右。""帝既入沙漠,所居止毳帐敝帏,旁列一车一马,以备转徙而已。(袁)彬周旋患难,未尝违忤。夜则与帝同寝,天寒甚,恒以胁温帝足。"(《明史·袁彬传》卷167)这是说朱祁镇落难时,袁彬成了他漠北巡狩时的"大总管",许多重要和不重要的事情都由袁彬直接负责与张罗,甚至在俘虏皇帝夜间睡觉因为天寒地冻而久久无法入睡时,袁彬还常常会将主子的冰凉双足放在自己的胸口,为落难皇帝供暖。

另一个紧随落难天子的近侍也不赖,他叫哈铭,亦称杨铭,蒙古人,正统中期他与父亲一起作为大明的翻译,随同指挥吴良出使瓦剌,不料被强留了下来。土木之变后,明英宗北狩,所带随从几乎亡尽,哈铭作为昔日天子的臣民这才有机会直接服侍明英宗。当时俘虏皇帝想起有什么事情要跟也先及其部下说的,就由哈铭去跑腿;而也先有什么要跟明英宗讲的,也往往通过哈铭去转达。不过与袁彬相比,心直口快的哈铭同明英宗之间的关系似乎没那么顺。(《明史·袁彬传附哈铭传》卷167)

据说有一次明英宗叫喜宁、李铎上明朝使臣那里去取一些好衣服来换换,没想到在取衣回途中,好衣服让伯颜帖木儿的家人给抢去且给分了。朱祁镇听说后十分恼怒,命令哈铭等人立即赶往伯颜帖木儿家去讨要。可哈铭却不以为然,并开导起主子来:"万万使不得,既然这些不知礼义的夷虏抢了我们的好衣服,我们再去讨要,那就好比是从虎口中夺食,即使要到了,但终究还不归我们所有!"正在火头上的俘虏皇帝明英宗哪听得进这等谏言,反以为哈铭不听话,忤逆自己,于是操起了木棒猛挞哈铭。哈铭被打得哇哇叫,叫声传到了附近的伯颜帖木儿家。伯颜帖木儿的妻子听说后,觉得很对不起大明朝的这位年轻太上皇,于是令家人将好衣服全部交还给明英宗。哪想到好衣服交来没多久,叛阉喜宁听到了消息,立即率人赶了过来,又将好衣服全部给卷走了。这时的明英宗傻了眼,口中不停地唠叨道:"哈回子哈铭说得对,虎口夺食,即

使夺了回来还不能归自己。"(【明】杨铭:《正统北狩事迹》)

与讨还好衣服相比,南还才是根本,这一点在糊涂的正统帝那里还是不糊涂的。虽然明知指望也先主动送自己南还似乎不可能,但总不能老这样干等着呀,这时的朱祁镇又开始发挥着自己的小聪明,利用伯颜帖木儿的妻子的怜悯之心,让她设法劝说伯颜帖木儿送自己南还。主意拿定,朱祁镇叫来哈铭,让他到伯颜帖木儿家去游说。哪想到哈铭才说出口,伯颜帖木儿的妻子就这样回答道:"我一个妇道人家能做什么?"见到哈铭一脸的沮丧,伯颜帖木儿的妻子赶紧改口:"当然咯,我家官人盥濯时,我在边上服侍也可以为大明天子进上一言。"至于这一言到底进上了没有,只有天知道。(【明】杨铭:《正统北狩事迹》)

有一天,伯颜帖木儿去打猎,打到了一只野鸡,他就让人将野鸡送给朱祁镇享用。朱祁镇时刻想的是伯颜帖木儿能送他南还,哪要什么野鸡不野鸡的,于是当场就想拒绝。这时哈铭出来劝道:"在大海涨潮时,有一条大鱼随着涌动的潮水游到了浅滩边,没想到潮水退却时他没有及时随之退去,因此搁浅浅滩处。爷爷(明中期近侍对皇帝的称呼,与明初称皇帝为上位的意思相同,此处是袁彬《北征事迹》中所语,笔者特注)设想一下,这大鱼是在大海中翱翔的,如何能在浅滩上生活?而大鱼要想回归大海深处,就非得要等到潮水的再次来临。潮水不到,如何去得?一旦潮水来了,大鱼回归的时刻也就到了。所以说陛下要宽心,'时至自不能留。忧或成疾,悔无及矣。'"(【明】杨铭:《正统北狩事迹》)

经过哈铭的开导,正统帝的心情立即多云转晴,主仆之间的关系在磕磕碰碰中逐渐开始变得平和与融洽。有一天早上起来,朱祁镇跟哈铭说:"你知道吗?昨天夜里你的一只手一直压着我的胸口,我不敢动,怕吵醒你,一直等到你翻身稍醒时,我才将你的手从我的胸口拿下来。"说完他就讲起东汉开国皇帝刘秀与好友严子陵同床共眠的故事来,最后这般说道:"你呀,就是今日的严子陵!"哈铭听到此,赶紧叩首谢恩。明英宗当即许诺:"回朝让你做都指挥。"(【明】杨铭:《正统北狩事迹》)

如果哈铭记载确切的话,那么明代以来的官史中有关俘虏皇帝明英宗后来回京别居南宫安心度日之记载可就大有问题了,而六七年后发生的夺门之变反倒成了情理之中的事了。

就此打住,我们继续讲讲北狩时期的明英宗。除了袁彬与哈铭外,还有一个名不见经传的下人也在默默地服侍着落魄天子朱祁镇,他就是历史上没留下真实姓名、人们只知道他的混号叫沙狐狸的人。那时袁彬主要负责明英宗的安全等事务,哈铭承担着传递消息和处理与瓦剌权贵往来等工作,而沙狐狸则"往返取水负薪",直接服侍被俘君臣的生活饮食等。史书说:"(袁)彬为人温美、多计数,善言笑,时时为隐语。而哈铭、卫沙狐狸亦能谐谑以悦卤(虏),卤益安上皇,上皇亦藉以稍破岑寂。"(【清】查继佐:《罪惟录·袁彬传》卷16)

这四人之间的关系倒是很像《西游记》里头的唐僧师徒4人,他们哭哭笑笑,打打闹闹,但又分工明确,精诚合作,苦中作乐。加上当时战败了的也先对待明英宗君臣倒也并不刻薄,甚至还比较客气,"每二日进羊一只,七日进牛一只,逢五逢七逢十做筵席一次,逐日进牛乳马乳。又进窝儿帐房一顶,差达妇管起管下。上(指明英宗)在行营(指漠北老营)或坐暖车,或乘马,途中达子、达妇遇见,皆于马上叩头,随路进野味并奶子。也先每宰马设宴,仙(先)奉上酒,就自弹虎拨思儿唱曲,众达子(指瓦剌人)齐声和之。得知院、大同王、赛罕王跪奉上酒"(【明】袁彬:《北征事迹》)。

再说从小就饭来张口衣来伸手、过着锦衣玉食生活的明英宗再怎么受到礼遇,总感觉眼前的这般境地是如何的不舒服、不适应,常常会一个人坐着发呆。也先听说后知道朱祁镇想家、想女人了,于是走到他的住处提亲,想把自己的亲妹妹嫁给这位俘虏皇帝。也先的这般做法倒不是自贱,而是有着很深的用意:第一,自北京激战失利以来,瓦剌在军事上损兵折将,由此看来想要吞食大明朝、"求大元一统天下"(【明】杨铭:《正统北狩事迹》)还真不那么容易。既然灭不了对方,迟早要与其进行经济文化往来,倒不如现在就开始在涉及双边关系方面多留点空间;第二,昔日正统帝在明皇宫里习惯了游龙戏凤,自由翱翔,但自当上俘虏的那天起他就开始过着苦行僧般的生活。好长一段时间没碰到女人,正常的男人谁能受得了?第三,一旦俘虏皇帝答应了这门亲事,不仅为他自身生理需求找了行乐的乐子,时间一长或许会如刘禅一般,乐不思蜀,而且还有可能配合也先这个大舅子行事;第四,俘虏皇帝要是答应娶也先的妹妹,他俩就成了郎舅关系,瓦剌与明朝也就成了亲家关系,无论今后形势发展如何,大明朝总不会为报正统帝被俘之仇而发兵攻打瓦剌?

也先正美美地盘算着,哪料到自己的美人计在俘虏皇帝那里没起作用。之所以如此倒也不是明英宗的觉悟有多高或言他不好色、不好欲,而是他身边有个"高人"在指点着。这个高人就是前文说过的袁彬。袁彬提醒俘虏皇帝:"爷爷是大明朝的一国之君,若你答应了也先的提亲,成了外族人的女婿,这不但使自己丧失了气节,而且还会处处受制于人。更何况现在是非常时期,爷爷巡狩漠北,流亡他乡,若真娶了外族女人,人们一定会误以为您贪图男女之欢,忘了自己的祖国。这无论对爷爷您的名声还是对大明帝国的利益都将不利啊!"明英宗听后觉得甚是有理,最后"竟却之",即推掉了这门亲事。(《明史·袁彬传》卷167)

也先知道后还不死心,又选了六个瓦剌美女去侍候明英宗。袁彬听说后又开导起自己的主子,让他这样回应也先:"待朕南还归国迎娶令妹时,再将这六个小美女作为媵从,一起收房,这样也算是不负太师您与令妹的一番深情厚谊了!"

采用不得罪对方且有礼有节的拖延方法,明英宗君臣在不露痕迹的前提下使得也先的一系列阴谋诡计都无法得逞。

● **计除叛阉喜宁,使也先失去了南下侵犯的向导**

不过在这过程中,本来就人数甚少的正统朝被俘君臣队伍里出了问题。昔日正统帝跟前的大红人宦官喜宁最先背叛了主子,并迅速成为了也先身边的摇羽毛扇的人或言狗头军师,不断地为瓦剌出谋划策,祸害明朝。他不仅自告奋勇地领着瓦剌军去攻打大明,捣毁边关,而且还在暗中发展间谍,并将其派到大明帝国境内潜伏起来,充当瓦剌南向的领路人和急先锋。因此,就当时之势而言,叛阉喜宁成了暗中祸害大明帝国和被俘皇帝朱祁镇最危险的敌人。有意思的是,曾经身处"九五之尊"和"人间之巅"的大明睿(聪明的意思,笔者注)皇帝(《明英宗实录》中语)朱祁镇在相当长的一段时间里却对此一无所觉。

有一次,喜宁向也先进言,叫他领军西行,去进攻大明边防松弛的宁夏边关,抢掠军马,然后直趋江表,打得景泰朝廷措手不及,再将俘虏天子朱祁镇"送"到南京去,让他当个傀儡皇帝,由也先来遥控掌握着。也先听后拍案叫绝,随即就让喜宁去与俘虏皇帝说此事。当然,喜宁在说这事时,自然就甜言蜜语,并将计谋中的最后两句话给掐掉了,且向旧主子大灌迷魂汤。一向大事糊涂小事明白的朱祁镇听后沉默不语。在旁的袁彬与哈铭看出了问题,糊涂皇帝动心了!他俩立即上言进谏:"进攻宁夏,天寒道远,爷爷您又不能骑马,空取冻饥之地。要是真到了那里,那里的将士不接纳爷爷,爷爷又将如何?"这个反问将明英宗朱祁镇给彻底地问倒了,最终他"止(喜)宁计"(《明史·袁彬传》卷167;【清】查继佐:《罪惟录·袁彬传》卷16)。

一计不成又使一计。喜宁清楚:被俘天子表面上看去聪明睿智,可骨子里却绝不是这样。之所以自己设计的计谋没能得逞,关键就在于俘虏皇帝身边那几个人老在坏他的事,尤其是袁彬与哈铭实在可恨。因此说,要想在新主子面前立大功,就必须要说动也先迅速除掉袁彬、哈铭等俘虏皇帝明英宗的左膀右臂。于是他逮住机会就向新主子也先进谗言,说袁彬、哈铭等如何如何的不好,瓦剌军对大明的几次军事进攻之所以不成功都是这几个人暗中捣蛋。有一天夜里,他终于说动了也先,乘着明英宗君臣不备,令人将袁彬给绑到了野外的芦苇地里,准备活剥人皮。不料被一直在暗中保护着俘虏天子的忠勇伯把台给发现了,把台立即密令手下人向明英宗做了通报。明英宗闻讯后火速赶往野外芦苇地,不顾昔日皇帝的尊严,向也先不断地乞求,最终救下了袁彬。(【明】袁彬:《北征事迹》;《明史·袁彬传》卷167)

通过一系列事情,糊涂的明英宗最终才看清了昔日眼前大红人喜宁的真面目。就在这时,袁彬上言进谏:"经过一番秘密侦察和调查后他发现,原来也先发动的对明朝的一系列军事进攻大多都是由喜宁挑唆起来的。因此说,爷爷要想南还,首先必须得让明蒙双方之间弭战,而想要明蒙双方之间弭战,就必须得除掉奸人喜宁。"朱祁镇听后不停地点头称是,随后君臣两人便开始密谋除奸

之计。(【明】袁彬:《北征事迹》)

数日后,袁彬来到也先帐篷,说北京方面久无信息,正统皇帝随身穿的都是冬衣,眼见春天就要来了。正统帝要他与夜不收(侦察兵)总旗高斌、御用监太监喜宁同瓦剌使臣纳哈出一起去一次北京,一来向明皇宫里的家人报个平安、问个好;二来随便拿些春衣过来换换。也先听后没察觉到这里边有什么不妥的,当即就同意了。袁彬立即向正统帝做了汇报,正统帝听后如此这般地告诉袁彬,并命他密写喜宁谋叛诸项罪行,函藏木片里,然后再将这木片偷偷地交给夜不收总旗高斌,让高斌将之绑在腿上,并令其到宣府时设法与宣府总兵官取得联系,合作相机擒拿叛阉喜宁。而对于狡猾无比的喜宁,明英宗则继续装傻,让他回京去取衣服等物,并在给景泰朝廷的文书里头大大地褒扬了喜大太监,且为他申请赏赐。喜宁知道后兴奋得差一点晕过去。就这样,在各方面都已安排妥当的情势下,瓦剌"混合使团"于景泰元年(1450)二月初由漠北开拔,向南进发。

走了十来天的时间,即在景泰元年(1450)二月十二日,瓦剌使团的先遣队3人行至万全右卫。十四日又有使团50余人来到宣府城下,近墙而行,忽然有人对着城头上大喊:"我是总旗高斌,往北京奏事。"城头上的人听到喊声,赶紧去向长官作了报告。其实长官早已得到了密信,尤其是总兵官朱谦完全清楚此次瓦剌混合使团的特别之处,他委托了当地的宣府右参将、都督佥事杨俊相机行事,逮住喜宁。(《明英宗实录》卷189,《废帝郕戾王附录》第7)

再说杨俊自接到密令后岂敢怠慢,于十四日当夜四更时分赶到宣府右卫城内,并派出了都指挥江福、内官阮华州、陈伦前往瓦剌使团必经之路野狐岭去埋伏人马。十五日巳时分,使团1000多人来到城墙根下,近边南行。这时,高斌走到城下,与杨俊等秘密接头。杨俊问:"喜宁来了没有?"高斌回答:"就在后边的队伍里。"杨俊听后大喜,随即轻声地跟高斌说:"你回过去通报喜宁,就说宣府官军们准备好了酒席礼物,恭请使团成员一同入城叙叙。"喜宁听说后怀疑其中有诈,拒不入城。杨俊只好让高斌再去喜宁那儿,改口说:不劳太监和使团成员入城了,官军们已在城下备好了薄酒,略表一下心意。喜宁听后觉得并没有什么不妥的,于是就领了几个瓦剌人来到了城下。这时,杨俊"等出关用言绐诱近前,官军奋勇一齐突出,将喜宁并贼人火洛火孙生摛诣京"(《明英宗实录》卷189,《废帝郕戾王附录》第7)。

不过同时代的同一现场当事人袁彬等人却在相关史料中记载着这样的细节:杨俊与高斌密约好后,不知有计的喜宁几乎没有什么防备地来到城下吃酒。这时城头上放枪,只听得火铳一响,高斌立即抱住了喜宁。喜宁当即明白,大势不好,拼命挣扎,两人立即扭成一团,随即又滚落到了城濠里。这时官军们纷纷冲了过来,当场擒获了喜宁。瓦剌使团的正使纳哈出见到情势不妙,赶紧开溜,连滚带爬似地逃回漠北去,向太师也先报告了事情的经过。也先听后直跺脚,但事已至此,跺脚、发火又有什么用呢。(【明】袁彬:《北征事迹》;《明英宗实录》卷189,《废帝郕戾王附录》第7)

再说喜宁被抓后,随即被押往京师北京。朝廷文武诸大臣及六科、十三道监察御史闻讯后连章劾之,说:"以小人而为大奸,挟外寇而为内患,滔天之罪既著,赤族之戮宜加。喜宁猥以俘虏,荐沐宠荣,受列圣之深恩,居太监之重任。而乃欺天负国,背义忘恩,属奸臣之不轨,致上皇之蒙尘。喜宁回自虏中,诈传诏旨,妄指迎驾为名,索要朝廷金帛,既有乘机而复往,主令贼首以来侵扰我边境,犯我京畿。上而宗庙震惊,下而军民荼毒。虽天威所加,而数万之众遂遁,奈生灵受害而千古之恨难消。兹者天厌祸乱,鬼启其衷,喜宁又以打话为由,送驾为说,欲乘间而入寇,被守将以擒来。臣窃惟喜宁近侍内臣也,本朝廷腹心,反为丑虏腹心;本丑虏仇敌,反为朝廷仇敌,凡也先敢尔跳梁,皆喜宁为之向道;若不正之典刑,碎之万段,不惟无以大彰天讨,垂戒将来,亦且无以慰宗社之灵,雪臣民之忿。"(《明英宗实录》卷189,《废帝郕戾王附录》第7)

景泰帝接到众臣的奏章后,诏令群臣杂鞫喜宁,最终判决对其"磔诸市三日",并籍没其家。(《明英宗实录》卷189,《废帝郕戾王附录》第7)

屡屡作恶的叛阉喜宁被除去,大明朝廷内外莫不欢欣鼓舞,就连在漠北当俘虏的太上皇朱祁镇听到喜讯后也高兴地说道:"干戈久不息,人民被害,皆喜宁所为。今后边防宁靖,我南归亦有日矣!"(《明英宗实录》卷189,《废帝郕戾王附录》第7)

- **瓦剌太师也先终于改变了对大明之策略——朝鲜国王都看清了鬼把戏**

对于那时的朱祁镇来说，好消息和好事似乎还不止于此。景泰元年(1450)年初，在漠北老营破败的苏武庙里住了40余天的明英宗，随着瓦剌大军不停地起帐而到处往来和驻足，简直就成了名副其实的北漂一族。而就在这"漂流"的过程中，有人告诉他：脱脱不花可汗和阿剌知院已私下遣人与明廷议和，并各自下令从大明边境退兵。先前强硬主战的瓦剌太师也先此时已孤掌难鸣，继续对明作战，扰边犯境？谈何容易，现在大明当政的景泰帝可不是当年的正统帝，尤其是他底下有个叫于谦的大臣十分了得，调兵遣将，运筹帷幄，屡屡挫败瓦剌军的南进；那么继续挟裹俘虏皇帝朱祁镇到大明边境去扣关？问题是，原本以为这个"天价奇货"现在却因为大明有了新天子而变成没什么价值的"空质"。再说这样的"空质"一直捏在手里可不是什么事，"扔"了他吧，还舍不得；继续质押下去，难保在这过程中有什么差池。要是大明朝的"太上皇"真是有什么闪失，想必景泰朝廷也不会善罢甘休，甚至弄不好就像当年自家元蒙老祖宗去挖南宋帝陵，将宋理宗的头颅给割了下来当做日常生活饮器，弄得"天下闻之，莫不心酸"（《明太祖实录》卷53；【明】戴冠：《濯缨亭笔记》卷1）。民族怨仇会越结越深，这可是大傻子才干的事啊，在我也先当政时可万万使不得！回想起土木之变前双方关系尚好的那些年，瓦剌从大明那里得了那么多的好处，光金银绸缎就堆积如山，可如今呢？听说脱脱不花可汗和阿剌知院早已与大明暗中和好，他俩图的还不是那丰厚的实惠。看来啊，我也先也得要调整一下战略思维。瓦剌太师思想这么一松动，与大明朝议和和送还俘虏皇帝的主张就开始大行其道了。不过从也先角度来讲，当初是由于自己的强硬主张才引发了明蒙之间战争的，如今要是突然宣布议和，似乎还过不了那个坎，怎么说也得要找个台阶下。想到这些，瓦剌太师发出话来：议和与送俘虏皇帝可以，但明朝必须得派出高级别的官员做使臣，备有丰厚的礼物，来我瓦剌议和迎驾，且必须保证被俘皇帝朱祁镇回去后重登大位。（《明英宗

实录》卷189,《废帝郕戾王附录》第7)

理性而言,也先开出的这个和谈条件确实不咋的,什么高级别的官员做和谈使臣,什么备有丰厚的礼物,这些都不难办到。唯独有一点最难做到,即保证被俘皇帝回去后重登大位,这是当政的景泰皇帝最为忌恨的。从景泰帝角度来说,什么都可以谈,就是这皇位我屁股还没有坐热,马上要我让还?想当初国难突发时你皇帝哥哥在哪里?又是谁"临危受命"拯救了大明帝国?对于这些事情,作为主要当事人的景泰帝朱祁钰再明白不过了。他想说,但在那个竭力弘扬"父义母慈、兄友弟恭"和"内平外成"(【汉】司马迁:《史记·五帝本纪》;【明】朱有炖:《灵芝庆寿》)主旋律的传统社会里,纵有一万个胆,临难之际被人突然推到大位上的明代宗朱祁镇怎么也说不出口,也不能说。不能说,那么办呢?朱祁钰身边不乏高人,他们不断地给主子出主意,对于瓦剌的和谈之事装聋作哑,能拖则拖。前面讲过的太监兴安为景泰帝传旨,要挑选富弼、文天祥那样的不辱使命的民族大英雄做和谈使臣就带有很大的抬杠和拖延的意味。

理性而言,拖延能应付得了一时,但绝不能解决问题。尤其是景泰元年(1450)春夏间随着明蒙间的战争之势逐渐明朗,瓦剌集团发生了分化,脱脱不花可汗和阿剌知院都派出了议和使臣屁颠屁颠地老往大明方向跑,顺便也带来了瓦剌太师也先不断变化地开出、低得不能再低的议和条件,让明廷派大臣上瓦剌去,体体面面地将俘虏皇帝朱祁镇给接回,这着实给景泰帝出了个大难题。对此,当时局外人朝鲜国王在听到消息后就跟他的大臣这般说道:"中国之变,千古所无。送还皇帝,亦是意外之事也。也先之意以谓一则正统还入,则与景泰必有猜疑,以成内乱,如此而徐观其势,欲施其策;一则闻中国立正统之弟为皇帝,虽使拘留不还,终为无益耳。意不出此二者。因此而料之,则中国以皇太后之命复立正统,亦或有之矣……"(吴晗辑:《朝鲜李朝实录中的中国史料上编卷六·世宗庄惠大王实录三》,第2册,P458,中华书局,1980年3月第1版)

连一个外国国王都已一针见血地洞悉了问题的棘手性,作为大明朝最主要的当事人景泰帝难道会看不懂?不过好在那时有人给他出了"妙招",即"以也先屡奏,欲送大驾回京",但"谲诈终无实情"或以"闻也先军马尚在边上,似有挟制之意,恐违天道,难以讲和"为辞,继续拖着不作正面回应。(《明英宗实录》卷192,《废帝郕戾王附录》第10)

● 景泰朝廷两次派遣使臣北上议和

这样的局面维系到了景泰元年(1450)六月初一日时,朝廷大臣几乎都知道:阿剌知院特使完者脱欢等带来新消息,瓦剌统治集团包括先前强硬主战的太师也先都想与明朝议和了。对此,六部、都察院等衙门的头面人物太子太保兼吏部尚书王直等大臣纷纷上奏,建议景泰帝从了也先之请,立即遣使北上,奉迎太上皇还京。其奏章中说道:"陛下嗣登大宝,天与人归,四方万国,同心欢戴,永永无贰。陛下隆敬兄之心,已昭告天地、祖宗、社稷,遵为太上皇帝,名位已定,天下之人皆以为宜。今既留寓房中,而归以太上之尊,不复事天临民。陛下但当尽崇奉之礼,永享太平悠久之福。陛下于天伦既厚,则天眷益隆矣。"(《明英宗实录》卷193,《废帝郕戾王附录》第11)

在奏章中王直等人指出:陛下您嗣登大位,天下归心,万国欢戴,这是永远不变的。您的兄长、前皇帝已被尊为太上皇,这也是天下万民、甚至地下祖宗都知道的事情。如此名位已为事实,普天之下皆为认可。您的皇兄即太上皇一旦从漠北迎回来,就让他继续当他的太上皇,自然也不会再君临天下。而陛下您只要对他尽崇奉之礼而已。

王直等人的奏疏直截了当地说出了景泰帝的隐衷。可这样的隐衷要是公开承认的话,那会将自己置身于多被动、多尴尬的境地啊!想到这里,景泰帝朱祁钰回应道:"卿等所言,理当然。此大位非我所欲,盖天地、祖宗及宗室文武群臣之所为也。自大兄蒙尘,朕累遣内外官员五次赍金帛往房地迎请,房不肯听从;若今又使人往,恐房假以送驾为名,羁留我使,仍率众来犯京畿,愈加苍生之患。朕意如此,卿等更加详之,勿遗后患。"(《明英宗实录》卷193,《废帝郕戾王附录》第11)

景泰帝的这番婉拒与拖延使得对于前朝皇帝朱祁镇有着绝对

非理性忠诚的王直等老臣颇为无奈与着急,而就在这时有相当多的朝廷大臣已形成了迂腐的共识:无论怎么说,朝廷派遣使臣前去议和与迎回太上皇已刻不容缓了。就连在正统朝外表为老糊涂的胡濙也出来上奏朝廷,请求遣使迎还。

胡濙是历经大明前期屡次风浪的数朝老臣,又是景泰帝登极前后稳定大局的重量级人物。他这么一上奏,朱祁钰就不得不要重新考虑考虑原来的主意了。而就在这个节骨眼上,当初与胡濙等人一起力挽狂澜、稳定大局的另一个关键性人物、景泰朝的"救时宰相"于谦也开始表态了:"天位已定,宁复有他,顾理当速奉迎(太上皇)耳,万一彼果怀诈,我有辞矣。"(《明史·于谦传》卷170;【清】夏燮:《明通鉴》卷25)景泰帝见此不得不改变初衷,随即说道:"从汝,从汝。"即说我就依了你们!(【明】李贽:《续藏书·经济名臣于忠肃公》卷15;《明史·于谦传》卷170;【清】夏燮:《明通鉴》卷25)

○ 以李实、罗绮为正副使的景泰朝廷第一批议和使臣北上议和

既然当朝皇帝同意派遣朝廷议和使臣,那就赶紧挑选合适的人士呀。景泰帝有旨,令"礼部三品已(以)上官具名封进",即让朝廷三品以上的官员匿名推荐,然后皇帝再从中作出选择,最后选得礼科给事中李实、大理寺丞罗绮为朝廷议和使团正副使。(【明】李实:《北使录》;《明英宗实录》卷194,《废帝郕戾王附录》第12;《明史·景泰本纪》卷11)

李实,合州人,正统七年(1442)进士,套用古时候的一句时髦话,他是正统天子的门生,但事实上那时的正统帝自己还是个孩子,因此说所谓的天子门生只是挂名而已。不过这个挂名有时候也很重要,再怎么说,这个叫李实的后生官僚与当下正在当俘虏的大明天子还有那么一层关系。而从李实的仕路历程来看,自入仕以来他在政治上进步不大。景泰帝当政之初,他还是从七品官的礼科给事中,这在高官巨卿云集的朝廷中算是个芝麻官。李实之所以多年不显,关键的因素很可能还在于他那率直的个性。史书说他"为人恣肆无拘检,有口辩",换言之,他言行举止百无禁忌。这样的个性在时刻都暗藏巨大风浪的朝廷政治中可不是什么好事,在政治上他好多年都一直原地踏步就很能说明问题了。不过在当时的景泰帝看来,口才好又能言行率直,且为正统七年进士,

这样的人才还不是眼下朝廷所需要派遣北行的议和使臣么?! 至于他的官衔与品秩稍低了一点，这对于大权在握的大明天子来说简直就是小菜一碟，他立即下令升李实为礼部右侍郎，授予其实际职位为朝廷议和使团正使，即使团团长。(《明史·李实传》卷171)

有了正使，还得要有合适的副使，有人向景泰帝推荐了罗绮。

罗绮，磁州人，宣德五年(1430)进士。正统之初，他被授予御史之职，巡按直隶、福建，有能干之名。正统九年(1444)，罗绮参赞宁夏军务，在任时很得民心，"逾年当代，军民诣镇守都御史陈镒乞留"。朝廷闻讯后下令，允准当地军民之请，让罗绮旧地复任，后不久提升其兼任大理寺右寺丞。那时大珰王振已经发横，蝇营狗苟之徒投身其门下，在宁夏边防军中就有任信、陈斌两指挥为王振之党，罗绮因看不惯他们肆意胡为而屡次上奏弹劾，甚至还曾詈骂他俩后台老板大珰王振为老奴。任信、陈斌知道后立即反击，诬陷罗绮。罗绮随即被朝廷召回，由法司部门拟罪。王振知道后很不甘心就此便宜了他，改令锦衣卫再度鞫审。那时的锦衣卫由王振走狗马顺掌控着，什么样的案子只要正统帝眼前的大红人"王先生"一定调，他都能将它办成"铁案"。罗绮由此被定了重罪，发配至辽东戍边。景泰帝即位后，尚书于谦和金濂力辨其案，罗绮这才被召回，复任大理寺右寺丞。(《明史·罗绮传》卷160)

从上述这番宦海经历来看，罗绮不仅是个刚正不阿的直臣，而且还是深受正统朝活宝君臣迫害的人。以景泰帝的隐衷而言，本来很可能是想让罗绮出任议和使团正使的，但这样的任命或许太过于露骨了，会产生不必要的负面影响，于是他最终拍板敲定李实为使团正使，大理寺右寺丞罗绮出任使团副使。至于罗的官秩稍低，景泰朝廷立即下令，擢升其为大理寺少卿。(《明史·罗绮传》卷160)

使团框架搭好后，景泰帝又下旨，令李实与罗绮带上朝廷给脱脱不花王、也先太师和阿剌知院等人的敕书，随北归的阿剌知院的特使参政完者脱欢出使瓦剌。在给脱脱不花王的敕书里，景泰帝这样说道："我国家与可汗自祖宗以来，和好往来，恩意甚厚。往年奸臣专擅，减克使臣赏赐，遂因小物以失大义，邀留朕兄，伤害军马。今各边奏报，可汗尚留边地，杀掠人民。朕欲命将出师征讨，但念人民皆上天之赤子，付朕与可汗者，可汗杀朕之人，朕亦杀可汗之人，与自杀之无异。夫天以赤子付之主管，今乃互相杀害，其逆天莫大焉。朕所以不恃中国之大、人民之众，轻于战斗者，恐逆天也。近得阿剌知院使臣奏言，已将各家军马约束回营，是有畏天之意，深合朕心。特命使臣赍书币以达可汗。其益体朕意，以副天心。"(《明英宗实录》卷194，《废帝郕戾王附录》第12)

在给瓦剌太师也先的敕书里，景泰帝以大体相同的口吻说道："自尔祖至尔，我国家所以待遇之恩至矣。曩因小隙，遂致连兵。将臣弗戒，大驾淹留。此特一时之失，不可以为常理。昨已遣人重赍金帛，奉迎大驾，至三至四，而尔不发不报，以此使命不通，此非朝廷之过。乃者纵兵四出，杀掠人民。夫彼此人民皆天之赤子，欲其啖饭著衣，长养生息；若有生事，残害其生，绝其衣食者，是天之仇也。既为天之所仇，岂能享有其富贵？近阿剌之使来言，止各家兵马，仍议和好，是能畏天爱民，真大丈夫矣。而近边尚闻有劫掠者，是情与词异。朕固不惜大战，但恐害天之赤子，违天之意。故特命使臣偕来使往谕此意。太师其念往日之恩，顺天爱民之意，罢兵息战，以图永远之福。"(《明英宗实录》卷194，《废帝郕戾王附录》第12)

除此之外，大明朝廷又以敕谕阿剌知院并赠予"脱脱不花可汗及也先、阿剌各白金百两、金织文绮八匹，其知院帖木儿以下给赐有差。"(《明英宗实录》卷194，《废帝郕戾王附录》第12)

在装载好了金银、彩缎、帐房、马匹和酒脯等御赐之物后，使团正使李实仔仔细细地看了一遍景泰帝的敕书内容，突然发现其中有一个十分有意思的事情，即朝廷对于是否迎回被俘的正统皇帝朱祁镇却只字未提。这到底是怎么一回事？皇帝的敕书一般是由内阁最先票拟而成的，会不会是那些阁臣们疏忽了呢？想到这里，李实就急急忙忙地往内阁走去，想问个究竟。途中刚好遇到了景泰帝跟前的大红人兴安。兴安十分好奇地问道："李大人这般匆忙赶路，为何事？"李实以实相告，没想到兴安听完后却突然大声呵斥："爷爷(指景泰帝)叫你出使漠北，你就只管出使，其他事情，就不用多管！"李实听后再也不敢多说什么了，当日便与"虏使参政完者及侍郎人等共二十一人起行"(【明】李实：《北使录》)。

李实一行北行经过居庸关、怀来、雕窝堡、独石、毡帽山、兴和卫东珂边、昂裰冈儿、失剌失簿秃，在七月十一日那天终于到达了

第3章 上皇回京 景泰中兴

也先的营地失八儿秃。也先一看到景泰朝廷使臣李实等,开口便问:"大明皇帝因何差尔每(们)来?"李实说:"自太师父祖以来,至于今日,朝贡朝廷三十余年。你使臣进马,(我朝廷)往往待以厚礼,遇以重恩。近因奸臣王振专权,减少马价,以故勒兵拘留太上皇帝圣驾,抢掠人民,杀害军马。今瓦剌知院上合天道,下顺人心,奏知可汗,禀过太师,特念前好,同差参政完者脱欢赍文赴京,以求和好,依旧遣使往来。"听到大明使臣这般乖巧说话,也先当场就心花怒放,自己有台阶下了,随后这样说道:"这事只因陈友、马清、马云小人上是非,所以动了军马,小事儿做成大事。我的实心送太上皇帝到京,你每(们)不差大臣出城迎接。我又着张关保、姚谦去奏,又将他来杀了。"说着说着,忽然发现话题似乎有点跑调了,也先赶紧将之来回:"大明皇帝与我是大仇,自领军马与我厮杀。天的气候(老天有眼),落在我手里。众人劝我射他,我再三不肯。他是一朝人主,特着知院伯颜帖木儿吾早晚恭敬,不敢怠慢。你每(们)捉住我时,留得到今日么?"风趣幽默的语言一下子将议和的气氛给调得暖暖的,最后也先没忘这般说道:"明日着人引你每(们)去见(太上皇)。"(【明】李实:《北使录》)

第二天,李实与罗绮等人在也先的手下骑士的引领下,来到伯颜帖木儿的住帐地,见到了太上皇朱祁镇,当即献上了粳米、鱼肉、梅杪、烧酒、器皿和丝绸等物。再说那时的朱祁镇身边只有校尉袁彬、余丁刘浦儿、僧人夏福等三人,所居者为"围帐布帏,席地而寝",旁边有"牛车一辆,马一匹,以为移营之具"(【明】李实:《北使录》)。曾经富有天下的一代天子居然落到这般田地,李实与罗绮等使臣见到此番情景,眼泪都要掉出来了。而与故国人几乎完全隔绝了快一年的太上皇朱祁镇见到昔日旧臣,更像是犯了错的孩子见到自己的家里人,立即解释道:"比先我出来,非为游猎私己之事,乃为天下生灵躬率六军,征讨迤北。不意被留在此,实因王振、陈友、马清、马云所陷。也先实意送我回京,被喜宁引路,先破紫荆关,抢杀人民,拥至京师,喜宁不肯送回。后至小黄河,也先欲送回,又被喜宁阻住。在口乾又要送回,又被他阻当。喜宁既凌迟了,陈友等不要饶他。"(【明】李实:《北使录》)

俘虏皇帝的这番解释很有意思,明明是自己昏聩无能才导致了土木之变和大明国难,他却将主要责任推给了误国的奸臣。虽说可能是为了顾忌自己的颜面,但朱祁镇的昏庸也由此可见一斑。要说当时他所倾诉的对象李实与罗绮等可不糊涂,他们心里可明亮着啦,但碍于面子,没有当场反驳,只是不答语而已。好在朱祁镇还不算太笨,正说着忽然觉察到气氛不太对劲,于是改变了话题,"问圣母及今上安否?"李实立马回答:"太后与皇上都很好。"朱祁镇接下话茬,说:"既然家里都很好,那朕就放心了。"随后他向使团成员一一问好,顿时场面就活跃了起来。乘着欢愉的机会,俘虏皇帝最终说出了自己最为关切且十分敏感的问题:"我在此一年,因何不差人来迎我回?你每(们)与我将得衣帽来否?"李实应对道:"陛下蒙尘,大小群臣及天下生民如失考妣。但房中数次走回人口,有言见陛下者,有言未见陛下者,言语不一。又四次差人来迎,俱无回报。因此,特差臣等来探陛下回否消息,实(李实自称)不曾戴(带)得有衣服靴帽等物来。"(【明】李实:《北使录》)

尽管有着"口辩"之才美誉的李实将景泰帝讳忌迎还太上皇之事说得天衣无缝,但毕竟有着14年皇帝"工龄"的朱祁镇还是品出了其中的味道来。专使北上议和迎驾本是大明朝廷之大事,可现在连朱祁镇急需要换用的衣服靴帽等物都不曾让李实等人带来,这难道仅仅是疏忽吗?由此看来昔日受命监国的皇弟、如今的当朝天子对他这个皇兄并不怎么的,甚至还很有可能是规避迎驾回还。想到这里,俘虏皇帝朱祁镇黯然神伤,随后跟李实一行人这般说道:"你每(们)回去,上覆当今皇帝并内外文武群臣,差来迎我,(我)愿看守祖宗陵寝,或做百姓也好。若不来接取,也先说今人马扰边,十年也不休。我身不惜,祖宗社稷天下生灵为重。"(【明】李实:《北使录》)

堂堂大明天子当了俘虏,居然还恬不知耻地以俘虏自己的敌人作为威胁自己国家和朝廷的重量级武器,明英宗的无耻可谓是到了家。不过好在他及时地意识到了,当即做了补充说明:我的身家性命无所谓,朝廷应该以祖宗社稷、天下生灵为重啊!

多美妙的政治家说辞,我们的传统国史中随处都能见到这样一个个的美丽谎言,它们骗过了一代又一代迷信国史的人,直至今日还为一些"正史嗜好者"所久久不能释怀。不过有意思的是,昏聩无能和谎话连连的明英宗却没能在当时忽悠得了"言行肆意"和性格率直的景泰朝廷使臣李实与罗绮等人,他们当即"以上(指明英宗)昔日任用非人,当引咎自责,谦退避位,忠言直谏"做了回音(【明】李实:《北使录》)。由此可想,该日曾经君臣的见面不会愉快到哪里去,李、罗等自此"失上皇意"(《明史·李实传》卷171列)。后来明英宗复辟了,李实被"斥为民",罗绮最终也被诬坐死,家遭籍没,"家属戍边,妇女没入浣衣局"(《明史·罗绮传》卷160)。

当然这些都是后话了。再说当时李实与罗绮尽管与朱祁镇谈得不快乐,但对于曾经的主子、当今天子的兄长之嘱托,他们还是放在心上的。第二天,在瓦剌盛情款待明朝来使的欢庆宴会上,李、罗乘机向也先表露了想奉迎太上皇南还的意图。也先听后立即一脸正经地说道:"(你们)大明皇帝敕书内只说讲和,不曾说来迎驾。太上皇帝留在这里,又做不得我每(们)皇帝,是一个闲人,诸事难用。我还你每(们),千载之后只图一个好名儿。尔每(们)回去奏知,务差太监一二人,老臣三五人来接,我便差人送去。如今送去呵,轻易了你每(们)皇帝了。"(【明】李实:《北使录》)为了表示自己的一片诚意和言行一致,也先又立即派人叫上罗绮一起上大同边地去,调回了在那里扰边的瓦剌军。

再说李实在漠北瓦剌军的住帐地待了近半个月,看到也先主意已定,根本没有什么进一步商量的余地,于是于六月十四日告辞启程南还。临走前他们向太上皇辞行,俘虏皇帝朱祁镇再三叮嘱:"你每(们)回去,上覆圣母太后,上覆当今皇帝,也先要者,非要土地,惟要蟒龙织金彩缎等物,可着早赍来。"(【明】李实:《北使录》)李实等人听后眼泪不断地涌了出来,随后"拜辞起行"(【明】李实:《北使录》)。

○ 以杨善、赵荣为正副使的景泰朝廷第二批议和使臣北上议和

就在李实一行尚未回到北京之前,已经与太师也先之间有着较大矛盾的瓦剌可汗脱脱不花派了皮儿马黑麻一行来到了北京,向大明朝廷请和。

景泰元年(1450)七月中,在北京驿馆住了好些日子的皮儿马黑麻等告归,景泰朝廷下令赐宴欢送。而就在这欢送宴会上,皮儿马黑麻等对欢送的明朝官员说:"今关外城池凡十四处,皆为我瓦

刺所困,事势危甚。昨者阿剌知院遣使议和,朝廷尚令人偕往。今我辈乃脱脱不花王及也先所命,朝廷必须遣大臣同往,庶事有济,不然恐未易了。"主管大明礼仪的礼部尚书胡濙听说后,赶紧上奏,将皮儿马黑麻的话"翻录"给了景泰帝,并恳请朝廷立即再派遣使臣北上议和。(《明英宗实录》卷194,《废帝郕戾王附录》第12)

吏部尚书王直等人听说后也纷纷上言,说:"黠虏多诈,虽遣使讲和,其情未可深信,但今边报日急,人民缺食流移者众,须出权宜,以纾危急。宜选廷臣素称忠直、善于辞令者四人为正副使,与之(指瓦剌可汗脱脱不花的使臣皮儿马黑麻,笔者注)同往,以答其意,且开谕之,令其上顺天心,毋为民患。"景泰帝接奏后回答:"李实一行北上没多少时间,等他们回来了,我们再审时度势地做决定吧!"(《明英宗实录》卷194,《废帝郕戾王附录》第12)

可哪知许多迂腐大臣就是不愿接受这样的处置意见,他们不停地上奏,要求朝廷再遣使北上议和并迎驾。有个官至左副都御史名为杨善的大臣甚至在朝堂上来个毛遂自荐,愿做朝廷北上议和使臣,这下可大大地将了景泰帝朱祁钰一军。

○ 人面兽心的杨善通过告密才官复原职与正统帝的"知遇之恩"

杨善,字思敬,北京郊区的大兴人,17岁时为诸生。按理说这样读书出身的人应该继续走科举这一条路,可杨善却是个急功近利的人,读书带来的功名利禄太慢了,他想一夜显贵。巧了,建文元年(1399),燕王朱棣起兵造反,根本不懂兵事的杨善凭着自己的三寸不烂之舌投靠了朱棣,帮助朱棣之子朱高炽镇守北平即后来的北京。"靖难"之役后,因"预城守有劳",他被明成祖授予典仪所引礼舍人,永乐元年(1403),被改为鸿胪寺序班。鸿胪寺序班即为在朝祭礼仪中负责朝廷官员的班行位次,是个在朝中小得不能再小的小官。但杨善很"重视"自己的这个官职,每次在朝堂上通报某人觐见时,总是拉开了嗓门,十分认真地喊着,加上他自身"硬件"条件很好,高高的个子,长得一表人才,由此很快地引起了明成祖朱棣的注意。(《明史·杨善传》卷171)

可让他万万没想到的是,自己的官位还没来得及上升,却因事牵连而身陷囹圄。这时的杨善可谓是万念俱灰,好在那时同监狱中有个叫章朴的文化名人不断地给予他开导。章朴是永乐三年（1405）进士，与曾棨、周述、李时勉、王直、王英等28人同为永乐帝看中，入文渊阁就学，人称"二十八宿"（《明太宗实录》卷38）。后学业有成，章朴等庶吉士在永乐朝廷担任近侍之职，因工作有失而被魔鬼皇帝打入大牢。非常巧合的是，章朴与杨善同系一狱。因时间长了，两人成了无话不说的"知己牢友"。

那时永乐帝正在紧锣密鼓地追查建文"奸党"，首治方孝孺"党人"。而章朴是个有骨气、有思想的文人，不管什么"奸党"不"奸党"，朝廷勒令上缴和销毁方孝孺的诗书文籍，他却隐瞒不报。不仅如此，在狱中他还将这等事情告诉了"知己牢友"杨善。俗话说得好，知人知面不知心，章朴以为同系一狱的"牢友"杨善是个绝对知己，什么样的话都可以跟他说。当对方开口要借《方孝孺集》时，章朴居然毫无迟疑地答应了。哪知道这个心比蛇蝎还要狠毒的杨善丝毫没有人性的最为基本之善，拿到书后立即向永乐朝廷告密：章朴私藏《方孝孺集》，实为漏网的建文"奸党"。可怜的章朴连做梦都可能没想到，朝夕相处的"难兄难弟"居然是个人面兽心的人渣，还没等他想明白这里边究竟是怎么一回事，永乐帝的屠刀已将他的头颅给砍了下来，而杨善因检举揭发有功而官复原职。随后不久，朱棣又提拔他为鸿胪寺右寺丞。洪熙帝即位后，杨善升为鸿胪寺卿。（《明史·杨善传》卷171）

但杨善的实际工作责任性却不咋地，宣德六年（1431）十月，他"以典仪失职，为监察御史所劾，下行在都察院狱"。只是那时的皇帝朱瞻基治政尚宽，将杨善关了关，然后就把他给放了。人是放了，但靠伤天害理得来的官衔也没了，明宣宗下令，命杨善"免冠带视事"（《明宣宗实录》卷84）。后因工作"积极主动"，他又官复原职，逐渐地得到了晋升。

中国有句古话，叫有其父必有其子。正当为人不正的杨善在仕途上再次稍稍有所起色时，他家里的宝贝儿子出事了。正统六年（1441），杨善之子杨容伪造中官之书，将宫中金银借给了朝廷重臣"建设部部长"吴中，不曾想到，却被人告发了，最终落得个谪戍威远卫的下场。当时当政的皇帝就是正统帝，小娃娃念及杨善是老臣，所以也就没对他作连坐处置。正统中后期，皇帝朱祁镇提拔

杨善为礼部左侍郎即礼部副部长，但仍主持鸿胪寺工作。(《明史·杨善传》卷171)

○ 因为跑得快才捡得一条小命的杨善想在景泰朝"秀一秀"

正统十四年(1449)八月，明英宗钦点人马，统率朝廷大军北征瓦剌。杨善作为随驾大臣一同北上。土木之变突发，大明之师全军覆没，混乱中杨善不问主子明英宗的安危，抄小路一路没命地逃窜。也幸亏他跑得快，总算捡回了一条小命。回到京师后他绘声绘色地向同僚们描述北虏之厉害，以此来抬高自己脱险而还的资本。当时景泰朝廷为了鼓励大家齐心杀敌和争取北京保卫战的胜利，对于一些积极主张抗战的大臣多予以升赏和重用，杨善就这样被改任为都察院左副都御史，与都督王通提督京城守备。北京保卫战取胜后，他又被提升为都察院右都御史，相当于监察部的副部长，职衔与他先前出任的礼部副部长相差不了多少，而实际上还是让他主管鸿胪寺之事。这时的杨善忽然想起来了，自己入仕以来一路坎坷，好不容易爬到了副部级——礼部左侍郎，这还得要感谢那个在瓦剌当俘虏的太上皇朱祁镇！景泰元年(1450)有一天上朝结束，朝臣们按照常规一一来到朝房相互庆贺，唯独杨善一人像死了亲人似地，哭丧着脸。有人不解地问道："杨大人为何这般不悦呀？"杨善边挤出几滴眼泪边煞有介事地说："太上皇在漠北，那是什么地方？我们做大臣的有何脸面在此相互庆贺！"众臣当场被呛得说不出话来，好多人都以为杨善是个居安思危的大忠臣！(《明史·杨善传》卷171)

其实善于伪装又心思缜密的杨善一直在寻找机会，总想在朝廷同僚面前露露脸。机会终于来了，景泰元年(1450)春夏间，瓦剌使臣来京，恳请大明朝廷遣使议和。景泰帝令三品以上朝臣匿名推荐正直、能言善辩的大臣北上议和。按照常规的宦海经历，三品以上朝臣似乎应该是与数朝老臣杨善有着相同或相近资格的老官僚。杨善是什么人？刚入仕的新科进士和才登基不久的景泰皇帝不一定会知道他的底细，但对于胡濙、王直等历经大明前期政治风浪的老臣来说却对其再清楚不过了。由此也就决定了景泰朝廷第一次派遣北上使臣时就没了杨善的份。但机会往往是给有心人准备的。就在李实、罗绮等率领的景泰朝廷第一批议和使团出发没多久,瓦剌脱脱不花可汗使臣来到了北京。在住上一段时间后,他们启程告辞,再次提出了要景泰朝廷遣使北上议和迎驾,并说这也是瓦剌实权人物太师也先的主张。主管大明对内对外礼仪等工作的礼部尚书胡濙听后便向景泰帝做了汇报。吏部尚书王直等闻讯随即上言,请求朝廷挑选朝臣4人作为正副使,与瓦剌使臣一同北上,议和迎驾。景泰帝接奏后回复:等李实一行回来了再讨论这事。(《明史·杨善传》卷171)

○ 杨善毛遂自荐与景泰朝廷第二批议和使臣北上议和

不久从北疆传来消息,李实一行即将回来。不少朝廷大臣听说后再次议论起遣使议和与迎驾的事情。这时老谋深算的都察院右都御史杨善觉得机不可失时不再来,马上向景泰帝主动请缨,愿做北上议和迎驾使臣。景泰帝因为有话在先,等李实一行回来了再说。现在李实快回来了,又有这个叫杨善的老臣主动上请,再怎么说也不好拒绝啊!于是在景泰元年(1450)七月庚申日,皇帝朱祁钰不得不做出决定,任"命都察院右都御史杨善、工部右侍郎赵荣为正使,都指挥同知王息、正千户汤胤勣为副使使瓦剌,赍金银书币,偕皮儿马黑麻以往"。礼部尚书胡濙等听说后赶紧进谏做补充:"太上皇帝蒙尘已久,御用服食宜量与(杨)善等赍诣房营进供。"正憋着一肚子气的景泰帝见到胡濙的这份上请报告,正要发作,忽然想起胡大臣在大明国难当头的关键时刻所做出的贡献,立即就消了一大半火气。这时内官上前来催问:"爷爷,怎么回复胡大臣的上言请求?"景泰帝挥了挥手,随即说道:"算了,不回复吧!"(《明英宗实录》卷194,《废帝郕戾王附录》第12;《明史·杨善传》卷171)

如此处置下来,景泰帝以为,这下可以宁神一阵子了!哪想到这时北疆上又传来了急报,说李实率领的朝廷第一批议和使团与也先使臣把秃等已经到了边关。出于礼节上的考虑,大明北疆边关理应对前来议和与进贡的瓦剌使臣得好好招待一番。但"时边关储积一空,使臣至关,(景泰帝)始命光禄寺以大官酒馔诣怀来、居庸接待,又给白金百两以备匮乏"(《明英宗实录》卷194,《废帝郕戾王附录》第12)。

● 大明君臣对议和迎驾的争议与景泰帝的无奈默认

朝廷外的北疆急事刚处理完,朝廷内宁阳侯陈懋、吏部尚书王直等又开始不断地上奏,说:"臣等适询李实言,自出塞北行,道中凡遇群虏,闻为议和使臣,皆举手加额,欣幸其来。及至虏营,也先见之大喜,自言急欲议和,今可汗与阿剌已先还矣,但朝廷迎使夕来,大驾朝发。天日在上,决非妄语,遂令人引至上皇所。上皇言:虏人欲和,自是实情,不必致疑。此中需少物作人事。汝归为朕取来,朕得南还,就令朕守祖陵或为庶人,亦所甘心。臣等切详虏人悔过请和,实天地、宗社之福。皇上德感远人,使其惭愧息兵,彼此生灵俱免营苦,宜仍遣实以衣物、礼币诣虏,迎复上皇,于理为宜,于事为当。"(《明英宗实录》卷194,《废帝郕戾王附录》第12)景泰帝读完陈懋和王直等人的疏文时内心真可谓怒不可遏,但考虑到陈、王等都是数朝老臣和自己的颜面等因素,他努力地克制住自己,随即沿袭了自己的一贯说法,解释性地指示道:"虏人虚诈难测,李实方回,杨善已去,不须更遣使臣,但以迎上皇之意敕谕也先,付其来使足矣。"(《明英宗实录》卷194,《废帝郕戾王附录》第12)

景泰帝的这个回答干脆利索,一句话,做事要一步步来,大可不必操之过急。可像陈懋、王直等对正统帝怀有绝对迂腐忠诚的老臣们却不依不饶,随即发动了新一轮的上请:"事会不再,机不容缓。今虏使已发,愿体上皇之心,顺臣民之情,因虏人之意,遣使回答,迎上皇以归。不然则重违众志,恐失事机,虏人指此以为兵端,边事未有宁息,京师亦不得安然无忧。"(《明英宗实录》卷194,《废帝郕戾王附录》第12)

○ 第一批议和使团正使李实回来后的实话实说使得景泰帝陷入了窘迫的境地

要说陈懋和王直的这一回说辞可没什么新意,无非是老调重弹。就在景泰君臣谁也说服不了谁的关键时刻,出使瓦剌的第一批朝廷使团正使、礼部右侍郎李实等回到了北京,向景泰朝廷交差。众臣见到李实回来了,就不停地追问他:"瓦剌请求议和与送还太上皇到底是真的还是假的?"李实率直的个性就像他的名字一样,竟毫无忌讳地在朝堂上一五一十地讲述起他所率领的使团北上之所见所闻,其中讲道:"从瓦剌回来时,太师也先就跟我们说:'你们想奉迎太上皇回京,你们朝廷就必须要派遣一两位大臣,在八月初五日前到我这里来奉迎。'臣李实回答说:'是否再派遣大臣来,我可不敢擅自做主,要等朝廷来定夺;至于八月初五为期约,我想朝廷若派遣的新使臣一旦接受了皇命,想必他(们)也不敢违约。'也先说:'八月初五期限不可突破,如果你们朝廷一时派不出合适的正使,那也得要选派一两个朝臣,与我使臣把秃等一同到漠北来通报一声。如果超越期限,到那时就别说我也先说话不守信用啊!'说完他就让手下将领带了本朝使团副使少卿罗绮前往大同一带,调回了在那里扰边的瓦剌军马。臣李实回来时路过宣府、怀来等边关,见到各处官军正出郊放牧牛羊、采集薪刍、收获黍粟、伐运材木,人心安定,生意隆兴。由此可说,瓦剌敛众回营,甚为可信!"说到此,李实生怕自己还没说透、说明白,随即又补充道:"近者在廷大臣累请遣人迎复上皇,未蒙俞允。臣窃谓臣将命往使,止为讲和而已,其欲遣人迎,复定约日期出于也先之口,臣特传道其语言。伏望陛下从群臣之请,别遣材智大臣,以往奉迎。虽虏情变诈不测,亦可塞彼无词,不然则直在彼曲在我,犹豫趑趄过期失约,及后复欲遣使,或者又以命臣,臣自揣愍期决不敢往,彼此猜疑,和议不成,则上皇终不可复,干戈终不可息,边鄙终不可宁!乞早赐刚断,实为大幸!"(《明英宗实录》卷194,《废帝郕戾王附录》第12;【明】李实:《北使录》)

　　李实据实禀告,实话实说,一下子将大殿上的景泰帝置身于十分被动的境地。好在那时的朱祁钰年轻,脑子还算活络,他当即指示廷臣们推举合适的人选再次北上。

　　按照朱祁钰的内心设想,廷臣们很可能一下子推选不出合适的人选来,他便可以此为借口,将该事给拖延下去,最终就有可能把它给拖"黄"了。可让他万万没想到的是,大臣们又推荐了李实。而李实还真的那么诚实,当大家推荐他时,他立马表态:为了国家和朝廷,自己愿意再跑一次漠北。这下可将景泰帝朱祁钰"逼"到了十分窘迫的地步,他先以"等杨善使北回来后再说"作回应,后来想想这样的回答可能还会予人把柄,随即灵机一动,十分智慧地说道:"上皇是朕亲兄,岂有不欲迎复之意。但虏情叵测,今彼以急来,我以迟去,盖欲延缓牵制,以探其情。如果出诚意,备礼而迎,固未为晚。文武群臣累言未即许者,皆为此也。"《明英宗实录》卷194,《废帝郕戾王附录》第12)

将上述景泰帝的话做了浓缩和提炼,其主要意思是:在漠北当俘虏的太上皇是我的皇兄啊,难道我做弟弟的就不想迎他回来吗?难道我的心情还不如你们急?!

这下可"击"倒了众多迂腐的上请议和迎驾大臣。自此以后少有人再敢提及这个话题,大家只指望着杨善率领的朝廷第二批议和使团北上能一路顺风。

○ 工于心计的杨善漠北之行大露脸、大显身手

再说此时的杨善一行早已启程北行。前文说过,杨善是个极其狡猾的官僚政客。《明史》说:"(杨)善状貌魁梧,应对捷给。然无学术,滑稽,对客鲜庄语。家京师,治第郭外。园多善果,岁时馈公卿戚里中贵,无不得其欢心。王振用事,善媚事之。"《《明史·杨善传》卷171)由此看来,杨善不仅是个心如蛇蝎的恶人(为了自己能升官而出卖"牢友"章朴),而且还是个地地道道不学无术的奸佞小人,靠着庸俗的人际关系和讨好昏庸皇帝朱祁镇及其"父师"王振,才爬到大明副部级领导岗位上。可他还不满足,嫌新登基的皇帝朱祁钰没有好好地晋升他的官位,总想通过政治投机与赌博使自己大红大紫。那么眼下的这个政治投机与赌博是什么呢?揪出第二个章朴?显然现在当政的景泰皇帝可不是恐怖之君,他不搞什么政治运动,杨善再挖空心思也无济于事。

说到当今的皇帝,客观地讲他还真不赖,他所依靠和重用的是以于谦为代表的一些正直能干之大臣,杨善静心想想:自己不仅与他们格格不入,而且由于年轻时的那段龌龊历史早已为"士论所弃"(《明史·杨善传》卷171)。由此看来,与其不切实际地指望在正人君子当道的朝廷里谋取高位,倒不如偷偷地将赌注押在说不定还有可能东山再起的俘虏皇帝身上。要知道当今天子是以代理皇帝身份登极的,代理皇帝虽说是皇帝,但毕竟还是代理来的。一旦

前皇帝回来了,这个皇帝大位按照"正统"观念来说还得要还给他。想到这里,杨善的脸上露出了一阵阵奸笑,随即叫上了4个儿子,与他一起北上,打算先到有着"正统"帝位的前皇帝那里报个到。(《明史·杨善传》卷171)

正因为有着这样的一番心思,即使在使团已经北上的路上,杨善还在不停地琢磨着,怎么才能将前番朝廷使臣没做好的,我给它来个完美无缺,在日后有可能复位登极的"老新皇帝"面前立个头功,或至少在当朝天子面前也露一手?正一路北行,一路寻思着,忽然有人来报:土木之变发生地附近的重镇怀来到了,前方发现有一群人正往南行,他们自称是朝廷的前番使臣。【明】刘定之:《否泰录》》

杨善一听到这样的消息顿时来了灵感,立即快步走上前去。当见到与自己同品级的侍郎李实时(杨善最初离京时李实还没有回到京师,他俩是在路上相遇的),他首先作揖行礼,并极其体贴地嘘寒问暖,随后便问:"为何朝廷使团这番未能迎回太皇上?"李实是个实在人,从不遮遮掩掩,如实相告:"瓦剌太师也先因看到我朝景泰皇帝给的敕书上没有奉迎太上皇回还之语,就让我回京再叫大臣专门北上去奉迎。"听到这里,杨善开始不停地转悠着他的贼眼珠子,心想:看来也先想送还太上皇这事假不了了,之所以他要向李实提这样的要求,还不就是他自己想找个台阶下!吃准了对方的这等心理,杨善顿时来了劲,检查一下自己随身携带的物件礼品,发现除了赏赐给也先的金币外,已别无他物了。于是他使出浑身解数,添购了绮绣、师比、阿锡、女红、钱扣等各式各样瓦剌人喜欢和亟须的新奇之物作为赏格,命令使团成员一起带上,然后朝着漠北方向继续进发。(【明】李贽:《续藏书·勋封名臣杨忠敏公》卷13;《明史·杨善传》卷171)

景泰元年(1450)七月二十七日,杨善一行到达瓦剌大本营地。也先派遣了与自己十分亲近的田民作馆伴(相当于接待宾客的馆舍管理负责人)来接待杨善,实为打探明朝情形。两人见面客套一番后就开始在帐中对饮,田民告诉杨善:"其实我也是中原人,被留于此,有好多年没回老家去,对中原那边的情况已不太熟悉了。我就好奇了,去年土木之役突发时,大明朝廷六师为何那般不堪一击?"杨善浅斟低酌,慢条斯理地一一道来:"土木之役发生那时,我大明精壮官军都已被调往西南,远征麓川,中贵王振执意要北上,目的是想叫太上皇顺路幸顾他的故里,以示荣耀,故而一点打仗的准备都没有,这才有了土木之变大明全军覆没的不堪结果啊!虽然说瓦剌是侥幸取胜了,但我至今仍看不出他们到底得到了多少好处!现在我们南征的将士全都回来了,大约有20万,朝廷又招募武艺高强、智勇双全的官军30万,全教他们使用神枪、火炮和药弩等技术,百步之外,不论是人还是军马,只要被射中的没有不立即死去的;还采纳了谋士之计,在沿边要害之处隐埋金椎三尺,一旦马蹄踩上,立马被刺穿;更不用说朝廷召集的那一大帮子刺客,勇士林立,轻捷如猿,即使是夜里来营地刺察,对于他们来说犹如白昼一般。"说到这里杨善故意卖卖关子,吊吊对方的胃口,来了一个出人意料的转折:"可惜啊,这些现在都用不上了!"田民正听得出神,大惑不解地问了:"这是为何呀?"杨善见到对方已经上钩,便装作无可奈何的样子回答道:"议和一谈成,双方之间彼此和好了,如同兄弟一般,还用这些干什么呢?"说完,他取出了自己花钱买的礼品送给了田民。田民随后将杨善的话一五一十地全部告诉给了也先。(《明史·杨善传》卷171;【清】谷应泰:《明史纪事本末·景帝登极守御》卷33)

○ 左右逢源巧释明蒙之间的心结,说服也先送还俘虏皇帝

也先听了田民的汇报后,随即召见杨善。不过作为昔日战争的肇启者,如今要议和还不得不先找点话头来垫垫底,否则就显得太没面子了。于是也先一见到杨善就这么问道:"我们瓦剌与你们大明两家和好年久,后来你们突然扣留了我的使臣,减了给予我们的赏赐,这到底是为何呀?"杨善是何等人? 他巧舌如簧、左右逢源、对答如流:"太师,您家爷爷(即永乐帝朱棣封的顺宁王马哈木)在时,经常派遣三四十人到我永乐朝廷来朝贡,所要物品礼物也不挑,随我朝廷给,所以我们双方和好了很久。可最近几年却不这样了,贵方派遣的使臣多至三千余人,一年来两次,我朝廷仅赏赐的金币就不计其数。至于您说我朝廷扣留了您的使臣,那就很没道理了。你们的人一来就是三四千人,这里边有的可能是因为偷盗,有的可能是因为违反了其他法律条文,怕回去了要受处罚,所以他

（们）自己偷偷地逃走了。你说我朝廷扣留这样的人要干吗？再有，你们的使臣到京时常常虚报人数，我朝廷只照见在者赏赐，虚报的不给，所以说我们的赏赐实际上并没有减少啊！"也先又问："你们朝廷为何削减我们进贡的马匹价钱，给我们的缣帛大多质量低劣？"杨善回答道："朝廷并没有削减马价，太师您每年派人进贡的马匹，每年都在提价，我朝廷实在承受不了了，但又不忍拒绝，所以仅在您漫天要价上稍作一点削减。太师不妨回忆一下，现在的马价不是比以前高出了许多？至于缣帛质量低劣问题，那是通事即翻译从中捣的鬼，事情败露后，我朝廷已将其杀了。再说就拿太师进贡的马匹来说，不是也有低劣羸弱之驽马？您进贡的貂皮不也有质量差的吗？这些难道都是太师您本人的意思？我想也不大可能吧！"杨善伶牙俐齿，将也先说得无法招架，只得连声说："者，者！""者"是瓦剌人的口语，意思是"对，你说得有道理！"（《明英宗实录》卷194，《废帝郕戾王附录》第12）

杨善见到也先已被说服，就开始进一步"追击"："太师您是漠北掌握军马大权的大将，却听信了小人之言，忘了我大明皇帝的一片厚恩，领了军马来杀掳我大明的人民。上天好生，太师好杀，甚逆天道啊！好在现在双方和好如初，太师应该早收回军马，归还太上皇，免得日后上天降灾！"也先听到这里，又不停地说："者！者！"稍稍过了一会儿，他反问道："杨都御史，既然你是朝廷派来议和迎驾的，那当朝皇帝敕书上为何没有奉迎太上皇之语呢？"杨善听后宛然一笑，随即回答："敕书上没写奉迎之语，这是为了成全太师您的美名；如果写上了，人们就会说太师迫于朝廷命令才将太上皇送还的，而不是他的真情实意。"也先听到这话，顿时大喜，立即追问："太上皇回去后还会当天子吗？"对于这样特别敏感的话题，杨善早就料到了，沿袭现在朝廷公认的说法，便可万无一失，于是当即应对道："天位已定，难再更换！"没想到他刚回答完，也先又提出了一个古怪的问题："远古时代的尧与舜为何能够更换大位？"只见杨善上嘴唇下嘴唇一碰，一句妙语便出口了："远古时代的尧禅让于舜，如今太上皇传位于今上，正合尧舜禅让之古义啊！"这下可将也先给说愣了。（《明英宗实录》卷194，《废帝郕戾王附录》第12；《明史·杨善传》卷171）

见此,知院伯颜帖木儿赶紧出来转移话题,跟也先说:"太师,要不暂且将正使杨善等留下,我们再派人上北京去问问;要是朝廷同意正统天子回去以后仍做皇帝,我们再把他送回去也不迟。"也先听后狡黠地笑了笑,然后这样说道:"当初我让大明朝廷派遣大臣来迎驾,现在大臣来了,却又要再去问皇位之事,这岂不是让我失信于人吗?还不如现在就让杨都御史等将他们的太上皇迎回去好呐!"也先的潜台词是,管你们大明皇家谁当皇帝,我今天将前皇帝放回去,当今坐在九龙椅上的景泰天子就不会安心,好戏还在后头呐!

不愧为一代枭雄,也先的这番心机少有人懂,连他的部下平章昂克也在为他着急,认为这样送还俘虏皇帝岂不白白便宜了大明?于是他就问杨善:"迎还皇帝可是大事啊,你们带来了什么厚重的礼物?"杨善不紧不慢地回答道:"倘若我们带了礼物来迎驾,人们一定会说太师图利;现在不用礼物就能迎回太上皇,这就显得太师很仁义,是个好男子,记录在史书中,万世人们都会为之称颂。"听到这样悦耳顺心的言语,也先高兴地连声说道:"者,者!"(《明英宗实录》卷194,《废帝郕戾王附录》第12;《明史·杨善传》卷171)

● 当了一年俘虏的正统天子终于回来了

第二天,也先引杨善去见太上皇朱祁镇,并举办了宴会,为俘虏皇帝南还饯行。宴会上,也先自弹琵琶,令妻妾给正统帝敬酒,看到杨善一直毕恭毕敬地站在朱祁镇的身边,便招呼道:"杨都御史,请坐!"杨善回答:"上皇在此,小臣焉敢坐。"俘虏皇帝听不下去了,回过头去跟杨善说:"太师让你坐,你就坐吧!"杨善这才承命坐下,可刚坐下他又马上站了起来,忙前忙后,干起了服务工作。见此,也先颇为羡慕地说道:"大明真是礼仪之邦啊!"(《明英宗实录》卷194,《废帝郕戾王附录》第12)

而后两天,也先、伯颜帖木儿等瓦剌头领又为明英宗君臣举行了饯行宴会。时间一晃到了景泰元年(1450)八月初二,太上皇朱祁镇将要起驾南还,也先命人筑好了一座高台,请明英宗坐到高台上,他率领自己的妻妾和部落首领在高台下罗列而拜,进献良马、貂鼠皮和银鼠皮。等到俘虏皇帝正式起程了，也先又率领部落首领走出营帐，一路送行，送了大约有半天的路程才辞别回去。临别时他"跪解所带弓箭、撒袋、战裙以进，与众酋罗拜，伏地恸哭"，并嘱咐伯颜帖木儿继续送行。(《明英宗实录》卷195,《废帝郕戾王附录》第13)

再说伯颜帖木儿，自土木之变起，明朝俘虏皇帝就一直寄住在他的行帐周围，整整一年，双方之间已有了很深的感情。他一路走一路默默地落泪，一直走到距离大明边境不远的野狐岭时，终于忍不住下马伏地恸哭，说道："与皇上这一别，不知何时才能相见啊！"哭了好久，伯颜帖木儿才依依不舍地离去。离去时他命令手下500骑兵将明英宗一直护送到京师去，直至落定为止。(《明英宗实录》卷195,《废帝郕戾王附录》第13；【明】杨铭：《正统北狩事迹》；【明】刘定之：《否泰录》)

与伯颜帖木儿分别后，太上皇一行向南行进了数里，眼望着自己的国家与皇宫越来越近，朱祁镇心潮起伏，感慨万千。一年前自己从人间之巅突然间跌入了"万丈深渊"，当起了北虏的俘虏。虽说今日得以南还，但在这365天，大明帝国发生了许许多多的大变化，而最大的变化莫过于坐在明皇宫里那九龙椅上的主人不是自己了，而是弟弟朱祁钰。弟弟会怎么对待他这个做哥哥的呢？朱祁钰会诚心欢迎他回来？还有那些朝廷大臣会怎么看待他这个当了俘虏的太上皇？他又应该怎么做？……这一系列的问题就如一堆乱麻，朱祁镇再怎么努力都无法理清楚。正出神地思虑着，忽然间有数十个瓦剌骑兵从后面呼啸而至，直把他吓得大惊失色，难道瓦剌太师也先反悔、变卦了？俘虏皇帝吃不准到底发生了什么事，直到追赶上来的瓦剌骑兵上请敬献他们的猎物獐子时，他才会心地笑了，原来是瓦剌平章昂克为了表示他的一片孝心，这下可让太上皇虚惊了一场。(《明英宗实录》卷195,《废帝郕戾王附录》第13)

情绪稍稍平复后，朱祁镇随即下令，继续赶路，不过此时的他不论怎么努力不去多想，一个十分头疼的问题却始终缠绕在心里：新朝廷君臣会欢迎自己回来吗？

正如俘虏皇帝所担忧的那样，景泰皇帝的内心对于这个太上皇哥哥的南还感觉十分不爽。古人云：天无二日，国无二君。想当初皇帝哥哥让人给俘虏走了，是他做弟弟的将大明帝国从危难中给解救过来的。如今倒好,朱祁镇要回来了,大明从此就有两个皇帝,虽说朱祁镇已被尊为太上皇,不过这个太上皇可谓是历史上最为年轻的太上皇,仅比朱祁钰大一岁,这叫什么呀?好在议和迎驾南还之初,朱祁钰已经与大臣们敲定了,"尊(皇兄朱祁镇)为太上皇帝,名位已定",朱祁钰"但当尽崇奉之礼"而已(《明英宗实录》卷193)。那么怎么个尽崇奉之礼?前阵子只是口头讨论讨论,现在可好了,年轻的太上皇正往着家门口一步步地走近,无论如何朱祁钰也得要面对和解决好这个问题呀!想到这里,朱祁钰敕令礼部拟就迎接朝见太上皇帝仪注。景泰元年(1450)八月初七,即太上皇朱祁镇一行快要到达宣府的那一天,太子太傅、礼部尚书胡濙等上呈了这样的迎接朝见仪注:礼部派"堂上官一人至龙虎台,锦衣卫遣指挥二人并官校执丹陛驾辇轿至居庸关,各衙门分官至土城外,总兵等官至教场门迎接行礼。太上皇帝(朱祁镇)车驾自安定门入,进东安门,于东上北门南面坐。(景泰)皇帝出见毕,文武百官朝见,行五拜三叩头礼。太上皇帝自东上南门入南城大内"(《明英宗实录》卷195,《废帝郕戾王附录》第13;【明】李实:《北使录》)。

景泰帝朱祁钰看了这份仪注表文,当即批示:"虏人谲诈,未全凭信,欲备大礼迎接,恐堕贼计。"因此主张"是居庸关里接,用轿一乘,马二匹。丹陛驾于安定门里接"(【明】李实:《北使录》)。同时他又敕令兵部及各营总兵官严整军马,防备不虞。(《明英宗实录》卷195,《废帝郕戾王附录》第13)

那么景泰帝的这番旨意到底有没有道理?是不是像传统人们所说的那样,他是个气度狭小、捡了便宜还不卖乖的无道之君?《明实录》记载道,就在景泰帝做出以简易礼仪奉迎太上皇南还决定的第三天,即景泰元年(1450)八月乙酉日,"山西民壮千百长姬英等十一人率所部九百余人戍代州,途遇贼俱亡归,当杖充边卫军,隶守雁门关。都指挥翁信、镇守右副都御史罗通奏:'英等素不谙战斗,中途卒与贼遇,宜其败走,请止杖一百,免其充军,仍遣率诸民壮诣信处听调,立功杀贼。'从之"(《明英宗实录》卷195,《废帝郕戾王附录》第13)。所谓民壮相当于地方上的民间自治武装,史料说,受过训练的900多人山西民间武装在受命开往代州的路上遭受了漠北人的突然袭击,大多已逃亡。而这事发生地距离太上皇朱祁镇的入关地宣府又很近。由此反观，当时朱祁钰以"虏人谲诈，未全凭信"为由作出不用大礼迎接俘虏皇兄之决断似乎并没有什么不妥的。

谁料景泰帝旨意一出，立即招来了迂腐大臣的非议，户科给事中刘福等上言："今用轿一、乘马二匹丹陛驾于安定门内，迎接太上皇帝，礼仪似乎太薄。"皇帝朱祁钰听后当场就很生气，说："太上皇帝是朕至亲，自留虏庭，宗社倾危，生灵无主，彼时群臣进章，请命于皇太后，诏告天下，立朕为皇帝，保护宗社。辞之再三，不得已嗣登大位，已尊大兄为太上皇帝，礼之至极，无以加矣。今（刘）福等言所奉太薄，未知其意如何？礼部其会官详福所言以闻。"（《明英宗实录》卷195,《废帝郕戾王附录》第13）

正当景泰君臣为迎接太上皇礼仪厚薄问题争论不休时，俘虏皇帝朱祁镇一行已经走到了京城北郊的怀来，虽说自宣府中经龙虎台、唐家岭直至居庸关分别由景泰朝廷委派的太常寺少卿许彬、礼部左侍郎储懋、锦衣卫指挥佥事宗铎、侍读商辂等大臣的热情奉迎，但从来来往往之人的只言片语中，这位曾经有着14年皇帝"工龄"的年轻太上皇还是闻出了非常气息。他当即令人修书两封，一封是给他的"老妈"孙太后的，一封是给他的弟弟景泰皇帝的，而后又给朝廷群臣送去诏谕。

朱祁镇在避位诏书中这样说道："朕以不明，为权奸所误，致陷于虏廷。已尝寓书朕弟嗣皇帝位，典神器，奉钦宗祀。此古今制事之宜，皇帝执中之道也。朕今幸赖天地祖宗之灵，母后、皇帝悯念之切，俾虏悔过，送朕还京。郊社宗庙之礼，大事既不可预；国家机务，朕弟惟宜。尔文武群臣务悉心以匡其不逮，以福苍生于无穷。朕到京日，迎接之礼，悉从简略。布告有位，咸体朕怀。"（【明】李实：《北使录》）

在给群臣敕谕中朱祁镇如此说道："朕以眇躬，昔受先帝遗命，祖宗鸿业，俾付于朕，深惟负荷之恩，朝夕惶惧，以图治理。去年秋，丑虏傲虐，背恩负义，拘我信使，率众犯边，有窥神器之意。朕不得已亲率六师，往问其罪。不意天示谴罚，被留虏中。屡蒙圣母上圣皇太后、皇帝贤弟笃念亲亲之恩，数遣人迎取，上赖天地大恩，祖宗洪福，幸得还京。尔文武群臣欲请重以迎接之礼，朕辱国丧

师,有玷宗庙,有何面见尔群臣?所请不允。故谕。"【明】李实:《北使录》》

在这两道诏谕中,朱祁镇首先向景泰君臣做了自我检讨,以此来平息人们对他不当决策所导致的土木之辱所带来的巨大不满,进而明确表态:第一,大明帝国皇帝依然是皇弟朱祁钰,自己继续只当太上皇,国家与朝廷大小事情皆不过问;第二,由于自己丧师辱国,玷污宗庙,将大明帝国的颜面给丢尽了,所以他要求朝廷对于自己这次回还奉迎的礼仪一切从简。

要说朱祁镇的这两道诏谕写得确实很有水平,也很深刻,且很及时。其背后的故事由于史料的缺失,今人不得而知。但对于未曾经历政治大坎坷且眼下正处于被动境地的景泰皇帝来说却是如获至宝,当太上皇哥哥派人驰送诏谕到达宫廷时,景泰帝朱祁钰立马批示:"悉遵行。今言太薄,则讥乎朕。事既行定,不许妄言。钦此。"【明】李实:《北使录》》

正由于朱祁镇的"及时来书"与"高姿态",景泰君臣对于奉迎太上皇礼仪的意见纷争才终于告个段落。景泰元年(1450)八月十五日,刚好在外当了一整年俘虏的正统皇帝终于回到了北京。大臣们按照朝廷的布置前往安定门去迎接,朱祁镇乘了丹陛驾自东安门进入。这时当朝皇帝、弟弟朱祁钰出来迎拜,太上皇、哥哥朱祁镇回拜。先前兄弟间看不见的战火硝烟顿时为亲亲尊让之礼仪所替代,两人拉着双手,泪涕沾襟,相互之间推辞逊让了好久,随后便是太上皇朱祁镇被送入南宫即《明实录》中的延安宫,开始了他为时七年的幽禁生涯。《明英宗实录》卷195,《废帝郕戾王附录》第13;参见赵毅、罗东阳:《正统皇帝大传》,辽宁教育出版社,1993年12月第1版,P172~173)

上皇回还,标志着大明帝国对瓦剌一年之久的抗战取得了最终的胜利。

● 上皇回还　大明储患

不过,长期以来许多人却错误地认为,大明之所以能将俘虏皇帝朱祁镇迎回来,全凭了杨善那三寸不烂之舌和人事外交上的斡旋成功。究实而言,这仅仅是其中的一小部分原因。对此,与前朝正统皇帝有着较深感情的翰林侍讲刘定之讲过这么一番话:"英庙(指明英宗)北狩蒙尘,虏人侮祸,旋奉驾归,此自古之所无也。固国家国势之强,亦人事有以中其机会。是时郕王监国,不欲急君。边人谢之曰:'中国有主矣,虏人抱空赘(质)而负不义于天下,所以汲汲来归。盖合郑公孙申之谋也!'"(【明】刘定之:《否泰录》)

在中国历史上,汉族王朝的皇帝被俘虏了,然后又不附带任何屈辱条件被放回来,旷古未有,这确实是第一次。之所以能如此,除了"人事有以中其机会"外,更为主要的是由于当时的大明帝国已另立新君景泰帝,也称景帝,"景帝当多难之余,而能任贤选将,南征北距,转危为安,易乱为治,其功可谓不细。惟不欲奉迎英庙,只此一事大不是。事虽不是,而英庙之归实由于此"(【明】刘定之:《否泰录》)。

说得直白一点,起初被视为"奇货"的俘虏皇帝明英宗到了富国强兵的景泰时代就成了"空质"。这个"空质"在当时瓦剌也先的手中简直就是一只烫手的山芋,扔也不是,不扔也不是。与其这样,倒不如做个顺水人情,将他送还给大明。

当然,如果仅此来看待一代枭雄也先的"非常之举"的话,那未免显得太肤浅了。让笔者不得不大为怀疑的是:

第一,自以杨善为正使的景泰朝廷第二批议和使团来到漠北起,原先极为贪婪的瓦剌权贵一下子变得重义轻利、特别配合,而这种变化是不是来得太快了一点?要知道,一个人的本性在短时间内是很难改变的。更何况瓦剌太师也先是以恢复"大元一统天下"为己任的一代枭雄,居然让原先敌对阵营里头派遣出来的议和特使杨善的几句花言巧语给说服了,这似乎是不太符合常规逻辑的。

第二,从当俘虏那天起,正统帝在瓦剌军营里头虽然说不上受到虐待,但也好不到哪里去。他住过猪房(【明】杨铭:《正统北狩事迹》),也曾被也先安置在德胜门外的空房子里,当作交战双方的作战活靶子(《明英宗实录》卷184,《废帝郕戾王附录》第2;【明】袁彬:《北征事迹》)。再看一年后俘虏皇帝起程回还时,"也先复与众酋送车驾行约半日程,也先下马叩头,跪解所带弓箭、撒袋、战裙以进,与众酋罗拜,伏地恸哭而去"(《明英宗实录》卷195,《废帝郕戾王附录》第13)。

临离别前,"虏酋也先遣得知院等领人马护送太上皇帝,驾至野狐岭,得知院进马,叩头哭辞而去,仍遣大头目率五百骑,送至京师"(《明英宗实录》卷195,《废帝郕戾王附录》第13)。到了野狐岭,距离明朝边关就那么一点点路程了,原先并无多少感情可言的俘虏者与特殊被俘者之间这时好像突然变得格外情义浓浓。"景泰元年八月丙戌,太上皇帝驾还京……也先遣鞑子勇壮者二十人送驾,不离左右,夜则围宿。虽都御史杨善等不得近,及至东上门揭帘审视,叩头而退,候入南宫,然后出就馆。"(《明英宗实录》卷195,《废帝郕戾王附录》第13)

这是俘虏皇帝之子朱见深当政时成化三年(1467)修成的《明英宗实录》中的记载,讲述的是也先派了20个瓦剌壮士护送明英宗回京,不离左右,就连俘虏皇帝夜里睡觉也由这20人围着同榻而眠。即使像都御史杨善这样有着迎驾回还头功的"大功臣"也不得靠近旧主子,一直到了朱祁镇进入南宫落定下来,那20个瓦剌壮士才告辞出来。这是为何呀?也先的这般做法是想告诉景泰朝廷什么呢?

第三,自俘虏皇帝南还后,明蒙之间基本上恢复了正常关系,瓦剌不断地遣使上北京进贡,明廷则予以相应的赏赐。而就在这一系列进贡过程中,也先等瓦剌首领屡屡嘱咐使臣问候太上皇帝的起居,甚至还多次单独向朱祁镇敬献马匹。景泰元年(1450)九月甲子日,"迤北瓦剌使臣皮儿马黑麻以马三匹贡太上皇帝,礼部官乞送御马监交收,命给价如例,仍加赏彩币六表里"(《明英宗实录》卷196,《废帝郕戾王附录》卷14)。景泰元年十二月甲申日,"迤北瓦剌使臣兀马儿奏:'脱脱不花王子寄马二匹,进太上皇帝。'命收入御马监,给赏如例"(《明英宗实录》卷199,《废帝郕戾王附录》第17)。

瓦剌的这一系列举动究竟隐含了什么意思?是告诉俘虏皇帝:我们想念你?还是告诉景泰帝:您的哥哥正统皇帝在我们漠北有着很大的影响?至于前者,上文已经说过,俘虏者与特殊被俘者之间的感情还没有到那很深的地步,那么剩下的只有后者了。一个丧师辱国、玷污宗庙的俘虏皇帝居然在漠北拥有这么大的影响,当政的景泰帝朱祁钰品出了个中味道后自然感觉不爽,并随之做出了回应。景泰元年(1450)十一月甲寅日,瓦剌使臣昂克等辞还,景泰帝敕谕也先:"太师敬顺天道,尊事朝廷,保守两国祖宗以来并今重新和好之意,然思保全和好之道在于各安其分,各循其道,勿听下人煽惑之言;若听下人之言,则利归于下,怨归于上;勿因小事而坏大事,若因小而坏大,则求利不得,而害即至,此理甚明,太师所必晓也。朕与朕兄太上皇帝骨肉至亲,无有彼此,毋劳太师挂念!"(《明英宗实录》卷198,《废帝郕戾王附录》第16)

由此看来,对于哥哥太上皇的回还,弟弟景泰帝有着这样的直觉:也先送还的不仅仅是曾经的大明天子,而且还是一个极为烫手的山芋,甚至是随时都有可能生出什么麻烦来的"祸患"。一句话,上皇回还,大明储患!正如朝鲜国王事先所预言的那样:"正统还入,则与景泰必有猜疑,以成内乱。"(吴晗辑:《朝鲜李朝实录中的中国史料上编卷六·世宗庄惠大王实录三》,第2册,P458,中华书局,1980年3月第1版)

为防止这样的储患在日后万一引出麻烦和内乱,仁厚的景泰帝并没有沿用自己祖上太爷爷朱棣惯用的斩尽杀绝之手段,而是采取了相对温和的做法:尽一切可能地减少南宫中的太上皇与外界之间的联系。景泰元年(1450)十一月辛亥日是太上皇朱祁镇的生日,时称万寿圣节。礼部上请:是否让群臣到延安门去,向太上皇行朝贺礼。景泰帝下令:免行朝贺礼!(《明英宗实录》卷198,《废帝郕戾王附录》第16)景泰元年年末,礼部尚书胡濙上奏说:"马上就要过新年了,新年正旦节(相当于我们现在的大年初一)在京文武群臣在早上向皇帝陛下行完庆贺礼后,是否让他们一起到延安门去,朝贺太上皇帝,行五拜三叩头大礼?"景泰帝答复:"免行大礼!"(《明英宗实录》卷199,《废帝郕戾王附录》第17)

这是对内,对外呢?景泰帝认为,正统年间朝廷与漠北瓦剌你来我往那么热络,可一不小心却弄出了那般大灾祸来。皇兄当了一年的俘虏,还不是因为自己依靠救时能臣于谦等力挽狂澜,这才有了今天的好日子?!现在倒好,当年俘虏大明天子的罪魁祸首居然三天两头遣使上朝廷来,时不时地向俘虏皇帝问安,你们瓦剌人要是真心拥戴正统天子,干吗还要将他送回来呢?自己供着、养着,不就万事大吉了!由此说来,这些"(北)虏人谲诈"无比,与他们相处最好的办法就是少来往为好,这样就不会"堕贼计"!(《明英

宗实录》卷195,《废帝郕戾王附录》第13)

● **富国强兵　景泰中兴**

对于景泰皇帝的这等心思,远在漠北的也先等瓦剌权贵似乎并不完全"明白"。他们认为:既然我们送还你们的太上皇了,化干戈为玉帛,那就应该恢复到正统时期双方之间的关系。于是他们不断地派遣使臣上北京朝贡,问太上皇好,且提出要景泰朝廷"遣使如正统中故事"(《明英宗实录》卷202,《废帝郕戾王附录》第20)。

● **景泰帝"富国强兵"国策的提出**

当时负责大明对外关系的礼部尚书胡濙为此上请朝廷。景泰帝听后便来气,说道:"永乐年间我太宗皇帝好像没派什么使臣北上,他们漠北人倒是将朝贡之事做得好好的。正统年间朝廷不断地遣使漠北,对他们既封官又赏钱,开销无数,结果呢,我们的使臣大多被拘执了,甚至还弄出土木大祸来……"朱祁钰说这话的弦外之音是,漠北人好比是蜡烛,不点不亮。与他们最好的相处办法就是少啰唆为妙,而大明只有自身强大了,什么就都不在话下,何苦要迁就于人家呢?但老臣胡濙似乎没有完全听懂皇帝的意思,上言道:"但今和好初成,方以其间饬边防实储蓄,若遽拂其意,必起衅端,则边运不敢进前,关外之田今年不得种,非惟大同、宣府等处悬急,而直隶人民亦复不安。愿遣使偕往,以全和好,待数年之后,我有足恃,徐以计却之未晚。"朱祁钰听到这里,很不高兴地答复:"使臣不须遣!"(《明英宗实录》卷202,《废帝郕戾王附录》第20)

未曾理解当朝皇帝意思的还不止胡濙一人,就在胡大臣上言后的第四天,太子太保兼吏部尚书王直等也上言说:"昨闻虏使奏乞遣使同往,窃惟唐虞之世,天子诸侯礼无不答,况朝廷抚育四夷,正如天地含养万物,其中虽有豺狼恶类无不包容。丑虏也先悔过归顺,已蒙宽宥抚纳,贵在羁縻,使之感慕恩德,不为边患。况今边备未修,刍粮未积,军民之疮痍未瘳。乞遣二三使臣往答其意,一则观其虚实,一则开导其善心,边境庶得宁谧。"景泰帝听后很不耐烦地回答道："兹事朕已处之矣。"(《明英宗实录》卷202,《废帝郕戾王附录》第20)于是在瓦剌使臣苏克帖木儿陛辞时,他敕谕也先,说:"苏克帖木儿等至,具悉和好之诚,所云欲朝廷遣使偕往,朕再三思之,曩者正以去人不能体彼此之意,往往取怒于太师,以致和好不终,利归于下,朕与太师徒自结怨。今惩前弊,不欲复遣人去;如太师欲令人朝贡买卖,听从所便,但来使必须识达大体,不喜生事之人,且只以文书往来通意,足矣。"(《明英宗实录》卷202,《废帝郕戾王附录》第20)

上述这段景泰帝敕谕主要讲了两层意思:第一,你们瓦剌想要我们朝廷派遣使臣,本皇帝认为没有这个必要。鉴于以往我们的使臣前来漠北,往往招惹你也先太师发火,最终弄得太师与本皇帝也结怨了,所以现在就不再派人来了。第二,太师若想叫人来我大明进行朝贡贸易,本朝廷悉听尊便。只是来我朝的人必须得识大体,不可惹是生非。至于我们之间就通通书信可以了。

也先接到景泰帝的敕谕后还是不甚明白,继续派人上北京,要求朝廷遣使北上。太子太保兼吏部尚书王直联合众多朝廷大臣集体上书道:"往者虏使来言,要遣使臣往来和好,朝廷止是优待,令归不曾遣使。今虏使又至,专以遣使往来为言,而我边务未尽修举,皆非旬月可得措置。况天雨及时边民皆已播种,若乘此机便遣人往报,稍为延缓,俾边境宁谧,安于耕耘。及至秋成,粮草充足,器械精好,城堡坚完,士马精壮,勇气自倍,以守则固,以战则胜,丑虏不足患矣。《书》曰:'必有忍其乃有济。'孔子曰:'小不忍则乱大谋。'伏愿陛下俯加含容,少遣二三使臣,往答其意。臣等又闻,世之常情,有求于人者,一不得则惭,再不得则愤,而争斗之衅作。今虏之请使至再,而又不得,若遏其惭愤之气,肆其凶暴之心,兵祸又起,生灵受祸,不言可知。"(《明英宗实录》卷204,《废帝郕戾王附录》第22)

王直等人从边防急务和人世间常情两个层面剖析了应该再派使臣北上的必要性。景泰帝对此却还不认可,他说:"朝廷自祖宗开创以来,丑虏远遁,不敢窥伺中国者,以绝其往来故也。正统间,奸臣用事,欲图小利,始遣使通好,遂致引寇入犯京师,宗社几危。今朕嗣承大统,拳拳欲富国强兵,以报仇雪耻,思与虏绝。而卿等累言复欲如前遣使,与虏往来,非朕本心,不允所请。咨尔大小文武群臣,其共议长策,果当如何,可副朕志,明具以闻。勿事空言,图保身家而已。"(《明英宗实录》卷204,《废帝郕戾王附录》第22)

在景泰帝看来,自开国起,大明祖宗对于漠北残元蒙古势力实行坚决打击和断绝往来之国策,使得他们不敢向南窥伺,靠的是什么呢?国富兵强!正统年间奸臣当道,贪图眼前的蝇头小利,开始不断地派遣使臣与虏人通好,最终引狼入室,北虏进犯京师,就差一点倾覆了宗社。而景泰帝自登极以来,就抱定了富国强兵、报仇雪耻的决心,与北虏决绝。故大臣们一再要求景泰帝派遣使臣北上,不是他之本心,所请不允!

在这一段敕谕里,景泰帝首次公开提到了他的治国方略:富国强兵。作为数朝老臣又是专门主管大明帝国人事的吏部尚书王直见到当朝皇帝的这般意旨,他再也不敢有什么异议了。文臣们领头者不敢有异议,在廷的武臣大领导们可管不了那么多。景泰二年(1451)五月,太保、宁阳侯陈懋等上言,说:"昨者钦承圣谕,欲富国强兵,以报仇雪耻,思与虏绝。臣等罔不痛心切齿,与之不共戴天。但边境之粮储未充,军民之疮痍未复,所以前日干冒圣听。今虏使又乞遣使,伏望圣明留心。至于预备粮草,操练军马,以振兵威,以雪前耻,臣等所宜鞠躬尽瘁,以仰副皇上富国强兵之盛心,岂敢忘君父之仇,为身家之计哉。"(《明英宗实录》卷204,《废帝郕戾王附录》第22)

太保、宁阳侯陈懋等人的说法与前文提到的胡濙、王直等人的说辞并没有多大差异,他们以边防未完备、社会经济尚未完全恢复为由,上请景泰皇帝再考虑一下派遣使臣北上之事。景泰帝听后解释说:"遣使往来,虽一时之利,国家久安长治之计,恐不在此。虏情谲诈,狗窃之意常存。前年入寇京师,岂因不遣使臣而致?卿等共知,但当广议备边御寇、复仇雪耻之长策,军马如何可以战无不胜,粮草如何可以用无不给,其余皆勿论。草茅之士尚思献议国家政事,况国之大臣乎?卿等勉之,使臣不必遣!"(《明英宗实录》卷204,《废帝郕戾王附录》第22)

景泰帝的这席话套用今天耳熟能详的说法,那就是:富国强兵才是硬道理啊!正因为在这样的治国思想指导下,景泰帝要求人们畅所欲言,群策群力。内外臣工闻讯后纷纷上书,要求清理积弊,革故鼎新。由此,大明历史开始谱写令人欣喜的新篇章——"景泰中兴"。

● "景泰中兴"之说早已为历史所定局

"景泰中兴"不知什么原因一直没被今人所发现,但它在历史上却真真切切地发生了。

景泰朝最早提出"中兴"说法的是在正统十四年(1449)九月二十四日,这时朱祁钰登极称帝已有18天,距离土木之变也近40天。那天十三道监察御史秦颙等上言五事,在其中第一件事中就这样说道:"今皇上欲隆中兴之治,宜遴选雄材硕德识达治体之臣四五员,俱在内阁,退朝之暇,召入文华殿,将日逐所奏事相与讲议,务求至当。如有难处者,通召大臣会议决断,如此则众善集而万机理,太平之治可致矣。"(《明英宗实录》卷183,《废帝郕戾王附录》第1)

40天后的正统十四年十一月初四日,翰林院侍讲吴节上言十事。在上言的开启部分吴侍讲就这样说道:"伏惟陛下会合众谋审而行之,运乾刚之断,鉴委靡之失,则建中兴赫赫之功,端在斯时矣。谨陈边务十事……"(《明英宗实录》卷185,《废帝郕戾王附录》第3)

正统十四年(1449)十二月二十六日,兵科给事中刘斌上奏说:"即今北虏虽已暂退,然上皇未返,大仇未复,而南方福建、广东、四川寇盗未息。陛下正当宵旰不遑寝食,更张万事,以新中兴之治……"(《明英宗实录》卷186,《废帝郕戾王附录》第4)

景泰元年(1450)闰正月丁未日,为祭祀宋代中兴大将岳飞,请在其故里河南汤阴建造岳庙的奏章里,翰林院侍讲徐珵就曾如此说道:"皇上临御,凡天下祀典并令有司令修举,矧今方将奋扬神武,复仇雪耻,灭彼贼虏,以成中兴之功。有如飞者,宜令建立庙宇,春秋祭祀,则不惟汤阴之民知所激劝,而在朝将士以及天下之人,亦莫不知所激劝而兴起其忠义之心矣。"(《明英宗实录》卷188,《废帝郕戾王附录》第6)

景泰二年(1451)二月丁丑日,吏部文选清吏司郎中李贤上言:"陛下即位之初,大开言路,凡朝廷之阙遗、有司之利病、民生之休戚、军务之得失、中外进言者论之详矣。若夫关于陛下正心修身之道,则或略焉。臣以为陛下一身乃国家天下之本也,而陛下一心又身之本也。夫正其本,万事理,臣所以忘其愚陋献此中兴正本策,其目有十。十策既举,则大本既正,天下之事可推而行之矣。今将十策开录于后:一曰勤圣学。……伏愿陛下历观前代圣贤之君,所好者何学,所学者何事,不但口耳之粗迹,务考义理之奥旨,专心致志,居敬存诚帝王之学。既有所得应事接物无或不当,异日嘉靖邦国,卓然为中兴之令主,未必不由好学之所致也……"(《明英宗实录》卷201,《废帝郕戾王附录》第19)

景泰二年(1451)二月甲申日,少保兼兵部尚书于谦上言:"昨者靖远伯王骥奏,南京雷雨,击损大报恩寺塔。圣谕以谓君失其德,臣失其职之故。臣愚有以知陛下,克谨天戒之心,即隆古圣人之心也。伏惟陛下受天明命,启运中兴。凡百有生,咸仰盛德……"(《明英宗实录》卷201,《废帝郕戾王附录》第19)

景泰二年(1451)六月壬辰日,六科、十三道言官在上呈的奏章中说:"皇上运启中兴,益隆丕绪。今日之国计大定,人心又宁者……"(《明英宗实录》卷205,《废帝郕戾王附录》第23)

景泰二年(1451)七月癸亥日,礼部仪制司郎中章纶在上言十六事的第十件事"守备边境在选将练兵"中曾这样说道:"臣惟北虏在乎谨备豫(预)防,非选将不足以成功,非练兵不足以威敌,如昌平侯杨洪、武清侯石亨、兵部尚书于谦固已重任,而为虏所惧,其靖远伯王骥出在南京,合召来京共议边事,仍诏天下诸司,各举谙晓兵法及有谋略者,并许自陈,然后试其实而用之,如此则边方宁而中兴之功成矣。"(《明英宗实录》卷206,《废帝郕戾王附录》第24)

景泰二年(1451)七月甲子日,户部右侍郎兼翰林院学士江渊为挽留品行皆优之老臣薛瑄和王一宁而上奏景泰帝,说:"大理寺丞薛瑄近告老致仕,士大夫皆惜其去,以为瑄心术正大,操行醇洁,年甫六十有三,精力未衰。况皇上建中兴之业,正当广求贤才,若瑄之学行兼茂,岂宜舍而不用?又礼部右侍郎王一宁学识老成,持心端谨,旧官翰林侍讲经筵,如此二人若擢馆阁论思之职,必能启沃圣聪,神益世治。"(《明英宗实录》卷206,《废帝郕戾王附录》第24)

景泰二年(1451)十月己卯日,刑科都给事中林聪等在上呈纠劾户部尚书兼翰林院学士陈循的奏章里头曾这样指摘道:"当中兴

图治之日,(陈循)昧忘家徇国之心,罪所难容,法当究治。"(《明英宗实录》卷209,《废帝郕戾王附录》第27)

景泰三年(1452)二月壬申日,就入春以来北京地区雨雪连绵之非常天气,吏部左侍郎兼翰林院学士江渊上奏景泰帝,说:"近春以来,京师雨雪连绵不已,此盖恒寒之罚……兹当仲春少阳用事之时,而寒气胁之,古占以为人君刑法暴滥之象,近恒寒也,伏惟陛下中兴继统,威届四夷,恩覃天下,凡一刑一罚,未尝不曲从宽宥仁恩厚泽,蔑以加矣,而何上天之示戒如此?……"(《明英宗实录》卷213,《废帝郕戾王附录》第31)

景泰三年(1452)二月丙子日,刑科都给事中林聪上奏说:"皇上宽仁大度,启运中兴,屡命法司钦恤刑狱,然而为法司者,奉行未至……"(《明英宗实录》卷213,《废帝郕戾王附录》第31)
……

综观《明英宗实录》卷183,即《废帝郕戾王附录》第1,到《明英宗实录》卷273,即《废帝郕戾王附录》第91,也就是我们今人所能看到的"景泰实录"(废帝郕戾王是明英宗复辟后对弟弟景泰帝加的污蔑性的谥号,笔者注)中,"中兴之治""中兴赫赫之功""中兴之功""中兴之令主""启运中兴""中兴之业""中兴图治""中兴继统""启运中兴"等围绕着"中兴"字样的,总计不少于30处,由此我们可以认定,景泰朝"中兴"大明是当时帝国上下的共识,也是那时的时代主旋律。景泰"中兴"之说早已为历史定论,只不过我们现代人都不知道而已罢了。

● "景泰中兴"——被人遗忘了的历史幽深处

正统十四年(1449)九月十七日,也就是即位后的第十二天,正在紧锣密鼓地组织、领导帝国上下抗击瓦剌军入侵的新皇帝朱祁钰,向朝廷文武群臣发出了这样一道敕谕:"朕惟君国子民之道以抚恤安养为先,然必资大小群臣,共理其事,然后政务举而众情悦,治效著而风俗美,太平之治实由于此。迩者奸臣紊政,辱国丧师,祸及生灵,深可痛恨。揆厥所自讵非由尔文武群臣,或庸庸保位,缄默不言,或请托公行,希求迁叙,或掊克下人,以图奉献,或贪黩无厌,以肥身家。若此不律,奚容枚举,是以驭戎无法,抚民乖方,众心含愤,有伤和气。朕今嗣位之初,姑释不究,咸与自新。尔文武群臣,务秉公廉恪,勤乃职。治民者,悉心爱民;治军者,悉心爱军;司铨选者,量材授任,务出至公;理刑名者,原情定罪,俾归至当;居言路而利害并陈,职风宪而激扬兼举。其余民间一应军需造作,及交纳钱粮、布帛、纸劄、药材,解送军伍、囚徒,投文批回等项,当该官吏即时收受、发遣,毋得故意刁蹬,需索财物,经月累日,拘滞不行,致彼嗟怨有词莫伸,非惟亏损细民,抑且有伤大体,尔等务宜洗心涤虑,洁己奉公,以古之贤辅良弼自期,毋徒碌碌苟具文书而已。如此庶不负朝廷之所委任,军民之所仰望。厥有成迹,朕用尔嘉尔,惟懋哉其;或视此为常,仍蹈前辙,略无警惧,祖宗成宪具在,朕不汝贷!"(《明英宗实录》卷183,《废帝郕戾王附录》第1)

在这道敕谕中,刚刚即位的景泰帝淋漓尽致地刻画了大明政治场中的种种丑陋嘴脸:庸庸保位,缄默不言;请托公行,希求迁叙;掊克下人,以图奉献;贪黩无厌,以肥身家……随后他发出了严正警告,并开列了政治、经济、民生、司法、监察等方面的具体整饬要求,最后恩威并施地说道:"厥有成迹,朕用尔嘉尔,惟懋哉其;或视此为常,仍蹈前辙,略无警惧,祖宗成宪具在,朕不汝贷!"这样措辞的最高指示咋看起来,让人感觉似乎不太像是出自一个刚刚登极的年轻天子之口,但历史事实是,它确确实实为景泰皇帝的敕谕,且景泰朝诸领域与层面之整顿与革新〔时人称之为"(景泰)中兴"〕大多围绕此而展开进行。

● 勇于纳谏,励精政治,为"中兴"大明创造良好政治氛围

景泰帝朱祁钰与他的哥哥朱祁镇虽说都是龙种,从小开始就过着极为优裕的生活,但实际上两人之间还是有着较大的差别。哥哥朱祁镇为"大奶"所生,即所谓的绝对正统之主;弟弟朱祁钰为"侧室N奶"所生,小时候入不了宫廷正堂,不被人们所正视,是皇家的灰天鹅。

貌似神异的早年经历使得这对皇家兄弟有着不同的性格特征:一直被人捧着的哥哥朱祁镇唯我独尊,高高在上,胆大妄为。

这样的性格特征似乎十分吻合明代绝对君主专制主义制度之需求,但出乎意料的是,他让人给糊弄了。正统中后期,年轻天子之皇权被他的"父师"王振所"僭用",而明英宗本人却浑然不觉,依然盲目自大,最终轻率地做出决定,亲率六师,远征漠北,"乖乖地"当了瓦剌的俘虏。

而弟弟朱祁钰的性格却与之相反,由于从小就不被人重视,在光芒四射的皇家光环阴影底下他逐渐地长大,因而形成了自卑胆怯与谨小慎微的性格特征。土木之变突发,朝廷大臣应急集议对策,他却六神无主;"左顺门事件"骤发,他又手足无措;即使是在被拥立为帝的前夕,他还居然"不知好歹"地发怒道:"皇太子在,卿等敢乱法邪?"(《明英宗实录》卷181;《明史·于谦传》卷170)

○ 虚心纳谏,勇于收回成命,积极营造君明臣直的政治新氛围

我们换个角度来说事,要是没有土木之变,要是没有"救时"大臣适时拥立,就凭朱祁钰个人的性格,他充其量也就一辈子当个王爷;再说下去,要是没有于谦等国之栋梁"挽狂澜于既倒",要是没有帝国上下群策群力和随后进行北京保卫战的最终取胜及对瓦剌一系列南侵行动的成功阻击,哪来景泰朝的顺利开局?哪来大明帝国的乾坤扭转?……对此,危难之际就任一国之主的朱祁钰比谁都清楚。于是人们不难看到,以强控制和绝对专制开国的大明王朝自此而始迎来了一个不同于以往的"新时代",而作为这个"新时代"的帝国第一人景泰帝恰恰成了大明历帝中的另类,他广开言路,纳谏如流。

前章已述,非常时期登极的景泰帝广开言路之力度与广度在大明历史上是前所未有的,在"布告天下咸使闻知"的新登基即位诏书里头,他就明确地表示"许诸人直言无隐",将纳谏的范围从最初的朝廷上下扩大到了帝国社会的各个阶层。(《明英宗实录》卷183,《废帝郕戾王附录》第1)当然这样的官样文章在这之前的正统朝及后来的天顺朝也都曾做过,问题的关键就在于皇帝本人能不能真正做到纳谏如流。

翻阅"景泰实录",我们不难发现,针对前朝的种种积弊与制度层面的诸多漏洞,为了实现富国强兵和帝国中兴的理想目标,当时

的景泰帝广开言路,"孜孜以图治为心,求言为务,今日命诸人直言无隐,明日许诸人各陈所见"(《明英宗实录》卷224,《废帝郕戾王附录》第42),尽其一切可能地号召大家积极参政议政。正是在这样的宽松政治下,大明帝国上下各阶层人士纷纷上言直谏,少则寥寥数句,多则千言万语。景泰帝对此大多都能采纳,并在事后责令相关部门落实到位。时人曾评述道:"主上(指景泰帝)仁明,多有得旨已行,因论列而即改者。"(【明】叶盛:《水东日记·记会议异同诸事》卷4)正因为如此,景泰帝在明代列帝中显得很特别。

正统十四年(1449)九月十一日,京城最为奢华的大兴隆寺建成,即皇帝位才6天的年轻皇帝朱祁钰听说后十分好奇,当即下旨,择日前去礼拜。太学生姚显闻及此讯立即上言,说:"王振竭生民膏血,修大兴隆寺,极为壮丽,车驾(这里应该指正统帝)不时临幸。夫佛本夷狄之人,信佛而得夷狄之祸,若梁武帝足鉴前车。请自今凡内臣修盖寺院,悉行拆毁,用备仓廒,勿复兴作,万世之法也。"正处于兴头上的新皇帝朱祁钰接到谏言奏文后当场很不舒服,心想:这人称京城第一佛寺的大兴隆寺又不是在我手里盖的,是俺家皇兄及其"父师"之"杰作",俺去瞧瞧,多大的事啊!新皇帝这般想着,朝廷相关部门就得赶紧为皇帝临幸做准备,隔夜扫街,清除路障,一时间弄得京城里的人都知道了,景泰天子明日要上大兴隆寺去。就在这时,太学生杨浩闻讯后迅速上疏直谏,指出:"陛下即位之初,首幸太学,海内之士,闻风快睹。今又弃儒术而重佛教,岂有圣明之主事夷狄之鬼,而可垂范后世者邪?"疏文送到宫廷时,仪制郎中章纶"亦以为言"。景泰帝接受谏言,收回成命,并取消了那天原定的谒庙礼佛之行。(【明】黄瑜:《双槐岁钞·太学生进谏》卷第5)

虚怀纳谏,勇于收回成命,积极营造君明臣直的政治新氛围,在十个皇帝九个刚愎自用的明朝"列圣"中,景泰帝确实令人刮目相看。当然对于一个地广人多的大一统帝国的有为之君来说,光做到这样还是不够的。面对纷至沓来的各种事务,绝对专制主义君主还必须得勤政,否则大一统帝国机体内的血液就会堵塞不畅。那么以"富国强兵"和"中兴"大明为理想目标的景泰帝勤政不勤政?

下面我给大家讲个当今学者都没注意到的景泰朝恢复祖宗勤政之制——"三朝"制度。

○ 恢复朝廷"三朝"祖制,总揽大纲,勤于政事

"三朝"是指明初皇帝每日早、午、晚三次临朝听政制度的简称,这套制度启于明太祖,经建文、永乐、洪熙和宣德数朝,历时六七十年一直被传承下来,却在正统帝朱祁镇当政时给破坏了。每日早、午、晚"三朝"变为每天早朝"一朝",且就此"一朝"而言,时间也很短,闻奏处理国事限定为8件,这对于一个乾纲独断又地广人多的大一统专制帝国来说是极不相称和极不合适的。正统初年,皇帝朱祁镇还是个娃娃,"三朝"变为了"一朝"尚属情有可原。但到了正统中晚期时,英宗皇帝已经成年且亲政了近十载,居然还"无人敢言复祖宗之旧者"(【明】王锜:《寓圃杂记·早朝奏事》卷1),这不能不说是当时朝政的一大缺憾。而这样的格局到了朱祁钰登基后有了改变。

景泰元年(1450)四月的一天,河南道监察御史程昊上言朝廷,说:"小臣最近看了《五伦》一书,其上记载:永乐四年正月,太宗皇帝临御右顺门,晚朝结束时,他诏令六部尚书及部分近臣留下,当面谕旨:'早朝四方所奏事多,君臣之间不得尽言。午后事简,卿等有所欲言,可从容陈论,毋得将晡朕倦(倦)于听纳。'随后又说:'自今孔有事当商略者,皆于晚朝来,庶得尽委曲。'由此看来太宗皇帝不仅恪守了每日三朝的祖制,而且还在此时间内想方设法与廷臣们将国事给处理妥帖。陛下如今履新登极,宜效祖宗勤政之法,'遇有军国重务,即召保、傅、总兵、执政文武重臣及翰林儒硕,至便殿计议,亲赐裁决施行'。"景泰帝接奏后"嘉纳之",即说他相当高兴地接受了御史程昊的谏言,随即恢复了早、午、晚三朝制度。(《明英宗实录》卷191,《废帝郕戾王附录》第9)

不过据当朝文臣的笔记记载,景泰时期的午朝恢复是在景泰二年八月,由给事中叶盛奏请开设,"奏既入,内批即下,刻日受朝"(【明】叶盛:《水东日记》卷1)。这话意思是,叶盛的奏章一送到宫廷中,景泰帝当即批示同意,并于当天起就恢复了午朝制度。

不论恢复祖宗的临朝听政制度的具体情形之记载究竟有着多

大差异,毋庸争辩的史实是,景泰帝修复了大明朝廷"三朝"之制。明代史学家记下了当时的这番情景,景泰帝总揽朝纲,令六部分理庶政。一旦有边疆军事等急务报告送达朝廷,他立即着手处理。"叶盛守独石五年,凡奉玺书四十余道。时景帝勤政,每有边报,辄召本兵于谦商酌,指授成算,撰敕往谕,以故中外情意流通,实彻彼此,关上败事益少。"(【明】谈迁:《国榷》卷30)

由此可见,景泰帝根本不是明英宗及其帮闲文人眼中已经被妖魔化了的昏庸无道之君,而是一位有理想、有作为且十分勤政的好皇帝!

见此说法,有人可能要有异议了:接受臣下谏言,纠正前朝积弊,对于一个新皇帝来说相对比较容易做到。那么景泰帝有没有接受臣下针对自己人性弱点的谏言呢?要是真有这样的事情,那就说明他确实是个虚心纳谏的好皇帝。我们不妨再来看看下面的例子:

○ 敢于直面人性弱点,坚决杜绝阿谀歪风,提拔犯颜直谏的贤能之臣

景泰二年(1451)二月,南京总督机务、兵部尚书、靖远伯王骥等上奏朝廷,说:"正月十八日,山川坛、井醴泉迸出馨香,上闻臣等躬诣汲取祗荐奉先殿,以昭圣世之祥。"这是专制时代马屁精们惯用的伎俩,以所谓的天下呈现祥瑞来阿谀当朝皇帝治世有方,进而能使自己青云直上。而这样的事情在历朝历代几乎都曾发生过,即使是在被后代子孙视为"圣祖"的明太宗当政时代也屡见不鲜。其最为常见的做法就是由礼部上请,皇帝批准,随后便是举办隆重的欢庆活动。景泰帝的太爷爷朱棣和父皇明宣宗朱瞻基及皇兄正统帝朱祁镇就是接受这类"天下呈祥"的老手,可朱祁钰却很另类,即位之初就下诏:"敢有献言祥瑞,以事谄谀者,罪之!"所以当王骥的祥瑞请贺报告送达宫廷,大明礼部尚书胡濙不知所措而不得不上请时,景泰帝尽管从顾及老臣面子和安定团结的角度去考虑,没有对其进行罪责追究,但还是旗帜鲜明地当场回答道:"不搞!"(《明英宗实录》卷201,《废帝郕戾王附录》第19)

景泰二年(1451)二月丁丑日,吏部文选清吏司郎中李贤上"中

兴正本十策",十策为一曰勤圣学,二曰顾箴警,三曰戒嗜欲,四曰绝玩好,五曰慎举措,六曰崇节俭,七曰畏天变,八曰勉贵近,九曰振士风,十曰结民心。(《明英宗实录》卷201,《废帝郕戾王附录》第19)

　　由这十策之目我们就不难看出,除了第九条"振士风"和第十条"结民心"稍稍间接一点外,其他八条都是直接针对景泰帝个人素养、道德品行的,譬如在第一条中,李贤就这样说道:"伏愿陛下历观前代圣贤之君,所好者何学,所学者何事,不但口耳之粗迹,务考义理之奥旨,专心致志,居敬存诚帝王之学。既有所得应事接物无或不当,异日嘉靖邦国,卓然为中兴之令主,未必不由好学之所致也。"(《明英宗实录》卷201,《废帝郕戾王附录》第19)

　　这样的谏言倒是很像宣德时期巡按御史陈祚跟景泰帝的父亲明宣宗朱瞻基说过的那番话:"帝王之学先明理,明理在读书。陛下(指明宣宗)虽有圣德,而经筵未甚兴举,讲学未有程度,圣贤精微,古今治乱,岂能周知洞晰? 真德秀《大学衍义》一书,圣贤格言,无不毕载。愿于听政之暇,命儒臣讲说,非有大故,无得间断。使知古今若何而治,政事若何而得。必能开广聪明,增光德业。而邪佞之以奇巧荡圣心者自见疏远,天下人民受福无穷矣。"哪想到当时的"治世圣君"朱瞻基在读完陈御史的奏章后当即就暴怒,大声吼道:"竖儒谓朕未读《大学》耶! 薄朕至此,不可不诛!"(《明史·陈祚传》卷162)

　　再看景泰帝,虽然即位时很年轻,且接手的大明帝国正处于外族入侵的战乱国难时期,只见他一边处理军政事务,一边诏令开设经筵,加强自身的文化思想道德修养,要求讲官们"务端心竭诚,相与讲论,臻其极至,毋隐毋循,徒事虚名。必二帝三王之蕴奥,得于心而施于行;俾四方万国之广远,蒙其德而被其泽。斯足以副朕之素志"(《明英宗实录》卷196,《废帝郕戾王附录》卷14)。在接到李贤那话里话外都值得品味的3000余字谏文后,他非但没有如其父亲那般暴怒,反而十分高兴地予以全盘接受,明代官史用了"帝嘉纳之"字样加以记载了下来。(《明英宗实录》卷201,《废帝郕戾王附录》第19)《明史》则说得更具体:"(景)帝善之,命翰林写置左右,备省览。"(《明史·李贤传》卷176)

　　当然皇帝作秀与史官阿谀溢美在历史上是比比皆是,可那时的景泰帝却是实实在在地虚心纳谏,这一点我们从以后李贤在朝廷中的官位变化上便可以看出。大约四个月后的景泰二年(1451)六月,大胆直言的李贤就"富国强兵,报仇雪耻"话题再次上千言书(《明英宗实录》卷205,《废帝郕戾王附录》第24),并又一次得到了景泰帝的肯定。好事到此并没打住,又是四个月后,即景泰二年(1451)十月,李贤被皇帝朱祁钰直接提升为兵部右侍郎。(《明英宗实录》卷209,《废帝郕戾王附录》第27)

坦率而言,李贤在景泰大臣中算不上直言进谏最多的,像"救时宰相"于谦、军中首席武将石亨等在朱祁钰登临大位前后几乎天天都有谏言和建议上呈进献,而景泰皇帝每每接到之,必有答复,尤其是于谦的建议,他几乎没有不接受和不采纳的。还有老臣王直、胡濙、陈循、高谷、金濂、何文渊等都是当时朝廷咨询问政、处置军国大事的重要参谋与顾问,他们的许多建议也得到了景泰帝的采纳。更有甚者,一些底层人士的谏言也为皇帝朱祁钰所重视或采纳。(《明英宗实录》卷181~211,《废帝郕戾王附录》第29)由此看来,景泰帝广开言路和虚心纳谏并非仅为口头秀秀,而是实实在在地做了。

○ 通过清除王振奸党案与金英揽权贪腐案,管住身边的宦官奴才

当然广开言路和虚心纳谏仅是手段,其根本目的就是为了纠弊救偏,整饬纲纪,拯救和中兴大明。这是景泰朝针对正统时期的严重失政而做出的非常之举。

众所周知,正统时期最令人们愤恨的败政就是宦官擅权专横,误国害民。对此,非常时期上台登极的新皇帝朱祁钰予以充分的清醒认识。

正统十四年(1449)八月庚午日,"左顺门事件"突发,朝臣当廷击毙王振爪牙马顺及其同党内官毛贵和王长随,而后郕王朱祁钰应百官之请,下令逮捕王振侄儿王山等,并将其凌迟处死。(《明英宗实录》卷181)

正统十四年(1449)八月乙亥日,郕王朱祁钰下"令籍没太监郭敬、内官陈玛、内使唐童、钦天监正彭德清等家,以皆王振党也"

(《明英宗实录》卷181)。

正统十四年(1449)九月,景泰帝接受刑部主事刘锴的谏言,令"都察院录王振罪恶,榜示天下,以释人心之怒"(《明英宗实录》卷183,《废帝郕戾王附录》第1)。

正统十四年十月(1449),景泰帝采纳大臣们的建议,追查王振党人,逮捕钦天监监正彭德清等。(《明英宗实录》卷184,《废帝郕戾王附录》第2)

景泰二年(1451)六月,朱祁钰"罢中书舍人徐颐为民。(徐)颐,直隶江阴县人,家赀累万,因拜太监王振为父。振令黄养正代写楷字,以进得除中书舍人,以疾告归。至是复至,为言官所劾。巡按御史又按其家豪横,创违式第宅千八百余间。下狱,论当杖,故有是命"(《明英宗实录》卷205,《废帝郕戾王附录》第23)。

……

除了清算正统朝祸国殃民的王振奸党外,景泰帝还很注意对眼下宦官的管控与抑制。

早在正统十四年(1449)九月壬午日即朱祁钰登极的前一天,巡抚山西的右副都御史朱鉴就上奏说:"曩者江南寇发,皆以诛王振为名。夫事归朝廷则治,归宦官则乱。"景帝读完奏章后相当高兴地接受了朱都御史的建议(《明英宗实录》卷182;《明史·朱鉴传》卷172),由此开始撰写了大明历史上"待中官最严"(【明】沈德符:《万历野获编·补遗·内监》卷1)的新的一页。

太监金英是历事明初四朝的老牌太监,宣德时就大为皇帝宠用。宣德七年(1432)朱瞻基赐他和范弘免死诏,辞极褒美。正统初元,金英与兴安一同为小皇帝所贵幸。这样的格局到了正统中期起有所改变,由于那时大珰王振已经开始擅权专横,金英不敢与之对抗而退居次位。(《明史·宦官一·金英传》卷304)有个叫薛瑄的大理寺左少卿因不屈王振之淫威,被外放到南京当大理寺卿。刚好那一年,金英受命出差到那里,临返回时,南京诸司衙门的官员都到长江边上为金太监饯行,唯独薛瑄没来。金英为之感慨万分,回京后就跟朝廷大臣这般说道:"要说当今南京好官,恐怕也只有薛瑄一人而已!"(【明】焦竑:《国朝献征录·寺人》卷117)

由此看来当年金英做事情、看问题还比较客观,或许正是这个因素，正统十四年（1449）夏，明英宗命令金英"理刑部、都察院狱囚，筑坛大理寺"。再看金英，自接受皇命后顿时感觉十分了不得，让人撑起了皇帝才能使用的大黄盖，自己端坐在大理寺坛中央，而身为大明法司部门的主管领导刑部尚书、侍郎和都察院都御史等朝廷高官却只能屈居左右两列。大明六年一次大审录囚制度自此而始。（《明史·宦官一·金英传》卷304）

正统十四年（1449）七月，明英宗亲率六师，远征瓦剌，不料身陷土木堡。消息传到北京，朝廷大震。在商议应急对策时，翰林院侍读徐珵倡议南迁，金英与兴安等大太监听后立即予以严斥，并令人把他撵出大殿，且大声说道："敢言迁者斩！"在这个大明历史的节点上，金英和兴安及时配合"救时大臣"于谦等稳住了帝国局势，为景泰帝的登极创造了有利的条件。（《明史·宦官一·金英传》卷304）

或许正是由于这样特别的背景和事情，在正统向景泰转折时期，金英和兴安等老牌太监在朝廷内外的威势是相当大的。而相比于兴安，金英及其家人似乎格外忘乎所以。正统二年（1437）四月，"太监僧保、金英等恃势私创塌店十一处，各令无赖子弟霸集商货，甚为时害"。有人将之上奏给了当时的皇帝明英宗，明英宗命锦衣卫与监察御史同治此事。但绕了许多的弯子，这事最终还是不了了之。（《明英宗实录》卷29）正统八年（1443）九月，"清平伯吴英、中官吴亮、范弘、金英、阮让等私刍牧于南海子及强夺民草。事觉，下锦衣卫狱监之"。可随后不久，明英宗又宽宥了金英等人。（《明英宗实录》卷108）正统末年，大事糊涂小事清楚的明英宗居然让金英代理自己掌控大明帝国最高级别的刑事复审大权。（《明英宗实录》卷178）

如此情势可谓大大地助长了金英的"熊胆"，"王振没，（金英）掌（司礼）监事。景帝以其擅权，恶之，命言官论其家奴郭廉、赵显多支浙盐等罪"（【明】王世贞：《弇山堂别集·中官考二》卷92）。

案件的大致经过是这样的：景泰元年（1450）六月，有人举报："司礼监太监金英家人李庆等多支官盐及挟取淮安府民船六十余艘载盐，因而杖死船夫。"大明都察院接案后，随即展开了调查、取证和审讯，最终认定该案的主犯为李庆，判决其为绞刑，其他涉案者皆处以杖刑；至于李庆的主子大太监金英，则不予追究责任。在

第3章 上皇回京 景泰中兴

朝廷大殿上一起议政的刑科给事中听到都察院的如此判决后,当即上奏景泰帝,弹劾金英"怙宠欺君,怀奸稔恶。(都察院)左都御史陈镒、王文,监察御史宋琮、谢琚畏权避势,纵恶长奸"。景泰帝接奏后回答:"对于金英,朕自有处置。都察院领导陈镒、王文及监察官宋琮、谢琚姑息养奸,犯有严重失职之罪,令锦衣卫将其迅速逮治。"(《明英宗实录》卷193,《废帝郕戾王附录》第11)而后不久,金英也被捕禁锢,"终景泰朝废而不用"(【明】王世贞:《弇山堂别集·中官考二》卷92;《明史·宦官一·兴安传》卷304;其家奴郭廉、赵显因多支浙盐,谪戍边卫;两浙运使吴方大因接受金英家奴之贿赂而放任其多支浙盐,朝廷对此进行追赃,并将吴方大发原籍为民(《明英宗实录》卷196,《废帝郕戾王附录》卷14);淮安知府程宗因"坐擅集民船六十余艘,为太监金英家奴李庆等载货,且事后受其纻丝等贿"而被发戍辽东。(《明英宗实录》卷195,《废帝郕戾王附录》第13)

看了上面案子的处理结果后,有人可能要说,大太监金英遭黜的根本原因就在于他没有与时俱进,紧密配合景泰帝改立皇太子。(【明】焦竑:《国朝献征录·寺人》卷117)仅这一事,证明不了景泰朝严格管控与抑制宦官。好,我们不妨再来看看另一些案例:

善增也是个老牌太监,"以宠幸得预操练军马,锡赉骈蕃房屋仆马拟于王公、朝官"。那时谁要是拎不清得罪了善增,就必然会遭到他的肆意詈骂与羞辱。而善增的奴仆则更为神气活现,仗着太监主子的威风,擅自杀人,强占民田,豪夺商税。(《明英宗实录》卷203,《废帝郕戾王附录》第21)

见到自己及其家人、奴仆犯了那么多的案子居然一点也没事,景泰初年,愈发不能自已的善增恃宠骄纵,势炽日甚。京城中有些大臣看到这般情势,就到处打听善增的生日,想乘此"良机"好好地巴结他一下。而善增也想利用这样的机会好好地捞一把,就如当年王振一般。六科言官与十三道监察御史听说后联合上章给景泰帝,"尽暴其罪恶,乞急治之,不然必蹈覆辙"。奏章送达宫中后,景泰帝立即下令给锦衣卫,逮捕善增等人。(【明】叶盛:《水东日记·奏弹内官善增》卷2;《明英宗实录》卷203,《废帝郕戾王附录》第21)

景泰二年(1451)五月,守备永宁之宦官长随樊胜和都指挥黄宁一起喝酒,喝着喝着,不知怎么的,两人吵了起来,后来又动起了手脚,且互有斗伤。按理说,事情到此差不多可以告个段落了,哪想到这个叫樊胜的宦官仗着自己曾是皇帝身边"长随"的特殊身份,乘着酒劲,将一直在看喝酒的军中厨子给打死了。都指挥黄宁看到事情不妙,赶紧上奏朝廷。景泰帝接奏后立即命令巡按御史对案件进行了审核,最终认定长随樊胜犯有杀人罪,判处其为斩刑。(《明英宗实录》卷204,《废帝郕戾王附录》第22)

大同镇守太监陈公与总兵官定襄伯郭登素不和谐,数相非议。参谋大同军事、左都御史沈固就此上告朝廷,乞请调走一人。刚好那时山西行都司署都指挥姚贵也上书中央,列举太监陈公所犯20件不法之事。陈公闻讯后怀疑是郭登在暗中捣的鬼,于是一再上告,将与其相关的一些鸡毛蒜皮之事作为回敬的"资本"。景泰帝见之,心里立马明了,随即命令陈公离职还京,以右监丞马庆代之。(《明英宗实录》卷196,《废帝郕戾王附录》卷14)

勿用更多的例证,我们就此不难看出,景泰帝在明朝列帝中确实很另类,他严控与禁约宦官十分到位。对此,时人李贤曾这么说道:"陛下左右内侍之臣,大非前日之比,率皆小心畏谨,恪勤匪懈,守祖宗之家法,绝外人之交通,盖能以覆辙为戒也。"(《明英宗实录》卷201,《废帝郕戾王附录》第19;【明】陈子龙、徐孚远:《皇明经世文编》卷36)

不过有人可能还会不同意这种观点,曾有个读者朋友拿景泰朝的另一个大太监兴安受宠来说事。好,我们不妨再来看看,为何在打抑宦官的大势下宦官头子兴安还会"大红大紫"呢?

兴安是与金英资历相近的老牌太监,永乐时就曾服侍明太宗朱棣,"出入内监,小心缜密"。宣德时他升为长随奉御,掌库藏出纳之事。正统初年,兴安受命前往两浙苏松暨扬、泰二州,清理盐法,遴选军士,"公而忘私,廉而益谨",处事得当,"公论攸从,人心允服",进而晋升为左少监,寻升为太监,受赐蟒衣玉带。正统十四年(1449)夏秋之交,明英宗北征,兴安受命"守备京师,抚安中外"。土木之变消息传来,京师震动。兴安与金英一起,力斥徐珵等人的迁都主张,稳固朝纲,辅佐郕王朱祁钰登基即位,为大明帝国的转危为安立下了大功。(《大明故礼监太监兴(安)公之碑》,《北京图书馆藏中国历代石刻拓本汇编》,第52册,第15页)

北京保卫战期间,兴安与司礼监太监李永昌一起,协助于谦、

第 3 章 上皇回京 景泰中兴

石亨总理军务。(【明】王世贞:《弇山堂别集·中官考二》卷92)景泰初元,尤其是金英案爆发后,他格外受宠于皇帝朱祁钰,成为当时内廷不可或缺的左膀右臂,据说景泰朝的许多策略谋划都出自他之手。但即使如此,兴安还是"颇有廉操,人不易干以私"(【清】查继佐:《罪惟录·兴安传》列传29上)换言之,他为人处世很有原则,是个公正廉谨的太监,或言是个很不错的皇帝助手。景泰初期,有人看到皇帝对"救时"大臣于谦格外器重,委以重任,就在背后指指戳戳,兴安听到后十分生气地说道:"论当今之大明,如于公这般为国分忧,公而忘私的大臣有第二个吗?!"(《明史·宦官一·兴安传》卷304)因此,清初史学家们曾极富见地地指出:"(于谦)竟效能社稷,(兴)安左右之力也!"(【清】查继佐:《罪惟录·兴安传》列传29上;《明史·宦官一·兴安传》卷304)由此看来,景泰朝重用的是像兴安一类的正派宦官,对于为非作歹的阉竖还是予以坚决打击或言实行严厉管控,而这恰恰在明朝列帝中是不多见的!

○ 给皇家秘密警察锦衣卫开出权力清单——明史风景这边独好!

其实管控和禁约宦官,这仅仅是景泰朝整饬纲纪的一小部分。在当时的景泰君臣看来,宦官这些天子眼皮底下的狗奴才之所以敢作恶,在很大程度上就是潜用或言盗用了皇帝的特殊武器工具——锦衣卫,因此说要想励精政治(《明史·景帝本纪》卷11),中兴大明,就不能不对助纣为虐的锦衣卫做些限制和禁约。

锦衣卫之横自明初开国起就有了,但无论是明太祖、明太宗还是明仁宗、明宣宗,一般来说对于锦衣卫的使用是有着一定的讲究的,即在发生所谓的"大案要案"时才会用上它。可这样的"祖制"精神到了小杆子皇帝明英宗时却被大大地异化了,锦衣卫被滥用。

正统十一年(1446)六月,南京监察御史陆俦巡按石灰山即今天的幕府山,发现那里的守关副使黄颉接受盐徒的贿赂,随后便将该事上奏给了正统朝廷。黄颉耳闻风声后顿觉大势不好,赶紧实施报复。怎么报复呢?他搜肠刮肚了好一阵子,终于整出了反击监察御史陆俦的"材料"来,说陆御史在南京巡察期间接受养鱼人奉送的几条小鱼及农民赠送的几把蔬菜。这种在现代人看来小得不能再小的小事情却在正统皇帝眼里成了了不得的大事情,他当即下令,让锦衣卫上南京去,将陆俦、黄颉等逮到北京,遂俱下锦衣卫狱。(《明英宗实录》卷142)

正统十一年(1446)八月,南京太常寺官员上奏朝廷说:"先前南京工部及凤阳府卫修葺祖陵殿宇,可工程刚开工没多久,负责管理的官员就说,工程修好了,相关的工匠也被放了回去。但最近有人到泗州去,发现那里的祖陵墙上粉饰之物在脱落,似乎是没修葺过。小臣在此恳请皇帝陛下让相关部门的官员组织重修。"据说正统帝接奏后大怒,"命锦衣卫遣人械原委官赴京治之"(《明英宗实录》卷144)。

堂堂皇家秘密警察居然管起这等细务小过,真乃正统朝的一大风景啊!

糊涂的明英宗滥用锦衣卫,他的"父师"王振也不甘落后。正统八年(1443)六月,翰林院侍讲刘球因上书得罪了大珰王振,"累执下锦衣卫狱。数日,锦衣卫指挥马顺以球病死闻,碎其尸,弃之。(马)顺承中官王振意也"(《明英宗实录》卷105)。

朝廷近臣刘球因为向皇帝提了几条意见,触怒了当朝权贵大珰,在没有经过法司部门的任何审判的前提下,居然让锦衣卫"大佬"整死在狱中,他的脖子断了,身体被肢解、瘗埋,仅一条血裙被人偷偷地保存了下来。(《明史·刘球传》卷162;【明】焦竑:《玉堂丛语》卷4)正统朝的锦衣卫之残忍与肆意妄为由此可见一斑。

景泰帝即位前夕,大明朝堂上曾上演了一场群臣怒斗锦衣卫指挥同知马顺之大戏,朱祁钰目睹了这一切,对于锦衣卫之狂之恶之坏,想必他会有所感受的。

正统十四年(1449)十二月,在广开言路的大势下,吏部听选知县黎近上言四事,其中的第四件事讲的就是要新朝廷对锦衣卫实行严抑与管控。黎近说:"至永乐间事之重者,或送锦衣卫讯问,盖亦恐有冤耳。自太监王振专国,官无大小、事无轻重,悉送锦衣卫镇抚司拷讯,遂使掌司事指挥马顺得以阿比权势,高下其手,是以翰林侍讲刘球以直谏而死,监察御史李俨以不屈而贬,负屈衔究,比比而有。乞今后大臣有犯重罪,或皇上亲赐推问,或命六部、都察院堂上官会勘奏请处分,如此,则刑狱清而待臣下之礼得矣。"

第 3 章 上皇回京 景泰中兴

(《明英宗实录》卷186,《废帝郕戾王附录》第4)

但对于黎近的这些建议,当时的景泰帝可能是由于忙于保家卫国之大事而没有立即予以采纳。景泰元年(1450)闰正月,大明国防安全形势渐趋明朗。这时又有人上言,指出"锦衣卫官校缉事之弊者,云多为人复私怨,指无为有,诬致人罪,且例不许辩理"。景泰帝对此何尝不明,随即回应:"(锦衣卫)官校本以廉阴谋、不轨、大奸、大恶,乃今其毙(弊)如此。后有送法司不引伏者,其为辩理之。如肆诬罔,俱重罪不宥。"(《明英宗实录》卷188,《废帝郕戾王附录》第6)

这是景泰朝首次对锦衣卫做出限制性的规定。景泰三年(1452)三月,皇帝朱祁钰又指示:"今后但系谋逆、反叛、妖言惑众,窥伺朝廷事情,交通王府、外夷,窝藏奸盗,及各仓、场、库务虚买实收,关单官吏受财卖法,有显迹重情,方许指实奏闻,点差御史覆体实,方许执讯。其余事情,止许受害之人告发,不许挟仇受嘱,诬害良善,及将实事受财卖放。法司亦不许听从胁制、嘱托,致有冤枉。违法重情,罪不宥。"(《明英宗实录》卷214,《废帝郕戾王附录》第32)

通过颁发敕谕等类的最高指示,给锦衣卫权力划定范围,用今天的时髦话来说,就是将权力关进笼子里,这样就使得景泰时期的锦衣卫很难随意罗织罪名,陷害无辜,只能循规蹈矩地履行职责。据说那时即使是锦衣卫第一号人物——指挥同知毕旺也仅"碌碌循职而已"(【明】王世贞:《锦衣志》)。

上述景泰帝的整治手法,换成今天耳熟能详的话来说就是管住和管好身边的人。当然对于一国之君来说,光管住和管好身边的人还不够,因为大一统帝国那么一大摊子的事需要有百官臣工来共同操持,因此说景泰帝要想励精政治,中兴大明,就必须得整顿吏治。

○ 屡次颁发敕谕,整饬大明吏治

说到那时的吏治,明代著名学者李贽曾有这样的一番论述:正统时期"在官既如廉耻之心,莅政唯肆贪淫之志,酿成污浊之风"(【明】李贽:《续藏书·郭登传》卷13)。换言之,正统帝治政下的吏治创下了大明开国以来最为糟糕的纪录。

对此,非常时期即位的景泰帝自上台起就有着十分清醒的认识,并予以高度的重视。正统十四年(1449)九月初六日,在即皇帝位诏书32条"合行事宜"中专列了4条整顿吏治,其中第11条规定:"天下有司官员有廉能干济、善抚百姓者,所在上司、巡抚风宪等官以礼奖劝,毋或凌辱;老病阘茸不能任事者,起送赴部;贪酷无耻害民者,拏问解京。"第17条如此说:"按察司官、巡按御史俱系朝廷耳目,凡有刑狱冤枉,悉与伸辩;官吏贪污,悉从纠举,不许推避,致陷无辜,纵容有罪,违者罪之。"第25条规定:"各处都司、布政司、按察司、卫所并府州县先因永乐年间事冗,六房吏典额外添设,至今因循,今后只依洪武年间额设,其添设者并送吏部。"第29条规定:"在外军民官员多有除授赴任,或因公干考满等项到京,回任通同亲识带领前往任所,以取债负为名因而科敛军旗粮里人等财物,今后敢有仍蹈前非,许被害之人赴风宪官处告理,并拏问如律。"(《明英宗实录》卷183,《废帝郕戾王附录》第1)

正统十四年(1449)九月十七日,雄心勃勃致力于大明中兴的景泰帝为整顿政治又专门发布了近500文的敕谕。(详见本章"景泰中兴——被人遗忘了的历史幽深处",笔者注)

之所以要这样,因为在景泰帝朱祁钰看来:"国家以民生为重,君臣以政理为先,政失其理,民生何由而遂?"(《明英宗实录》卷266,《废帝郕戾王附录》第84)正是从这样的"民为邦本"治国理念出发,景泰帝自上台起就极为重视整顿吏治和官民关系问题,哪怕是不太起眼或司空见惯的事情,他也予以了相当的注意。

正统十四年(1449)十二月,经过全国军民的共同努力,大明取得了保卫北京和打退瓦剌南犯扰边的军事胜利。正处于胜利兴奋期的景泰帝却并没有忘乎所以,而是想到了中兴大明与整顿吏治问题。有一天,他临御奉天门,跟都察院左都御史陈镒这般说道:"洪武、永乐年间,凡是官员出入,是走水路、陆路还是驿路,都有严格的规定。可近年来无论是京官还是外官都不能体谅朝廷恤民的深刻用意,有人私自往返,附带货物,任由驰骋;有人假公行私,虚张声势,水陆迎送,所到之处,往往引起一片骚动;甚至还有的官员乘着外差的机会,到处吃喝,科敛财物。你们都察院马上出个禁约榜文,将其贴到每个水陆交通要冲之处,告诉大家:谁要是不遵守我朝廷的规矩,就将他发配到边远地区去充军;风宪监察官要是知而不纠的话,也一体治罪!"(《明英宗实录》卷186,《废帝郕戾王附录》第4)

景泰元年(1450)正月,景泰帝"命都察院移文,禁各处公差内外官,毋纵从人科害军民。违者,从御史、按察司官擒,(置)罪如律。应奏请者,奏闻处治"(《明英宗实录》卷187,《废帝郕戾王附录》第5)。

官吏公差或打着公差的旗号到处扰民害军,这样的事情自古就有,且不绝于史。明朝开国以来列朝皇帝对此都比较重视,但随着正统帝当政和他"父师"王振擅权专横时代的到来,情势变得愈发糟糕。对于这一切,新上台的景泰皇帝十分清楚,所以在景泰改元前后不到两个月的时间内,他连连下发敕谕,严禁官吏出行腐败和利用公差之机扰民害军。当然如果仅仅靠下发敕谕就能整顿好吏治,这似乎是太天真了。为此,景泰帝在上台之初还通过了清除王振奸党案和金英揽权贪腐案等,对大明权力场来了一番较大的清理。

○ 把控好两个大案要案之走向,清一清中央朝廷为重心的权力场

前文已述,清除王振奸党是从土木之变后开始的,王家被灭族,王振侄儿、锦衣卫指挥同知王山被凌迟处死,王振爪牙、锦衣卫指挥马顺及其同党内官毛贵和王长随被当廷殴死(《明英宗实录》卷181),王振奸党的主要骨干太监郭敬、内官陈玙、内使唐童、钦天监正彭德清等家被籍没,就连当时官位并不显赫但毫无廉耻地拜阉竖王振为义父的中书舍人徐颐也被罢职为民……可以这么说,当时属于王振奸党的有头有脸的官员,只要活着的大多都受到了相应的惩处。(《明英宗实录》卷205,《废帝郕戾王附录》第23)

清理金英揽权贪腐案的声势与规模也不小,它是从景泰元年(1450)六月开始的,相比于清除王振奸党晚了十个月。起初该案仅仅处理"多支官盐及挟取淮安府民船六十余艘载盐"和"杖死船夫"的金英家人奴才李庆、郭廉、赵显等人,因在此过程中都察院左都御史陈镒、王文,监察御史宋瑮、谢琚等畏权避势,纵恶长奸而遭逮捕,后虽经景泰帝特赦,陈镒、王文免罪复职,但案件的追究并没有到此为止。(《明英宗实录》卷193,《废帝郕戾王附录》第11)两个月后,直隶淮安府知府程宗落马,因他接受贿赂,帮助太监金英家奴李庆

等载货,并擅自调集民船六十余艘为其运输,最终被判发戍辽东。《明英宗实录》卷195,《废帝郕戾王附录》第13)又一个月后的景泰元年九月,两浙运使吴方大被指接受金英家人贿赂,纵容其多支浙盐。景泰帝令人将吴方大押解到北京,当廷追赃,并最终将其发回原籍为民。《明英宗实录》卷196,《废帝郕戾王附录》卷14)

景泰元年(1450)十一月,锦衣卫指挥佥事吕贵营私舞弊被人纠察出来,顿时将清除大太监金英揽权贪腐一案引向了高潮。这个叫吕贵的锦衣卫指挥佥事原本就不是什么好东西,景泰帝登极之初正是大明国难之际,瓦剌大举南下扰边,朝廷命令他率军北上抗敌,哪料到吕贵接到命令后一肚子的不乐意,迟迟不肯起身。有人看出了其中的秘密,将之报告给了景泰帝。景泰帝是何等聪明之人,深知重赏之下必有勇夫的道理,当即将吕贵升职为署都指挥佥事。

不久北疆战事结束,吕贵回到朝廷。为防止日后再次被外调失势,他开始偷偷地找门路。那时头号大珰王振已死于土木堡,宫中权势显赫的宦官"大佬"当数金英与兴安。兴安太清正,很不好说话,剩下的只有金英了。但就凭吕贵自身的阅历要想与数朝老牌太监金英搭上话,那可不是件容易的事。这时吕贵突然想到了自己的手下锦衣卫百户金善,他可是金英的家人呀,于是将他找来,如此这般地托付了一番。吕贵要求不高,什么署都指挥佥事都不要,自己还是做原来的锦衣卫指挥佥事,这样便可待在北京不走了。就低不就高的谋职要求,对于一个历事数朝皇帝的老牌太监金英来说还不是小菜一碟,很快皇帝谕旨下来了,吕贵继续当他的锦衣卫指挥佥事之官。《明英宗实录》卷198,《废帝郕戾王附录》第16)

尝到贿赂带来甜头的吕贵每每想到自己独特的官场钻营术,心里顿生阵阵狂喜,胆子也就愈来愈大。他左瞧瞧右看看,突然间发现自己的宅邸不够神气,马厩也不像样,怎么办? 自己掏钱修造? 这是傻子才会干的事情,不是有句俗话说得好,有权不用过期作废。乘着自己手中有权有势时赶紧捞一票。想到这些,吕贵就将宫廷营缮所的官员找来,向他开口索要了"砖瓦等料万余,以造私室"。《明英宗实录》卷198,《废帝郕戾王附录》第16)。

宽敞的宅邸造好后,吕贵又想到要好好地建造一下马厩,于是就贿赂管理大明皇家牧场的内使叶景荣。内使叶景荣也是个猴精，见到有权有势的锦衣卫头子吕贵来献媚，当即就想：他不就是要些石头与马料吗？反正都是公家的东西，不给白不给，再说我也不能拿了石头与马料当饭吃，当即就给了吕贵一大堆。这事尽管做得十分隐秘，但最后还是让人给觉察出来了。景泰元年（1450）十一月，大明都察院接到举报，随即开始审讯吕贵、金善和叶景荣等人的营私舞弊案，案件一直追究下去，大珰金英再次浮出水面。皇帝朱祁钰裁定：将金善处以斩刑，吕贵降调到边卫使用，内使叶景荣送司礼监别用，赃物俱追入官，金英交由大明都察院逮治。听到皇帝这样的圣裁，左都御史陈镒等立即上言，说："（金）英纵家人倚势多支官盐，累受贿赂，升指挥韩志为署都指挥佥事，升内使汝住为长随奉御，升都指挥孙镗为都督总兵，升校尉刘信为百户。工部尚书石璞结王振得职，（金）英受（王）璞赂，以保其位。又准（吕）贵仍理锦衣卫事。奸恶如此，宜不拘常律，处以极刑，籍没其家。"景泰帝听到此，当即改口道："将金英禁锢起来，马上逮捕孙镗、石璞和韩志等人，鞫之论罪。"（《明英宗实录》卷198，《废帝郕戾王附录》第16）

一个老牌太监因揽权贪腐被查而引出了两个左都御史、两个监察御史、一个工部尚书、一个署都指挥佥事、一个都督总兵……他们都一一遭逮下狱，虽然最终大多为景泰帝所宽宥，但在当时的大明权力场中所产生的震慑作用却实在不容小觑。

由此我们可以这么说，通过清除王振奸党和金英揽权贪腐两大案，景泰初年的大明朝纲得到了一定的整治，朝廷政治风气也由此开始变得清明多了。

○ 严格把控官员任用之途，大力推行巡抚监察，整治地方吏治

不过光整治中央朝廷权力场是不够的，在大一统帝国中整肃政治风气还有一大重要的层面，那就是要严饬地方吏治。而要严饬地方吏治得首先要用好地方官，景泰帝自即位起就对此十分重视。

明朝自开国起，对于方面官补缺问题形成了这样的做法：一般都由吏部从朝廷内外官员中挑选出贤能而又久任其职的官员来作为补缺的候选人；对于监察御史有缺，一般是由吏部从进士、监生

中选任。这种做法到了宣德时期有了改变，为防止选官不慎，明宣宗命令在廷大臣会官举保。可哪想到这种做法行久了，就形成了奔进请托之风，而这样的风气在正统年间越行越盛。景泰元年（1450）六月，十三道监察御史张子初等上奏景泰帝，说："臣等切惟方面郡守既以请托而得进身，其居官也岂不以赂贿而害民乎？知县、校官既以私情而求理刑，其拜官也岂不委靡而废职乎？况御史若从大臣举保而任之，则大臣有过，彼必钳口卷舌而不言；大臣有嘱，彼必俯首帖耳以听命矣。"因此他请求朝廷"停保举之新例，而复洪武、永乐之旧制"。景泰帝接奏后令礼部会官集议，集议后大家觉得，"大臣保官诚为有弊，宜如御史所言革之"。皇帝朱祁钰接受了大家的建议，诏"令今后方面郡守、御史有缺，吏部从公推选，务在得人；若有不公，六科十三道其劾奏之"（《明英宗实录》卷193，《废帝郕戾王附录》第11）。

但问题至此似乎并没有得到很好解决，景泰三年（1452）十二月，浙江等十三道监察御史陈纲等上言指出：缺官选补"悉由众大臣会举，固未免有起于奔兢；独由吏部推选，未免闻见之有限"。因此他建议朝廷"在京一品官举布政使、按察使、参政，二品、三品官举按察副使、佥事、参议，知府有缺，必推举二人，会议允当，然后具本请圣裁"（《明英宗实录》卷224，《废帝郕戾王附录》第42）。景泰帝结合吏部官的建议，最终决定："方面郡守务欲得人，所以朝廷尝令大臣举保，又令吏部推选，行之已久，不能尽当。今后惟布政使、按察使有缺，令会三品以上官连名共保，其余还令吏部访求推选，务从公道。"（《明英宗实录》卷224，《废帝郕戾王附录》第42）

那么这样的铨选"新法"推行后到底有着怎么样的效果呢？景泰二年（1451）年底前还是吏部文选清吏司郎中的李贤对此做了这样的描述："予在铨司，乃将六部郎署年深者，第其才之高下，为一帖，御史为一帖，给事中为一帖，南京者附之，方面有缺，持此帖于尚书王直前，斟酌用之，将尽，复增之。方其推用之时，人皆不知。命下，令人传报，彼方惊喜。正谓各官举时，有九年将满者，以其自守，不求知于人，耻为奔竞。"（【明】李贤：《古穰杂录摘抄》）

由此看来，景泰帝诏令推行铨选"新法"后，大明官场风气已为之一变了。

注意严格把关官员任用果然是好，但再严格的把关总难保障所有被任用的官员都能胜任其职。对此，大明自开国起就建立和完善了一系列监察体系：如以都察院为核心的大明帝国监察系统，以六科给事中为主体的无所不察的皇帝近侍监察官系统，以通政使司为主干的集谏官和监察于一体的宫廷内外通政渠道和以分巡道与分守道为主干的地方权力制衡监察机制，等等。（详见笔者《大明帝国》系列之②《洪武帝卷》中册，第7章）而在这么多的监察体系中，真正经常性地对地方官发挥着较大影响的是以都察院为核心的监察体系"衍生物"——中央朝廷派出的巡抚监察官。明朝前期巡抚监察工作做得风生水起的，当首推宣德五年（1430）九月明宣宗朱瞻基一口气任命了赵新、赵伦、吴政、于谦、曹弘和周忱等6个巡抚官，总督江南等地税粮。（《明宣宗实录》卷70）对此，明代大学问家王世贞曾评述道："各省专设（巡抚），自宣德五年始。"（《大明会要·职官六·巡抚》卷34）

朱祁钰上台后发扬光大了皇帝老爸整饬地方吏治的治政精神。景泰之初，他一口气任命17个朝廷部院大臣出任地方巡抚官，令其"分行考察"。景泰三年（1452）八月戊辰日，朱祁钰"命都察院右都御史洪英，兵部尚书孙原贞，刑部尚书薛希琏，兵部右侍郎李贤，礼部右侍郎邹干、姚夔，左副都御史刘广衡及巡抚、镇守等官右都御史王暹，兵部左侍郎揭稽，户部右侍郎李敏，刑部右侍郎耿九畴、李棠，右佥都御史祝暹、王竑、邹来学、韩雍，大理寺右少卿陈询，分行考察浙江等布政司方面有司等衙门官员"。与此同时，景泰帝还对他们一一赐敕劝谕道："朕惟治理以任官为本，任官以得人为先。任得其人，则官使皆贤才而政事无不理。政得其理，则民庶皆安养，而天下无不治……今特命尔等分往浙江等布政司考察方面文职有司等衙门官，务在躬亲遍历，广询博访……必尽尔心，庶副委任；不然上负命于国，下召怨于人，内取累于自己，外取讥于君子。尔其钦承朕命，勉之慎之，故谕。"（《明英宗实录》卷219，《废帝郕戾王附录》第37）

批量派遣巡抚官、御史官巡抚监察地方最为主要的目的，就如景泰帝自己所言在于"任得其人"，而一旦要是巡抚官监察到了有地方官员不能胜任，或贪暴，或渎职，景泰朝廷则会毫不留情地予以黜斥,其工作效率和魄力令人惊叹。景泰四年(1453)三月,吏部上奏说:"巡抚河南等处右都御史等官王暹等考察河南府知府吕达等74员俱老疾当致仕,山东东昌府冠县主簿张稿等43员俱罢软、贪污,并年未五十五岁有疾,不能任事,当罢为民。"景泰帝接奏后当即予以允准。(《明英宗实录》卷227,《废帝郕戾王附录》第45)数日后,太子太保兼吏部尚书、翰林院学士王文向朝廷提出了官员考察"末位淘汰法",他说:"近岁各处布政、按察二司及府、州、县官多有不得其人,乞令凡公差御史回京,各举布、按二司并直隶府堂上官不称职者一员,其布、按二司并直隶府堂上官公差考满到京,各举属官不称职者一员;果有才德出众者亦许陈奏,以凭黜陟,或缄默不举,举而不当者,俱有罚。"景泰帝听后令吏部议行。(《明英宗实录》卷227,《废帝郕戾王附录》第45)由此可以看出景泰时期整饬地方吏治之魄力是何等之大!

不过话得说回来,即使批量派遣了巡抚官或实行官员监察考核末位淘汰法了,但并不意味着就一定能将地方吏治和监察工作给搞得完美无缺,有时情况还相当之复杂。要是监察官"轻浮少实",或"处事乖方",或"素行不端"……总之其不能胜任巡抚监察工作或违法乱纪,那可怎么办呢?

景泰六年(1455)八月,耳闻监察官"多不得人"之风声的景泰帝特敕左都御史萧维祯等考察监察官,结果考得黄让、罗俊等16个监察御史失职。皇帝朱祁钰闻奏后当即下令,将16个失职监察官黜斥或降职。(《明英宗实录》卷257,《废帝郕戾王附录》第75)同年九月,有人上告:监察御史刘纪在按视通州卫仓粮储时,违反大明祖制规定,"聘部民女为妻"。景泰帝听说后毫不犹豫地降下敕令,将刘纪逮捕,下锦衣卫狱,后降其为广西高桥马驿驿丞。(《明英宗实录》卷258,《废帝郕戾王附录》第76)

还有一种情况,监察官考察出来的"不称职官员"有争议,在有些人看来他(们)是好官,而他(们)自己也累诉被人冤枉了。对于这样的事情,景泰朝廷又将会怎么处理呢?

景泰初年的一天,吏部官上言说:"先是各处巡抚等官考察府州县官柔懦、昏愦、老疾、不堪任者送(吏)部。后奉诏,若有百姓保留,或累诉冤枉者,悉与查理复职。今录各官诉冤事情以闻。"景泰帝听后命令吏部会合朝廷其他部门的官员一起,对有争议的地方官进行复查考核,发现其"果堪任者,留用;不堪任者,如例黜遣。毋徇私作弊及冤抑人!"(《明英宗实录》卷197,《废帝郕戾王附录》第15)

经过积极整治和不懈努力,景泰朝开启后大明官场风气逐渐有了好转,地方吏治也有所改观,涌现出杨信民、王来、张骥、马谨、程信、白圭等一批既有才能又有道德操守的地方循官良吏。(《明史·王来、张骥等传》卷172)当然这一切还离不开当时的吏部尚书王直和兵部尚书于谦等正派朝廷重臣的从严把关和公正有为。有关于谦的事情,我们在前章中已述,这儿就讲一讲吏部尚书王直。史称王直为人廉慎,"性严重,不苟言笑。及与人交,恂恂如也"。"时初罢廷臣荐举方面大吏,专属吏部。(王)直委任曹郎,严抑奔竞。凡御史巡方归者,必令具所属贤否以备选擢,称得人"(《明史·王直传》卷169)。因此说,那时选出来的官员大多都不错,从总体而言,景泰朝称得上是选贤任能的,这就为"中兴"大明创造了良好的政治氛围。

由用好官和选好官,自然会让人联想到当时盛行的选官主渠道——科举选士,而以"富国强兵"和"中兴"大明为其奋斗目标的景泰君臣在此方面也曾做出了许多的改革努力。

● 改进科举制度,为"中兴"大明选拔与储备高素质官僚人才

明朝从开国起就确立了科举取士为官僚人才选拔的主要机制,经洪武、建文、永乐、洪熙、宣德和正统六朝,科举制至景泰朝时已运行了80余年。一项制度运行了80余年,其不合理性与设计层面的瑕疵问题就会越来越凸显出来。对此,景泰帝朱祁钰登极后接受了臣下的建议,在如下几个层面作了改革(尝试):

○ 扩大会试、殿试取士名额,力求选拔更多的高层次、高素质官僚人才

大明立国后有关科举录取额数一直没有十分明确的规定,以会试、殿试(明朝科举中的殿试只分进士名次,不淘汰考生)为例,历朝皇帝开科录取进士的人数各不相同,见下表。

明代前期历朝会试、殿试录取进士人数简表

	开科年月	录取数	史 料 出 处
1	洪武三年八月	72人	【明】王世贞:《弇山堂别集·科试考一》卷81
2	洪武四年二月	120人	《明太祖实录》卷61;【明】王世贞:《弇山堂别集·科试考一》卷81
3	洪武十七年九月	229人	【明】王世贞:《弇山堂别集·科试考一》卷81
5	洪武二十四年三月	31人	《明太祖实录》卷208;【明】王世贞:《弇山堂别集·科试考一》卷81
6	洪武二十七年三月	100人	《明太祖实录》卷232
7	洪武三十年	52人	【明】王世贞:《弇山堂别集·科试考一》卷81
9	永乐二年二月	472人	《明太宗实录》卷28
10	永乐四年二月	219人	《明太宗实录》卷51
11	永乐七年二月	84人	《明太宗实录》卷114
12	永乐十年二月	100人	《明太宗实录》卷125
13	永乐十三年二月	349人	《明太宗实录》卷161
14	永乐十六年二月	250人	《明太宗实录》卷197
15	永乐十九年三月	200人	《明太宗实录》卷235
16	永乐二十二年二月	150人	《明太宗实录》卷268
17	宣德二年二月	100人	《明宣宗实录》卷25
18	宣德五年二月	100人	《明宣宗实录》卷63
19	宣德八年二月	100人	《明宣宗实录》卷99
20	正统元年二月	100人	《明英宗实录》卷14
21	正统四年二月	100人	《明英宗实录》卷51
22	正统七年二月	150人	《明英宗实录》卷89
23	正统十年二月	150人	《明英宗实录》卷126
24	正统十三年二月	150人	《明英宗实录》卷163
25	景泰二年二月	200人	《明英宗实录》卷201,《废帝郕戾王附录》第19
26	景泰五年二月	350人	《明英宗实录》卷238,《废帝郕戾王附录》第56

〔注:上表中有两科没统计进去,一科是洪武二十一年,由于史籍缺载;另一科是建文三年,由于后来朱棣发动了"靖难"之役,将合法皇帝朱允炆从皇位上撵走,并"革除"了建文朝官方所有的记载。但据明人笔记来看,建文三年那一科选拔出来的出类拔萃人才最多,"取中吴溥等。王艮策第一,以貌不及胡广,又广策多斥亲藩,遂擢广第一,改名靖,艮为第二。是岁得人最盛,如胡广及'二杨'、胡濙俱登显要,为时名臣,而艮能殉节,犹可重也"(【明】王世贞:《弇山堂别集·科试考一》卷81)。不过,这一科的确切录取额数不得而知。〕

从上表1~24栏中我们可以看出,明朝景泰以前80余年间总共开了24科(加上洪武二十一年一科和建文三年一科,实际应为

第 **3** 章 上皇回京 景泰中兴

26科),列帝录取的进士人数各不相同,即使是同一个皇帝在位期间,每科录取的人数也不尽相同。录取人数最多的是在永乐二年(1404)二月那一科,总共录取了472人;其次为永乐十三年(1415)二月那一科,录取人数为349人;再次为永乐十六年(1418)二月那一科,录取人数为250人;录取人数最少的是洪武二十四年(1391)三月那一科,只录取了31人。洪熙以后比较常见的录取额数为100多人。那么录取100多人是录取多了还是录取少了呢?据景泰二年(1451)正月丁未日礼科都给事中金达等人上奏的奏章中所言,当时参加会试的总人数不下3000人。(《明英宗实录》卷200,《废帝郕戾王附录》第18)3000人中录取100人,录取率为3.33%。这个数字倒是使笔者想起了二十世纪七十年代末八十年代初的中国高考录取率,那时一大帮子的"插兄插姐"和"老三届"加入到了我们应届生的高考行列,并且有着可以低于我们应届生几十分的政策优惠,使得我们那几届高中毕业生一夜之间都成了"弱智",而那时2.7%的录取率(2009年中央电视台"高考三十年"访谈节目中公布的数字),让我们这些屈指可数的应届幸运儿在进入高校大门后无论怎么使劲都发现不了多少个同龄人,也弄得数十年过去后,各界"精英豪杰"中大多依然是当年的政策优惠受益者。而明朝洪熙之后的3.33%科举录取率所造成的不佳之势大致与此相似。对此,当时的有识之士上奏皇帝朱祁钰,要求改变沿袭已久的做法,扩大会试、殿试的录取额数。

景泰元年(1450)闰正月,巡抚直隶的大理寺左寺丞李奎上言说:"会集天下举人进行统一考试,就应该以考试结果来择优录取。而现在我大明会试往往受乡试解额限制,将好多人才挡在了门外,为此经常有人发出了沧海遗珠之叹。皇上初登大位,就应该广揽英才,任贤使能,以期致治。由此在小臣看来那就要遵循永乐年间的先例,不限额数,对于在会试中取得合格成绩的就应该全部录取。"(《明英宗实录》卷188,《废帝郕戾王附录》第6)

当时景泰帝正广开言路,任贤使能,欲使国富民强和大明"中兴",接到这样的奏章后他万分激动,随即下令:从今以后朝廷会试就以李奎的谏言行事。(《明英宗实录》卷188,《废帝郕戾王附录》第6)

景泰二年(1451)即为明朝传统的会试年份,大明礼部遵循景

泰帝的旨意,录取了吴汇等200人为进士。(《明英宗实录》卷201,《废帝郕戾王附录》第19)

三年后的景泰五年(1454)二月,大明礼部还是遵循了皇帝朱祁钰的指示精神,以"三场文字合程格"为考录标准,录取了举人彭华等350人为进士。(《明英宗实录》卷238,《废帝郕戾王附录》第56)

景泰朝第3次会试按例应该在景泰八年(1457)二月举行,不料那年正月十七日,南宫之变突发,景泰帝统治被推翻了。因此景泰朝的会试一共只举行了2次,但就这2次会试录取的人数来看,每次都超过宣德朝、正统朝,只有一次少于洪武朝,接近了明代官方喜称的文皇帝朱棣时代。由此我们不难看出景泰帝对人才选拔的重视和任贤使能、"中兴"大明的迫切心情。

○ 尝试废除南北分卷制,以考试为客观标准,择优多取,增强科举公平性

会试录取额数增加了,但采用怎样的录取法?若继续沿袭原来的南北分卷法,这显然不合适。既然不合适,那怎么改进?还有与之相关的乡试额数是否增加?若增加,怎么个增加法?

科举考试中如何录取考生,这在明初似乎并不是个问题。由于那时"举人不知额数,从实充贡"(《明太祖实录》卷160),因而也就没有后世争论不休的考生地域限制和录取额数限制,凡是来参加科举考试的,只要考得出色,一般都能录取。这种做法在明初实行了30年,最终在洪武末年为一代雄猜之主朱元璋所质疑。

传统中国是个大一统专制国家,姑且不说天南海北各地的差异,就南北大格局而言,南方人相对比较勤劳、精明,北方人则相对比较憨厚、质朴,加上轻视文治的元朝定都北京100年之影响和明初绵延数十年的"清沙漠"战争与"靖难"之役的破坏,使得当时南北方文治人才呈现出较大的落差;其直接的反应就是在大明科举考试选拔中,北方优秀文人寥寥无几,南方则是人才济济,这是个客观事实。以洪武三十年(1397)科举考试为例,那年录取了以宋琮为首的整榜52个进士刚巧都是南方人。但是为了使自己的大一统帝国能够长治久安,疑心重重的朱元璋制造了"南北榜"事件,丧尽天良地杀害了主考官、复查官白信蹈和张信等人,另一位主考

官刘三吾因为年老,免去死罪,发配到边疆。随后"老魔鬼"朱元璋亲自阅卷,录取了以韩克忠为首的整榜61个北方籍进士。(《明太祖实录》卷253)但就此而言,录取南北士子人数到底几何,这个问题并没有解决。(参见《明史·选举二》卷70)

转眼就到了"无所不能"的永乐帝统治时代,尽管那时人才辈出,"喜报"频传,"佳绩"连连,但对于科举中南北士子录取比例和各省乡试录取额数等问题还是没有触及。

自称"状元天子"的洪熙帝朱高炽即位后,在大幅度地调整前朝国策时,注意到了科举制的进一步完善——在大一统帝国内推行"平均主义"。

据说有一次,洪熙帝与侍臣们在宫中探讨科举弊端的解决办法时,大学士杨士奇这样说道:"科举选拔应该南北都兼顾。"洪熙帝不解地问:"怎么个兼顾法?北方人的学问本来就不如南方人。"杨士奇解释说:"一些经国大才多出自北方,南方人虽然有才华,但轻浮者不在少数。"听到这里,洪熙帝更为大惑不解了:"那科举选拔时怎么能做到南北都兼顾呢?"杨士奇一边手里比划起来,一边慢悠悠地说:"按照过去习惯的做法,考试试卷上的姓名等信息都给密封起来了,但我们可以在试卷上设计一个凸出的地方,要求考生在上面标明自己的南或北的籍贯。譬如录取100名士子,那么南方籍的录取60名,北方籍的录取40名,这样一来'南北人才,皆入彀矣'。"洪熙帝听到这里,连声叫"好!"并颇为感慨地说:"往年北方籍士子考取者寥寥无几,故而怠惰成风。从今开始要是按照杨爱卿所说的那样去做的话,那么北方士子也当'感奋兴起'。"

【清】谷应泰:《明史纪事本末·仁宣致治》卷28)

随后的洪熙元年(1425)四月庚戌日,明仁宗降谕给大明礼部,谕文说:"科举取士必须得南北兼顾,南方人虽然擅长文词,但没有北方人厚重。以往科举取士中录取的北方人只有十分之一,这不合天下公道啊!从今以后科举取士,以十分论,南方士子录取为十分之六,北方士子录取为十分之四。你们礼部官员再议议看各省士子的录取名额。"(《明仁宗实录》卷9下)

这道谕令还没来得及贯彻下去,明仁宗朱高炽就突然驾鹤西去了。皇太子朱瞻基在即位以后将其推广开来。宣德二年(1427)

举行全国会试,首开南北分卷制度,后来又发展为南北中卷制。"北卷则北直隶、山东、河南、山西、陕西,中卷则四川、广西、云南、贵州及凤阳、庐州二府,徐、滁、和三州,余皆南卷。"(【清】谷应泰:《明史纪事本末·仁宣致治》卷28;《明史·选举二》卷70)

南北分卷制或南北中卷制是以科举中会试录取定额100名为前提,由此我们不难看到整个宣德年间总共举行了3科会试,这3科中录取的进士都是100名。正统初元承袭了"仁宣之治"的做法,正统元年(1436)二月和正统四年(1439)二月,两科录取的进士名额也都是100名。从表象来看,100名进士录取额大致以四六或三七比例"分给"南北中诸省,做到了南北中"大平均"。殊不知在推行这种做法的同时,"大平均主义"已严重地挫伤了一大批南方考生的积极性,埋没了许许多多才华横溢的南方举子,由此也引发了当朝有识之士的焦虑。正统中期起,朝廷采取了适度增加进士录取总额的办法,即将原来的进士定额100名增加到了150名,想以此来解决南北中"大平均"所带来的弊端与隐患,殊不知这样的做法只治标,没治本。

景泰元年(1450)闰正月,看到一心想要中兴大明的景泰帝广开言路,纳谏如流,巡抚直隶的大理寺左寺丞李奎就扩大会试录取名额数和如何录取法等历史上的老问题专门上章进言,说:"皇上统驭之初,广收贤才,用图治礼。乞令礼部会议,今后会试天下举人,宜照永乐年间事例,三场文字合程格者,不举多寡,取中仍通具名数,临期奏闻定夺。庶有学之士,不为定额所拘。"(《明英宗实录》卷188,《废帝郕戾王附录》第6)

在这份谏言奏章里,大理寺左寺丞李奎率先向朝廷表达了这样的请求,要求改革传统科举规制的不合理性,提出了以"三场文字合程格"为统一的考录标准,以此来打破录取进士的地域限制。这在一定程度上揭开了景泰朝是否废除科举南北分卷制度的序幕。

当时景泰帝正在广泛地招贤使能,一心致力于大明中兴,接到李奎的上章后就十分高兴地肯定了他的主张,并诏令主管大明科举考试的礼部:自景泰元年(1450)起,"一遵永乐年间例行"!但朝廷中反对这样科举改革的却大有人在。于是改革与反改革之争在谁也不能完全说服谁的情势下持续了一年多,转眼就到了景泰二年(1451)二月初,离大明传统的科举会试法定时间越来越近,户科给事中李侃等使出了浑身解数,搬出了大明皇家最老的皇帝祖宗朱元璋时代的"祖制",竭力反对科举改革。他说:"今年会试,礼部奏准取士不分南北。臣等切惟,江北之人文词质实,江南之人文词丰赡,故试官取南人恒多,北人恒少。洪武三十年(1397),太祖高皇帝怒所取之偏,选北人韩克忠等六十一人,赐进士及第、出身有差。洪熙元年(1425),仁宗皇帝又命大臣杨士奇等定议取士之额,南人什六,北人什四。今礼部妄奏变更,意欲专以文词,多取南人。乞敕多官会议,今后取士之额,虽不可拘,而南北之分则不可改。"(《明英宗实录》卷201,《废帝郕戾王附录》第19)

李侃的这段话从表面上看,并没有什么了不得的理由,但骨子里很坏。他拿血淋淋的洪武三十年(1397)科场特别案例来说事,以此来证明洪熙以来南北分卷制度的合理性,反对景泰帝的科举合理化改革。

李侃的反科举改革之主张在朝堂上一公开,刑部侍郎罗绮等一批朝廷官员马上上言,表示支持。屡经大明前期政治风浪的老臣礼部尚书胡濙听到此,不慌不忙地上奏景泰帝,说:"户科给事中李侃等人说到的祖制,这就要看哪个祖制了。我们礼部查得,永乐20余年间总共开了8科,所取进士皆不分南北。现在李侃等人说我们礼部妄奏,变更祖制,目的是想专以文化考试多取南方人。众所周知,中古时代的乡举里选之法早已被证明不可行,代之良法当数科举取士。而科举取士不以文化考试为标准,那将以什么为考录凭据呢?再说北方中土自古以来就人才辈出。以古代而言,大圣如周公、孔子,大贤如颜曾、思孟,他们都不是南方人啊;以当代而言,像靖远伯王骥、左都御史王翱和王文,他们都是永乐间不分南北所录取之士,我不知道李侃等人怎么能断言南北不分卷后北方会选不到人才?再说本部已经遵照陛下您诏书中所言,通告天下:只以考试为准,从没说多取南方人,少取北方人。现在有廷臣对本部所定事项提出了非议,乞请陛下降敕,让翰林院大臣们集体定议。"景泰帝听到这里,当场就回答说:"胡爱卿所言极是,你们礼部就照着朕下发过的诏书行事,不分南北卷,只以考试为准;至于李侃等人所请,本皇帝

不允!"(《明英宗实录》卷201,《废帝郕戾王附录》第19)

只以考试为准,不分南北卷,不拘录取定额,这种"天下大公"的做法本来是帝国所有举子都应该为之欢天喜地的。但在人人平等的考试面前,北方举子很快就沮丧地败下阵来。据景泰四年(1453)八月壬子日工科给事中徐廷章上奏所言:"近者科举开额,如陕西、山西皆取百名,三倍于昔,及会试无一中者;岁贡亦四倍于昔,及入监即以存省京储,悉遣还家。科贡之多,诚无益也。今后宜仍如宣德、正统中例,庶革冗滥之弊。"(《明英宗实录》卷232,《废帝郕戾王附录》第50)

从徐廷章的这段上言来看,当时景泰帝的科举改革不仅在朝廷中遭遇了一定的阻力,而且在"新制"设计方面也陷入了改革"瑕疵"的沼泽,加上当时朱祁钰自身因改立皇太子问题而引发的是非争议,使得景泰朝本来已经走上正轨的科举改革之旅出现了令人痛心的退缩与"回首"。最先动摇与退缩的是曾经力挺景泰帝的老臣胡濙,他在景泰四年(1453)九月上章言事中肯定了徐廷章的谏言,认为"其所论切时弊,取旨施行"。不过当时继续支持景泰科举改革的也不乏其人,郎中章纶上言说:"陛下,您在景泰元年(1450)发了诏书,只以考试为准,不分南北卷,不拘录取定额。现在突然要改变前面诏书中所说的,这就有失于朝廷体统了,您应该叫胡濙等礼部官再好好议议,拿个好方案出来。"(《明英宗实录》卷233,《废帝郕戾王附录》第51)

或许这时感觉到改革科举这潭子水太深了,老臣胡濙在后来给景泰帝的上奏中又"请科举以正统中所定额为准,如文字合格者多,量增入之,亦不得过二十名。其岁贡自景泰六年(1455)以后,宜如正统中所定例。"当时只有27岁且没有多少社会阅历的景泰帝,在没了"救时"大臣的有力支持的情势下,只好在科举改革路上走走又停停。景泰五年(1454)正月他正式下诏:准依宣德、正统间定额数为例,分南北中考录。(《明英宗实录》卷237,《废帝郕戾王附录》第55)

不过十分有幸的是在进士录取名额方面,皇帝朱祁钰依然坚持以考试为准、不拘录取额数的科举改革政策。景泰二年(1451)二月,朝廷录取了200人(《明英宗实录》卷201,《废帝郕戾王附录》第

19);景泰五年(1454)二月,朝廷录取了350人(《明英宗实录》卷238,《废帝郕戾王附录》第56)。尤其是后者,它创造了大明科举史上录取进士数的次高纪录(最高纪录为永乐二年二月明成祖朱棣录取了472个进士,见《明太宗实录》卷28)。

○ 仿效祖宗重文做法,选28人为庶吉士,为大明"中兴"多储备高层次人才

景泰帝改进和优渥科举取士还有一项举措,那就是仿效永乐"文皇帝",特选殿试中成绩优异的28名举子为庶吉士,将其送入东阁读书,为"中兴"大明多储备高素质人才。

庶吉士是朱元璋时代开始设立的,但那时还不专门属于翰林院。永乐初年明太宗朱棣曾"命于第二甲择文学优等杨相等五十人,及善书者汤流等十人,俱为翰林院庶吉士。"于此而始,有明一代庶吉士就成了翰林院的专官。(《明史·选举二》卷70)从大明官僚制度的这般演变来看,有人将庶吉士制度视为科举制的完善或延伸,不是没有道理;而从学业角度来看,庶吉士可能相当于现在有些人津津乐道的"博士后"。事情到此还没打住,永乐二年(1404),朱棣"复命学士解缙等选才资英敏者,就学文渊阁。缙等选修撰(曾)棨,编修(周)述、(周)孟简,庶吉士(杨)相等共二十八人,以应二十八宿之数"(《明史·选举二》卷70;【明】陆容:《菽园杂记》卷6;祝允明:《九朝野记》卷2)。

尽管永乐帝的"重文爱才"动机颇为复杂,但他在客观上为以后的大明帝国储备了一批济世人才。远的暂且不说,就以眼前为例,正统末年大明遭难之际,于谦、胡濙、王直、王翱、金濂、陈循、王文、高谷等一帮子"挺身而出"的"救时"大臣都是永乐年间选拔出来的!也正因为依靠了这批人的有力支持和景泰朝廷内外的共同努力,大明才转危为安。对此,景泰帝及其朝野有识之士都亲历感受了。而眼下为了大明的"中兴"大业,我朝廷同样也不能不及早储备和培植好像于谦、王直、胡濙等永乐朝选拔出来的那般高素质官僚人才!

景泰二年(1451)三月,朝廷殿试刚刚结束,巡按御史涂谦就上奏建议:"永乐初尝取进士曾棨等二十八人为庶吉士,储养教育,自后相继蔚为名臣。乞将今科进士中选其材质英敏文词优赡者,俾进

学中秘,仍命文学大臣提调劝课,成其才器,以待任用。"景泰帝接奏后将此事交由礼部官员,让他们拿个具体的方案出来。经过一番认真的讨论,太子太傅兼尚书胡濙、尚书兼学士陈循等将大家的意见上报了上去,并在最后十分肯定地说道:"陛下应该允准巡按御史涂谦之请。"朱祁钰随即下诏,将第一甲进士柯潜擢升为翰林院修撰,刘昇等擢升为翰林院编修,同进士吴汇、周舆等25人一起送入东阁读书,"给纸笔、饮馔、膏烛、第宅,悉如永乐初例"(《明英宗实录》卷202,《废帝郕戾王附录》第20)。

景泰帝的这等做法在明朝前期列帝中实属不多见。自永乐后诸朝每一科进入翰林院的庶吉士人数都不多,宣德初期大致是10余人(《明宣宗实录》卷11),宣德五年(1430)只有8人(《明宣宗实录》卷64),正统初年稍稍增加了一点,也只有13人(《明英宗实录》卷15),直到正统十三年(1448)四月,由于吏部尚书王直等人一再建议,正统帝才同意选万安等29人为庶吉士(《明英宗实录》卷165)。而景泰帝上台后,一选就选了28名成绩优异的进士入阁读书,其重文魄力达到了与永乐帝相埒的地步,由此可见他对文臣学士与大明"中兴"人才储备的重视。

○ 完善科举考试回避制度,打击科场舞弊,尽可能使科举考试更加合理化

就在为扩大科举取士额度、尝试废除南北分卷制和储备更多的高素质官僚人才——庶吉士而进行不懈努力的同时,以"中兴"大明为使命的景泰朝君臣,还对存在了80余年的大明科举制在操作运行中所产生的流弊问题,展开了有针对性的整治。

景泰元年(1450)是朱祁钰登基后的头年乡试,京师父母官顺天府府尹(相当于北京市长)王贤上奏说:"离乡试时间不远了,朝廷曾从各处衙门抽调了正考试官二员,同考试官三员或四员。'臣以五经宜用考官五员,若他经官带一二经,则去取文字,岂无谬误?且会试受卷、弥封、誊录、对读等官,俱用在京郎中、员外、主事分管,俱能通管三场,中间岂无受业及同乡、亲属?乞令礼部计议:今后在京、在外乡试取同考试官,五经务要五员,专经考试不用带考,其会试誊录等官,移文吏部,取听选官借用。如此,则奸弊可革,科目得人。"景

第 3 章 上皇回京 景泰中兴

泰帝当即接受了建议,并命令相关部门照着王贤所说的去操作,在科举考试实际中贯彻公平精神的回避新则。(《明英宗实录》卷188,《废帝郕戾王附录》第6)

但是我们中国自古以来就是个有着极其复杂人情关系的国家,一个好端端的政策或规则在错根盘节的人情关系网中转一圈就变了样。明代自正统朝起,由于大珰王振擅权,犬儒主义盛行,政治权力场愈发腐坏。而这样的腐坏通常与错根盘节的人情关系网交织在一起,向着各个领域、各个层面渗透,科举取士自然也就在劫难逃了。正统十三年(1448)三月殿试结束后,明英宗"赐彭时等一百五十一人进士及第、出身有差"(《明英宗实录》卷164)。有意思的是,在这年的《登科录》中,"李泰书父(李)永昌,司礼监太监。又读卷官太常少卿程南云,乃习书字人"(【明】王世贞:《弇山堂别集·科试考一》卷81)。

或许正是有鉴于以往这样令人无比吃惊的"巧合",景泰初年顺天府府尹王贤等朝廷有识之士就提出了极为严密的科举回避建议,且得到了皇帝朱祁钰的肯定和采纳,这才使得景泰初年的科举考录中人情取士之弊端得到了一定程度的遏制。可令人不曾想到的是,随后新问题又冒了出来。

少保、吏部尚书、谨身殿大学士兼东阁大学士王文,少保、太子太傅、户部尚书、大学士陈循,是当时炙手可热的朝廷重臣,他俩的儿子王伦和陈瑛自小起就接受了较为严格的文化教育与科举考试训练,却出人意料地在景泰七年(1456)顺天府乡试中双双落第,顿时引发了朝廷内外的一片热议。与王文、陈循有着过节的大臣认为,王、陈两家的孩子本来就不太优秀,乡试中他们考不中,纯属正常;而与王文、陈循关系密切的大臣则认为,此次顺天府乡试可能有问题,否则两个朝廷重臣家的孩子怎么会都没考取?议论一多,皇帝朱祁钰听到后就想查查看,这里面到底有没有问题?

景泰七年(1456)八月的一天,他将主持该年顺天府乡试的考试官太常寺少卿兼翰林院侍读刘俨、左春坊左中允兼翰林院编修黄谏叫到了宫里来问话:"顺天府这次乡试究竟是怎么一回事?这里面到底有没有徇私舞弊?"刘俨和黄谏当着景泰帝的面信誓旦旦地说:"臣等入院之初,会同监试等官焚香告天,誓después若有孤(通'辜')负朝廷委任,挟私作弊者,身遭刑戮,子孙灭绝。如此誓词,非特内外执事官吏人等之所共闻,而天地鬼神实所共鉴。设使臣等阳为正大之言,阴为诡诈之行,纵苟逭于国法,亦难逃于阴谴。第恐才识短浅、鉴别未精,或有遗材;若曰狥(徇)情作弊,实所不敢。"《明英宗实录》卷269,《废帝郕戾王附录》第87)

皇帝朱祁钰认真地听着刘俨和黄谏重复的那些毒誓,再看看他俩那真诚的表情,忽然想起了平日里人们对刘俨的评价,说他"果毅有为,遇事直遂无所回互"(《明英宗实录》卷282),年轻皇帝当即说道:"看来顺天府乡试的主考官没有徇私舞弊,但考录工作似乎做得还不到位,有失于科举古制之精神,朕姑且宽宥你们的失误。"《明英宗实录》卷269,《废帝郕戾王附录》第87)

景泰帝的这番表述传开后,王、陈两家人顿时都觉得自家的孩子遭受了世界上最大的不公和憋屈,王文甚至激动地给景泰帝上奏说:"近年以来出任考官的,贤者固然有,坏法不才者也多有,酣饮高卧,全然不认真审阅考卷,等到发榜时还似醉非醉,眼睛蒙眬,随即不分好坏地任意乱取举子,这样的考官更不是没有。小臣家儿子王伦原籍为束鹿县学增广生,参加了本年度的顺天府乡试。乡试后小臣曾令其背诵所考到的《四书》本经义及策论,皆行文通畅,辞理详明。可哪曾想到发榜时居然榜上无名。于是小臣就托人将他在顺天府乡试中所写的三场墨卷和朱卷都给找出来,让他当场背诵考卷答题上的内容,结果发现两者并无差异。于是小臣就不得不怀疑乡试中的考官了。听人说,此次主持考试的考官太常寺少卿刘俨、编修黄谏与同考试官教谕姚富大肆奸懒,对小臣之子王伦等人的试卷第一场文字只粗略看看,其余的根本没读,第二场、第三场答卷压根儿也没看,同考试官教谕姚富不知有何凭据就在其考卷上写下了这样的判语:'此卷平平'。这样不负责任地下判语结论,就意味着可取和可不取。姚富固然不能无罪,而作为主考官的刘俨和黄谏却略无一字批语,难道他俩就没罪了吗?小臣在此乞请陛下降敕,依洪武、永乐年间之例,命翰林院官二员同六科给事中、各道监察御史将小臣之子王伦等所作的三场考卷,与取中的举人徐泰等135人的朱、墨卷放在一起,公正客观地评出个高低来。"《明英宗实录》卷269,《废帝郕戾王附录》第87)

陈循听说王文上言鸣冤了,也跟着向皇帝叫屈。景泰帝随即命令礼部会同翰林院、六科和十三道监察御史，取来中式文卷与王文之子王伦、陈循之子陈瑛的文卷，对它们重新进行考评，并一一作出了优劣判定。最终礼部官与少保、太子太傅、工部尚书谨身殿大学士兼东阁大学士高谷等向景泰帝上奏说："今考得，取中举人徐泰等135人中文卷优于王伦、陈瑛者有之，与王伦、陈瑛相等者有之，不及王伦、陈瑛者亦有之。再看第六名林挺的朱卷，全无考官批语，墨卷上多有改字，且笔迹不同，恐有作弊之嫌，这或许是刘俨等主考官怠慢不谨所造成的吧。因此小臣们在此奏请皇上，将刘俨等主考官与监试官、提调官等一起治罪。"景泰帝听到这里心似明镜，当场就发话："刘俨等(主持)考试不精，罪不容逃，但无私弊，俱宥之；林挺并该考官俱下锦衣卫狱，鞫问实情以闻；王伦、陈瑛明年俱准入会试。"(《明英宗实录》卷269,《废帝郕戾王附录》第87)

景泰帝之所以要做出这样的处理决定，一方面是由于他已经感觉到了在政治角斗场中曾多次支持自己的王文、陈循等重臣在遭受别人的暗算，否则高谷等考试复查官怎么会查出落第了的王、陈两家儿子的考卷比上不足比下有余呢？事实也正是如此，景泰七年(1456)九月，王文在给皇帝的上言中就曾这么说道："臣以遇直久招怨尤。近者臣男伦(指王文儿子王伦)应试京闱，被主司故意黜落，臣不得已陈奏，蒙命礼部、翰林院、科道等官从公较得……"(《明英宗实录》卷270,《废帝郕戾王附录》第88)而从另一方面来讲，面对大明科场隐藏着复杂人事关系下的腐败，还必须得要加以严惩，否则就无法为大明"中兴"选拔到真正的有用人才。于是景泰帝果断地采取措施，以圣裁的形式，在宽宥了一向遇事直遂的主考官刘俨偶有失误的前提下，对科场舞弊者林挺及其相关的考官进行了严厉的治罪，希冀廓清科场，彰显公平。

● 平反冤狱，明刑慎罚，为"中兴"大明创造和煦的政治、社会空间

说到彰显公平，在传统中国社会里大体有着这样的一种共识：一代君主是否为致治之主或中兴之主，不但要看他在官僚任用层面能否实施较为公平的选举制度外，而且还要看他在政治领域内能否

整饬政治、任用循官清吏和在法治领域里能否做到刑罚适中和明刑慎罚，等等。而受命于"倥偬之时"且被臣下视为"中兴之主"的景泰帝自上台起就"戡难保邦，奠安宗社"，"笃任贤能，励精政治"（《明史·景帝本纪》卷11），惩治腐败，改革科举……那么在法治领域里他又是如何做的呢？

○ 平反冤狱，召回正统时期受到无辜打压和贬谪的正直大臣

景泰帝当政之初就接受了臣下的建议，对正统朝制造的一些冤假错案进行了形式多样的平反。冤案中遭贬的官员——召回，官复原职；已被迫害致死的，恢复名誉，赐谥褒扬。

刘球是永乐十九年（1421）进士，正统初元任翰林院侍讲。因反对朝廷发兵大举进讨西南麓川之乱，他上疏直谏，由此得罪了大珰王振和小杆子皇帝明英宗。正统八年，因天变等非常事件，刘球再次上书言事，其中有语："夫政由己出，则权不下移……皇上临御九年，事体日熟。愿守二圣成规，复亲决故事，使权归于一。"其话语矛头直指大珰王振。王振就此怀恨在心，随即授意锦衣卫指挥马顺逮捕和虐杀了刘球，还偷偷地将他的尸体瘗埋在狱中。（《明史·刘球传》卷162；【明】焦竑：《玉堂丛语》卷4；【明】王锜：《寓圃杂记》卷3）

正统十四年（1449）十月，即朱祁钰登临大位后一月之余，景泰朝廷"赠故翰林院侍讲刘球为翰林院学士，谥忠愍……遣官赐祭，命祠于乡郡"（《明英宗实录》卷184，《废帝郕戾王附录》第2）。

薛瑄是正统朝大珰王振的老乡。为了扩大自身势力，王振曾授意正统帝将薛瑄由山东提学佥事提升为朝廷大理寺左少卿。（《明英宗实录》卷83）可令王大太监不曾想到是，薛瑄是个正人君子，升官后他非但没去感谢"恩人"，反而处处与其大唱反调。王振由此怀恨在心，唆使走狗弹劾薛瑄。正统八年（1443）六月，薛瑄被劾下狱，"坐驳死罪因不实"（《明英宗实录》卷105）。两个月后他被判处死罪，秋后问斩。薛家三个儿子听说后赶往北京上疏，愿一人代死，两人充军，以此来赎父亲薛瑄之死罪。皇帝朱祁镇不同意，遂令锦衣卫将薛家的三个儿子也一起收监了。（《明英宗实录》卷108）

土木之变后，曾受命监国的皇弟朱祁钰被推到了皇帝宝座上。正统十四年（1449）八月二十五日即朱祁钰正式登基前十天，薛瑄受

召,官复原职。一月之后,他又被景泰帝提升为大理寺右寺丞。(《明英宗实录》卷181;《明英宗实录》卷184,《废帝郕戾王附录》第2)

罗绮是宣德五年进士,正统帝即位时被授予监察御史之职,受命巡按直隶、福建,因工作出色而被时人称誉为"能臣"。后他升任参赞宁夏军务、大理寺右寺丞等职。正统中后期,有人出来检举说,罗绮经常詈骂宦官为"老奴"。王振闻之大怒,通过小杆子皇帝急召罗绮回京问罪。"法司拟赎,振改令锦衣卫再鞫。指挥同知马顺锻炼成狱,谪戍辽东。"景泰帝即位之初,罗绮上言诉冤。可能是由于不熟悉案件来龙去脉之缘故,当时的朱祁钰并没有马上接受罗绮的上诉请求。后来大臣于谦、金濂等相继为他鸣不平,并做了推荐。景泰帝最终接受谏言,下令召回罗绮,并擢升他为大理寺右少卿,出任景泰朝廷第一批议和使团副团长,配合李实出使瓦剌,交涉迎回俘虏皇帝之事。(《明史·罗绮传》卷160)

像上述这样的例子还有不少,由于篇幅关系,笔者就不再一一赘述了。

○ 明刑慎罚,一依《大明律》科断,不许深文

明刑慎罚是中国传统社会中存在了上千年的老话题,最早可能是由商周时代的周公等人提出,随后便成为长寿王朝周朝立国理刑的基本精神,也为后世清明之主和中兴之君所尊尚。景泰帝一上台就被臣下视为"中兴之主",而他本人也以"中兴"大明作为自己的使命,因而自登极起他就十分注意在司法领域里贯彻明刑慎罚精神。

正统十四年(1449)九月初六日是景泰帝登极的日子,那天他在发布登基诏书中列举了32条"合行事宜",其中有3条是直接与明刑慎罚有关的,如第14条规定:"法司所问罪囚,一依《大明律》科断,不许深文,其有一应条例并除不用。"第17条规定:"按察司官、巡按御史俱系朝廷耳目,凡有刑狱冤枉,悉与伸(申)辩,官吏贪污,悉从纠举,不许推避,致陷无辜,纵容有罪,违者罪之。"第26条规定:"军民词讼有系告言谋逆重情,许赴各镇守及巡抚官处,或径赴京,其余户婚、田土等项,悉照洪武年间旧例,自下而上陈告,不许挟仇、妄将他人重情牵告、诬陷良善,又有一等刁民平日胁制官府,到京临期顾觅人,捏写本状,旋捏重情,乘势妄告,以快私愤。今后但有此等连捏

词写本状之人,并发边远充军。"(《明英宗实录》卷183,《废帝郕戾王附录》第1)

当然在专制国度里,发发这样的红头文件是件再方便和再惬意不过的事情,问题的关键在于能否在司法实践和帝国政治实际中真正地做到明刑慎罚。

景泰五年(1454),阳谷县主簿马彦斌坐罪当斩,其子马震听说后主动上请朝廷,要求代父死。这样的事情在那时不仅是合情合法的,而且还往往为帝国君主所赞赏和推崇,明朝开国皇帝、老祖宗朱元璋就确立了这样的司法判例精神,叫做执法原情或屈法伸情。(《明史·孝义传一·周琬传》卷296)现在马彦斌、马震父子上演的这出戏就是奔着屈法伸情的大明司法判例精神而来的。依照祖制,一般来说,只要罪犯不是犯下过于重大的罪行,皇帝往往会批准这样的上请,以明刑慎罚为当朝法治基本原则的景泰帝当然也不例外了。他降下敕谕,宽宥马彦斌斩刑,将他的儿子马震充军边疆,编入充军地的军队里当军。按理说,事情到此就该画上一个句号了。这时负责主管重大刑事案件复核工作的大理寺少卿薛瑄上奏进言,说:"马彦斌一案已经了结,但小臣发现,不独是此案,包括其他的一些或大或小的案件中,法司部门在判决罪犯时往往不是直接依照《大明律》条来写判语,而是妄加他们的参考语或奏请朝廷的语言,这是变乱《大明律》疏义,也与陛下明刑慎罚的司法精神相背道而驰的。"景泰帝听后觉得薛瑄讲得十分有理,当即颁发诏令,规定:自今以后"法官问狱,一依律令,不许妄加参语"(《明史·刑法二》卷94;《明英宗实录》卷245,《废帝郕戾王附录》第63)。

一依《大明律令》科断,不许妄加参语,不许深文,说到底就是为了明刑慎罚,但绝不是不罚或瞎罚——正统朝恰恰在这个方面又出了问题。王振及其爪牙们擅权坏政、祸国殃民,而唯我独尊、刚愎自用的正统帝对此却视而不见充耳不闻,压根儿就谈不上什么罚了,相反对于忠心耿耿的直谏犯颜者或犯有细务小过之人却往往处置以重罚和滥罚,最终弄得天怒人怨,貌合神离,就连正统帝自己也品尝到了坏政乱刑、人心涣散的苦果——土木之役中他当了瓦剌人的俘虏。有鉴于此,危难之际被推上大位的景泰帝自上台起就很注意刑罚适中问题。

第 3 章 上皇回京 景泰中兴

○ 刑罚适中，有过便纠

前文已述，景泰帝上台之初，大明爆发了清除王振奸党与金英揽权贪腐两大案件，如果依照大明皇家老祖宗明太祖、明太宗的做法，大案要案非得要杀杀好几万人，但景泰帝却没有这么做，除了将元凶大憨和相关主犯绳之以法外，对于其他次犯和主犯家眷也做了适当的降格处罚。譬如，"左顺门事件"突发时，王振奸党的主犯锦衣卫指挥马顺、内官毛贵和王长随当场被殴死，王振的侄儿王山等随后被凌迟处死。(《明英宗实录》卷181)但朝廷官员们尚不解恨，随即上疏，请将"奸恶王振同居异姓之人"也予以问斩。景泰帝没同意，他是这样回答的："(王)振倾危社稷，罪恶深重。但朕即位之初体天地生物之心，姑屈法伸恩，但系(王)振本宗，不问大小，皆斩首以徇；妇女给付功臣之家为奴，其家人闻者宥死，杖一百发戍边卫。"(《明英宗实录》卷183,《废帝郕戾王附录》第1)廷臣们听后还是不乐意，数日后的正统十四年(1449)九月壬午日，六科给事中、十三道监察御史上章奏劾："僧录司右觉义龚然胜、道禄司右玄义王道宏、锦衣卫镇抚周铨、匠人沈诚、小旗张伯通俱赂指挥马顺引进，出入王振家，漏泄机密事情，以致人皆畏惧，请托盈门，家道巨富。及(王)振从征，又与振照管家财，请置诸法。"法司官员当廷议定：上述王振奸党分子所犯之罪实在可恶，应该将他们全部处斩。朱祁钰听后不以为然，"令宥死，然胜、道宏降为僧道，铨降总旗，诚、伯通俱着役。"可六科给事中、十三道监察御史官还是接受不了这样的处置结果，"复交章言，宜正典刑，籍没家产。"景泰帝当即解释说："当年走王振门路的人有多少？可能数也数不清。如果现在尽加穷究，那就有可能杀个没完没了，姑且暂时这样处置吧！"(《明英宗实录》卷182)

即使是从个人情感角度来讲，对于揽权贪腐的金英及其同案者深恶痛绝，但景泰帝最终也不过处置了首恶者金英家人及奴才李庆、郭廉、赵显等，幕后主犯金英"终景泰朝废而不用"，涉案要犯两浙运使吴方大落籍为民，淮安知府程宗发戍辽东。(《明英宗实录》卷195,《废帝郕戾王附录》第13)负有失察之责的都察院左都御史陈镒、王文等只是暂时被处理了一下，不久之后又让他们官复原职。

由上述大案要案的最终处理结果不难看出，景泰帝为政不苛，刑罚适中。这在明代列帝中已属于比较特别的了。更为难能可贵的是，一旦处罚过头了，只要有人上言进谏，他就会很快地将其纠正过来。

前文提到的明代科举南北分卷制度，帝国政府预先设定了诸省举人解额数，这对于人才济济的南方举子来说，本身就是最大的不公平。景泰帝即位之初曾雄心勃勃地加以改革，取消南北分卷，取消科举岁贡定额，却不曾料到随后遭遇了前所未有的尴尬和无比巨大的阻力，最终不得不于景泰四年（1453）下令恢复南北分卷等旧制。旧制本来就有问题，现在恢复了，许许多多南方考生只得在狭缝中求"发展"，"冒籍"事情随之频频出现。

"冒籍"用今天的话来讲，类似于高考移民。明朝科举考试规定：考生必须在原籍报考，如果你是南京籍的，你说南京竞争太激烈了，想办法冒充到陕西去报考，这样容易考上，这就叫冒籍。而明朝仁宣以后的考试制度规定又偏偏"叫"人去冒籍。譬如北京顺天府历来是科举分配名额最多的地方，但那里的考生并不是全国最多的，全国考生最多的是江南，但江南地区的名额又不够用，有人揶揄江南人是"二等臣民"。当然，并不是所有的江南人都是"二等臣民"，一些在北京的江南籍大官利用自己的特权与特殊关系，让自己的子弟或亲友假冒京畿籍的考生去应试。这样的事情早在宣德、正统时期就有了，只不过当时朝廷没开口子，"冒籍"仅悄悄地进行，且做这种事的人还不多。景泰初年因为科举额数放开来了，冒籍就没这个必要了。但到了景泰四年（1453），朝廷又恢复南北分卷等旧制，这时南方籍考生中一些胆大的不仅开始活动活动心眼，而且还付诸行动。那年顺天府乡试中至少有8名南方考生冒籍参加考试，且还被录取了。消息悄悄传开后，一些朝廷大臣上言景泰帝，要求严惩科举冒籍行为。（《明英宗实录》卷237，《废帝郕戾王附录》第55）

景泰五年（1454）正月，礼部祠祭司主事周骙上奏说："设科取士，当遵国法禁例。洪武以来旧例，曾由科目出身未入流品官生员发充吏、罢闲官吏、监生生员、娼优、隶卒、刑丧、过犯之人不许入试。其生员、军生、儒士及未入流品官、农吏、承差、军余人等，若无钱粮等项粘带者，听从入试。如有不实，照例论罪，已中式者，黜退不录,未中式者,终身不许入试。今顺天府景泰四年(1453)乡试取中举人尹诚、汪谐、陈益、龚汇、王显、李随、李森、钱轮,俱系冒籍人数,于例不该入试。似此之徒,欲求事君而先欺君,今日苟图如此,他日居官可知。乞明正其罪,以警将来。"景泰帝听到这样的事情当场就很火,"命锦衣卫俱执送刑部问,未发露者,许出首逮问,同学知而不首者同罪。今后科场知贡举、监试、提调等官,务在防范严切,不许容情。冒名、换卷、截卷、传递文字并说话作弊,监门、搜检、巡绰、监试官军,敢有如前容隐不举作弊者,俱治以重罪。帘外执事官,临期于吏部听选文学出身者充之"(《明英宗实录》卷237,《废帝郕戾王附录》第55)。

按照皇帝的旨意,除了尹诚、汪谐等8人"已露"的冒籍者外,"未发露者"得赶紧投案自首,考生中有知情不报的,一旦被查出,就与冒籍者同罪处罚。这样一来,共有12人因冒籍之事而被投入了锦衣卫大牢里头。坦率而言,冒籍不同于其他的科场舞弊行为,在真正公平意义上那就算不上什么,可12名冒籍涉事者却被投到了"人间地狱"——锦衣卫大牢里头,这不能不说处置失当了。景泰五年(1454)四月,礼科都给事中张轼等廷臣就此上言进谏,说:"立法不可以不严,待人不可以不恕,贵乎张弛得宜而轻重适均也。窃详此等冒籍之人,其间固多避难就易,欲希侥幸然,亦有因地里遥远、盘费弗给而不能回者,有因从亲在外、生长不识乡里而难以回者,是以冒籍乡试,以图出身,冀得升斗之禄,以为养亲之需。其初心不过如斯,究其所犯,亦非甚重。今既问罪而不容会试,固为当矣!至若终身不许录用,则将终为罹罪之人,竟无自新之路,待人无乃未恕乎?乞敕礼部通查此等冒籍之人,已经问发者,给引照回原籍,如过开科乡试,仍许本地入场。如此则犯小过者,得以自新;负才艺者不终至于沮抑矣。"景泰帝接到奏章后反复读了几遍,觉得张轼等人讲得极为有理,当即予以了采纳。(《明英宗实录》卷240,《废帝郕戾王附录》第58)

其实无论是知错就改,处置有度,刑罚适中,还是平反冤狱,明刑慎罚;无论是勇于纳谏,励精政治,还是改革科举,尝试废除南北分卷制,景泰帝所推行的这些看似外在的举措其实都围绕着一个核心目标,那就是前文所述的"富国强兵"、"中兴"大明。而相对于上述这些外在之举,非常时期登基上台的景泰帝有没有从最直接的内在相关层面果断地采取行动,实现"富国强兵"和"中兴"大明的宏愿?有!

● **安定民生,恢复、发展经济,为"中兴"大明打好坚实的经济基础**

长期以来,在人们的眼里,景泰帝朱祁钰实在是个幸运儿,皇兄朱祁镇被人俘虏了,他白白捡了个皇帝当当,这是哪辈子修来的福分?!其实这是对历史的误读。

要说景泰帝上台登极时的日子还真不好过。军事上,土木之变中数十万随驾明军全军覆没,瓦剌人虎视眈眈,随时都有可能对大明发动新一轮的进攻,直抵腹心,颠覆明廷。政治上,大明正统皇帝当了俘虏了,在国可不能一日无君的年代里,这是最容易引发混乱的危险时刻。经济上,屋漏偏逢连夜雨,当时的景泰朝廷举步维艰,捉襟见肘。之所以出现这样的经济不堪格局,在笔者看来至少有以下三个方面的原因:

第一,天灾特多:景泰时期是明朝开国以后百年史中太阳黑子出没最多的时候,也是特别寒冷天气或言极端气候、灾异事件最为频发时期。

诚如前章所言,在自然科学史上,人们很早起就注意到了气候变化对人类活动所带来的巨大影响。100多年以前,瑞士天文学家发现:黑子出现多的时候,地球上气候干燥;黑子出现少的时候,地球上气候潮湿。后来德国天文学家古斯塔夫·斯波勒发现:随着太阳周期性的纬度变化,太阳黑子或多或少地出现都会引发地球气候的变化,这就是人们熟知的斯波勒定律。(参见《维基百科》)根据斯波勒定律,有人阐述道:当太阳黑子出现少的时候,地球上寒冷冬天和极端天气往往出现得较少;反之,当太阳黑子出现多的时候,地球上特别寒冷冬天和极端天气会出现得较多。以此来考察明朝前期那段历史,笔者仔细检阅了《明太祖实录》《明太宗实录》《明仁宗实录》《明宣宗实录》和《明英宗实录》,发现如下史实(见下表):

从洪武到天顺明代官史中有关太阳黑子活动的记载

明代纪年	公历	太阳黑子出没的记录描述	史料出处
洪武十四年十一月甲申	1381	黑气亘天	《明太祖实录》卷140
洪武二十一年二月乙卯	1388	黑气	《明太祖实录》卷188
永乐二十二年十一月壬戌	1424	自昏至一更有黑气生西北,长五丈,阔一尺,月犯平道星	《明仁宗实录》卷5下
宣德元年八月庚辰	1426	东南有白云,状如群羊惊走。既灭,有黑气,状如死蛇。须臾,分两段	《明宣宗实录》卷20
宣德元年八月辛巳	1426	昳娄……时〈乐安〉顺气黯黪如死灰	《明宣宗实录》卷20
正统元年九月辛亥	1436	未刻黑气一道,两旁色苍白,阔余二丈,西南东北亘天	《明英宗实录》卷22
正统二年八月申	1437	夜北方有黑气一道,东西亘天,东南行,西行而散	《明英宗实录》卷23
正统八年十月辛卯	1443	昏刻,天中黑气一道,南北亘天,东南行,良久方散	《明英宗实录》卷109
正统九年十月丙午	1444	夜五鼓(拂晓),北方生黑气一道,长约余十丈,阔余五尺,离地余三尺,徐徐北行渐散	《明英宗实录》卷122
正统十四年十月癸亥	1449	夜昏刻,西南赤黑气如火烟。须臾化苍白气,重叠六道,徐徐北行,至中天而散	《明英宗实录》卷184,《废帝郕戾王附录》第2
正统十四年十一月己丑	1449	日晡西方,有黑气从地而生,非云非雾,仿佛烟岚之状,徐徐北行而散	《明英宗实录》卷185,《废帝郕戾王附录》第3
景泰元年二月己卯	1450	西方生黑气,如烟火散漫,良久渐息	《明英宗实录》卷189,《废帝郕戾王附录》第7

(续表)

明代纪年	公历	太阳黑子出没的记录描述	史料出处
景泰元年四月戊寅	1450	近者自冬徂春,次异数见。黑气四塞,烈风拔木,时雨久缺,民不聊生,其必有说矣	《明英宗实录》卷191,《废帝郕戾王附录》第9
景泰二年四月庚辰	1451	西北有黑气,如烟摩地而生	《明英宗实录》卷203,《废帝郕戾王附录》第21
景泰元年二月壬午	1450	酉刻,日上生黑气四段,长约三丈,离地丈许,两头锐而贯日,其状如鱼	《明英宗实录》卷189,《废帝郕戾王附录》第7
景泰元年二月壬寅	1450	夜有黑气一道,南北亘天,良久渐消	《明英宗实录》卷189,《废帝郕戾王附录》第7
景泰二年四月甲午	1451	西方黑气如烟雾,摩地而生,徐徐南行而散	《明英宗实录》卷203,《废帝郕戾王附录》第21
天顺元年六月甲辰	1457	夜月犯钩星,北方有黑气,润而且厚,如山林烟火状	《明英宗实录》卷279
天顺五年七月己亥	1461	是日夕,东方有黑气起,须臾散天	《明英宗实录》卷330

(注:上表中的黑气就是我们现代人讲的太阳黑子。这是中国古代人的说法,其实这样的说法早在秦汉时代就有了。目前公认的世界上最早的太阳黑子确切记载是西汉末年,"成帝河平元年······三月乙未,日出黄,有黑气大如钱,居日中央"(《汉书·五行志》卷27下之下,志第七之下)。这里的"黑气"就是指太阳黑子,以后中国历代史书几乎都有类似的记载。明代前期五部《明实录》中,记载了自洪武至天顺100年中所观测到的19次太阳黑子出没情况。由于当时天文设备与技术远没有现代发达,人们往往通过肉眼或简易的仪器来进行观察,这就有可能使得很多的太阳黑子的出没被观察到,但这并不妨碍我们现代人的研究。)

通览上表，我们不难发现，洪武31年间只有2次太阳黑子出没的记载，建文4年间没有记载，永乐22年间几乎也没有记载，洪熙1年有1次记载（即在洪熙帝刚即位的那一年），宣德10年间有2次记载，而正统14年间却有6次，景泰8个虚年内竟多达6次记载，天顺8年间有2次记载。

至此我们可以得出这样一个结论，在明朝前期的100年历史中，正统、景泰时期尤其为景泰年间是太阳黑子出没最多的时候，也是特别寒冷天气或言极端气候、灾异事件最为频现时期。

据《废帝郕戾王附录》即人们俗称的"景泰实录"所载，景泰元年（1450）闰正月，河南开封、卫辉二府农业大范围受灾，仅政府蠲免的秋季税粮就达59350石。（《明英宗实录》卷188，《废帝郕戾王附录》第6）那年春夏之际，山西太原、平阳二府，泽、潞、辽、沁、汾五州发生特大灾害，政府夏季税粮损失达192360石，秋季税粮损失更是高达889500石，马草损失为1713060束。（《明英宗实录》卷209，《废帝郕戾王附录》第27）与此差不多同时，江西也屡现了极端气候，"自冬徂春，灾异数见。黑气四塞，烈风拔木，时雨久缺，民不聊生"（《明英宗实录》卷191，《废帝郕戾王附录》第9）。七月南直隶海州、安东、盐城等地发生严重水灾，大片农田被淹，仅秋季税粮损失就有43590石。（《明英宗实录》卷194，《废帝郕戾王附录》第12）

景泰二年（1451）夏，陕西西安等府、巩昌等卫发生大面积农田受灾，政府税粮损失多达143580石。（《明英宗实录》卷211，《废帝郕戾王附录》第29）

景泰三年（1452）夏，大名、广平、顺德三府所属开州、长垣、南和、曲周等十五州县发生大范围水灾，5600顷农田被淹，秋粮无收。无独有偶，那年夏天，山东和南直隶淮安、徐州等地也发生了大面积水灾，仅政府税粮损失就高达843600石。（《明英宗实录》卷223，《废帝郕戾王附录》第41）

景泰四年（1453）春夏，吏科都给事中林聪等上奏朝廷，说："近来天灾频现，'天文失度，四方水旱'。"（《明英宗实录》卷228，《废帝郕戾王附录》第46）

景泰五年（1454）初，南直隶应天府所属江宁、上元二县及安庆府所属怀宁等五县发生大面积旱灾，政府税粮损失33120石，马草损失55390包。(《明英宗实录》卷239,《废帝郕戾王附录》第57)同年三月,太子太保兼兵部尚书仪铭上奏朝廷,说有个叫陈汝言的户部郎中出差到江南,回京后他告诉同僚:江南、江北出现大范围极端气候,苏州、常州等府积雪不化,许多老百姓不是被饿死就是被冻死,光常熟一县就死了1800人;江北淮、徐等府也差不多,竟有一家七八口人全死于非命。与此同时,河南、山东等地也出现了大范围的灾害,"野多饿殍"(《明英宗实录》卷239,《废帝郕戾王附录》第57)。

景泰六年(1455)五月,巡抚南直隶的左副都御史邹来学上奏朝廷,说:"天之灾异何时无之?未有如今日之甚;民之饥馑何地无之,未有如苏松之甚者……(今苏松)死者相枕连途,生者号啼盈市,弃家荡产,比比皆是,鬻妻卖子,在在有之……奈何疫疾流行,非徒苏、松,其嘉、湖、常、镇亦然,有一家连死至五七口者,有举家死无一人。存者生民之患莫重于此。又小麦将熟,忽皆黄圬,不系旱涝所致,又非风雨所伤,事出不测,空腹待食之民,惶惶失望,以土沃民庶之地,变为嗟怨愁叹之墟。"(《明英宗实录》卷253,《废帝郕戾王附录》第71)同年八月,应天府并直隶凤阳、宁国、太平、安庆、庐州、徽州、池州诸府,广德、滁、和诸州,直隶潼关、陕西甘州诸卫各奏:"今夏亢旱。"直隶淮安、扬州、苏、常诸府,南京神策、龙虎及直隶诸卫各奏:"今夏旱,至闰六月十二日猛风骤作,雨雹交下,连日不止,潮水泛溢,淹没民居、禾稼,租税无征。"(《明英宗实录》卷257,《废帝郕戾王附录》第75)

景泰七年(1456)五月,山西平阳府上奏说:"所属蒲、解等州,临、晋等县今年春夏无雨,麦苗枯稿(槁),税麦95310余石无征。"(《明英宗实录》卷266,《废帝郕戾王附录》第84)同年十月,直隶大名府、浙江湖州绍兴府、山西平阳府各奏:"夏五月以来,天雨连绵,淹没田禾。"直隶宁国、安庆、苏州府,浙江台州、嘉兴府各奏:"夏四月不雨,旱伤禾稼。"(《明英宗实录》卷271,《废帝郕戾王附录》第89)

这样严酷极端的气候和灾异事件一直到景泰末年还频频出现,这给当时帝国政府及其子民造成了极大的生存压力。而与不断光顾的极端气候和灾异事件相随,人祸也在此期间内屡屡发生。

第二,人祸频现:伴随着天灾,景泰帝登极之际人祸尤甚。

最早发生的特大人祸就要数土木之变了。这场突发的人祸到底造成了多大的灾难和多少的损失？自古以来似乎没人专门统计过,也没人专门研究过。但笔者在阅读明代笔记时,却发现了这样的记载:"正统十四年(1449)未多事之先,五军都督府并锦衣等卫官旗军人等三百二十五万八千一百七十三员名,实有一百六十二万四千五百九员名,事故一百六十三万三千六百六十四员名;马驼骡驴牛二十万八千三百二十六匹头只,实有一十九万七千三百五十八匹,事故一万九百六十八匹。盖官军等则锦衣等三十五卫二十九万四千一百一十七员名,实有一十五万九千八百七十一员名,事故一十三万四千二百四十六员名;五府并所属二百九十六万四千五十六员名,实有一百四十六万四千六百三十八员名,事故一百四十九万九千四百一十八员名。马骡等则锦衣等三十五卫二万二千八百二十匹头只,实有二万五百一十二匹头只,事故二千三百八匹头只;五府并所属一十八万五千五百六匹头只,实有一十七万六千八百四十六匹头只,事故八千六百六十匹头只。今休养蕃息之久,不知其数何如也。"(【明】叶盛:《水东日记·府卫官旗军人数》卷22)

就在景泰君臣为土木之变和瓦剌侵犯等北疆特大人祸的善后处理忙得焦头烂额时,正统时期花了九牛二虎之力才差不多扑灭的南方民众反明起义烈火又开始熊熊燃烧了。正统十四年(1449)九月,广东黄萧养组织的数万反明民众起义军围困广州。(《明英宗实录》卷183,《废帝郕戾王附录》第1)湖广、贵州、广西等地的瑶、壮、苗、僚等少数民族也乘机而起。(《明史·景帝本纪》卷11)面对这样的凶猛情势,景泰帝接受了兵部尚书于谦等人的建议,急调为抗击瓦剌进攻京师而镇守白羊口的前广东布政司参议杨信民回广东,会通"镇守雷廉地方安乡伯张安、备倭都指挥杜信等,督令官军民壮并力剿贼"。与此同时,还敕令广西、江西及广东官军并力剿捕……(《明英宗实录》卷185,《废帝郕戾王附录》第3;《明史·于谦传》卷170)

第三,赏赐特多:军队打胜仗了皇帝要大赏,瓦剌特大使团来了,景泰帝也不得不赏。

北方有异族发动的侵略战争,南方诸省又爆发了反明起义,姑且暂不说调兵遣将真刀真枪地进行战斗,就说这些战争的费用开支也足以使景泰朝廷为难了。不仅如此,一旦开战,明朝官军略有胜利的话,作为帝国的大家长就该及时地对将士们进行升赏。这倒不是景泰帝特别爱撒钱,或想借机收买人心,而是由当时的特殊情势所决定的。仁宣以后,尤其是正统时期,国家承平已久,大明军队的战斗力大为下降。(参见前面第3章"积弊交集,正统危机"中"军官腐败,武备大坏")思氏父子之乱爆发后,正统朝廷前后调集了几十万的军队,花费了10多年的时间,直到正统末年才最终将麓川这个南疆弹丸之地给基本搞定;土木之变突发,数十万御驾亲征队伍全军覆没……这些都充分说明了景泰帝接受帝国大位时的大明军队确实很烂。为了及时应对迫在眉睫的北虏南侵和南方诸省的反明起义,以"社稷为重"和"中兴"大明为宗旨的景泰朝廷也不得不活用一条在中国传统社会流传了数千年的信条:重赏之下必有勇夫,加大对大明军中英勇作战将士的赏赐,而这样的大赏赐在明朝历史上并不多见。

  景泰元年(1450)五月戊午日,景泰帝下令:"发南京天财等库钞 1025200 贯、绢 3476 匹、绵布 3200 匹,赏征进福建有功并阵亡官军。"(《明英宗实录》卷192,《废帝郕戾王附录》第10)

  景泰元年(1450)六月壬午日,景泰帝为表彰固安、霸州等处官军对瓦剌骑兵截杀取得胜利,升官军将士 1906 人皆一级,赏 4392 人有差。(《明英宗实录》卷193,《废帝郕戾王附录》第11)

  景泰元年(1450)九月丁未日,为了表彰在宣府城外对瓦剌军进行作战取得的成功,景泰帝升左都督朱谦为抚宁伯、都督同知纪广为右都督,赏都指挥聂胜等 4748 人、冲锋陷阵者 1348 人、协助作战者 3242 人。这次受赏总人数接近 10000 人。(《明英宗实录》卷196,《废帝郕戾王附录》卷14)

  景泰元年(1450)九月戊申日,景泰帝为表彰在居庸关、水涧等关口明军将士截杀瓦剌军有功,赏有功官军都督佥事杨俊等12118 人。其中"都督、侍郎、都御史赏银五两、彩币二表里,当先者、把总都指挥银三两、彩币一表里,把总指挥银二两、绢二匹、布二匹,都指挥银二两、彩币一表里,指挥银一两、绢二匹、布二匹,千百户等官绢二匹、布二匹,旗军人等绢二匹,齐力者把总都指挥银二两、彩币一表里,把总指挥银一两、绢一匹、布一匹,都指挥银一两、绢二匹、布二匹,指挥绢二匹、布二匹,千百户等官绢二匹,旗军人等绢一匹、布一匹,守营无伤者都督银一两、绢二匹、布二匹,都指挥绢二匹、布二匹,指挥绢二匹,千百户等官绢一匹、布一匹,旗军人等布二匹,其被伤及阵亡官军加本赏之半,舍人家人、余丁、民人及夜不收不欲升者,加赏一倍"(《明英宗实录》卷196,《废帝郕戾王附录》卷14)。

景泰二年(1451)三月壬戌日,塞外军事要隘雷家站城修建完工,景泰帝赏修建有功官军银5200两。同日又命户部主事周琰于南京国库支钞303800贯、绢634匹、布2149匹,并令其赴四川赏杀贼官军指挥潘恂等1389名。(《明英宗实录》卷202,《废帝郕戾王附录》第20)

景泰三年(1452)九月甲申日,景泰帝敕令南京守备太监袁诚、兵部尚书徐琦于南京国库支钞1614500贯、绢5380匹、布4930匹,差官运赴福建、浙江、江西等地,赏赐给先前在平定福建邓茂七起义、浙江叶宗留起义和广东黄萧养起义中做出贡献的官军和民快,共5169人。(《明英宗实录》卷220,《废帝郕戾王附录》第38)

景泰四年(1453)十一月癸酉日,景泰帝敕命从南京官库中支钞424600贯,绢1416匹,布1283匹,给赏广西征剿柳州的获功官军。(《明英宗实录》卷235,《废帝郕戾王附录》第53)。

......

与上述这类必要的赏赐相比,下面要讲的朝贡贸易中的朝廷回贡大赏赐在今人看来或许是绑架式的"恩赏"了。

前章我们讲过,正统十四年明蒙关系恶化的原因纵然很多,但其中有一条就是在朝贡贸易中,瓦剌不断地扩大朝贡贸易的队伍,在正统十三年时一下子将朝贡人数增加了3000多人,且在贡马时以次充好,虚报贡使人数与马匹数,以此来忽悠大明。不料为明廷所戳穿。恼羞成怒的瓦剌权贵随即撕破脸皮,发起了进攻,土木之变由此而爆发。

景泰元年(1450)八月,大明迎回了俘虏皇帝朱祁镇,自此而始明蒙之间基本上恢复了正常关系。瓦剌人继续组团到大明来朝贡,景泰朝廷不失礼节地回贡,这样的双边关系维系了一年多后,情况又有了新变化。瓦剌使团故伎重演,不断地扩大朝贡贸易使团的人数规模,从最初的几百人,到后来的上千人。景泰三年

(1452)时一下子又发展到了3000多人,弄得大明朝廷上下哭笑不得,叫苦不迭。那年九月甲申日,总督边储参赞军务右佥都御史李秉上奏说:"迤北差来使臣纳哈赤等三千余名,所带马驼等畜四万余匹。除进贡之外,余存养于宣府,日支草料。然宣府预备草不过二十余万束,料不过二万余石,本处马匹尚虑支给不敷,其虏使马、驼等畜支草料恐不足一月之用,且永乐、宣德间虏使所进马匹,会官辨验其不堪进者,令自于草地牧放,不许入境驻札(扎)窥伺。正统间方许大同驻札(扎)牧放,以故深知地利,大肆犯边之举。今虏使数多头,畜不少,谲诈之计,不可不防。乞敕该衙门计议。"(《明英宗实录》卷220,《废帝郕戾王附录》第38)

景泰帝接奏后敕令户部右侍郎孟鉴和兵部右侍郎王伟等前往宣府、大同等地去考察一下,然后再拿个处理意见出来。后来兵部提出了这样的解决方案:"宣府、独石、怀来等处俱奏缺马,乞令(王)伟将所进马匹选取其良者来京,其次堪骑操者就给各卫缺马官军,又其次损瘦者散与军卫有司牧养,以备供亿。"至于瓦剌使团3000人的费用,户部上奏说:"宜将两淮运司盐召商于宣府,纳豆及草豆,每引六斗五升,草每引三十束,不分大小,官员、军民人等报纳,限一月内完,不次支盐。"(《明英宗实录》卷220,《废帝郕戾王附录》第38)

景泰帝对此都予以一一采纳,本以为事情处理得差不多了,哪想到按下葫芦浮起瓢,负责外使接待工作的大明光禄寺官员听到瓦剌又要来3000多人的使团,顿时就吓坏了,这么多的外使怎么招待呢?想了好一阵子,他们终于想到了解决问题的办法了,于是上奏皇帝,说:"近闻瓦剌使臣三千余人将至,会计供馈牲酒俱不足,而酒尤甚。议将钦赏内官吉祥、刘永诚、兴安、李三、陈祥、阮简、陈鼎、陈敬、王诚、舒良及翰林院官陈循、高谷、萧镃、商辂四人酒肉如旧,其余内外官员、国师、禅师、僧官、医士人等,凡酒醴皆住支,凡日支肉一斤、半斤者如旧,其余旧支一斤以上者,令皆支一斤,修书官支二斤,庶可足供馈之用。"景泰帝听后回答:"(陈)循等酒馔如旧,吉祥等俱住支,待北使去后定议,内府酒、醋、面局当赐内官,冬至、正旦节酒俱与光禄寺用。"(《明英宗实录》卷220,《废帝郕戾王附录》第38)

招待外使的物质费用不够,景泰朝廷只得先从皇帝赏赐给宫中宦官和宫廷百官、杂官的物用份额里头先挪用一下,等瓦剌使团走了再想办法予以补救。这是当时中央朝廷的财用窘况,那么地方政府的日子会好过一点吗?

前文说过,正统末年福建爆发了邓茂七起义,临近的浙江爆发了叶宗留起义,这两股起义将闽浙两省折腾得够受的了。景泰元年九月,福建布政司上奏:"所属地方未靖,见征官军民快供用浩繁,乞将今年解京粮三十万折银存留本处备用。"即福建省政府请求,将本省征收到的30万税粮折银留下备用。但中央户部说,不行,最多只能留一半。最后朝廷判定:福建留一半,还有一半解送到中央。(《明英宗实录》卷196,《废帝郕戾王附录》卷14)

由上不难看出,当时景泰朝廷内外财政经济之拮据,或言景泰朝的日子不好过啊!

财用拮据,天灾人祸不断,社会动乱,军事战斗频仍,如果不采取积极措施来加以应对的话,其后果不堪设想。这也与即位不久就确立以"富国强兵"和"中兴"大明为使命的景泰帝之初衷相悖。其实自景泰朝开启起,在廷臣们的辅佐下,皇帝朱祁钰就已积极行动起来,果断采取了一系列举措,安定民生,恢复和发展社会经济。

◎ 敕令镇守官和巡抚官督促地方政府安抚民生,恢复社会秩序

哥哥正统帝被俘后,弟弟朱祁钰登极,那时的大明帝国十分混乱,尤其是瓦剌侵扰的北疆地区简直就乱成一锅粥。正统十四年九月,巡抚山西的右副都御史朱鉴上奏说,瓦剌在山西境内"到处搜山,杀掳军民男妇亦数十万"(《明英宗实录》卷182)。乱的还不仅是华北北疆,东北地区与此同时也发生了大混乱。据当时辽东提督军务的左都御史王翱、总兵官都督曹义、镇守太监亦失哈等向朝廷上奏的奏报中所言:"达贼(贬称,指瓦剌军)30000余人入境,攻破驿堡屯庄80处,虏去官员军旗男妇13280余口,马六千余匹,牛羊20000余只,盔甲2000余副。"(《明英宗实录》卷183,《废帝郕戾王附录》第1)

京师北京在正统十四年(1449)九十月间曾是瓦剌军事进攻的主要目标,那里饱受瓦剌侵略军的掳掠暂且不说,就北京保卫战取

胜后的情势来说，也是混乱不堪，民不聊生，"达贼虽遁，然京城内外水陆道路军民人等忧疑未释，又有无赖子诈为达贼，乘机劫掠"（《明英宗实录》卷184，《废帝郕戾王附录》第2）。

除了战争外，频频光顾的自然灾害同样也给当时的社会秩序带来了巨大破坏。据景泰元年三月初八日兵科都给事中叶盛上奏朝廷的奏章中所言：那时的"顺天等八府比年蝗旱相仍，胡虏侵扰，今又久不雨，禾麦无成，人民逃散"（《明英宗实录》卷190，《废帝郕戾王附录》第8）。

面对一系列的天灾人祸，景泰朝廷往往及时敕令镇守官和巡抚官等督促地方政府做好安抚工作，稳定社会秩序。

如正统十四年十月，朱祁钰就接受兵部官的建议，在京师"令添除兵马司官于京城内外用心巡缉；在外若山东、河南等处并南北直隶，宜令镇守、巡抚官禁革奸盗，其有被贼剽掠去处，设法赈济，无令失所"（《明英宗实录》卷184，《废帝郕戾王附录》第2）。

正统十四年（1449）十一月，南直隶凤阳府等多处发生灾乱，由于当时信息不通，南北方各地流亡的难民、流民成群结队地涌往当年"红太阳升起的地方"，与当地的居民混居在一起，想以此来糊口饭吃吃，由此凤阳的流民和难民越来越多。景泰帝听说后任命刑部右侍郎耿九畴为巡抚，并敕谕道："今特简命尔往彼（指凤阳），会同巡抚、巡按官分投设法招抚，令各自散处耕种，生理缺食者量给米粮赈济；复业者量免粮差三年，仍提督各卫所操练军马，固守城池，如有贼寇生发，即令相机剿捕，毋致滋蔓。"与此同时他又"命吏科都给事中张固，会同副都御史王来，赴河南裕州，兵科都给事中叶盛赴河南陈州，俱敕以抚绥之任，如谕九畴"（《明英宗实录》卷185，《废帝郕戾王附录》第3；《明史·耿九畴传》卷158）。

正统十四年（1449）十二月初十日，在诏告天下的诏书中朱祁钰这样说道："各处流移缺食人民无所依托，相聚一处，或不得已抢夺财物过活，或造妖言扇惑人心为非，诏书至日，悉宥其罪，果无田地房屋可以耕住，无粮可以食者，许赴所在巡抚、镇守、三司及府、州、县官处具告，即与量宜分拨安插处置，令不失所，仍免差役三年；若有仍前不悛，事发到官，罪不容恕。"（《明英宗实录》卷186，《废帝郕戾王附录》第4）

景泰元年（1450）三月，皇帝朱祁钰又接受兵科都给事中叶盛的建议，敕"令各处镇守抚民大臣严督官司，务加恩惠，逃者必欲其复业；存者亦令其安生命"（《明英宗实录》卷190，《废帝郕戾王附录》第8）。

景泰三年（1452）五月，直隶常熟县民马以良上言二事：第一，"本县山泾、七浦塘年久湮塞，妨民灌溉，请浚治之，仍如永乐、宣德中例，遣大臣巡视府县，劝课农桑"；第二，"苏州、松、常、嘉、湖等府每岁于内府供用纳白粳糯粮，积弊未去，折耗太多，小民揭钱买贩鬻子女，以偿负债，乞如光禄寺例，委给事御史监牧"。景泰帝接奏后立即下"诏巡抚侍郎，严府、县正官修治河道、农务，令管粮官兼理之；内府收粮，都察院委公正御史监视"（《明英宗实录》卷216，《废帝郕戾王附录》第34）。

◎ 裁省天下添设官员，惩治中间与基层腐败，减轻人民负担

其实社会之所以发生动乱，除了天灾和战争等因素外，还有一个在传统社会里见怪不怪的社会不安的元凶大恶，那就是官吏贪腐。官吏腐败形式多样，在君正臣直的年代里明目张胆的贪腐相对要少，但并不等于说没有腐败，腐败可能以各种隐形的方式存在着，譬如在人们不经意间，以某种政治特殊需要为名，增设官僚机构和官吏人数就是其中的一种。这种事情从理性法治角度来讲似乎是很离谱的，但在我们的社会中却是司空见惯的。君不见什么"渣土办""整治三乱办""扫黄办""绿化办"……让人看了顿觉一头雾水的奇奇怪怪机构恰恰在我们社会中真实存在着，并且拥有很大的权力，且还如雨后春笋般地成长壮大着。不过在当年景泰帝看来，增添官僚机构和官吏人数本身就是一种变相的腐败，会扰民、害民，会引发民众与社会的不安定，因此，必须加以清除。

景泰三年（1452）十二月，有人上言，中央户部下属的京库收银机构人数严重超编，虚费粮储，例应将该机构中的冗食者革除。景泰帝当即接受了谏言，裁减京库收银主事及户部令史21人。（《明英宗实录》卷224，《废帝郕戾王附录》第42）

中央官僚机构要消肿，地方上当然也不能例外。景泰七年（1456）八月，有人向朝廷进谏：地方上"各处添设官员数多扰民"，

景泰帝听后敕令吏部会同户部、兵部和工部等商议，量事繁简，裁省天下添设官员。当时浙江等布政司、府、州、县添设管粮、抚民、巡海河、管民壮、整理文书等项官：参政3员、参议2员、副使5员、佥事2员、府同知1员、通判27员、州同知21员、判官12员、县丞90员、主簿13员、州吏目1员、县典史1员，俱被裁省。与此同时，景泰皇帝还敕谕："辽东、贵州等处各卫学系正统年间开设，除教授1员、训导2员，止令训海军职子弟，不论科贡，今每卫学宜存留1员，余悉省之。"(《明英宗实录》卷269，《废帝郕戾王附录》第87)

其实腐败并不完全发生在官衙和官吏那里，法国有名的启蒙思想家、法理学家孟德斯鸠说过："一切有权力的人都容易滥用权力，这是万古不易的一条经验。"(【法】孟德斯鸠：《论法的精神》上册，P154,商务印书馆,1982年版)我们将孟德斯鸠的话换个角度来表述：一切有权的人都容易腐败，不管他（她）有没有官帽。这就是我们社会中通常所说的，大官大贪，小官小贪，即使没有官帽但只要有权，他也贪。

正统十四年(1449)十二月即景泰帝即位后的第四个月，北京大名府滑县有个解草大户向朝廷户部官抱怨，说自己每年都要向政府交纳大量的草料，可近年来他的日子越来越不好过了，原来解草每100包只要交纳运输费2两多银子。现在可好了，每100包草料要付8两银子的运输费。户部官听说后觉得不可思议，滑县经济并不好，物价涨得也不会那么快，这里边肯定有猫腻，于是他赶紧上请皇帝。景泰帝听后觉得户部官分析得极有道理，随即令人将滑县那个解草大户和草料收运中间人一起押到大明都察院来对质、审讯。这一审讯就审出名堂来了。原来是草料收运中间人与包揽之徒勾结起来，利用手中的收运权拼命地加价，虚增运输费。一切明了了，中间人与包揽之徒被绳之以法，基层腐败得到了及时清除。如此下来，"庶收受无诈害之虞，输纳无重征之苦"(《明英宗实录》卷186，《废帝郕戾王附录》第4)。

民间社会中间人贪腐一般是不易被察觉的，退一步来说，即使被察觉了，一般中央朝廷也不会认真处理。可景泰君臣却不这样，他们将安抚民生和减轻百姓负担的工作落实到实处。

景泰四年(1453)十一月，巡按福建的监察御史倪敬上奏朝廷说:"小臣巡抚福建等省,发现布政司和按察司等衙门里头有着这样的扰民害民惯例,新任省衙官员不论大小,一旦到任,他们的私人用品都由下属的府、州等衙门去办理。而府、州等衙门的官员一旦接到这样的上司命令,往往以一科十,明明要置办一件东西的,他们说成是十件。羊毛出在羊身上,下面的百姓可为此受罪了。而一旦官员被调任他处,他往往会将原来公办的私人用品全部卖给后任者。可后任者不一定会看得中,但碍于面子只好明的买下,暗地里又让下属府、州官去重新置办,这下小民们可再次遭殃了。由此小臣恳请皇帝陛下降敕:'今后大小衙门官员私衙什物,俱令公同籍记,去任之时,照数交付,不许似前科办扰民',并通告全国各地衙门一同执行。"景泰帝当即依之,并命令朝廷相关部门"移文各处通行禁约"(《明英宗实录》卷235,《废帝郕戾王附录》第53)。

◎ 废除粮长,改进马政,清除社会民生经济领域之流弊

粮长制是明太祖开国起就推行的一项别具一格的税粮征收制度。洪武初年规定:凡是纳粮一万石或接近一万石包括数千石的地方划为一区,在这区内由政府指派一个田地最多的大户充当粮长,一区只设一个粮长。(《明太祖实录》卷68)但后来发现,只有一个粮长忙不过来,于是在洪武三十年(1397)做了修正,规定各地"更置粮长,每区设正副粮长三名,以区内丁粮多者为之,编定次序,轮流应役,周而复始"(《明太祖实录》卷254)。由于粮长的工作如催征、汇解、解运、通关与注销等都是义务劳动,一般来说,不是当地的大户土豪断难以完成此等皇差。当然朱元璋也没有让粮长们白干,时不时地在南京明皇宫里召见他们,并给他们发赏钱,一旦发现中意的粮长就迅速给其授官。因此说洪武时期当粮长是个令人羡慕的美差。再说那时的粮长们一般都能够洁身自好,在许多地方往往几十年内粮长固定在某家族的某族长身上,或在某一家族里父子兄弟之间"流转"——这就是人们常说的"永充制"(主要是以丁田来计算)。

但这一切到了永乐迁都开始就发生了变化。大明国都北迁,税粮运输路程大为延长,其全程长达5000余里,江南税粮运输成

本高达被运税粮价值的100％，两项总计高达800万石，是迁都之前的800％。负担如此之重，有哪个大傻子愿意一直干粮长？再有，洪武中晚期开始，科举逐渐恢复并成式化，粮长入仕之途逐渐被堵塞；加上永乐以后的官场和社会逐渐腐败，对永充粮长制造成了致命的破坏。(详见笔者《大明帝国》系列之《洪武帝卷》上册第4章)譬如编派粮长的主持人一般是地方行政长官和耳目胥吏、里老人等，在洪武年间政治清平的情势下，无论是哪一方，大多都能依法执行公务。但随着明朝政治与社会的逐渐腐化，握有一方税粮征运权的粮长会不贪赃枉法？这简直就是痴人说梦话！

正统十一年(1446)正月，有人检举：直隶上海县粮长盗鬻余粮14400余石。(《明英宗实录》卷137)同年五月，湖广布政使萧宽上奏朝廷说："近年民间户婚、田土、斗殴等讼多从粮长剖理，甚至贪财坏法，是非莫辨，屈抑无辜，乞严加禁约。"(《明英宗实录》卷141)对于那时的粮长制之坏，《明史》这样描述道：正统帝当政前后大明各地选出来的粮长，其强者"科敛横溢，民受其害，或私卖官粮以牟利。其罢者，亏损公赋，事觉，至阋(殒)身丧家"(《明史·食货二·赋役》卷78)。更有甚者，插手地方行政事务，包揽词讼，欺压乡民，成为地方上的一霸。原来朱明皇家老祖宗精心设计的一项利国利民制度此时在许多地方已蜕变为害国害民的罪魁祸首，裁革粮长制成了那时代的共同呼唤。

景泰四年(1453)三月，浙江建德县上奏说："本县税粮只有3000余石，旧设粮长却多达24名，民苦其扰。"景泰帝接奏后将其交由户部官讨论。户部官随即上请："移文浙江等布政司并直隶苏松等府州县，各谕所属实征粮米不及万石者，粮长止存一名，仍禁其生事扰民。有犯情重者，谪本处卫所充军。"景泰帝于是下诏："裁减各处粮长！"(《明英宗实录》卷227，《废帝郕戾王附录》第45)

各处粮长虽说由3人减少到了1人，但粮长制之弊还是没能被铲除。景泰五年(1454)五月，湖广按察司官上言说："粮长收粮，民受其害，请将各属正副粮长尽行革去，税粮里甲催征。仍请移文各处推检，如果无益于事，有损于民，奏请罢止。"此时景泰帝朱祁钰意识到：弊端百出的粮长制没有存在的必要，当即接受谏言，下令革除"湖广所属州县粮长"(《明英宗实录》卷241，《废帝郕戾王附听到湖广革除粮长的喜讯后,景泰六年(1455)三月,巡抚淮安等处左副都御史王竑也上奏朝廷说:"江北直隶扬州等府县粮长往往科害小民,乞准湖广例尽数革罢。粮草令官吏、里甲催办。"景泰帝又一次接受了谏言,下令革除江北各处粮长。(《明英宗实录》卷251,《废帝郕戾王附录》第69)

江北粮长革除的消息传到福建,景泰七年(1456)七月,巡按福建的监察御史盛颙上奏说:"近与布、按二司会议,福建地方依山滨海,税粮数少,原设粮长有损于民,无益于事,应合革罢,以后税粮令各属里甲催征为便。"景泰帝再一次接受了臣下的建议,福建粮长制就此被革除。(《明英宗实录》卷268,《废帝郕戾王附录》第86)

可以这么说,到景泰末年时,湖广、江北和福建等地的粮长制都一一退出了历史舞台,这就为地方社会消除了一大害民弊政。但十分可惜的是,景泰后这一弊政又被恢复了。(《明史·食货二·赋役》卷78)当然这是后话。

与粮长制有着相似性且甚是影响民生的一项特殊制度,那可能就要数马政了。

马政是明初立国起就已确立的国家重务。洪武八年(1375)二月庚申日,朱元璋"命刑部尚书刘惟谦申明马政。谕之曰:'马政,国之所重。近命设太仆寺,俾畿甸之民养马,期于蕃息,恐所司因循牧养失宜,或巡视之时,扰害养马之民,此皆当告戒之。昔汉初一马直(值)百金,天子不能具均驷,及武帝时众庶街巷有马,阡陌成群,遂能北伐强夷,威服戎狄。唐初才得隋马三千,及张万岁为太仆,至七十余万,此非官得其人,马政修举故耶? 尔其为朕申明马政,严督所司尽心刍牧,务底蕃息。有不如令者,罪之。'"(《明太祖实录》卷97)由此可见,马政是大明帝国行政的重要内容,而"(明)太祖高皇帝武功定天下……皆民间孳牧,官牧改民牧,在初制即然"(《明》杨时齐:《皇朝马政记》)。这话的意思是说,明代养马由官牧改为民牧,自明初就定制了,养马是帝国百姓们的重要义务。具体地说,有三种养马形式:其一为种马,"种马者以马为种,视母骠驹,选驹搭配,余则变卖入官,会典所称孳牧";其二为表马,"表马者以种马骠驹表其良者起解以备用也";其三为寄养马,"寄养马者以解

表者发寄民间牧养以备用者也。"(【明】杨时齐:《皇朝马政记》)

与上述三种养马形式相对应的是,大明对马政的考察也有三项要求,那就是种马要孳息,表马要好,寄养马要能用。如果做不到,那就得要赔偿。细细说来,每一项要求都有具体的标准,洪武六年(1373)二月日,朱元璋"改群牧监为太仆寺,秩如旧,以监令唐原亨为太仆寺卿,监丞孙橫为少卿,始定养马之法:命应天、庐州、镇江、凤阳等府,滁、和等州民养马,江北以便水草,一户养马一匹;江南民十一户养马一匹。官给善马为种,率三牝马置一牡马。每一百匹为一群,群设群头、群副掌之。牧马岁课一驹,牧饲不如法,至缺驹损毙者,责偿之。其牧地,择旁近水草丰旷之地。春夏时牧放游牝,秋冬而入,导官以时巡行群牧,视马肥瘠而劝惩之。任满,吏部考其生息多寡,以为殿最焉"(《明太祖实录》卷79)。

在上述这段史料中讲到了洪武时期对于养马孳息的具体细则要求是"岁课一驹",即养马者必须要保障每年每匹母马能产出一头小马来,否则就要向官府赔偿。这是苛政!男女多床上运动,才有可能多生育,但通常也只能一年生一个孩子;而马的生育期限与人类大致接近,让每匹母马每年生一匹小马,这已经达到了马的生育极限。问题是人尚且有不能生育的,母鸡尚且也有不下蛋的,可帝国政府却不管这些,要求养马者必须保障每年交出一匹马驹。由此而言,明初马政苛刻!"洪熙元年,(明廷)令民牧二岁征一驹,免草粮之半。自是,马日蕃,渐散于邻省。"(《明史·兵志四·马政》卷92;《明宣宗实录》卷9)

让养马老百姓每两年交一匹小马驹来,并免除其一半的税粮草,仁宣宽政可见一斑。但从根本上来讲,即使这样,养马户的负担还是很重的,"民间官马为累,一马在家,朝夕喂养,至缚其身,不得奔走衣食"(【明】张峰:《嘉靖海州志》)。时人曾记载道:"养马之家,虽云量免粮差,而赔补受累者多。北方民力疲弊,此其大端也。"(【明】陆容:《菽园杂记》卷4)

马政给广大百姓带来的另外两大害当为表马之役和寄养之累。表马在前文已经说过,是指养马户将自以为养得好的马匹送到指定的官府衙门去,让其印烙、分表,即所谓的解表。暂且不说这解表一路上的盘缠费用,就是到了马政官那里接受点视(清点检

第 **3** 章 上皇回京 景泰中兴

查)时，还要受到各式各样的敲诈勒索。寄养之累与其很相像，由于解表来的马匹，政府不一定马上就用，往往要将其寄养在老百姓那里，日后一旦取用时，如果发现寄养的马匹瘦了或病了或与过去不一样了，那就得要赔偿，由此马政官也好上下其手。明人曾这样记述道："江北表马之役，最称苦累；而寄养之户，尤多败困。要其所以，则侵渔多而费用繁也。"(【明】谢肇淛：《五杂俎》卷4)

景泰帝上台后的第四个月即正统十四年(1449)十二月初十日，在上皇太后尊号、册封皇后而昭告天下的诏书中就明确表示，要竭力清除马政之流弊。其曰："凡官员公差出外印烙、分俵(表)、点视马匹，不务马政修举如何，惟以需索财物为务，今后马不蕃息，膘不肥壮，并罪曾经印烙、分俵(表)、点视之人。敢有科敛财物，靠损养马人户者，必罪不宥。"(《明英宗实录》卷186，《废帝郕戾王附录》第4)

而后景泰帝又接受臣下的建议，专门颁发了两条谕旨，旨在消除马政中的民害，其一："景泰间言者谓侯、伯及内官多事贿赂，马政凋耗。宜止差御史印俵(表)，(景泰)朝廷从之"(《明英宗实录》卷279)；其二，景泰三年(1452)二月，朱祁钰接受太仆寺卿李实的奏请，下旨规定："儿马十八岁、骡马二十岁以上，免算驹。"(《明史·兵志四·马政》卷92)

经过一系列的努力，景泰时期的大明马政渐趋合理，社会民生经济领域里的流弊得到了一定程度的清除。

◎ 蠲免赋税，赈济灾荒

非常时期登极的景泰帝朱祁钰自上台那刻起就十分注意蠲免赋税和赈济灾荒，且从实处做起。

正统十四年(1449)九月初六，在即皇帝位诏书后列"合行事宜"32条中，他就此专列了4条规定，其中第7条："正统十四年九月初六日以前，凡一应倒死亏欠及被盗走失孳牧骑操随征等项马、驼、骡、驴、种马、马驹、牛羊、猪牛犊等畜，一应赃罚追陪等物，俱照六月二十一日诏例，悉皆蠲免，其景泰二年夏秋税粮以十分为率，并免三分，以苏民困。"第8条："各处逃移人户，抛荒田地，遗下税粮无人办纳者，悉令所司查勘蠲免。比后有复业者，仍免三年；有被大水坍塌田地者,原额税粮悉与除豁。"第9条:"正统十四年各处有被水旱灾伤之处,许令申达上司,其该征粮草即与除豁,人民有缺食者,即便设法赈济,毋令失所。"第19条:"民间今后除粮草及供用物件军需之外,其余不急之务悉暂停止,以苏民力。"(《明英宗实录》卷183,《废帝郕戾王附录》第1)

唯恐不及,正统十四年(1449)十二月初十,景泰帝借着上皇太后尊号和册立皇后、贵妃之机宣布景泰"维新改革",在这"维新改革"的诏书中他又开列23条"合行事宜",其中有3条是关于蠲免赋税和赈济灾荒的,如第12条规定:"各处流移缺食人民无所依托,相聚一处,或不得已抢夺财物过活,或造妖言扇惑人心为非,诏书至日,悉宥其罪,果无田地房屋可以耕住,无粮可以食者,许赴所在巡抚、镇守、三司及府、州、县官处具告,即与量宜分拨安插处置,令不失所,仍免差役三年;若有仍前不悛,事发到官,罪不容恕。"第13条规定:"各处果有水旱灾伤,踏勘得实,所司必与开豁税粮,敢有刁蹬者罪之。"第14条规定:"顺天、河间、真定、保定四府、州、县军民人等有被房冠惊散流移往他处者,所司设法招抚,令各复业,本户该纳正统十四年粮草量与蠲免,来年耕种有乏牛具并种子者,官为劝谕;有力之家贷用,务令得所。"(《明英宗实录》卷186,《废帝郕戾王附录》第4)

当然,光发诏书是远远不够的,关键还在于落实到实际行动中去。景泰时皇帝朱祁钰一旦接到臣下上呈的蠲免赋税和赈济灾荒之奏请,不仅会立即接受,而且还令人迅速地落实下去。即使是在当年大明帝国财用极其困难的情势下,他也会毫不犹豫地下令落实恤民举措:

景泰元年(1450)闰正月,景泰帝蠲免河南开封、卫辉二府被灾田地夏税麦26500余石,丝15670余两,秋粮米59350余石,草73800余束。(《明英宗实录》卷188,《废帝郕戾王附录》第6)

景泰元年(1450)七月,景泰帝蠲免"直隶海州并安东、盐城二县被水潦没田亩秋粮米43590石,马草110090余包。"(《明英宗实录》卷194,《废帝郕戾王附录》第12)

景泰元年(1450)九月,景泰帝蠲免顺天府所属22州、县上年达贼掳掠旱伤田地粮草,凡免夏麦5500余石,秋粮33400余石,草

1648000余束。(《明英宗实录》卷196,《废帝郕戾王附录》卷14)

景泰二年(1451)十月,景泰帝蠲免山西太原、平阳二府泽、潞、辽、沁、汾五州所属上年被灾田地夏税192360余石,秋粮889500余石,马草1713060余束。(《明英宗实录》卷209,《废帝郕戾王附录》第27)

景泰二年(1451)十二月壬申日,景泰帝蠲免陕西西安等府、巩昌等卫被灾秋粮子粒143580余石。(《明英宗实录》卷211,《废帝郕戾王附录》第29)

景泰二年(1451)十二月乙亥日,景泰帝蠲免福建尤溪、沙县二县景泰元年无征秋粮8113石有奇,景泰二年盐、粮、鱼、米3259石,"二县被贼,死绝逃亡12953户,所遗田园山池325顷51亩,蠲其所欠税粮,给无业者承佃"(《明英宗实录》卷211,《废帝郕戾王附录》第29)。

景泰三年(1452)四月戊子日,南京都察院右都御史张纯奏:"旧制两京洛设饭一所,官备廪米,养济贫病军民。近者户部以樽(撙)节粮储,俱令停罢,遂致贫病军民人无所依赖。乞仍旧开设,选差公廉御史、给事中不时稽考,庶几上无妄费,下沾实惠。"景泰帝允准之。(《明英宗实录》卷215,《废帝郕戾王附录》第33)

景泰三年(1452)十一月丙寅,景泰帝蠲免"大名、广平、顺德三府所属开州、长垣、南和、曲周等15州县被水渰没无收田地5600余顷秋粮,并枣株课米30060余石,谷草482700余束,盐粮钞160600余贯。"(《明英宗实录》卷223,《废帝郕戾王附录》第41)

景泰三年(1452)十一月癸酉,景泰帝蠲免山东布政司都司所属并直隶淮安、徐州等处当年水灾田地税粮子粒843600石。(《明英宗实录》卷223,《废帝郕戾王附录》第41)

景泰五年(1454)三月乙卯,景泰帝蠲免应天府所属江宁、上元二县及直隶安庆府所属怀宁等五县旱灾田地秋粮33120余石,马草55390余包。(《明英宗实录》卷239,《废帝郕戾王附录》第57)

景泰五年(1454)江南、江北出现极端天气,百姓死亡甚众,"有一家七八口全死者,有父死子不能葬,夫死妻不能葬者,其生者无食,四散逃窜,所在仓粮又各空虚,无以赈济"。景泰帝闻奏后"心恻然,(对)各处饥民,即(令)驰驿行文","设法赈济";"死伤暴露者,责令有司瘗埋";"灾伤处税粮勘实停免,扬州及苏、常等处,其令王文往抚安赈济之。"(《明英宗实录》卷239,《废帝郕戾王附录》第57)

景泰六年(1455)九月,巡抚苏松等处的左副都御史邹来学上奏说:"奉敕赈恤饥民,已给米、麦、豆、谷,共1006700余石。"(《明英宗实录》卷258,《废帝郕戾王附录》第76)

景泰六年(1455)十月,景泰帝蠲免"陕西西安等七府上年夏税389930余石,西安左卫等16卫所屯粮64340余石,以奏被灾伤故也。"(《明英宗实录》卷259,《废帝郕戾王附录》第77)

景泰六年(1455)十二月,景泰帝"蠲免应天府七州县留守左卫并直隶宁州、兴州中屯等35卫今年秋粮子粒共23993石;直隶庐州府、和州、滁州、庐州、邳州、六安、滁州、仪真、寿州等卫今年秋粮子粒71918石,草111848包;直隶苏州诸府、太仓诸卫当年秋粮子粒1453558石有奇,草573390包;山东济南、兖州、青州、东昌等府,武定信阳等38州、县今年夏税麦242508石有奇,俱以被灾故也。"(《明英宗实录》卷261;《废帝郕戾王实附录》第79)

景泰七年(1456)十月,巡抚江西的右佥都御史韩雍上奏说:"江西各府、县地方积岁薄收,今春以来谷价涌贵,人民缺食艰难。已委官勘实,饥民650000余口,共支官仓米谷390000余石赈济。"又湖广黄梅县上奏说:"境内今年春夏瘟疫大作,有一家死至39口,计3400余口;有全家灭绝者,计700余户;有父母俱亡而子女出逃,人惧为所染。丐食则无门,假息则无所,悲哭恸地,实可哀怜。死亡者已令里老新邻人等掩埋,缺食者设法劝借赈恤。"景泰帝接奏后,俱命户部等予以赈济。(《明英宗实录》卷271,《废帝郕戾王附录》第89)

……

诚然,上述这类蠲免赋税、赈济灾荒的善政能解决得了一时,但终非为长久之计,正如中国古代道家所言:授人以鱼,不如授之以渔。景泰君臣深谙此道理,就在实行蠲免赋税和赈济灾荒差不多同时,他们又采取了劝课农桑、扶持小农和限制兼并等政策。

◎ 劝课农桑,鼓励耕织,督促生产,限制兼并,保护小农,发展经济

众所周知,自耕农(俗称小农)是中国传统社会赋税和徭役的

主要承担者,由于小农生产经营是以个体小生产者的形式进行,没多少抗风险和抗自然灾害的能力,一旦遇上天灾人祸,就很容易沦为流民。

明朝自永乐开始就有不少流民,朱棣篡位登基改元的头一年,光北平的流民就多达130600户(《明太宗实录》卷16),以后又有了发展。宣德中后期,兵部尚书许廓受巡抚河南,一次招抚"流民归者凡数万户"(《明宣宗实录》卷91)。正统帝上台之初,仅河南、彰德等府的流民复业者有50000户(《明英宗实录》卷6),正统五年(1440),巡抚河南、山西的侍郎于谦安抚了流民34230户(《明英宗实录》卷63),正统十一年(1446),南方闽浙地区发生"流民盗矿劫掠"事件,巡抚官与地方有司"抚附籍复业流民3539户,男妇共8309口"(《明英宗实录》卷148)。

上述史料表明,明朝中叶时流民问题已成了大明南北各地都为之头疼的大问题。而流民问题得不到解决,不仅影响到帝国社会的长安久治,而且还使得朝廷财税收入大为减少,政府徭役难以落实。对此有着清醒认识的朱祁钰自上台后就十分注意,从根本上入手,力图解决流民问题。

首先他多次敕令镇守、巡抚、巡按御史及地方有司招抚流民,恢复生产,劝课农桑。

正统十四年(1449)十一月,在任命右佥都御史萧启、署都指挥佥事董宸等人为河北、山西及辽东等地新军政领导的敕谕里头,景泰帝说:"近因虏寇入境肆掠,人民不能安生,军卫不能守御。今命尔等往彼镇守,提督各府并各卫官,抚安人民,操练军马,修理城池,坚利器械。遇有盗贼生发,即便相机剿捕;人民流移者,招抚复业;田地荒芜者,督令耕种。凡有一应公私废坠利弊,悉听尔等从长区画,处置得宜,务在盗息民安,不致失机误事。官吏或有酷害军民,激变良善,轻则依律惩治,重则具奏处置。尔等受朝廷委任,惟当秉公持廉,勤慎率下,不许偏私怠忽,致有稽违;如违,罪有所归。勉之慎之。"(《明英宗实录》卷185,《废帝郕戾王附录》第3)

正统十四年(1449)十二月初十,在发布上皇太后尊号、册立皇后、贵妃而昭告天下之诏书里头,景泰帝又如此说:"农桑衣食之原,学校风化之本,所司宜严劝课提调,仍从巡抚、巡按及按察

司巡督,务致实效,无事虚文。"(《明英宗实录》卷186,《废帝郕戾王附录》第4)

景泰元年(1450)二月,朱祁钰在训斥各处镇守、巡抚及三司、巡按御史等官的敕文中,再次要他们严督地方府、州、县官抚恤流民、劝课农桑。他说:"去岁因反贼喜宁诱引虏寇,也先入关劫掠数日,即被官军杀败而去,再不复来。然而各处人民一向惊疑不止,挟带家口逃躲,亦有自弃毁其产业、无家可居不思复业者,今闻水陆通路尚百十成群,或白昼肆夺,或暮夜行劫。尔等佯若不知,不思设法招抚,又且蒙蔽,不以上闻。况今喜宁已被擒获处以极刑,也先失其向导,无复入寇之卜至志,腹里人民何用虚惊?尔等若能以此晓谕,多人知悉,彼必安心,回还复业,谁肯仍前流移在外?乃不务此,惟事因循,论其坐视之罪,似难容恕,但今用人之际,且不追究。敕至,尔等严督府、州、县官,分投设法,招抚晓谕,务令回还复业,趁时耕种;如果缺食及无牛具、种子,或官为赈济,或设法劝借,俾不失所。以应杂差不急之务,悉与停罢,仍令巡河御史各照地方往来巡视,遇有盗贼,即便擒拿;巡抚、镇守、巡按等官一体提督巡捕,但有盗贼疏虞,罪有所归,尔等其勉之、慎之!"(《明英宗实录》卷189,《废帝郕戾王附录》第7)

景泰二年(1451)二月,朱祁钰"命北直隶并山东巡抚、镇守、都御史等官,推选府、卫、州、县廉能官员专劝农务,遇官民田地荒闲,悉拨无田之人耕种,乏牛具种粮,即为措办借给"(《明英宗实录》卷201,《废帝郕戾王附录》第19)。

景泰四年(1453)十月,在给各处镇守、巡抚等官和兵部尚书孙原贞的敕文里头,景泰帝又一次这般说道:"朕惟农桑为衣食之源,劝课乃有司之责,此古今通务也。兹特命尔等督同三司官,分督府、县、屯堡官,令里老者谕乡村,除士、工、商、贾并在官供役之人,其余悉令务农,及时耕种。若有荒闲田地,令无田及丁多田少之人开垦,或缺牛具、种子,于有力之家劝借,收成后量为酬给;若原系税额,俟三年后征收;其土地宜桑、枣、漆、柿等木,随宜酌量丁田多寡,定与数目,督令栽种。务在各乡、各村家家有之,不许团作一、二园圃,以备点视,虚应故事。敢有怠惰不务生理者,许里老依《教民榜例》惩治,县官严加分督,府官依时点视,布、按、都司、总督比

第 3 章 上皇回京 景泰中兴

较,仍将开垦种过田地并桑枣数目造册缴报。尔等宜严禁约,慎选廉正官员,设法整理,毋令从人需索科敛,如违并听巡抚、巡按等官,纠察拿问,奏请罢黜。庶使奸弊不生,农政修举。"(《明英宗实录》卷234,《废帝郕戾王附录》第52)

劝课农桑,鼓励耕织,革除奸弊,督促生产,相对而言,在绝对皇权专制的社会里,这样的举措还是不难推行的。问题的关键在于脆弱的小农经济除了要应对天灾和战争所带来的破坏外,还得要面对豪强势力对土地的兼并——这是中国历朝历代都一直无法根治的顽疾。对此,年轻的景泰帝上台后就以极大的魄力,多次勒令豪强势力还田原主,以此想来抑制兼并。

景泰初年,北京附近"顺天、河间等府、州、县地土多被官豪朦胧奏讨及私自占据,或为草场,或立庄所,动计数十百顷。间接小民纳粮地亩,多被占夺,岁陪粮草"。景泰帝闻讯后采纳了户部官的建议,"令该府、州、县通查丈量,除奏拨之数外,其占夺者如数退还,多余者如例起科征纳粮草"(《明英宗实录》卷201,《废帝郕戾王附录》第19)。而后又令户部"转行(文)公、侯、驸马、伯、都督、都指挥及勋戚大臣之家,不许令家人侵占民田,及通行各布政司、府、州、县官吏,亦不许侵占民田土,违者一体治罪"(《明英宗实录》卷215,《废帝郕戾王附录》第33)。

但抑制兼并这样的事情,在人情关系特别复杂的中国社会里是极不容易做到和做好的,即使贵为天子,有时一棍子打下去就有可能打到皇帝老爷的亲戚或亲近之人的身上。这时要不要再做下去,就得看这个当皇帝的有没有政治魄力和远大眼光了。

中军都督府左都督汪泉是景泰之初宫中第一女主人汪皇后的爷爷。要说这个汪皇后的爷爷,那可不是什么省油的灯,他仗着孙女皇后的威势,纵容家奴杨俊等人强占武清县官田民田6000余顷,并"招纳无籍禁民樵采,擅榷商贾货",最终让给事中林聪等给奏劾了。(《明英宗实录》卷202,《废帝郕戾王附录》第20)。景泰帝闻奏后先下汪爷爷的家奴杨俊于锦衣卫大狱,随即派人进行暗中调查。两个月后的景泰二年(1451)五月,他发现林聪所劾完全属实,于是勒令汪泉退还强占的官民田16320顷,私抽的柴苇30000余束并没官。(《明英宗实录》卷204,《废帝郕戾王附录》第22)

中军都督佥事石彪是景泰时期皇帝朱祁钰十分重用的军旅第一人物石亨的侄儿，在与蒙古瓦剌的作战中屡立战功，平时里常常居功自傲，不可一世。他让家人张政等在保定府庆都县强占民田，不曾料到这事很快就被人发现了，因害怕朝廷追查此事，石彪就编造了一些谎言来欺骗世人。户部都给事中李侃等了解了事情的真相后随即上言劾奏，并要求景泰帝追究石彪叔叔石亨家教不严之罪。景泰帝闻奏后这样说道："(石)彪令家人占民田土，于(石)亨无与，免逮。问果系民间者，其退还之。所言勋戚大臣之家不许侵占民田，司府、州、县官吏不许阿容，其令各官遵行之。"(《明英宗实录》卷215,《废帝郕戾王附录》第33)

通过下发一系列敕令和采取果断手段处理一些侵吞官民田的"大案"，景泰朝有效地控制了土地兼并，保护了小农，从根本上安定了民生，发展了帝国社会经济。

景泰朝发展帝国社会经济还有一项得力的举措与成绩，那就是兴修水利，整治黄河。

◎ 兴修水利，整治黄河，为民生经济发展"保驾护航"

水利是农业的命脉，这是自古以来中国传统社会中几乎人人都懂的道理。明初洪武立国时就修筑了许许多多的水利工程与水利设施，到了洪武末年(1395)时，大明帝国总计开修河道4162处，陂渠堤岸5048处，塘堰40987处，陂渠堤岸5048处。(《明太祖实录》卷243)但这些水利设施和水利工程历经岁月的沧桑，到明朝中叶时，很多就出现了问题。

直隶保定府新安县城南有一条长沟河，西通徐曹二河，东连雄县、直沽。正统帝登极之初该河为沙土淤塞了数里。当地知县上言朝廷，请求疏浚。(《明英宗实录》卷116)

正统九年(1444)八月，监察御史赵忠上奏明英宗："浙江、苏、松雨水经月不消，苏、松地下西有太湖，东有吴松江、刘家港，北有杨城湖、白茅塘，皆引流注海。今不利泄水者，缘近水居民畏水预筑堤堰自御，遂令水势淤遏不泄。乞敕所司去民间私筑堤堰。"明英宗批准了请求。(《明英宗实录》卷120)

正统十年(1445)，永安湖、茶市院河、新泾河、陶泾塘河等河流淤塞,"不便民田"。正统帝接受了海盐县县丞龚潮达的上言建议,令浙江布政司发20000余人对此进行疏通。(《明英宗实录》卷134)

景泰帝朱祁钰上台后更加注意农业水利建设问题。

景泰二年(1451)七月,浙江永嘉县有人上言朝廷,说:"本县三十六都旧有一河,灌民田万余亩。洪武间置立斗门,以备旱涝。近为沙土淤塞,请如旧疏浚。"景泰帝当即予以批准。(《明英宗实录》卷206,《废帝郕戾王附录》第24)

景泰二年(1451)八月,直隶苏州府常熟县上奏:"本县顾新塘南至当湖,北至杨子江,灌民田甚多。近者淤塞,乞发丁夫疏浚。"景泰帝马上允准,并让人着手办理。(《明英宗实录》卷207,《废帝郕戾王附录》第25)

景泰三年(1452)五月,直隶常熟县有民上言:"常熟县内山泾塘和七浦塘年久湮塞,妨民灌溉,请求对其浚治。"景泰帝接奏后便诏令地方相关衙门组织民人修治。(《明英宗实录》卷216,《废帝郕戾王附录》第34)

……

上述这些地方的水利修浚工程一般都是由当地官民先上言请求批准,才得以展开进行,但这并不意味着其他没上言的地方就没有河道淤塞成患的问题。景泰三年(1452)闰九月,户科右给事中路璧上奏朝廷,说:"天下陂堰圩塘多颓敝淤塞,及为强梁者侵占,遇有旱潦,民受其患。宜敕该部移文巡抚、镇守官,于颓淤者督官修筑,侵占者重加惩治,仍令府、州县官于考满文册内载其事功,以为黜陟。"景泰帝接受了上言,不仅诏令各地督官修浚河道,而且还将水利建设搞得好否列为地方府、州县官任满时决定其陟黜的一项重要考核标准。(《明英宗实录》卷221,《废帝郕戾王附录》第39)由此可见,景泰朝治官理政过程中还是相当务实和十分重视民生经济的。

要说景泰朝重视兴修水利和关注民生的种种举措中,对后世影响比较大的可能就要数整治黄河了。

黄河水患自古就有,但由于隋唐以前,黄河与淮河各自分开东入大海,所以一旦黄河决口,"不过坏民田庐"。(【清】谷应泰:《明史纪事本末·河决之患》卷34)但自宋中叶以后,黄河向南汇入淮河,夺道入海，由此河决成为大患。元朝定都北方，其粮食物用有相当大的一部分靠着大运河从南方运输过去，一旦黄河发生决口，河水泛滥，就会将帝国财政经济的输血管——南北大运河给拦腰截断。元顺帝至正四年（1344），黄河白茅堤溃决，元顺帝征发民众对此进行修浚，没想到最后将大元帝国给"修"没了。明初洪武、建文两朝定都南京，大运河在大一统帝国经济财用领域中所起的作用并不大，黄河之患问题也因此不那么突出了。

可自永乐迁都北京后，大明帝国北方粮饷财用短缺问题一下子凸显了出来。正是在这样的情形之下，永乐帝朱棣命令工部尚书宋礼负责大运河北段即会通河的疏浚工程，与此同时又派遣兴安伯徐亨、工部侍郎蒋廷瓒会同金纯在河南祥符鱼王口到中滦这一带开挖黄河古道，接着由宋礼配合，将黄河水改走其古道，以缓减它的水势，使之平稳地流入了与运河相交地段。这样既解决了运河水量不足问题，又减缓了奔腾黄河水的水势，防止其倒灌运河。"自是河循故道，与会通河合而河南之水患息矣。"(《明太宗实录》卷117)大运河畅通了，治黄与保漕取得了双效。(《明史·宋礼传》卷153；详见笔者《大明帝国》系列之⑧《永乐帝卷》下册)

这样大致太平了30余年，到正统十三年（1448）七月时，黄河河南段卫辉八柳树突发决口，"漫流山东曹州、濮州，抵东昌，坏沙湾等堤，伤民田庐无算"(《明英宗实录》卷168)，再"夺济、汶入海。寻东过开封城西南，经陈留，自亳入涡口，又经蒙城至淮远界入淮"(【清】谷应泰：《明史纪事本末·河决之患》卷34)。消息传到北京，正统帝命令工部右侍郎即建设部副部长王永和前去治河，主修沙湾等堤。(《明英宗实录》卷168)

王永和治河治了半年，于正统十三年（1448）十二月上奏明英宗朱祁镇，说："黄河沙湾决堤范围很大，一下子难以修好。眼下正值寒冬季节，数万河工聚集在一起又干不了活，白白地浪费经费，所以小臣干脆叫他们不要干了。而黄河这次决堤是从河南卫辉八柳树开始的，陛下应该敕令河南巡河官和省衙三司官去修治。"正统帝见到王永和如此推诿，气不打一处来，当即降敕切责，并令他在将沙湾堤岸修筑工程交由山东三司衙门之后，迅速赶往河南去，督同当地三司衙门官，解决八柳树上流的决口问题。(《明英宗实录》

卷173)

可谁知这个王永和修河修了5年,到景泰三年(1452)时,皇帝都换了3年了,河却还没有修好。那年九月,为之"昼夜在心,不遑安于寝食"的景泰帝朱祁钰特命太子太保兼都察院左都御史王文为治河特使,让他接替王永和。(《明英宗实录》卷220,《废帝郕戾王附录》第38)

就说这个左都御史王文与兵部尚书于谦等数人是景泰朝最为得力的干将,那时的他不仅为都察院左都御史即正职总检察长,还入阁参与机务(《明英宗实录》卷226,《废帝郕戾王附录》第44),兼任东宫老师,根本不可能长期待在治黄工程前线。这样大约过了一年时间,到景泰四年(1453)十月,皇帝朱祁钰发现:治黄特使必须得换人,那么派谁去最为合适?在文渊阁廷臣集议时,有人提出了一个"上知天文、下知地理"的"大才子"人选,他就是景泰、天顺时期十分有名的人物徐有贞。徐有贞即为土木之变后主张南逃的那个徐珵,因为名声不好,他改名叫徐有贞,当时任职为右春坊右谕德兼翰林院侍讲。景泰帝知道其人有才,当即采纳了廷臣的建议,升徐有贞为都察院右佥都御史(可能相当于检察长助理),"往治沙湾"(《明英宗实录》卷234,《废帝郕戾王附录》第52)。

要说徐有贞是"大才子",还真不假。自从接受皇命后,他来到了治黄工地上前前后后看了一大圈,找出问题来了,随即上请朝廷。他大致这样说:治理水土大流失之"要在知天时地利人事而已",今日黄河之所以形成大患,关键在于河南等上游地段出了问题。黄河自河南进入山东兖州,而兖州一带土质又偏偏十分疏松,一旦遇到大水,便会奔腾而下,这样就造成了沙湾之东大决口,随后便是黄河夺道济水、汶水,向东流去。一旦有地方水流不畅,蓄积起来便会冲溃堤岸,进而影响了大运河漕运,其北段会通河就是这样被淤塞的。因此说,要想整治好黄河,就必须要从其上游开始修治。景泰帝当即批准了徐有贞的修河方案。(【清】谷应泰:《明史纪事本末·河决之患》卷34)

再说那时的徐"大才子"铆足了劲,总想在皇帝与朝廷同僚们面前露一手,以此来挽回自己先前的"过失",以便日后能升官发财,光宗耀祖。他命人自黄河上游起疏浚水道,建渠置闸筑堰,"渠起金堤、张秋之首,西南行九里,至濮阳泺;又九里,至博陵坡;又六里,至寿张沙河;又八里,至东西影塘;又十有五里,至白岭湾;又三里,至李崖。由李崖而上,又二十里至莲花池;又三十里,至大潴潭,乃踰范暨濮。又上而西,凡数百里,经澶渊,以接河、沁"(【清】谷应泰:《明史纪事本末·河决之患》卷34)。

当时,为这个治黄工程"聚而间役者四万五千人,分而常役者万三千人,用木大小十万,竹倍之,铁斤十有二万,锭三千,缁八百,釜二千八百,麻百万斤,荆倍之,藁秸又倍之,而用石若土不可算,然用粮于官仅五万石"(【清】谷应泰:《明史纪事本末·河决之患》卷34)。景泰七年(1456)十二月,治黄工程终于竣工,左佥都御史徐有贞回到朝廷。景泰帝立即召见他,"顾问良久,奖劳甚至",并命吏部特升他为都察院左副都御史。(《明英宗实录》卷273,《废帝郕戾王附录》第91)

景泰朝整治黄河的成功,不仅为大明帝国南粮北运解决了交通运输上的大问题,而且还"资灌溉者为田百数十万顷"(【清】谷应泰:《明史纪事本末·河决之患》卷34),为黄河沿岸的民生经济的恢复和发展提供了较为可靠的保障。

◎ 节流增收　广开财源

在前章里我们讲过,景泰帝上台后开展了节流增收行动,其中最大的一次可能就要数景泰元年(1450)三月朝廷内外的大整治。(参见前面第6章"明朝转折 景泰大德")

与节流并举的就是广开财源,增加政府收入,其主要方式为推行"开中法""纳米赎罪""纳米入监""纳米拜爵"和"纳米冠带荣身"等。(以上详细内容均见前面第6章"明朝转折 景泰大德")

其实无论是节流增收,广开财源,兴修水利,整治黄河,还是蠲免赋税,赈济灾荒,劝课农桑,限制兼并;无论是敕令镇守官和巡抚官等安抚民生,恢复社会秩序,还是裁省天下添设官员,惩治中间与基层腐败,减轻人民负担,以及废除粮长,改进马政,消除民害,以"中兴"大明为使命的景泰君臣做出如此多的努力所产生的实际效果又是如何呢?我们不妨来看一下下表:

明仁宗、宣宗、英宗正统和代宗景泰时期主要经济数据

时间	全国户数（户）	全国人口数（口）	全国田地数（顷）	全国田赋数（石）	绢（棉）花收成（斤）	史料出处
洪熙元年	9 940 566	52 083 651	4 167 707.30	31 800 234	242 147	《明宣宗实录》卷12
宣德元年	9 918 649	51 960 119	4 124 626.68	31 312 839	240 911	《明宣宗实录》卷23
宣德二年	9 909 906	52 070 885	3 943 343.22	31 250 110	237 968	《明宣宗实录》卷34
宣德三年	9 916 837	52 144 021	4 113 137.21	30 249 936	239 087	《明宣宗实录》卷49
宣德四年	9 848 393	53 184 816	4 501 565.99	31 331 351	238 221	《明宣宗实录》卷60
宣德五年	9 778 119	51 365 851	4 140 680.28	30 610 898	242 234	《明宣宗实录》卷74
宣德六年	9 705 397	50 565 259	4 180 462.41	30 300 315	242 482	《明宣宗实录》卷85
宣德七年	9 633 294	50 667 805	4 244 928.80	29 102 685	243 399	《明宣宗实录》卷97
宣德八年	9 635 862	50 628 346	4 278 934.49	28 957 227	242 754	《明宣宗实录》卷107
宣德九年	9 702 322	50 627 456	4 270 161.93	28 524 732	242 809	《明宣宗实录》卷115
宣德十年	9 702 495	50 627 569	4 270 172	28 499 160	242 268	《明宣宗实录》卷12
正统元年	9 713 407	52 323 998	4 373 187	26 713 057	188 029	《明英宗实录》卷25
正统二年	9 623 510	51 790 316	4 323 180	26 979 143	187 996	《明英宗实录》卷37
正统三年	9 704 145	51 841 182	4 322 125	27 036 776	188 015	《明英宗实录》卷49
正统四年	9 697 890	51 740 390	4 323 150	27 066 285	188 012	《明英宗实录》卷62
正统五年	9 686 707	51 811 758	4 322 468	27 079 421	188 014	《明英宗实录》卷74

(续表)

时间	全国户数（户）	全国人口数（口）	全国田地数（顷）	全国田赋数（石）	绵(棉)花收成（斤）	史料出处
正统六年	9 667 440	52 056 290	4 317 742	27 069 361	188 026	《明英宗实录》卷 87
正统七年	9 552 737	53 949 951	4 242 118	27 085 921	189 088	《明英宗实录》卷 99
正统八年	8 557 650	52 993 882	4 242 818	27 100 926	189 252	《明英宗实录》卷 111
正统九年	9 549 058	53 655 066	4 249 516	27 134 213	189 243	《明英宗实录》卷 124
正统十年	9 537 454	53 772 934	4 247 239	27 155 958	189 536	《明英宗实录》卷 136
正统十一年	9 528 443	53 740 321	4 245 699	27 014 779	206 182	《明英宗实录》卷 148
正统十二年	9 496 265	53 949 787	4 248 705	26 197 238	173 252	《明英宗实录》卷 161
正统十三年	9 530 933	53 534 498	4 153 218	26 722 902	189 712	《明英宗实录》卷 173
正统十四年	9 447 175	53 171 070	4 350 763	24 212 143	189 731	《明英宗实录》卷 186，《废帝郕戾王附录》第 4
景泰元年	9 588 234	53 403 954	4 256 303	22 720 360	245 110	《明英宗实录》卷 199，《废帝郕戾王附录》第 17
景泰二年	9 504 954	53 433 830	4 156 375	23 320 780	461 371	《明英宗实录》卷 211，《废帝郕戾王附录》第 29
景泰三年	9 540 966	53 507 730	4 266 862	26 469 679	190 202	《明英宗实录》卷 224，《废帝郕戾王附录》第 42
景泰四年	9 384 334	53 369 460	4 267 036	26 602 618	185 016	《明英宗实录》卷 236，《废帝郕戾王附录》第 54
景泰五年	9 406 347	54 811 196	4 627 341	26 840 653	190 263	《明英宗实录》卷 248，《废帝郕戾王附录》第 66
景泰六年	9 405 390	53 807 470	4 267 339	26 853 931	191 175	《明英宗实录》卷 261，《废帝郕戾王附录》第 79
景泰七年	9 404 655	53 712 925	4 267 449	26 849 159	245 481	《明英宗实录》卷 273，《废帝郕戾王附录》第 91

我们将上表数据先做个综览,再分仁宣年间、正统年间和景泰年间3个时期来看:

第一,我们来看看3个时期全国人户最高数:仁宣年间为洪熙元年(1425)的 9940566 户,正统年间为正统元年(1426)的 9713407 户,景泰年间为景泰元年(1450)的 9588234 户。由此看来,景泰年间最高人户数比仁宣时期最高时少了 352332 户,比正统年间最高时少了 125173 户。

第二,我们来看看3个时期全国人口最高数:仁宣年间为宣德四年(1429)的 53184816 口,正统年间为正统七年(1442)的 53949951 口,景泰年间为景泰五年(1454)的 54811196 口。由此看来,景泰年间最高人口数比仁宣时期最高时多了 1626380 口,比正统年间最高时多了 861245 口。

第三,我们来看看3个时期全国田地最高数:仁宣年间为宣德四年(1429)的 4501565.99 顷;正统年间为正统元年(1426)的 4373187 顷,景泰年间为景泰五年(1454)的 4627341 顷。由此看来,景泰年间最高田地数比仁宣时期最高时多了 125775.01 顷,比正统年间最高时多了 254154 顷。

第四,我们来看看3个时期全国田赋最高数:仁宣年间为洪熙元年(1425)的 31800234 石,正统年间为正统十年(1445)的 27155958 石,景泰年间为景泰六年(1455)的 26853931 石。由此看来,景泰年间最高田赋数比仁宣时期最高时少 4946303 石,比正统年间最高少了 302027 石。

第五,我们来看看3个时期全国棉花收入最高数:仁宣年间为宣德七年(1432)的 243399,正统年间为正统十一年(1446)的 206182 斤,景泰年间为景泰七年(1456)的 461371 斤。由此看来,景泰年间全国棉花收入最高数比仁宣时期最高时多了 217972 斤,比正统年间最高时多了 255189 斤。

由此我们不难发现,国难战乱中上台的景泰帝在当政期间,除了户口数和田赋数比仁宣时期和正统时期稍稍减少外,其人口数、田地数和主要经济作物棉花的收入数等方面不仅超过了正统朝,而且还超过了大明盛世——仁宣时期。要知道景泰帝统治时期是明朝开国后百年史中太阳黑子出没最多的时候,也是特别寒冷天气或言极端气候、灾异事件最为频发时期,又是南北战乱频仍时期,能取得上述这样的经济成果,说明景泰帝是个不错的皇帝,他的"富国"举措行之有效,十分给力。

当然光"富国"是不行的,还必须要"强兵"。只有这样,才能"中兴"大明,那么景泰帝又是怎么做到"强兵"的呢?

● **改革军事,增加国防力量,平息南北武力之乱,编撰《寰宇通志》,强化帝国一统意识——为"中兴"大明创造良好的国家安全氛围,提升国威**

在前章里头我们已经讲过,受命于危难之际的景泰帝自上台起就极其重视军事整顿与改革。他顺应时势,整饬军纪,加强军备,大兴募兵制。景泰二年(1451)开始,他又接受了兵部尚书于谦的建议,将互不相统、各为教令和兵将不习的三大营制,改变为指挥统一、号令严明、战斗力强的十团营制(《明史·兵志一》卷89),并不断地加以训练,大大提高了大明军的战斗力和帝国国防力量。正是在这样气象日新的大势之下,自景泰帝上台起,大明朝廷剿抚了南方广东的黄萧养起义,取得了北京保卫战的胜利,打退了瓦剌对大明北疆的六次军事进攻。差不多与此同时,皇帝朱祁钰又分别派遣兵部侍郎侯琎、副总兵田礼进兵贵州平乱,巡抚河南的副都御史王来总督湖广、贵州军务,南和伯方瑛为平蛮将军充总兵官,讨平越苗,总督两广的副都御史马昂进剿泷水瑶之乱。到景泰末年时,湖广、贵州、广西等南方地区的瑶、壮、苗、僚等少数民族上层贵族之乱大多被平定。就连正统中后期,朝廷花了血本而"三征麓川卒不得"(《明史·王骥传》卷171)的思机发也于景泰五年(1454)三月为"缅甸执献"(《明史·景帝本纪》卷11)。

而就在此过程中,景泰帝还派出了大量的文臣到大明军中任"参赞军务"、"提督守备"等职,让他们提督卫所,操练军马,整搠器械,修理城池,加强军中官僚文职化,强化文武相制,提高大明军威和管理。(以上详细内容均见前章)

总之,经过不懈的努力,从朱祁钰当政之初"强寇深入而宗社义安"(《明史·景帝本纪》卷11),到景泰中叶,"运启中兴,益隆不绪",

"国计大定,人心乂宁"(《明英宗实录》卷205,《废帝郕戾王附录》第23)。积极向上的大明正在"中兴"之路上不断地向前行进!

然而,景泰帝朱祁钰并没有完全陶醉于已经取得的成就之中。景泰中期起,他还令陈循、高谷和王文等50来号朝廷文臣编撰《寰宇通志》,完成了曾经将大明一统版图推向极致的太宗文皇帝的未遂心愿。景泰七年(1456)五月,总计119卷的《寰宇通志》编撰工程终于告竣,景泰帝御制序文,其中讲道将该书"藏之秘府,而颁行于天下。盖不独以广朕一己之知,而使偏方下邑荒服远夷素无闻见之人,咸得悉睹而遍知焉,则知之尽,仁之至,庶几乎无间于远迩先后矣"(《明英宗实录》卷266,《废帝郕戾王附录》第84)。这表达了以"中兴"大明为使命的一代君主之宏愿,即让天下之人皆知我大明之天下,由此来强化帝国一统意识和进一步提高大明之威望。可令人十分惋惜的是,明英宗复辟后,该书被禁被毁。后取而代之的是天顺钦定总裁官李贤、彭时主编的《大明一统志》(《明英宗实录》卷327)。当然,这是后话了。

有关景泰"中兴"的话题我们讲到此,大致可以告个段落了。虽说景泰君臣的这些作为取得了很大的成效,但话得说回来,景泰"中兴"并不是一点问题都没有,政治领域内对官吏整饬没有完全到位,排毒清淤不彻底,赏官赐爵过多过滥;经济领域里虽然广开了财源,但巨额赏赐却给大明帝国带来了沉重的经济负担;司法与经济的"接轨"、黏合,纳米赎罪大行,使得本该受到严惩的罪犯却因输米纳钱了而逍遥法外;军事领域内对违法乱纪处罚还是不够有力,又没能真正地把控住军中高级将领……而对于这一切,当时正处于"中兴""维新"(于谦语,见《明英宗实录》卷201,《废帝郕戾王附录》第19)兴头上的景泰帝却似乎认识不多,注意不够,终致异己分子和奸佞小人悄悄集结,厄运大难随之降临。欲知景泰"中兴"后期到底发生了什么厄运大难,请看下章《代宗运终 天顺复统》。

大明帝国系列⑭
The Great Ming Empire XIV

景泰、天顺帝卷（下）

Transitional Period of Competent Emperor Zhu Qiyu and Incompetent Emperor Zhu Qizhen (Volume 2)

马渭源 著
Ma Weiyuan

东南大学出版社
SOUTHEAST UNIVERSITY PRESS

图书在版编目(CIP)数据

大明帝国. 景泰、天顺帝卷：全2册/马渭源著.
—南京：东南大学出版社，2016.5
 ISBN 978-7-5641-6466-9

Ⅰ.①大… Ⅱ.①马… Ⅲ.①中国历史－研究－明代
Ⅳ.①K248.07

中国版本图书馆CIP数据核字(2016)第086701号

景泰、天顺帝卷 下

出版发行：东南大学出版社
出 版 人：江建中
责任编辑：谷　宁　马　伟
社　　址：南京市四牌楼2号（邮编　210096）
经　　销：全国各地新华书店
印　　刷：南京玉河印刷厂
版　　次：2016年5月第1版
印　　次：2016年5月第1次印刷
开　　本：890mm×1240mm　1/32
印　　张：18.375　彩插8页
字　　数：520千
书　　号：ISBN 978-7-5641-6466-9
定　　价：49.00元（上、下卷）

(若有印装质量问题，请直接与营销部联系，电话：025-83791830)

目 录（下册）

第4章 代宗运终 天顺复统

- 代宗易储 是祸是福？ ······ 301
  - 东宫易储,是祸是福？ ······ 302
  - 明代宗鸿运到头,新立皇储、皇后都没了,迂腐忠臣不依不饶,请立废皇太子为皇储。朱祁钰终于发怒了 ······ 314
- 景泰"失误" 中兴"迷路" ······ 320
  - 内外形势已变,但景泰帝却依然跟着感觉走,终致"迷路" ······ 321
  - 景泰"中兴"改革与整顿缺乏整体考量、全盘布局,只能跟着感觉走 ······ 324
  - 辅佐景泰帝进行"中兴"大明改革与整顿的朝廷领导集团自身问题多多 ······ 327
  - 景泰帝对掌握军队实权的功臣勋旧之子孙和军中高官们缺乏足够的清醒认识——致命的失误 ······ 355
- 夺门之变 群魔变天 ······ 358
  - 骨子里心软的景泰帝难以处理年纪轻轻的太上皇这个"烫手山芋" ······ 359
  - 皇兄悠闲玩玩美女,生了一窝龙仔;皇弟没命地干活,结果颗粒无收 ······ 365
  - 虚弱不堪的龙体与景泰帝的又一致命失误——代宗"运终"？ ······ 367
  - 皇储复立的曲曲折折与景泰帝的回天乏术 ······ 369
  - 以石亨、张轨等为首的高级武官、"军二代"和奸佞小人密谋政变 ······ 371
  - 躲在幽深处的孙皇太后下发密旨,给群魔发动政变提供合法外衣 ······ 374
  - 夺门之变,英宗复辟,忠良遭陷,景泰终结,"中兴"歇业 ······ 375
  - 天顺复统,冤杀忠良于谦等,天地动容,就我复辟皇帝没错！ ······ 384

- 天无二日，地无二君，天顺帝母子心里：景泰皇帝必须死！
  390

第5章 石曹之变 天顺"顺天"？

- 部院清空 追究无穷 396
  - 奸佞小人徐有贞卖足关子，满纸谎言的复位"正名"诏书姗姗来迟
    397
  - 好一个"天顺"开局：朝廷中央部院清空，北京城内城外血雨腥风
    398
  - 因曾说俘虏皇帝是祸根，卫国大英雄、昌平侯杨洪之子孙遭大难了！... 401
  - 天顺复辟睚眦必报，连无辜的卫国大英雄范广也杀，撒下人间都是冤 406
  - 彻底清除景泰"新政"，中止大明"中兴"——"拨正反乱" 413

- 魑魅魍魉 前狂后亡 414
  - 夺门功臣"有求"，天顺帝"必应"，魑魅魍魉，粉墨登场 414
  - 机关算尽太聪明，反而几乎误了卿卿性命——宫廷政变中"狗头军师"徐有贞成了夺门"功臣"倒台的第一人，天顺朝廷随之发生官场"地震" 422
  - 稀里糊涂被挤出政坛中心，许彬成为夺门"功臣"中第二个被踢出局的 443
  - 背负着景泰朝众多大臣人命冤案的恶棍张轨终遭天灭，成为夺门"功臣"中第三个"倒台出局"的 446
  - 发动夺门之变的"大功臣"中第四个"倒台出局"者——大恶人杨善，天灭！ 450

- 石、曹之变 英宗翻脸 453
  - 夺门"第一功臣"不断扩大权势，控制朝廷兵权、财权和人事权
    454
  - 逐渐醒悟的天顺帝不露声色疏远夺门"功臣"，收回部分权力
    462
  - 权倾朝野的石亨、石彪叔侄：灰飞烟灭 天顺帝：逐渐升级，否定"夺门" 472
  - 兔死狐悲，曹吉祥父子铤而走险，发动武力叛乱，招致灭顶之灾
    489

- 内心惶惶　特务张狂 …… 498
  - ◉ "小特务"逯杲后来者居上,成为天顺朝前期复辟皇帝的"至爱" …… 499
  - ◉ 老牌特务头子门达成了天顺朝后期昏庸之主的铁杆鹰犬,危害四方 …… 505
  - ◉ 昔日漠北共患难的"哥儿们"袁彬差一点就在糊涂皇帝眼皮下丢命 …… 513
- 天顺顺"天"？天不欢颜？ …… 518
  - ◉ 始终不渝地"爱着你们"——大珰王振及后续的不男不女之人 …… 518
  - ◉ 其实你们不懂我的心：“天顺"即为天命所归者,岂容亵渎？ …… 522
  - ◉ 明英宗虽是"五好"家长,却绝不是个好皇帝！ …… 525
  - ◉ 天不欢颜,因为天顺帝并不顺"天",还是早早归天！ …… 532

大明帝国皇帝世系表 …… 540

后记 …… 541

第4章 代宗运终　天顺复统

老天似乎很喜欢与人开玩笑，原本皇家灰天鹅却在正统十四年(1449)国难之际意想不到地"捡了个皇帝"当当；虽说上台之初步履维艰，但上下一心，戡难保邦，奠安宗社，随之"中兴"帝国大业也蓬勃地开展了起来，明代宗朱祁钰如日中天。景泰三年(1452)，他又轻而易举地实现了易储的夙愿，此时的景泰鸿运可谓是达到了巅峰。

可谁也没想到，自那时起皇帝朱祁钰的运势陡然向下：先是易储后一年不到宝贝皇太子突然夭折，而后又是新立皇后杭氏病卒。而就在此前后，30岁不到且原本具有生育能力的景泰帝无论怎么努力、怎么辛苦，都未能从后宫自留地里搞出个皇位继承人来。或许是运终的缘故吧，病魔又偏偏找上了门。正当他窘迫为难之际，早就已似死虾一只的明英宗却在一群魑魅魍魉发动的政变中"夺门"登基，恢复帝统。景泰"中兴"大业就此戛然而止，于谦等忠臣惨遭冤杀和迫害，历史在重复昨天的故事中无情地演绎着。

● 代宗易储　是祸是福？

正当"中兴"大明之业开展着风风火火，景泰皇帝的个人威望日益隆升时，帝国第一人家的第一人忽然想起了一件难以说出口的事情来。

"弘济艰难"和"保固京城，奠安宗社"(《明宪宗实录》卷147)以及

"中兴"大明,说得通俗一点,就好比是将一个遭遇大难的家族给重新振作起来。至于这家业的日后归属和传承,按理是毋庸多说的,给自己的儿孙呗,这也是数千年来中国传统社会的通则!可当年的景泰皇帝却很郁闷,自己与于谦等"救时"大臣辛辛苦苦地"挽狂澜于既倒",并开启了帝国"中兴"大业,将来一旦要将其做个交待的话,还不能传给自己的儿子,而是要传给那个丢尽了大明帝国颜面、当了瓦剌人俘虏的皇兄之子,这叫什么事?!自己上台之初正值抗击瓦剌入侵的非常时期,社稷为重,保家卫国为第一要务,全国上下都在同仇敌忾,打击异族入侵者,朱祁钰没有那么多的时间和精力来考虑那很远的事情。可随着北京保卫战的取胜和对瓦剌一系列南侵军事进攻的抗击成功及"中兴"大明之业的蓬勃展开,景泰帝心里越来越觉得别扭。自古以来,哪个做皇帝的不是把江山大业给自己的儿子?唯独我朱祁钰日后要传侄不传子,这是当年登位之际宫中那个老美女孙太后故意设的局(《明英宗实录》卷181),那我现在忙乎的都是为别人儿子忙的啰。由此一想,朱祁钰就愈发感觉,自己被人暗中算计了好久,成为了替代一个时段的代理皇帝——后来南明政权在给他议庙号时恰恰就用了"代宗"这个称呼。不过话得说回来,对于那时帝国大权在握的天下第一人来说,有什么的事情可以难倒他的?当然要将储君这样的既定"国本"给改过来,那也不是什么小事,得慢慢来,或者说先来个投石问路。朱祁钰把事情想明白后,随即便开始行动。

● 东宫易储,是祸是福?

有一天,景泰帝在宫中跟身边的司礼监太监金英(那时他还没有出事)试探性地"闲聊":"七月初二日,是东宫生日。"金英听后赶紧叩首说:"东宫生日是十一月初二日。"朱祁钰听到这话,顿时就闷闷不乐。(【明】陆容:《菽园杂记》卷1;【清】谷应泰:《明史纪事本末·南宫复辟》卷35;【明】薛应旂:《宪章录》卷26,P351)

○ 景泰易储三道大关:皇统关、太后关、面子关

从上述这段对话内容来看,景泰帝指的自己儿子朱见济,而金

英讲的是已定皇储、俘虏皇帝明英宗的皇长子朱见深。尽管目前为止对于这段史料人们有所争议,但我们从中也不难看出,当时的景泰皇帝心事重重。之所以这样说是因为从当时的实际来看,如果他要易储就必须得跨越三道大关:

第一,"皇统关"。依照中国传统社会嫡长子继承制规则,朱祁钰本来是没机会当皇帝的,要不是皇兄朱祁镇被俘虏了,他就很有可能一辈子当他的郕王。现在他当了皇帝,如果以传统的皇统而论,百年之后他得将皇位传给皇兄之子,而不应该是他自己的儿子。但当时的大明皇家里头或许有很多人都知道,俘虏皇帝朱祁镇的"原产地"哪是孙太后那里,就连明英宗的"第一夫人"钱皇后也知道这个秘密(《明史·后妃一·胡皇后传》卷113),景泰帝有可能不知道吗?而对于景泰帝而言,既然你皇兄不是产于正宫地里,与我朱祁钰彼此彼此,加上你当不好皇帝,我上台这几年都干得好好的,不仅打退了瓦剌人的侵扰,还把您这位可能是历史上最为年轻的太上皇给迎了回来,大明开始"中兴",到处都是莺歌燕舞,我就为什么不能把皇位传给自己的儿子?当然,这些话入理,但就是说不出口。

第二,"太后关"。正统帝被俘后,景泰帝正式即位之前,从自身利益考虑,孙太后急吼吼地立了"自己的儿子"正统帝朱祁镇的长子朱见深为皇太子。现在景泰帝想要易储,孙太后的这一关还不得不过。

第三,"面子关"。中国传统文化向来推崇谦让为社会之美德,哪怕是厚颜无耻玩命夺位的篡位君主,一旦掌握了政权,他总要"谦让"一番,与心腹走狗与犬儒们一唱一和地玩起进呈上位与辞让的游戏,最终会说上应全国人民的强烈要求,本人才勉强出来当一回皇帝。那么对于景泰帝来说,总不能不顾全国人民的面子,自己出来说,我的儿子就该当皇太子!所以说最好的办法就是有人主动出来上请,这样一来,他便可以说,因全国上下的一致要求,本皇帝不得不易储了。那么到底由谁来首先提出这个非同寻常的上请呢?

就在景泰帝焦躁不安时,宫中太监王诚、舒良等人看出了主子的心思,他们悄悄地说:要想办成这样的一件大事,得一步一步地

第4章 代宗运终 天顺复统

来。最先应该在帝国决策参谋机构——内阁中将阁臣们给搞定,只要这些近侍廷臣不出来反对,那事情就好办多了。皇帝朱祁钰听后觉得很有道理,于是于景泰三年(1452)四月初"赐少保、户部尚书兼文渊阁大学士陈循,少保、工部尚书兼东阁大学士高谷各白金一百两,吏部左侍郎兼翰林院学士江渊、礼部左侍郎兼翰林学士王一宁、户部右侍郎兼翰林院学士萧镃、翰林院学士商辂各白金五十两"(《明英宗实录》卷215,《废帝郕戾王附录》第33),"以缄其口"(【清】夏燮:《明通鉴》卷26)。

见到诸阁臣都接受了特别恩赐,景泰帝立马意识到:这里边有戏!可光里边有戏还不够,必须得有人出来挑头唱这出大戏呀!那么阁臣或廷臣中有谁会出来最先唱这出大戏呢?景泰帝从四月初一等到十五,又从十五等到月末,一直没见有人率先出来上请改立皇储。

其实这也不难解释,在前文中我们已经讲过,中国传统社会的皇位继承原则是嫡长子继承制,谁要是违背它,那就是乱臣贼子。对于从小就接受传统儒家思想熏陶的廷臣尤其是阁臣来说,即使再"犬儒化"和再听朝廷中央第一领导的话,也不至于在这样的大是大非问题上犯浑。所以说,当景泰帝主动表现出格外"垂爱"和特别恩惠时,阁臣们虽然看得懂其中的含义,但谁也不敢率先出头当那个"乱臣贼子"。在这样的情况下,只能指望一个不按传统规则出牌的人物横空出世了。嗨,你还真别说,景泰帝的运气确实不错。就在他抓头挠耳之际,一个叫黄𤣱的人及时上疏"救了驾"。那么这个叫黄𤣱的是什么人?他为何要上疏"救驾"?

○ 见到黄𤣱奏疏,喜出望外的景泰帝连声说:"万里之外,乃有此忠臣!"

事情还得从景泰二年(1451)八月秋天说起。广西思明府土官知府黄㺹退休后,其子黄钧继任职位。黄㺹的庶兄都指挥使黄𤣱为此起了歹念,想杀了黄钧,由自己的儿子来出任思明知府。黄𤣱当时守备浔州(治所在广西桂平),浔州府位于广西东南,与广东肇庆不远,而思明府位于广西西南,与越南相邻,也就是说浔州与思明相隔着较远的距离。不过,这对于吃了熊心豹子胆的黄𤣱来说,距离不是问题,他对外假称征兵思明府,随即派遣自己的儿子黄灏率领一拨子人马到思明府城外的35里之地扎营,等到天黑后直奔府治衙门,袭击了黄玒一家老小,并将黄玒、黄钧父子肢解了,再令人用瓮将其装起来,埋在他们家的后院园圃中。在干完这些事后,黄灏立即率领人马回到府治城外的原寨营里。第二天他又假模假样地进城去"征兵","突然发现"黄玒一家人遇害了,随即为其发丧,并派人火速上浔州去报告他的父亲黄𬭚,让他立即派人缉捕凶手,想以此来掩盖杀人真相。殊不知就在黄灏行凶时,黄玒的仆人福童乘人不注意,偷偷地躲藏了起来,然后找了机会,拼命奔往广西按察司衙门(相当于广西壮族自治区内最高检察院和法院)去报案,并拿出了黄𬭚、黄灏父子征兵檄文作为佐证。再说当时思明府的人也目击了黄灏所谓的"征兵"之所作所为,"阖郡人皆言,杀玒家者,𬭚父子也!"(《明英宗实录》卷215,《废帝郕戾王附录》第33)

　　当时出任广西巡抚的刑部侍郎李棠是个干练的清官,他接到下面的报告后立即檄令广西右参政曾翚、副使刘仁宅侦办此案。曾、刘两人受命后迅速从省城出发,前往案发地去调查。黄𬭚听说后马上派人持千金在其途中想收买这两位办案官,并以所率精兵相要挟。曾、刘假装同意,但心中暗算着如何逮捕凶犯。只见两人一嘀咕,随后便是分开来走,曾翚前去浔州调查,刘仁宅则声称,可带黄灏、黄瀚兄弟俩上省城去申辩。没想到的是,一到省城,刘仁宅就突然下令,将黄家兄弟俩给拿下。再说这时在浔州办案的曾翚也已智擒了黄𬭚。由此广西思明府凶杀案的三名主犯黄𬭚父子都被一一关入了省城大牢里头。巡抚广西的刑部侍郎李棠和镇守当地的左副总兵官都督武毅听完手下人的报告后,随即便向景泰朝廷做了奏报。凶案主犯黄𬭚眼见自己一家即将完蛋,但又不甘心地来个死马当活马医,暗中派遣手下千户袁洪到北京去活动,寻找解救方法。(《明史·李棠、曾翚传》卷159;《明史·广西土司二》卷318;【明】谈迁:《国榷》卷30)

　　就说这个千户官袁洪到达北京后没多久,便听到人们在偷偷议论:当今天子的皇储不是他的亲生儿子,而是侄儿,他想改立皇太子。袁洪听后脑子过滤了一下,随即来了灵感,以黄𬭚的名义向景泰帝上呈了"永固国本事"疏本,其疏文说道:

"臣窃闻太祖高皇帝龙飞淮甸、雷厉中天、豪杰归心,群雄应诏,栉沐风雨、削平僭乱而成帝业者,必期圣天子神孙传之于无穷。今经八十余年,海宇之广,亿兆之众,三代而下未之有也。前岁胡寇犯边,自古常有。太上皇轻屈万乘,亲御六师,临于寨险,被房遮留;扈从文武群臣,天下将士十丧八九,逆房乘势,长驱逼临京师,四方震惧,几乎危殆。赖太祖、太宗列圣之灵预诞圣躬,继登大宝,不然则民何所归焉?此实上天眷命,非当时预画者也。今踰二年,未见易立皇储,臣窃思国之本不可缓也。古之圣王奄有天下者,未有不急乎国本者。虽今朝廷与顾命大臣已有公见,愚臣何得而知之。切恐踰久议论妄生,况今时俗不古,人心易摇,争夺一萌,祸乱难息。或朝廷欲循前代逊让之美,复全天伦之序,臣恐势有不可者。若谓有皇太后之尊,及东宫至亲,不忍遽易,然天命岂可逆违,固本岂可轻缓? 古人有云:'天与不取,反受其咎',今又土星逆行太微垣,盖上天有所垂谕也。愿及今留意,弗以天命转付与人,早与亲信文武大臣密议,以定大计,易建春宫,一中外之心,绝觊觎之望,天下幸甚。"(《明英宗实录》卷215,《废帝郕戾王附录》第33)

接到署名黄𤥨的疏本,景泰帝一口气将其读完,当即大喜,不停地说道:"万里之外,乃有此忠臣。"光高兴还不行,得赶紧办正事啊! 在旁的宫廷太监及时做了提醒,景泰帝一听,觉得甚有道理,于是下诏:"此天下国家重事,多官其会议以闻。"几乎与此同时,他还下令释放黄𤥨父子。(《明英宗实录》卷215,《废帝郕戾王附录》第33)

○ 非常事件非常处理——"和谐"政治下的景泰易储

当时朝廷中许多大臣见到景泰帝的这个诏令以及黄𤥨的易储疏本后十分惊讶,有人认为是知情的廷臣接受贿赂后教出了这一招,还有人甚至怀疑是侍郎江渊在暗中运作。(《明英宗实录》卷215,《废帝郕戾王附录》第33)

众臣议论纷纷,莫衷一是,时间很快地过去,当天众臣集议没有结果。没有结果不要紧,明日再议。第二天即景泰三年(1452)四月底的乙酉日,礼部尚书胡濙、侍郎萨琦、邹干召集了朝廷文武大臣再次集议易储之事。大家不知所措,谁也不敢说赞同易储,又谁也不敢说反对,只是你看看我,我看看你。正统时代长期培育的犬儒主义思维持续发酵。这时,司礼监太监兴安再也无法忍受大臣们的这般迟疑观望、首鼠两端的态度,立即拿了事先准备好的易储奏疏走到大臣中去,声色俱厉地说道:"此事今不可已,不肯者不用签名,尚何迟疑之有?"这话的意思是,今天这事你们要是有哪个人觉得不妥的或不同意的,就不用在这上面签名,还有什么可迟疑的? 在场的91个文武大臣立即一片寂静,没有一个人出来反对。礼部尚书胡濙等"遂与魏国公徐承宗,宁阳侯陈懋,安远侯柳溥,武清侯石亨,成安侯郭晟,定安侯蒋琬,驸马都尉薛桓,襄城伯李瑾、武进伯朱瑛,平乡伯陈辅,安乡伯张宁,都督孙镗、张轨、杨俊,都督同知田礼、范广、过兴、卫颖,都督佥事张锐、刘深、张通、郭瑛、刘鉴、张义,锦衣卫同知毕旺、曹敬,指挥佥事林福,尚书王直、李循、高谷、何文渊、金濂、于谦、俞士悦,左都御史王文、王翱、杨善,侍郎江渊、俞山、项文耀、刘中敷、沈翼、萧镃、王一宁、李贤、周瑄、赵荣、张敏,通政使李锡,通政栾恽、王复,参议贯卿、萧维祯、许彬、蒋约、齐整、李宾,少卿张固、习嘉言、李宗、周蔚能、陈诚、黄士俊、张翔、齐政,寺丞李茂、李希、安柴望、郦镛、杨询、王溢,翰林院学士商辂,六科都给事中李赞、李侃、李眷、苏霖、林聪、张文质,十三道御史王震、朱英、涂谦、丁泰、亨强宏、刘琚、陆厚杰、严枢、沈义、杨宜、王骥、左鼎"等联名合奏:"父有天下,必传于子,此三代所以享国长久也。惟陛下膺天明命,中兴邦家,统绪之传,宜归圣子。今黄玹所奏,宜允所言。"(《明英宗实录》卷215,《废帝郕戾王附录》第33)

景泰帝急着要的就是这个结果。当廷臣合奏疏文送达御前时,几乎无以言表内心喜悦的朱祁钰立即吩咐内臣,抓紧时间将事情上报给孙太后。

再说那时的孙太后见到满朝文武大臣都在易储奏疏上签字画押了,还有什么可讲的? 自己的宝贝"儿子"不争气丢了帝位,弄出个老情敌吴贤妃生的孽障来当天子,要来的迟早还是要来的。这不,今天的易储奏疏就在眼前,还能怎么办呢? 只有同意了。

景泰帝一接到孙太后的批准懿旨,就向大臣们下发这样的诏谕:"卿等所言,三代圣王大道理。近日耆旧内臣亦俱来劝遵,与卿等所言同。朕皆不敢自专,上请于圣母上圣皇太后,蒙懿旨宣谕'只要宗社安,天下太平。今人心既如此,当顺人心行'。朕以此不

敢固违,礼部可具议择日以闻。"(《明英宗实录》卷215,《废帝郕戾王附录》第33)

皇帝的谕旨讲得很明白,让礼部来具体操作易储事宜。礼部尚书胡濙可是历经明初数朝惊涛骇浪的老臣,年纪大了,对什么事都可能会糊涂一点,但面对今天这样的"国本"之事,他可精神着,当场就草拟了新东宫官属班子成员,随后便将之交给了景泰帝。景泰帝马上令人宣布新东宫官属成员:宁阳侯陈懋,武清侯石亨,少傅、礼部尚书胡濙,少傅、吏部尚书王直俱兼太子太师;安远侯柳溥,少保、户部尚书兼文渊阁大学士陈循,少保、工部尚书兼东阁大学士高谷,少保、兵部尚书于谦俱兼太子太傅;都督佥事张軏兼太子太保;升吏部尚书何文渊,户部尚书金濂,南京礼部尚书仪铭,刑部尚书俞士悦,工部尚书兼大理寺卿石璞,都察院左都御史陈镒、王翱俱为太子太保;吏部左侍郎兼翰林院学士江渊,礼部左侍郎兼学士王一宁,户部右侍郎兼学士萧镃俱为太子少师;吏部左侍郎俞山为太子少傅;兵部左侍郎俞纲为太子少保,俱仍兼旧职,璞止兼尚书;升翰林院学士商辂为兵部左侍郎兼左春坊大学士,仍兼旧职;命户部左侍郎刘中敷兼太子宾客;升太常寺少卿习嘉言为詹事府詹事;命吏部右侍郎项文耀,礼部右侍郎萨琦俱兼少詹事;礼部右侍郎邹干兼左庶子;升翰林院侍读彭时为左春坊大学士,侍讲刘俨为右春坊大学士,周旋为左庶子,赵恢为右庶子,修撰林文为左谕德,侍讲徐珵为右谕德,修撰李绍、侍讲刘定之俱为司经局洗马,侍讲杨鼎、倪谦为春坊左中允,侍讲吕原、修撰柯潜为右中允,俱兼旧职;都给事中李佩、监察御史魏龄俱为詹事府府丞,编修周洪谟、刘俊为左赞善,检讨钱溥、编修兵正为赞善;编修万安、李泰,都给事中林聪、典簿邹循俱为司直郎,从周洪谟到李泰俱兼旧职;侍书陈谷、徐泌,监丞鲍相,县丞高诚,俱为清纪郎;检讨曾遛、傅宗,五经博士陆艺,典籍李鉴俱兼司谏;编修王与兼司经局校书郎,中书舍人刘钺、赵昂俱兼正字;升教谕李瑷为检书,待诏赵政为詹寺府主簿;教谕刘洁为录事;序班杨钦、王政、周宁、傅荣俱为通事舍人。

(《明英宗实录》卷215,《废帝郕戾王附录》第33)

从上述名单中我们可以看出,从勋臣到一般廷臣,凡是同意易储的都被加官晋爵了。不过光加官晋爵还不行,我们国人最讲究和谐,也最讲究实惠。在这样和谐政治的大好形势下,不来点实惠,哪有什么意思！皇帝朱祁钰深谙此理,数日后又"命少傅兼太子太师、吏部尚书王直,少傅兼太子太师、礼部尚书胡濙,少保兼太子太傅、兵部尚书于谦,少保兼太子太傅、户部尚书、文渊阁大学士陈循,少保兼太子太傅、工部尚书、东阁大学士高谷,太子少师兼吏部左侍郎、翰林院学士江渊,太子少师兼礼部左侍郎、翰林学士王一宁,太子少师兼户部右侍郎、翰林院学士萧镃,兵部左侍郎、翰林院学士兼左春坊大学士商辂,太子太保兼吏部尚书何文渊,太子太保兼户部尚书金濂,太子太保兼刑部尚书俞士悦,太子太保兼都察院左都御史王文、杨善、王翱,太子少傅兼吏部左侍郎俞山,太子少傅兼兵部左侍郎俞纲,俱兼支二俸。"(《明英宗实录》卷216,《废帝郕戾王附录》第34)

景泰帝的这道谕旨的意思是,最有可能出来反对而恰恰又没有那样做的东宫公孤官王直、于谦等内阁、部院大臣18人,实在是讲团结、讲大局、讲政治,又"劳苦功高",理应享受双份俸禄。所以当王直等循例上请辞让时,景泰帝无论如何也不答应。(《明英宗实录》卷216,《废帝郕戾王附录》第34)

不仅如此,景泰皇帝还想到了另外一些有功之臣,即东宫随侍执事官旗将军64人,而后也对他们进行了赠赏。(《明英宗实录》卷215,《废帝郕戾王附录》第33)

○ "水深"的"红棍击香亭案"

就在朝廷上下一团和气的大好形势下,册立新太子的事情也在紧锣密鼓地进行着。景泰三年(1452)五月初一日,内廷按照事先的安排,一大早就将香亭放在了明皇宫的奉天门,目的就是为第二天的册立大典早早地做好准备。哪想到就在大家各忙自己手头事情时,有个男人手里拿了一根红色的木棍,突然从外面闯了进来,旁若无人地直奔香亭处,嘴里不停地说着"先打东方甲乙木",且边说边对准香亭一番猛击。附近的宫廷宦官顿时看傻了眼,回神过来后纷纷奔了过去,七手八脚地将那男子按住,并把这事报告给了景泰帝。景泰帝虽说年轻,但还是接受了不少传统文化知识,听说那个肇事者嘴里不停地说着"先打东方甲乙木",他立马明白,对方是冲着东宫册立之事而来的。因为在后天八卦里头，震卦甲乙木位于东方(可参见笔者:《大明风云》系列之②《大明一统》，东南大学出版社2015年1月版，P74)，这砸场子的男子不是冲着东宫册立之事而来的还会是为了什么呢？不过细细想想，这事要是张扬开来，对本皇帝也没什么好处。想到这里，朱祁钰下令，将那执红棍击香亭男子交予锦衣卫处置，册立东宫大典如期进行。(《明英宗实录》卷216，《废帝郕戾王附录》第34)

刚处理完一件"无厘头"的突发事情，心里头蒙上了一层阴影，朱祁钰闷闷不乐地回到了宫内。刚坐下，他的正妻汪皇后走了过来，跟他这般说道:"听说陛下马上要更换皇太子了，可妾身以为:陛下由监国荣登大位，这已算是万幸的了，千秋万年后理应将皇统交还给皇兄家。更何况皇侄的储君之位当年就定好了，且已诏告天下，如何能轻易地将其改过来呢？"本来就心里不爽的景泰帝听到这番话，顿时就愈发不高兴了。可汪皇后还是唠叨个没完，这下可把景泰皇帝给惹怒了，他当即说道:"你怎么胳膊肘往外拐的？喔，朕想起来了，你生的全是女儿，皇长子朱见济是杭妃生的。现在朕要立他为皇太子，你就心怀妒忌，不令正位青宫。你没听说过宣德年间我家老爷子当政时的那些事？朕来告诉你，胡皇后无子，她主动让位。前车之鉴俱在，你不知取法仿效，反而出来给朕饶舌添堵，哼!"说完他就愤愤地离去，直奔杭妃宫里。再说遭受训斥的汪皇后在伤心痛哭一场后渐渐地恢复了理智，眼见大势已去，她叫来了女官，当场草疏一份，表示愿将皇后大位让与杭妃。景泰帝接疏后来个顺水推舟，立即诏准，并决定改立杭妃为皇后。(《明史·后妃一·景帝汪废后、肃孝杭皇后传》卷113)

○ 景泰帝"大手笔"——易储又易后

景泰三年(1452)五月初二日，皇帝朱祁钰册立皇妃杭氏为皇后，长子朱见济为皇太子。同时他还正式宣布废除汪氏的皇后地位，废除皇兄太上皇朱祁镇长子朱见深的皇太子之位，改封其为沂王，封太上皇次子朱见清为荣王，朱见淳为许王。(《明英宗实录》卷216，《废帝郕戾王附录》第34;《明史·景帝本纪》卷11)并诏告天下，曰:"天佑下民作之君，实遗安于四海;父有天下传之子，斯固本于万年。"(《明英宗实录》卷216,《废帝郕戾王附录》第34)就为这个易储诏书的起句词,当时内阁大学士陈循等人搜肠刮肚,就是想不出合适的词句来,因为传统的皇位继承是以嫡长子继承为原则,现在要破这一祖上留下的规矩,还不得不找出合适理由和词句,否则就难以服天下人心的。就在陈循苦无善对时,在旁的吏部尚书何文渊来个灵感,起句道"父有天下传之子",陈循听完后大受启发,当即以"天佑下民作之君"相对。不过在正式行文时,大家觉得"天佑下民作之君"应该句意在前,于是人们就见到了诏书中的那般说法。而就因为这个小小的对句插曲,后来明英宗复辟上台了,何文渊及其家人吃尽了苦头。有关何家的那些事,我们将在后文中详述。

再说那时已经易储成功了的景泰帝为了使全国人民都能沐浴到大明朝廷更立皇太子所带来的浩荡皇恩,在册立新东宫的当天他就颁诏大赦天下,除了十恶大罪之外,一般罪行都予以赦免。当然,景泰皇帝最要感激的还是朝廷上下文武百官们,怎么感激法?就像你我老百姓那样,直接送礼表示一下?不,皇帝要是这么做了,多丢分啊!皇家宫廷自有一套做法。景泰三年(1452)五月乙未日,即册立新皇太子的第二天,朱祁钰以2岁皇太子的名义,"令旨赏文武官员一品、二品各银四十两、纻丝三表里,三品各银三十两、纻丝二表里,四品各银二十两、纻丝二表里,五品各银十五两、纻丝二表里,六品、七品各银十两、纻丝一表里,八品、九品,庶吉士各银五两、纻丝一表里,不系常朝京官及僧道官各银二两、绢一匹,将军各银一两、监生并顺天府学生员各绢一匹,军校、勇士、力士、厨役各银五钱,办事官吏、当该吏典、人材知印、承差、乐武生、军民、匠医、士乐人、阴阳生、养马小厮、坊厢里老人等各布一匹,山东、河南、江北、直隶并北直隶卫所官军在京操备者,官各银二两、绢一匹,旗军各银五钱。"(《明英宗实录》卷216,《废帝郕戾王附录》第34)

○ 君主与臣民之间的公平交易——几乎谁都是赢家,除了明英宗父子

不过事情做到这一步似乎还不够,思前想后,景泰帝觉得还要好好感谢内阁大臣们的精诚合作和与时俱进。景泰三年五月,他又特"赐大学士陈循、高谷,学士江渊、王一宁、萧镃、商辂各黄金五

十两。"(《明英宗实录》卷216,《废帝郕戾王附录》第34)

对此,清代学者有着精彩的史评:"史言陈循等赐白金在易储之先,赐黄金在易储之后,然则先赐者饵之也,后赐者酬之也。饵轻而酬重,景帝亦已颠倒矣。惟是白金百两,不足以动市侩之心,岂足以厌阁臣之欲?而景帝悍然行之者,盖循等之阿谀以为容,逢迎以为悦,帝之窥其隐者已久,故姑以此为尝试之端,使知上意所在耳。观黄竑首建易储之议,帝谓'万里之外有此忠臣',固已箝诸臣之口而夺之气矣。由此言之,即无白金之赐,循等亦将乘间请之,何况廷臣集议之时,陈循、王文首请署名,则又安知异日之厚酬,非出自先期之密许哉!"(【清】夏燮:《明通鉴》卷26)

从景泰三年(1452)四月初到五月底的两个月时间内,易储之事在没有什么悬念的情势下操作成功了,当时的景泰帝喜不胜收。当然高兴的还不仅仅是他一个人,整个朝廷上下,除了那时尚在南宫中的太上皇朱祁镇和他的儿子朱见深外,大家都是赢家,升官发财,每人多少都沾了点新皇太子的喜气啊,你说还有谁不开心呢?

还真别这么说,有人就为此很不愉快。吏部尚书王直看到原广西浔州守备、指挥佥事黄竑的"永固国本事"疏本被采纳,随之易储方案又被通过,自己与17名东宫公孤官得了双份俸禄,他就与兵部尚书于谦等上奏朝廷,力辞一份俸禄,但就是没有勇气当廷逆鳞,只是在背后顿足说道:"此何等大事,乃为一蛮酋所坏,吾辈愧死矣。"(《明史·王直传》卷169)

王直不开心,王直所骂的"蛮酋"即已投机成功了的原广西浔州守备、指挥佥事黄竑及其儿子总该开心了吧。人家景泰皇帝为他对专门主管大明军事行政的兵部尚书于谦等下旨:"(黄)竑素有机谋勇略,可留前府治事,拨与房屋居住。其子并家人为事系广西狱者,俱有之。尔兵部遣官赍敕往广西,取竑子及家属赴京随住,沿途应付口粮并车船。"(《明英宗实录》卷229,《废帝郕戾王附录》第47)

有当朝皇帝的这番最高指示,大明法律又算得了什么?当然,这也不是景泰一朝的事情,自古以来中国的法律就是橡皮筋,至少说对权贵们就是如此。因此,我们大可不必为"中国到底是权大于法还是法大于权"这样睁眼瞎的无聊话题争吵不已。

再说那时的杀人犯黄竑由于政治赌博的成功,他与家人很快就被接到了大明首都北京,享用着皇帝特别恩赐的京城住宅,黄竑本人任职于前军都督府,当了个高级军官——都督同知,美哉悠哉,好不舒服。(《明英宗实录》卷229,《废帝郕戾王附录》第47)

○ 首倡易储"大功臣"黄竑服药自杀？乱臣贼子黄灏做贼心虚,逃之夭夭

这样的日子过了两年不到,秉性邪恶的黄竑终于憋不住了,也顾不上自己在京城皇帝的眼皮底下这样特定的环境,派人到京郊霸州和武清县等州县强占民田2160顷,然后谎称这些田地均为无主荒地,请求景泰帝赐给他。不料被户科给事中刘炜等人所劾奏。景泰皇帝脑子还是挺清醒的,听到奏劾后下诏,宽宥黄竑之罪,让户部官派员到霸州等地进行实地勘察调查,最终查得,黄竑所求"非无主空地,其在霸州者,地名父母寨,东西长50里,南北阔4里,计地1080余顷,其在武清县者,名河隅,东西长20里,南地阔10里,亦计地1080余顷,各有本州县人民武腾等500余户,原旧承种,办纳粮差,供结明白"。景泰获悉后当即批示,将黄竑强占之地交还原主。(《明英宗实录》卷239,《废帝郕戾王附录》第57)

这事很快就过去了,大约半年之后的景泰五年(1454)十一月,身负数条人命的前军都督同知黄竑突然死了。有人说他是服药自杀的。(《明英宗实录》卷247)黄竑死后没多久,他的长子黄灏就上疏景泰朝廷,要求袭任父职前军都督同知。当时兵部认为,黄灏是直接杀害广西思明府土官知府黄㻞一家数口人的凶犯,虽然已得到了朝廷特恩宥死,但绝对不能按照常例让他来承袭父职,倒是他的弟弟黄瀚可以袭职。不过即使黄瀚可以袭职,但他所袭任的官职不应该是父亲黄竑生前所任的都督同知,因为黄竑升任都督同知之前的职位只是指挥佥事,所以当下应该行文到广西原卫去查勘一番再说。景泰帝听了兵部官的汇报后说:"行文到广西,路太远了。不必查了,特命黄瀚袭职为永清左卫指挥佥事。"(《明英宗实录》卷253,《废帝郕戾王附录》第71)

按理说这事也没什么大不了,兵部只是照章办事,不过在黄灏看来却并非如此。也许是做贼心虚的缘故吧,过了没多久,他就嘱咐弟弟黄瀚出面向景泰朝廷上奏,说:"黄灏一家在京人口太多,乞

第4章 代宗运终 天顺复统

请朝廷同意,让他拨一半家属回广西原籍去居住。"朝廷接奏后将该事交予兵部去讨论。兵部认为:"黄灏属于十恶之人,因为其父的缘故,被朝廷特赦了,并取到京城里来居住。现在他家有一半人要回广西去,这就很不妥了。再说已被杀害的黄灏叔叔黄钧家的儿子黄道甫虽说署任思明府事,但年纪甚小,能保证这个作恶累累的黄灏回去后不再别逞奸谋?由此而言,我们朝廷就不应该放他回去。"景泰帝听从了兵部的建议。(《明英宗实录》卷253,《废帝郕戾王附录》第71)

黄灏听到朝廷不准他回广西的谕旨后愈发心虚,景泰七年(1456)八月,他找了机会偷偷地溜出了北京城,然后朝着广西方向拼命赶去。兵部发现黄灏私自南逃,立即上报给了景泰帝,并说:"黄灏身负数条人命,罪恶深重,已蒙特恩宥免,今其逃去,恐蹈前非,构成边患。"景泰帝听后感觉问题可能要变得愈发复杂了,遂"命速移文安远侯柳溥等,密遣人沿途截捕"(《明英宗实录》卷169,《废帝郕戾王附录》第87)。

● **明代宗鸿运到头,新立皇储、皇后都没了,迂腐忠臣不依不饶,请立废皇太子为皇储。朱祁钰终于发怒了**

○ 独子"怀献"没了,明代宗伤心欲绝

费尽心思,不遗余力,"没事找事做",景泰帝的如此行为就为了一个目的,即让自己的宝贝儿子朱见济坐上皇太子的位子,并认为这样一来便可使得大明帝位一直在自己的血胤中流传下去,直至万世,这是多大的幸福啊!哪料到这个叫朱见济的是个短命鬼,他当皇太子当了一年多一点、两年不到,于景泰四年(1453)十一月一命呜呼。景泰帝闻听噩耗,悲痛欲绝,但又回天乏术,最终葬了朱见济,为他加谥号为"怀献"。(《明英宗实录》卷235,《废帝郕戾王附录》第53)

大约从这时起,原本鸿运冲天的明代宗开始运势直下。因为皇太子朱见济是朱祁钰的独子,所以他一死,就意味着景泰帝的皇位没法往下传了。但实际上那时的景泰帝还只有25岁,从现代人的观念来看,既然他能生出朱见济和其他几个女儿,那说明年轻皇帝的生育能力是没问题的，当时宫廷中好多人包括景泰皇帝本人也都是这样想的。所以尽管那时大明皇太子的位置空缺了，但皇帝朱祁钰还是十分执著地等着自己龙种的降世。那么怎样使得自己的龙种能早早降世呢？

凡是不痴不呆的人都知道，男女交合了才会有孩子。被时人视为"中兴"之主的景泰帝当然懂得这个浅显的道理，于是他就没日没夜地加班加点，拼命在后宫"妹妹"那里耕耘。可忙乎了大半年，宫中各小"妹妹"那里还是没有期盼已久的龙仔产出，这下可愁坏了景泰帝。不过好在那时宫中内官还挺体贴人的，他们纷纷开始为主排忧解难。要说这种内官小时候就被阉割了，从常理角度来讲，他们根本就没有过男女之欢，怎么可能为皇帝主子分忧？其实这是事情的一面，而另一面则是宦官的档次一般都不高，干的多是下活，接触到的和听到的也大多是社会下层的人与事，什么张三的老婆被李四偷了，什么王五家的儿子品种不正宗，什么妓女的床上功夫超一流……对于这种鸡零狗碎和低级趣味的事情，一般有身份的人听到了至多笑笑，不太可能再传了，因为他们说不出口。而宦官则与之不同，只要皇帝主子喜欢听的，他们几乎什么都会讲。中国历代许多君主长期服用春药和丹药很大程度上就是受了宦官等人的诱导，甚至可以说是"瞎导"。而我们现在讲的明朝"中兴"之主朱祁钰在丧子之后，就是这么一个受了宦官瞎导的"受害者"。

○ 既然宫中"妹妹"都生不出龙仔，那就找有专门绝活的青楼女子或许还有望

由于当朝皇帝许久没能生出小龙仔来，钟鼓司内官陈义在遇到教坊司左司乐晋荣时总要密语一番。起初晋荣也没把这当一回事，后来陈义提醒他了："教坊司是我大明帝国国家妓院，你在那里当高级领导，手下拥有那么多的女孩子，她们个个都有床上绝活，难道你老人家就不想想办法为主分忧一下，日后也好升大官发大财？"晋荣听后大受启发，随后便找了个机会，在与景泰皇帝近距离汇报工作时，将窗户纸给捅破了。景泰帝一听，觉得只要能生出儿子来，什么妓女不妓女的到头来还不是孩子他妈。想当年我家老

爷子宣德帝临幸我妈时,我妈还是罪人呐,罪人与妓女又相差多少?不是照样生了我朱祁钰。什么罪人不罪人,什么妓女不妓女,生了龙子,一切都好办。景泰帝想到这里,就轻声吩咐晋荣与陈义一起去挑选漂亮一点且很能做那床上活儿的妓女,然后再将她们给送进来,当然这一切必须是在绝对保密的状态下进行的。(《明英宗实录》卷274)

没多久,晋荣与陈义就选得了妓女李惜儿等,随后陆陆续续地将她们偷偷送达御前,供景泰皇帝享用。皇帝一高兴,不仅对妓女中的佼佼者李惜儿恩宠有加,而且还好好地奖赏了中间人"皮条客"晋荣与陈义等,甚至对"心肝宝贝"李惜儿的弟弟李安关爱备至,恩赏不断。景泰七年(1456)七月,皇帝朱祁钰"命伶人李安为锦衣卫百户,安姊惜儿自教坊司入侍得幸,故有是命"(《明英宗实录》卷268,《废帝郕戾王附录》第86)。两个多月后的景泰七年十月,景泰帝"以故太监李德所建灵福寺并园地赐锦衣卫百户李安为香火院"(《明英宗实录》卷271,《废帝郕戾王附录》第89)。又一个月后的景泰七年(1456)十一月,皇帝朱祁钰再一次恩施于小舅子,将李安的职位由锦衣卫百户擢升为副千户,仍旧带俸。(《明英宗实录》卷272,《废帝郕戾王附录》第90)

景泰中后期皇帝朱祁钰如此这般地关爱妓女李惜儿姐弟究竟为何?是由于景泰七年(1456)二月心仪的第二任皇后杭氏驾崩了(《明英宗实录》卷263,《废帝郕戾王附录》第81),景泰皇帝移情别恋?还是因为李惜儿有着不可言喻的绝活或美丽?抑或是由于她已经有喜了?今人不得而知,因为随后突发的夺门之变改变了这一切,李惜儿的弟弟李安被谪戍边地,陈义和晋荣被天顺帝活活杖死。至于李惜儿本人,据大明官方的公开说法是被放归家中(《明英宗实录》卷274),但很多人都不信这鬼话。因为夺门之变后没多久,景泰皇帝突然"病"亡,他所睡过的女人包括在后宫中地位甚高的唐贵妃都被一起殉葬了,难道一个出身极端卑贱的妓女李惜儿反被放回家乡从良了,这无论如何也解释不通啊!因此合乎逻辑的历史真相应该是,景泰帝很有可能在李惜儿那地里看到了龙仔即将来的希望。不过这事发生得太晚了,大致在景泰末年,由于李惜儿身份特别,当朝皇帝在没有龙仔正式降临之前是不便说什么的。而偏偏就在这过程中,廷臣中的"愣头青"一一出来"为国分忧",几乎将景泰帝逼向了死胡同。

○ 钟同、章纶和廖庄:3个找错皇储债主的迂腐忠臣惹怒了景泰皇帝

第一个出来"分忧"的"愣头青"叫钟同,江西吉安府永丰人。他的父亲叫钟复,宣德时期的进士,历官翰林院修撰,与江西"大老乡"安福人翰林院侍讲刘球是志同道合的好朋友。正统八年(1443)五月,才修建完工的北京新皇宫奉天殿遭雷击,在科学不昌达的古代社会里,这可是不得了的大事情,原来还天不怕地不怕的小杆子皇帝明英宗突然下诏,号召大家进谏,积极议政。刘球就与钟复商量这事,打算一起上疏,直言朝廷得失。哪料到躲在屏风间的钟复妻子听到后十分害怕,立即冲了出来,劝阻丈夫不要干上疏忤旨这种危险的事情,并当面斥责了刘球:"你自个儿上疏也就罢了,干嘛要拖累我家老爷呢!"刘球听后心里很凉,随后便独自上奏。由于他的奏疏内容直冲当朝大珰王振,王振怂恿小杆子皇帝把刘球抓了起来,投入锦衣卫大牢里头,后又密令锦衣卫指挥马顺杀害了刘球,并将其埋在了狱中空地里。而就在此期间,钟复得了一场病,没多久也死了。钟妻为之十分后悔,哭着说:"早知道这样,还不如让你与刘侍讲一同死呐,也好留个忠节美名给后世。"当时家中儿子钟同年轻,血气方刚,听了母亲的这番感慨之言后,不胜感奋,发誓一定要继承自己父亲的遗志,做个流芳百世的忠节之士。他曾上吉安府忠节祠去,拜谒了在那里供奉的欧阳修、杨邦义等历史英杰塑像,当场感叹道:"我若死后不入此祠,绝不是大丈夫!"(《明史·钟同传》卷162)

景泰二年(1451),钟同参加朝廷的会试与殿试,成了一名进士,第二年被授予贵州道监察御史。景泰四年(1453)十一月,皇太子朱见济突然薨世,皇帝朱祁钰深受刺激,半年多还没有从悲痛中走出来。景泰五年(1454)五月的一天早上,钟同与朝廷同僚们在等待皇帝临朝,因为闲得没事,大伙儿就开始随便聊聊。刚好礼部仪制司郎中浙江乐清人章纶也在,可能是年纪相近或志向相投的缘故,钟同与章纶越聊越投机,越聊越激动,当聊到前皇太子朱见

深无故被废为沂王时,两人居然都哭了,随后相约上疏,请求景泰皇帝复立沂王为皇太子。不过这两个"忠臣"迂了一点,想当初这个沂王朱见深在他老爸被俘时也不是什么皇太子,是宫中孙老美女故意使的坏。坦率而言,景泰皇帝一开始就被那孙老美女蛇给算计了,他改立自己儿子为皇太子也算得上是拨乱反正啊。可钟同、章纶两人却不这么认为,简直就是直线思维。五月壬戌日,钟同率先上疏,疏中讲到:"父有天下,固当传之于子。乃者太子薨逝,足知天命有在。臣窃以为上皇之子,即陛下之子。沂王天资厚重,足令宗社有托。伏望扩天地之量,敦友于之仁,蠲吉具仪,建复储位,实祖宗无疆之休。"(《明史·钟同传》卷162;《明英宗实录》卷241,《废帝郕戾王附录》第59)

○ 景泰帝:什么?我家皇太子死了,你们竟然说这是天命所定?这还了得!

听说钟同上疏消息后,章纶回去后也赶写了一份奏疏,于第三天上朝时呈交给了朝廷。景泰帝本来心情不好,前天看了钟同的上疏文后一下子火就腾腾地往上蹿,尤其是疏文中有一句话特别刺激他:"乃者太子薨逝,足知天命有在",这什么意思?难道说我朱祁钰死了皇太子是天命所定的吗?你们做大臣的在看好戏?内心的潜台词是:天开眼,费尽心机立的皇太子死了!当景泰帝朱祁钰看到章纶的有关复立前皇太子朱见深为皇储的奏疏时,立即联想起钟同曾说过的那句让他特别难受的话,当场就火冒三丈,下令立即逮捕章纶与钟同。但那时已经是晚上了,宫门关闭,景泰帝就令人从门缝中传旨出去,将章、钟两人逮至诏狱。(《明史·钟同传》卷162;《明英宗实录》卷241,《废帝郕戾王附录》第59)

景泰帝的这般果断处置倒是一下子将朝廷中复立前皇太子朱见深为皇储的潜流给抑制住了,这样平静的日子大约过了一年多,到景泰六年七八月间却被一个叫廖庄的人给打破了。

廖庄也是来自江西的,不过他是吉水人。"宣德五年进士,八年改庶吉士,与知县孔友谅等七人历事六科。英宗初,授刑科给事中。"正统十一年(1446),廖庄迁为南京大理少卿。景泰中后期,大明朝廷发生了为复立皇储而两名廷臣遭逮下狱的风波,性格坦诚刚烈但又"喜面折人过"的廖庄听说后,不计后果,满腔热情地给帝国中央朝廷上奏,请求复立皇储,且"其言激切忤旨"。皇帝朱祁钰接奏后并没有当场做出什么过激的反应。景泰六年(1455)八月庚申日,廖庄因家里老母死了来北京关取堪合,在东角门陛见皇帝时,景泰帝想起了他那言辞急切的奏疏,当即怒火中烧,命人将他廷杖八十,然后再贬他为陕西定羌城驿驿丞(《明英宗实录》卷257,《废帝郕戾王附录》第75;《明史·廖庄传》卷162。笔者按:《明史·景帝本纪》中对这一段论述不够正确,黄云眉先生为此做了专门考证,可见黄先生的《明史考证》第1册,P118,中华书局1979年9月第1版)。

处理完了廖庄的事情,景泰帝稍稍平复了一下心情。这时在旁的左右侍臣提醒他:复储之议由钟同首创,章纶随着响应,他们俩现在还关在锦衣卫大牢里头呐。景泰帝的怒火再次被点起,当即令人封巨杖上锦衣卫狱中去,给钟、章各杖一百。钟同身子骨单薄,当场死于杖下,死时32岁。章纶命大,活了下来,但一直被囚在狱中,"英宗复位,郭登言纶与廖庄、林聪、左鼎、倪敬等皆直言忤时,宜加旌擢。帝乃立释纶",后官拜礼部右侍郎。(《明史·钟同传、章纶传》卷162;《明英宗实录》卷257,《废帝郕戾王附录》第75)

○ 景泰帝有过,但被谥为"戾",实不够格,明朝的"戾"皇帝大有人在

以上这些事在后来的明朝官方史书里往往被当作景泰帝暴行的"铁证",明英宗在弟弟景泰帝死后给他取的谥号就用了个"戾"字,我想其来由大概就在此吧。其实景泰帝在严厉处置了钟同、章纶和廖庄等愚忠臣僚之后,并没有像明朝"列圣"那样深究不歇,滥杀无辜。明朝太祖朱元璋在位31年间搞了8场"运动",冤杀了可能有上百万人;明太宗朱棣无厘头发动"靖难"之役,篡位夺权,肆意滥杀,前后可能也不少于百万人在这场莫名其妙的皇位变更中被夺去了生命。(以上可见笔者:《大明帝国》系列之③《洪武帝卷》下册第8章和《大明帝国》系列之⑦《永乐帝卷》上册,第3~5章,东南大学出版社,2014年1月第1版)由此再来看景泰帝的行为实在是算不上什么。再从后来政变复辟上台的明英宗冤杀和迫害于谦等一批有功之臣来看,无论怎么讲景泰帝也算不上是什么无道之君。

就说钟同、章纶案发时,"有礼部郎孟玘者,亦疏言复储事",皇帝朱祁钰并没有对他进行论罪处罚。那时还有个叫杨集的进士曾上书给兵部尚书于谦,说:"广西杀人犯黄玹主动献议易储之计,将原皇太子给换下来,立当朝皇帝的儿子为皇储,这只不过是黄玹为了逃脱死罪而巧施的奸诈之计,你们怎么能成全他了呢?于公,您是国家柱石,就不想想以后怎么收这个场?现在钟同、章纶被下大狱,矢口否认有人幕后指使。而你们这些高官巨卿就能心安理得地坐在自己的位置,谈笑风生,高谈阔论?"看完杨集的上书后,于谦将之交给了都察院左都御史王文。王文瞄了一眼,然后跟于谦这般说道:"书生不知忌讳,要为有胆,当进一官处之。"后杨集被授予了安州知州。(《明史·钟同传》卷612)

　　王文的"书生不知忌讳"一语中的,姑且不说远古或上古时代的三皇五帝或其他什么帝王,就讲明朝列代"圣主",动辄作秀一把,号召大家提意见。谁要是天真地相信了,那么接下来就有你好看的了。而在这样万马齐喑的绝对专制年代里,景泰帝率先打破前朝规制,广开言路,勇于纳谏,这是明朝自开国起少有的言论相对自由时代。正因为有着这样相对宽松自由的背景,就皇帝朱祁钰个人的一点忌讳——正如卡内基所说的人性的弱点,竟会遭来那么大的反应,甚至可以说是非议和贬损,则不免令今人觉得那时的迂腐忠臣之所言所语还真是有点"狗拿耗子多管闲事"或言苛全责备,只见树木不见森林之嫌。

　　当然笔者绝无赞赏景泰帝的过激反应,也没有完全肯定他在近八年的治政生涯中所做的一切。其实倘若稍加细致考察一下的话,我们发现,皇帝朱祁钰在这八年治政中还真有不少失误,且有些失误对于一个帝王或政治家而言还是十分致命的。

● 景泰"失误" 中兴"迷路"

　　前文已述,景泰帝是在非常时期登基上台的,事出突然,就连他本人一开始还不敢相信自己要当皇帝了。至于如何执政治国?如何用人?如何打退异族入侵者?如何迎回皇兄?等一系列问题,他压根儿就心里没谱。好在他个性中刚愎自用的成分相对较少,头脑中大局意识十分清楚,且能正确地摆正社稷的地位,广开言路,集思广益,去弊除害,以图富国强兵,"中兴"大明。但那时的景泰帝只有21周岁,与当年实行宽仁"新政"的建文帝朱允炆登基上台的年龄几乎相同。年轻本不是什么坏事,可他要面对改革与整顿的是一个已经运行了80年的大一统帝国,方方面面所要考虑的应该十分周详。可惜的是,景泰帝却没有做到。

● 内外形势已变,但景泰帝却依然跟着感觉走,终致"迷路"

景泰帝在上台之初没有这样做到,不仅情有可原,而且十分正确。因为那时的大明帝国处于非常时期,俘虏了大明天子朱祁镇的瓦剌权贵也先是个以"求大元一统天下"作为己任的一代雄主,(【清】谷应泰:《明史纪事本末·土木之变》卷32;【明】杨铭:《正统北狩事迹》)他虎视眈眈,咄咄逼人,大有颠覆明廷而取而代之之势。

面对这样的不堪情势,刚上台的景泰帝号召全国上下一致对外,群策群力,富国强兵,应该说这时他的治政思想相当对路。但随着北京保卫战和抗击瓦剌发动的数次军事进攻的胜利以及俘虏皇帝的迎回,景泰朝所面临的内外主要矛盾已在悄悄地发生着变化。

○ 瓦剌内讧,一代枭雄也先被杀,大明帝国强大外敌土崩瓦解

明朝与瓦剌之间的矛盾冲突最为尖锐的时段当数正统十四年(1449)和景泰元年(1450)之初,但大致自景泰元年夏秋之间俘虏皇帝朱祁镇被轻轻松松地迎还起,双方之间已形成了事实上的和平相处之格局。之所以如此,一方面是由于景泰朝实施积极抗战战略和采取"富国强兵"的有力举措所导致的,而另一方面是因为当时的蒙古瓦剌集团内部矛盾日趋激化,进而影响了其对大明帝国的攻击力。

要说瓦剌集团内部分化最早可能是在北京保卫战结束之际就已经开始。正统十四年(1449)十月二十日,瓦剌名义上的最高领导脱脱不花王独自遣使与大明朝廷议和。(《明英宗实录》卷184,《废帝郕戾王附录》第2)而在这前后日子里,脱脱不花王不仅指挥、领导

不了他名义上的部下也先，反而常为其所制，这一点就连也先自己也承认。景泰三年（1452）二月，也先特使在上大明朝廷言事时就曾这么说道：起初瓦剌吞并了东蒙古阿鲁台部落，居然发现大汗之位空缺，于是专门找了"黄金家族"的子孙，据说他的祖上是忽必烈系的脱脱不花出来当可汗（明朝人称他为脱脱不花王）。但这个当了可汗的脱脱不花很不自由，他的正妻是也先的姐姐，他自个儿想立个汗位继承人。可也先说要立就该立他姐姐生的孩子即他的外甥，这下傀儡可汗脱脱不花说啥也不干了。你不干，人家太师也先可来精神了，他想大干你一场。景泰三年（1452）春，瓦剌太师也先调集兵力，进攻脱脱不花王。脱脱不花王整军迎战，不曾想到，还没怎么打，自己的军队就败下阵来了，见到大事不妙，他赶紧"领其下十人遁。也先尽收其妻妾、太子、人民"，而后不久又逮住了脱脱不花王本人，并把他给杀了。（《明英宗实录》卷213，《废帝郕王附录》第31）

杀了脱脱不花王后，也先愈发不能自已。好多年了，老想过一回当可汗的瘾，现在脱脱不花死了，还不赶快行动?!于是也先由原来的瓦剌太师自个儿升格为可汗。他的老搭档阿剌知院看到这，心里也痒痒的，你也先太师不当了，空出来的位置就给我，让我也过过太师之瘾！阿剌知院刚说出口，马上遭到了也先的拒绝。由此双方之间结下了很深的嫌隙。

在也先的眼里，阿剌知院既然自己主动开口要太师之位，这说明他有着很大的野心，对于这样的人还是尽早除去为好。那怎么个除法呢？阿剌知院本人暂且不说，就他的几个儿子也够令人头疼的……对了，就这么做。也先在经过一番细致的谋划后终于形成了一套自以为严密的除敌方案。（《明英宗实录》卷246，《废帝郕戾王附录》第64）

有一次，他以边境军务需要为名，命令阿剌知院的长子统领军马前去守值，同时通知阿剌知院次子也去。然后他又派人一路随行，想借着喝酒的机会将阿剌家的两个儿子一起毒死。哪想到，阿剌大儿子命大，侥幸逃脱了。死里逃生的他在发现情形不对后，立即派人把这事的前后经过告诉了自己的父亲阿剌。阿剌知道后心生一计，托词说近来兀良哈部落老来偷盗自己的马匹，就想好好地教训他们一番，因此他恳请新可汗也先让他的长子回去，这样一来也好父子合兵一处,准能打败兀良哈了。也先接到阿剌的上请后,敏锐地觉察到这里边可能有什么问题,但表面上还是同意了他的请求,并假装十分热情地欢送他的长子回去,同时又命令自己的两个弟弟歹都王和寨罕王带了浩浩荡荡的队伍为其饯行。阿剌长子没防备也先来这一手,当即喝下了饯行酒,走到半道上时就七窍出血,不治身亡。由此,阿剌知院与也先之间的怨恨越来越深。(《明英宗实录》卷246,《废帝郕戾王附录》第64)

为了报仇,阿剌知院曾多次领人前去袭击也先和他弟弟的部落,但都没能杀死也先。就在绝望之际,他忽然心生一计,然后立即付诸行动。

景泰五年(1454)十月甲午日,也先与他的心腹伯颜帖木儿、特知院和孛罗平章等坐在帐中议事,原阿剌部下卜剌秃金院、秃革帖儿掌判和阿麻火者学士在帐里忙来忙去,因为以前关系尚未紧张时这3人就被安排到这帐里来服务的,所以大家谁也没有怀疑他们会有什么不轨。十月甲午日那天,卜剌秃金院等3人照常在也先帐里服务,当他们靠近瓦剌这位新可汗时,相互间使了个眼色,立即各自抽出佩刀,一起刺向也先,也先当即被刺身亡。特知院等人还没有完全弄明白究竟是怎么一回事,他们的脑袋也被人给砍了下来。随后也先的两个弟弟也因遭追杀而外出逃亡。至此,强盛一时的瓦剌也先集团土崩瓦解。(《明英宗实录》卷246,《废帝郕戾王附录》第64)

○ 景泰朝没调整国策重点,依然跟着感觉走,终致"中兴"大业大打折扣

由上述瓦剌内讧过程不难看出,自景泰元年(1450)起到景泰五年(1454)底,瓦剌内部纷争一直没有停止过,根本无暇也无力发动像正统十四年(1449)前后那样大规模的军事进攻。即使有小股瓦剌或其他蒙古部落前来大明北疆扰边,就好比是蚊子、苍蝇一般,构不成什么大害。要说这时的大明帝国所面临的主要问题已不再是全力以赴对付"北虏",而是应该从"土木"国难及随后发生的一系列事情中找出遗留的疑难问题和弊政症结之所在,为实现"富国强兵"和"中兴"大明的历史使命,及时迅速地调整实施国策

的重点,对已经运行了 80 余年且问题多多的大一统帝国做全方位的、统一的考量、改革和整顿。可十分可惜的是,景泰君臣却没有这样做,终致景泰"中兴"大业大打折扣,甚至在某种程度上来说是"迷路"或言后继乏力。

之所以会如此,我想不外乎以下三大方面的原因:

● **景泰"中兴"改革与整顿缺乏整体考量、全盘布局,只能跟着感觉走**

前文已述,由于生身母亲吴贤妃是父皇宣德皇帝朱瞻基的外室,从小起朱祁钰就与他妈不被正视,连大明皇家的正殿都进不了,这就造成了他的自卑、胆小和谨慎的性格特征。不过好在他是皇帝老爷的龙种,打从来到这个世上起就衣食无愁,生活优裕,至于治国理政一类的政治要求本来离他远着呐。换言之,朱祁钰原本当郕王很安逸,也很满足了,颇有普通人的"小富即安"之心理。所以人们看到,当土木之变突发消息传到北京后,以于谦为首的廷臣们恳请他出来当皇帝,他刚开始说什么也不肯干。(《明英宗实录》卷181;《明史·于谦传》卷170)后来赶鸭子上轿,坐上龙椅了,最能让他明白的道理就是只有抗战保国、富国强兵,自己这个皇帝才能当下去。否则,万事休矣。

因此说,就那时领导全国人民向着富国强兵和"中兴"大明的宏伟目标奋斗的帝国第一人朱祁钰而言,其自身并不具备极高的政治素质和坚定的意志。而摆在当时人们面前最令人头疼的又不可公然言之的问题是,要不要对已经实行了 80 余年的大明祖制规章进行修改?如果要改,怎么个改法?会不会重蹈建文"新政"改革的覆辙?对于这样大是大非的全局问题,景泰朝始终都没人敢公开提出来,更不用说去研究、讨论和寻找出解决问题的方法。因为大明祖制规定:"凡我子孙,钦承朕命,无作聪明,乱我已成之法,一字不可改易。"(《皇明祖训》序)而明初建文帝就因为在即位之后大改祖制之弊政,让包藏祸心的"好叔叔"朱棣找到了举兵夺位的借口,最终招致灭顶之灾。这样惨痛的历史教训在当时的大明朝廷上下可谓人人皆知,但又是谁都不敢谈及。不过话得说回来,假如对眼前的弊端丛生的大明帝国不做整顿和改革,那怎么能"中兴"大明、富国强兵?于是在两难之间,历史呈现出这样一出出见怪不怪的"奇景":景泰"中兴"改革与整顿跟着感觉走,缺乏推行"中兴"新政的全盘布局和长期考量,走一步看一步,摸着石头过河。很多时候旧制改了,随即发现没改好或反对者甚多,景泰帝又很快地将其改回来。这样的例子有很多。

例如,前章讲过的景泰帝对科举南北分卷制进行改革,这本来是件大好事。明太祖、成祖时并无南北分卷的做法,仁宣时期才开始搞的,但实际上实施了十余年下来,暴露出来的问题还是回到了科举考试公平性争议的"元点"上。南北分卷制将科举考试的全国地区之间的不公平,改变成了试卷面前南北方人与人之间的不公平。景泰帝将其改过来,于景泰二年(1451)下令废除南北分卷制(《明英宗实录》卷201,《废帝郕戾王附录》第19),确保了科举制最基本的公平原则——试卷面前人人平等,这本来是件功德无量的大好事,可就因为他与他的廷臣承受不了压力而后又将其给改了回去,这实在是太可惜了。(《明英宗实录》卷237,《废帝郕戾王附录》第55)

还有,在与外夷往来中,到底允不允许双方之间进行私人贸易呢?从明初祖制来看,应该是严厉禁止的。(详见笔者《大明帝国》系列之⑧《永乐帝卷下》第6章)但在具体实施过程中,这条祖制可能执行得并不怎么严格,尤其是正统时期政治紊乱,官吏腐败,中外民间私下贸易见怪不怪,这样的格局一直延续到景泰之初。景泰四年(1453)正月,朱祁钰在给瓦剌太师也先的敕书还曾这样说道:"其使臣(这里应该指的是也先使臣)买卖,悉听两平交易,与车辆送出境外。"(《明英宗实录》卷225,《废帝郕戾王附录》第43)一年半后的景泰五年(1454)七月,景泰帝却"命都察院出榜禁约:各布政司外夷经过处所,务要严加体察,不许官员、军民、铺店之家私与交易物货,夹带回还及通同卫所多索车扛、人夫,违者全家发海南卫分充军,其该用人夫、车辆以十分为率,军卫三分,有司七分,永为定例。"(《明英宗实录》卷243,《废帝郕戾王附录》第61)

这道诏令规定得相当严格,禁止中外间一切私人贸易,违者全家要被发配边荒之地海南去充军,且永为定制。哪想到3个月后的景泰五年十月,提督宣府军务右佥都御史李秉上了个奏折,其中

第4章 代宗运终 天顺复统

说:"初迤北贡使入境,非应禁军器听与沿途居民交易,其至宣府、大同饮食、草刍之属,往往皆自贷于市,岁以为常。近者乃严禁之,军民私与接,语及违法交易者,全家谪戍海南,故虏使再至边市,军民辄敛避。臣以为昔尝待之以宽,今遽太严,恐起猜疑之心,失柔远之道,乞弛其禁。"景泰帝怎么答复的呢?"从之",意思是你说得有理,就按照你所说的去办吧!(《明英宗实录》卷246,《废帝郕戾王附录》第64)

自己发出禁止中外民间贸易诏令才3个月,还说要"永为定例",景泰帝现在又批准了北疆上提督宣府军务右佥都御史李秉的弛禁上请。如此景泰"中兴"实在让人不敢恭维。

再有,明初祖制规定:严禁民间自宫和官民擅收阉者,违者要被处以严厉的处罚。即使是以宽仁著称于世的明仁宗当政时也是严厉打击自宫进献行为的。那时长沙曾有人自宫,目的就是想进宫充作近侍,以图日后荣华富贵。洪熙帝听说后相当愤怒,下令将其发配边疆充军。(《明仁宗实录》卷2下;【明】余继登:《皇明典故纪闻》卷8)

正统时期官方名义上也是严禁自宫和擅收阉者的,但在具体实际执行过程中却并非如此,这样的恶习沿袭到了景泰初期。景泰二年八月壬辰日,太监阮伯山上书谏言,说应该将公、侯、伯、都督等勋旧高官擅收的阉者全部交给朝廷,不能让他们私人拥有。英国公张懋、武清侯石亨、安远侯柳溥、惠安伯张琮、前军都督府右都督张軏等人听说后,赶紧上言朝廷,请求保留手中的阉者,以便自家使用。景泰帝回答:"不准!"谕旨下达后,宁阳侯陈懋不得不交出阉者23名,西宁侯宋杰交出2名,崇信伯费钊交出1名。但依然有好些阉者被公、侯、伯、都督等勋旧高官以年老有疾等名目给留了下来,没上交。景泰帝看到这等情势,不得不再"命都察院禁约,敢有仍前收用及自宫者,重罪。"(《明英宗实录》卷207)

这道诏令发出半年后的景泰三年(1452)四月,"南京总督机务兵部尚书、靖远伯王骥进阉者四人。"(《明英宗实录》卷215,《废帝郕戾王附录》第33)

上面这段史料说明了什么问题?在笔者看来,当时朱祁钰的严禁擅收阉者的命令根本就没被认真地执行下去,否则这个总督南京机务的王骥怎么会干这事呢?再看景泰帝怎么处理这件非常事情的？史书记载说：他"命以二人赐（王）骥"（《明英宗实录》卷215、《废帝郕戾王附录》第33）。真让人可笑不得。

由此我们不难看出，景泰帝实施改革整顿时很大程度上是跟着感觉走，摸着石头过河，没有较为长远的规划和十分清晰的"中兴"改革思路，缺乏全盘统一考虑和长远布局。因此说，这样的改革整顿只能使得"维新之政"呈现出条块化和短时化的格局，终致景泰"中兴"大打折扣，甚至在某种程度上来说是"迷路"或言后继乏力。

之所以会出现如此局面，除了领导"中兴"大明改革的帝国第一人景泰帝本身政治素质不过硬外，我想还有如下几个不可忽视的重要缘由：第一，没有一整套改革思想的思想家、政治家对弊端丛生的大明帝国作整体性改革与整顿的规划设计和思想理论指导；第二，非常时期上台的景泰帝靠着大臣们的支持才在政坛上立稳了脚跟，或许是年轻没有治政经验的缘故，或许是碍于太上皇和廷臣们的面子，也或许是非常时期上台所形成的习惯思维，在掌控了帝国大权后的景泰帝朱祁钰又偏偏没能及时地对正统朝进行全面的正本清源，这在客观上给自己的"中兴"改革留下了巨大的麻烦和隐患；第三，景泰帝是由老皇帝家非嫡系皇子身份入继大统的，从一开始就没得当时大明皇家"老祖宗"孙太后的喜欢，更不用说是得到她的支持了，这就使得景泰"中兴"改革顾虑重重，投鼠忌器；第四，从景泰中叶开始的"易储"之争一直吵到景泰末年还没有了结，这在相当程度上影响了"中兴"改革的蓬勃开展。

正因为如此，人们不难看到，到景泰末年时"中兴"改革和富国强兵之大业已大打折扣。

当然我们不能忘了，使得景泰"中兴"大打折扣的还有一个不可忽视的关键性因素，那就是当时辅佐景泰帝的朝廷领导集团自身也存在着很大问题。

● **辅佐景泰帝进行"中兴"大明改革与整顿的朝廷领导集团自身问题多多**

在前面我们已经讲过，正统十四五年的统治最终造成的政治局面是,明英宗与他的"父师"王振专横跋扈,刚愎自用,为所欲为,朝廷上下犬儒主义盛行。这样的格局本来就很危险,而一意孤行的正统帝在御驾亲征瓦剌时,将一批"有才有能"的文武大臣几乎全带到北疆上去"玩命"了,留守北京的在明英宗及其"父师"王振看来则是些用处不大的大臣。但无论怎么说,这些留守大臣不仅平时里很听话,而且还为正统朝廷所认可,否则他们早就被"开走"了。而从中国传统政治运行的有效法则来讲,一旦新皇帝上来要想有所作为,就必须得对前朝的人事好好进行全面"洗牌"。可在非常时期登极的景泰帝在上台后却并没有这样做,而是基本上沿用了皇兄一朝留下的朝臣班底,没有在帝国中枢、朝廷要害部门进行全方位的"革故鼎新",这就造成了景泰朝辅佐新皇帝进行"中兴"大明改革与整顿的朝廷领导集团自身就有很大的问题。

○ 景泰内阁增到6人,高谷引入王文想与陈循抗衡,陈循来个"坐享其成"

景泰朝廷领导核心集团具体地说,其主要权力部门机构为内阁和六部、都察院。

明朝内阁自永乐朝开启,先是充当顾问参谋机构,到仁宣时期就拥有了一定的决策权,其主要体现在那时的内阁掌握了朝廷谕旨的票拟,但在更多的情况下,它所起的作用是,为皇帝扩充智力、延伸耳目、指点迷津,弥补"孤家寡人"身心与能力等方面的局限。由此说来,内阁阁臣在文化素养、道德操守和个人声望等各方面都应该是相当高的。

景泰初年,以陈循为首的内阁阁臣从接受文化教育的程度来讲,那是绝对没问题的。前章我们讲过陈循,他是永乐十三年(1415)的状元,正统九年(1444)入文渊阁办事,典议机务,(《明史·陈循传》卷168;《明英宗实录》卷115)与先前入阁的曹鼐、马愉同阁办事。(《明英宗实录》卷129)正统十二年(1447),马愉病卒,内阁就剩下曹鼐与陈循两位阁臣了。正统十四年七月,明英宗御驾亲征,曹鼐被钦定为随驾大臣,并殉难于土木堡。这样一来,到景泰帝上台时内阁就剩下陈循一人了。

那年八月底,朱祁钰"令翰林院修撰商辂、彭时入文渊阁,参预机务"(《明英宗实录》卷181)。但没多久,彭时的老妈死了,按照规矩他就该回家守制,可那时是非常时期,许多大臣碰到这样的家中丧事都被"夺情"。彭时没拎清形势,"乞终制,不许。章再上,乃许之,由此忤旨"(《明英宗实录》卷214,《废帝郕戾王附录》第32)。后来"守制"结束了,景泰帝就叫他不要再到内阁去上班了,而是"复除翰林院侍读"。所以那时的内阁阁臣实际上也只有陈循和商辂两人。两人太少了点,皇帝朱祁钰早就想到了这一层,先是景泰元年(1450)八月"命刑部右侍郎江渊兼翰林院学士,内阁办事"(《明英宗实录》卷195,《废帝郕戾王附录》第13)。后又于景泰二年(1451)十二月,"命礼部左侍郎王一宁、国子监祭酒萧镃俱兼翰林学士于文渊阁参预机务"(《明英宗实录》卷211,《废帝郕戾王附录》第29)。

而就在这过程中,与陈循同为永乐十三年(1415)进士的高谷于景泰二年十二月被皇帝朱祁钰任命为少保、工部尚书、东阁大学士(《明英宗实录》卷211,《废帝郕戾王附录》第29)。至此为此,内阁阁臣总计有6人。景泰三年(1452)四月,景泰帝为立自己的宝贝儿子为太子,最先"意思意思"的也就是这6个阁臣(《明英宗实录》卷215,《废帝郕戾王附录》第33),其目的就在于"以缄其口"(【清】夏燮:《明通鉴》卷26)。但在景泰三年七月,礼部左侍郎兼翰林院学士阁臣王一宁突然病卒了(《明英宗实录》卷218,《废帝郕戾王附录》第36),这样一来,原来内阁的6人变成了5人,1员阁臣的补缺随即成了景泰朝廷上下关注的热点,也成为了皇帝朱祁钰答谢在易储过程立有大功之臣僚的有利契机。

前文说过,由于易储之事进行得十分顺利,皇帝朱祁钰对朝廷阁部大臣的配合心存感激,尤其是对台前幕后起了关键作用的人物,那更是念念不忘。王文,一个在明代极有争议的人物此时成为了当朝皇帝的钟爱之人,因为他在易储过程中起了关键性的"暗中领头羊"作用。

要说那时的王文虽然已官至都察院左都御史即相当于现在的总检察长,但还不是内阁阁臣,这在科举出身的人们看来是种莫大的遗憾。不过王文自有一套为人处世的本领,景泰帝跟前的红人、太监王诚就是他的同乡好友。当初皇帝想易储但又吃不准内阁和部院"九卿"会不会出来反对?当王诚将这御意悄悄地做个透露时,王文当即表示,坚决支持和拥护朝廷中央的英明决策(《明史·王文传》卷168)。由此一来,景泰帝心里就稍稍有了底,随后的事情又办得那么顺利,你说皇帝这还不得要好好谢谢王文!但关键是怎么个谢法,做起事来还不能太露骨,思来想去,皇帝朱祁钰觉得,只有等待合适的机会。一晃三个多月过去了,刚好阁臣王一宁病卒,内阁缺员,景泰帝就想将王文直接安排到那里去兼任阁臣之职,但转而又一想,这可不太好,依照祖制,这样的事情最好还是由现有的内阁阁臣提出和票拟,本皇帝照准就是了。再说以陈循为首的内阁还是挺听话、挺拎得清的,本皇帝只要做些暗示就够了。

要说那时的内阁,虽说只有5人,但5人5条心。陈循资格最老,是内阁实际上的首席阁臣。永乐十三年(1415)他中状元后,就被授予翰林修撰,在皇帝身边工作,深受永乐、宣德两朝皇帝的喜爱,一路顺风顺水,步步高升。不过那时的他还能夹紧尾巴做人,保持着清醒的头脑和儒家知识分子的本分,史书说"循在宣德时,御史张楷献诗忤旨。循曰'彼亦忠爱也',遂得释。御史陈祚上疏,触帝怒,循婉为解,得不死"(《明史·陈循传》卷168)。由此,陈循赢得了较好的口碑,在正统十年(1445)时,就当上了户部右侍郎,兼任翰林院学士,且还入了阁,成了后来景泰朝资格最老的内阁阁臣。那时的他还"尝集古帝王行事,名勤政要典,上之。河南江北大雪,麦苗死,请发帑市麦种给贫民。因事进言,多足采者"(《明史·陈循传》卷168)。

但随着景泰朝政局的逐渐稳定,有着一定资本的陈循开始变了。先是景泰二年(1451),"以葬妻与乡人争墓地,为前后巡按御史所不直,(陈)循辄讦奏。给事中林聪等极论循罪。(景泰)帝是聪言,而置循不问"。后来又发生了他的儿子陈瑛及王文儿子王伦应顺天乡试被黜事件,两位朝廷大官的父亲"相与构考官刘俨、黄谏,为给事中张宁等所劾"。虽然当朝皇帝没有归罪他俩,但至此陈循"素誉寖焉"(《明史·陈循传》卷168)。

史书说"久居政地"的陈循因"好刚自用"且刻躁而"为士论所薄",但从资历角度来讲,当时确实很少有人能与他相比。不过有一人即他的同年又是同僚高谷却不买这个账。

高谷,扬州兴化人,与陈循同是永乐十三年(1415)的进士,但没有陈循那么幸运,先是被选为庶吉士,后授官中书舍人。明仁宗即位后,他"改春坊司直郎,寻迁翰林侍讲。英宗即位,开经筵,杨士奇荐(高)谷及苗衷、马愉、曹鼐四人侍讲读。正统十年由侍讲学士进工部右侍郎,入内阁典机务。景泰初,进尚书,兼翰林学士,掌阁务如故。英宗将还,奉迎礼薄。千户龚遂荣投书于谷,具言礼宜从厚,援唐肃宗迎上皇故事。谷袖之入朝,遍示廷臣曰:'武夫尚知礼,况儒臣乎!'众善其言。胡濙、王直欲以闻。谷曰:'迎复议上,上意久不决。若进此书,使上知朝野同心,亦一助也。'都御史王文不可。已而言官奏之。诘所从得,谷对曰:'自臣所。'因抗章恳请如遂荣言。帝虽不从,亦不之罪。二年进少保、东阁大学士。易储,加太子太傅,给二俸。应天、凤阳灾,命祀三陵,振贫民。七年进谨身殿大学士,仍兼东阁"(《明史·高谷传》卷169)。

由此而言,虽然高谷没有陈循那般平步青云,但他的经历还是挺丰富的。谁知这一切在内阁资格最老的陈循眼里都算不上什么,在内阁议事时,他根本不把别的阁臣放在眼里,就连高谷这样与他同年的同僚偶尔发表一下建议,他也不当一回事。时间一长,本来性格淡泊的高谷也受不了了,开始考虑如何来对付这个同年仁兄。在经过一番观察后,他发现做事干练、性格强悍的王文倒是一个很好的合作对象。随后他便找了机会向景泰帝上奏说:鉴于目前我们国家正处于整顿、"中兴"时期,政务头绪特别繁多,我们内阁现有人手不够,恳请皇帝陛下给我们增添阁员。景泰帝听后当即允准,随后便让他与陈循各自推荐候选人。出乎当朝皇帝意料的是,陈循推荐了老乡萧维祯,高谷推荐了王文,但不管怎么说,王文有人推荐上来了,皇帝朱祁钰随即下旨,令王文"入文渊阁办事"(《明史·王文传》卷168;《明英宗实录》卷222,《废帝郕戾王附录》第40)。

王文入阁,以高谷原来的想法,自己多了一个政治上的合作伙伴。哪想到这个王文入阁后非但没与高谷走在了一起,反而与陈循打得火热,且几次排挤荐举自己入阁的恩人。高谷见到内阁已是这般境况,便屡屡上请,要求解除自己的阁臣之职,但都没有得到景泰帝的允准。无奈之下,他只好留了下来。

一转眼的工夫几年过去了,景泰七年(1456),北京顺天乡试发生了陈循、王文两家公子被黜和考官刘俨、黄谏被构事件,弄得沸沸扬扬,影响很坏。这时皇帝朱祁钰忽然想起了高谷,命令他负责复审顺天乡试试卷。在经过一番紧张工作后,高谷大体查清了事实真相,随即上言:考官刘俨等没有徇私舞弊! 不过他最后没忘记加了这么一段感慨语:"贵胄与寒士竞进,已不可,况不安义命,欲因此构考官乎?"(《明英宗实录》卷311;《明史·高谷传》卷169)

陈、高两个老阁臣明争暗斗,难解难分,那么其他资历浅一点的阁臣会好一点吗?

○ 内阁老状元与小状元打哑谜,江渊没看懂,吃了陈循的亏,从心里恨透了

江渊,四川江津人,宣德五年(1430)进士,先被选为庶吉士,后授官翰林院编修。土木之变突发,留守在京的朝臣们当廷讨论应对之策,徐珵首先倡议迁都南方,太监金英立马予以严厉呵斥,兵部侍郎于谦也大声说道:"言南迁者,可斩也!"狼狈不堪的徐珵当即被人轰出了殿廷,跟跟跄跄地走了出来。刚好那天江渊有事,没赶上廷臣集议,却在左掖门碰上了徐珵,看到对方一副狼狈相,就十分好奇地问了:"发生了什么事?"徐珵如此这般地说了,最后来了这么一个结语:"可能我的迁都南方主张不合时宜,监国的郕王似乎也不喜欢。"江渊听到这里,一切都明白了,整整衣冠,然后精神饱满地走入朝廷大殿。一到大殿,他就滔滔不绝地讲了一大堆固守北京的好处。在场主持廷议的郕王朱祁钰听到后不停地点头称是,过了没几天,便将江渊超擢为刑部右侍郎。(《明史·江渊传》卷168)

北京保卫战发生时,江渊受命参都督孙镗军事。景泰元年(1450)他出视紫荆、倒马、白羊诸关隘,与都指挥同知翁信督修雁门关。由于表现积极,工作认真,就在这年的秋天,江渊接到景泰皇帝之命,以刑部右侍郎兼翰林学士入阁,参与机务。不久改为户部侍郎,兼职如故。(《明史·江渊传》卷168)

景泰二年(1451)六月,"以天变条上三事",江渊很得当朝皇帝朱祁钰的喜欢。没多久的景泰三年(1452)二月,他被平调为吏部侍郎。虽说这是一次平调,但吏部要比户部更重要,景泰帝的这般处置,表明了他对江渊的认可。而江渊可是个机灵鬼,何尝不懂当

朝天子这般处置的用意！不过以当下之势而言，最好自己再好好地表现表现，那就能在政治上取得更大的进步了。他反复地想着，到底做什么事为好呢？忽然想到当今皇帝喜欢纳谏，而今春以来，京师地区不是刮大风、下大雨，就是降暴雪，极端天气频频光顾，这正是应"天变"上书言事的好时候啊！江渊以往干过这种事，很爽啊，皇帝老爷一高兴，就给自己升个官，多好的事情！想到这里，他马上动笔给皇帝写谏疏，其疏文大致这样说道："西汉学问家刘向曾说，凡下雨都是由于阴气太多而造成的，而下雪则是由比雨更厉害的阴气所致的。现在正值仲春少阳当令，可我们京师地区却寒气刺骨。研究天人感应的人士说，这是人世间君主刑法暴滥之象啊！'陛下恩威溥洽，未尝不赦过宥罪，窃恐有司奉行无狀，冤抑或有未伸'（《明史·江渊传》卷168）。还有，陛下您去年就因为灾异不断而下达了诏令，免去今年景泰二年（1451）全国田租的3/10。可有关衙门今春以来却接二连三地向各地下发文件，予以追征，这是让朝廷失信于天下万民啊！以小臣之见，怨气郁结多缘由此！"景泰帝接到疏文后很为重视，命令法司部门加大力度，严查冤假错案，同时还诘问户部尚书金濂为何违诏追征。金濂一时没回答上来，景泰帝当即下令，把他打入大狱，并嘱咐免税如诏。（《明史·江渊传》卷168；《明英宗实录》卷213，《废帝郕王附录》第31）

这事过去没多久，就发生了景泰帝易储事情，一向都能"与时俱进"的江渊当然不会错过这样的好机会。事成后他被朝廷加以太子少师之衔。按理说，这时的江渊应该是春风得意马蹄疾了，可他在户部兼任侍郎即财政部副部长时，为了表现表现自己，结果把自己的领导即户部尚书金濂送进了监狱；而在内阁任阁臣，那里工作环境也不尽如人意。"（时）阁臣既不相协，而陈循、王文尤刻私。"江渊个性上有个缺点，凡事好议论，可这恰恰是官场上最为忌讳的，但他却似乎没有充分地意识到。更为糟糕的是，他一旦议论了同僚，同僚知道后或明或暗都会慢慢地给他颜色看，这下他的日子可不怎么好过了，"意忽忽不乐"（《明史·江渊传》卷168）。

刚巧那时兵部尚书于谦身体出了较大的问题，不得不休息一段时间。景泰帝觉得兵部尚书的工作可不能含糊，于谦病了，最好能找个职位相同的大臣去代理负责一下。由于内阁是负责票拟皇帝的诏旨,因而那里的消息十分灵通,阁臣江渊知道后很想去兵部工作。首席阁臣陈循看出了苗头,但他什么也没说,就密令商辂着手票拟,推荐兵部代理领导人选。商辂不清楚陈循要推荐谁,惊讶地看着他。陈循立马明白了商辂的意思,当场拿起笔在纸头上写下了"石兵江工"四个字。刚好那时江渊也在边上,看到这一幕后顿时感觉一头雾水。可状元出身的商辂一看这四字马上就反应过来了,"刷……刷……刷",几分钟的时间一份奏章就起草好了,随后便上呈了上去。没过多久,皇帝诏书下来,调工部尚书石璞到兵部去协理部事,以江渊来代替石璞。看到这样的结果,江渊大失所望,就此从心底里怨恨陈循。(《明史·江渊传》卷168)

○ 景泰内阁人数不少,学历都很高,但要将"中兴"大业做个依托,难!

由上我们不难看出,景泰时期的内阁相当复杂,不但缺乏有着相当度量和长远眼光且德才皆备、不负众望的"领头雁",而且其内部阁臣与阁臣之间也龃龉多多,互不协调,根本无法做到优势互补,更不能众人一心和深谋远虑地为景泰"中兴"献计献策。

一个较为鲜明的对比案例,就是仁宣时期的洪熙帝与宣德帝在政治理念、为政思想与治国实际才能等方面,与后来的景泰帝没多少大的差异,但那时以杨士奇为中心的内阁却起到了很好的辅政作用,杨士奇量大、善断,杨荣敏捷、善谋,杨溥持重、淡泊,三人优势互补,和谐相处,这里边有一个因素很重要,那就是杨士奇带好了头。

与仁宣时期杨士奇位置大致对应的景泰朝"首席阁臣"当数陈循,但陈循气度狭小,容不得人,私心又重,那时内阁或廷臣中的许多龃龉可能都与他有关。地位其次的当数高谷,高谷清直、持正,且俭朴,虽"位至台司,敝庐瘠田而已"(《明史·高谷传》卷169),但他魄力不够,见识有限。至于那时的王一宁、萧镃、商辂、江渊等资历尚浅,威望不足;最晚入阁的王文虽能"持廉奉法",能力又强,且还是个老臣,但他为人"素刻忮"(《明史·王文传》卷168)。对于这样的一套内阁班子,清代学者说:"陈循以下诸人〔指萧镃、王文、江渊、许彬(许不是那时的内阁阁臣,笔者注)〕,虽不为大奸慝,而居心刻忮,务逞己私。同己者比,异己者忌。比则相援,忌则相轧。"(《明史·陈循、萧镃、王文、江渊、许彬等传·赞》卷168)由此而言,想要依靠这样的内阁作为大明"中兴"宏伟大业的中枢决策,那就太难为它了。

内阁担当不了这副重任,那六部与都察院(明代人简称其为"部院")能指望得上吗?

○ 景泰时期5个左都御史即全国总检察长中居然混入了一个无耻小人杨善

景泰时都察院左都御史共有5人,其中最早被任命担任该职的是后来天顺朝名臣王翱。王翱是在正统十四年(1449)四月由原来的右都御史升为左都御史,但他一直不在朝廷上班,而是提督辽东军务(《明英宗实录》卷177)。

第二位被任命担任该职的是陈镒,陈镒是在正统十四年(1449)十月初由原来的都察院右都御史升为左都御史(《明英宗实录》卷184,《废帝郕戾王附录》第2)。

第三位被任命担任该职的是王文。王文是在正统十四年(1449)十二月底由原来的都察院右都御史升为左都御史,但他仍镇守陕西(《明英宗实录》卷186,《废帝郕戾王附录》第4),一直到景泰元年才回朝廷理院事。

第四位被任命担任该职的是沈固。沈固是在景泰元年(1450)三月由原来的参谋大同军事、右都御史升为左都御史,但他一直在山西大同工作(《明英宗实录》卷190,《废帝郕戾王附录》第8)。

第五位被任命担任该职的就是杨善。有关杨善之事,我们在前章中已做了详细的阐述。不知道什么原因,我们现在许多人总喜欢给杨善脸上贴金,其实历史上真实的杨善可不是东西呐。早年他靠告密害死同狱牢友庶吉士章朴从而来了个人生大逆转,也由此成了地地道道的无耻小人。他一生几乎没做什么好事,也不是科举出身,纯粹是官场上的投机政客、混子。史书说他"状貌魁梧,应对捷给。然无学术,滑稽,对客鲜庄语。家京师,治第郭外。园多善果,岁时馈公卿戚里中贵,无不得其欢心。王振用事,善媚事之"(《明史·杨善传》卷171)。

这段话极为精彩地刻画了杨善如何一步步地爬上去的丑恶嘴

脸：充当小丑，哗众取宠，请客送礼，拍马溜须，投靠权贵，毫无廉耻。按理说这样的人对于当时非常时期的大明"中兴"大业不仅毫无益处，反而会危害多多。但景泰帝上台后可能考虑到杨善是数朝老臣以及"安定团结为重""稳定压倒一切"等因素，既没有去为难他，但也没有重用他，一直让他担任"闲职"。对此，脑子转得比风车还要快的杨善早就看得一清二楚，他知道，只有找准机会，好好地表现一下，自己才有可能来个政治上的大进步。

景泰元年(1450)中，瓦剌权贵也先多次发出信号，要大明朝廷遣使北上议和，迎还太上皇朱祁镇。杨善听说后终于迫不及待地"跳"了出来，主动要求去漠北，将俘虏皇帝给接回来。史书说杨善"使瓦剌，携子四人行"，即他将全家的"宝"都给押上了，然后再略施心机，以三寸不烂之舌最终说服了瓦剌权贵，取得了成功。不过这个成功说到底其实是景泰朝"富国强兵"的必然结果，可在杨善及朝廷一帮子迂腐不堪的大臣眼里却不是这样，他们"竞奇善功"，希望朝廷对杨善父子等好好地升赏一番。而景泰帝实际上对此却心如明镜，但因考虑到各个方面的因素，最终于景泰元年(1450)八月壬辰日，他"升都察院右都御史杨善为左都御史，仍掌鸿胪寺事，赏善及都指挥王息等十七人银两、袭衣、彩币、表里有差，以迎太上皇帝还京功也"(《明英宗实录》卷195，《废帝郕戾王附录》第13)。

可杨善还不满足，总以为自己的功劳实在是太大了，你景泰帝对我杨某人的升赏太薄了。无耻小人就此时不时地"想念"起昔日的老领导、无耻的俘虏皇帝朱祁镇。景泰二年(1451)元旦朝贺结束，廷臣们纷纷地来到朝房，互贺新年快乐。突然间疯狗一般的杨善窜出一句来："上皇不受贺，我曹何相贺也？"很多同僚听后大惊失色，进而又面面相觑，但也有一些愚忠的腐儒廷臣当场表示极度的赞同，且认为景泰帝对"大功臣"杨善升赏得很不够。甚至有人认为，既然朝廷升杨善为左都御史了，就该让他直接到都察院去上班工作，怎么能还叫他去管鸿胪寺事，来个高官低就呢？杨善听到别人这般议论后心里愈发难受，后来竟然参加到了石亨、曹吉祥发动的夺门政变中去。别说为景泰朝廷出谋划策，推动"中兴"大业，无耻小人杨善最后反倒成了景泰朝的夺命元凶之一。(《明史·杨善传》卷171)

由此我们反观景泰年间,朱祁钰没有重用毫无操守的杨善还是很有眼力的,在当时的大明都察院,他所重用的大臣主要是陈镒和王文。

○ 长期在陕西地方上任职的老臣陈镒担任左都御史宽厚有余,威严不足

景泰时期都察院的主要领导是陈镒。陈镒,苏州吴县人。永乐十年(1412)进士,资历比王直、高谷和陈循都要老。陈镒一生大部分时光是在地方任上度过的,先是在朝廷任过一段时间的御史,后外放为湖广副使,"历山东、浙江,皆有声。英宗即位之三月,擢右副都御史,与都督同知郑铭镇守陕西"。因有才干和政绩,于正统二年(1437)被朝廷授命为巡抚延绥、宁夏边务。在此期间,陈镒每到一处,就深入民间,了解民疾,然后上请朝廷,兴利除弊,蠲免灾区赋役,因而他很得当地百姓的欢迎。正统六年(1441),因陈镒久劳在外,正统朝廷命令王翱来替代他。但一年后王翱调任辽东,这样一来又不得不让熟悉当地事务的陈镒二度出镇陕西。(《明史·陈镒传》卷159)

三年时间很快就过去了,陕西平民百姓听说考满时得了很好评价的陈镒将被调离当地,便纷纷上请朝廷,要求予以挽留。朝廷最终允准了,于是陈镒不得不在陕西再继续干下去。正统九年(1444),鉴于陈镒深受民众爱戴,镇守地方有力,英宗朝廷就擢升他兼任都察院右都御史,即相当于副总检察长,"镇守(陕西)如故"。而那时,瓦剌也先势力已开始逐渐强大,他派人上罕东诸卫去,授予都督喃哥等为平章,并设立甘肃行省,蓄意制造边衅。陈镒听说后上请朝廷,加强北疆防备,遣人不断予以巡视。与此同时,针对关中地区发生的饥荒,他还恳请朝廷对灾区的赋役实行蠲免,以此来稳定人心。正统帝对此都一一予以允准,并命陈镒"与靖远伯王骥巡视甘肃、宁夏、延绥边务,听便宜处置"。接到皇帝的如此诏旨,陈镒深受鼓舞,这下他可干得更有劲了,"以灾沴频仍,条上抚安军民二十四事,多议行"。正统末年,陈镒被调入朝廷,担任都察院领导工作。(《明史·陈镒传》卷159)

正统十四年(1449)八月,土木之变突发,郕王监国。陈镒联合

朝廷众臣力主追查国难制造者的罪责,于是王振侄儿王山等奸佞大恶相继伏诛。瓦剌也先发兵进攻北京时,由兵部尚书于谦推荐,陈镒受命巡抚畿内,稳定北京地区的社会秩序。瓦剌军被打退后,景泰帝召回陈镒,将他提升为都察院左都御史(《明英宗实录》卷184,《废帝郕戾王附录》第2),即总检察长,"理都察院事"(《明英宗实录》卷185,《废帝郕戾王附录》第3)。从此直到最后病逝,陈镒一直担任此职。不过这当中他出过一次远差,那是在景泰二年(1451),陕西发生了大饥荒,有军民上万人上请朝廷,说"愿得陈公活我"。景泰帝听说后赶紧叫陈镒上陕西跑一趟。昔日"凡三镇陕"、在那里工作了十余年的陈镒"每还朝,必遮道拥车泣"。这次再回到陕西时,那简直是引发了地方上的轰动,"欢迎数百里不绝","陕人戴之若父母"(《明史·陈镒传》卷159)。

从陕西公干回来后,陈镒被景泰朝廷加以太子太保之职衔,与王文并掌都察院。王文为人刻忮,平时十分威严,手下的监察御史见了他没有不害怕的。而陈镒恰恰相反,他性格宽恕,由此而"少风裁,誉望损于在陕时"。景泰四年(1453)秋天,他死于任上(《明史·陈镒传》卷159)。从此大明都察院主要由王文、萧维祯等掌管着,但这已经是景泰朝中后期的事了。(《明英宗实录》卷231,《废帝郕戾王附录》第49)。

○ 紧跟时代节拍的能臣王文毛病不少,难以成为"中兴"大业的中流砥柱

王文,原名王强,束鹿人,永乐十九年进士。尽管比王直、陈循和高谷等人的资历略微浅一点,但他的能力不错,入仕后被授予监察御史,持廉奉法,为大清官都御史顾佐所称赞。宣德末,奉命外出治彰德张普祥狱。回朝后受到明宣宗的召见,因奏对称旨,被赐名为王文。

正统帝即位后,王文被外放为陕西按察使,因成绩不错,于正统三年(1438)正月擢升为都察院右副都御史,受命巡抚宁夏,两年后被提拔为大理寺卿。正统六年(1441)他与刑部侍郎何文渊受明英宗之委托,录在京刑狱,不久迁为都察院右都御史。正统九年(1444)他又受命外出,巡视延绥、宁夏边务,"劾治定边营失律都督

佥事王祯、都督同知黄真等罪,边徼为肃"。第二年代陈镒镇守陕西,那时平凉、临洮、巩昌等地发生饥荒,王文及时上奏朝廷,请求减免当地租税,由此广受好评,后被擢升为左都御史。据说王文在陕西前后巡抚了五年,"镇静不扰",很得民心。(《明英宗实录》卷274;《明史·王文传》卷168)

景泰帝改元后王文被召入京城,与陈镒一起主掌大明都察院事。景泰三年(1452)加太子太保之衔。那时南京发生了地震,江北又发大水,景泰帝听说后很是着急,派遣王文南下巡视。王文受命后先走访了一圈,后与南京九卿一同联名"上军民便宜九事",又请求朝廷下令尽发南京粮仓中的储粮,急速赈济徐、淮间的饥民。景泰帝接奏后很以为是,都一一允准了王文等人的上请。两年后江淮又发大水,朝廷再次下令,让王文前去巡视,赈济灾民不下3600000人。(《明史·王文传》卷168;《明英宗实录》卷274)

尽管老臣王文能力强,做事干练,又能体察百姓疾苦,按理说是个不错的政界能人。但这个政界能人身上却有不少的毛病,史书说他"为人深刻有城府,面目严冷,与陈镒同官,一揖外未尝接谈。诸御史畏之若神,廷臣无敢干以私者,然中实柔媚"(《明史·王文传》卷168)。"中实柔媚"这四字点出了王文的鲜明个性特征,即颇有外强中干的意味。正统时期大珰王振一手遮天,王文总想做些事来讨好他一下。刚巧大理少卿薛瑄被诬案件转到了都察院,那时在都察院工作且负责该案复审的王文明知薛瑄无罪,却在王振的一再暗示下,竟将薛瑄判为死罪。景泰元年(1450),他与陈镒一起审理金英纵容家奴横行不法案,因为害怕得罪该案背后的大宦官金英而只治了其奴才之罪,不敢追查幕后元凶,甚为朝廷大臣所诟病。(《明史·王文传》卷168)

景泰中,饥荒不断,地方民间叛乱甚多,就连一向温顺的江南民间也出现了"盗贼",受命巡抚南方的王文在苏州长洲县一次就捕获大盗许道师等200人。为了能使自己政治簿册上的政绩更加光彩夺目,他竟然将这200号人全部判以谋逆大罪。幸亏当时的大理卿薛瑄及时出来辩诬纠正,景泰帝听说后便令廷臣们一起复核检查,最终查得只有其中的16人为盗贼,其余的都被冤枉了,随即予以了释放。(《明史·王文传》卷168)

不过在更多的情况下，王文的监察、恤民和行政等方面的工作还是取得了很大的成绩。正因为如此，景泰帝对他还是很看重的，加上他一直都能跟着时代的步伐走，所以在景泰时他是一颗耀眼的政治明星。景泰元年（1450），迂腐大臣吵着闹着要朝廷遣使北上，迎还太上皇。身为都御使的王文当即站了出来，说道："公等谓上皇果还耶？也先不索土地、金帛而遽送驾来耶？"由于大家平日里都怕王文，今天听到他这番说话，当场都愕然不决，莫衷一是。景泰三年初"易储"一事正在酝酿之际，王文率先表态，坚决支持朝廷中央的英明决策……正因为有着这样非凡的表现，景泰中，王文便被"改为吏部尚书，兼翰林院学士，直文渊阁。二品大臣入阁自文始"（《明英宗实录》卷222，《废帝郕戾王附录》第40）。

景泰后期，陈镒病卒，王文成了大明都察院的实际主掌者，同时也是当时景泰帝手下十分得力的能干大臣。也正因为如此，王文变得更加令人非议不已。他的儿子与陈循的儿子同年参加科举考试，双双被黜，同在内阁管事的这两位高官父亲闻讯后居然不顾政治影响，一起合力攻击乡试考官。（《明英宗实录》卷269，《废帝郕戾王附录》第87）

还有前面讲过的机灵鬼江渊因天变上书建言，曾有语"法司断狱多枉，致伤和气"，景泰帝听后"诏与明辩"，当时已为都察院左都御史的王文随即上言自辩："江渊曾有私事相托，因我王某人没有帮他的忙，现在他反过来诬奏我。"接着王文反问："生民不安，皆贪官所致，问一贪官去任，则一方获安然？嘱一贪官弗从，则众谤辄起，因而上章耸动，圣若欲臣委曲逢迎，受嘱坏法，宁死而不为也？况老疾日侵，不堪任使，徒取讪议，乞罢归田里。"（《明英宗实录》卷205，《废帝郕戾王附录》第23）

内阁大臣、左都御史王文在遇到同僚告状时，居然以乞归乡里来应对，即使这样的政治明星人物有再多的能耐与本领，恐怕都不能成为景泰"中兴"大业的顶梁柱！

○ 景泰朝的人事组织部长老臣王直端重有余，魄力与远见不够

既然内阁与都察院都没有很好地成为大明"中兴"大业的中流砥柱，那么作为大明帝国朝廷权力部门六部能行吗？

六部中以吏部为首，景泰朝的吏部尚书是数朝老臣王直。王直，江西泰和人，与杨士奇是老乡。"幼而端重，家贫力学。举永乐二年进士，改庶吉士，与曾棨、王英等二十八人同读书文渊阁。"据说王直的文笔很漂亮，永乐皇帝知道后很是喜欢，召他到内阁，让他起草章疏，后授予他翰林院修撰。"历事仁宗、宣宗，累迁少詹事兼侍读学士。"（《明史·王直传》卷169）

正统初年王直参编的《宣宗实录》书成，他被小皇帝朱祁镇授予礼部侍郎，但依然兼任翰林院侍读学士。两年后的正统五年（1440），王直被正式调入礼部，任专职的礼部侍郎。礼部尚书胡濙是个资格比王直还老、可能是当时资历最老的老臣，但每当遇到王直时，他总是从心底里敬佩这位比自己小一辈的同僚，在王直上班后没几天，就把礼部的政务全部托付给了他。再看王直处理政务起来十分轻松，好像是个礼部"老干部领导"似的，表现出了相当的才干。正因为如此，正统八年（1443）正月，因当时的吏部尚书郭琎被人指控"贪婪庸鄙，不宜污玷铨选"而被"特令致仕"（《明英宗实录》卷100），大明组织人事部一下子少了一把手，皇帝朱祁镇便擢升礼部左侍郎兼翰林院侍读学士王直为吏部尚书，让他负责大明人事组织工作。

王直之所以能当上大明朝廷这个极其重要部门的领导，关键因素可能有两个：一个是那时的杨士奇、杨溥等正派的老臣还健在，他们说话有着一定的分量；另一个因素是王直自身就很正派，才能也不错。不过有时品行优秀的君子要是生不逢时或遇到了小人，即使他有再多的正能量，往往也是徒然，甚至还会反遭其罪。正统十一年（1446），户部侍郎李亨为了讨好大珰王振，居然捏造事实，构陷不肯对阉竖大珰献媚的郎中赵敏、侍郎曹义、赵新和尚书王直，并通过非常途径将他们投入监狱。当时朝廷上下"犬儒主义"盛行，三法司官员在接手案子后将无辜的王直、曹义等人都判处徒罪。正统帝对于王、曹等似乎还算有所了解，在闻讯三法司的判决后，下发特诏宽宥了王直等人。（《明史·王直传》卷169）这大概是影响王直后来一直对明英宗怀有绝对愚忠的一个重要因素吧。

正统十四年（1449）七月，受到"父师"王振蛊惑的正统帝执意要御驾亲征，吏部尚书王直率领廷臣力谏，说："国家备边最为谨严。谋臣猛将,坚甲利兵,随处充满,且耕且守,是以久安。今敌肆猖獗,违天悖理,陛下但宜固封疆,申号令,坚壁清野,蓄锐以待之,可图必胜。不必亲御六师,远临塞下。况秋暑未退,旱气未回,青草不丰,水泉犹塞,士马之用未充。兵凶战危,臣等以为不可。"(《明史·王直传》卷169)可已经走火入魔了明英宗哪里听得进,反倒嫌王直啰唆、讨厌,就让他与其他不太"有用"的大臣一起留守北京。可谁曾想到,满以为能打大胜仗的御驾亲征不仅没打着敌人,反而来了个全军覆没。消息传到北京,人心惶惶,胡濙、于谦等大臣及时果断地稳住了朝廷的局势。王直在这一系列过程中充分意识到了自己的缺陷,胆量与见识远不如于谦,于是"每事推下之,雍容镇率而已"(《明史·王直传》卷169)。不过,新皇帝朱祁钰还是挺看重他的识大体、懂大局和正直的一面,于正统十四年(1449)八月二十七日在升礼部尚书胡濙为太子太傅的同时,授予他为太子太保之衔。(《明英宗实录》卷181)

可又是谁也没想到的是,在随后的岁月里,王直的表现似乎与新皇帝朱祁钰的意愿老不合拍。景泰元年(1450),他率领廷臣屡次上言,要迎俘虏皇帝回京,甚至还用威胁性的口吻对景泰帝说:"必遣使,毋贻后悔。"幸好于谦在旁做了解释,及时地化解了一场危机。当王直等群臣快要退去时,为皇帝打抱不平的太监兴安出来大声说道:"你们老说着要派大臣到漠北去迎回上皇,这实际上很可能是中了瓦剌人的奸计,而你们却天天这样吵着嚷着要朝廷去做,请问你们当中有文天祥、富弼一般的人吗?"王直当即火气冲冲地回应道:"廷臣惟天子使,既食其禄,敢辞难乎!"一连说了好几次。后来朝廷先后派了李实、罗绮和杨善两批人马北上议和,迎回太上皇,王直可能是廷臣中为之上言最多者。太上皇迎回后,瓦剌也先屡次要求朝廷遣使漠北通好,可景泰帝不愿意,王直又率领廷臣上言进谏,但终未被采纳。(《明史·王直传》卷169)

景泰三年(1452)初,皇帝朱祁钰为了易储,先给一些廷臣加封官衔,其中有王直的份,他被擢升为少傅。后来朝堂上发生了廷臣集体默认的事情,91个文武大臣当廷署名同意易储。王直本想出来反对,但他又没有那个勇气。内阁首席阁臣陈循见此,赶紧将毛笔偷偷地塞到了他的手里,而此时的王直再没有一点力气站出来反对了,随即"乖乖地"在上奏易储的疏文上签上了自己的名字。不过随后他也得到了回报,被景泰帝加封为太子太师,赐金币加等。事后王直仅敢做和能做的也就是跺着脚,叹息道:"此何等大事,乃为一蛮酋所坏,吾辈愧死矣。"(《明史·王直传》卷169)

不过,我们决不能因为王直胆量不够而忽视了他的光亮面。史载王直大方脸,美胡须,仪表堂堂,性格严肃凝重,不苟言笑,与人交往时十分恭敬谦逊。他在翰林院工作的那20余年,朝廷稽古代言编纂纪注之事大多都出自他之手。当时那里还有一个姓王的文臣,他叫王英,江西金溪人,与王直是江西大老乡,由此人们习惯地将他俩并称为"两王"。因王直住所在东,故而大家又习称他为"东王";而王英住所在西,大家习称他为"西王"。两王齐名,这对于当时江西大老乡杨士奇来说既是引以为傲的开心事,但也为之纠结不已。那时内阁刚好缺人,按例王直当入阁,但杨士奇可能考虑到王直与自己是一个县考科举出来的,为了避嫌,他最终否定了王直入阁的提议,而将他推荐到了吏部去任职。

再看王直一到吏部,很快就胜任了工作岗位,且廉慎奉公,很受称誉。景泰帝上台后对于重要领导岗位官员的选拔旧例做了一些改革,为了刹住请托选官、跑官买官等歪风,朝廷罢停了宣德时期开始的"廷臣荐举方面大吏"的做法,将重要官员的选拔归还给了吏部。而那时的吏部尚书就是王直,王直为人很正,做事尤其较劲、认真。他选拔官员时严抑跑官送礼者,凡是有御史从外地巡抚回来,他必定要他们提供一些地方好官的名字与相关信息,以备日后选拔,所以说景泰时期王直主持下的吏部,人们都说其"得人"(《明史·王直传》卷169)。

王直的儿子王稷在南京国子监当博士学官,因为考绩来到了北京朝廷吏部。吏部中层干部文选郎见之,就提议将王稷留在部内工作。不过按照明太祖的祖制规定,有着直系亲属关系的官员们是不能在同一衙门工作的。因此,王直一听到手下文选郎的这般建议,当即就予以了否决,且这般说道:"我们要是做了,那么乱祖宗之法就是从王直开始的啊!"当时朝廷看到王直年老体衰,怕他工作忙不过来,先是派了何文渊来协助他,后来何文渊调走了,又派了王翱来部,并兼吏部尚书,由此吏部有了两个尚书。(《明王直在吏部当尚书一当就当了14年,从正统朝一直当到了景泰朝,"年益高,名德日益重。帝优礼之,免其常朝"(《明史·王直传》卷169)。但实际上他的思想并没有"与时俱进",而是更多地与高谷、胡濙等人一般,恪守所谓的正统观念即愚忠,同正统、景泰和天顺这段非常时期的快速风云变幻节拍跟不上,这大概就是老王直时不时地与当朝的景泰帝闹别扭的主要缘由吧!

掌握帝国朝廷官员人事大权的吏部尚书时不时地要与皇帝闹点别扭,那么六部中的另一大重要部门户部,即掌握着大明财政大权的户部尚书能否成为景泰"中兴"的顶梁柱呢?

○ 景泰朝的户部尚书金濂是个优秀的财经能人,但不是个经国之才

景泰时期一直担任户部尚书之职的是金濂。金濂,山阳人,永乐十六年(1418)进士,比王直、高谷、陈循等人资历略浅一点,但在正统、景泰朝时也算得上是老人了。最初他被授官监察御史,廉能有声。"自永乐以来,巡历广东者,满载而归",但金濂到广东去巡按回来,"一毫不取,广人至今德之"(【明】李贤:《古穰杂录摘抄》)。因为有着廉能的好官名声,宣德初年,金濂被改为巡按江西、浙江。在此期间,他曾上言朝廷,请敕按察司、巡按御史考察各地的官员,对于循官良吏要大张旗鼓地进行褒奖,对于贪官污吏要坚决予以严惩,一如洪武朝的做法。宣德皇帝接奏后很是欣赏,后提拔他为陕西按察司副使。(《明史·金濂传》卷160)

正统帝即位之初,金濂上书朝廷,请求对各地卫所缺官进行补缺,增加宁夏边防守军,设立汉中镇守都指挥使,等等,大多建议被朝廷所采纳。正统三年(1438),鉴于金濂工作认真踏实,且颇有才能,那时"三杨"主政的正统朝廷擢升他为佥都御史,参赞宁夏军务。要说这个金濂还真是多面手人才,他善于布局,长于计算。当时宁夏有名的五渠中有鸣沙洲七星、汉伯、石灰三渠淤塞,金濂为此特地上请中央批准予以修治。工程完成后,大约有1300多顷的荒芜土地得到了灌溉,真可谓造福一方。为了加强边防军备,那时的正统朝廷还号召民众输米到边疆,如果谁能输米1000石以上

的，政府就发给他荣誉性玺书，以示旌表。金濂在宁夏考察了一大圈，发现当地环境恶劣，要想以输米1000石作为褒奖标准，这似乎太不吻合实际，于是他请求朝廷对于恶劣环境的边地输粮标准应该予以降低，接近定额数的都要旌表。朝廷随即予以准允，由此，边储充盈，西陲晏然（《明史·金濂传》卷160）。

正统六年（1441），金濂之职被佥都御史卢睿替代，第二年，卢睿被朝廷召回，金濂再次出镇宁夏，不久被擢升为右副都御史。正统八年，金濂被朝廷再次召回，官拜刑部尚书，侍经筵。而就在这时，小杆子皇帝明英宗亲政、大珰王振开始擅权，朝廷上下"犬儒主义"日益泛滥，腐败成风，朝纲不振。

正统十一年（1446），朝廷发生了安乡伯张安与其弟弟争禄的事情，当朝小皇帝知道了很不舒服，命令法司部门与户部共治该案。接到皇命后，刑部与户部谁都不愿担任该案的主审，相互推诿，言官们为之上奏正统皇帝，请治刑部尚书金濂与户部尚书王佐之罪。朱祁镇正在火头上，不仅允准了言官的上请，而且还命令将右都御史陈镒、侍郎丁铉、马昂，副都御史王瑢、程富等相关人员全部打入大牢。虽说没几天小皇帝大发慈悲，下令将他们全放了，但金濂的清正廉能之名声就此大为受损。不久之后，福建发生邓茂七起义，正统朝廷征发大军，任命宁阳侯陈懋等为将军，南下征讨，并令金濂参赞军务，即相当于任军事参谋。陈、金到达福建时，巡视当地的御史丁瑄已破起义军营阵，邓茂七死亡，余下部众以九龙山为据点，对抗政府军。金濂与大家一起讨论，设计打入九龙山，擒获了邓茂七侄儿等人。正统帝闻讯后大喜，随即移檄福建前线官军，命令他们迅速赶往浙江剿灭那里的起义军，金濂则继续留在福建，讨平余寇，但久未取得重大突破。（《明史·金濂传》卷160）

土木堡之变发生后，大明北疆军事与京师安全告急，监国的郕王朱祁钰令人四方外出，将一些外遣的能臣迅速召回，金濂就是这些被召回的外遣能臣之一。当他回到朝廷时，昔日总是跟着正统帝及其"父师"王振走的言官们开始对他大加攻击，说他逗留福建军事前线，久未有功，应该受到失责追究。景泰帝明确表态不问该事，随后给金濂加太子宾客之衔，食两份禄，目的是想让他为大明"中兴"好好出力。没过多久皇帝朱祁钰又调金濂为户部尚书，即让他主持大明财政部的工作,并进封其为太子太保。"时四方用兵,需饷急,(金)濂综核无遗,议上撙节便宜十六事,国用得无乏",表现出了非凡的才能。(《明史·金濂传》卷160)

但随后在景泰三年(1452),有人爆出了户部衙门违诏下文追征景泰二年免税之事,顿时将当时担任户部领导工作的尚书金濂置身于廷臣们奏劾的风口浪尖上。景泰帝闻奏后对于金濂的做法也不认可,"怒其失信天下之人,遂下都察院狱。越三日释之,削宫保,改工部"。但吏部尚书何文渊闻讯后却不同意这样的职位调动,他认为,担任当前非常时期的大明户部领导岗位的还非财经能人金濂不可。景泰帝听后觉得很有道理,随即下令,将金濂改回户部去。金濂由此一直在户部工作,直至生命的尽头。景泰朝廷发生易储之事时,老臣金濂没表示反对,皇帝立即给他恢复了宫保之衔。(《明史·金濂传》卷160)

以上是官史记载中的金濂,而他的同事、天顺朝名臣李贤则给我们留下了另外一番记载:说金濂早年为官"廉能有声",两袖清风,但自"官拜刑部尚书,颇号深刻……然喜结权贵,士林少之。人以为奸,则过矣。但性猜忌,利数求精,务充国课,商货微矣。民或困弊,亦不暇恤焉。所学亦正,言论风采动人,接下多暴怒,僚属不能堪,大抵亦豪杰之士也"(【明】李贤:《古穰杂录摘抄》)。

从上述的这番评述来看,要想使户部尚书金濂成为景泰"中兴"的经国栋梁,那也几乎是不太可能。众所周知,六部中吏部、户部和兵部最为重要,我们考察了景泰朝的前两部衙门的主要领导,发现他们都不能担当起景泰"中兴"的经国栋梁,那么接下来再看看另外一个重要的朝廷权力衙门兵部的核心人物——于谦。

○ 景泰朝兵部尚书于谦"迷途":做儒家理想人格的模范,但活得很尴尬

景泰朝廷前期的核心人物应该是兵部尚书于谦。前章我们讲过,于谦是景泰之初朱祁钰最为重用的大臣。无论是景泰登极、北京保卫战,还是打退瓦剌人的数次军事进攻、保卫大明国防安全,等等,要数论功,非于谦为第一不可。可以这么说,景泰之初,身为兵部尚书和总督军务的于谦是当时大明帝国政治风云的核心

人物。

史载"当军马倥偬,变在俄顷"之际,于谦"目视指屈,口具章奏,悉合机宜。僚吏受成,相顾骇服"(《明史·于谦传》卷170)。这话的意思是,军事倥偬、形势瞬息万变时的兵部尚书于谦,一边掐着手指头计算着手中的粮饷数和布防的兵力数,一边嘴里说着上章奏请的内容,手下人紧张地记录着。等到结束时,不仅他手头的数字计算得一清二楚,就连笔录下来的口授奏章也完成了,且不用改什么字,这下可把他身边的人都惊讶得说不出话来了。

对于于谦的杰出才能与卓越的功勋,景泰皇帝打心眼里敬佩,且十分宠爱。当时兵部的工作极其繁忙,作为兵部尚书,于谦常常通宵达旦地工作,很少回自己的家里休息,有时累得实在不行就在值房里宿一下,身边只留一个养子陪伴着。平时里他生活相当俭朴,所居仅蔽风雨而已。景泰帝知道后赐第于西华门,于谦却上疏辞曰:"国家多难,臣子何敢自安。"(《明史·于谦传》卷170)他连自己每日所用的饭菜都是将就的,皇帝知道后十分心疼,派了贴身太监兴安和舒良等轮番去看望他,并诏令宫中尚方监给他送东西,从日常生活用品到醢菜,无一不送。于谦患有气喘病,加上年纪大了,一旦发病痛苦不已。景泰帝听说后,就让兴安带了太医院院长董宿前去为他看病。董宿看后便这样说道:"于谦得的这种病要想治愈,非得要有竹沥和药。"兴安马上将这话转达给了景泰帝。景泰帝听后沉默了一阵,随后自言自语:"我们北京地寒,没有竹子,好像只有万岁山上才有。"说完他亲自跑到万岁山上去伐竹取沥,然后再将之赐予于谦和药服用。有人知道后说:景泰帝对于于谦宠幸太过了!兴安在旁听不下去了,当即回应道:"彼日夜分国忧,不问家产,即彼去,令朝廷何处更得此人?"(《明史·于谦传》卷170)

那时"(景泰)帝知(于)谦深,所论奏无不从者"。这是说,凡是于谦的上言奏请,当朝皇帝没有不答应的。据说景泰帝曾派人上真定、河间去采野菜,上直沽去造干鱼,这可能就相当于我们现代人的换换口味吧。可于谦知道后却认为,皇帝这样做会扰民,很不妥当,于是他立即进谏劝阻,景泰帝马上予以接受。史书说:"(景泰帝)用一人,必密访(于)谦。谦具实对,无所隐,不避嫌怨。"(《明史·于谦传》卷170)

皇帝要用人，但又不知道这个要被用的人到底怎么样，于是就密访于谦。而于谦来个知无不言，言无不尽，不避嫌怨。他这是要干嘛？在为自己画像作《赞》中，于谦曾这样说自己："眼虽明不能见几，腹虽大不能容人；貌不足以出众，德不足以润身。其性虽僻，其情则真。所宝者名节，所重者君亲。居弗求安逸，衣弗择故新。不清不浊，无屈无伸。遭时明盛，滥厕缙绅，上无以黼黻皇猷，下无以润泽生民。噫！若斯人者，所谓生无益于时，死无闻于后，又何必假粉墨以写其神邪？"（【明】于谦：《于忠肃集·小像自赞》卷12）

这是一个以传统儒家理想人格为标准的谦谦君子的自我反省与写照，他居不求安逸舒适，穿不挑新旧衣服，所珍爱的是名节，所重的君亲即对君主要尽忠，对父母等长辈要尽孝道，内心一直渴望的是上能辅佐好君主，下能使天下苍生过上好日子。但对照一下自己做了多少呢？于谦感到极不如意。正因为是以这样一种传统儒家理想化的君子伟岸大丈夫之标准来严格要求自己，并自觉自愿地肩负起辅佐君主治国平天下之重任，景泰朝的这位股肱之臣一路过来可过得极不容易。我们不妨从三个层面来分别看看：

对上，即于谦与景泰帝之间的关系到底是如何发展的？景泰初年，于谦与朱祁钰的关系是相当不错的。于尚书忠心耿耿，功勋赫赫，又不计个人得失，这样的大臣到哪里去找？而景泰帝对于谦也确实很好，甚至可以说极度宠爱，凡是朝廷有什么大事或人事变动，朱祁钰都要听听于谦的看法。君臣相处，如鱼得水。这样和谐格局大致维系了三年，到景泰三年（1452）时双方之间就有个隔阂。这个隔阂大致起自于景泰易储之事。

易储一事从根本点上来讲是孙太后一手造成的（正统十四年八月二十日即景泰帝即位前10余日，老美女孙太后"莫名其妙"地降旨，立并不是法定的一定得以继位的俘虏皇帝明英宗长子朱见深为皇太子，见《明英宗实录》卷181），所以当景泰朝廷里有人最先打出"父有天下传之子"的旗号时，饱读儒家经典的满朝大臣没谁能反对，因为这一条伦理法则是吻合传统儒家的基本理论的。但从另一条"兄友弟恭"的传统伦理角度来看，景泰帝想易储就得要违背了。所以当时朝廷中像王直一类对易储颇有微词的大臣也就是冲着这一条伦常原则来做评判的。作为永乐朝的老进士、早年起就饱读儒家经典的于谦又怎么可能不知之？故而我们看到在景泰三年(1452)四五月间,朝廷上演易储大戏时,昔日的景泰"红人"、朝廷顶梁柱于谦却成了近百号附和易储的"群臣演员"之一。虽然事后他的职衔由少保、兵部尚书晋升为兼任太子太傅,但令景泰帝没想到的是,两天后于谦却与反对易储的太子太师、吏部尚书王直等人裹在了一起,"具疏陈让",即上疏说不要朝廷给的两份俸禄之特殊待遇,景泰帝当然没允准了。(《明英宗实录》卷215,《废帝郕戾王附录》第33)

按理说这事也就这么过去了,可哪想到的是,十天后的景泰三年(1452)五月丙申日,少保兼太子太傅、兵部尚书于谦再次上疏,请还二俸,而在这次上疏过程中还有石亨、金濂、石璞等大臣跟着一起表现表现。景泰帝一如前往,一概不准。(《明英宗实录》卷216,《废帝郕戾王附录》第34)不过就此于谦在帝国第一人的心里留下了不太好的记忆。

而几乎与此同时,南京礼部尚书仪铭被朝廷调回了北京,任职为太子太保兼兵部尚书,协理兵部事务。仪铭是谁？景泰帝为何要做出这般的人事变动？仪铭原是正统朝廷翰林院侍讲,正统五年(1440)十月升为郕王府左长史。(《明英宗实录》卷72)换言之,他与朱祁钰至少相处了10余年,是景泰帝"大本营"里的人。问题就在于,景泰之初,兵部事务那么繁杂,皇帝却放心让于谦一人独任尚书,而景泰三年(1452)大明进入了相对稳定时期,皇帝反倒给兵部老尚书找个协理部务的新尚书,且这新尚书还是皇帝"大本营"里的人。仪铭于景泰五年(1454)去世,其在兵部的工作又由工部尚书石璞来接任。(《明英宗实录》卷249,《废帝郕戾王附录》第67)

如此之状表明,景泰帝与兵部老尚书于谦之间的关系已在悄悄地发生了变化。可对于这样的悄悄变化,于谦似乎并没有完全清醒地意识到,只凭着一颗拳拳报国之心在以往的道路上继续前行。景泰四年(1453)十一月,皇太子朱见济夭折,皇储再次成了问题。钟同与章纶两个书生大臣逆鳞上书,其中有语触到了景泰帝的痛处,最终被投入大狱之中。于谦见此,密疏论救,景泰不应。按照一般人的思维,自己已尽心尽力,事情做到这一步也就算了,可于谦却偏不这么认为。有一天在宫中便殿拜见完毕后,他耐着

第4章 代宗运终 天顺复统

性子等候景泰帝谕事结束,然后从容地进谏:"臣窃以为怀献太子立未逾年,不幸遘疾早逝,钟同、章纶二臣所奏未为无益。乞赐矜宥。"不说也罢,说到怀献太子遘疾早逝,景泰帝又陷入了悲痛之中,想起钟同的那句近似于诅咒的恶毒之语,他立即变得激动不已,但看在于谦是大功勋和数朝老臣的份上,只是怫然说道:"卿为何也出此言!"说完起驾还宫,将于谦给晾在了大殿上。自那以后,于谦就曾多次上章,请求解除兵权告归浙江杭州故里,但景泰帝一概不允。其实真正有才能和有个性的人是不会成为绝对专制主义的奴才的,其忠也就是对国家和对君主的有原则的忠,而绝不是无原则的愚忠。但在现实生活中要想处理好这两种不同类型的"忠"及其相互关系,有时还真不那么容易。于谦性格刚烈,遇到不如意的事情,往往会捶胸叹息道:"此一腔热血,意洒何地!"(《明史·于谦传》卷170)

以上我们讲的是于谦与当朝君主朱祁钰的关系,即对上。现在我们再来看看他对下如何呢?朱祁钰上台之初,大明正处于国难当头时刻,于谦为国计议,先后推荐了一些军事人才,如石亨、罗通和范广等。这些人很快在军事作战中崭露头角,成为了风云一时的名将。但在这个过程中,无论是景泰帝还是于谦都在很大程度上忽视了对人才品格的重视。石亨与罗通后来走到了于谦的对立面,暂且不详说,就讲范广。

范广精于骑射,骁勇绝伦,于谦把他推荐出来,提升他为都督佥事,充任左副总兵官,给石亨当副手。在北京保卫战中身先士卒,所向披靡,大败瓦剌军,后来又乘胜追击,杀敌甚多,得到了景泰朝廷的升赏,但在很长一段时间里他都是给石亨当副手。而石亨是个地道的小人,给小人当副手,那范广的日子就不会好过了。加上范广的性格、为人与于谦十分相似,刚直廉正,这本来是难能可贵的品质,可在小人成堆的石亨军伍那儿,具有这样品质的人可要倒大霉了。石亨自己言行多有不法,为了笼络人心,他也经常纵容部曲横行贪渎。范广见到后往往无法容忍,数次上言匡正。为此,石亨对他恨之入骨,逮住机会便在景泰帝面前大肆诋毁。时间一久,景泰帝的耳朵根也软了,居然相信了石亨的话,罢了范广的总兵官之职,将他降为只领毅勇一营的坐营都督。而在这个过程中,作为数朝元老、兵部尚书又是范广的志同道合者于谦却对此一无所为,这不能不说是他政治上的一大败笔或者说是幼稚、天真。(《明史·范广传》卷173)

其实于谦的政治幼稚与天真还有许多的例子。史载,景泰初期皇帝朱祁钰对于谦极度信任,凡是要选用人才必定要去问问他,而他却知无不言,不避嫌怨。(《明英宗实录》卷274)这就犯了严重大忌,要知道在传统中国社会里,最黑、最无耻和最流氓的莫过于政治场。政治场这个林子很大,什么样的鸟儿都有,不是你于谦读过的儒家经典中的"理想国"。可于谦似乎压根儿就没想清楚这个理,不避嫌怨、公正无私地臧否人才,由此没被推荐和提拔的人从心底里怨恨起于谦来,而即使被推荐和提拔了的也不一定会感激于谦,一旦稍稍有不如意或发现自己职位不如于谦的,也会心生不满,甚至是嫉恨。(《明史·于谦传》卷170)

更让人一头雾水的是,于谦在处理自己与被提拔的下属之间关系上似乎是套用了儒家经典上的"经典理论",给人感觉他一直是处于"经典"的生活里。兵部右侍郎王伟是正统元年(1436)进士,寻改为庶吉士,入仕时被授予户部主事。"英宗北狩,命行监察御史事,集民壮守广平。"于谦发现王伟是个人才,便把他引入朝廷职方司任郎中之官。再看王伟"喜任智数",填写军书,处分事务,井井有条。于谦觉得这样的人才难得,就把他提拔到兵部右侍郎的岗位上。后来发生了叛徒小田儿在阳和城被抓事情,据说就是于谦授意王伟完成的。(《明英宗实录》卷274)从王伟角度来说,他对有着知遇之恩的于谦充满着无限的敬佩,但对于现实生活中的流言蜚语也不能一点都不在意。尤其是那些妒忌者往往会将对于谦的攻击转嫁到他所提拔的后辈身上,此时王伟觉得无论如何得自己先说说清楚。有一天他找了个机会给景泰帝上了个密奏,指出于谦的失误,目的是求得自我解脱。景泰帝看完奏章后,将它交给了于谦。于谦仔细一读,赶紧在大殿上向皇帝叩首致谢。景泰帝笑着说:"我还不知道你于爱卿,有什么可谢的!"但于谦内心却似翻江倒海,随后身不由己地走出了宫廷大殿。王伟在外看到了他,忙走上去问了:"今天皇上留您下来谈什么事呀?"于谦笑着说:"我在工作中有什么失误,望君当面批评指正,何必要用密疏来论奏呢?"说完便把密疏拿了出来,王伟看到此,顿时感觉无地自容。

(《明史·王伟传》卷170)

政治大风浪尚未出现,自己提拔的人就急着要出来"划清"界线,于谦的"对下"关系似乎处理得不好,或言他完全没有意识到政治的复杂性和应对皇权中的不稳定性,而必须得笼络一些自己提拔的或忠于自己的部下,从而为日后有可能遭遇不测而留有一定的余地。

讲过了于谦"对下"之失,我们再来讲讲他与同僚或同辈如何相处的?

吏部尚书王直是比于谦入仕还要早的数朝老臣,两人在景泰时期同为朝廷重要权力部门的主管领导,且都为正人君子。起初于谦对王直十分尊敬,每次朝廷举行宴会,两人坐在一起,于谦总要劝王直多饮几杯。平日里,于谦说到王直时总称他为"东王老先生,君子儒也。可敬!可爱!"可打从兵部调入了一个叫项文曜的侍郎后,于、王两人的关系开始变化了。

据说这个叫项文曜的人是个一心想要当大官的小人,一到兵部就专门去拍于谦的马屁,什么事情都迎合直接主管领导的意愿。有意思的是,在兵部内部工作时这般处置尚无大碍,但要是在朝堂上也是这样,那就要让人看笑话了。据当朝共事的李贤描述,每次上朝等待皇帝临朝时,项文曜总要附在于谦的耳朵边说个不停,全然不顾周围同僚的存在,退朝时两人也是这样。项文曜老围着于谦转,有人戏称他为于尚书的小妾。

这事后来越传越广,连宫内也听说了。为防止廷臣结党,景泰帝找了机会,将项文曜由兵部调到了吏部。没想到这个项文曜又开始围着吏部尚书何文渊转了。言官们见之不断地上奏,参劾项文曜憸邪。于谦听到后赶紧出来为他解释。景泰帝看在于谦的份上没治项文曜之罪,但就此于尚书在廷臣中的印象则大受影响。

其实真正受到不佳影响的还是于谦本人的内心,可能是由于项文曜经常对他"洗耳",原来对王直充满尊敬的兵部于尚书开始变得令人不可思议了。有一次于谦跟新来的下属兵部侍郎李贤这般说道:"吏部那个老人怎么还不告老还乡?"李贤说:"听说告了几次,当今天子不同意。"于谦听后随即说:"那就是他没诚意了。"李贤说:"我看他还蛮诚实的。"于谦又说:"要真想告归的话,就病卧在床上一个月不来上朝,皇上必定会放归。"李贤听后不以为然:"我看王老尚书平时言行都那么至诚,假如让他装病卧床一个月,恐怕打死他也不肯干啊!"(【明】李贤:《古穰杂录摘抄》)

李贤的记载不一定全属实,但从中我们也可以看出当时的于谦与同僚老臣之间的关系似乎没有处好。当然王直与于谦都是正人君子,关系再不好谁也不会做出什么过分出格的事情来。但要是碰到了小人呢?那于谦可要倒大霉了。

石亨是正统、景泰时期有名的勇将。阳和北口之战,他兵败单骑逃回,明英宗追究他的罪责,令其降官,募兵自效。(《明英宗实录》卷181)朱祁钰监国之初,鉴于"北征将士十亡八九,械器略尽,京师人心汹汹"之势,于谦上奏推荐了石亨,朝廷随即宽宥了他的罪责,并让他出任五军大营总兵官,统领大明军迎敌作战。而后于谦出任总指挥,石亨担任总兵官,两人相互配合,身先士卒,激战于北京城下,打退了瓦剌的进攻,保卫了京师。事后石亨被封为武清侯,而于谦却仅加衔少保,食一品官禄。(《明英宗实录》卷184,《废帝郕戾王附录》第2)

当时的石亨还算有点良心,想想自己,看看于谦,心里顿时充满了愧疚之意。随后在景泰二年(1451)大明北疆局势大体平稳的情势下,他上疏给当朝皇帝朱祁钰,荐举于谦儿子于冕。景泰帝接奏后下诏,让于冕来京。于谦知道后立即上言力辞,景泰帝不允。于冕到京后,于谦再次上辞,说:"为人父者,莫不欲其子之贵显,臣岂独无是心哉?但方国家多事之秋,宜以公义为重,不当顾其私恩。伏念臣才乏寸长,官跻一品,本已乖于清议,岂敢重冒于殊恩?况臣男器非远大,名位爵禄,非所能胜。且亨位大将,不闻举一岩穴幽隐,拔一行伍微贱,以裨益于军国之务,顾乃荐臣之子,于公义安在?况臣叨掌兵政选法,比以军功妄报者多不准理,所以杜徼幸,革冒滥也,岂宜臣之子而冒官赏乎?仰祈圣鉴,令冕回还原籍,庶上不玷朝廷之名器,下以协舆论之至公,而臣亦免非分之责。"景泰帝接奏后依然没有允准于谦的请辞,随后便授予于冕为府军前卫副千户。于谦听到后又数次上奏推辞,但景泰帝铁了心似一定要授官给于公子。(《明英宗实录》卷206,《废帝郕戾王附录》第24)这事传开后,石亨就此对于谦大为怨恨。

更有在军事行动中,于、石两人共商军务,于谦往往"论议断制,宿将敛伏,而(石)亨不能赞一辞,衔之"(《明英宗实录》卷274)。于谦治军严格,"虽勋臣宿将小不中律,即请旨切责。片纸行万里外,靡不惕息"(《明史·于谦传》卷170)。即说诸将一旦有违,于谦立即上言景泰帝,请求予以惩戒。而石亨等军中将领知道后觉得,于谦的做法简直是让他们无法忍受。景泰三年(1452)十一月,石亨上疏,先是夹枪带棒地将于谦说了一通,然后以辞职来要挟朝廷,景泰帝没批准他的疏辞。于谦听说后也以自己总督军务"权势太重"为不妥,"非惟总兵不得专制,抑且下人无所取法","乞解臣总督之命,各营军马专令亨等操习"。对此,年轻的景泰帝根本无法调解双方之间的矛盾,只是下诏宽慰宽慰:"扰攘之时,赖卿(指于谦)与(石)亨同济艰危,今何乃有猜疑之心?总督之命,其勉副委任,毋庸固辞。"(《明英宗实录》卷223,《废帝郕戾王附录》第41)

于谦在军中与石总兵官关系没处理好,那与其他军中将官们的关系又是如何的呢?为了景泰"中兴"大业,于谦屡次上言改革大明军事,这就在很大程度上触怒了军中的一些既得利益者。但一心为国的于少保却全然不顾身家性命的安危,继续上请景泰帝推行军中"新政"。景泰三年(1452)十月,他上奏说:"访得各营军士自团营外,多为权要及所管官旗私纵役使。今边务方殷正用人之际,而将臣所为若此,国何赖焉?乞令法司究治,庶有所警。"(《明英宗实录》卷222,《废帝郕戾王附录》第40)景泰帝当然乐意接受这样的建议,随即诏令太监阮简、尚书俞士悦和于谦一起检查军中私纵役使和卖放军士的不法之状。那年年底,大明朝廷颁布限制军官役使军伴人数条例,条例规定了各营自管军总兵官到管队官役使的军伴定额数从60人到1人不等,凡是超出这个标准范围的,就属于多占军士,那就是违法私役,必须得绳之以法。(《明英宗实录》卷224,《废帝郕戾王附录》第42)条例颁发下去,军中一大批一向靠着剥削与奴役从而过上快活日子的军官们见到如此"中兴"新政,虽怒气冲冲但就是不敢明目张胆地违抗,于是从内心深处恨死了景泰"中兴"军事改革的倡导者与主持者于谦。

得罪了一大批武夫,这本身是件极其危险的事情,可"一腔热血,意洒何地"的于谦却依然忧国忘身,全副身心尽用于景泰"中兴"军事改革大业上,甚至当夺命死神一步步地逼近时,他和他的"后台老板"朱祁钰却还是浑然不觉。当然这不能全怪于谦的"大意"与失误,更多的可能要归咎于景泰帝对于掌握军队实权的勋旧子孙和军中高官们缺乏足够认识与把控。

● **景泰帝对掌握军队实权的功臣勋旧之子孙和军中高官们缺乏足够的清醒认识——致命的失误**

土木之变突发,大明不仅有数十万大军全军覆没,而且连一路随驾的正统朝廷班子也给毁灭了,包括朝中一大批文武高官都殉难北疆。太师英国公张辅、太保成国公朱勇、镇远侯顾兴祖、泰宁侯陈瀛、恭顺侯吴克忠、驸马都尉石璟和户部尚书王佐、兵部尚书邝埜、吏部左侍郎兼翰林院学士曹鼐、刑部右侍郎丁铉、工部右侍郎王永和、都察院右副都御史邓棨、翰林侍读学士张益、通政司左通政龚全安等全死于土木之役中。(《明英宗实录》卷180~181)

这样毁灭性大难的降临,对于新上台的景泰帝来说既是个大挑战,但也不失为是件好事,因为他完全可以按照自己的意愿创建一套新的朝廷领导核心,可事实上那时形势的急剧变化根本来不及让景泰帝多思多想。瓦剌大军快要打到家门口了,抗战保国才是第一要务。加上朱祁钰本来就没想当什么皇帝,现在突然天降大鸿运,作为一个政治新手,能做的就是尽可能地依靠前朝留下的"老人"。于是人们看到,景泰时期明廷主要权力部门的掌门人:内阁陈循、高谷,吏部尚书王直、户部尚书金濂、工部尚书石璞、礼部尚书胡濙、兵部尚书于谦、刑部尚书俞士悦,都察院左都御史陈镒、王文,等等,他们都是前朝"老人",这样结构的朝廷领导班子最大的优点就在于,能迅速地应对土木之变后急剧恶化的形势,以稳定来压倒一切,保家卫国,"中兴"大明。

不过话得说回来,这样的朝廷领导班子之缺陷也不容忽视,除了会沿袭、保留前朝的一些陋习外,还有一个不可忽视的致命缺陷,景泰朝领导核心中缺乏从军队来的可靠之人。从当时的体制架构来讲,帝国的军事主要是由于谦来负责,但实际军中事务则由

第4章 代宗运终 天顺复统

355

总兵官武清侯石亨掌控着；从官衔爵位角度来讲，石亨等人又高于于谦，如在景泰元年(1450)九月组建经筵侍班班子时就是这样排序的："命武清侯石亨、昌平侯杨洪、安远侯柳溥、太子太傅兼礼部尚书胡濙、太子太保兼吏部尚书王直、太子太保兼户部尚书金濂、少保兼兵部尚书于谦、刑部尚书俞士悦、工部尚书兼大理寺卿石璞、都察院左都御史陈镒、王文等经筵侍班。"(《明英宗实录》卷196，《废帝郕戾王附录》卷14)

这样的"排序错位"不能不说是景泰帝的一大失误，而这样的失误一直存在到景泰末年，其直接的后果是造成了那个时期大明军界高层之间的关系长期不顺。从表面角度来说，经过于谦对军界的大力整顿，明军战斗力已经大为增加，但实际上无论是景泰帝还是于谦都没能牢牢地掌握住全部的军权，而掌控了极大一部分军权的石亨虽说不属于"军二代"，但他是地地道道的无操守的奸佞小人。又由于明代对功臣勋旧实行世袭制和变相世袭制，因而军中之权有很大一部分就掌控在功臣勋旧的子孙后代，即当今人们通常所说的"军二代"或"军三代"手中，由此而言这些人的动态与"归向"就显得尤为重要，而景泰帝恰恰又在这方面没有真正处理好或言把控住。

土木之变突发时，大明军中无论是数朝老帅、国舅爷张辅，还是明成祖朱棣当年起兵"靖难"时的两个铁哥儿们之一朱能之子、时任总兵官的成国公朱勇都无一例外地在未做什么大的抗击情况下死于战争现场，这下可把大明的面子丢光了。所以国难之际景泰帝上台主掌国家政权时，无论是朝廷还是草野都将责备和非议投向了军中高官。正统十四年(1449)十月庚午日，即朱祁钰即位称帝后一月之余，旗手卫百户朱忠上章奏劾："成国公朱勇、镇远侯顾兴祖、修武伯沈荣党王振为奸，请如淇国公丘福丧师塞外例，俱族诛。"景泰帝接奏后感觉这里边的水很深，没有允准，说："事在赦前，其勿论。"(《明英宗实录》卷184，《废帝郕戾王附录》第2)但他的内心深处还是对"军二代"或"军三代"充满了鄙视。景泰改元后正月，朱勇之子朱仪恬不知耻地上奏说："臣父随驾征讨迤北，殁于王事。乞照例葬祭。"景泰帝见到上章，气不打一处来，随即说道："(朱)勇为大营总兵官，丧师辱国，以致误陷乘舆，岂可以公侯礼葬

祭？不允！"(《明英宗实录》卷187,《废帝郕戾王附录》第5)

从景泰帝对朱勇之子朱仪的回复来看,他对接手的大明帝国各界尤其是军中高官们有着极度的不满,所以这才有了后来的一系列的军事改革和整顿,但对于祖先流传下来的军中功臣勋旧世袭制和变相世袭制却不敢越雷池一步,继续让"军二代"或"军三代"们继承父祖的爵位甚至是军中要职,这就在客观上给了他们享用特权和肆意滥用权力的机会。景泰元年(1450)五月,对于在土木之役中没有什么作为就死在战场上的英国公张辅、成国公朱能等大明高级将帅充满鄙薄的皇帝朱祁钰不得不遵循"祖制","命故太师英国公张辅子懋袭封英国公",并"给英国公张懋岁禄三千二百石,米钞中半兼支"(《明英宗实录》卷192,《废帝郕戾王附录》第10)。后于景泰三年(1452)五月又不得不"命故成国公朱勇子仪袭封成国公"(《明英宗实录》卷216,《废帝郕戾王附录》第34)。

皇帝朱祁钰的这种矛盾做法在客观上给自己的景泰朝政局造成了很大的麻烦。张辅死后,9岁的儿子张懋"自然"继承英国公爵位。"嗣公凡六十六年,握兵柄者四十年,尊宠为勋臣冠。"(《明史·张辅传》卷154)张辅有两个弟弟,次弟张軏先任神策卫指挥使,"正统五年,英国公(张)辅诉(张)軏殴守坟者,斥及先臣,词多悖慢。(正统)帝命锦衣卫鞫实,锢之,寻释。三迁至中府右都督,领宿卫。景泰三年加太子太保"。张辅的三弟张軏"永乐中入宿卫,为锦衣卫指挥佥事。从宣宗征高煦,又从成国公朱勇出塞至毡帽山。正统十三年以副总兵征麓川。还,讨贵州叛苗。积功为前府右都督,总京营兵"(《明史·张玉子张辄、张軏传》卷145)。

景泰二年(1451)九月,张軏"骄淫不奉法,尝私宫家奴二人。六科十三道交疏劾之。"景泰帝接到言官们的奏劾后当即下令将张軏下狱,因为考虑到犯事者既是皇亲国戚,又是功臣勋旧的后代,故诏令朝廷百官共审该案。最终大臣们鞫审判决,张軏所犯论法当发配辽东。景泰帝思虑再三,宽宥了他。但没想到这批被宠坏了的不知好歹的"军二代""军三代"不仅没有痛改前非,相反怙恶不悛,暗地里继续不断地使坏。(《明英宗实录》卷208,《废帝郕戾王附录》第26)

景泰七年(1456)十月辛亥日,提督大同军务左副都御史年富上奏说:"英国公张懋(张辅之子)、武安侯郑宏(跟随朱棣'靖难'后被封为武安侯的郑亨之孙,笔者注)各置田庄于边境,其守庄人以私干天城等卫官,索军丁耕种,岁以为常,有妨边政,请治懋、宏罪。"因为一下子要面对两个高官"军三代",景泰帝在节骨眼上有点把不住了,"诏姑宥之,所役军即令还官差操,再犯不宥"(《明英宗实录》卷271,《废帝郕戾王附录》第89)。

就在这样复杂矛盾的心态下,皇帝朱祁钰错过了一次又一次的全面整治改革机会,在有意又无意中将这些毫无廉耻的"军二代"或"军三代"以及奸佞小人,包括当时军中头号实权人物石亨及其子侄都提拔到了军界关键的岗位上。殊不知,这种含含糊糊的矛盾做法不仅在客观上给当时的景泰"中兴"大业制造了巨大的麻烦和隐患,而且还为自己及全力支持"中兴"改革的股肱大臣于谦等人招来了杀身大祸,这就是人们熟知的夺门之变。

● 夺门之变　群魔变天

夺门之变也称南宫之变。南宫就是前章里头讲到的景泰元年(1450)明英宗还京后被安置的地方,明代人对其正式的称呼为延安宫。(《明英宗实录》卷195,《废帝郕戾王附录》第13)正如景泰帝事前所疑虑的那样,皇兄,不,现在应该称为太上皇的回还确实给自己出了个不大不小的难题。优厚对待他?在我大明帝国最需要君主出来主持国政时,你皇兄却在瓦剌军营里头当俘虏,这是我大明的第一大耻辱;随后你又让也先押着在北疆边关上乱跑,到处喊着开门放你进来,甚至你还派人对守将郭登说:"朕与登有姻,何拒朕若是?"(《明史·郭登传》卷173)这哪像个一国之君,分明是个贪生怕死的软蛋,这是我大明的第二大耻辱;在大同城下赖着不走,几乎是哭着吵着让刘安、郭登等守将出城相见,见了后你不是让他们好好地守城,而是"命(从大同国库内)取二万二千两至,以五千赐也先,以五千赐伯颜帖木儿等三人,余散房众"。在干完了如此羞辱之事后,你居然一点也不心亏内疚,而是"谈笑自若,神采毅然"(《明英宗实录》卷181)。这是我大明的第三大耻辱……有这样的皇兄,不,当今的太上皇怎么能让人真心尊崇与优渥礼遇呢?再说自古道:天无二日,国无二君。无论从常理还是从自己的帝位稳固角度来讲,朱祁钰觉得最好的处置皇兄的办法就是淡化与冷却化,将他安置到皇宫较为冷僻的地方,再把他当年睡过的"美眉"一一送过去,让他们过过不受任何打扰的快乐生活。就是有一点很关键,为防患于未然,命令相关部门与相关人士,看紧一点,不让他们乱跑!

● 骨子里心软的景泰帝难以处理年纪轻轻的太上皇这个"烫手山芋"

其实景泰帝的这般处置没有什么值得过多非议的,任何当了皇帝的人都害怕且十分警觉地防备着任何潜在的皇权威胁者,景泰帝当然也不会例外。可大臣们却不这么想,他们认为朱祁镇再怎么说也是曾经的皇帝,如今虽然成了太上皇,但大家都曾是他的臣下,包括当今在台上的景泰皇帝本人,都应该要对曾经的皇帝尽礼遇之份。所以自朱祁镇还京接待的礼节讨论那刻起,朝廷中就有不少人与景泰帝的想法相左,主张要用当年唐肃宗迎接太上皇唐明皇的礼节来处理眼下的上皇南还,吏部尚书王直、礼部尚书胡濙就是这类人中的代表。(《明英宗实录》卷 195,《废帝郕戾王附录》第13)但这些人忽视了一个重要的辈分关系,唐明皇与唐肃宗是父子关系,父子关系再怎么说还是一个血胤里的事,而朱祁镇与朱祁钰是兄弟关系,两者之间有着不同的血胤。当然从大概念来说他俩是一家的,但从帝王专制的排他性与血胤相承的纯正性来讲,那是两家的。对于这一点,景泰帝朱祁钰似乎比其他任何人都清楚,不仅拒绝了王直、胡濙等人提出的厚遇太上皇回还的请求,仅相对简单地举行了一个礼仪,而且为了防止日后万一发生的紊乱,他就让回京的皇兄朱祁镇别居南宫即延安宫。至于原本宫中一大堆的漂亮"嫂子"们,也让人将她们送过去,陪太上皇一起乐乐,解解闷。

景泰元年(1450)十一月十一日是太上皇朱祁镇 24 岁的生日,礼部尚书胡濙等上请,是否让群臣们一起到南宫去向年轻的太上皇行朝贺礼? 皇帝朱祁钰答复:免了! 那年年底,礼部尚书胡濙又上请(这是胡濙等人的本分工作):马上就要过新年了,是否在元旦那天让朝廷百官们在给景泰帝行完新年庆贺礼后上南宫去,给太上皇朱祁镇行五拜三叩头礼？景泰帝的答复依然是否定的。(《明英宗实录》卷199，《废帝郕戾王附录》第17)实际上自这一年开始，凡是新年元旦和朱祁镇生日等，皇帝朱祁钰都不允礼部上奏向太上皇庆贺的请求。这也难怪景泰帝，一个活跳跳的年轻太上皇就在自己身边，自己的部下竟要跑过去向他称臣，这叫什么事？搁在哪个在台上的皇帝都会不乐意，除非那个太上皇就是自己的父亲。

○ 绣袋宝刀案——太上皇朱祁镇想复辟上台？

景泰帝提防哥哥的这份心思随着时间的推移后来逐渐地成为朝廷内外公开的秘密，一些想通过投机取巧谋得高官厚禄的奸佞小人知道后乘机生事，欲为自身青云直上开辟捷径。

景泰三年(1452)，锦衣卫指挥卢忠突然来到宫廷中，向尚衣监太监高平说，太上皇朱祁镇的近侍御用监少监阮浪密奉上皇之命，以绣袋、宝刀结交皇城使王瑶，图谋复辟帝位。高平得到消息赶紧上告。景泰帝听后大怒，立即下令将阮浪、王瑶逮捕，打入诏狱，严加审讯。(《明史·方技·仝寅传》卷299)

那么，这到底是怎么一回事？案件的"主犯"阮浪与王瑶之间究竟又有什么样的关联？

事情还得从那个叫阮浪的宦官之身世来历说起。永乐中期，英国公张辅(张玉之子)出征交阯，俘虏了一批交阯人，其中有一些长得很俊美的男童，张辅将他们挑选出来，阉割了，然后再送到明皇宫中做服役的小宦官。而在这些小宦官中以范弘、王瑾、阮安、阮浪四人长得最为俊秀，加上他们聪明、伶俐，很得永乐帝的喜爱。朱棣一高兴就给他们找来了先生，在宫中教他们识字。数年后，这几个俊美的小宦官通文墨，熟经史。朱棣知道后心里乐滋滋的，随后便让他们干些文案工作。(《明史·宦官一》卷304;【明】沈德符:《万历野获编·赐内官宫人》卷6)

范弘"涉经史，善笔札，侍仁宗东宫。宣德初，为更名，累迁司礼太监，偕英受免死诏，又偕英及御用太监王瑾同赐银记。正统时，英宗眷弘，尝目之曰蓬莱吉士。十四年(1449)从征，殁于土木"(《明史·宦官一·范弘传》卷304)。

王瑾"初名陈芜。宣宗为皇太孙时，朝夕给事。及即位，赐姓名。从征汉王高煦还,参预四方兵事,赏赉累巨万,数赐银记曰'忠肝义胆',曰'金貂贵客',曰'忠诚自励',曰'心迹双清'。又赐以两宫人,官其养子王椿。其受宠眷,英、弘莫逮也"。景泰中王瑾卒。(《明史·宦官一·王瑾传》卷304)。

"阮安有巧思,奉成祖命营北京城池宫殿及百司府廨,目量意营,悉中规制,工部奉行而已。正统时,重建三殿,治杨村河,并有功。景泰中,治张秋河,道卒,囊无十金"(《明史·宦官一·阮安传》卷304)。

相比于上述三个同入内廷的宦官兄弟,阮浪在政治上进步最慢。景帝当政时,他为御用监少监。俘虏皇帝明英宗南还后,阮浪受命入侍南宫。从明英宗的曾爷爷、爷爷到父亲再到明英宗朱祁镇,阮浪可谓是个历事四代帝皇的宫中资深宦官,他是看着朱祁镇长大的,因而两人关系本来就很熟,也很随便。如今被"圈"在南宫里头的明英宗再次看到"老奴才"阮浪服侍自己,鞍前马后地忙个不歇,他颇为感慨,心一软,就把自己身边的一个镶金绣袋和一把镀金的宝刀赐给了阮浪,以作谢意和奖赏。而阮浪是个政治上缺根筋的人,也难怪与同入宫廷当差的几个宦官兄弟相比,他在政治上差了一大截,人家当太监了,他还是个少监。按照今天话来说,他是个埋头干事不大拎得清政治风向的老实人。太上皇奖赏自己的东西,他拿了就直接"用"上了,天天挂在身边,也不懂得被人妒忌或忌讳,这下可好,惹出了大麻烦。(《明史·宦官一·金英传附阮浪传》卷304)

有个皇城使叫王瑶的见到阮浪得到了皇家御物,心里顿时羡慕死了,随即就拜阮浪为师傅,然后厚着脸皮向师傅讨要这镶金绣袋和镀金宝刀。阮浪可能脾气比较好,王瑶多次讨要弄得他实在不好意思,最终干脆就将它们赠送给了他。

再说王瑶也是个没有什么政治头脑的人,自从阮浪那里讨要到了皇家御物后,他时不时地在别人前面炫耀一番。一般人见了没在意,有个锦衣卫指挥叫卢忠的看到后心里顿时犯嘀咕:一个看门人竟然拥有皇家御物,这可是不得了的事情啊,到底是怎么一回事?卢忠想探一探其中的奥秘。有一天看到王瑶,卢忠假装热情地走了过去,并邀请他一起去喝酒。就在喝酒时,王瑶口无遮拦地将镶金绣袋和镀金宝刀的来历一五一十地说了出来。卢忠听完后,眉头一皱,计上心头,使命地给王瑶灌酒,不一会儿就将他给灌醉了。

看到醉死的王瑶,卢忠脸上露出了奸笑,随即偷走镶金绣袋和镀金宝刀,直奔老朋友高平家。一路上满脑子想到的是自己即将大贵大富的事情。不一会儿就来到高家门口,卢忠直奔里头,找到高平,便将自己的想法如此这般地一说。高平见了御物,"令校尉李善上变,言(阮)浪传上皇命,以袋刀结(王)瑶谋复位。景帝下浪、瑶诏狱"(《明史·宦官一·阮安传附阮浪传》卷304;《明英宗实录》卷278)。

事情发展到这一步,最令人头疼的是在诏狱中的案件"主犯"阮浪与王瑶两人始终不承认太上皇有什么谋反、复位之事。由此看来,若想要使得案件坐实,就必须得有关键性的证人。卢忠不是首先发现问题的呀,于是景泰帝命令卢忠出来作证。卢忠做贼心虚,听到皇命后吓得半死,这怎么作证啊?思来想去,他还是拿不准主意,干脆就到北京城里的"活神仙"瞎子仝寅那里走一回,让他给自己算一卦,看看到底该怎么办?(《明史·方技·仝寅传》卷299)

○ 本想通过告密而平步青云的锦衣卫头目没想到将自己弄成了"精神病"

仝寅早就听说了,这几天北京城里传得沸沸扬扬,突然有人来报,案件的关键证人卢忠上门了,他立马明白这是怎么一回事。

当卢忠摇完卦时,仝寅掐着指头,装模作样地算了一番,然后说道:"卢指挥,大势不好,你得的是凶卦啊,死不足赎!"仝寅的神算在北京城里是家喻户晓,想当年瓦剌大军在土木之变后气势汹汹地进犯北京,大有一口吃掉大明之势。有人吃不准该怎么办,就找仝寅来算了一卦。仝寅说:"别看瓦剌人不可一世的样子,骄兵必败。我大明军抗击外寇的士气正高昂着,一定能打败他们!"后来果然明军取胜了,这岂不应验了仝寅的预言,由此他的"神算子"大名传遍了北京城。再说那卢忠听完"神算子"仝寅对卜卦下的判词后,顿时吓得一身冷汗,该怎么办?锦衣卫的人脑子转得特别快,卢忠想到目前只有一条路可走,那就是装疯,疯得越厉害越好。

(《明史·方技·仝寅传》卷299)

景泰帝一听说卢忠疯了，简直就不相信自己的耳朵，怎么在这关键时刻一个好端端的人说疯就疯了？随即下令，重治这个锦衣卫指挥。这时内阁学士商辂、司礼监太监王诚跟皇帝说："卢忠可能本来就患有疯癫病，他原先的那些上告就不足为凭。算了，陛下就不要听信那些妄言，以免伤了和气和大局。"经这么一说，景泰帝的情绪稍稍缓和了一下，下令将卢忠打入诏狱，继续严加审讯，但最终也没得到什么所要的结果。为了给自己找个台阶下，朱祁钰后来给卢忠按了个别的罪名，将他谪官柳州。

再说案件的所谓"主犯"王瑶与阮浪在诏狱中可遭罪了，多次拷讯后，均无所结果，最终王瑶让人给凌迟处死，阮浪则被继续关押，但不久就病死于狱中。明英宗复辟后还算有点良心，认为阮浪是为己而受祸死的，追赠他为太监，并让文臣为其立碑作记。至于卢忠、高平等人后来则被明英宗极刑处死。（《明英宗实录》卷278；《明史·宦官一·阮安传附阮浪传》卷304；【清】夏燮：《明通鉴》卷26）

○ 奸佞小人想拍皇帝的马屁，结果将马屁拍在马脚上

虽然绣袋宝刀案最终成了一个"无头案"，甚至可以说是冤案，但就此案反映出的真实历史情景是，当时的景泰皇帝处于一种两难的境地，一方面对于皇兄有可能的复辟不得不严加防范，而另一方面自己也不能做得太过分、太过于露骨。但自古以来总有一些小人，自以为聪明，削尖了脑袋梦想得到当权者最好是当朝皇帝的赏赐，进而能平步青云。当时的刑科给事中徐正就是这样一个自以为是的奸佞小人。

景泰六年（1455）七月的一天，徐正与冠带军余汪祥谋密奏请。景泰帝听说后下令，在便殿上召见。徐正来到便殿，远远看见皇帝身边还有几个侍从，就马上禀告说，自己有机密事情要奏报。景泰帝听后立即示意左右侍从回避。徐正见到大殿上就他与皇帝两人，便开始讲了："太上皇临御日久，威德在人。沂王（指明英宗的儿子、已废的皇太子朱见深）常位储副，为天下臣民所仰戴，不宜居于南宫，宜迁置所封之地以绝人望，别选宗室亲王之子育于宫中。"没想到，徐正刚说完，景泰帝早已将眼睛睁得大大的，愤怒地指着徐正，连声吼骂："你真该死，真该死啊！"边骂着边将徐刑科给事中

给呵叱出了宫殿。而后他又下令,将徐正由刑科给事中贬为云南临安卫经历。即使这样,景泰帝还是怒犹未解,想要好好地惩治一下这样的奸佞小人,但又怕既刮风又下雨的会让朝臣们给惊扰着,于是改为派人暗中跟踪徐正。(《明英宗实录》卷256,《废帝郕戾王附录》第74)

○ 监察干部徐正到老相好家去销魂,景泰帝下令:将他谪充辽东铁岭卫军

要说这个徐正还真不是什么好东西,就像现在的某些"反腐"领导,在台上作报告大谈如何反腐,到了台下就肆意贪污,包"二奶""三奶"甚至"N奶",带头腐败。而当年身为监察干部的给事中徐正就是这样的官场作秀者。只见得他从皇宫出来后直奔京城内的老相好家,并在那里度过了好多个销魂之夜,至于皇帝将他贬官到云南的那道圣旨就如废纸一般。听到徐正"留恋淫妇家久不行",景泰帝忍无可忍地下令,将其打入锦衣卫大牢,在那里先给他好好地"教育教育",然后再将他"谪充辽东铁岭卫军"(《明英宗实录》卷256,《废帝郕戾王附录》第74)。

奸佞小人徐正之所以最终落得个充军的下场,很多人都说景泰帝虚伪,而徐正说得太露骨了,撞在枪口上,充当了"替罪羊"。这话不无几分道理,但也不全对。在笔者看来:

第一,徐正本身就为人不正,就像前文已述的永宣到正统、景泰朝时的那个名叫杨善的大臣,其实他人一点也不善。杨善为人太精,景泰帝没抓住他什么大把柄;而徐正太急功近利,说得也太露骨了,所以最终被严处,算他活该。

第二,徐正逆鳞的最大关键点可能在那句话"别选宗室亲王之子育于宫中"(《明英宗实录》卷256,《废帝郕戾王附录》第74),因为那时景泰帝死了独子朱见济近两年,他不停地在后宫"美眉"那里辛苦地耕耘着,但始终未有什么惊喜的收获,大概就在这时,他听信了宦官们的指点,引进了床上高手李惜儿等一些妓女,来为他排忧解难。谁说我景泰帝生不出儿子了,竟然要冒那么大的风险,将什么宗室亲王之子引进宫里来养育着,这岂不是咒我景泰帝将会无后吗?别忘了钟同与章纶大致也在这时候说了类似的话而遭到皇帝

的痛斥。

第三,虽说对于太上皇和已废皇太子朱见深所处的境况及景泰帝所面临的潜在危险之分析,徐正说得都很到位,但景帝朱祁钰与皇兄朱祁镇之间毕竟还是有感情的,皇兄即皇帝位的第二月即宣德十年(1435)二月就封了自己为郕王,(《明英宗实录》卷2)景泰元年(1450)八月皇兄从漠北南还后,不仅没有提出要皇弟朱祁钰归还帝位,而且还一直待在南宫里,这至少说明当时皇家兄弟俩之间的关系在面子还是过得去的,景泰帝当然不会乐意自己先将事情做得太绝,给人留下不仁不义、不孝不悌之口实。不过尽可能地切断或减少皇兄与昔日大臣们之间的联系,那是很有必要的,这就像一对分手了的老情人,一旦接触多了,很容易会旧情复发,且一发不可收拾。因此说景泰帝不允大臣们去南宫朝贺太上皇,不能算是什么错,也情有可原。至于那时在南宫里明英宗的日子过得怎么样?应该说还是过得去的。

● 皇兄悠闲玩玩美女,生了一窝龙仔;皇弟没命地干活,结果颗粒无收

第一,明英宗不是孤零零的下台皇帝,大明宫廷里头还有一心向着他的帝国最高隐形权威、"母亲"皇太后——孙太后,她会时不时地上南宫去看看宝贝儿子,顺便送些物用(《明史·后妃一·宣宗孝恭孙皇后传》卷113)。即便是景泰帝碰上了她,也奈何不了她什么。所以很多书上都说明英宗在南宫中生活如何之差,但我始终没有找到明代正史之记载。要知道《明英宗实录》是在朱祁镇复辟登位后确立的皇太子朱见深当政时编撰而成的,倘若真是景泰帝苛待了英宗一家人,这岂不是景泰帝的一大罪证?为何在后来不加以揭露、批倒、批臭呢?

第二,诚如前文所述,从朱祁钰的为人和他与皇兄关系来看都是说得过去的。生怕太上皇哥哥在南宫呆得闷,景泰帝将原本宫中的侄儿包括后来重新被确立为皇太子的朱见深(上文中徐正所言:"沂王……不宜居于南宫。"这说明当时朱见深陪同父亲一起住在南宫的,见《明英宗实录》卷256,《废帝郕戾王附录》第74)、侄女和"皇嫂"们都送到

南宫去,供哥哥与嫂子们一起多性福性福,尽享天伦之乐。朱祁镇入住南宫时刚好24岁,人们常说20岁的男人是"奔腾",有诸多的"奔腾"玩伴且本来就没事了的太上皇,自此以后就过着神仙般的生活,先是高淑妃为他生了五子秀王朱见澍,接着是后来被封为太后的周美眉为他生了六子崇王朱见泽,再是万宸妃为他生了七子吉王朱见浚。(《明史·诸王传四》卷119)至于床上运动出多少个公主,史料未载,估计也不会少。由此可见,在南宫的明英宗闲中带忙、舒舒服服又收获多多。

与皇兄悠闲自得相比,皇弟朱祁钰自从怀献太子死后就更加卖力地在后宫地里干活,起早贪黑甚至不分昼夜、不顾自身的身体,总想早早看到小皇子从那地里长出。就像民间有的夫妻老生不出孩子,越急越加班加点,结果还是白忙乎了。当年的景泰帝就是处于这样的状态。大臣中年轻书生钟同不懂这里边的奥秘,只看到当今第一领导太好色了,于是在上奏谏言里头除了那句带有了幸灾乐祸意味的"乃者太子薨逝,足知天命有在"外,还有一句"毋徇货色,毋甘嬉游"(《明史·钟同传》卷162;《明英宗实录》卷241),这句话说得直白一点的意思是,皇帝啊,你可不能成为好色之君,老贪恋美女的肉欲。钟同的朝中哥儿们章纶随之也说到了相同的话题,他要景泰帝注意"养圣躬","于深宫之内远美色,退声乐,以保养圣躬"(《皇明经世文编》卷47,章纶《养圣躬勤论政敦孝义疏》)。更糟糕的是章纶在"抗疏陈修德弭灾十四事"中还曾这般说道:"后宫不可盛声色。凡阴盛之属,请悉禁罢……孝弟者,百行之本。愿退朝后朝谒两宫皇太后,修问安视膳之仪。上皇君临天下十有四年,是天下之父也;陛下亲受册封,是上皇之臣也。陛下与上皇,虽殊形体,实同一人。伏读奉迎还宫之诏曰:'礼惟加而无替,义以卑而奉尊。'望陛下允蹈斯言。或朔望,或节旦,率群臣朝见延和门,以展友于之情,实天下之至愿也。更请复汪后于中宫,正天下之母仪;还沂王之储位,定天下之大本。如此则和气充溢,灾沴自弭。"(《明史·章纶传》卷162)

退朝后朝谒两宫皇太后;恭敬礼厚俘虏皇帝、太上皇,因为他"是天下之父也";复立废后汪氏;复立废皇储、侄儿朱见深为皇太子。章纶真是昏了头,一口气说了四件事,而这四件事中的每一件都可直刺朱祁钰的软肋。难怪景泰帝见到章疏后怒不可遏,对章、钟两人"榜掠惨酷,逼引主使及交通南宫状"(《明史·章纶传》卷162)。

其实景泰帝不是容不得臣下谏言的君主,即使是臣下进言时谈到一些他并不喜欢的话题,只要不是太过分,他一般都不予追究。前文说道,有个礼部郎叫孟玘的,"亦疏言复储事",景泰帝就没治他的罪。(《明史·钟同传附孟玘传》卷162)

景泰帝急于要龙仔,就沉迷于一个又一个美女的温柔乡中,但似乎又没得要领,欲速而不达,到头来不仅当了"朱白劳",而且还将自己的身体搞得严重透支。大约到景泰七年(1456)时,只有29虚岁的朱祁钰就已病歪歪了。

● 虚弱不堪的龙体与景泰帝的又一致命失误——代宗"运终"?

那年(1456)年底十二月二十八日,身体严重亏损的景泰帝估计自己在即将到来的新年元旦庆贺礼上没法长时间支撑下去,于是"以星变诏罢明年会元,令百官朝参如朔望礼"(《明英宗实录》卷273,《废帝郕戾王附录》第91)。其大致意思是,由于天变即上苍警告了,马上到来的新年元旦大型朝会、庆贺礼都取消,不搞了,太浪费钱财啊!百官朝参就按照朔望礼进行。诏旨下达后,礼科给事中张宁立即上言:"今当会同之岁,四方来觐者,皆秉志持忠,冀瞻天表。陛下忽发纶音,罢元会之礼,乃使其情已发而不伸,礼已行而中废。虽然陛下恭谨敬慎,诚奉天命,不遑顾及于此,但朝廷内外之人岂能悉晓陛下之心?疑似之间,必致讹言相传,有所惊讶。伏乞陛下惟勉顺旧章,俯全大礼,曲赐俞允。尤望明布诏旨,颁示群下,以昭陛下克谨天戒之心。"(《明英宗实录》卷273,《废帝郕戾王附录》第91)

张宁这番话的意思是,新年元旦马上到了,各地衙门长官们已经云集京师,正想在元旦行庆贺礼上一睹天颜。现在皇上突然降诏,罢停庆贺礼,说不定会引起某种不必要的恐慌。所以还是恳请皇帝陛下收回成命,委屈一下自己吧。

其实张宁是从国家政治稳定角度考虑问题,可他哪里知道当朝皇帝实在是有难言之隐——龙体欠安,力不从心。好在景泰帝反应

第4章 代宗运终 天顺复统

还算灵敏,随即回应张宁等廷臣:"悬象示警,人所共之。朕恭谨天戒,皆体古先圣王,及我祖宗所为以行。今此小臣必欲朕御朝受贺,不识大体,所言不允。"(《明英宗实录》卷273,《废帝郕戾王附录》第91)

廷臣的不解算是对付过去了,但在新旧年交替之际,作为一国之君你总不能老不露脸啊!景泰帝当时采取了这样的策略,能让别人代理的尽可能让别人代理。景泰七年(1456)十二月三十日即我们民间所说的大年三十,他派遣太子太师、武清侯石亨代行礼,祭祀太庙,"以明日正旦,遣官祭长陵、献陵、景陵;遣太常寺官祭五祀之行;遣旗手卫官祭旗纛之神"(《明英宗实录》卷273,《废帝郕戾王附录》第91)。

景泰八年(1457)正月初一即我们通常所说的大年初一,景泰帝穿着正装皮弁亲临奉天殿,命令百官们按朔望礼朝见,免庆贺礼,"上圣皇太后、皇太后俱免贺礼"(《明英宗实录》卷273,《废帝郕戾王附录》第91)。

就这样,在一切从简中,景泰帝对付过去了新年正旦的礼仪。但随后又有两个重要的礼节令他十分头疼:一个就是正月初六的新年祭祀太庙,按理说这样的祭祀应该由皇帝本人或皇太子代理,但景泰帝有苦说不出,到了初六那天只好还叫太子太师、武清侯石亨代行礼。(《明英宗实录》卷273,《废帝郕戾王附录》第91)

另一个重要的礼节也是要由皇帝亲自出面的,那就是正月十三日南郊大祀天地。祭祀天地之礼属于大祀礼中的第一祀礼。皇帝是天子,即上天的儿子,皇帝办公的正殿叫奉天殿,皇帝的诏书首语"奉天诏曰",而皇帝祭祀天地既表明他是秉承天命而治理天下的,又代表了天下万民向天地祈福,因此无论从哪个角度来讲都应该由皇帝亲自主行该大祀礼。

景泰八年(1457)正月初九日,朱祁钰拖着沉重的病体,亲临御奉天殿,"誓戒文武群臣致斋三日"。三日斋戒结束后的十二日,因为考虑到第二天要亲行大礼,朱祁钰只好带病夜宿南郊斋宫。转眼就到了十三日,可能是由于先前性生活过度了且又在南郊夜宿受凉,景泰帝开始咯血(按理说这些事之间好像并没有直接的因果关系,笔者注),他的病情急转直下。于是原定十三日当天的皇帝亲自主行的南郊祭祀天地大礼不能按计划进行了,朱祁钰又一次将太子太师、武清侯石亨叫了过来,在卧榻前当面授命他摄行祀事。石亨亲眼看到皇帝的病状,顿时心中窃喜。(《明英宗实录》卷273,《废帝郕戾王附录》第91)

大祀天地礼结束后,景泰帝回到皇宫中,并御临奉天殿,"命文武百官免行庆成礼"和第二天即正月十四日的庆成宴。(《明英宗实录》卷273,《废帝郕戾王附录》第91)

少保、兵部尚书于谦耳闻景泰皇帝咯血之事可能是在十四日了,获讯后他立马赶到皇宫里去上请问安。景泰帝听说是于谦来了,立即下令将他召到御榻前,并这般说道:"朕自即位以来一直谨守祖宗法度。昨天南郊大祀天地,承蒙祖宗暗中保佑,朕身体开始转安,于是就想亲行大典。可不曾想到,走了一趟南郊反受劳累咯血了。"于谦听到此,立即上奏安慰:"陛下圣寿永远,还请多保重。更何况陛下敬天法祖,上天必定会默佑圣体平安万福!"景泰帝听后甚为开心,随即说道:"托于爱卿吉言,到后日朕当视朝了。"而后于谦告辞出宫。(【清】丁丙:《于公祠墓录·年谱》卷5,P217)

◉ 皇储复立的曲曲折折与景泰帝的回天乏术

礼部衙门掌部事少傅兼太子太师、礼部尚书胡濙等听到景泰皇帝咯血的传闻后,立马意识到问题的严重性,也于十四日具疏问安,且上请道:"皇上日亲万机,未建储副,无由助理,致劳圣躬。伏乞早选元良为皇太子,以慰宗庙、社稷、臣民之望。"景泰帝接奏后下诏:"卿等忧宗庙、爱君之心,朕已知之。但今失于调理,所请不允。"(《明英宗实录》卷273,《废帝郕戾王附录》第91)

当天还有在京衙门的官员听说皇帝龙体欠安的消息后也纷纷来到左顺门问安。左都御史萧维祯、左副都御史徐有贞即徐珵率领了十三道监察御史一起赶来。大家来到左顺门口时刚好碰到太监兴安从里头出来。看到呼啦啦的一大堆人,兴安惊讶地问道:"你们都是些什么官呀?"萧维祯回答说:"我们是都御史、六科给事中、十三道监察御史、五府六部堂上官。圣体不宁,谨来问安。"兴安听完后用手做了一个十字形,意思是景泰帝病得不轻,可能活不过十天。随后他又这般说了:"像你们这些都是朝廷的股肱耳目,却不能为社稷计谋,天天问安又有什么用呢?"众臣听后惶惶而退。

萧维祯和徐有贞带了一大帮子监察御史退回都察院后,商量着怎样向景泰皇帝提出立储的建议。萧维祯首先说道:"今天兴安的话,大家都明白什么意思?"御史们说:"皇储一立,无他患矣,请早立之。"随后众人七嘴八舌地议论起如何起草奏疏来,最后拟定而成:"圣躬不宁,内外忧惧,京民震恐,盖为皇储未立,以致如此。伏望皇上早建元良,正位东宫,以镇人心。"(【明】杨瑄:《复辟录》)

奏疏起草后由萧维祯、徐有贞带上,随后他们来到了左掖门,参加了由礼部尚书胡濙主持的议立皇太子的会议。朝廷文武群臣包括当时的头面人物石亨、张軏、张𫐄、于谦、王文、杨善等都到场了,大家讨论着还是要立废太子朱见深为皇储。(【明】杨瑄:《复辟录》)

当时身为兵部侍郎、后来在天顺、成化朝成为名臣的李贤也参加了这次会议。他轻轻地问身边的翰林学士萧镃:"你看应该怎么立皇储呢?"萧镃不假思索地回答:"既退,不可再立",即反对复立朱见深为皇储。在旁的王文说道:"今只请立东宫,安知朝廷之意在谁?"(《明史·萧镃传》卷168;《明史·王文传》卷168;【明】李贤:《古穰杂录摘抄》)

但大臣中的大多数人还是主张复立朱见深为皇储。礼部尚书胡濙边听边落笔,没多久就将奏稿拟好了,随后便是各衙门长官依次一一签字。萧维祯忽然想起了什么,举着毛笔说:"我要改一个字",随即将"早建元良"的"建"改为了"择",并得意地跟人说:"吾带也要换了",即我将要升官了。

再说景泰帝接到奏稿后,这样下旨道:"朕这几日偶染疾,是以不曾视朝。待正月十七日早朝,请'早择元良'一节难准。"(【明】杨瑄:《复辟录》)

将"早建元良"改为"早择元良",意思就大变了,也就是说,将要立的皇太子就不一定是废太子朱见深。于是朝廷上下议论纷纷,"人皆曰此非复立之意",甚至有人谣传"王文、于谦已遣人赍金牌敕符,取襄王世子去矣!"(【明】李贤:《古穰杂录摘抄》;【明】杨瑄:《复辟录》)

再说接到景泰帝拒绝大家议立皇太子的诏旨和听到宫中有人遣使外取藩王之子入宫的传言后,朝廷各部院大臣和科道官们纷纷焦急忧虑,与监察御史钱琎、樊英同说:"我们应当再上请!"

正说着说着,聚集的朝臣越来越多,大家一起在礼部议论着,最终一致推举连中"三元"的翰林学士商辂主笔,再次草拟奏疏,上请景泰帝,其疏文大致这么说道:"天下者,太祖、太宗之天下,传之于宣宗。陛下,宣宗之子。宣宗之孙,以祖父之天下传之于孙,此万古不易之常法。"(《明史·商辂传》卷176)疏文正文起草好后,随即便是各大臣签名,但因为姓氏众多,字画多讹,一直弄到了正月十六日很晚时候才完成。疲惫不堪的大臣们认为,今日就让人先上报给了朝廷,"明日对伏陈进,亦无害也"(【明】杨瑄:《复辟录》)。于是奏请稿本就留在了同为礼部尚书的姚夔处(《明史·王直传》卷169;【明】王锜:《寓圃杂记·英宗复辟》卷1)后来成化年间已为冢宰的姚夔曾拿出了当年疏文底稿给郎中陆昶看,并颇为感慨地说道:"朝廷本无事,但庸人扰之。(于)谦亦无迎藩之谋,特以此诬于谦辈之死耳。"(《明史·王直传》卷169;【明】王锜:《寓圃杂记·英宗复辟》卷1)

明代文人王锜曾对此一语中的地说道:"诸臣中有一人泄其议,其贪功喜事若曹、石诸人知之,遂亟造谋。"这话意思是,有那么多的朝臣在一起议定的大事情,谁能保障没有一两个人泄露秘密呢!而像石亨、曹吉祥等类的无耻小人为了自身的荣华富贵,一旦听到了风声,便会铤而走险,造谋政变。

而对于这一切,于谦、商辂等一大批文臣官僚却毫无警觉。

● 以石亨、张轨等为首的高级武官、"军二代"和奸佞小人密谋政变

再说当时密谋政变的第一号人物石亨,前文已述,他本身是个没什么德行的小人,是靠着于谦的大力推荐和景泰帝不计前嫌与大胆任用、擢升才得以封侯的,可他毫无感恩、忠诚之心,总想着自家大富大贵。景泰八年(1457)正月十三日,代行大祀天地之礼前曾受到皇帝特别召见,当看到当今天下第一人竟病成了那个样子,他顿时一阵暗暗狂喜,心想:这不是千载难逢的好机会!

石亨,陕西人,长得身材魁梧,高高大大,美髯过膝,是个标准的美男子。他的侄儿石彪可能是遗传家族基因的缘故,不仅身体

彪悍，而且也有过膝美须。有一次石亨、石彪叔侄俩上酒肆去喝酒，有一个相面的看到后十分好奇地说："当今为承平之世，两人为何有封侯之相？"（《明史·石亨传》卷173）

说者无心听者有心，自那以后石亨一直纳闷：我叔侄何以飞黄腾达？我在景泰之初就已被封侯了，可侄儿石彪还没有呀？眼见着当朝皇帝病快快的，他突然间眼睛一亮，这岂不是老天有意眷顾我们老石家吗？石亨这么想着，内心变得亢奋不已。参加由礼部尚书胡濙主持的议立皇太子的左掖门会议回去的路上，他与都督张𫐐、左都御史杨善、太监曹吉祥走在了一起，几个人嘀嘀咕咕地私下议论起来。石亨说："好多人都主张重立废太子朱见深，依我看，还不如请太上皇复辟，这样我们大家也好建功立业！"张𫐐、杨善、曹吉祥一听到这话顿时就来劲，异口同声地说好。但究竟怎么实施这个阴谋？几个人心里都没底，于是就想到素以谋略著称的太常寺卿许彬，看看他有何高见。当石亨、张𫐐等来到许家一说出这事，许彬当即就说："此乃不世功勋。我许彬老矣，没能力了。徐元玉（即徐有贞）善于奇谋，你们何不上他那里去密议一番？"（《明史·许彬传》卷168；《明史·徐有贞传》卷171）

徐有贞即前文讲过的徐珵，此人是个多面手的才子，可人品不咋样，总以为自己是诸葛再世，可老天爷似乎不睁眼看看，这样的才子老憋屈，仕途不畅。先前因"创南迁议为内廷讪笑，久不得迁"，官场考课两考才得由六品的侍讲进为从五品的右谕德。他曾送给大学士陈循一条玉带，并恭维道："陈公身上的佩带马上要换成玉的了。"后来陈循果然被景泰帝加官为少保，顿时大喜，随后他便几次向朝廷推荐了徐有贞。但景泰初年皇帝朱祁钰用人大多听取于谦的建议，所以徐有贞等了好久，最终也没等到什么好消息。不过他经过一段时间的细心观察，也逐渐明白了，要说在当今朝廷上说话能管用的当属于谦。于是他转向于谦游说，说自己想当国子监的祭酒，即第一大学的校长。于谦听后也没多想，只觉得凭着徐有贞的学问，当个第一大学校长还是绰绰有余的，所以他就向景泰皇帝做了推荐。景泰帝听说后愣了一阵，随后问道："于爱卿，您讲的徐珵（当时徐有贞还没改名）是不是那个倡议南迁的徐珵？那个人虽然有才，但心术不正，为人倾危，让他去当国子监的祭酒，我大明帝国第一大学里的学生还不得全让他给教坏了!"于谦听到这里,只好作罢,且事后再也没与徐有贞说什么。而徐有贞却不知情,还认为是于谦在皇帝面前说了自己的坏话,自那以后便对他怀恨在心。有一次他找了个机会,将心中的小九九跟陈循说了。陈循听后劝他改名,于是徐珵就改名为徐有贞。(《明史·徐有贞传》卷171)

景泰三年(1452),"河决沙湾七载,前后治者皆无功。廷臣共举(徐)有贞,乃擢左佥都御史,治之"。景泰七年(1456)秋天,黄河水利工程修筑完成,徐有贞还朝。景泰帝亲自接见了他,"奖劳有加,进左副都御史"(《明史·徐有贞传》卷171)。但是,徐有贞还不满足,总以为凭自己的才干就该当更大的官职,甚至是封侯。

景泰八年(1457)正月十四日,当石亨、张𬭎等人突然造访徐府刚说完来意后,徐有贞立即表现出大喜过望,随后诡异地说道:"石兄,你们可曾听说外面传言:于谦和王文已经秘密派人前往长沙去迎立襄王世子?还有人说当今天子已经知道你们的秘密事情,将于十七日早朝时抓你们几个。"(【清】夏燮:《明通鉴》卷27)经这么一激,石亨、张𬭎等人当场表现出极度的惊讶,随即问道:"那怎么办?"徐有贞说:"那还用我说吗,你们进来时不是已经想好了策略。"石亨、张𬭎等人听后更加迷糊了:"我们正因为不知道如何下手才来问你的。"徐有贞边听边捋了捋胡须,眯着眼问了:"诸位所谋之事,内宫太后和南宫太上皇可知晓?"张𬭎说:"南宫那边已经派人秘密通知了。"徐有贞继续故作深沉地说:"这事要两头都联系好,一定要得到确切的回音才好行动。"(【清】谷应泰:《明史纪事本末·南宫复辟》卷35)而后这些人又开始讨论起具体的行动方案。曾经为于谦所竭力推荐的提督操练右都御史罗通献计道:"诸位还记得,皇上今日诏旨里头不是说十七日早晨临朝吗?我们就乘着早朝的机会下手!石总兵官(指石亨)、张都督(指张𬭎)和罗某等就在那时领兵混同守御官军进入南城,迎太上皇出宫,夺门入登宝位。"石亨听到这里,连声叫好,并说:"这些事必须在三日内完成,要是拖过十七日早朝,那就一切晚矣!"(《明英宗实录》卷274)张𬭎、杨善、罗通等人连连称是。一晃时间已经很晚了,大家正想散去,徐有贞突然说道:"内宫孙太后那头还没有落实!"太监曹吉祥听到这话当即表示,由他利用宦官的身份秘密上报上去。(《明史·后妃传一》卷113)

● 躲在幽深处的孙皇太后下发密旨,给群魔发动政变提供合法外衣

要说孙太后这女人也不简单,想当初,她的宝贝"儿子"当了瓦剌人的俘虏,她就与儿媳妇钱氏钱皇后瞒着满朝的文武大臣,偷偷地将大明宫中宝贝弄了整整八大车,交由心腹送给瓦剌也先,想以此来换回宝贝"儿子"。哪想到塞北的"绑匪"太不信守诺言了,就是扣着"肉票"皇帝不放。万般无奈之下孙老美女只好让正统皇帝的弟弟朱祁钰监国,但为了防止万一之万一,她又火速将宝贝"儿子"正统帝的庶长子立为皇太子(《明英宗实录》卷181)。

没想到后来时局失控了,自己不得不允准大臣们的奏请,让朱祁钰登基即位,可她的内心却始终充满了对非正宫出生的新皇帝的敌视,总觉得这个"N奶"地里长出来的龙仔当皇帝不够格,说到底她就怕自己失去皇太后的尊崇地位,降格到与老皇帝偏室"N奶"吴贤妃平起平坐的境地。而后来事态的发展又恰恰证实了她事先的顾虑,景泰帝一直也没把她太当回事。至于孙太后在景泰时期为何没有更多地直接出来干政,一来她怕人指摘她违背后宫不得干政的祖制;二来景泰帝领导全国军民力挽狂澜,拯救帝国,"中兴"大明(当朝人用语"赫然中兴",见《明史·钟同传》卷162),若要想废掉他,还真没有什么合适的罪名啊! 只能忍一忍,等一等。

这一等就是七年多,而今听说那个左看不舒服、右看不顺眼的朱祁钰居然大病不起,孙太后顿时就来劲,开始活动活动心眼,如何再帮宝贝"儿子"明英宗一把。巧了,现在宦官曹吉祥前来秘密通报,石亨、张𫐄等人准备发动政变,迎南宫里的太上皇出来复辟,这是求都求不来的事情,岂有不同意、不配合之理? 孙老美女立即颁下秘密懿旨,说:"天子疾大渐,殆兴,天位久虚。上皇居南内于今八年(虚的八年,笔者注),圣德无亏,天意有在。以奸臣擅谋,闭而不闻,欲迎立藩王以承大统,将不利于国家。(石)亨等其率兵以迎。"(【明】黄光昇:《昭代典则》卷16)

多么冠冕堂皇的理由,什么皇帝病重将终,什么天位久虚,随后孙老美女说得更是不着边际,什么上皇圣德无亏,什么天意有

在。一个当了北虏俘虏且还卖过国的皇帝居然是圣德无亏？自古以来我们传统社会就流行着的这样的法则：谁有权，"真理"似乎就掌握在谁的手里！虽说大明祖制规定：皇太后等后宫之人不得干政，但到了"转折"时期，皇太后的懿旨常常会高于皇帝的圣旨。景泰八年(1457)初，石亨、张𫐄等人发动的这场政变，说到底纯粹是一小撮奸佞小人出于个人和小集团的私利而蓄意构起的谋逆之举，可正因为有了孙太后的懿旨，让这群魑魅魍魉的罪恶之举披上了合法的外衣。不仅如此，孙太后还指使自己娘家的两个弟弟率领家人和兵丁数十人参与了这场夺门行动。据天顺复辟后的孙太后大弟弟、会昌侯孙继宗上奏朝廷的奏文所言："正月十七日早，臣(指孙继宗自己)同总兵官忠国公石亨、太平侯张𫐄、文安伯张𫐄及臣弟显宗率领子侄甥婿、义男、家人、军伴四十三人，各藏兵器，夺取东上门，直抵宫门，恭请皇上复登大宝。"(《明英宗实录》卷275)

对此，天顺初年翰林院侍读学士钱溥和兵部尚书陈汝言也曾在奏文中坦然说道："复辟时非太后有诏，谁敢提兵入禁门者！"(【清】毛奇龄：《胜朝彤史拾遗记》卷2)夺门之变最大受益人明英宗在天顺元年(1457)十二月跟内阁阁臣李贤也大致说过类似的话："朕惟母后恩深，无以为报。况朕居南宫七年，危疑之际，实赖保护。今又定策禁中，俾朕复位。"(《明英宗实录》卷285)

由此看来，正因为有着孙太后的支持，石亨、张𫐄等群魔才敢肆意妄为，竟在宫廷禁中铤而走险。景泰八年(1457)正月十六日夜，正是于谦、商辂等文臣经过长时间讨论最终完成起草恳请复立东宫奏疏后各自散去之际，武清侯石亨、都督张𫐄、张𫐄，左都御史杨善，太监曹吉祥等乘着夜晚有利时机，又来到了徐有贞家，进一步落实具体行动步骤。石亨一见到徐有贞就兴奋地说："太后那边有回音了，南宫也已做好了准备，徐兄吩咐，我们如何行动？"徐有贞神神叨叨地登上了屋顶，观察天象，然后从屋上爬了下来，轻声地说道："时辰已到，机不可失时不再来，马上我们一起行动……"(《明史·徐有贞传》卷171；《明英宗实录》卷274)

● 夺门之变，英宗复辟，忠良遭陷，景泰终结，"中兴"歇业

景泰八年(1457)正月十六日深夜三更时分，北京寒风刺骨，除

了值班外,京师的人们都沉睡在温暖的梦乡之中。不过与此形成鲜明对比的是,夜幕中一个个魑魅魍魉从高悬"徐"字的府宅中闪出。只见得一个脸上挂着长长美须的将帅,领着几个也是军官打扮的人,疾步来到京城卫队,轻轻地发出"出发"的命令,随即便将部队开往明皇宫方向去。他就是后来在明史上有名的宫廷政变主角石亨,身边的几个军官就是张𫐐、张𫐓、孙继宗、罗通等。

○ 乘着景泰帝病重,发动夺门之变,堂堂大明帝国人上人竟像一群活闹鬼

石亨大规模地调兵不免要有所惊动,不过好在他与其他政变主角张𫐐等人事先已经找好了借口——当时北疆刚好有急报传抵京城,说是有部分北房人在边疆上晃悠,大有入侵之势。所以行动之前在徐府密谋时徐有贞就特别叮嘱石亨、张𫐐,要是有人问干嘛调兵?就说北疆有警,调兵是为了应对非常形势。由此,大批的军队开始进入皇宫内。(《明史·徐有贞传》卷171)

只见得石亨拿了皇城门钥匙,走在军队的前面,直接向着南城方向进发。大约在四更时分来到了长安门,打开门匙,一下子放入1000余军士,随后进入宫城。一进入门内,他立即将门反锁,以防止外面来兵。就在这时,天色突然晦冥,本来就做贼心虚的石亨、张𫐐等见到天变,顿时就惶惑不安,打着颤音问身边的徐有贞:"我们做的事情能成功吗?"徐有贞大声喊道:"一定能成功!"随即催促他们迅速前进。没一会儿就来到了南城,也称南宫。(《明史·徐有贞传》卷171)

南宫宫门禁锢着,实在没法打开。徐有贞命令军士们翻墙进去,然后内外合力,毁门而入。太上皇朱祁镇听到外面喧闹声,点了蜡烛,出门相迎。徐有贞、石亨等人立即爬到地上,请太上皇复登大位,并喊着军士们赶紧将事先准备好的辇舆推过来。军士们把辇舆推到明英宗跟前就不知所措。这时徐有贞乘机好好地表现了一番,亲手扶着明英宗登上辇舆,等他坐稳了,立即命令军士们推着走,他自己则手挽辇舆一路随行。(《明史·徐有贞传》卷171)

说来也奇怪,这时的天空忽然开朗起来,星星与月亮都露脸了。明英宗高兴地坐在辇舆里头,问起一路随行诸人的姓名,各人

都一一自报。等走到东华门时,守门人挡着不让进,辇舆里的明英宗听到后立即发话:"朕乃太上皇帝也!"守门人一听到这话赶紧溜了。明英宗一行随即继续向前,没过几分钟就来到了奉天门。有人在外一说奉天门到了,明英宗就迫不及待地从辇舆里爬了出来,徐有贞、石亨等赶紧弯腰扶着他在奉天门落座。众人见此,立即跟着徐、石等人高呼"万岁!"这时天已经蒙蒙亮了。(《明史·徐有贞传》卷171)

再说,这一天本来讲好景泰帝是要临朝视事的,所以朝廷百官们一大早都待漏阙下。忽然听到殿中一阵呼噪声,正惊愕之际,各门一下子又全开启了。只见徐有贞大步走了过来,对着同僚群臣大声喊道:"诸位,太上皇帝复位了,大家赶紧去朝贺!"百官们听后一时震惊,有几个反应快的最先走了过去,其余的都集体无意识地挪动了脚步,陆陆续续地跟着,来到了明英宗跟前,当即行五拜三叩头之礼。(《明史·徐有贞传》卷171)

大礼刚毕,明英宗就谕百官们:"卿等以景泰皇帝有疾,迎朕复位,众卿仍旧用心办事,共享太平。"群臣皆呼"万岁!"(《明英宗实录》卷274)

此时喜出望外的朱祁镇头脑里早就没了当年从漠北南还时许下的誓言:"朕得南还,就令朕守祖陵或为庶人,亦所甘心!"(《明英宗帝实录》卷194,《废帝郕戾王附录》第12)有的是政治场上权力野兽之间争分夺秒与你死我活的争斗。

就在滑稽、喧闹中如小孩子玩游戏似地玩完了复辟登基简礼之后,朱祁镇来到了文华殿,马上"命徐有贞兼翰林院学士,于内阁参与机务,召内阁臣、少保兼太子太傅、户部尚书、华盖殿大学士陈循等面谕之,遂命循等与有贞俱就文华殿左春坊草宣谕"。没多一会儿,诏谕草拟好了,徐、陈上呈上去。朱祁镇看后觉得还不错,就交予礼官到午门正式宣读,其文曰:"上皇帝宣谕文武群臣:朕居南宫,今已七年,保养天和,安然自适。今公、侯、伯、皇亲及在朝文武群臣咸赴宫门,奏言:当今皇帝不豫,四日不视朝,中外危疑,无以慰服人心,再三固请复即皇帝位。朕辞不获,请于母后,谕令勉副群情,以安宗社,以慰天下之心。就以是日即位,礼部其择日改元,诏告天下。"(《明英宗实录》卷274)

什么？复辟皇帝诏书中说当今皇帝景泰帝身体不适,有大臣再三恳请太上皇出来复辟？且早已上请了孙皇太后,这些事都是真的吗？百官们听完宣谕后内心充满了狐疑,但谁也不敢当场质疑,只是"本能"地按照礼官们的导引,一一整齐冠带,然后再到奉天殿,参加朝贺明英宗朱祁镇的复辟即位大典。不过,这时已是景泰八年(1457)正月十七日的中午了,也是从这一天开始,大明帝国纪年改为天顺元年(1457),景泰统治灰飞烟灭,"中兴"大业戛然而止。(《明英宗实录》卷274)

再说那犹如一群活闹鬼导演的复辟即位大典之戏刚刚演完,朱祁镇又穷凶极恶地下令,在朝贺班列的群臣中当廷逮捕少保兼太子太傅、兵部尚书于谦,少保兼太子太保、吏部尚书、谨身殿大学士王文,并派人火速赶往内廷,逮捕司礼监太监王诚、舒良、张永、王勤等,然后将他们全部打入锦衣卫狱中。(《明英宗实录》卷274)几乎与此同时,他又"升太常寺卿许彬为礼部右侍郎兼翰林院学士,于内阁参与机务。彬素与武清侯石亨等交密互是,亨等荐之也";"升都察院左副御史兼翰林院学士徐有贞为兵部尚书(接替于谦兵部尚书之职,笔者注),兼职视事如故";"命召太子太保、安远侯柳溥,广宁伯刘安,都督佥事毛忠还京";"调锦衣卫指挥曹敬、林福于武功中卫"(《明英宗实录》卷274)。

明英宗复辟一上台就发出了如此多的谕旨,其目的十分明确,就是要将朝廷上下迅速地掌控在自己的手中,但局势是否安稳还得要看文武大臣们,特别是那些实力派的态度显得尤为至关重要。定襄伯郭登就是这类实力派的最为典型的代表。

○ 景泰朝唯一大发光彩的"军三代"郭登原来是条变色龙

前章我们讲过郭登,土木之变后,国难当头,镇守大同的军事首领郭登坚决贯彻景泰朝廷的"社稷为重"指导思想,几次拒绝俘虏皇帝朱祁镇提出的包括入城在内的无耻要求,打退了瓦剌军的疯狂进攻,为大明帝国的转危为安立下了大功,时人赞誉"内有于谦,外赖郭登"。从那时的情势来讲,为了保家卫国和中兴大明,不仅仅是"救时宰相"于谦得罪了朱祁镇,就是边疆大帅郭登也已大大地冒犯了昔日君主的龙颜,属于罪不可恕的那一类。但景泰八年(1457)正月十八日,即夺门之变发生后的第二天,镇守北京西北数百里外的大同总兵官郭登匆匆上章,进言八事。他首先旗帜鲜明地表态,自己支持政变,并把政变后的情势竭力美化为"新天下","方今四海臣民思慕圣德,甚于饥渴",人们听到上皇您复辟的消息无不"欢欣鼓舞",由此他建议复辟皇帝马上改元,不必等到明年,又"伏请建元以隆万年之统,就于本日建立东宫,其余皇子当封王者,亦乞封建,以崇本支藩辅之盛";鉴于杨善在奉迎车驾和南宫复辟两事上所作的"回天转日之功,亘古无比",他"乞将(杨)善升以公、侯之爵,荣以师、保之位";至于政变骨干分子右都督张辄、会昌伯孙继宗等,要么被吹捧为"性资刚直,人皆敬服",要么被美化成"忠厚淳实,沉静有为"……总之,这些发动或参与政变的原为大逆不道之人,在郭登的眼里一下子变成了大英雄、大功臣,应"量加升擢",并让他们与安远侯柳溥同管军马;而像先前尽心尽力服侍明英宗的锦衣卫校尉袁彬和"直言触忤时讳"的礼部郎中章纶等就应当予以大力褒扬和奖赏。(《明英宗实录》卷274)

郭登摇尾乞怜、阿谀多多,凡是景泰朝赞成的,他现在要坚决反对;凡是景泰朝反对的,他现在要坚决拥护。可能是完全继承了他家郭老爷子郭英的那副德性,这个郭氏子孙始终都能与中央朝廷保持着高度的一致,将良心、忠诚和道德操守当作垃圾,想扔就扔;至于这样做是不是意味着出卖与背叛了朱祁钰、于谦等景泰君臣,他可管不着。

再说复辟皇帝朱祁镇接到这样的"政治表态"上章真要捏住鼻子偷着乐,这是求也不一定能求得到的大好事,于是答复:"石亨、柳溥、张辄、杨善,朝廷自有处置;孙继宗、显宗系勋戚,不许干预军政;袁彬升锦衣卫指挥佥事,各处巡抚等项官不必动,余令该衙门计议行之。"(《明英宗实录》卷274)

事情到此还没有打住,郭登是当年景泰初元与于谦一外一内闻名的文武大臣,配合默契。现在郭大帅突然"阵前倒戈",则意味着他与于谦及景泰帝等分道扬镳了,这样不仅一下子将景泰帝与于谦等人给彻底地孤立了起来,而且还给"夺门"政变者吃了一颗定心丸。由此而始,石亨、徐有贞等更加大胆地加紧策划,欲置于谦等人于死地而后快。

○ 奸佞小人徐有贞、石亨等以"莫须有"的罪名陷害于谦、王文等忠良

那么究竟以什么样的罪名来给景泰"奸党首恶"分子于谦等人定罪呢？说他倡言"社稷为重"，置太上皇生死不顾，这可能会使明英宗从心底里恨透了于谦，但在公开说辞上也会让复辟皇帝颜面丢尽，那可不好了；说于谦在迎回太上皇一事上很不积极，甚至暗中还反对，可这样的谣言太勉强、也太露骨了。思来想去，绞尽脑汁，石亨、徐有贞等人始终没能在于谦身上找到什么合适的突破口，最后决定还是从王文那里下手，然后再想办法将于谦牵进来。

徐有贞脑子活络，很快就想起了不久前发生的重新立储之事，嗨，就从这里入手。第一，明英宗之子朱见深的皇太子之位无故被废，景泰帝即使在无法再弄出自己皇子来立储位的情势下还一拖再拖，不肯让侄儿复位，这让他的皇兄明英宗很是反感；第二，废除朱见深的皇太子之位时于谦虽然没有明确支持易储，但也不曾站出来公开反对，其态度很暧昧，就以这样"语焉不详"、似是而非之事来做文章，容易"做大做强"；第三，景泰帝死了独苗苗后，大臣们几次提出立储或复储，于谦都没有明确表态。有人谣传他与王文等密谋迎立外藩入内，这可是大逆不道啊！至于大逆不道的证据，要说有就有，"莫须有"么，谁能来证明谣言的真实性呢？在经过一番精心策划后，徐有贞、石亨等人就暗暗地授意给了朝廷言官们。

再说此时的言官们在目睹了心惊肉跳的宫廷政变和经由两天的细细琢磨，终于大大地提高了政治觉悟，原本正统时期十分盛行、景泰时期又没有得到很好清理的"犬儒主义"，在这节骨眼上受到政治变局的影响而再次开始大行其道。夺门之变后的第三天，即天顺八年（1457）正月十九日，景泰朝六科给事中们为了能与新朝廷中央保持高度的一致，向复辟皇帝明英宗这般上章奏劾："王文、于谦内结王诚、舒良、张永、王勤，外连陈循、江渊、萧镃、商辂等，朋奸恶党，逢迎景泰，易立储君，废黜汪后，卖权鬻爵，弄法舞文。乃者，景泰不豫，而文、谦、诚、良等包藏祸心，阴有异图，欲召外藩入继大位，事虽传闻，情实显著。且王文党古镛、丁澄，于谦党项文曜、蒋琳及俞士悦、王伟辈，皆愍邪谄佞，国之大蠹。乞将谦、

文等明正典刑，循等诛其一二，余悉屏之远方，以为不臣之戒！"十三道监察御史闻风亦不甘落后，立即上劾俞士悦等贪刻恺佞，"并劾右通政殷谦为于谦党，侍郎张敏、通政使栾恽昏耄尸位，侍郎宋琰、少卿陈贽党附进身，俱乞黜逐之"（《明英宗实录》卷274）。

言官们的奏劾实在耐人寻味：第一，将景泰"奸党首恶"的名次做了调整，王文打头，于谦等随后被牵入。王文在景泰朝做事得罪的人很多，这样上章奏劾就很容易将其孤立起来。第二，给王文、于谦等景泰"奸党首恶"安的罪名是"朋奸恶党，逢迎景泰，易立储君，废黜汪后，卖权鬻爵，弄法舞文"，这样一来，内则将朱祁钰内廷的心腹王诚、舒良、张永、王勤，外则把景泰朝的内阁部院大臣都能一网打尽。第三，给王文、于谦等景泰"奸党首恶"寻找到的犯罪证据是"包藏祸心，阴有异图"、"事虽传闻，情实显著"，这样的说法模棱两可，就如当年大明老祖宗朱元璋处死丞相胡惟庸那般，"惟庸既死，其反状犹未尽露"（《明史·奸臣·胡惟庸传》卷308）。第四，将一些所谓的"恺邪谄佞，国之大蠹"如古镛、丁澄、项文曜等人拉出来，与于谦、王文等搅在一起，搅浑这潭水，模糊人们的视线。第五，弹劾于谦、王文的朋友和相近的同僚，意在告诫人们要与他们划清界限，以此来最大限度地打击所谓的景泰"奸党"。第六，明确提出要把于谦、王文等"明正典刑，陈循等诛其一二，余悉屏之远方，以为不臣之戒"。这后半句说白了就是警告人们，必须与新中央朝廷保持高度的一致，否则于谦、王文等人的下场的就是你们这些不臣之人的未来结局。真可谓杀气腾腾。

不过好在当过十四年皇帝的明英宗还能"顾全大局"，听到上述奏劾后他十分"大度"地回应："你们说得都对，只是朕才复位，首恶已就擒，其余的姑且放一放，安定人心为尚。"（《明英宗实录》卷274）

○ 石亨提醒复辟皇帝迅速掌控住北京城——景泰朝廷核心集团土崩瓦解

复辟皇帝明英宗的这番表态自有他的道理，因为除了石亨、张軏、杨善、徐有贞等人外，其他朝廷大臣是不是真心归顺自己，目前无法判定。如果一旦处置不当，就会适得其反。也不亏是从军伍中来的，总兵官、太子太师、武清侯石亨这时已经敏锐地觉察出夺

第4章 代宗运终 天顺复统

门政变乱象背后有可能发生的非常事情,为防患于未然,他立即上奏复辟皇帝,说:"伏睹洪武礼制榜文,凡朝参并护卫官员军校进退先后有序,禁门出入有常。近年以来不分贵贱,相参挨挤皇城各门,诸人往来径行,全无忌惮,有带货物入内买卖者。今后常朝第三通鼓起,先开二门,官军旗校将军先进,摆列待钟响,朝官依次而进。严敕守卫官军,不许纵放无牌面人员穿朝出入及将物货买卖。如此则朝纲整肃,贵贱有别,门禁严密,奸宄无由而作矣。"(《明英宗实录》卷274)

石亨的这条上奏建议其实没什么新意,无非是提醒明英宗,要对景泰朝的宫内宫外警卫部署进行大撤换、大整顿,将北京明皇宫和京师完全牢牢地掌握在自己的手中,这也是当时心里乐开了花的明英宗所亟须要解决的问题,现在石总兵官首先提到了,他当然乐而从之。

这时,昔日一直以为自己功高盖世的左都御史杨善也出来露露脸了,他上奏推荐大理寺卿薛瑄为礼部右侍郎兼翰林院学士,入阁参与机务。明英宗是经过人生大磨难的人了,对于杨都御史的这番用意当然心知肚明了,随即也予以应允。由此一来,将与永乐时代阁臣最多时候人数相当的景泰朝七人内阁改为"新朝"三人内阁。"天顺改元复位之初,学士陈循辈斥去,惟徐有贞(和许彬、薛瑄)等三人。"(【明】李贤:《天顺日录》卷1)

陈循为首的内阁已被徐有贞等政变上来的人所取代,复辟皇帝的心思昭然若揭。六部尚书王直、王翱、胡濙、俞士悦、江渊,尚书兼学士陈循、萧镃、高谷,侍郎邹干、俞纲,学士商辂,都御史萧维祯、罗通、杨善等见到此番情势,立即集体合疏,辞太子师傅等职。景泰朝廷部院大臣的这般识趣举动简直就要把复辟皇帝明英宗给乐癫了,这不明白表示,他们要与景泰"奸党"们划清界限,朕为何不从之!(《明英宗实录》卷274)

○ 三天大逮捕,又一次全面整肃"奸党"运动开始了,彻底摧毁景泰核心阶层

复辟皇帝的如此表态,立即引发了墙倒众人推的效应。那时候的很多人一夜之间都擦亮了眼睛,发现了一个又一个潜伏在大

明朝廷上下的"奸党"分子，自"靖难之役"、清除建文"奸党"后，大明帝国历史上又一场整肃"奸党"运动拉开了帷幕。

府军前卫指挥使顾英上奏说："都督佥事张义实于谦党。今仍宿卫，恐有异谋，乞剪除之。"复辟皇帝明英宗听后几乎吓了一大跳，负责宿卫的都督佥事张义居然是于谦的奸党，这还得了，立即把他给抓起来，打入锦衣卫大牢里。"事连署都督佥事、都指挥同知王英，俱杖一百，谪戍云南腾冲卫。"（《明英宗实录》卷274）

这时又有人来向复辟皇帝朱祁镇报告说，永清左卫指挥同知黄瀚就是当年那个首倡易储的大奸大恶、都督黄玹的儿子！明英宗一听到这事，就恨得咬牙切齿，当即下令将黄瀚打入锦衣卫狱。由景泰朝奸佞小人黄玹之事，复辟皇帝一下子又想起了"绣袋宝刀"案的检举揭发者高平、卢忠等人，随即"命锦衣卫差官往执宁夏管神铳内官高平、公干云南内官阎礼、广西柳州卫千户卢忠，并籍其家以来"（《明英宗实录》卷274）。

经过三天的大逮捕，复辟皇帝明英宗在牢牢掌控住朝廷上下局势的情况下，开始将屠刀指向所谓的景泰朝"奸党首恶"于谦、王文等人。

在中国历史上，每当皇帝老子陷入政治与良心两难选择时，总会有一些"与时俱进"的积极分子踊跃参政议政，为君分忧。夺门之变后的大明朝廷言官们就是这样的政治积极分子和"新朝"的犬儒。前文已述，他们在政变后的第三天就给王文与于谦等人拟好了罪名和治罪形式，没想到还是与复辟主子有着一定的距离。不过好在复辟皇帝已经下旨，高瞻远瞩地指明了运动的方向，加上徐有贞与石亨等政变骨干分子不断进行"开导"，言官们的政治思想觉悟终于有了大大提高。天顺元年即景泰八年（1457）正月二十日，也就是夺门之变后的第4天，"六科复劾陈循等党比王文、于谦等罪大，请正典刑。十三道亦劾循等党文、谦迎外藩事而不复及殷谦、张敏、栾恽、宋琰、陈贽五人"。明英宗命令朝廷群臣集体会审于谦、王文和陈循等。（《明英宗实录》卷274）

廷审中加在于谦、王文等人头上的主要罪名大致定了下来，说他俩还有江渊、王诚、舒良、张永、王勤等在景泰中期与黄玹构成邪议，更立东宫，寻又逢迎主上，废黜汪后。陈循、萧镃和商辂等不但不谏阻，反而一味迎合。

由此我们不难看出，廷审调子不仅与徐有贞、石亨等所要的结果相吻合，而且还与新上台的复辟皇帝的谕旨相一致。不过至此还没完，朝廷大臣在"杂治（于）谦及（陈）循等罪"时还发现：于谦、王文想树立私党，推荐项文曜、王伟、古镛、丁澄占居要职。最为"可恶"的是，景泰帝病重之际，于谦、王文、王诚、舒良、张永、王勤等在朝廷文武群臣合嗣请立皇储情势下，"意欲别图，迟疑不决。已而见群情欲迎皇上，乃图为不轨，纠合逆旅，欲擒杀总兵等官，迎立外藩"。陈循、萧镃、商辂、江渊、俞士悦、王伟、古镛、丁澄、项文曜等人明知有人谋逆而不告，于谦、王文等犯谋反罪，拟凌迟处死；陈循等坐谋反知情故纵，拟处斩刑。(《明英宗实录》卷274)

廷臣会审结果上呈后两天，天顺元年即即景泰八年（1457）正月二十二日，复辟皇帝朱祁镇降下旨意，"命斩于谦、王文、王诚、舒良、张永、王勤于市，籍其家。谪陈循、江渊、俞士悦、项文曜，充铁岭卫军，罢萧镃、商辂、王伟、古镛、丁澄为民"(《明英宗实录》卷274)。

● **天顺复统，冤杀忠良于谦等，天地动容，就我复辟皇帝没错！**

如果将上述所谓"于谦、王文谋逆案"的审理与判决做个梳理的话，我们就不难发现：

第一，复辟皇帝明英宗最终将于谦、王文等人的凌迟处刑改为斩刑，这并不像有些学者所说的那样，朱祁镇人有多仁慈。试想一个刚登位的皇帝就大开杀戒，无论如何都不能将之与仁君挂上钩。那么明英宗朱祁镇为什么要改轻对于、王等人的处置？有人列举了《明史》《明通鉴》和《明史纪事本末》中的说法，说朱祁镇起初不同意杀于谦，认为他"实有功于社稷"。但佞臣徐有贞等人拿现实切身利益来逼迫复辟皇帝："不杀于谦，今日之事无名。"(【明】尹直：《謇斋琐缀录》卷3)这才使得明英宗下决心，杀掉于谦。(白新良、王琳、杨效雷：《正统帝、景泰帝传》，吉林文史出版社1996年1月第1版，P229)

其实只要细细查阅一下《明英宗实录》，这样的说法是没有史实依据的，明英宗没说过"于谦实有功于社稷"（类似的话是后来明英宗之子明宪宗为了对大明有再造之功的朱祁钰和于谦等景泰君臣平反而故意找的一个幌子，也是他为自己父亲脸上贴金，笔者注)，大概他的良心全让狗给吃了。

第二，除了将于谦、王文等人的凌迟刑改轻外，复辟皇帝对于陈循、江渊、俞士悦、项文曜等人的处置也由斩刑改为了充军，而对于同是知情不告的萧镃、商辂、王伟、古镛、丁澄等仅免官为民，这同样不能说明朱祁镇人有多仁慈。恰恰相反，在笔者看来，朱祁镇和他的政变支持者们做贼心虚，这就要涉及下一个话题了。

第三，明英宗和夺门之变骨干石亨、徐有贞、张𫐓、杨善等将于谦、王文等送上不归路的最为关键的罪名是迎立外藩，大逆不道。这在成化年间已为于谦等人平反的情势下编撰的《明英宗实录》说得十分明白："初(于)谦与石亨同事，谦论议断制，宿将敛伏，而亨不能赞一辞，衔之。至是，亨迎上(指明英宗)复位，诬谦与王文谋立外藩，嗾言官劾之，鞠于廷"；而本质上是由于于谦"恃才自用，矜已傲物，视勋庸国戚若婴稚，士类无当其意者，是以事机阴发，卒得奇祸"(《明英宗实录》卷274)。

上述后半段话的意思是，无论是石亨、徐有贞，还是张𫐓和杨善等，他们都想要于谦死，因为他平时太不注意"团结"朝廷同僚，自视清高，恃才傲物，看不起不合自己口味的同类文臣，又将腐败无能但握有军事大权的功臣勋旧及其子孙视为弱智或小孩。所以夺门之变后，满朝文武大臣明知这是一起典型的冤假错案，但就是没有一个人站出来为于谦喊冤叫屈(这里边也有人们慑于明英宗、石亨、徐有贞等人的淫威之因素)，因此说于谦"卒得奇祸"，实属难免。当然这种说法有个大前提，那就是皇帝永远是没错的，这也是《水浒》中所竭力倡导的在中国流传了数千年的主旋律：只反贪官与佞臣，不反皇帝。哪怕是皇帝再昏庸、再无耻，做臣民的永远不能起来反他。其实当时的于谦也是这种历史与现世之主旋律的受害者。

当朝廷众官秉承无耻的俘虏皇帝明英宗旨意，以"意欲别图，迟疑不决"，"图为不轨，纠合逆旅"，"谋立外藩"等无中生有的罪证来审案时，于谦完全可以理直气壮地予以反驳。可史实恰恰是，他视死如归地笑着跟人说："这是石亨等人所一心想要的结果，我们再辩又有何益?"再看与他一起受审的王文,当听到廷臣们拿谣言中所传的于、王等人暗中迎立外藩襄王世子入内继承大统来给他和于谦定罪时,他立即当廷反驳:"召外藩亲王必须要有金牌信符,你们说我们派人去襄阳迎襄王世子,那必须得有脚力马牌,这些事都与内府和兵部车驾司有关,你们都可以去一一查验!"铿锵有力,辞气激昂,"析折条辨,众莫能难"(【明】尹直:《謇斋琐缀录》卷二)。廷审官听后不敢做主,立即上报给了复辟皇帝明英宗。随后兵部车驾司主事沈敬被逮来审问、追查,结果发现,"无实迹"(《明英宗实录》卷274;《明史·于谦传》卷170;《明史·王文传》卷168)。

对此,当时在场的左都御史萧维祯倒是说了一句大实话:"事出朝廷,不承亦难免!"没想到此话一出,夺门之变的另一个恶魔主角、无耻的"军二代"张轨立即对萧瞋目而视,并咆哮道:"这是于谦、王文等人自个儿做的罪孽,你怎么能说是朝廷一定要定他们的罪呢?"萧维祯见到张轨的气焰如此嚣张,就不与他答话。刑部官刘清可没注意到这些,正想搭讪一下,可还没来得及开口,只听得张轨又开始狂吠了:"你看你这副嘴脸,也不是这个料!"刹那间,现场一片寂静。见风使舵和"与时俱进"者看到这样的场面,觉得正是自己出来露露脸的大好时机了。只见得刑科给事中尹旻走出群臣行列,冲到于谦、王文跟前,一顿拳脚相加后,得意洋洋地跟人说:"此二奸臣,正好殴!"看到小丑如此拙劣的表演,在场的大臣们不由自主地暗暗笑了起来。可过了两天,明英宗和徐有贞遂升尹旻为通政参议。(【明】尹直:《謇斋琐缀录》卷2;《明史·于谦传》卷170;《明史·王文传》卷168)

再说明英宗听到于谦、王文谋逆案的审查结果是"无迹",顿时失望透顶,但又心有不甘,随即命令锦衣卫狱官对涉案人员进行严刑拷问。可怜兵部车驾司主事沈敬被打得死去活来,最终不得不招认:车驾司内实缺襄王府金符。就在这时,内廷的追查也有了结果,印绶监和尚宝监存放的各藩王金符都在,唯独少了襄王府的,"众者危疑,不知其故"(【明】陆容:《菽园杂记》卷8)。复辟皇帝闻讯后立即召集廷臣与锦衣卫再审。廷臣们上奏,说:"看来大致情况是这样的,王文和于谦暗中召沈敬计议,想派人偷偷上襄阳去。可就在这个谋而未定之际,陛下您复位了。沈敬因为怕事而不敢上告。

由此可以说,于谦、王文的谋逆之罪成立!"明英宗听后当场并没表态。(《明史·诸王四·仁宗诸子》卷119)

在两天的犹豫、反复过程中,当时的于谦要是也能像王文那样进行有力反驳的话,正处于迟疑不决中的复辟皇帝明英宗会做出怎样的处置决定?那就难以预料了。

可历史上的于谦恰恰是那种丝毫不计个人得失,将身家性命都奉献给国家的顶天立地之大英雄。景泰八年即天顺元年(1457)正月二十二日,也就是夺门之变后的第五天,经过反复犹豫的复辟皇帝朱祁镇终于下达旨意:处死于谦、王文等人,将其斩首于市,籍没其家,"诸子悉戍边";车驾司主事沈敬"坐知谋反故纵,减死,戍铁岭"(《明史·王文传》卷168;《明英宗实录》卷274)。

再看临刑时的于谦面无惧色,昂首挺胸,视死如归。遇害时他61虚岁,与他一起冤死的还有廷臣王文和内官王诚、舒良、张永、王勤等。北京城内外的老百姓听到大英雄、大功臣于谦蒙冤受害的消息后,莫不默默地掉下了同情之泪。据说连老天也闻之动容,"行刑那天,阴霾四合,天下冤之"(【清】夏燮:《明通鉴》卷26;《明史·于谦传》卷170)。

于谦是被冤死的,他的悲剧就在于他没有充分意识或考虑到我们传统社会政治环境的复杂性与凶险性,相反"迷失"于践行儒家理想人格的云雾之中。不过在面对死亡时,这位襟怀坦荡、光明磊落、一心为国的大英雄所表现出大无畏精神实在令人折服。当然他是有着十分充足的心理准备的,因为作为一个传统儒家理想的模范践行者,他已实现了以身报国的雄心壮志,感觉问心无愧。土木之变,六师覆没,天子蒙尘,国难临头,他挺身而出,率先打出"社稷为重"的旗号,辅助景泰帝登基即位,力主战守,保卫北京,多次组织军事力量,打退强虏入侵,挽狂澜于既倒,救帝国于危亡,重振大明雄风。正因为有以于谦为代表的景泰朝一大批臣民的坚决抗战和不懈努力,无耻的俘虏皇帝明英宗才由"奇货"变成了无用的"空质",这才换回了他最终的南还。随后于谦又积极地协助景泰帝,整饬军事武备,强化国防力量,富国强兵,"中兴"大明……无论怎么说,于谦乃为明朝中期当之无愧的大英雄和大功臣。

可就这样的一个大英雄和大功臣却一直生活在忘我的世界

里,为了社稷之利益,他不避嫌怨,推心用人,又刚正不阿,折抑权贵;为了天下苍生之安宁,他忍辱负重,不计个人得失,甚至将生命置之度外;为了忠孝能两全,他移孝作忠,忠以谋国,即使在生命的最后时刻还以一死来保全天地君臣之大义。可以这么说,他是一位为国为民为君鞠躬尽瘁死而后已的时代英雄、国之栋梁,他身上所散发出来的正能量尽管不能扭转天顺朝的乾坤,但着实震撼了时人的心灵,且还影响了一代代的后人。

于谦被害时,无耻的复辟皇帝派出官员和军士前去抄没于府,哪想到于家没有一丁点余财,唯有正室大门紧锁,军士们以为这里边肯定放着金银财宝,打开来一看,却全是景泰帝赏赐给于少保的蟒衣、金帛、剑器和玺书等。(《明史·于谦传》卷170;《明英宗实录》274)

因为最终是被定为谋逆大罪,于谦死后,时人多不敢前去给他收尸,尸首直挺挺地躺在那里。不过,自古以来中国就不乏不怕坐牢、不怕杀头的正义之士。有个叫朵儿的锦衣卫指挥听说于谦含冤而死,冒着生命危险,公开前往刑场祭奠,并伏尸号啕恸哭。有意思的是,这个叫朵儿的锦衣卫指挥本是夺门之变的主谋之一曹吉祥的部下,他这一祭奠恸哭给曹太监带来了极度的尴尬和难堪。恼羞成怒的曹太监立即令人将朵儿抓起来,重重地鞭打了一顿,把他打得皮开肉绽,体无完肤。哪想到第二天,朵儿还是挣扎着冒死前往刑场继续去哭奠于谦。(《明史·于谦传》卷170;【明】张燧《千百年眼》卷12)

与朵儿义举相埒的还有一个叫陈逵的都督同知,由于深受于谦忠义精神的影响,冒死让人将英雄的遗骸收敛起来,拉到北京城西去,找了个偏僻的地方安葬了。对此,明人张燧感慨道:"夫怜才好德之念,不在朝臣,而在小卒;下石弯弓之智,不自夷房,而自卿相。信人生品格有定也。奇哉朵耳! 视昔之哭彭越尸者,当胜百簿。"(【明】张燧《千百年眼》卷12)

第二年,天顺朝廷整治景泰朝"奸党"运动稍稍缓和些,于谦女婿千户朱骥将老丈人的遗骸偷偷地挖出,重新弄了口像样的棺材,将其装入,然后再运回老家杭州,葬于西湖边上的三台山之南,与栖霞山的岳飞墓相邻。

而就在于谦被冤死和归葬家乡杭州这过程的前后，天顺朝发生了几件事，其焦点都一一落在了于谦等景泰忠臣被诬害上。

第一件事，于谦、王文等人被害前，对于被强加在自己头上的罪名"谋立外藩"——这个"外藩"指的是明英宗的五皇叔襄王朱瞻墡之子，王文曾大声驳斥："召亲王须用金牌信符，遣人必有马牌，内府兵部可验也。"（《明史·王文传》卷168）当时内廷印绶、尚宝两监的内官听说后就在宫里查找，"检阅各王府符，具在，独无襄王府者"。那么这个襄王府的金符到底到了哪里去了？无论人们怎么努力寻找就是没办法找到。后来有人想起，或许已经退任的老内官知道事情的来龙去脉。果然，当问及一老宦官时，他可记得，当年宣宗皇帝驾崩时，鉴于皇太子朱祁镇尚幼，宣宗皇帝母亲张太后"以为国有长君，社稷之福"，曾想召已经成年且名声较好的五皇子襄王朱瞻墡（也就是明英宗的五皇叔）来京，继承皇统，随即令人将内廷中的襄王府金符取来，放在自己的宫中。但当她与当时辅政的"三杨"协商此事时，却遭到了抵触。张太后是个贤德的女主，从大局出发，她最终放弃了自己的打算，立了9虚岁的小孩朱祁镇为帝。而那方襄王府的金符印章随之也就忘在了老太后的宫中，直到她死了许多年一直都未曾让人想起。（【明】陆容：《菽园杂记》卷8）

不过《明史》的记载却是这样的："英宗北狩，诸王中，瞻墡最长且贤，众望颇属。太后命取襄国金符入宫，不果召。（襄王）瞻墡上书，请立皇长子，令郕王监国，募勇智士迎车驾。书至，景帝立数日矣。英宗还京师，居南内，又上书景帝宜旦夕省膳问安，率群臣朔望见，无忘恭顺。英宗复辟，石亨等诬于谦、王文有迎立外藩语，帝颇疑瞻墡。久之，从宫中得瞻墡所上二书，而襄国金符固在太后阁中。乃赐书召瞻墡，比二书于《金縢》。"（《明史·诸王四·仁宗诸子》卷119）

上述两段文字记载意思大同小异，不过有个问题，即宫中女主人公有所不同，前者讲的是张太后，后者讲的是明英宗的"生母"孙太后，但结局都一样，就是那方众人寻找千百度的襄王府金符被滞留在了皇太后宫中，当后宫人们终于找到它时，"已积尘埋没寸余矣"。后来天顺帝明英宗又在宫中翻检到了襄王上奏景泰帝的二书：一书中请求朝廷立皇长子朱见深为皇太子，令郕王监国，招募义勇之士迎回车驾（明英宗）；另一书中请求景泰帝早晚到南宫省

第4章 代宗运终 天顺复统

膳问安,朔望率领朝臣拜见太上皇朱祁镇,勿忘对其恭顺。(《明史·诸王四·仁宗诸子》卷119)至此,天顺帝明英宗终于明白,原来于谦、王文等人真的被冤杀了。但作为皇帝,他又不肯公开承认错了,自己打自己的耳光,只好一天天地糊着。

第二件事,于谦被害后,他在朝中担任的兵部尚书之职由石亨死党陈汝言取代。陈汝言在任上干了一年都不到,落败时"赃累巨万"。天顺帝朱祁镇知道后将石亨等朝廷官员召入,让他们参观陈汝言的赃物展览,并怆然说道:"于谦被遇景泰朝,死无余资。而这个叫陈汝言的干了一年不到的兵部尚书,哪来这么多的赃物钱财?"当场把石亨等给呛得说不出话来了。(《明史·于谦传》卷170)

第三件事,天顺初年北疆不时传来警报,复辟皇帝朱祁镇闻之忧形于色。有一天,恭顺侯吴瑾刚好侍立在旁,及时进言道:"假如于谦尚在的话,恐怕这些北虏就不敢如此猖狂!"复辟皇帝听后默然。(《明史·于谦传》卷170)但他始终都不肯放下自己的皇帝尊严出面纠错,甚至直至死,都未为被冤死的于谦等人平反昭雪。

● 天无二日,地无二君,天顺帝母子心里:景泰皇帝必须死!

其实事情发展到这一步还没完,就在于谦、王文等景泰忠臣被害之际,原以"正统"自居、现以"天顺"自名的明英宗在复统和重揽帝国大权的同时,又与"母亲"孙太后和发动夺门之变的魑魅魍魉联手,对景泰集团的第一号大人物也就是他的亲弟弟、"中兴"大明的有为之君景泰帝发起了毁灭性的打击。

天顺元年(1457)正月二十一日,即于谦、王文被害前一天,复辟皇帝朱祁镇以复位改元遣宁阳侯陈懋告太庙及遣驸马都尉薛桓告长陵、献陵、景陵,其告辞曰:"祁镇不腆,退居闲逸七年于兹。顷因弟皇帝祁钰有疾,不能躬祀郊社、宗庙,临视朝政。人心危疑,不自安辑,乃为文武群臣所拥戴,不得已于十七日复即皇帝位,改元以安国家。兹特致斋谨用告知。"(《明英宗实录》卷274)

同日他还派遣驸马都尉焦敬祗奉香币昭告于太祖高皇帝、孝慈高皇后,曰:"祁镇不德,不能奉承先训,在位十有五年,中罹变故,退居南宫,又七年矣。比以弟祁钰有疾,不能视朝,庶政莫决,人心危疑。在廷文武群臣以宗社大计,协力同心,迎复祁镇,总理万几,以安天下。已于今年(1457)正月十七日,祗告天地、宗庙、社稷,复即皇帝位,大赦改元,一新庶政。皆赖祖宗在天之灵,垂兹庇荫,惓切于怀,夙夜不忘,兹特敬伸祭告。"(《明英宗实录》卷274)

还是在景泰八年即天顺元年(1457)正月二十一日这一天,复辟皇帝朱祁镇恬不知耻地发布了复位诏书,信口雌黄地指摘弟弟朱祁钰临危受命、登基即位为窃取帝位;将他自己当俘虏和卖国的耻辱行为给掩盖住,而把自己被景泰朝廷迎回后安置在南宫说成是幽闭即软禁;将本来已经给孙太后弄别扭了的皇统继承重新理顺即景泰易储,视为不德之举,并幸灾乐祸地视自己的侄儿即景泰皇太子之夭折为天神不佑;且一味抹黑地胡说景泰帝"杜绝谏诤,愈益执迷,矧失德之良多,致沉疾之难疗",就差一点要说,天开眼啊,我大明皇家的那个好弟弟现在起不来了,不久就要去见阎王了;也差一点要说,景泰父子病亡是天诛地灭。最后他仍没忘记那句在中国重复了数千年甚至在现代社会中还能耳熟能详的政治台词:应全国人民的强烈要求和朝廷内外文武百官的坚决拥戴,我朱祁镇在请命圣母皇太后,祗告天地、社稷、宗庙,并取得了他们的同意,于今年(1457)正月十七日复即皇帝位,躬理几务,保固家邦。遂将景泰八年改为天顺元年,大赦天下,咸与维新。(《明英宗实录》卷274)

与多少有些躲闪的明英宗复位诏书相比,自景泰朝开启始一直躲在暗中看好戏,且横挑鼻子竖挑眼的大明皇宫第一女主人孙太后,则在天顺元年(1457)二月初一日以她名义发布的制谕书中说得更加露骨,骂得更加痛快:"仰惟太祖高皇帝、太宗文皇帝开创帝业,统御华夷,仁宗昭皇帝继述鸿猷,大敷治理,承传至我宣宗章皇帝,克宽克仁,万邦允怀,不幸蚤弃臣民,遗命于吾,爰立嫡长子祁镇为皇帝,已历十有五年,敬天勤民,无怠无荒。比因虏寇犯边,生灵荼毒,为恐祸延宗社,不得已亲率六师,以御之,此实安天下之大计也。不意兵将失律,乘舆被遮,时尔文武群臣以社稷为重,恪遵宣宗皇帝遗诏,表请于吾立皇帝长子见深为皇太子,因其幼冲,吾仍命庶次子郕王祁钰辅之,岂期性本枭雄,遄据天位,已而虏酋畏天,知帝德罔愆历数有在,奉帝回京。而祁钰既贪天位,曾无复辟之心,乃用邪谋,反为幽闭之计,废出皇储,私立己子,致败纲常,变乱彝典,纵肆淫酗,信任奸回,毁奉先傍殿,建宫以居妖妓、污缉熙,便殿受戒以礼胡僧,滥赏妄费而无经急,贪征暴敛而无艺,府藏空虚,海内穷困,不孝不弟,不仁不义,秽德彰闻,神人共怒,上天震威,屡垂明象。祁钰恬不知省,拒谏饰非,造罪愈甚,既绝其子,又殃其身。疾病弥留,朝政遂废。中外危疑,人思正绕,乃于今年(1457)正月十七日,先朝内臣暨公、侯、驸马、伯、文武群臣、六军万姓同诚表请,已命皇帝复正大位,以慰群情,以安宗社,惟天道福善而祸淫,吾当体天以行罚,人心好善而恶恶,吾当顺人以正名,虽母子之至情,于大义而难宥,其废景泰僭子祁钰仍为郕王,如汉昌邑王故事,已令群臣送归西内,俾知安养。于戏,天下乃祖宗之所开,创天位乃列圣之所相传。天位既复,人心乃安,布告天下,咸使闻知。"(《明英宗实录》卷275)

将孙太后的这道制谕书与明英宗的复位诏书做个对比,我们不难发现,两者有着很多的相同之处,正如上文所述,但也有一些不同之处:

第一,美化明英宗先前治政,将宦官当道、政治腐败、危机四伏的正统朝说成是"敬天勤民,无怠无荒"的美好时代,由此企图印证景泰时期是大明历史上的黑暗时代。

第二,撒弥天大谎,将明英宗亲征、兵败土木堡、丧师数十万、拿国库中的钱财去犒劳入侵者——这在大明帝国历史上无论怎么说都是奇耻大辱,却仅归咎于"兵将失律,乘舆被遮"等,而与此相连,无耻又无能的明英宗卖国、辱没祖宗的丑陋行径被孙老美女遮掩得严严实实,好像这个"红彤彤"的皇帝从来就没干过什么缺德亏心事。

第三,将俘虏皇帝明英宗成功南还不归功于景泰君臣的坚决抗战,而是说成"虏酋畏天,知帝德罔愆历数有在",即说瓦剌人害怕上天,醒悟明英宗才是真命天子,有上天的呵护。

第四,孙太后将自己亲自批准的景泰帝即位称帝说成是朱祁钰伪装自己的枭雄本性,"遄据天位",即说他篡位夺权。

第五,将景泰帝励精图治的景泰"中兴"一笔抹杀,胡说他"致败纲常,变乱彝典,纵肆淫酗,信任奸回,毁奉先傍殿,建宫以居妖妓、污缉熙,便殿受戒以礼胡僧,滥赏妄费而无经急,贪征暴敛而无艺,府藏空虚,海内穷困,不孝不弟,不仁不义,秽德彰闻,神人共怒,上天震威,屡垂明象。祁钰恬不知省,拒谏饰非,造罪愈甚,既绝其子,又殃其身。疾病弥留,朝政遂废。中外危疑,人思正绕"(《明英宗实录》卷275)。由此反衬出夺门之变是适应时代的"呼唤",是历史的"必然",它代表了全国人民的愿望,代表了绝大多数人的利益,代表……

第六,正式废黜景泰帝,将其贬为原来的郕王,如汉朝贬黜昌邑王一般,并令人将重病中的景泰帝朱祁钰从明皇宫正殿中撵出,赶至西内"安养",说白了让他等死吧!

在上述两份诏书、制谕书中,朱祁钰与于谦为首的景泰君臣保家卫国,再造大明的丰功伟业不见了,景泰"中兴"、富国强兵也被抹得无影无踪,大概是明皇宫里的这个孙老美女及其宝贝"儿子"明英宗的良心全让发动夺门之变的恶魔幽灵给吞食了。所剩的是他们对朱祁钰和于谦为首的景泰君臣的深仇大恨,杀了于谦、王文等,并随之展开了对潜伏的于、王"奸党"全面清除。但这还不解恨,最后来个一了百了,削除景泰帝的帝号,将他撵到西宫,废除他的生母吴太后之尊号,恢复她为宣庙贤妃,恢复景泰废皇后汪氏为郕王妃,废已故的杭氏孝肃皇后谥号,废已经夭折了的景泰皇太子朱见济的怀献太子谥号,改为怀献世子。(《明英宗实录》卷275)最后就连景泰的年号也有人提出要废除,就如历史上的建文一般,但可能考虑到景泰年号已经用久了,废了会带来诸多的不便,或怕后人嘲笑,就如人们私下嘲笑当年明英宗的好祖宗朱棣革除建文那般,所以最终复辟皇帝没同意。(《明英宗实录》卷275)

其实历史是客观存在的,不是任何人想要抹杀就能抹杀掉的,就如夺门之变后复辟皇帝朱祁镇急于复统抓权,忘了废黜弟弟朱祁钰帝号一般,当时的大明官方正式算起来有两个皇帝:一个是病中的景泰帝,另一个则是政变上来的天顺帝,但天顺帝的"天顺"年号直到政变后的5天即景泰八年(1457)正月二十一日才正式开始使用(但明代官史上却以正月十七日算起,见《明英宗实录》卷274),而朱祁钰的帝号正式被取消是在天顺元年(1457)二月初一日(《明英宗实录》卷275)。由此说来,当时的大明政坛上出现了这样的一大怪事:

从景泰八年（1457）正月十七日到天顺元年（1457）二月初一日，大约有半个月的时间，大明帝国境内有两个"太阳"。

与之相关且十分有意思的是，已被"夺门"政变者软禁的景泰帝却在那段时间里出现了政敌们意想不到的病情好转。据当时的文臣叶盛所记：大约在明英宗复统后的两三日，"诸文武首功之臣列侍文华殿"，明英宗在殿上"呼诸臣曰：'弟弟好矣，吃粥矣！事固无预弟弟，小人怀之耳！'诸臣默然"（【明】叶盛《水东日记·英庙友爱至德》卷5）。但随后不久朱祁钰的病情开始恶化。天顺元年（1457）二月十九，他因"病"薨世。这是明朝官史上的记载，但文臣笔记记载则不然，"景泰帝之崩，为宦者蒋安以帛勒死"（【明】陆钱撰《病逸漫记》，《国朝典故》卷67；黄云眉先生在《明史考证》第1册中加上按语"不知其可信否？"P119，中华书局1979年9月第1版）。

笔者也不信景泰帝就这么快地病死了，理由是：第一，景泰帝死时30虚岁，据明代官史记载，景泰帝得的病其实没什么了不得，与他父亲宣德皇帝一样，因跟美眉们做爱过多，身体严重透支，劳累而死。但从官史记载的时间来看，他是从景泰七年（1456）年底十二月发病的，到景泰八年即天顺元年（1457）二月十九日"病逝"，前后只有50来天的时间，一个30虚岁的青年人说没了就没了，这似乎太不合情理了。为此，笔者请教了现在的性学专家，他们说这不太可能；第二，从景泰帝死后复辟皇帝明英宗对他的怨恨来看，反倒他很有可能是被谋杀的。皇弟朱祁钰死后，皇兄明英宗让礼部讨论一下采用何种祭祀葬礼。礼部回答说：应该以亲王例祭葬之，辍朝二日，加上下葬那天再辍朝一日。明英宗皆采纳了，随后又下令，将已在兴建的景泰陵给毁了，在北京西山以亲王礼节规制下葬之，给武成中卫军200户守护，并给朱祁钰加谥号为"戾"。（《明史·景帝本纪》卷11；《明英宗实录》卷275）

谥号是中国传统社会中朝廷对已故君主或大臣一生做出的评价性称号。"戾"在古汉语中是"凶暴""猛烈"的意思，在谥法上的含义是"违背""知过不改"。从景泰帝一生来看，除了在易储、立储等个别事情上执拗以外，他是个纳谏如流的有为之君（《明宪宗实录》卷147），怎么也不能与"戾"皇帝挂上钩，恰恰相反，倒是与刚愎自用的明英宗自己十分接近。因此说，天顺复统之初，明廷对待景泰帝本人的处置就是一大冤案。

好在多年后的明英宗之子明宪宗意识到了叔叔朱祁钰及其忠臣于谦、王文等人的冤屈,及时地为他们平反昭雪。成化十一年(1475)十二月戊子日,明宪宗朱见深下诏,恢复景泰帝的帝号,谥其为"恭仁康定景皇帝"(《明宪宗实录》卷147;《明史·景帝本纪》卷11),简称之为"景帝","景"字在谥法上的意思是"耆意大图、布义行刚"(【明】王世贞:《弇山堂别集·谥法考一》卷70)。成化帝还敕令有关衙门修缮叔叔朱祁钰的陵寝,"祭飨视诸陵",且客观地肯定了景帝在历史上的贡献及其地位。他在制书中这样说道:"朕叔郕王践阼,戡难保邦,奠安宗社,殆将八载。弥留之际,奸臣贪功,妄兴谗构,请削帝号。先帝旋知其枉,每用悔恨,以次抵诸奸于法,不幸上宾,未及举正。朕敦念亲亲,用成先志,可仍皇帝之号,其议谥以闻。"(《明宪宗实录》卷147;《明史·景帝本纪》卷11)

虽然这篇制书中有不少儿子为老子遮丑的成分,但成化帝还是大致客观地说出了叔叔朱祁钰的历史地位:挽狂澜于既倒,救帝国于危亡,实为大明再造之君。

对此,清代学者大致沿袭之,但也含糊地加上了对景泰"中兴"的客观评述:"景帝当倥偬之时,奉命居摄,旋王大位以系人心,事之权而得其正者也。笃任贤能,励精政治,强寇深入而宗社乂安,再造之绩良云伟矣!"(《明史·景帝本纪》卷11)

不过这一切来得似乎太晚了一些,终天顺一朝,明英宗都不敢客观地面对之,相反他以明暗兼用的手段不断地迫害景泰君臣,并将之视为天顺朝开局的头等大事,并不遗余力地为之。

第5章 石曹之变 天顺"顺天"?

> "夺门之变"是一场因皇位继承问题而引发,又完全可以通过正常的、和平的方式加以解决而并不需要造成朝政混乱的政变。但宫廷政变者却权欲熏心,根本不顾国家大局和利益,丧心病狂地发动武力夺位,冤杀于谦等功臣忠良,废黜景帝,恢复朱祁镇君统,且恬不知耻地改元为"天顺"。"天顺"者,天命所顺也,换成现在汉语的语序应为:顺应天命。那么复辟后的明英宗真是顺应天命?天顺初年大加杀戮,紊乱朝纲;魑魅魍魉粉墨登场,招权纳贿,肆意胡为。原本已有"中兴"起色的大明帝国经此折腾,再次走上了下坡路。虽然在天顺中期,明英宗及时地清除了本可以避免的两场内乱,但几乎与之相随,政治恐怖,锦衣卫猖獗,宦官横行,皇庄多置,矿课恢复……流民云集,天顺,何以顺天?

● 部院清空 追究无穷

"天顺"这个年号其实并不是政变复辟一开始就有的。景泰八年(1457)正月十七日的夺门之变后,按照当时政变者的想法就是要迅速地为他们的武力动乱行为及早地"正名",即有个冠冕堂皇的说法,但直接发动和参与政变的绝大多数都是武夫,就徐有贞、许彬等寥寥数人有文化,因而政变复统之后的正名问题自然也就落到了他们的头上。曾经有过十四五年皇帝工龄的复辟皇帝朱祁镇当即意识到了这一点,在复位登基刚完成那一刻,"命徐有贞兼翰林院学士,于内阁参与机务"(《明英宗实录》卷274)。唯恐不及,当天下午,他又擢升了另一个政变密谋参与者太常寺卿许彬为礼部右侍郎兼翰林院学士,入阁参与办事。如此一来,就有两大好处:第一,迅速接管并控制住朝廷中枢参谋决策机构内阁;第二,让阁臣们及早拿出一份合乎口味的复位登基诏书来,以便诏告天下。(《明英宗实录》卷274)

● 奸佞小人徐有贞卖足关子,满纸谎言的复位"正名"诏书姗姗来迟

徐、许入阁时,景泰朝以陈循为首的内阁数人尚未遭受逮捕,但面对晴天霹雳似的朝廷大变脸,他们都惊呆了,几乎手足无措。这时"新来户头"太常寺卿许彬发挥着他的"好交游"之特长,主动招呼着老阁臣们一齐努力,不多时就将复辟皇帝登基诏书的草稿给拟好了。按照规矩,既然诏书票拟好了,那就阁臣们依次一一签名。哪想到,轮到徐有贞时,他死活都不肯署名。明英宗听后觉得十分奇怪,就将他召来问个究竟。徐"大才子"趁此说道,诏书应该如何如何起草,应该如何如何用词。复辟皇帝听到此,顿时龙颜大悦,随即决定,复位诏书就由一肚子才气的徐有贞一人起草了。(【明】尹直:《謇斋琐缀录》卷2)

再说徐有贞独自领受皇命后拿出了十二分的认真精神,将原草拟诏书改了又改,反反复复,整整折腾了三宿,就连夜里睡觉都睡在内阁的办公室里头,终于在第四天将稿子给弄了出来。有人将之上报了上去。明英宗知道后兴冲冲地来到文华殿,就想看看徐"大才子"反复笔削改窜的复位诏书到底是何等模样的。可没曾想到,左等不见诏书票拟稿到,右等不见徐有贞人影,这下可把复辟皇帝给急坏了,他立即命令太监赶往内阁去看看,到底是怎么一回事?好家伙,太监到内阁及其周围转了一大圈,这才发现徐有贞正在上厕所呐!见到太监来了,他故意摆出了一副十分傲慢的姿态。太监受不了,再三催促,他这才慢悠悠地站起来,跟着太监来到了文华殿,献上他三天三夜绞尽脑汁"斟酌"出来的文稿,这就是后世人们所熟知的天顺元年(1457)正月二十一日明英宗发布的复位登基诏书。(【明】尹直:《謇斋琐缀录》卷2)其文曰:"朕昔恭膺天命,嗣承大统,十有五年,民物康阜。不虞北虏之变,惟以宗社、生民之

故,亲率六师御之,而以庶弟郕王监国。不意兵律失御,乘舆被遮。时文武群臣既立皇太子而奉之,岂期监国之人,遽攘当宁之位。既而皇天悔祸,虏酋格心,奉朕南还。既无复辟之诚,反为幽闭之计。旋易皇储而立己子,惟天不佑,未久而亡。杜绝谏诤,愈益执迷,矧失德之良多,致沉疾之难疗。朝政不临,人心斯愤。乃今月十七日,朕为公、侯、驸马、伯及文武群臣、六军、万姓之所拥戴,遂请命于圣母皇太后,祗告天地、社稷、宗庙,以今年正月十七日复即皇帝位,躬理几务,保固家邦。其改景泰八年为天顺元年,大赦天下,咸与维新。"随后天顺朝廷开出了 30 余条"新"举措,并最后这般说道:"于戏,多难兴邦,高帝脱平城而肇汉,殷忧启圣,文王出羑里以开周。天位既复于其正,人心由是以咸安。咨尔万方臣民,同秉忠诚,会归皇极,弼予政理,永享太平,布告天下,咸使闻知。"(《明英宗实录》卷274;吴晗辑:《朝鲜李朝实录中的中国史料·世宗庄宪大王实录三》上编卷6,中华书局 1980 年 3 月版,第 2 册,P499)

在这份满纸谎言的复位诏书中,夺门之变正名的关键点落在了"岂期监国之人,遽攘当宁之位"一句上,这话的意思是说,没想到监国理政的皇弟朱祁钰窃取了帝国大位,且要起了老赖的手法,就此不还了。至于当初景泰帝朱祁钰登基即位遵循了关键的合法程序——取得了孙太后的批准和太上皇的认可,以及无耻的俘虏皇帝明英宗曾经的承诺:"朕得南还,就令朕守祖陵或为庶人,亦所甘心!"(《明英宗帝实录》卷194,《废帝郕戾王附录》第12)等等,全都被扔到爪哇岛上去了。正因为有了上述这样的正位定性,原本合理合法的景泰帝登极变成了窃取帝位,而现在通过夺门之变将帝位抢回来了,反倒成了"正义"之举;也正因为有了这样的正位定性,复辟朝廷随之展开对景泰朝领导与权谋核心阶层及其周围相关人群进行的血腥清洗,同样也就变得名正言顺了,所以要改元"天顺"。

● 好一个"天顺"开局:朝廷中央部院清空,北京城内城外血雨腥风

改元"天顺"的第二天,即天顺元年(亦称景泰八年)正月二十二日,丧尽天良的明英宗冤杀少保、兵部尚书于谦和吏部尚书兼东

阁大学士王文等,与此同时还杀害了景泰朝司礼监太监王诚、舒良、张永、王勤,以及钟鼓司内官陈义、教坊司左司乐晋荣。"是时,中官坐诛者甚众,(兴)安仅获免云。"(《明英宗实录》卷274;《明史·宦官一·兴安传》卷304)

同一天,复辟皇帝朱祁镇还迫不及待地下令,将户部尚书文渊阁大学士陈循、工部尚书兼翰林院学士江渊、刑部尚书俞士悦、吏部左侍郎项文曜充铁岭卫军,罢户部右侍郎、翰林院学士萧镃,兵部左侍郎、翰林院学士兼左春坊大学士商辂、兵部右侍郎王伟、大理寺左少卿古镛、南京通政司参议丁澄为民。(《明英宗实录》卷274)

至此由陈循、江渊、萧镃、商辂、王文和高谷等6人组成的景泰朝内阁,只剩下了高谷1人。天顺元年(1457)二月初六日,工部尚书、东阁大学士高谷识趣地提出退休,明英宗当即予以准允。(《明英宗实录》卷275)这样一来,整个景泰朝内阁一个阁臣都不剩了。取而代之的是夺门之变主谋者之一徐有贞领衔的复辟朝廷新内阁。

相比于参谋决策的朝廷中枢机构内阁而言,六部是当时大明中央的权力执行机构。明英宗在杀了司礼监太监王诚、舒良、张永和王勤等一批内官和贬谪了陈循、江渊、萧镃、商辂等内阁阁臣,从而把大明朝廷的批红权和票拟权牢牢地抢夺到自己的手中之后,又毫不犹豫地对前朝部院主要领导阶层展开了"清剿"。

前文已述,原户部兼职尚书陈循充军辽东、户部右侍郎萧镃削职为民,而另一位一直在主持中央财政工作的户部尚书张凤被复辟皇帝调任南京户部;原刑部尚书俞士悦充军,另一位刑部尚书薛希琏也被调任南京刑部;原主持工部工作的尚书江渊充军,另一位兼任工部尚书的老阁臣高谷致仕;原兵部尚书于谦惨遭杀害,兵部左侍郎商辂、兵部右侍郎王伟落职为民,兵部车驾司署郎中事主事沈敬充军铁岭;原吏部左侍郎项文曜也充军铁岭,吏部尚书王直与礼部尚书胡濙及老阁臣高谷等人眼见自己无法"与时俱进",遂分别于天顺元年(1457)正月底和二月初提出了致仕请求,因他们在迎复、易储等几件事情相对客观地维护过朱祁镇父子的利益,故得以归老善终;原景泰朝廷都察院一把手左都御史王文被杀害,另一位左都御史萧维祯被调任南京都察院(《明英宗实录》卷274、卷275)……至此,北京中央朝廷部院被"清剿"一空。

而在此过程中,权位高势能者的极端自私性暴露无遗。什么国家、民族利益,什么传统伦理道德和天地良心在绝对专制皇权面前都显得那么的无足轻重。在明朝历帝中,明太宗朱棣和现在我们讲的复辟皇帝朱祁镇做得尤其过分。俗话说得好,上梁不正下梁歪。有怎样的皇帝,就有怎样的大臣。夺门之变后,明英宗宠信和重用的徐有贞、石亨等政变骨干分子无一不是极端自私自利的奸佞小人,他们利用复辟皇帝内心深处具有的强烈复仇心理,将与自己有着过节的或将有可能妨碍自身利益的朝廷同僚一一予以杀害或贬黜。而少保、兵部尚书于谦及吏部尚书兼东阁大学士王文等就是这样受害者中的最早的一批。当然有人可能要说,杀害于谦和王文等,多少让人觉得还有那么一点点的借口和由头,而徐有贞之流贬谪陈循、商辂等前朝同僚还真让人一头雾水。想当初困顿之际,陈循是徐有贞诉说内心苦闷的对象,就连徐珵改名为徐有贞也是陈循的建议,一句话,陈循是有德于徐有贞的。可就是对这样一位人生大贵人,刚刚得势了的奸佞小人徐有贞却容不了他。夺门之变后徐有贞曾跟商辂私下说道:"将足下论入于谦党,也是不得已的事情,我无能回护,只好将足下的大名列于诸人之末了。"(【明】尹直:《謇斋琐缀录》卷2)

既然有恩于自己或根本没有什么现实危害的前朝同僚都要成为朱祁镇、徐有贞、石亨、张軏等为核心的天顺新朝廷的惩治对象,那么曾经直接得罪过他们的人及其周围之人就更是在劫难逃了。

景泰时期得罪明英宗父子最深的除了于谦、王文和王诚、舒良等人外,就要数黄竑父子。夺门之变发生后的第三天,永清左卫中有个军士一夜之间擦亮了眼睛,发现他们的上级领导永清左卫指挥同知黄瀚是个"潜伏着"的奸党分子,他的父亲就是景泰中期首先建言易储的大奸恶黄竑,当即就把他捆绑起来,送到锦衣卫去。明英宗闻讯后下令,将黄瀚发配万全右卫充军。(《明英宗实录》卷274;【明】谈迁:《国榷》卷32)鉴于大奸恶黄竑已死,天顺帝无法直接复仇,遂"命发棺戮其尸,其子震亦为都督韩雍捕诛"(《明史·广西土司二》卷318)。

同一天擦亮了眼睛的还有府军前卫指挥使顾英,他发现都督佥事张义事实上是于谦"奸党"分子。明英宗听说后命人将张义逮捕起来，打入锦衣卫狱。此事牵连到了署都督佥事、都指挥同知王英。在未经任何侦查、审讯的情势下，复辟皇帝下令，将张义和王英各打一百杖，谪戍云南腾冲卫。(《明英宗实录》卷274)

夺门之变发生后的第五天，锦衣卫校尉逯杲突然发现，他的上级领导锦衣卫百户杨瑛是于谦"奸党"分子，他立即上奏说："此人不仅与前朝司礼监太监张永有着亲眷关系，而且还与司礼监的另一个太监舒良关系不错。要是让这样的'奸党'分子'潜伏'下来的话，情势将会十分可怕。"明英宗听完后立即"命锦衣卫拷讯之"(《明英宗实录》卷274)。

夺门之变发生后的第八天，有人上告说，都督唐兴是漏网了的重要奸党分子，理由是他的女儿"幸邀戾王为皇贵妃"，唐兴"得赏赐无筭"(即得到的赏赐不计其数)。明英宗遂命将唐兴下锦衣卫，"籍其家"(《明英宗实录》卷274)。经过两个月的审讯，在没有任何犯罪证据的前提下，天顺元年三月，复辟皇帝将唐兴"发河南充军"(《明英宗实录》卷276)。

连景泰皇帝的老丈人唐兴也被治罪充军了，且治罪的罪名勉强得不能再勉强，这意味着什么呢？皇城根底下感觉灵敏的人一下子嗅出了"新"气息，全面否定和彻底清算景泰帝及王诚、于谦等景泰朝廷铁杆支持者的时代到了。为了能"与时俱进"，为了日后自家的荣华富贵，天顺元年(1457)正月二十七日即唐兴被处置后隔了一天，"金吾右卫带俸正千户白琦请尽诛王诚、于谦等党及郕府旧僚，且以诚、谦等罪榜示天下"。明英宗当即表示：可以考虑这事，随即令都察院先将这些奸党的名字上报上来。(《明英宗实录》卷274)

同一天北京城里有个卫卒突然间拥有了一双火眼金睛，他发现：刑部福建司署员外郎事司务李棨实为已被千刀万剐了的景泰朝司礼监太监王诚的同党，并把他给绑了起来，送到了朝廷去。明英宗听说后立即下令，将李棨交由锦衣卫好好"侍候"。(《明英宗实录》卷274)

● 因曾说俘虏皇帝是祸根，卫国大英雄、昌平侯杨洪之子孙遭大难了！

景泰朝股肱之臣、兵部尚书于谦给杀了，由他一手提拔起来的兵部右侍郎王伟也被削职为民,有可能是于谦同党分子的都督佥事张义及涉案的署都督佥事、都指挥同知王英都被谪戍云南腾冲卫,甚至差一点给漏网了的重要"奸党"分子唐兴也被充军河南……复辟皇帝与拥立他的政变骨干分子以及要求"进步"的政治积极分子都在不停地琢磨着,还有谁是可怕的前朝"潜伏"者?尤其在军界,要是这样的清除"奸党"运动不搞得干干净净的话,就会留下无比巨大的后患。由前朝想到后廷,由宫内想到宫外,明英宗与心腹走狗包括高层"军二代"张轨等终于想起了一个切齿痛恨的人物——昌平侯杨俊。

见到昌平侯这个爵名,有读者朋友可能要说了,被封为昌平侯的是杨洪,现在怎么又变成了杨俊了呢?

事情还得从头说起。正统、景泰之际在大明北疆上有两个赫赫有名的大将,一个是镇守大同的总兵官郭登,另一个就是镇守宣府的总兵官杨洪。杨洪"自少武勇,由百户积边功"(《明英宗实录》卷208,《废帝郕戾王附录》第26)。正统十二年(1447)他出任总兵官,代替郭玹镇守宣府。正统十四年(1449)十月,也先进逼京师时,杨洪奉景泰帝之命,率领20000人马入卫。北京保卫战取胜后,他与孙镗、范广等合力追击瓦剌余寇。"至霸州破之,获阿归等四十八人,还所掠人畜万计"(《明史·杨洪传》卷173)。同年十一月,他被景泰帝擢升为昌平侯(《明英宗实录》卷185,《废帝郕戾王附录》第3),受命率部留守京师,"督京营训练,兼掌左府事"。景泰元年(1450),杨洪与石亨因军事有功"俱授奉天翊卫宣力武臣,予世券。明年夏,佩镇朔大将军印,还镇宣府"(《明史·杨洪传》卷173)。

此时的杨洪家可谓是隆盛之至,他的从子杨能、杨信充任左右参将,儿子杨俊为右都督,管三千营。不过,作为一代边关名将的杨洪并没有被眼前的荣华富贵冲昏了头脑,他"自以一门父子官极品,手握重兵,盛满难居,乞休致,请调(杨)俊等他镇"。但由于景泰帝十分信任他,故而也就没有允准他的请求。景泰二年(1451)八月,杨洪因病回京疗养,逾月不幸病卒。(《明英宗实录》卷208,《废帝郕戾王附录》第26)

杨洪死后,昌平侯爵位由他的嫡子杨杰承袭。杨杰可能是更多受到父亲的影响,为人处世十分低调,一继承爵位就上书景泰朝廷,说:"我们杨家一侯三都督,就连跟随作战的奴仆得官的也有16人。小臣思来想去,觉得我们杨家人无论如何也报答不了朝廷的恩惠。乞请罢了奴仆杨钊等人的官职。"景泰帝接奏后部分同意了杨杰的请求,对于杨家奴仆杨钊等人只停官但不停俸。很可惜的是,这么一个谦逊的杨家后人杨杰却英年早逝,且身后无子无孙。这样一来,昌平侯的爵位就由杨杰的庶兄杨俊(杨洪之妾所生之子)来继承。(《明史·杨洪传》卷173)

杨俊最初以军卫应袭子弟身份从军,跟随父亲杨洪巡守北疆。正统中累官署都指挥佥事,总督独石、永宁诸处边务。景泰帝即位后,给事中金达奉使独石,发现杨俊贪侈,于是向朝廷上章奏劾。杨俊随即被召还。瓦剌也先大举进攻京师时,杨俊受命率军奋战居庸关。就在那里他大败了也先别部,由此晋升为都督佥事,不久又充右参将,辅佐总兵官朱谦镇守宣府。(《明史·杨俊传》卷173)

当时,叛阉喜宁屡次诱引瓦剌军入寇大明边关,明廷对之深恶痛绝,曾出赏格:谁要是能擒获斩杀喜宁,朝廷将赏以黄金千两、白金二万两,并封以侯爵。据说喜宁最后是为都指挥江福所获(对于擒获喜宁,史料记载不一,《明史》说的是江福,但《明英宗实录》说是杨俊和高斌,本书作者注),但因为事情发生在边关,当时朝廷并不知详。杨俊却由此冒功,向景泰帝声称,喜宁是被他抓住的。廷臣听说后上请皇帝,应如悬赏诏书中许诺的那样奖赏杨俊。但景泰帝没有同意,认为杨俊作为边将,擒获叛徒是他应尽的职责,那就不该按照诏书中对普通人出的那个赏格进行行赏。不过后来朝廷还是对杨俊加以升职,即"加右都督",并赐予了一些金币。(《明史·杨俊传》卷173)

杨俊升为右都督时,父亲杨洪已被封为昌平侯,杨家其他兄弟杨能、杨信也先后当上了都督、都督佥事等高级军官,这就是杨杰所说的杨家"一侯三都督"。与弟弟杨杰相比,杨俊实在是个肤浅之人,看到自家个个都当了大官,他愈发不能自已,"恃父势横恣",因个人一点私怨把都指挥陶忠给杖死了。当时父亲杨洪正在北京负责操练京营,听到儿子出事了,他害怕至极,赶紧上奏给景泰朝廷,请求将闯祸的杨俊从边关调到京师来,这样也好置身于自己的眼皮底下。景泰帝同意了,杨俊由此来到了京师。可让他没想到的是,一到北京,朝廷言官交章奏劾,要对他"下狱论斩"。景泰帝从大局出发,也鉴于当时大明军事形势尚不稳定,国家正缺军事将领,于是决定,免于处决杨俊,令其随父作战,立功赎罪。而后不久,杨俊冒擒喜宁功一事被人检举出来。景泰帝下诏:追夺冒升官军之赏赐,另赏立功者都指挥江福,并对杨俊一抹到底,令其剿贼自效,即从小兵干起。没多久,因有功,杨俊升为游击将军,"巡徼真、保、涿、易诸城,还督三千营训练"(《明史·杨俊传》卷173)。

景泰三年(1452),杨俊上疏朝廷,说:"也先既弑其主,并其众,包藏祸心,窥伺边境,直须时动耳。闻其妻孥辎重去宣府才数百里。我缘边宿兵不下数十万,宜分为奇正以待,诱使来攻。正兵列营大同、宣府,坚壁观变,而出奇兵倍道捣其巢。彼必还自救,我军夹攻,可以得志。"即杨俊献计:以奇兵袭击瓦剌首寇也先,打他个措手不及。但当时的兵部尚书于谦却认为这样的计策很不保险,于是奇兵袭击瓦剌之事不了了之。刚好那时朝廷采纳于谦的建议,开始创设团营制。杨俊受命留在京师,分督四营。(《明史·杨俊传》卷173)

景泰四年(1453),杨俊再次充任游击将军,受命护送瓦剌使团北还。而就在北行途中,使团与护送者走到了一个叫永宁的小地方停下来休息。杨俊看看闲得没事,就与人喝酒。酒一喝上,酒精马上起作用,杨游击将军的脾气也随之上来了,下令将看不顺眼的都指挥姚贵抓起来,痛打八十杖,还说要斩了他。幸亏众人及时劝解,才未酿成大祸。可无辜受杖的都指挥姚贵哪咽得下这口气,随即上诉朝廷,请求严惩杨俊。当时宣府参政叶盛也上疏朝廷,请求治罪杨俊。除了列举他无故杖击都指挥姚贵一事,叶盛还指摘杨俊为败军之将,并举出了他在独石守边时吃过的败仗作依据。杨俊听说后很恼火,立即上疏自辩,并将过去景泰帝表彰他的战功敕书封还上呈。按照当时人们的理解,杨俊的这等做法是对皇帝的不敬。言官们听说后纷纷奏劾杨俊不臣,专横跋扈,最终议定要将他处斩。但景泰帝念及杨俊及其父亲杨洪所立之功,最终还是下令将他"锢之狱"(《明史·杨俊传》卷173)。

这事刚过,杨俊的弟弟即杨洪嫡子杨杰病逝,杨洪正妻魏氏上请朝廷:能否暂时释放杨俊,让他回家来主持杨杰的丧葬之事。景泰帝本来就没有要杨俊死的念头,接到魏氏上请后,马上下令宽宥杨俊之罪,并将他的官职降为都督佥事。因杨杰死后无子嗣,这样一来,杨家的昌平侯之爵只能由杨俊来承袭了。但袭爵没多久,杨家有人出来告发,说杨俊偷盗军储。偷盗军储,按律论处,杨俊当斩。但那时大明盛行输赎还爵,即纳米赎罪,杨俊搞了些粮草输入边储,他的死罪也就给免掉了,然后继续当他的昌平侯爷。谁也没想到,这样的安宁日子没过上几天,又有人出来上告,说杨俊犯有不可告人之阴事。景泰帝下令:杨俊免死,闲居于家,昌平侯爵位由他的儿子杨珍承袭。(《明史·杨俊传》卷173)

由上不难看出,尽管杨俊屡屡犯事甚至还弄出了人命案来,但景泰帝终究没杀他。个中缘由纵然有很多,不过在笔者看来,可能最为主要的还是景泰朝廷考虑到了杨家一门诸将守疆护土的重要作用。另外还有个缘由,那就是杨俊犯的事危害都不大。杨俊可能遗传了父亲杨洪的部分基因,很多时候他将问题看得很透、很远,可十分可惜的是,他却没有父亲杨洪的那般涵养,口无遮拦,最终将自己送上了不归路。

景泰初年杨俊曾任右参将镇守永宁、怀来,听说瓦剌太师也先将要俘虏皇帝朱祁镇送来奉还,他就告诫将士们:"一旦也先军队挟裹着太上皇来了,你们千万不要轻易打开城门迎纳!"后来明英宗回京了,杨俊闻讯后就跟人说:"上皇南还,终将是个祸根啊!"景泰年间这样的话在一般人群中传传是不会有什么事的,但一旦被别有用心的小人听到了,后患可就大了。奸佞小人、"军二代"张𬭚虽说有着很好的家庭出身,但他"根正苗不红",是个地地道道的恶鬼邪魔。由于平时工作上与杨俊有所不协调,甚至还有些矛盾,张𬭚就因此怀恨在心,总想找个机会,好好地收拾收拾这个没有政治头脑的杨将军。夺门之变后,一起忙于害人、杀人的张𬭚绞尽脑汁要寻找出前朝的"奸党"分子,忽然间他想起了已经闲居在家、很久都不见的"宿敌"杨俊,随即添油加醋地将杨俊的不臣之言告诉了复辟皇帝。天顺元年(1457)正月二十九日,在没有任何证据的前提下,明英宗下令逮捕杨俊,将他下到锦衣卫大牢里头,最终处以斩刑。至于杨俊之子杨珍,复辟皇帝没忘"斩草除根",将他革爵,发配广西充军。(《明史·杨俊传》卷173;《明英宗实录》卷274)

第5章 石曹之变 天顺"顺天"?

- **天顺复辟睚眦必报,连无辜的卫国大英雄范广也杀,撒下人间都是冤**

把昔日窘迫时对自己大不敬的杨俊给杀了,且令人将于谦、王诚等党人"罪行"榜示天下,用句耳熟能详的话来说:踏上一脚,让他们永世不得翻身!按理说事情做到了这一步也就差不多了。不,复辟皇帝明英宗及夺门之变骨干们可不这么认为,就连内宫里头的孙皇后也有相同的看法。天顺元年(1457)二月初一日,她向大明宗室亲王及中外文武群臣发布制谕,把已经倒台的前朝皇帝朱祁钰骂得猪狗都不如,废其为郕王,并将其撵出明皇宫。(参见前章,也见《明英宗实录》卷275)

○ "天顺"朝开局的小人嘴脸:睚眦必报

与此相呼应,天顺元年(1457)二月初,复辟皇帝在接受白琦彻底清除景泰"奸党"建议的基础上,命令大明都察院全面调查郕王府旧党人。经过三天的紧张工作,天顺元年(1457)二月初三,都察院终于查出郕王府"旧党"军官1775人,并将这些人的名单上呈给了明英宗。明英宗发话:"军官景泰年间恩升者,革其升职,俱照原职,调山东都司沿海卫所,校尉改充军,并旗军俱调在京缺军卫所。"(《明英宗实录》卷275)

这段话的大体意思是,凡是在景泰年间升的官职本朝皇帝不予承认,只认可正统朝时的官衔职务,另外还要把这些军人调离北京,让他们到山东都司沿海卫所去听调使用。

明英宗做出此番举措至少释放出两个信息:一是他不承认景泰政权,只不过没有明说而已;二是怕这些景泰警卫军待在北京,留下安全隐患。

由此看来,明英宗尽管复辟登位上台了,但他的内心还是极其脆弱或言做贼心虚。

而这样的心虚并没有随着时间的推移和政权的巩固变得缓和些,恰恰往着相反方向发展,终使他成了惊弓之鸟。大致自此而始,复辟皇帝一方面宠信与重用锦衣卫特务,另一方面进一步清查、打击和迫害所谓的景泰帝、于谦"奸党"及其周围相关的人们。

天顺元年(1457)二月初五,明英宗"发王文、于谦、王勤、王诚、张永、舒良家属于口北开原等卫充军"(《明英宗实录》卷275)。初六日,"命郕王所立皇太后吴氏复号宣庙贤妃,皇后汪氏复为郕王妃,怀献太子见济为怀献世子,肃孝皇后杭氏及贵妃唐氏俱革其封号"(《明英宗实录》卷275)。

天顺元年(1457)二月初九日,明英宗杀司礼监太监廖官保、司礼监少监许源、御马监太监郝义、大兴左卫千户刘勤、锦衣卫百户艾崇高。初十日,杀内官覃吉。

这些人到底犯了什么事要被复辟皇帝处死呢？我们不妨来看看明代官史是如何记载的：

廖官保是负责御药房的太监,明英宗在南宫时,有一次向御药房要些药。廖官保看见这般落魄的下台皇帝,故意刁难他,没给。没想到这下可就闯了了大祸了,明英宗始终记着这个事,上台后一点借口也不找,就把廖官保抓起来给剁了。(《明英宗实录》卷275)

许源是司礼监少监,曾在南宫服侍明英宗,可能因为时间久了,或不耐烦而讥笑、讽刺了这个下台的帝国"第一领导",最后也被复辟上台的明英宗处死。(《明英宗实录》卷275)

要说上述两个内官之死多少还有那么一点自找的话,那么下面要讲的几个宫廷内外官员之死实在是让人感觉莫名其妙。

御马监太监郝义被人谣传,说他与司礼监太监王诚合谋,"欲发勇士擒杀(曹)吉祥、石亨等,故诛"(《明英宗实录》卷275)。

大兴左卫千户刘勤因为善于梳头,曾为景泰帝服务过,很受赏识,由军士擢升为千户官。夺门之变后的明英宗神经高度紧张,总是疑神疑鬼。锦衣卫校尉逯杲觉得有机可乘,就在朝班中将曾经与自己有隙的千户刘勤给揪出来,说他曾经讥笑、讽刺软禁在南宫中的明英宗。明英宗听后勃然大怒,在没做任何调查与审讯的情势下处死了刘勤。(《明英宗实录》卷275)

锦衣卫百户艾崇高曾经是太医院医士,景泰帝因独苗苗皇太子朱见济突然夭折而求子心切,拼命地在后宫"美眉"那里加班加点忙活着,但最终却将自己搞得弹尽粮绝。作为太医院医士的艾崇高知道后为主解忧,及时地献上了春药。景泰帝服用后顿感活力倍增,越战越勇,一高兴就赏了艾崇高一个锦衣卫百户官当当。这在明朝宫中是司空见惯的事情,明成祖、明仁宗、明宣宗直至明英宗本人哪个不服春药?宫中"美眉"那么多,个个如花似玉,皇帝一个人精力有限,要些药物助力也在情理之中,想当年明成祖屡次派人下西洋,据说其中的一个目的就是要在海外搞春药,这些搞春药的人不仅一点事都没有,回国后反而大受升赏。唉,同样献春药,这回艾崇高可倒大霉了,被政变上台的明英宗给斩了。(《明英宗实录》卷275)

覃吉是景泰年间掌管朝廷内库金帛奇货籍记的内官,明代宗在位时曾赏赐给诸妃白金3万余两,宝石万余。有人记下了这事,并在夺门之变后告诉给了明英宗。明英宗想在覃吉主管的簿册中寻找这方面的记载,结果怎么也没找到。没找到就拿覃吉出气,复辟皇帝下令,将他打入锦衣卫大牢。(《明英宗实录》卷275)

廖官保、许源、郝义、刘勤、艾崇高、覃吉……在天顺元年(1457)二月明英宗冤杀残害景泰朝内外官员的高潮中,有个叫范广的将军被害尤为冤枉,令人愤懑、痛心。

○ 好个"睿皇帝",连无辜的保家卫国的大英雄范广也要杀害

前章已述,范广是景泰年间保家卫国的大英雄。他精于骑射,骁勇绝伦,"正统中嗣世职,为宁元卫指挥佥事,进指挥使。十四年,积功迁辽东都指挥佥事"。土木之变发生后,廷臣集议,在这国难当头之际,应该大力推荐和任用将才,保家卫国。当时主持兵部工作的尚书于谦在举荐石亨的同时,又引荐了范广,并把他从辽东调到了北京,充任石亨副手,为副总兵官。北京保卫战中,范广跃马陷阵,部下将士紧随其后,勇气百倍,终于打退了瓦剌军的进攻。随后开始追击余寇,在紫荆关大败之。因功晋升为都督同知,出守怀来,但不久他又被召回京城。景泰元年(1450)三月开始范广充任总兵官,"偕都御史罗通督兵巡哨,驻居庸关外"(《明史·范广传》卷173)。

于谦改革大明军事,废除弊端百出的三大营旧制而设立团营时,曾调范广回京,提督团营军马。没想到就此让范广掉入了小人成堆的是非漩涡中。由于石亨、张𫐄自身不正,其属下将领也多贪

纵不法。范广看不惯,向上做了反映。为此石亨、张𫐄从内心深处恨透了范广,时不时地在景泰帝面前进谗言,最终使他"止领毅勇一营"。但就此石、张等人并没解气,鉴于当时于谦尚在,他们还不敢公然为难范广。夺门之变发生后,于谦被冤杀,石亨、张𫐄立即将罪恶的眼光盯在了范广身上,"诬(范)广党附于谦,谋立外藩,遂下狱论死。子升戍广西,籍其家,以妻孥第宅赐降丁"(《明史·范广传》卷173;《明英宗实录》卷275)。

对于这样的悲剧,《明史》曾评述道:范广"性刚果。每临阵,身先士卒,未尝败衄。一时诸将尽出其下,最为于谦所信任,以故为侪辈所忌"(《明史·范广传》卷173)。

毫无证据地冤杀曾经保家卫国的大英雄、诸将之帅,就此,不知时下为明英宗辩解和大唱赞歌的某些专家还会不会说他是个好皇帝?也不知这些专家怎么会火眼金睛地看出一个杀人如麻的无耻皇帝反倒成为值得称道的历史人物了?

○ 本来是为俘虏皇帝南还而出使漠北的,就因为一句感慨语,李实召来了大祸

其实复辟皇帝及支持他的夺门政变者的这种无厘头的冤杀与滥杀远不止于上述这些,有时一丁点儿的小事或无意识的冒犯,他们都会牢牢地记在心头,等到上台后就将它们一一给翻出来,随即置人于死地。

李实曾在景泰元年为明英宗南还之事而出使过瓦剌。而就在这次北使过程中,作为当时出使团的团长李实曾为土木之变向俘虏皇帝当面阐述了自己的看法:正统朝廷任用非人,宦官擅权专横,作为当朝的皇帝明英宗你有不可推卸的责任,一旦南还,你应该引咎自责。就这么个话的意思,朱祁镇将其记作为大仇,且一记就记了七八年。更让他恼火的是,听石亨、张𫐄说:这个叫李实的大臣其实大不"老实",出使瓦剌回来后还写了一本叫什么《出使录》的小册子,其中有不少谤讪当今"英明圣主"的话。这个该死的李实,实在是该死!同时石亨、张𫐄还说,那个曾经当廷率领众大臣击杀明英宗"父师"王振"王先生"心腹锦衣卫指挥马顺及内臣两人的王竑,也应该追论其犯阙和擅杀之罪。(《明英宗实录》卷275)

经由这么一提醒,复辟皇帝明英宗全都回想起来了,本皇帝当年御驾亲征是为了天下生灵,而不是为了游玩和满足一己之私欲。"王先生"保驾远征,实为国家功臣,无论怎么说都不能将土木之变归咎于朕或"王先生"之失误啊!而王竑居然当廷将"王先生"的心腹给打死,李实还对朕与"王先生"说三道四,这是做臣子的应该所说或应该所做的?是可忍孰不可忍,天顺元年(1457)二月十四日,明英宗下令:将已升任为浙江参政王竑、右都御史李实罢职为民,"子孙永不叙用"。同天被降职处分的还有9名官员,他们是"户科都给事中成章、刑科都给事中王镇、浙江参政曹凯、四川按察使黄溥、广西副使甘泽、山西副使刘琚、山东金事赵缙、湖广金事璩安、山西金事王豪,俱为卫经历"。这9名官员之所以被降职是因为他们在景泰朝时检举揭发了石亨、张轨等人不法犯罪行为。(《明英宗实录》卷275)

颠倒黑白,冤杀忠良,铲除异己,永绝后患,天顺帝上台哪是什么"天顺"或"顺天",反倒是历史的大倒退!而这样的倒退逆流猖獗了半年之久,直到天顺元年中期时还在继续着。

○ 高潮过后,天顺朝彻底清除景泰"奸党"运动还持续了多久?

天顺元年(1457)四月,一直疑神疑鬼的复辟皇帝明英宗授意六科、十三道言官们对景泰朝遗留下来的司礼监再次进行奏劾:指斥太监陈鼎、阮简"内与王诚、舒良同腹心,外以王文、于谦为羽翼,拥立郕王,废易太子,始则倡不必北迎之谋,终则造幽闭南宫之计,禁圣母(指孙太后)往来,绝亲亲之情,抑百官朝贺,废君臣之义,倾竭府库,崇尚异端,忍令僧人清昊为魔魅,数致僧官道竖入禁闱,俱宜显戮于市,以快人心,以回天变"(《明英宗实录》卷二百七十七)。

这是一出地道的政治双簧戏,表面上是由言官们发起凶猛的奏劾,皇帝老爷装好人,以此做出最利于己的圣裁——既要清除潜在的政治危险,又要收买人心。请看复辟皇帝是如何回复言官们的:"给事中和御史们所言极是,陈鼎、阮简之流负国背君,罪在不赦。只是元恶已诛,余党就应从轻发落。将陈鼎调任南京司礼监,让阮简去北京郊外去守护太宗皇帝的长陵,对于他们这伙人我朝廷永不任用。"(《明英宗实录》卷277)

天顺元年(1457)四月底,有人举报说:镇守山海等处左参将胡镛曾与景泰朝司礼监太监舒良、郝义有着一定的往来,曾接受他俩的委托"市米中盐"。明英宗闻讯后下令逮捕胡镛。胡镛惊恐不已,为了减轻自身莫名的罪行,他胡乱"咬人",说是为太监舒良、郝义代办事务,都督金事宗胜、都指挥金事马荣也有份。刑部官查了一圈,没查出什么问题来,只好"以赦除其罪,但坐以妄奏杖"。明英宗考虑到了这个案子的特殊性,"犯事者"为边防将领,故而接受了法司部门的判决意见,从轻发落都指挥金事胡镛。(《明英宗实录》卷277)

同一天还发生了一桩案子,有人上章奏劾:锦衣卫都指挥金事刘敬也大有问题。景泰时期当时为指挥同知的刘敬"专谄权要",经常让他的妻子出入景泰帝岳丈唐兴、杭昱等府第以及太监张永、阮简等人的家里。妓女李惜儿入宫受宠后,刘敬又与李惜儿的家人过从甚密。夺门之变后,天顺帝大加升赏"夺门"功臣。刘敬见到有机可乘,居然也妄报自己有迎驾之功,且还被升了官,任锦衣卫都指挥金事,但实际上他是景泰朝谋逆分子之余孽。

六科给事中和十三道监察御史听到这样的奏劾后一下子也擦亮了眼睛,上奏复辟皇帝说:"在陛下复位前的一天,因外夷贡使来朝,刘敬多选了锦衣卫校尉300余人,实际上他是想帮助张永等景泰恶逆,擒杀迎驾诸大臣。陛下,对于这样的不忠不孝的奸恶之徒,理应重处!"明英宗闻奏后拿不准主意,将案子交给大明都察院去审理。都察院的大部分领导都已"与时俱进"了,接案后迅速对刘敬做出了判决:拟实施斩刑。幸好当时都察院还有个比较正直的副职领导右都御史耿九畴有着不同的看法,他恳请复辟皇帝"集群臣杂治之",即让朝廷大臣集体去审理该案。最后查实,夺门之变发生时,刘敬正在"督校尉警跸行礼",因此说,有人奏劾他帮助张永等景泰恶逆擒杀迎驾诸大臣之罪非常可疑。明英宗最终裁定,为防患于未然,将锦衣卫都指挥金事刘敬黜斥为山东东昌卫指挥使。(《明英宗实录》卷277)

天顺元年(1457)五月甲子日,曾经制造"绣袋宝刀"案后任广西柳州卫千户卢忠和镇守宁夏太监高平(前章已述)被押到了北京。明英宗听到这两人的名字就想起数年前为自己冤死的忠诚太监阮浪和内使王瑶,顿时气得咬牙切齿,随即恶狠狠地下令道:"将卢忠、高平两人凌迟处死,暴尸三日,并籍没其家。"(《明英宗实录》卷278)

　　时隔一天后的天顺元年(1457)五月丙寅日,原本是景泰朝刑科给事中、后因拍马屁拍在马脚上而被景泰帝发配到辽东铁岭卫充军的徐正,让人给押到了明皇宫的大殿上。明英宗想起当年往事,气得几乎要发抖,心想:就是眼前的这个徐正差一点将我朱祁镇父子置身于绝地,他曾给景泰帝出点子,将我皇长子即废太子朱见深赶出京城,让他上沂王藩邸沂州去,增高我朱祁镇居住的南宫城墙,伐去城墙边上的大树,将宫门的锁用铁水浇注,以防不测。要是我家老弟朱祁钰听了他的,哪还有我朱祁镇的今天啊!所以当听到底下有人说:徐正押到了!明英宗几乎头脑里想都没想立即从嘴里蹦出话来了:"以谋反罪名将他凌迟处死,藉没其家!"不过随后他又觉得,这还不解恨,据说当年徐正还有个同谋军余叫汪祥的。想到这,他马上令人"执而斩之!"(《明英宗实录》卷278)

　　纠劾、逮捕、凌迟处死、枭首于市、充军、籍没、降职、外放……凡是与朱祁钰、于谦、王文、王诚、舒良等景泰核心集团有着一定关系的人都要受到非常的对待,天顺帝刚上台的这半年大明帝国暗无天日,京师内外到处都是血雨腥风、冤魂屈鬼。上有所好下必甚焉,在这血色恐怖的高压态势下,帝国社会阶层中涌现出了这样的一些人,他们为了自己的那一点点私欲,竟然不顾最起码的做人良知,投天顺帝之所好,请求对杀剩了的与景泰集团有一定关系的人来个彻底大清除。有个叫吴豫的教官就是这样的不良者中的一个典型。天顺元年(1457)五月初,广东遂溪县儒学教谕吴豫上书给天顺帝,提出了两点请求:第一,"请究幽上于南宫及易皇储之主谋者,俱宜正以春秋之义,加之赤族之诛";第二,"请诛窜于谦等擅权时所举文武诸重臣。若不然,恐变生肘腋"(《明英宗实录》卷278)。

　　就这两条请求要是全采纳了,那要杀多少人?仅"请诛窜于谦等擅权时所举文武诸重臣"一条执行下去,恐怕连夺门之变的"头号功臣"、天顺初年的第一号权臣石亨也要被算在诛窜的范围内,因为当年他就是由于谦推荐出来的。而就复辟皇帝内心而言,他既想彻彻底底地清除景泰朝尚有可能残存的势力,但又吃不准下面如何把握住分寸,于是将吴教谕的奏章交由刑部和都察院的官员们集议。经过一番讨论,法司官们形成了这样的观点:"(鉴于于)谦等合谋易储君者,王文、江渊、陈循、萧镃、商辂、俞士悦、王诚、舒良、张永、王勤、黄玹及其奸党项文曜、王伟、蒋琳、古镛、丁澄俱已诛窜,如更从豫言追究,恐骇人心。"复辟皇帝这下脑子似乎清醒了些,当场说道:"然教谕言固是,但余党已处分,无庸再究。"(《明英宗实录》卷278)

明英宗这话说得十分狡猾,其意思是:株连杀人到此大致可以告个段落了,但一旦有广东遂溪县儒学教谕吴豫那样上书言事的忠君行为,我朝廷还是要肯定的——这就为以后万一发现的前朝"遗患"作进一步的铲除留了个尾巴。也正因为留了这样的一个尾巴,直到明英宗驾崩前的几个月,即天顺七年(1463)九月,他还下令将曾经出使瓦剌时对自己"大不敬"、对土木之变中"为国殉难"的王振"王先生"进行诽谤而在天顺元年(1457)已被罢职为民的李实打入锦衣卫大牢,籍没其家。不过那时他给李实找茬的借口要漂亮些,"以乡民诉其暴横妄诞也"(《明英宗实录》卷357)。

● 彻底清除景泰"新政",中止大明"中兴"——"拨正反乱"

由此可见,明英宗决不像某些人所说的"仁君""睿皇帝",而是个睚眦必报的绝对小人、昏庸之主。这不仅表现在前文已述的他对待前朝异己势力所采用的血腥高压政策上,而且也反映在复辟上台后他愚蠢地废除景泰朝革新举措,骤然中止大明"中兴"进程。凡是景泰帝所推行的"新政",天顺帝上台都予以一一废除,来个全方位的"拨正反乱":

天顺元年(1457)正月二十六日,明英宗罢除天下巡抚提督官。他曾跟户部、兵部臣僚这样说道:"朕新复位,凡百行事当遵祖宗旧制,各处巡抚提督等官是一时权宜添设,宜即将各官取回,其各处边备及军民事务令总兵等官理之。事有不便及官有不法者,从巡按御史究治,重者奏闻区处。"(《明英宗实录》卷274)

天顺元年(1457)四月癸丑日,明英宗宣布罢除京营团营制,恢复弊端丛生的三大营旧制。(《明史·英宗后纪》卷12)

天顺初年起,明英宗改变景泰帝严抑宦官与锦衣卫的做法,宠

信和重用宦官,加强锦衣卫特务统治。(详见下文)

天顺元年(1457)六月,明英宗接受南京御马监太监马琳的奏请,下令废除景泰帝的马政改革,"复命侯、伯及内官(每年)印俵孳牧马驹旧制"。(《明英宗实录》卷279)

天顺元年(1457)七月,明英宗下令,将已被籍没为奴的王振同党太监郭敬之子郭祥等开释,并擢升其为锦衣卫百户,且还悉除其兄郭忠等人的军伍之籍。(《明英宗实录》卷280)

天顺元年(1457)十月,明英宗接受太监刘恒等人上言,以王振"恭勤事上,端谨持身,左右赞襄,始终一德"为由,对命丧土木堡的正统朝"父师"、大珰王振进行招魂葬祭。(《明英宗实录》卷283)

天顺二年(1458)二月,明英宗接受司礼监太监福安的上奏请求,恢复被景泰帝停行了的永宣采银旧制,派遣太监卢永、罗圭等前往浙江、云南、福建和四川等地开采银矿;同时还委托内官于云南等处出官库银货,收买永乐、宣德年间下西洋时在域外置办的黄金、珍珠、宝石诸物,扰民害民。(《明英宗实录》卷287)

……

与进行大规模"拨正反乱"和大迫害景泰朝臣几乎同时,复辟皇帝明英宗还大力升赏了帮助他夺位的奸佞小丑及其周围之人,于是天顺朝廷魑魅魍魉粉墨登场。

● 魑魅魍魉 前狂后亡

在复辟皇帝朱祁镇看来,自己之所以能复登大位首先要感谢石亨、曹吉祥、徐有贞、张𫐄、杨善和许彬等内外诸臣的忠诚。那么怎么感谢他们呢?

● 夺门功臣"有求",天顺帝"必应",魑魅魍魉,粉墨登场

从小就在孙太后调教下长大的朱祁镇于经国大事老是把控不准,但对家长里短和人情世故却十分精通。要说石亨、张𫐄、张𫐄、曹吉祥、孙继宗、徐有贞、杨善等凭啥冒着风险将他从南宫接出来,辅佐登基上台,说到底不就是图的高官厚禄和荣华富贵。如今他

登基了,满足他们的愿望对于朱祁镇来讲简直就是小菜一碟。

○ 天顺皇帝"皇恩浩荡",肆意滥赏;夺门功臣加官晋爵,得寸进尺

天顺元年(1457)正月二十一日,即颁布复位登基诏书的同一天,复辟皇帝朱祁镇给吏部降下敕谕,说:"朕居南宫七年,心已忘于天下。不意奸臣谋逆,武清侯石亨等能先几弭变,会合忠义,奉迎朕躬,复正大位,功在宗社。兹特进封亨为忠国公,食禄千五百石;都督张軏为太平侯,食禄千三百石;张輗为文安伯,食禄千二百石;都御史杨善为兴济伯,食禄千二百石,俱子孙世袭。"(《明英宗实录》卷274)

五日后的天顺元年(1457)正月二十六日,明英宗敕吏部臣曰:"会昌伯孙继宗戚里至亲,事朕有年,多效忠勤。兹特进封为会昌侯,食禄一千二百石,子孙世袭。"(《明英宗实录》卷274)两天后的天顺元年(1457)正月二十八日,又"赐忠国公石亨、会昌侯孙继宗、太平侯张軏、文安伯张輗、兴济伯杨善勋号、散官,亨奉天翊卫推诚宣力佐理武臣,特进光禄大夫右柱国,给诰券,本身免三死,子免二死,追封三代;继宗、軏、輗、善俱奉天翊卫推诚宣力武臣,特进光禄大夫柱国,给诰券,本身免二死,子免一死,追封三代"(《明英宗实录》卷274)。

在上述大封赏中,石亨与张軏获益最多。石亨原来是武清侯,被天顺帝晋封为忠国公,先是食禄1500石,后又增加了2500石。(《明英宗实录》卷274)总计达4000石,与明初洪武年间鄂国公常遇春的食禄数相当(《明太祖实录》卷25、卷43;【明】谈迁:《国榷·勋封》卷首之2;《明史·太祖本纪二》卷2;《明史·常遇春传》卷125)。张軏原为正一品的都督,一下子被明英宗擢升为太平侯,先是食禄1300石,后增加了1500石,(《明英宗实录》卷274)超过了明初西平侯沐英的食禄数。(《明史·沐英传附沐晟》卷126)

如果读者朋友细心的话就会发现:在上述封赏里头怎么没有夺门之变的另外两个重要角色曹吉祥和徐有贞?

事情的原委是这样的:曹吉祥,滦州人,早年依附于王振,正统初年以右监丞镇守云南,麓川之役时,任大明军监军,后官升太监。

第 5 章 石曹之变 天顺"顺天"?

《明史·宦官一·曹吉祥传》卷304）那时的太监不是我们现在讲的宫中为皇帝家族服务的被阉割了的男人之统称，而是皇宫内廷宦官系统最高级别的内官，正四品，这是明朝祖制所规定的。明初祖制中还有个规定：即使宦官立下的功劳再大也不能封爵。正鉴于此，明英宗在对夺门功臣进行大封赏中只赐予曹吉祥一些敕书，对他的行为褒奖了一番，随后只好以别的形式作补偿。在封赏石亨等人的第二天即天顺元年正月二十二日，明英宗"以迎驾功升太监曹吉祥嗣子、锦衣卫带俸指挥佥事（曹）钦为都督同知，吉祥侄（曹）铉及太监刘永诚侄孙聚、蒋冕，弟成叶达兄成俱为锦衣卫世袭指挥佥事"（《明英宗实录》卷274）。曹钦原为锦衣卫带俸指挥佥事，正四品官，一下子被提升为都督同知（从一品），整整跳了四级，由此可见明英宗对曹吉祥父子也不薄啊。

再说夺门之变中的那个狗头军师徐有贞。徐有贞那时的官职为都察院左副御史，夺门之变当天被复辟皇帝授命兼翰林院学士，入阁参与机务。第二天又被明英宗升为兵部尚书，兼职视事如故（《明英宗实录》卷274）徐有贞原官为都察院左副御史，正三品，现在一下跳到了正二品的尚书位置上，升了两级，而且还成为了满朝文臣羡慕的首席阁臣。这在明英宗看来徐大学士应该满意了，所以在大封赏石亨等人时就没有将他考虑在内。

但谁也没想到，徐有贞却对此很不满足，私下里托石亨在复辟皇帝那里给他请封个爵，他跟石亨说："愿得为武弁，以从兄后。"武夫石亨没多大的政治头脑，受了"好友"嘱托后便开始行动，在朱祁镇面前说了。明英宗听后这般回答道："让徐有贞好好做事，他要的爵位不会得不到的。"但随后石亨又在皇帝面前提及此事，碍于夺门之变头号功臣的面子，明英宗最终于天顺元年（1457）三月十日"封兵部尚书兼翰林院学士徐有贞为武功伯，食禄一千一百石，子孙世袭指挥使"（《明英宗实录》卷276；《明史·徐有贞传》卷171）。

三天后的天顺元年（1457）三月十三日，明英宗又"命武功伯徐有贞兼华盖殿大学士，仍供职于文渊阁，又赐勋号、散官为奉天翊卫推诚宣力守正文臣，特进光禄大夫柱国，给诰券，本身免二死，子免一死，追封三代及妻"（《明英宗实录》卷276）。

见到石亨、张轨、张𫐄、杨善、孙继宗等发动夺门之变的"功臣"

们都一一得到了封赏,以前还曾是文臣群体中能文能武的"娇子",如今提督操练、右都御史罗通格外眼红,也顾不得自己的颜面,于石亨等人受封赏的第二天,直接上奏天顺朝廷,自陈功绩,向明英宗讨要封赏。他说:"先前景泰皇帝病重时,百官们上奏朝廷,请立东宫皇太子,但没有得到允准。当时臣与总兵官武清侯石亨、都督张𫐄等密谋,打算在早朝时领兵混同守御官军,进入南宫,前来迎接太上皇您出宫,夺门复登宝位。石亨等都很高兴地对臣说:'三日之内我们必须行动。'正月十六日黄昏时分,石亨派人来与臣相约:十七日凌晨四更时分到朝房相会合。臣听说是十七日早朝时要随石总兵官一起行动,就于当夜提前出发,三更时分来到朝房,与石总兵官见上了面。石总兵官跟臣说:'如今情势只能早下手,绝不能迟!'说完我们就出发了,一起来到了南内,随即发生了夺门之变和皇上复辟登位。时至今日已有6天了,臣尚未蒙恩召问,显然这是石亨等人没将臣参与夺门之事说与皇上你听。臣若不自陈,皇上无由知臣造谋效忠之心。不预论功行赏之典,心实不甘。"(《明英宗实录》卷274)

读书人出身的罗通早年仕途坎坷,景泰初期由于于谦和陈循的推荐才得以不断晋升,可他心胸狭隘且利欲熏心,曾自陈杀敌之功,请求朝廷赐予他的儿子世袭武职,但为言官们所劾,指斥其"徇私忘义"。也幸亏当朝皇帝朱祁钰很清醒,断然拒绝了这种非分的贪欲。现在大明君主换成了愚蠢的庸主朱祁镇,当罗通自己直接提出要官请求时,踌躇满志的复辟皇帝非但不予拒绝,反而这么回答:"此事朝廷自有区处。"(《明英宗实录》卷274)果然半个月后的天顺元年(1457)二月初八日,他"以迎驾功升右都御史罗通子师望、来兴、师汉俱为所镇抚。师望、来兴任江西吉安守御千户所,师汉带俸锦衣卫"(《明英宗实录》卷275)。

至此,发动夺门之变的主要骨干成员石亨、张𫐄、张𫐐、孙继宗、曹吉祥、杨善、徐有贞、罗通等都一一得到了升赏。按理说到此为止这些投机者也该满足了。不,昧着良心的投机者冒着杀头灭族的风险进行政治博弈不就是因为那无限的利欲和权力欲所驱使的,所以说他们绝不会就此心满意足。恰恰相反,利用复辟刚上台之际明英宗的感恩心理和绝对信任,他们得寸进尺,假借着皇权威风,操纵生杀予夺大权,结党营私,一而再再而三地招权纳贿和扩大自己的势力。夺门之变的头号"功臣"石亨就是这群小人中的"大哥大"和急先锋。

○ 夺门之变头号"功臣"石亨直截了当,邀功请赏,结党营私

夺门政变是石亨领了头,被软禁了七年的明英宗复辟上台后自然对发动政变的这位首席功臣感激淋涕,只不过作为皇帝的朱祁镇没有直白表达而已。史书说:复位后的明英宗对石亨"眷顾特异,言无不从"(《明史·石亨传》卷173)。就在夺门之变当日,石亨推荐密友许彬入阁,明英宗毫不犹豫地将许彬由太常寺卿擢升为礼部右侍郎兼翰林院学士,于内阁参与机务。(《明英宗实录》卷274)政变后三天,即天顺元年(1457)正月二十日,石亨又向皇帝朱祁镇说:当初南宫迎驾时萧镃和陈汝言也来了,如今朝廷理应对他俩予以重用。明英宗当即"升礼部祠祭司郎中萧镃为本部右侍郎,户部江西司署郎中陈汝言为本部右侍郎"(《明英宗实录》卷274)。

过了三四天,石亨又跟复辟皇帝说:"其实这次'靖除内难'要不是右都督孙镗、董兴等五六位将领出力,情势就很难预料。"明英宗听后便"封右都督孙镗为怀宁伯,董兴为海宁伯,升都督同知卫颖为都督佥事,刘深为右都督,署都督同知冯宗实授都督同知"(《明英宗实录》卷274)。

同一天,总兵官忠国公石亨又和太平侯张軏、文安伯张𫐄联合上奏,说:"随臣迎驾夺门官舍旗军331人,大汉百户69人保驾,官军1492人守门,摆队官军1319人致死忌家,共成大事。乞加升擢。"明英宗毫不含糊地当场答复:"夺门者,升三级,保驾守门者俱升一级。"(《明英宗实录》卷274)

就在这一天,石亨还向朝廷说,一些中下层官员或办事员也有夺门之功。明英宗听后随即下令"将校尉邓玉升指挥佥事,家人夏清升副千户,鸿胪寺主簿万祺升主事,钦天监为事五官司历沈立复职,医士吕学升御医,羽林前卫百户李忠升副千户,校尉逯杲升实授,百户杨完升试所镇抚,韩百户办事官,廖桓县丞、顺天府检校万允、办事吏胡瑛、邹绅俱升序班,军人张文、徐太素俱升试百户,正千户汪诚升指挥佥事,无目人刘智升漏刻博士,乐工高鉴升司乐"

(《明英宗实录》卷274)。

○ 紧随石亨之后"夺门"另一功臣曹吉祥如法炮制,请赏不歇,招权纳贿

看到石亨势力不断地壮大,另一个"夺门"功臣曹吉祥紧紧跟上,也如法炮制。

曹吉祥是宦官,按照明太祖立下的规制来讲,宦官是不能领兵典军的。但这条戒律到了明太宗朱棣时就被打破了,永乐朝开始宦官不仅监军、领兵,而且还担任重要军事要地的镇守官。到了仁宣以后,宦官还直接领兵打仗。正统初元,宦官曹吉祥就与总兵官、左都督沐昂等远征麓川思任发,后与成国公朱勇、太监刘永诚等分道领兵,远征兀良哈等(《明史·宦官一·曹吉祥传》卷304),积功为司设监太监。(《明英宗实录》卷67)史书载:"吉祥每出,辄选达官、跳荡卒隶帐下,师还畜于家,故家多藏甲。"由此我们也可以看出,曹吉祥是个"武"太监。"景泰中,分掌京营。后与石亨结,帅兵迎英宗复位。"(《明史·宦官一·曹吉祥传》卷304)

为此,复辟后的天顺帝对他也是充满了感激之情,在发布复位诏书的第二天就擢升曹吉祥的嗣子曹钦为都督同知。天顺元年(1457)三月,明英宗又将曹吉祥嗣子曹钦由后军都督同知升为左都督,侄儿曹铎由锦衣卫带俸都指挥同知升为左军都督同知,俱仍带俸。(《明英宗实录》卷276)天顺元年(1457)四月,明英宗命曹吉祥、刘永诚、吴昱、王定同理京军各营军务,由此开了有明一代太监总督京营之先例。(《明英宗实录》卷277)天顺元年(1457)十二月,天顺帝又晋封"太监曹吉祥嗣子、左都督钦为昭武伯,子孙世袭,追封三代,本身免二死,子免一死,给诰券。以有迎复功也"(《明英宗实录》卷285)。天顺二年(1458)闰二月,因曹吉祥之请,明英宗再"赐昭武伯曹钦勋号、散官:奉天翊卫推诚宣力武臣、特进光禄大夫、柱国,追封三代,给诰券,本身免二死,子免一死"(《明英宗实录》卷288)。天顺二年(1458)四月,太平侯张软见阁王,明英宗命曹钦与怀宁伯孙镗同督京军三大营中的三千营等(《明英宗实录》卷290),而此时曹钦之父曹吉祥早就是总督京营军务,曹氏父子共掌京军精锐,那真可谓蝉貂簪玉,权极人臣。

就在这过程中，曹吉祥利用明英宗对他及其他内官的特殊喜好心理和褒扬夺门之功的有利时机，不断地上奏，为自己家族人员、门下小厮、奴仆以及行贿者求官升职。夺门之变后的第10天，他向朝廷推荐自己的私党陈汝言以及在景泰元年（1450）为英宗南还而出使瓦剌的赵荣等人。明英宗毫不迟疑地下令："升工部左侍郎赵荣为本部尚书，户部浙江司员外郎刘本道为本部右侍郎工部，屯田司主事吴复为通政司右通政，专管柴炭，调户部右侍郎陈汝言为兵部右侍郎。"（《明英宗实录》卷274）同天，曹吉祥还向明英宗奏请，说夺门之变中钦天监舍人汤贤、汤赞等一批有着保驾功劳的小人物还没有得到升赏，请皇帝及时予以补偿。明英宗听后便"命钦天监舍人汤贤、汤赞，太医院舍人徐埙，俱为锦衣卫正千户，大兴县民匠钱旻、张鉴、史得、戴长孙、周福缘，宛平县民匠朱祥、袁比受、倪官、音保、汪记生，光禄寺杂役蔺小九，俱为锦衣卫试百户"（《明英宗实录》卷274）。

见到复辟皇帝如此爽快，曹吉祥第二天又上奏说：留守前卫指挥佥事李胜等一批中下级军官、军士和家人也有夺门之功，理应升赏。明英宗听后还是痛快地下令："升留守前卫指挥佥事李胜、沈阳右卫指挥佥事侯通俱为都指挥佥事，金吾前卫总旗汪贵为副千户，腾骧左卫舍人张林、沈阳右卫舍人侯俊俱为正千户，家人侯宣为试百户，俱调锦衣卫带俸，武成后卫正千户仝斌为指挥使，仍调原任永清右卫。"（《明英宗实录》卷274）

○ 孙太后的娘家人孙继宗等也迫不及待地向外甥皇帝明英宗邀功请赏

天顺元年（1457）二月初一日，即孙太后发布废黜景泰帝制谕的那一天，会昌侯孙继宗上奏说："正月十七日早，臣同总兵官忠国公石亨、太平侯张𬬮、文安伯张𬭎及臣弟显宗率领子侄甥婿、义男、家人、军伴四十三人，各藏兵器，夺取东上门，直抵宫门，恭请皇上复登大宝。乞将跟随臣等官军人等，照依跟随石亨等官军一体升授。"明英宗回复："功赏朝廷自有定夺，且罢。"（《明英宗实录》卷275）果然复辟皇帝不失信用，天顺元年（1457）十月，他"升会昌侯孙继宗弟都指挥佥事显宗为都指挥同知，孙琏为锦衣卫指挥使，婿指挥使武忠为都指挥佥事,以继宗言其有迎驾功也"(《明英宗实录》卷283)。

石亨、曹吉祥、孙继宗等"有求",天顺帝几乎"必应"。见到当今天子这般好糊弄,升官加爵易如反掌,朝廷内外诸多臣民争先恐后地仿效石、曹等人的做法,就连一些不知道到底有没有来参与夺门立功的人也乘机浑水摸鱼。府军前卫带刀把总指挥使穆宁贵等就是这样的典型,他上奏朝廷说:"夺门之变那一天,臣与马千户随同张辄夺东中门、东上南门,直抵南宫,恭请皇上复登宝位。现在文华门外宿卫所中立有头、次功的就有10人,立有再次功的也有10人,乞加升擢。"明英宗当即说道:"头次者升三级,二次者升一级,已升者罢。"(《明英宗实录》卷274)

○ 连泥土即将盖顶的老王骥也不甘落后,急不可待地出来讨要封赏

让人哭笑不得的是,还有已经退休的且即将泥土盖头的老政客也不甘示弱,心急火燎地给复辟皇帝上奏,讨官请赏。前章我们讲过的那个与正统朝大珰王振沆瀣一气,鼓动小杆子皇帝不惜"军需所费万万不可计,而升秩之俸又万万不可计"(【明】李贤:《天顺日录》卷3)的代价而发动对麓川进剿的"罪之魁"靖远伯王骥就是这样的一个无耻之徒。在耳闻目睹了天顺朝的乱象后,王骥于天顺元年(1457)二月十七日上奏朝廷,说:"正统十三年(1448)臣奉命领兵往征孟养叛寇思机发,犬子王祥随征,屡立奇功,不料为奸臣于谦所嫉恨,只升了他流官指挥佥事,锦衣卫带俸。今于天顺元年正月十七日,臣和犬子王祥跟随总兵官石亨一起发动夺门之变,在抢占东上南门时,因现场人实在太多,臣与犬子王祥皆被挤倒在地,幸亏在旁的都督刘昱及时救起。今上奏朝廷,乞望陛下可怜臣之孤忠,请赐予犬子王祥世袭爵位,臣父子将不胜感激。"(《明英宗实录》卷275)明英宗接奏后升王骥儿子王祥为指挥佥事,命已经退休多年在京的老王骥兼兵部尚书,掌部事,并"赐号奉天翊卫推诚宣力守正文臣,特进光禄大夫、柱国、靖远伯,岁食禄一千二百石,复增三百石"(《明英宗实录》卷275;《明史·王骥传》卷171)。

……

就在这个邀官请赏的热潮中,石亨与曹吉祥这两大夺门功臣

所使用的手法最为拙劣——常常不找任何其他借口,开口便是"夺门迎驾有功"。他俩干得最欢,也最为忙碌,因而形成的势力也就最大。史书记载,当时石亨"弟侄家人冒功锦衣者 50 余人,部曲亲故窜名'夺门'籍得官者 4000 余人。两京大臣,斥逐殆尽。纳私人重贿,引用太仆丞孙弘,郎中陈汝言、萧璁、张用瀚、郝璜、龙文、朱铨,员外郎刘本道为侍郎……嗜进者竞走其门"(《明史·石亨传》卷 173)。与此相应,曹吉祥"门下厮养冒官者多至千百人,朝士亦有依附希进者,权势与石亨埒,时并称曹、石"(《明史·宦官一·曹吉祥传》卷 304)。

● 机关算尽太聪明,反而几乎误了卿卿性命——宫廷政变中"狗头军师"徐有贞成了夺门"功臣"倒台的第一人,天顺朝廷随之发生官场"地震"

石、曹等夺门"英雄"在天顺初年争相忙碌,邀官晋爵,结党营私,与其一同密谋发动政变且同样有着极强权力欲的另外一个投机者、狗头军师徐有贞就会等闲视之?如不是,他又在干什么呢?

○ 徐有贞机关算尽想脱身,可一不留意还是让昔日"烂友"们给盯上了

要说政变以来,徐大才子可也没闲着,但他忙的却是与曹、石不一档次的事。徐有贞原本是儒士,后来又自学成才,当起了兼职术士,上知天文下知地理,满肚子都是学问。虽然在夺门政变一事上与曹、石等联起手来,站到了同一条战线上,但他骨子里还是瞧不起那些没文化的。徐有贞眼界可高,野心也大。夺门之变后,他乘着这个难得的机会,借用昏庸的复辟皇帝之手,不顾友好故旧,将陈循为首的景泰朝内阁清斥一空,自己当起了天顺朝新内阁的首席阁臣。要说此时的徐有贞那可谓是春风得意马蹄疾,踌躇满志,感觉成为一人之下万人之上的辅弼人君之名相、建立名垂青史的不世之功指日可待。正因为有着这样的心境,他对数日前还一起发动政变的夺门"战友"们那贪得无厌的邀官晋爵和蝇营狗苟很是反感,尤其让他瞧不起的是曹吉祥、石亨等所引用的人不是素行

不端之徒,就是狗偷鼠窃之辈,实在让人大跌眼镜和失望透顶。

再说那时的明英宗虽说依然是稀里糊涂地当着一国之主,但他毕竟不是白痴,更何况还有先前15年的皇帝"工龄"和8年的被俘、被禁经历。石亨、曹吉祥等在夺门之变后居功自傲,所请无日不有,时间一长,他也渐渐地流露出了对他们的不满,甚至是厌倦。

对于复辟皇帝的微妙心理变化,武夫出身的石亨和曹吉祥还没有及时觉察出来,读书长大且喜欢术数、算命的天顺朝内阁第一阁臣徐有贞却早已看在眼里,并认为裁抑曹、石势力的时机到了,于是找了个机会,向天顺帝密言他们的贪横不法之事。由此,复辟皇帝心目中的曹、石地位有所动摇。(《明史·徐有贞传》卷171)

刚巧那时监察御史杨瑄上了一道奏折,弹劾石亨、曹吉祥强占民田。奏章是这样写的:"直隶府县连年水涝,粮食歉收,老百姓嗷嗷待哺,以至于有的地方出现了人相食的惨状。河间县唯一有一块高地不受水淹,老百姓在那里种植了小麦,眼望着有所收成。哪想到忠国公石亨派了他家的阉竖奴仆赶到那里,将那块高地给圈了起来,四周打上了标界木桩,占为己有。当地的知府王俭知道后由于畏惧石家势力,听之任之。与河间县不远的真定府饶阳县也发生了类似的事情,那里大约有1000顷的土地不受水淹。太监曹吉祥听说后派家人逼迫当地有司衙门,想占有这大片的土地作为他们曹家的私产。对于这样的不法之事,倘若不严加禁革,恐怕日后仿效者会纷至沓来。乞请皇上下令,命巡按御史覆勘。只要发现有侵占的,勒令其立即退还。只有这样,我大明苍生才能有所安生。"(《明英宗实录》卷278)

看完奏章后天顺帝拿不准主意,便叫人上内阁去,将阁臣徐有贞和李贤(注:李贤是因石亨想扩大权势而向上推荐的,他于天顺元年二月初九日以吏部右侍郎之职兼任翰林院学士,入阁参与机务,见《明英宗实录》卷275)叫来,让他俩也看看奏章,随后问道:"两位爱卿怎么看这事?"徐有贞、李贤回答:"监察御史杨瑄所言公正,不避权幸,皇上宜从其请。"明英宗听后感慨地说道:"如今天灾甚多,百姓们缺衣少食,朕正为之寝食不安。作为大臣,常伴随在朕之左右,却独独不能体谅朕的心意?监察御史杨瑄敢言,理应褒扬。叫户部马上发文件下去,让巡按御史好好地复勘一下,尽快把结果上报上来。"

(《明英宗实录》卷278)

明英宗没有马上惩办曹、石,而是下令表扬御史杨瑄,并嘱咐进一步复勘案件。这样做的目的大概是想让曹、石两人就此知惧,悬崖勒马。但实际上这对于无耻小人来说毫无作用,恰恰相反,却激怒了他俩。他俩听说有人上告,且有内阁阁臣徐有贞与李贤赞同皇帝的处置意见,顿时就认定是昔日一同发动政变的老谋深算者徐有贞在背后捣的鬼。于是两人决定,联起手来,共同搞倒徐有贞。

原来曹、石两人为了各自的利益已经发生过冲突,现在为了对付共同的敌人,他们再次重新联合起来,与徐有贞好好地干一仗。当时徐有贞受天顺帝"锐意委任,宠眷极隆"(【明】李贤:《天顺日录》卷1),经常被单独召到明皇宫里去密谈。曹吉祥想到这,立即就来了灵感。在与石亨计议妥当后,他便密令宫中小宦官暗中偷听皇帝朱祁镇与徐有贞的谈话内容,然后再找机会将窃听到的内容故意泄露给明英宗。明英宗听后大为惊讶,心想:明明这事我只与徐有贞单独说过,曹吉祥怎么会知道的?想到这里,他就问曹吉祥:"你是从哪儿听来这事的?"曹吉祥不慌不忙地回答:"徐有贞告诉我的。"随后他便举出某月某日皇帝与徐有贞所谈某事,最后还添油加醋地说:"现在外边没有人不知道这事的。"明英宗听完后,心里立即充满了对徐有贞的不快,认为他卖君自大,很不可靠,就此开始与他疏远了。(《明史·徐有贞传》卷171)

○ 模范言官一夜之间成了罪人,其上级领导耿九畴、罗绮被推定为幕后推手

朝廷权力核心层转瞬即逝的微妙变化,一般廷臣是很难及时了解的。明英宗下诏褒奖勇于奏劾权贵曹、石的监察御史杨瑄,朝廷言官们以为当朝皇帝对夺门之变的那两大"功臣"已失去了信任,攻倒曹、石的机会来了。十三道监察御史张鹏等撰写了奏章,打算联名奏劾石亨与曹吉祥所做下的不法之事。奏章写好后大家觉得可以松一口气,打算第二天上呈上去。没曾想到当天夜里,言官队伍中有个叫王铉的兵科都给事中突然"叛变",跑到了石亨那里去告密。石亨听后大惊失色,立即通知会见曹吉祥。两人一合计,觉得只有先下手为强,说干就干,一起跑到明皇宫中去求见明英宗。

(《明英宗实录》卷279;《明史·徐有贞传》卷171;《明史·杨瑄传》卷162)

见到明英宗时,曹、石像癞皮狗似地趴在御座前,一把眼泪一把鼻涕地哭诉道:"臣等冒着杀头灭族的危险奉迎皇上复位,只是表达臣等一片忠心而已。不曾想到,如今却遭受内阁阁臣的陷害,他们唆使言官们诬劾臣等,想置臣等于死地而后快。伏望皇上明察是非,看在臣等曾有的犬马之劳的份上,免于一死。"说到这儿,两人又呜呜地哭了起来。看到昔日夺门"英雄"如今哭得泪人似的,明英宗的心一软,随即好言相劝,让他们不要哭了,好把事情讲讲清楚。"你们说言官们诬劾你俩,这到底是怎么一回事?"明英宗当场问道。曹、石听到这话,觉得戏演得差不多了,于是直奔主题,诬称十三道监察御史领头的那个张鹏是景泰朝"奸党"首恶分子之一张永的侄儿,他纠合御史同党盛颙、周斌、费广、张宽、王鉴、赵文博、彭烈、张奎、李人仪、邵铜、郑冕、陶复、刘泰、魏翰、康骥等排陷夺门功臣,说白了他就是要为他的叔叔张永复仇。明英宗听到这里,当场就火冒三丈,决定要好好地收拾这些前朝的奸党余孽。
(《明英宗实录》卷279;《明史·徐有贞传》卷171;《明史·杨瑄传》卷162)

再说第二天,不明就里的御史们在上朝时递上了那份上一天写好的弹劾奏章。明英宗见到奏章顿时就怒火冲天,下令逮捕张鹏和杨瑄,将他们打入锦衣卫大牢。随后他来到文华殿,诏令诸御史来殿当面诘问。见到御史们到齐了,明英宗将弹劾奏章扔到了他们面前的地上,让他们自读。有个掌道御史叫周斌的不慌不忙地捡起了奏章,神色自若,边读边回答皇帝的诘问。当他读到石亨等人"冒功滥职"时,天顺帝诘问:"当初他们率领将士迎驾,朝廷论功行赏,哪来什么冒功滥职?"周斌从容回答:"当时迎驾只有数百人,光禄寺赐酒馔,有册可查。如今超秩擢升者多达数千人。这不是冒滥又是什么呢?"天顺帝听后哑口无言,但依然怒火中烧。
(《明史·杨瑄传》卷162)随后他又发飙责问:"如果石亨等人的罪行属实,那当初你们为什么不立即出来奏劾,而一直要等到现在才说呢?"说完他下令,将御史们统统关到锦衣卫狱中。

这下御史们可遭罪了,在那人间地狱锦衣卫狱中被打得死去活来,"榜掠备至",但始终没人能说出天顺帝所要的幕后主使。不过锦衣卫的人实在会办事,既然没有御史们的幕后主使,那么他们的上级领导耿九畴和罗绮就是这次奏劾的幕后推手了,于是以此向上作了汇报。明英宗听后下令,将右都御史耿九畴和右副都御史罗绮也下锦衣卫狱。(《明英宗实录》卷279;《明史·杨瑄传》卷162;《明史·徐有贞传》卷171)

○ 本想彻底整垮夺门老"战友"徐有贞等,不曾想到"老天"变脸了

听到右都御史耿九畴和右副都御史罗绮下大狱了,石亨顿时也来了灵感,为了能将戏演得更"真"些和进一步博得天顺帝的信任,他采取了以退为进的策略,假装辞职,以此来试探皇帝的态度。天顺元年(1457)六月丙申日,他上奏:"自古人臣受恩稠叠,委掌兵权,未有久而不取祸败者。所以宋太祖悯石守信等解释兵柄正为此也。臣一介武夫,才识疏浅,所行公事,虽竭驽钝之力,未能尽善,是以起人猜忌。伏蒙圣明,洞见本末,不加臣罪。然臣受恩深重,权位太隆,合当退位。况今天时亢旱,百姓不安,胡虏猖獗,边鄙不宁,臣难逃其责。伏望皇上悯臣微劳,将臣兵权职掌,俱各解去,俾臣随朝听调,庶得保全。倘遇警急,即往杀贼,以图补报。如或不忍去臣,优待如故,窃恐谗谤既久,疑似日生,臣虽万口难辩,死无葬所矣。"(《明英宗实录》卷279)

石亨的这份辞职奏章写得相当有水平——估计是请人代劳的,他强调自己权位太隆,易遭人妒忌;又说胡虏猖獗,边鄙不宁。这不明摆着在讲,缺了我石亨,你天顺朝廷能不能搞定北疆还是个未知数。明英宗读完奏章,想起夺门之变那一夜石总兵官出的大力,心里顿生爱怜之心,随即发话,不准石亨辞官卸职,并令锦衣卫加强对御史们的拷问,一定要查出攻击石总兵官的幕后主使。

御史们这回可更惨了,锦衣卫狱里头什么样的刑罚味道都一一尝了遍,但就是不知道自己的幕后主使是谁。当时锦衣卫指挥使门达想到了一个点子,来个含含糊糊的案件审结:御史们是受了他们都察院堂上官右都御史耿九畴和右副都御史罗绮的指使才这么奏劾的,而耿九畴和罗绮之所以要这么做,就是想以此来讨好和阿附内阁首席阁臣徐有贞及其帮手李贤。明英宗听到这样的案件审理结果,便令六科、十三道弹劾徐有贞、李贤,指斥他俩"欲独专

擅威权,排斥勋旧"。并随后命人去逮捕徐、李两阁臣。(《明英宗实录》卷279;《明史·徐有贞传》卷171)

徐有贞、李贤被捕的那一天,白天还是晴空万里,大约到了傍晚时,突然间从西北方向来了阵阵乌云,随即电闪雷鸣,大风呼啸而至,将道路两旁的树木连根拔起,把房屋的屋顶给卷走,狂风暴雨中鸡蛋大的冰雹从天而降,北京明皇宫皇帝听政之处奉天门的东吻牌被砸毁。据说连石亨家那么高档的府宅居然也积水数尺。对于这样的极端天气,古时候的人们往往认为,天变是上苍对天子的警告,天子应当反思一下自己有何不当作为。而专门负责观察天象和解释天变的朝廷衙门——钦天监就该及时上章,论变说事。那时掌管钦天监监事兼礼部右侍郎的汤序等见到如此异常天气就上奏说:"雹者,阴胁阳也。盛阳,雨水汤热,阴气胁之则转为雹。今听政之所有此灾异,是上天垂戒于皇上也。《占书》曰:'凡雨雹所起,必有愁怨不平之事。'又曰:'为兵为饥,在国都则咎在君相。任能用贤则咎除。'臣等伏乞皇上谨遵天戒脩省,宽恤天下刑狱。"(《明英宗实录》卷279)

汤序的释天其实没有什么神秘的,古时候钦天监专干这事,且有着固定的说法,只要你背熟了就能说得头头是道,玄乎其玄,而听的人还真以为其有多神秘。明英宗就是这样一个相信天人感应神秘之说的人,在接到汤序的奏章后,他跟群臣这般说道:"上天示戒,固朕菲德,不能召和,亦尔群臣不能尽职,或刑狱冤滥所致,朕自当脩省,尔群臣益当警惕,内外刑狱有冤滥未伸者,宜加宽恤,该衙门计议以闻。"(《明英宗实录》卷279)

巧的是这天夜里又有星变:彗星犯壁宿,尾指东壁上星。石亨、曹吉祥等人看到不仅有天变还有星变,这下害怕了,于是上请天顺皇帝,从轻处罚徐有贞、李贤等。天顺帝"善心大发",第二天下令,"降武功伯兼盖殿大学士徐有贞为广东右参政、吏部尚书兼翰林院学士李贤为福建右参政、都察院右都御史耿九畴为江西右布政使、右副都御史罗绮为广西右参政"(《明英宗实录》卷279)。

○ 都察院两位新领导耿九畴和罗绮无厘头地充当了昏君佞臣的泄愤牺牲品

都察院实际主持工作的右都御史耿九畴无辜被冤降职外放,

数月前还被天顺帝美誉为"廉正人也"如今却落到这般田地,也实在令人啼笑皆非和昏闷不已!

耿九畴,永乐末年进士,宣德六年(1431)授礼科给事中。议论持大体,有清望。正统年间先后受命出任两淮盐运司同知、都转运使等,整顿盐政。他为官清廉,生活节俭,平日里也没什么嗜好,一旦公务结束后就焚香读书,"廉名益振,妇孺皆知其名"。但就这样一个清官在正统时期还是遭人诬陷了,被逮下狱。案情大白后他留在了刑部,任右侍郎。"屡辨疑狱,无所挠屈。"(《明史·耿九畴传》卷158)

景泰帝新立之际,朱明皇家的龙兴之地凤阳发生了大灾荒,当地盗贼横行。新皇帝朱祁钰敕命耿九畴前往那里,巡视招抚。耿九畴奏请朝廷同意,留下英武、飞熊诸卫军耕守,招徕流民70000户,恢复发展生产,安定社会秩序。在他的治理下,凤阳面貌焕然一新。但随后景泰朝廷发现,自耿九畴离开两淮盐运司后,那里的盐政又开始变坏了。为此在景泰元年(1450),皇帝朱祁钰只好将耿九畴再调回原职。不久朝廷又命他"录诸府重囚,多所平反。十月命兼抚江北诸府"(《明史·耿九畴传》卷158)。

景泰三年(1452),耿九畴代替陈镒镇守陕西。那时当地驻军都指挥杨得青私役操军军士,耿九畴闻之,立即向朝廷作了奏劾。景泰帝接到奏章后便诏谕边关,要求各处巡按御史等官向耿九畴学习,加强监察,一旦发现杨得青之流私役军士的立即上奏朝廷,按律论处。那时有边将让耿九畴向朝廷上请,要求增加临洮诸卫的卫戍力量。耿九畴不同意这么做,他说:"以目前我大明边城驻守士卒人数而言并不算少,倘若将帅能严格纪律,赏罚明信,则人人都会自奋。不然的话,光增加士卒人数,岂不白白浪费了粮食!"在他的坚持下,边城卫戍终未增加人数,百姓负担也因此减轻了不少。所以说当时耿九畴镇守陕西很得人心,也很有成效。(《明史·耿九畴传》卷158)

景泰四年(1453),布政使许资上言:"侍郎出镇,与巡按御史不相统,事多拘滞,请改授宪职便。"皇帝朱祁钰接受了建议,耿九畴就此由刑部右侍郎改为右副都御史。"大臣镇守、巡抚皆授都御史,自九畴始。"(《明史·耿九畴传》卷158)

天顺元年(1457)初夺门之变发生,耿九畴议事至京师。复辟皇帝一见到他就对身边的侍臣说:"九畴,廉正人也。"随后他下令将耿九畴留在朝廷都察院,让他出任右都御史,主持该院的日常工作。那时大明政治、司法诸界浑浊不堪,都察院大牢的犯人干活劳改,官方连基本的维持生计的米饭都不提供,而要由犯人家属自行解决。耿九畴为此上奏天顺帝,提出了日给一升米的建议。皇帝允准,并遂为令。而后又针对当时帝国诸领域弥漫着乌烟瘴气,耿九畴上疏言事,提出了五个方面的整顿建议:崇廉耻、清刑狱、劝农桑、节军赏、重台宪。天顺帝接疏后好好地表扬了他一番,但就此也就没了下文。不过从中我们可以看出,耿九畴是景泰、天顺交替之际不可多得的一位高层好官。可就这么一个难得的高层清官廉吏却也在天顺初年那个魑魅魍魉肆虐的日子"中枪"了。复辟皇帝上台的那年(1457)六月,御史张鹏奏劾石亨、曹吉祥,石亨等上言明英宗,诬说:这场闹剧的幕后主使是都察院右都御史耿九畴和右副都御史罗绮,由此耿、罗被逮入狱。不久,天顺帝又下令,将耿九畴贬谪为江西布政使,而后再调为四川布政使。(《明史·耿九畴传》卷158)

与耿九畴一同受贬的还有都察院右副都御史罗绮。罗绮,我们在前章里已讲过他。景泰元年(1450),他与李实一起为俘虏皇帝明英宗南还之事而出使瓦剌。当时李实为正使,罗绮为副使,指摘正统之失主要是由李实出面讲的,由此他就让明英宗给恨上了。罗绮虽然这次北行没与无耻的俘虏皇帝朱祁镇结什么怨,但他也是个有个性且很正直的官员。正统年间因骂朝廷擅权大珰王振为"老奴",他在锦衣卫大牢里头受尽了折磨,后被发配到辽东充军。是景泰朝的"中兴"大臣于谦、金濂出面推荐保举,才使得他官复原职,寻晋升为大理寺右少卿,"副李实使瓦剌"(《明史·罗绮传》卷160)。

俘虏皇帝南还后,罗绮"以劳擢刑部左侍郎"。景泰二年(1451)二月,他出督云南、四川军储,旋代寇深镇守松潘。那时松潘地区发生了少数民族上层贵族叛乱,作为文官的罗绮十分勇敢,设计擒斩叛酋。后来土官王永、高茂林、董敏相互仇杀,地方上乱成一锅粥,明军守将手足无措,而罗绮却对此十分冷静。经过一段时间的细心观察,乘着当时土官们相互间打得天昏地暗的有利时机,他突然派出明军直捣其老巢,诛杀叛寇,由此松潘大震。史载:景泰时期罗绮"在镇七年,威名甚震"(《明史·罗绮传》卷160)。

景泰八年(1457)正月,徐有贞、石亨、曹吉祥等发动夺门之变,刚好那时罗绮还在松潘,因而他十分幸运地躲过了那场无厘头的人间大祸。天顺元年(1457)五月初,可能是因为看到原来的朝廷部院衙门被自己清理一空而缺人手,也可能是因为想借助罗绮在地方上的好官名声,天顺帝将时任提督四川松潘兵备、刑部左侍郎的罗绮召到北京,平调为都察院左副都御史,"以功赐二品禄"(《明英宗实录》卷278;《明史·罗绮传》卷160)。

御史张鹏、杨瑄劾石亨、曹吉祥一案突发逆转,罗绮与右都御史耿九畴一起无辜受连,被下大狱,后降为广东参政。对此,他怏怏不乐,在河南磁州老家拖延住着,久未赴任。天顺二年(1458)闰二月,磁州同知龙约因公赴京回来,跟罗绮说起了当今朝廷的"滑稽事情":刚上台的复辟皇帝又宠信宦官了,居然"用香木钆已死太监王振形葬之"。罗绮听后微笑着,且这般应答道:"朝廷失政,凡事都由曹吉祥、张轨、石亨等做主,致使我们这些人不是被降职,就是被罢黜。"就这么一句牢骚话,罗绮及其周围之人都付出了惨痛的代价。正当他与磁州同知龙约谈得起劲时,有个磁州小民偷偷地将谈话内容记了下来,随后将之上奏给了朝廷。天顺帝接到告讦后下令,将罗绮与龙约逮到北京来问罪。法司部门奉诏审理了该案,依照"造妖言惑众律"将罗、龙两人判处斩刑。明英宗最终裁定:"罗绮贪利坏法,却怨谤朝廷,与龙约造言惑人,情罪深重,法司其固禁之。"(《明英宗实录》卷288)而后他又下令,抄没罗家,将他家的财产陈列于文华门,让百官来参观;罗氏家族的家眷们戍边,女眷没入浣衣局为奴。直到明宪宗上台后,罗绮才被"赦为民,还其资产"(《明史·罗绮传》卷160)。

○ 李贤遭贬却又被留京复职,徐有贞被贬外放后又改充军云南,落职为民

罗绮和耿九畴两位都察院堂上官莫名其妙地卷入了御史弹劾案中,落得个外放贬谪的不堪结局,其属下曾弹劾石亨、曹吉祥等夺门"功臣"的那批御史最终又将受到何等处置?

就在下诏处置罗绮、耿九畴和徐有贞、李贤的同时,明英宗"调监察御史盛颙、费广、周斌、张宽、王鉴、赵人博、彭烈、张奎、李人仪、邵铜、郑冕、陶复俱为知县,谪监察御史杨瑄、张鹏充铁岭卫军"(《明英宗实录》卷279)。

杨瑄和张鹏因为是"首谋",所以在诸御史中受到的处置最为严厉。而就在他们前往辽东铁岭充军的过程中,突然北京承天门遭灾。天顺帝"顺天"而行,大赦天下。杨瑄和张鹏由此得以放还北京。有人见之,规劝他俩上石亨、曹吉祥府上去道谢一下。可这两位御史很有骨气,刚正不阿,怎么也不肯上那两大权贵的家门。结果在北京没待上几天,又被谪戍到广西南丹去充军了。(《明史·杨瑄传》卷162)

除杨瑄和张鹏之外,其他弹劾石亨、曹吉祥等夺门"功臣"的御史运气可要好多了。就在外放、贬谪耿九畴、罗绮、徐有贞等人的第二天,明英宗犹如做了一场梦似地突然清醒过来,收回成命:他让时任"吏部尚书王翱查御史、给事中年三十五以上者留任事,三十五以下者调用(知县和判官)",当时就查得36人符合调用条件,其中给事中何玘等13人被调为判官,监察御史吴祯等23人被调为知县。现在复辟皇帝改口说,这些御史、给事中不调用了,理由是"给事中、御史,朝廷近侍耳目之官,何乃听人主使、妄劾人?论法难容。但言职当言路,俱留任事。自后言事,务须从实,否则治以重罪不贷"(《明英宗实录》卷279)。

虽然朝廷大多数言官们幸运地官复原职,但经由天顺帝及夺门"功臣"的这般摆弄与折腾,大家再也不敢上言进谏了,天顺朝言路由此更加堵塞不通。

与言官们充满变数的命运相应,"同案"中被石亨、曹吉祥认定为幕后指使的徐有贞和李贤,在被天顺朝廷发落的过程中也出现了戏剧性的变化。

李贤与徐有贞是同年,都是宣德八年(1433)进士,但在仕途上徐有贞一开始要比李贤"领先",他最初被选庶吉士,授官翰林院编修。(《明史·徐有贞传》卷171)明代自成祖以后,翰林地位不断上升,逐渐形成了这样的格局:"非进士不入翰林,非翰林不入内阁,南、北礼部尚书、侍郎及吏部右侍郎,非翰林不任。而庶吉士始进之时,已群目为储相。"(《明史·选举二》卷70)就此而言,当年徐有贞一入翰林院就意味着他比同辈同僚有着一种特别的优势,加上他善于宣传自己,且"多智数,喜功名。凡天官、地理、兵法、水利、阴阳方术之书,无不谙究"。因此说,他比同年的李贤等出名要早得多了。另外徐、李两人个性差异也很大,徐喜欢张扬,特好名利;李贤稳重端庄,谨言慎行。这样两种不同类型的人在平时还真不容易看出有多大的优劣差异,但一旦遇到非常时期的非常事情,两者之间的遭际却有了天壤之别。

李贤为人较为低调,个性内敛,因此无论是皇帝还是朝廷大臣都比较认可他。天顺元年(1457)五月,他与徐有贞一起肯定了杨瑄对石亨、曹吉祥的弹劾奏请,随后两人便被指摘为御史们集体上章奏劾的幕后主使,让天顺帝贬谪外放。而就在这过程中,天顺帝萌生了对李贤的怜爱之心,但他又拿不准主意,于是将吏部尚书王翱召来,说:"李贤非其罪,不可释去。"恰好王翱是个正人君子,他也看好李贤这个后生,当场回答道:"李贤这人将来可大用。虽说眼前这事似乎是他与徐有贞一起干的,但实际上很有可能是徐有贞一人操办的。李贤未尝多言,因而也就不该将他降黜到远方福建去,宜特旨予以挽留。"明英宗听后笑着说:"近日主张行事皆是徐有贞一人,李贤在朕前未尝有妄言。今与有贞同责,于心不堪。"王翱从保护李贤免受石亨等人暗害的角度给复辟皇帝出点子:"既然李贤不用去福建当参政,那就让他上南京去!"天顺帝没有领悟王翱的话中之意,当即这么说道:"南京亦远,留为吏部左侍郎!"(【明】李贤:《天顺日录》卷1;《明英宗实录》卷279)

于是一天的工夫,原来要被贬谪为福建右参政的李贤不仅不用远行了,还官复原职,出任大明帝国人事组织部副部长,与正派的老臣吏部尚书王翱搭起档来。一个月后的天顺元年(1457)七月庚午日,天顺帝又升李贤为吏部尚书兼翰林院学士,掌文渊阁事,即令他出任内阁第一阁臣。(《明英宗实录》卷280)

李贤刚被留在京师时,石亨听说后既惊又怒,但也无可奈何。明眼人一看就明白,李贤之所以没倒,关键在于当朝皇帝对他还眷顾着。石亨脑子不笨,仔细一想就想明白了。开始时见到留任在京的李贤,他脸上十分尴尬,忸怩又有惭色。后来他逐渐改变,主动向李贤示好，有什么喜庆酒宴的都没忘叫上李贤。而李贤呢，一旦被邀请了，就落落大方地出席。所以时间一久，石、李之间的关系也就"融洽"起来了。但要是哪天皇帝单独召见了李贤，石亨马上就会心生疑虑，生怕他在皇帝面前揭了自己的短处。不过有着极大政治智慧的李贤当时坚持着这样的一个原则，非皇帝宣诏，他决不主动前去拜见。这样一来，时间长了，石亨便觉得，李贤这人"推诚无伪，方不介怀"（【明】李贤：《天顺日录》卷1）。

与聪明、谨慎且端重、幸运的李贤相比，多才多智但轻薄肤浅又急功近利的徐有贞后来命运多舛。先是徐大才子被贬谪广东的诏令下发后，有人上请朝廷：先前徐有贞为武功伯兼华盖殿大学士的诰命已写好，但还没来得及发给他本人。这下可怎么办？天顺帝回答："将那诰命给烧了。"吏部官听说后也赶紧上奏请示：原来要给徐有贞的铁券正在铸造，是否也应该停造？天顺帝下令：立即停造！（《明英宗实录》卷279）这样一来，当初冒着杀头灭族巨大风险而密谋发动政变的徐有贞，机关算尽获得的文臣极品官衔——武功伯兼华盖殿大学士，如今却一无所剩，堂堂的内阁第一阁臣也在一夜之间变成了"南蛮之地"的参政。若与同年又同案的李贤老弟相比，他够惨的了。

不过这在夺门之变"战友"石亨等人看来，还算不上什么。徐有贞诡计多端，如今虽然被皇帝贬谪到广东去当参政，但日后一旦他有了翻身的机会，那我石亨等可就要死无葬身之地了！想到这里，石亨倒抽了一口冷气。由此他下足狠心，一定要把徐大才子置于死地，也只有这样，才能永绝后患。那怎么才能搞死他？石亨想到了下三滥的手法，让人写一封匿名信，信中对当朝天子大加指斥。天顺帝看到匿名信后暴跳如雷，发誓要彻底追查此事。石亨见到火候差不多了，找了个机会神神秘秘地告诉天顺帝：这匿名信是徐有贞指使他的门客马士权写的，以此来表示他对朝廷处理的不满。经这么一挑拨，天顺帝对徐有贞可谓恨得咬牙切齿了，只听得他大声喊道："来人呐，立即派人追赶徐有贞一行！"皇帝的圣旨谁敢违抗，锦衣卫的爪牙们接到皇命后向南一路狂奔，最终在山东德州地界追上了徐有贞、马士权等，并把他们逮回了北京，打入诏狱。（《明史·徐有贞传》卷171）

要说这个叫马士权的徐府门客还真是个爷儿们,到了锦衣卫大牢里毫不畏惧,无论狱官们使用何种酷刑,他就是不肯作伪证。这样一来,徐有贞怨望朝廷之说就没了证据,案件审理陷入了僵局。(《明史·徐有贞传》卷171)

　　就在这时,承天门再次遭灾。承天门即现在的天安门,是明皇宫的第一道正门,也是皇帝恭承天命统治天下的标志。现在突然又遭灾了,说明上天之子——皇帝在人间统治出了问题,若不赶紧向天谢罪和改过自新的话,后果就不堪设想。复辟后上台的天顺帝特别讲究天命,听到承天门再次遭灾的消息后,他诚惶诚恐地亲自祷告昊天上帝、后土皇地,反思自己的行政与用人,并最终表示"臣祁镇自今深咎于衷,省躬思罪,痛加惩艾,改过自新,仰体仁恩,大赦天下"(《明英宗实录》卷280)。

　　皇帝要大赦天下,则意味着已经被囚禁在狱中正等着找个合适罪名开刀问斩的徐有贞就要被赦释放,这下如何是好？俗话说得好:打蛇不死日后必为蛇咬。为今之计只有继续给徐有贞找茬、找罪名,然后抓紧时间把他送上西天去。石亨与曹吉祥商量着,觉得现在只有这样做才是一了百了的最佳方案。但随之问题来了,曹、石都是武夫,想要给文臣找茬还真不那么容易。不过好在曹、石门下云集了一大批的犬儒,发动他们一起给徐大才子找茬、找罪证,这还不容易！果然,没多久,有人发现:徐有贞自撰的那个"武功伯兼华盖殿大学士"诰券制文中有问题。文中有"缵禹成功"的句子,他又自选武功作为自己的封邑。大禹受禅为帝,武功又为曹操的始封地。由此可见徐有贞志图非分,曹、石以此奏报给了天顺帝。天顺帝看完奏章后吃不准了,随即将诰文拿了出来,让法司部门的官员一起来看看,然后再叫他们与锦衣卫一同给徐有贞拟罪。刑部左侍郎刘广衡等在审完案件后上奏说:"有贞本忄佥邪小人,鄙陋庸夫,叨蒙圣恩,历任显要,不能感恩报德,乃敢玩法欺公,诈为制文,窃弄国柄。自谓其文可比迹于仲尼,妄论厥绩能希纵于神禹,扬其才猷则曰'资弘毅而秉忠纯',夸其学识则曰'贯天人而通今古'。武略无能,乃自处禁中之颇、牧;谋猷不著,又自任王室之甫、申。甚者,敢以定策拥戴为已功,谟谋启沃为身任。妄自尊大,居之不疑。不臣不忠,莫此为至！宜如《律》斩之市曹,为人臣欺罔之戒。"奏疏上呈,天顺帝阅后说:"有贞罪固不容诛,但犯在赦前,其宥死,押发云南金齿为民。"(《明英宗实录》卷280;《明史·徐有贞传》卷171)

○ 正襟危坐的薛瑄薛夫子在天顺朝内阁干了半年就不得不告老还乡

徐有贞、李贤出事后带来了一个直接的问题,那就是才组建没多久的天顺朝内阁一下子少了两个阁臣。对此,天顺帝朱祁镇在下令处置徐、李的当天,即天顺元年(1457)六月庚子日,"命通政使司左参议兼翰林院侍讲吕原于内阁参预机务"(《明英宗实录》卷279)。这样一来,复辟朝廷的内阁就由这3人组成:许彬、薛瑄和吕原。

薛瑄是当时有名的理学家,夺门之变后的第三天即天顺元年正月十九日由杨善推荐入阁。杨善之所以要这么做,大概是因为他与石亨和曹吉祥之流有着相同的想法,即想扩大自己的势力。可让人不曾想到的是,这个薛瑄特别有个性。史书记载:薛瑄乃永乐十九年进士,"学一本程、朱,其修已教人,以复性为主,充养邃密,言动咸可法"(《明史·儒林一·薛瑄传》卷282)。换言之,老夫子薛瑄是个有着坚定信念的道德践行者,奉行"达则兼善天下,穷则独善其身"的人生原则:当形势尚不明朗或政治前景尚可憧憬之时,君子应该积极有为,兼善天下;当奸人当道,君子无法施展其宏大抱负之时,那就急流勇退,独善其身。想当年正统帝朱祁镇"父师"王振权势熏天,满朝大臣几乎皆屈从于阉竖及其同党,唯薛瑄等寥寥数人敢与之抗争,也为此差一点落得个身首异处的结局。幸得兵部侍郎王伟等人的申救,他才"除名放归田里"(〔清〕谷应泰:《明史纪事本末·王振用事》卷29;〔明〕刘若愚:《酌中志·累臣自叙略节》卷23;〔明〕张燧《千百年眼》卷12)。

景泰帝嗣位后,给事中程信向朝廷作了推荐,薛瑄由此被重新启用,出任大理寺丞。瓦剌进攻北京时,他与军中将士分守北门,立有功劳。不久出督贵州军饷,完事后乞休,学士江渊向朝廷奏请,将其挽留。景泰二年(1451),薛瑄升任南京大理寺卿,主管那里刑狱案件的复审工作。那时有个富豪杀了人,他的家人到处找关系托人,案件由此被拖了好久没审结。薛瑄上任清理案件时发现了该案,立即将富豪绳之以法。正因为他不媚权贵、执法如山,景泰帝知道后将他调回到北京朝廷任职。

有一年苏州府发生大饥荒,饥馑的贫民抢劫了富豪的粮仓,并随手付之一炬,而后又逃亡海上,想以此来逃避官方的打击。景泰朝廷闻讯后派了阁臣王文为钦差,前往苏州巡抚。王文向来执法严酷,一到苏州就动用了官府大队人马,捕获了许多所谓的暴民,将其中的200余人定了死罪。当时作为大明最高复审机构大理寺的主要领导薛瑄知道后,重新复查了该案,发现有不少人是被冤枉的,他当即向朝廷做了奏报。王文听说后恚然而言:"正统年间薛老头吃了那么多的苦头,可他既倔又强的本性一点也没改。"幸得当时的皇帝朱祁钰是个明君,在听得薛瑄的"辨诬"请求后很快地予以了采纳,将一些冤枉了的苏州饥民给放了。(《明史·儒林一·薛瑄传》卷282)

天顺朝开启时,薛瑄虽为无耻之徒杨善推荐入阁,但他并没有与这些夺门"功臣"同流合污,而是依然保持着自己独立的操守。王文、于谦被冤下狱,石亨等人将置之极刑。薛瑄闻讯后力言于天顺帝,主张从轻发落。虽然最终复辟皇帝还是将王、于等人的凌迟刑改轻为斩刑,但薛夫子不能"与时俱进"和"不合时宜"的上奏,使得他自己在天顺皇帝那里的印象大受影响。那时御史张鹏、杨瑄劾石亨、曹吉祥一案尚未爆发,轻薄狂妄的徐有贞老觉得凝迟端重的薛夫子与自己同阁为僚实在是好玩,总想找个机会捉弄他一番。有一天,他乘着边上没人的时机跟薛瑄偷偷地说:某事由我徐有贞出面向皇帝直言相告恐有不妥,还是烦请薛老代为陈奏。薛瑄听后没答应。可谁都没想到,后来两人同去进见皇帝时,徐有贞却先开口说了:"薛瑄有奏。"薛瑄因为事先没做准备有什么要奏请的,现在突然遇到徐有贞这般捉弄,只好将徐有贞先前不便在皇帝面前直说的事给说了出来,弄得复辟皇帝对他的印象再次大为不佳。更有"薛虽学行老成,而因奏对误称学生,遂以失宠"(【明】尹直:《謇斋琐缀录》卷2)。而天顺朝开启后倒行逆施,石亨、曹吉祥等夺门"功臣"结党营私,擅权乱政,甚嚣尘上。见之,早已心灰意冷的薛瑄觉得,只能自己独善其身,于是于天顺元年(1457)六月壬寅日提

出了致仕请求,天顺帝当即予以批准。(《明史·儒林一·薛瑄传》卷282;《明英宗实录》卷279)

石亨听到薛瑄主动要求退休的消息后,立即出来挽留,目的是想借此机会拉近与清正文官之间的距离,他在皇帝面前为薛瑄求得了一教职。没想到薛瑄听说后严词拒绝,并这样说道:"元世祖忽必烈曾赐敕给理学家许衡,让他开坛设教。可许衡回家后只是将元世祖的敕书悬挂在屋梁上,终身未给人看过。我今天要是答应了出任教职,这岂不是比贪恋官位更为有过之?"拒绝了石亨的"美意"后,薛瑄带了家人回归故里。当走到直沽时已囊中羞涩,儿子对他的行为很不满意。而薛瑄却津津乐道地说:"士大夫当以维护道义为使命,现在就我而言,对于道义没有什么没做好的,我已经心满意足了。"(【明】谈迁:《国榷》卷32)

○ "天子门生"岳正入阁28天竟成了背弃当朝天子的徐有贞同党?

薛瑄一辞职,原来的内阁3人又变成了2人,明显缺人。天顺帝想找一个比较可靠的大臣入阁,于是询问起了吏部尚书王翱。王翱向他推荐了翰林院修撰岳正,天顺帝听到这个名字,几乎不假思索地发出了敕令,任命岳正入阁参赞机务。(《明英宗实录》卷279)

那么这个叫岳正的究竟是个什么样的人,让一向多疑的明英宗这般果断地做出任命决定呢?

岳正,漷县(今北京市通州区)人,正统十三年(1448)会元、榜眼,被授翰林院编修,进左赞善。夺门之变后,复辟皇帝明英宗在滥杀大黜景泰大臣的同时,擢升和培植自己的势力。按照那时的传统习惯而言,岳正是明英宗正统末年的进士,也就是天子"门生",自然会得到"座师"的特别照顾,天顺改元时他就被提升为翰林院修撰,受命教授小内侍读书。现在徐有贞等人出事了,薛瑄又提出了退休,内阁只剩下许彬和吕原两人。吏部尚书王翱推荐岳正入阁,天顺帝听说被推荐的是自己的门生,自然就很高兴,随即下令在文华殿召见。

当身材修长、眉清目秀的岳正刚刚步入大殿门口,天顺帝远远望见便喜形于色。等到"门生"来到大殿之后,明英宗从头到脚好好地打量着他,并连声称"好!"随即问道:多大年龄?家住何处?何年中的进士?岳正皆一一作答。天顺帝听完后愈发兴奋,说:"你正年富力强,是我们北方人(明英宗真是个混蛋皇帝,他连自己哪里来的都没弄清楚,数典忘祖,难怪差一点将自己的江山都给弄丢了。笔者注),又是朕亲自所取的进士。现在召你来入阁,你当尽力辅佐朕!"岳正顿首受命。(《明史·岳正传》卷176)

当他辞谢了皇帝,离开文华殿,走到左顺门附近时,邂逅了石亨、张𫐄。石、张两人见到从宫里出来的岳正就十分惊讶,当场便问:"你到这里干什么?"岳正回答:"皇上召见!"石、张两人还想问下去,可岳正已经走远了,就此他俩心里不停地嘀咕着:"这小子到宫里来干什么?"正纳闷着,两人不知不觉地来到了文华殿。此时大殿上的天顺帝笑盈盈地招呼着:"你们来得正好,朕今日亲自挑选了一个新阁臣。"石、张问是谁? 天顺帝说:"岳正呀!"两人听到这里,只好口头敷衍祝贺,心里却立即打起了小九九。可天顺帝不知他俩真实的内心想法,随口说道:"只是岳正的官小了点,应该封他个吏部左侍郎兼学士。"两个佞臣听完后立即进言:"陛下既然得人,等到他入阁称职,再加官进秩也不晚。"天顺帝当即没吭气,但随后便命岳正以原官入阁。(《明史·岳正传》卷176)

以原官入阁在明初历史上有着很多的例子,但自仁宣以后大臣一旦被命入阁往往要擢升一下,因为这表明皇帝对入阁阁臣的信任与重用。岳正当时正值青壮年,突然间皇帝的召见与以往仕途的平坦,加上个性豪迈,负气敢言,即使是在自己没被升官的情势下入阁,他也感到皇帝对自己有知遇之恩,故而日夜思索着如何来报答。

当时掌钦天监事的侍郎汤序是石亨的同党,他在观察天象后上言朝廷,请求尽去奸臣。汤序的这话说得很含糊,谁是朝中奸臣? 不是前面已被处决的于谦、王文之辈,还是刚刚遭受处理的徐有贞等? 不论怎么说,他们都已被清除出朝廷了,怎么还有奸臣? 天顺帝朱祁镇犯迷糊,为此他要先问问新阁臣岳正,看看到底应当采取什么举措为好。岳正听后回答道:"钦天监官所言的奸臣并没有指名道姓是谁,如果全面铺开来纠查,就会造成人人自危。况且汤序这人观天察地的本领并不高,他的话不一定能信。"明英宗听

后觉得门生说得很有道理。所谓"尽去奸臣"之事就此不了了之。(《明史·岳正传》卷176)

而后不久又发生了一件事,有个和尚散播妖言,让巡逻的锦衣卫官校给逮住了。该官校说和尚犯有谋反罪,并托中官牛玉向天顺帝请求升官。天顺帝拿不准主意,就问岳正。岳正说:"假如这事属实,那和尚至多坐以妖言律;而对于那个巡逻的锦衣卫官校也就给赏而已,不应该予以升官。"正因为岳正及时进言正确妥帖,与散播妖言的和尚相涉的数十人皆得以免罪(要是处以谋反,那就得要杀头或充军),因此说岳正的入阁参政,对于当时天顺朝政有着很好的纠偏补漏的作用。(《明史·岳正传》卷176)

有人见到朝政有了微微转好的苗头,就写了一封匿名信,信中列举了曹吉祥所犯的一大堆的罪状。天顺帝阅完匿名信后,将它交给了曹吉祥。曹吉祥还没将信读完就大怒,要求天顺帝出榜悬赏,捉拿匿名信作者。天顺帝令人将岳正、吕原找来,让他俩票拟榜文。岳正和吕原见到皇帝就说:"皇上,为政有体,盗贼由兵部出榜,奸宄由法司负责,哪有天子出榜悬赏捉拿罪犯的。况且这样的事情如果办得缓慢,机密容易泄露;如果缉拿得太急了,犯罪者就会躲藏得严严实实。这样下来,不仅缉拿不到罪犯,反而让朝廷的威信大为贬损。"天顺帝听后觉得甚为有理,追查匿名者之事就此作罢。(《明史·岳正传》卷176)

曹吉祥方面的事情刚刚应付过去,另一个夺门"功臣"石亨这边又冒出事来了。当时石亨的侄子游击将军石彪镇守大同,曾与前来扰边的蒙古人交过手。事后石彪上奏朝廷,请求对立有战功的将士们进行升赏。明英宗此时似乎对于自己复辟即位之初不问底细的滥赏已经有所醒悟,接到石彪奏请后他就派人上山西边关去勘查。勘查使者回来说,石彪领导的将士斩杀的敌人实在太多了,数也数不过来,敌人的人头都被砍了下来,挂满了树林里头。受命复查战功的阁臣岳正在旁听后指着地图,诘问使者:"你说的挂满敌人人头的树林在哪里?"使者随口作答。岳正在地图上认真地找着,最终将使者所说的地名给找了出来,然后指着它反问:"你说的这个地方是一大片沙漠,石将军将敌人首级究竟挂在哪里?总不至于挂到沙漠里?"使者当场语塞。天顺帝听到后不好意思戳穿石氏玩的鬼把戏，于是下达了这样的敕谕："石彪等战功之升赏姑且等一等，待将'累次杀贼有功官军通审明白，具闻以凭升赏。'"（《明英宗实录》卷279；《明史·岳正传》卷176）

复辟皇帝越"含蓄"，夺门"功臣"越恣意妄为。随着时间的推移，天顺帝对他们愈发感到厌恶，但又不知道该怎么处理。当他向自己的"门生"阁臣透露内心秘密时，岳正从容地应答："曹、石两人权势太重了，请皇上允准小臣以计离间之。"天顺帝听后表示同意。

有了皇帝这样的后台，信心十足的岳正在未做周全考虑的情势下，就冒冒失失地开始行动。他跟曹吉祥说："忠国公石亨常叫都督杜清前往尊府，不知有何贵干？"曹吉祥回答："辱石公厚爱，示意两家友好呀！"岳正听后故作神秘地说："以我看不然，石亨经常叫杜清上尊府，是想伺察您的隐私。"随后便劝曹吉祥辞去兵柄。接着他又到石亨那里去说："曹吉祥说了您很多的坏话，您还是自己多注意点！"（《明史·岳正传》卷176）

其实无论是岳正还是天顺帝，在密谋除去曹、石两大奸恶时都忘了一个大前提，那就是天顺朝新内阁首席阁臣徐有贞刚刚被曹、石两人联手斗倒，原先还钩心斗角的两大佞臣此时正好着，或言正处于"蜜月期"。当各自听了岳正的一番说辞后，曹、石谁也不大相信这是真的，等到两人一碰头，将事情底细抖了抖，立即就明白了其中的奥秘，当场气得七窍生烟。不过静下心来，他俩一想：不对，尽管岳正是天子门生，但这样的大事情不经皇帝老爷同意，量这个刚入阁的书生文臣也没有这个胆啊！于是两人一合计，决定故伎重演，除去岳正，由方便出入内廷的曹吉祥率先行事。（《明英宗实录》卷280）

曹吉祥来到内廷，一见到天顺帝，立即扑通一声跪在地上，摘下太监帽，然后匍匐到皇帝跟前，一把眼泪一把鼻涕，请求皇帝治他死罪。看到曹吉祥的这般可怜相，想起五六月前的夺门之变，天顺帝朱祁镇心软了，觉得很对不起眼前的这位夺门"功臣"，于是慰谕再三。后他又令人将岳正召入宫中，责备他不该漏言。（《明史·岳正传》卷176）

明明是君臣两人共同商议好的，现在事情办砸了全怪在臣子一人头上，这是中国自古以来专制政治的永恒"真理"。作为天子门生的岳正当然懂得这个理了,因而也就没把这事放在心上,一如既往地为"座师"天顺帝出谋划策。

天顺元年(1457)七月初五,北京明皇宫承天门又遭天灾,皇帝朱祁镇再次诚惶诚恐地亲自出面,向昊天上帝、后土皇地神祇祈祷平安,并号令大家进言躬问,以应天变。阁臣岳正与吕原借着这个机会上奏,力言石亨、曹吉祥两大佞臣将要图谋不轨,并提出了应对策略:先发制人,从曹、石周围人身上寻找"突破口"——陈汝言与卢彬。卢彬是石亨的老乡,以前当过贵州布政司左参议,可能相当于省长助理,因为他受贿而被巡抚右副都御史蒋琳纠劾,罢黜为民。天顺帝复辟后,他上奏说自己所谓的受贿是被别人诬陷的,压根儿就没那个事。他还说自己曾与石亨一起密谋夺门之事。天顺帝看了奏折后不知所云,就问石亨:事情是否属实?石亨说,千真万确。天顺帝随即命卢彬官复原职。但按照卢彬的设想,利用当今天子的昏庸和老乡的提携,自己不仅仅要官复原职,而且还得要在京城弄个大官当当。所以当天顺帝下达恢复他为贵州布政司左参议之职的皇命后,卢彬赖在京城里迟迟不肯到贵州去复任,朝夕希觊重用。这时老乡石亨又屡次出来推荐他入阁,可明英宗终未答应。(《明英宗实录》卷280)

阁臣岳正听说这事后就跟明英宗说:"不久前升为兵部尚书的陈汝言是曹、石的铁杆走狗,也是地地道道的小人,而一直不肯上贵州去复任的石亨老乡卢彬也不是什么好东西。皇上不如将卢彬调为兵部侍郎,让奸诈凶狠的陈、卢同处一部,时间一长,两个坏蛋必然会相互忌恨、龉龃,朝廷便可乘机将他们一一除去。"明英宗听后不允。当时徐有贞正被关在狱中,尚未发配,岳正在没有摸清皇帝真实想法的情势下又草率上言:鉴于突然光顾承天门的天灾,朝廷不妨复用徐有贞,这样或许能消弭天变。明英宗听后也未予采纳,只是让岳正好好地撰写敕文,敕谕朝廷大臣修身自省,以应天变。(《明英宗实录》卷280;《明史·岳正传》卷176)

撰写一篇敕文,对于曾经的探花岳正来说,岂不是小菜一碟,三下五除二,一篇代表了君主意愿的敕文很快地出手了。抑或明英宗没什么学问,抑或他就根本没看,这篇敕文写好后在未做任何改动的情况下就直接颁示了下去,其曰:

第**5**章 石曹之变 天顺『顺天』?

"朕以菲德恭膺天命,祗复宝祚于今半年,图治虽勤,应天无效,乃天顺元年七月初六日承天门灾,朕心震惊,罔知所措。意想敬事天神,有未尽欤?祖宗成宪,有不遵欤?善恶不分,用舍乖欤?曲直不辨,刑狱冤欤?征调多方,军旅劳欤?赏赉无度,府库虚欤?请谒不息,官爵滥欤?贿赂公行,政事废欤?朋奸欺罔,阿附权势欤?群吏弄法,擅作威福欤?征敛徭役太重,而闾阎田里靡宁欤?谗谄奔竞之徒幸进,而忠言正士不用欤?抑为军卫有司者阘茸酷暴,贪冒无厌,而致军民不得其所欤?凡若此者皆伤和致灾之由,而朕或有所未明也。今朕省愆思咎,怵惕是存。尔文武群臣既任股肱耳目之寄,当怀左右辅弼之图,况君臣一体,休戚惟均,果有合行事宜,必当直言无隐,其或躬蹈前非,亦宜洗心改过。呜呼,应天者当以实政,弭灾者不事虚文,朕与尔等尚懋敬之。"(《明英宗实录》卷280;《明史·岳正传》卷176)

敕文下达后,"举朝传诵",大臣们都在夸赞天顺皇帝虚怀若谷,勇于承认君德有失,是位难得的一代英主。但石亨、曹吉祥及其同党却不这么认为,他们仔仔细细地将敕文读了好几篇,抠出了许多反面的信息来。该敕文以明英宗本人的口吻将天顺朝开局后的"大好形势"说得一塌糊涂:善恶不分,用舍乖张;曲直不辨,刑狱冤曲;征调多方,军旅劳顿;赏赉无度,府库空虚;请谒不息,官爵滥赏;贿赂公行,政事废驰;朋奸欺罔,阿附权势;群吏弄法,擅作威福;徭役太重,田里靡宁(这实际上是天顺朝黑暗天下的真实写照,笔者注)……曹、石借着这敕文中对天顺朝开局以来"大好形势"的"诽谤",向岳正等发起了疯狂的进攻,说他谤讪皇帝,卖直求名,"党附(徐)有贞"(《明英宗实录》卷280;《明史·岳正传》卷176)。

优柔寡断、生性多疑的天顺帝这些天来对岳正处事不慎本来就很为不满,经由曹、石两个佞臣这么一撩拨,顿时就火冒三丈,当即下令将票拟敕文的阁臣岳正和吕原叫到文华殿来,厉声怒斥:"吕原一向谨慎,今天你怎么也阿附起岳正来了?岳正胆大妄为,内阁已不适合你工作了,回你原来的翰林院去当你的修撰,好好教小内使读书!"第二天,怒气未消的天顺帝又下令:将岳正贬为广东钦州(今属广西)同知。

就这样,岳正在阁的时间一个月都不到,前后只有28天,就被

迫离开了大明政坛中心。(《明英宗实录》卷280;《明史·岳正传》卷176)

岳正南下赴任的途中路过自己的家乡漷县,因放心不下年迈的母亲,在老家逗留了十来天。岂料被一路跟踪过来的兵部尚书陈汝言派出的校尉所侦查到,他立即上奏朝廷,说岳正违命迁延不行,曾霸占公主庄田。天顺帝闻奏后下令,将岳正逮下锦衣卫狱。后又命将其贬谪陕西肃州卫镇夷千户所军。(《明英宗实录》卷282;《明史·岳正传》卷176)

就在充军的路上,头、手皆已戴上桎梏的书生罪臣岳正可遭罪了。出了北京不多远,在河北涿州夜宿传舍时,他突然呼吸急促,手脚痉挛,出现了生命危在旦夕的症状。涿州人杨四见此,十分同情他的遭遇,知道他是个好官,被人诬陷了,才落到这般地步,于是出钱买酒,将一路押解的军士灌醉,然后打开桎梏,救了岳正一命。后来杨四又使了银子,买通了一路押解的军士,这才使得岳正平安抵达甘肃戍所。(《明史·岳正传》卷176)

● 稀里糊涂被挤出政坛中心,许彬成为夺门"功臣"中第二个被踢出局的

岳正被逐出内阁的同一天,即天顺元年(1457)七月庚午日,明英宗还做出了两项重要的人事变更:将曾与徐有贞一起"犯错误"的吏部左侍郎李贤升为吏部尚书兼翰林院学士,掌文渊阁事;同时又"调礼部左侍郎兼翰林院学士许彬为南京礼部左侍郎"(《明英宗实录》卷280)。说到这里,细心的读者朋友可能要问了,这个叫许彬是不是当初与石亨、张𫐄等人一起密谋发动夺门政变、推荐徐有贞参与其中的那个太常卿许彬?若是,那他就是天顺朝的夺门"大功臣",为何他也要被外放呢?我们不妨从许彬其人其事说起。

许彬,山东宁阳县人,以举人选入翰林译字。永乐十三年(1415)中进士,改翰林院庶吉士,历任检讨、编修、修撰。正统丁卯年主持福建乡试。正统末年,累迁太常少卿,兼翰林待诏,提督四夷馆。(《明宪宗实录》卷48)景泰元年(1450),经过反复博弈而未能最终取胜的瓦剌太师也先不得不归还俘虏皇帝朱祁镇。许彬接受景泰朝廷之命,北上迎驾。在宣府他受命替俘虏皇帝撰写罪己诏,

敕谕文武群臣,祭祀土木阵亡官军,"以此受知上皇"(《明英宗实录》卷195,《废帝郕戾王附录》第13;《明史·许彬传》卷168)。事后因迂腐大臣不断鼓噪,要求景泰帝擢升杨善、许彬等迎驾有功之臣,许彬由此而被擢升为太常寺卿。石亨、张𫐄、曹吉祥、杨善等密谋发动政变时,许彬参与其中,并推荐了好友徐有贞充当政变狗头军师。明英宗复辟上台之际,许彬因与石亨等人交往甚密而被推荐入阁(《明英宗实录》卷274),并随后晋升为礼部左侍郎兼翰林院学士(《明英宗实录》卷278),但他同时与徐有贞关系也不错,有个例子很能说明问题。

夺门之变发生后没多久,有一次早朝结束,按照当时翰林院的惯例,诸翰林官要到东阁阶下与诸内阁学士相会作揖,然后再各就各位开始工作。但那天天气很不好,下了大雪,诸学士在上东阁时因踩着尚未融化的积雪而不停地打滑,甚至有大臣当场摔倒了。只见许彬步履蹒跚地走在那厚厚积雪的台阶上,突然间他摔了个狗吃屎,并很快地从上面滑了下来。发现自己走不上去了,读书人出身的许彬并不笨,转而一想便手足并用,匍匐往上爬去。看到许彬四肢爬行的窘态,比他几乎小了一轮岁数的徐有贞在旁笑得前仰后合。而许彬却并不为此见外,更没有对徐有贞有什么不好的看法,两人在进入东阁与众官会揖后,依然笑声不断,"殊失观瞻,佥咸鄙之"(【明】尹直:《謇斋琐缀录》卷2)。

石亨等人起初与徐有贞狼狈为奸,各自为了日益膨胀的私欲而共同密谋发动政变。现在政变成功了,双方之间的关系由同盟逐渐转为敌对,而同在一个内阁任事且与徐有贞关系不错的许彬自然也就难以不受波及,加上他"性坦率无拘检,广交游而不择人,一时放荡之士多出其门,吟诗饮酒以为乐,议论亹亹而不切于用。晚预机务,方欲闭门谢客,而平昔旧游恶其变态,率多腾谤云"(《明宪宗实录》卷48)。终于于天顺元年(1457)七月庚午日他被石亨等撺出京城,外放为南京礼部左侍郎。甫行,又贬为陕西布政司右参政。(《明英宗实录》卷281)

在到达陕西后,年近七旬的许彬终于大彻大悟,他上奏朝廷,请求致仕。恰巧那时有人发现,许彬在内阁时两次撰写的重要敕文有误:第一次是在给夺门"功臣"太平侯张𫐄的哥哥、文安伯张𫐄的诰券中将字写错了(《明英宗实录》卷284);第二次是在给晋王的敕文里头将对方误称为皇兄。天顺帝知道很为恼火,即令许彬退休。(《明英宗实录》卷292)由此许彬成为夺门"功臣"中第二个被踢出局的。

许彬、岳正被贬黜时,尽管明英宗及时地将李贤调回了内阁,但那时的内阁实在是人少得可怜,除了剩下的吕原,还有就是刚刚重新入阁的李贤,一共才两人。这样的局面大约维系了半月左右,到天顺元年(1457)九月初时,明英宗对此做了增补,命太常寺少卿兼翰林院侍读彭时入阁参预机务。(《明英宗实录》卷282)这样一来,内阁有了3个阁臣,即李贤、吕原和彭时。李贤自从摔了那个跟斗后变得愈发内敛自匿,对于朝廷政事从不轻易表态,凡事都尊重天顺帝的意见。这样时间久了,皇帝朱祁镇就越来越觉得李贤这个阁臣很可靠,对他的倚重也越来越多,而佞臣大恶石亨与曹吉祥等也找不到李贤有什么差池,双方倒也相安无事。"老阁臣"吕原内刚外和,生性淡泊,与世无争,这样个性的人与曹、石之流更不会引发什么冲突,反倒使得后者见了他礼敬三分。再说彭时,凡事他处置有度,依违有节,但又不露声色。三个谦谦君子同在一个内阁任事,平安相处自然不用多说,就连那时权势熏天的夺门"功臣"、奸佞小人石亨、曹吉祥等也觉得,这样的内阁组合已没有昔日夺门政变时同一战壕里的"战友"徐有贞等所带来的那种潜在威胁与恐惧了,于是他们更加肆无忌惮地揽权纳贿,胡作非为。(《明英宗实录》卷281)

有人见到天顺朝廷政治弄得这般模样,就来个浑水摸鱼,借刀杀人。天顺元年(1457)八月的一天,有人冒用吏科右给事中李秉彝之名给朝廷上疏,大骂忠国公石亨欺君罔上,讥讪明英宗昏聩无能。复辟皇帝最恨别人说他无能,即使自己当俘虏那也是为了国家安全与万民幸福。现在那个叫李秉彝的给事中竟公然上疏骂自己,是可忍孰不可忍。愤怒的明英宗令人按图索骥,将那上疏文中署名李秉彝的给逮起来,严加拷问。

可令人哭笑不得的是,当锦衣卫校尉们来到李家时,发现久病卧床的李秉彝病入膏肓,濒临死亡,根本就不可能去写什么上疏奏章。于是明英宗就问了:"你与什么人结了怨?"李秉彝想了想,随即说出刑部主事陈杰、工部主事沈荣、中书舍人何宗、翰林院五经博士高诚、行人司行人刘俭和工部颜料局大使金文斑等6人。明英宗听完后下令,将陈杰等6人外放边地。(《明英宗实录》卷281)

天顺帝的如此轻率举动在客观上又帮了曹、石为首的夺门"功臣"之大忙,使得他们更加猖狂,气焰熏灼。石亨利用复辟皇帝对他的"眷顾特异"和"言无不从",为他的石氏家族及部曲亲故4000多号人谋得了官位。不仅如此,他还"无日不进见,数预政事。所请或不从,辄怫然见于辞色。即不召,必假事以入,出则张大其势,市权利"(《明史·石亨传》卷173)。曹吉祥、张𫐄等其他佞臣大恶见后争相仿效,天顺朝廷政治就此让这帮子夺门"功臣"搞得一旦糊涂。古话说得好,"天欲其亡,必令其狂"。就在将昔日同一战壕里的"战友"徐有贞、许彬等"开始变化了的危险分子"和岳正为代表的新危险分子逐一撵出大明政坛中心以后,曹、石等夺门"功臣"开始变得越发不能自已。这下连"老天"都看不下去了,它从外围入手收拾这帮子国之大蠹——太平侯张𫐄和兴济伯杨善之天灭。

● **背负着景泰朝众多大臣人命冤案的恶棍张𫐄终遭天灭,成为夺门"功臣"中第三个"倒台出局"的**

前文已述,太平侯张𫐄是永乐帝朱棣起兵造反时最得力的两员猛将之一张玉之子、英国公张辅之弟。张玉在"靖难"之役中被建文朝廷军队打死于东昌(今山东聊城),后被追赠为荣国公,洪熙元年(1425)三月,"加封河间王,改谥忠武,与东平王朱能、金乡侯王真、荣国公姚广孝并侑享成祖庙廷"(《明史·张玉传》卷145)。张玉的长子就是永宣时期叱咤风云的大明军事第一人英国公张辅,二子为张𫐄,三子即为张𫐄。张𫐄在永乐中就入值宿卫,为锦衣卫指挥佥事。宣德初年,他跟随皇帝朱瞻基南征高煦之乱,立有功劳。后又跟随成国公朱勇(另一个"靖难""大英雄"朱能之子)出塞,在毡帽山等地与蒙古人打过几次小仗,但更多可能是由于父兄屡立战功及姐姐为成祖妃的缘故,他得以不断升迁。正统十三年(1448),以副总兵官的身份随兵部尚书、靖远伯王骥等南征麓川思机发之乱。(《明英宗实录》卷164)回来后不久他又受命前往贵州,去镇压当地的苗民之乱,"积功为前府右都督,总京营兵"(《明史·张玉传附张𫐄传》卷145)。

在张玉的三个儿子中,张𫐄是最小的一个。正如民间常见的那样,家中最小子女常常是最受父母等长辈宠爱,其教养也往往最差,且碰不得。我们现在说的张𫐄就是这样一个碰不得的大明皇家外戚之"军二代"。

景泰二年(1451)九月,看到朱明皇家龙子龙孙们享受着宦官提供的舒适服务,一向胆大妄为、草菅人命的张𫐄突发灵感,将自己家中的两个男性奴仆给阉割了。明朝开国起就有规定,除了大明皇家、宗室及其子女,其他臣下即使位近人主的皇亲国戚、公、侯、伯等极品大臣都不得擅自拥有宦官,违者要治以重罪。现在张𫐄将两个家奴给阉割了,事发恰恰是在北京城里,很快就让人给知道了。六科给事中和十三道监察御史闻讯后交章奏劾张𫐄"骄淫不道"。景泰皇帝从维护国家法制规章角度考虑,下令将犯罪者张𫐄逮捕入狱,并诏命朝廷大臣共审此案。百官们在经过反复勘查、取证和讨论后拟决,将犯罪者张𫐄发配辽东充军。景泰帝接到判决报告后反复权衡,尤其考虑到了张𫐄父亲张玉、大哥张辅曾为大明做出的贡献,以及张玉之女张氏还是永乐帝妃子的份上,最终御裁:宽宥张𫐄之罪,随后将他从狱中给释放了出来。(《明英宗实录》卷208,《废帝郕戾王附录》第26)但谁也没想到,这个恶棍张𫐄就此恨上了景泰君臣。

景泰八年(1457)正月中旬,皇帝朱祁钰不豫,佞臣石亨发现了其中的"秘密",便与恶棍张𫐄、曹吉祥等人阴谋"变天",他们勾结左都御史杨善、左副都御史徐有贞和太常寺卿许彬等,在景泰八年即天顺元年(1457)正月十七日凌晨突然调集军队,发动夺门之变,将被软禁于南宫的太上皇朱祁镇接了出来,辅佐他复辟称帝,开启了天顺朝。张𫐄与其二哥张𫐄及石亨、曹吉祥、徐有贞、杨善、许彬等由此也就成了"夺门迎驾"7大功臣。

为了表达自己之感谢,复辟皇帝明英宗在政变上台后没几天就对有着重大"贡献"的夺门"功臣"进行大封赏。封赏的第一个人是石亨,特进他为忠国公,食禄4000石;封赏的第二个人就是都督张𫐄,特进他为太平侯,食禄2800石,"俱子孙世袭"(《明英宗实录》

卷274)。张轨的年禄为2800石,就这数字而言,比民间相传的朱元璋私生子西平侯沐英的食禄数还多出了300石。(《明史·沐英传》卷126)

由此不难看出,在景泰向着天顺逆转的过程中,张轨是仅次于石亨的大获益者,也是大明之大蠹。不过在当时复辟皇帝明英宗的眼里却不是这样,而是将其视为立有不世之功的"大功臣",且还要不断地予以升赏。有一个事例很能说明问题,天顺元年(1457)九月,即夺门之变后的半年之余,明英宗再一次下令,给张轨等在夺门政变前后做出"卓越贡献"者增补岁禄,其中"增太平侯张轨、会昌侯孙继宗、安远侯柳溥、广宁侯刘安岁禄三百石,忠国公石亨、宁阳侯陈懋岁禄各二百石,文安伯张軏、兴济伯杨善岁禄各一百石,俱于在京关支本色"(《明英宗实录》卷282)。

"俱于在京关支本色",这是针对明朝迁都后北京粮用不足而下达的特别命令。明成祖不顾江南等地人民的死活执意迁都北京,自那以后,除了各级文武官员养家糊口的禄米大多由北运之南粮中支取外,其余部分都要从南京自行运取。而复辟皇帝明英宗却对太平侯张轨、会昌侯孙继宗(朱祁镇的母舅)及忠国公石亨、文安伯张軏、兴济伯杨善等格外关照——新增岁禄不必派人上南京去取运,而是在北京直接领用。

再从直接在北京领取的禄米总数量来看,张轨享受的待遇已与发动"夺门之变"的第一号"功臣"石亨相等。石亨享受明英宗赐予的特别恩遇,天顺元年(1457)二月,朱祁镇"特赐忠国公石亨禄米在京支500石,通前食禄3000石"(《明英宗实录》卷275)。张轨这次增禄可在京领取300石,加上前次天顺元年三月复辟皇帝给他增禄200石,这样算下来两次增禄可直接在京领取的禄米就多达500石,与石亨相当。而当时他的年禄总数也达2800石,与石亨相差1200石,比他自家二哥文安伯张軏和兴济伯杨善多出近3倍。(《明英宗实录》卷282)这再次说明了张轨事实上是天顺之初曹、石之外的英宗朝廷大宠臣。

当然张轨这般受宠于复辟主子是有着一定缘由的,除了他的特殊家庭背景因素外,更多的是由于他在景泰向着天顺逆转的过程中为明英宗上台复辟和稳定统治做出了"特殊的贡献":于谦、王文等被诬为谋反而遭冤杀,他"实有力"(《明英宗实录》卷289);范广无辜被害,他也"有力焉";"纳贿乱政,亚于(石)亨"(《明史·张玉传附张𫐐传》卷145)。

据天顺三年(1459)十一月大明兵部奏报说:天顺元年(1457)正月夺门之变后,各夺门"功臣"皆毫无廉耻地乱报参与迎驾的官军人数。石亨自报部下1503人,张𫐐自报部下1289人,张𫐉自报部下936人,曹吉祥自报部下271人……其真实情形已无法弄清,但据上述自报官军人数来看,石亨冒功居首,张𫐐位居第二。(《明英宗实录》卷309)

虚报夺门"军功",张𫐐不以为耻反以为荣,"益骄横纳赂,卖功奔兢者趋其门如市"(《明英宗实录》卷289)。看到复辟皇帝对自己恩宠有加,他愈发骄奢淫逸,横行不法。明代官史记载说:张𫐐本来在京城的住宅就很豪华,但夺门之变后他嫌老宅子档次不够高,就向天顺帝讨要正统朝大珰王振的豪宅。到手后他又嫌其旧,随即令人好好地翻修了一番,这样他才搬进去居住。至此,可舒心了?没有,已经60多岁的张老恶棍还要大搞美女之乐。张𫐐生活极端糜烂,陪他上床、喝酒和娱乐的侍妾美女多达数十人。这数十个美女每人学习一种器乐,一旦有客人造访,张𫐐便留他喝酒。喝酒时美女们要出来奏乐和劝酒,要是碰到客人不胜酒力或实在不想喝了,张𫐐就将陪乐美女痛打一顿,且下手特别狠。(《明英宗实录》卷289)甚至有史书说他还会将美人送与石亨等人,共娱同乐。

无需更多的例证,我们不难看出,在景泰向着天顺逆转的过程中,如果说曹、石为大明帝国的首恶大憝,那么张𫐐则是与其沆瀣一气、狼狈为奸的佞臣大恶。若不是当朝皇帝明英宗的昏庸宠信,若不是他有着那红彤彤的家庭背景,张𫐐这样作恶多端的佞臣大恶恐怕早就遭报应了。不过上帝在创造世界时,他老人家对于人世间的一切,总体上还是持公正立场的。天顺二年(1458)年初起,65岁的张𫐐因酒色过度、恶事做得太多了老出现幻觉。有一天退朝回家的途中,他遇见了一个人站在了路的当中,向他作揖。老恶棍神情恍惚,不知其为谁,于是开口问了。对方回答说:"我是被你冤死的景泰朝将军范广!"听到此,张𫐐顿时吓得魂飞魄散,回家后"得疾不能睡,痛苦月余而没。其临没之言,盖假乎于人也"(《明英宗实录》卷289)。

换言之,天顺二年(1458)四月,背负着景泰朝众多大臣人命冤案的恶棍张𫐄终于一命呜呼,为天所灭,《明英宗实录》卷290)成为了天顺夺门"大功臣"中第三个"倒台出局"者。这里顺便说一下:张𫐄的二哥、另一个夺门"功臣"文安伯张𫐄则多活了4年。天顺六年(1462)他也急急忙忙地赶往地狱去,与恶棍弟弟张𫐄相会作伴。(《明英宗实录》卷337;《明史·张玉传附张𫐄传》卷145)

● 发动夺门之变的"大功臣"中第四个"倒台出局"者——大恶人杨善,天灭!

紧跟着恶棍张𫐄之后上地狱去报到的夺门"大功臣"是杨善。杨善,我们在前章中已用了较大的篇幅做了叙述,在此仅对他的人生轨迹再做一下梳理。杨善的名字很好听,其实这个人一点也不善,相反,作恶多多。他最早就是靠政治投机而起家的。建文元年,朱棣疯子般地发动叛乱,当时还只有17岁的北平顺天府学学生杨善做了他人生第一次赌博,背叛建文朝廷,投靠了朱棣,与老弱病残的燕军共守北平城。后"除典仪,所引礼舍人。永乐纪元,擢为鸿胪寺序班,改鸣赞,累升至本寺卿"。这中间他出过事,曾被明成祖下到监狱里去,与庶吉士章朴同狱。那时,永乐朝廷"严治方孝孺之党",章朴曾私下跟杨善说,他家里藏有方孝孺文集。杨善假意说要借阅,等书到手后,他"密以奏闻,遂(永乐朝廷)戮(章)朴而复(杨)善官"。这是杨善做的人生第二次赌博,且又赌成功了。但在以后的人生中,他的仕途并不平坦,而是跌跌撞撞,到正统中期时才混到个礼部左侍郎官,"仍视鸿胪事"。而在这期间,杨善又做了人生第三次赌博,"不惮屈己",媚事大珰王振,梦想获取高官厚禄,但这回他可没有赌赢,反倒遭来更多士人的鄙视。正统十四年(1449)七月,他跟随明英宗御驾亲征瓦剌,在土木堡差一点踩进地狱大门,幸亏逃得快,才拾回了一条狗命。(《明史·杨善传》卷171;《明英宗实录》卷291)

景泰帝上台后,为了鼓舞大家共同杀敌,对于朝廷内外许多大臣都做了一定的升赏,杨善先被擢升为左副都御史,"与都督工通提督京城守备。寇(瓦剌军)退,进右都御史,视鸿胪如故"。但他并不满足,总想出人头地,官居要职,于是就做了他的人生第四次赌博。景泰元年(1450)杨善主动上请,要求担任北上迎驾议和正使。在取得景泰朝廷同意后,他变卖了自己的家财,带着4个儿子一同出塞,通过对瓦剌太师也先及其周围之人进行贿赂和以三寸不烂之舌进行游说,最后赢回了俘虏皇帝朱祁镇。由此他被升为左都御史,"仍莅鸿胪事"。景泰三年(1452)皇帝朱祁钰易储,大加封赏朝廷,杨善"加太子太保,俱仍理鸿胪寺事"(《明英宗实录》卷291;《明史·杨善传》卷171)。

按理说,一个府学学生出身的人能升职到文官最高品秩正二品的正部级领导左都御史,外加太子太保,这在满朝都是科举出身的文臣中已经是相当不错了。再说杨善这个人自身素养就不高,史书说他"无学术,滑稽,对客鲜庄语"(《明史·杨善传》卷171),"为人外若柔和,中实阴忮。凡事之可以利己自便者,不顾义理,无不为之"(《明英宗实录》卷291)。

这些话是说,杨善肚子里没货,言行举止像滑稽小丑,即使是客人上门,他也少有正经话。他家在北京城里,却在北京郊区盖了大别墅,别墅周围种上众多的美味水果。每当水果成熟时,他就让下人们及时采摘,然后将它们送给朝廷里的公卿权臣和内廷中的宦官们好好品尝。因此,宫廷内外凡是品尝过他家美味水果的人没有不说他的好。但遗憾的是,景泰时期,奸佞小人杨善想在政治上有着更大"进步"的愿望始终未能实现。在他看来,自己将俘虏皇帝给接了回来,这就是天下第一大功,朝廷给他再大的官衔和再多的奖赏也不为过。而在一些迂腐大臣眼里也有相同的看法,"竞奇(杨)善功,而景帝以非初遣旨,薄其赏"。他们认为景泰皇帝对立有天下第一大功的杨善太薄了。说者无心听者有意,杨善每每听到人们的这般议论,心里老觉得憋屈得很。时间一长,他就对景泰帝充满了怨恨,由此与臭味相投的石亨、徐有贞和张轨等奸佞之徒走到了一块,并于景泰末年乘着皇帝朱祁钰病重时阴谋发动夺门之变。(《明史·杨善传》卷171;《明英宗实录》卷291)

夺门之变后的第5天,天顺帝在特进封石亨为忠国公、都督张轨为太平侯、张锐为文安伯的同时,擢升都御史杨善为兴济伯,食禄1200石,子孙世袭。(《明英宗实录》卷274)由此可见,杨善是位居石亨、张𫐉、张𫐄之后的第4号"夺门"功臣。事情到此还仅仅是开了个头,政变后的第9天,天顺帝命杨善"理左军都督府事"。第12天,在赐予忠国公石亨、会昌侯孙继宗、太平侯张𫐉、文安伯张𫐄等人的勋号、散官的同时,天顺帝赐杨善为"奉天翊卫推诚宣力武臣,特进光禄大夫柱国,给诰券,本身免二死,子免一死,追封三代"(《明英宗实录》卷274)。文臣出身的官员能拥有这样的待遇,大致与明初永乐时代的姚广孝之地位相当了。

  一个文臣能进为伯爵,并晋升到与永乐重开一统的头号功臣姚广孝之地位相当的地步,这在明朝前期历史上还真是不多见。想当年大明"开天辟地"时也只有"老秘"文臣汪广洋和刘基被封为伯爵,而杨善食禄又为1200石,是明初诚意伯刘基俸禄240石的5倍(《明太祖实录》卷58、卷99;《明史·刘基传》卷128),还拥有诰券,追封三代,这是何等的待遇!

  按理说这时的杨都御史、兴济伯爷该满意了?不,与其他发动夺门之变的无耻小人石亨、张𫐉、徐有贞等同类,杨善也是欲壑难填的宵小之徒。政变成功后的第三天,为了扩大自己的势力,他就推荐大理寺卿薛瑄为礼部右侍郎兼翰林院学士,入阁参与机务。当月月底,杨善又属意鸿胪寺卿齐政上请,让天顺帝任命他兼掌鸿胪寺事(《明英宗实录》卷274),一个月后,复辟皇帝再令杨善兼任礼部尚书。(《明英宗实录》卷276)一人兼掌朝廷两部大权,这下杨善可过瘾了?满足了?没有!他还不断地向复辟皇帝上请,说自己的儿子、侄儿、养子等都曾参与夺门之变(实际上这些杨家小羔那时不知道在哪里,笔者注),从而"得官者复十数人"(《明史·杨善传》卷171)。

  自家人得官越多,势力就越强,此时的杨善总该知足了?不,他还要进一步攫取利益。

  天顺元年(1457)三月,他保荐鸿胪寺司仪署署丞胡楫升为本寺左寺丞,张荣升为右寺丞。(《明英宗实录》卷276)

  天顺元年(1457)五月,杨善又为因索贿而被罢黜的官员孙茂说情,帮助他官复礼部署郎中事员外郎之职(《明英宗实录》卷278)

……

  史称那时的杨善"辄恃功陵人,招权纳赂,亚于石亨、张𫐉,出讽言官举劾奸党,而人称为公论。王文、于谦之死,陈循等之窜,(杨)善力居多。"(《明英宗实录》卷291;《明史·杨善传》卷171)

可能是因为坏事、恶事做多了,晚年杨善经常做噩梦。噩梦做多了,人就精神恍惚,处理政事常常会出错。这时昔日夺门之变中的同一战壕里的"战友"石亨、曹吉祥等嫌他争权夺势,便借着他出错的时机在皇帝面前不断地说他的坏话。天顺帝听多了,心里也烦,逐渐地疏远杨善。杨善见到皇帝对自己不再"眷顾甚隆",便怏怏不乐,没多久就病卧在家,且一病不起。临死前他恍恍惚惚,老看见于谦、王文等来向他"索命"。天顺二年(1458)五月,骨子里坏透了的大恶人杨善终为天所灭,病亡家中。(《明英宗实录》卷291;《明史·杨善传》卷171)

杨善死后,儿子杨宗诚袭兴济伯爵位,但后来"夺门"之功被革,他也被降为金吾指挥使。(《明史·杨善传》卷171)

徐有贞戍边为民(不幸的是连累了无辜的都察院两位新领导耿九畴、罗绮及新内阁同僚李贤与岳正,笔者注),许彬被贬黜、后又被迫提前退休,张𫐄为天所灭——病亡,杨善为天所灭——病亡,自天顺元年(1457)正月十七日起到天顺二年(1458)五月杨善去见阎王为止,在一年半不到的时间里,通过宫廷军事政变而粉墨登场的7个发起"夺门迎驾大功臣"已消亡了一大半,在剩下的3个人中,文安伯张𫐄并不能真正算作是夺门之变中的主要角色,他的夺门之功和文安伯爵位更多的是由弟弟太平侯张𫐄在政变中出谋出力居多而附带出来的。由此而言,在明英宗复辟上台一年半的时间里,发起"夺门迎驾大功臣"实际上只剩下了两个,即石亨和曹吉祥。

俗话说得好,多行不义必自毙。石亨和曹吉祥这两个佞臣大憨在不断招权纳赂、屡屡作恶的过程中,无形之中也为自己掘好了坟墓。只不过当时他们还浑然不知,相反,却得寸进尺、乐此不疲地争权夺利。因为自复辟皇帝登位以后,他们在一回回的争斗中从来没有失手过,都能取胜,正洋洋得意着。而在曹、石两人中,石亨则表现更为露骨、更早一些。

● 石、曹之变　英宗翻脸

明英宗朱祁镇当了俘虏回来,在南宫被软禁了七年,对于外面的世界是很不了解的。突然间他被石亨、曹吉祥和张𫐄等佞臣用政变的手段重新扶上大位,其内心既是欣喜若狂又是懵懵懂懂,加上他本身天分不高,做一个家庭里的好丈夫、好儿子还绰绰有余,但要他做好一个大一统帝国的君主恐怕就难为他了。也正因为如此,在他复辟登位之初,大明历史上出现了极其荒唐的一幕幕:于谦、范广、王文、陈循、商辂等一个个景泰朝忠臣无辜蒙冤被杀或被逐,大明朝廷部院衙门清除一空,随后换上了一批批的宵小之徒,于是魑魅魍魉,粉墨登场。而在这个过程中,石亨充当了最为得力的"推手"。自天顺元年(1457)正月十七日政变成功即日起,他利用复辟皇帝对帝国人事与朝廷政务生疏和对他"眷顾特异,言无不从"的有利形势,不断地向朝廷推荐"自己人",培植死党,控制朝政。

● 夺门"第一功臣"不断扩大权势,控制朝廷兵权、财权和人事权

石亨的这般手法细细品来还有些讲究。在东方专制的国度里,谁要是掌握了军队和枪杆子,谁就拥有了一切,包括金钱、美女和权势,甚至是"真理"的话语权。石亨在夺门之变后的第三天就向复辟皇帝上请,整顿政变后的朝廷宿卫混乱局面,在每日常朝的第三通鼓起时,先开两扇宫门,由官军旗校将军先入把控住秩序,然后再让朝官们依次而入。凡进出宫廷者必须要持有新发的牌面,无者一旦查实,从严论处。(《明英宗实录》卷274)从表面来看,这是确保重新登位的复辟皇帝及其朝廷的安全,而从实际角度来看,经过这样的整顿,宫廷宿卫的兵权已被石亨掌握住了。

○ "第一功臣"对京军的掌控:天顺帝却似乎浑然不觉,自己
　几乎成了玩偶

由宫廷宿卫的兵权外延则为京军兵权。自明成祖篡位另开一统始,明朝京军实行三大营制,虽各自有总兵官,但"三大营各为教令,临期调拨,兵将不相习"(《明史·兵志一》卷89)。景泰帝上台之初对其做了改革,始"设提督团营,命兵部尚书于谦兼领之"(《明史·职官一·兵部》卷72)。

通过夺门之变朱祁镇复辟上台后,在石亨、张軏等佞臣的不断进谗下,他杀害了忠臣于谦、范广,废除景泰改革,撤罢团营,恢复三大营旧制,于天顺元年(1457)四月敕命忠国公石亨、会昌侯孙继宗总管五军营,太平侯张軏、怀宁伯孙镗总管三千营,安远侯柳溥、广宁侯刘安总管神机营,仍命太监曹吉祥、刘永诚、吴昱、王定同理各营军务。(《明英宗实录》卷277)

在这样的京营规制中,看似诸将分掌着三大营,但实际情形却并不是如此。总管神机营的安远侯柳溥和广宁侯刘安虽说都是"军二代",可他们并没有什么军事才干,前者性格比较温和,不大愿意介入是非纷争;后者擅长的是如何搞活他家的经济,对于军事毫无兴趣。总管三千营的太平侯张軏在天顺朝开启后不久就病死了,另一个总管、怀宁伯孙镗是石亨的私交至友。他是东胜人,世袭武职出身。景泰初年因立有战功和当时形势所需,他被朝廷从正三品的都指挥佥事擢升为正二品的都督佥事,主管京军三千营。但没多久因事他遭昌平侯杨洪弹劾而下大狱,是石亨出面向景泰朝廷求情,这才将他从牢里给捞了出来。夺门之变后的第8天,即天顺元年(1457)正月二十四日,权倾朝野的石亨又拉了孙镗一把,向复辟皇帝奏称,说他也立有"靖除内难功"。明英宗遂封孙镗为怀宁伯,同时因石亨之请而受到了晋升的还有4个高级将领:右都督董兴被封为海宁伯,都督同知卫颖升为都督佥事,都督同知刘深升为右都督,署都督同知冯宗实授都督同知。(《明英宗实录》卷274)

由此说来,从京军三大营到大明最高军事机构五军都督府,石亨都有他的私党。不过在这样的重新洗牌的过程中,当过14年皇帝的朱祁镇似乎也留了个心眼,由母舅会昌侯孙继宗与石亨共分京军中五军营的权力,太监曹吉祥也参与分割一部分权力。(《明英宗实录》卷277)但从整体上而言,石亨及其私党在京营与五军都督府中还是占据了优势。换言之,那时石亨等已掌控着京营的典兵权。

掌控住了京营典兵权后,石亨、曹吉祥等就将目光盯在了与之密切相关的帝国军事行政最高机构——兵部。

○"第一功臣"将手伸到了兵部,掌控住大明朝廷军事行政权

明朝祖制规定:五军都督府是明朝统领全国军队的最高军事

机构，但它只管领兵和兵籍，没有调兵权；而兵部只管军官的铨选与军令；调兵权由皇帝直接安排，"征伐则命将充总兵官，调卫所军领之，既旋则将上所佩印，官军各回卫所"（《明史·兵志一》卷89）。明代人将其概括为"兵部有出兵之令，而无统兵之权，五军有统兵之权，而出兵之令……合之则呼吸相通，分之则犬牙相制"（【明】孙承泽：《春明梦余录·五军都督府》卷30）。

但土木之变突发后，景泰朝廷针对当时严峻的军事压力和军事领导奇缺的不堪情势，在大力擢升军中将领的同时，赋予当时实际领导保家卫国的兵部尚书于谦以更多的军事权力。因此说景泰朝开启以后，大明帝国兵部权力变得很大，于谦不仅要总负责常规的军事行政事务，如武官的考选、军令等，还有要向皇帝请示兵员的补充、将士的奖惩、将领的选拔和军队的调动，更为甚者，他还兼任过军队的总指挥和团营制的京军提督。但夺门之变后复辟皇帝杀害了景泰朝兵部尚书于谦，并将兵部右侍郎王伟等也给逐黜了，而此时另一个兵部尚书石璞尚在湖广。为了及时填补兵部主要领导的空缺，就在夺门之变的当天，明英宗擢升都察院左副御史兼翰林院学士徐有贞为内阁阁臣、兵部尚书，兼职视事如故。（《明英宗实录》卷274）而从当时繁复的朝廷政务与政治决策而言，新任兵部尚书徐有贞可能更多地将精力放在了内阁事务上，由此影响了兵部的领导工作。一个月后的天顺元年（1457）二月十八日，天顺帝任"命靖远伯王骥兼兵部尚书，掌部事，调兵部左侍郎俞纲于南京兵部"（《明英宗实录》卷275）。

王骥，我们在前面已经讲过，他是永乐四年（1406）进士，本为文臣，宣德年间署兵部尚书。在正统初元明军将领普遍疲软、作战无力的情势下，他受命经理甘、凉边务，"大阅将士，分兵画地，使各自防御，边境肃然"。后来与任礼、蒋贵、赵安等分别帅兵出击塞外，打击蒙元残余，立有战功，回朝后"兼大理卿，支二俸"。正统初年，麓川宣慰使思任发发动叛乱，大珰王振力主武力平乱。王骥阿附王振，竭力鼓动小杆子皇帝发大军进剿西南一隅，并出任平蛮大军总督军务，开启了为时七年的"三征麓川之役"，最终于正统十四年十月，在付出巨大代价的前提下才取得了大致上的胜利。而就在这过程中王骥获取了许多的"红利"，正统中他被明英宗封为"推诚宣力武臣、特进荣禄大夫、上柱国、靖远伯,岁禄千二百石,世袭指挥同知,赐貂蝉冠玉带"(《明史·王骥传》卷171)。

景泰元年(1450)九月,因少保兼兵部尚书于谦等人上请推荐,回朝的靖远伯王骥出任南京总督,"同李贤等训练军马,抚安人民,综理一应事务"(《明英宗实录》卷194,《废帝郕戾王附录》第12;《明英宗实录》卷196,《废帝郕戾王附录》卷14)。景泰三年(1452)四月,景泰帝敕令年迩八旬的王骥退休,"食禄就闲,娱老南京,以延寿祖"(《明英宗实录》卷215,《废帝郕戾王附录》第33)。第二年六月,在南京娱乐了一年后觉得没劲在那里继续玩下去的王骥,向景泰帝提出了回北京养老的请求:"顷者命臣娱老南京,天恩莫报,但臣原籍丘陇,近附北京。况臣年垂八衰,朝不虑夕。乞容臣回北京,得依日月之光,又尽拜扫之礼。臣子之心,两得其便。"言语之间,透露出耄耋老人那颤颤巍巍、朝不虑夕的可怜相,好不让人心生怜悯。景泰帝心善,"诏特允所请"(《明英宗实录》卷230)。

可谁也没想到,就是这个泥头快要盖顶的老王骥一到北京,"跃马食肉,盛声伎如故"。即说80多岁的王骥依然能吃肉,上马也不用人扶,自己能跳上去。更绝的是,他还时不时地找些年轻貌美的小姑娘云雨一番。听说石、徐密谋军事政变,要扶持太上皇明英宗出来复辟,老王骥立即精神矍铄地参与其中。(《明史·王骥传》卷171)

夺门之变成功后,看到石亨、曹吉祥辈个个都加官晋爵,老王骥又不甘"落伍",向朝廷上章自我表功,直接讨要封赏(详见前文,笔者注)。天顺帝接奏后不仅允准了他的请求,而且还让这个老不要脸的出来重新担任兵部尚书,主管兵部之事,"加号奉天翊卫推诚宣力守正文臣、光禄大夫,余如故"(《明史·王骥传》卷171)。大约一个月后,王骥推荐大理寺右少卿龚永吉为兵部右侍郎,目的就在于以此来壮大自身势力。由此也不难看出他的一片"雄心"(《明英宗实录》卷276)。

"雄心"归"雄心",但毕竟是80多岁的老人了,即使体内有再多的欲望和再多的花花肠子,无奈岁数不饶人。在兵部干了四个月后,老王骥感觉实在是力不从心,于是不得不向天顺帝提出退休的请求。三年后的天顺四年(1460)五月初,王骥病亡。(《明英宗实

录》卷315;《明史·王骥传》卷171)

王骥再次退休是在天顺元年(1457)六月,石亨、曹吉祥听到后很是兴奋,觉得机会又来了,很快他们向天顺帝推荐了自己的私党陈汝言,让他来出任兵部的主管领导。没过几天,石亨又推荐陈汝言担任兵部尚书,吏部验封司郎中郝璜为兵部右侍郎。至此,石、曹开始控制兵部。(《明英宗实录》卷279)

○"第一功臣"将手伸到了户部,掌控住了大明朝廷财政权

兵部与户部、吏部是大明帝国中央朝廷三大要害部门。就在控制兵部的同时,石亨、曹吉祥等又将贪婪的目光投向了户部即财政部。户部原挂名的兼职尚书有两个,一个是文渊阁大学士陈循,另一个是翰林院学士萧镃,由于两人都是兼职,所以许多实际部务还得要有人专门负责。景泰中期,皇帝朱祁钰从南京调来了张凤,让他出任北京中央朝廷户部尚书,主管户部事务。(《明英宗实录》卷240,《废帝郕戾王附录》第58)夺门之变突发后,陈循、萧镃被贬黜,张凤被调任南京户部尚书,(《明英宗实录》卷275)这样一来,中央朝廷的户部一把手之位出现了空缺,石亨乘机向天顺帝推荐了自己的密友沈固。天顺元年(1457)三月,复辟皇帝正式任命已致仕的都察院右都御史沈固为户部尚书。(《明英宗实录》卷276)

沈固,江苏丹阳人。永乐中,起家乡举。洪熙年间,鉴于武臣疏于文墨,朝廷选派文官到各总兵官处帮助整理军中文书。沈固就是在这时被派到镇守大同总兵官郑亨那里去干文书工作,一干就是好几年,正统年间,升职为户部侍郎,后又升为左都御史,但实际他主管的是大同一镇之粮饷。土木之变后明英宗被瓦剌军押着,前来大同扣关。大同知府霍瑄与沈固一同出城拜谒俘虏皇帝,"叩马号泣"(《明史·霍瑄传》卷171),因此说沈固、霍瑄在明英宗心目中留下了较好的印象,这也就是夺门之变石亨一推荐沈固出任户部尚书,明英宗立马就允准的主要原因。

不过沈固可不是什么正人君子,在大同任职久了,就与那里的军官政要们同流合污,狼狈为奸,肆意贪渎,弄得当地的军士和百姓们苦不堪言,终于在景泰二年(1451)三月为新任大同总兵官定襄伯郭登所弹劾。郭总兵官在弹劾文中这般数落道:"左都御史沈

固在边年久,法令不行,致边城经收粮草,官吏大肆奸贪,以灰土插和米麦。军士啼饥号寒,无所控诉。"由此他建议景泰朝廷另派一位廉明刚正大臣前来大同,取代沈固管粮。景泰帝接奏后十分重视,随即擢升素有清官良吏美誉的河南左布政使年富为左副都御史,令其前往大同接替沈固。(《明英宗实录》卷202,《废帝郕戾王附录》第20)沈固由此被调回京城。到达京城不多时,他就遭到了言官们的弹劾,连藩王府伴读官王琰也在这时上奏对他进行了指控:"朝廷以大同边地,务积粮储,自宣德间迄今仅三十年,计其所积米粟金帛不下一二百万。然去秋丑虏入寇,遽乏给用。奏报之使,络绎道途,原其所自,盖因提调左都御史沈固及布、按二司管粮官,恣肆欺罔,将米粟金帛借与官豪之家费用,以致仓廪空竭,人民缺食,饿莩流窜,边境荡然。"(《明英宗实录》卷206,《废帝郕戾王附录》第24)正是在这样内外沸腾的情势下,沈固被景泰帝勒令退休(《明英宗实录》卷206,《废帝郕戾王附录》第24)。

　　沈固自洪熙年间上大同起到景泰二年(1451)被迫退休离开,前后在那里工作了27年。在这27年中,他不仅与武安侯郑亨及其后代郑宏、武进伯朱荣及其后代朱瑛打得火热,曾协助这两大"靖难英雄"家族侵吞大同国库中的银子1423两,绫布14330余匹(《明英宗实录》卷206,《废帝郕戾王附录》第24),而且还与军中新贵石亨家族过从甚密。

　　石亨自正统三年(1438)至大同任左参将,到正统十四年(1449)土木之变后被召回,前后在那里待了11年。而后石亨之侄石彪于景泰元年(1450)起出任游击将军,驻守大同威远卫,至明英宗天顺元年(1457)复辟时,在那儿也待了近10年。那时明朝军队早已腐败,驻扎地方久了的军官们往往会利用手中权力,克扣军饷,欺男霸女,凡是此类不法之举都算不上什么大事,让大明朝廷感到难受的是军官们还常常广置田地,私自奴役军士和招纳逃亡人口进行开垦种植,发展家族经济。我们现在讲的石亨家族就是这样一个在大同拥有大量田产的军中新贵集团,他们为了保护和扩展自己的家产家业,很早起就与当地的地方官及朝廷派出的巡视监察官勾结起来,而长期任职于大同的沈固就是他们重要的合作伙伴。景泰帝当政时革除弊政,沈固被迫提前内退,石亨家族想拉老伙伴一把，但就是不敢冒天下之大不韪。等到昏庸的明英宗复辟上台后，作为夺门第一"功臣"的石亨觉得，这正是帮帮老伙伴的好时机！而从更长远的利益角度来讲，帮了老伙计沈固一把，大家同朝为官，日后彼此照应着，还愁石家没有滚滚财源！正是出于这样的动机，天顺元年（1457）初，石亨将已经退休在家六七年的前都察院左都御史沈固推荐给了明英宗，让他出任天顺朝户部尚书。由此，石亨控制住了户部。（《明英宗实录》卷276；《明史·沈固传》卷171）。

○ "第一功臣"将手伸到了吏部，部分掌控住了大明朝廷组织人事权

户部、兵部之外，明廷还有一个极为重要的权力衙门机构，那就是吏部，即组织人事部。吏部原有尚书两个：一个是老尚书王直，一个是何文渊。景泰四年（1453）因何文渊"多私，为言官攻去"。景泰帝将长期在外出任提督军务之职的都察院右都御史王翱调入朝内，替代何文渊，出任吏部尚书。夺门之变后的第10天即天顺元年（1457）二十六日，目睹变化莫测的大明政坛风云从而感到心灰意冷的吏部老尚书王直上请致仕。复辟皇帝接奏后没有挽留，当即允准。（《明英宗实录》卷274）这样一来，吏部尚书就剩下一个王翱了。

王翱是永乐十三年（1415）进士，比王直资历略微浅一点，但在景泰、天顺年间也属于资深大臣了。史载他在吏部"一循成宪"，"谢绝请谒，公余恒宿直庐，非岁时朔望谒先祠，未尝归私第。每引选，或值召对，侍郎代选。归虽暮，必至署阅所选，惟恐有不当也。论荐不使人知"。由于处事公正无私，王翱是当时公认的"名德老成人"（《明史·王翱传》卷177）。

对于这样的"正直刚方"又德高望重的吏部尚书，你还真找不出他有什么差池来，所以在景泰向着天顺逆转的过程中，一大批朝廷部院大臣纷纷落马，唯王翱安然无恙，稳坐吏部尚书之位。据说连当时的复辟皇帝明英宗见了王翱也礼敬三分，每次在便殿召对时，称他为"先生"而不称其名。（《明史·王翱传》卷177）

由此看来，想要将这样一位老尚书换成自己的私党，这已无可能，有可能的是在这位老尚书的下面佐官和属僚中安排自己的人。

石亨摸准了情势，于天顺元年(1457)二月初一日向复辟皇帝保荐吏部验封司郎中张用瀚为本部右侍郎，半个月后又推荐吏部验封司主事万祺为本司员外郎。(《明英宗实录》卷275)

不过事后没多久，石亨又觉得自己在吏部的势力还不够。天顺元年(1457)八月，他再次向明英宗推荐工部左侍郎孙弘为吏部左侍郎。(《明英宗实录》卷281)这个叫孙弘的人本是石亨的老乡，他"粗鄙无籍，谄事亨得升侍郎"，这是夺门之变后第9天的事情。(《明英宗实录》卷274)

从一介无籍之徒升为工部左侍郎，即建设部第一副部长，按照一般人的思维该满足了。可谁知这个叫孙弘的却与石亨一个样，也是个欲壑难填的家伙。在干了半年多的建设部第一副部长后，他觉得没劲，权力也不够大，于是不断地贿赂和讨好老乡石亨，想求得进一步升迁。而这时的石亨正谋划着向吏部再安排自己人，这下可一拍即合，他让孙弘上那里去当个吏部左侍郎，即组织人事部第一副部长。(《明英宗实录》卷281)至此，吏部的石氏势力可谓大为增强。

其实，除了在兵部、户部和吏部等大明朝廷中央要害衙门的主要领导岗位上安排自己人外，石亨还向着其他朝廷机构渗透势力。

就在夺门之变后没几天推荐孙弘升任工部左侍郎的同时，石亨又向明英宗举荐"光禄寺少卿陈诚为通政司右通政，仍管光禄寺少卿事，吏部验封司郎中刘文为右通政，尚宝司丞兼翰林院编修黄谏为尚宝司卿兼翰林院侍讲，中书舍人金铭为光禄寺寺丞"(《明英宗实录》卷274)。天顺元年二月十六日，石亨还举荐钦天监五官司历沈立为五官挈壶正。(《明英宗实录》卷275)

通政司、翰林院、光禄寺、钦天监……凡是朝廷中央衙门只要有官缺或有可能，石亨总是想着法子将他的私党安插其内(但对于内阁他没有搞定)。即使这样，他还没满足，时不时地将贪婪的眼光盯向京城以外的地方，尤其是陪都南京。

天顺元年(1457)九月，南京衙门发生人事变动，在接受巨额贿赂后，石亨向天顺帝推荐"应天府府尹马谅为南京户部左侍郎、刑部郎中朱铨为南京刑部右侍郎，吏部郎中龙文为南京工部右侍郎"(《明英宗实录》卷282)。马、朱、龙等人为了能够得到高位，各自给石

亨送了大把大把的银子,故时有"朱三千、龙八百、马中半"之谚焉。(《明英宗实录》卷282)

史书说当时的石亨"势焰熏灼,嗜进者竞走其门"(《明史·石亨传》卷173)。有个例子,较能说明问题。天顺元年(1457)七月,南京太常寺少卿王谦以考满上北京进表,带着厚重的礼物去见石亨,想通过他谋个文渊阁知制诰之职。那时复辟皇帝明英宗在别的衙门人事关上把控得不严,甚至在很多时候是相当松的,唯独对内阁特别留心。听说这个叫王谦的想进内阁工作,他当即予以拒绝。石亨见到平时好说话的复辟皇帝没答应,就没脸没皮地一再上请恳求。明英宗被磨得不胜其烦,最终同意让王谦留在中央朝廷大理寺工作。(《明英宗实录》卷280)

坦率而言,明英宗根本算不上是什么明君,但也并非是个昏庸透顶的皇帝。那时朝廷章疏奏请很大一部分都是由他亲自处理,较少由别人代劳。王谦跑官要官的事情尽管有所风传,但一直没人能说清楚,这到底是怎么一回事。直到两个月后的天顺元年(1457)九月底,明英宗终于得到了可靠消息,王谦是重贿了石亨才得以留京的,顿时他心里火腾腾的,随即严厉敕令将王谦等调回南京去。(《明英宗实录》卷282)

● **逐渐醒悟的天顺帝不露声色疏远夺门"功臣",收回部分权力**

王谦之事本来不大,但对于当朝皇帝的刺激却很强烈。在他原本的心目中,石亨、曹吉祥等人之所以屡屡干政,无非是为了一己私利,尽管对他们十分厌恶,但每每想到自己能复位主要得力于这两人,明英宗的火气就消了一大半。可从内在的个性而言,复辟皇帝多疑又优柔寡断,这样的性格特征决定了他对什么人都不大信任,凡事自己都留心眼。原本就对王谦之事有所怀疑,现在有人出来证实了自己的判断,明英宗越想越觉得不对劲,由兵部、户部、吏部主要领导岗位的人事,再联想到复辟以来宫廷警卫实行新牌面制度——连皇宫安全甚至自己身边的卫士都由石、曹来安排(《明英宗实录》卷274),复辟皇帝不由得吓出一身冷汗,该怎么办呢?经过几天反复考虑,天顺帝终于下定决心,找内阁大臣李贤密议一番。

○ 无声警告夺门"功臣"：我是你们的皇帝，不是哥儿们，做事还应有分寸！

李贤在经历了天顺之初波涛汹涌的政治大浪后变得更加成熟、更加谨慎，对当朝复辟皇帝的脾气也能摸准了：在他没有明确表态之前，做大臣的千万不能逞能，否则吃不了兜着走。为此李贤在内阁上班办事时，"立意退避，必待宣召方趋侍，不然只在阁内整理文书封进。虽十日不召，亦不往"（【明】李贤：《天顺日录》卷1）。与之相反，石亨则"无日不进见"，每当朝退后他总要找些事情作为进见的借口，有时是鸡零狗碎的小事，甚至在更多的时候是个人私事，也成为他要求进见的理由。即使是没什么事，他也要奏报入见。非但如此，他还会利用进见皇帝出来之际大造声势，以示皇帝对他有多宠爱。由此一来，奔竞之徒趋之若鹜，他便大收贿赂，卖官鬻爵。但一旦要是复辟皇帝不同意他进见，他立马怫然不悦。为此，明英宗很是头疼。再加上皇宫警卫问题，复辟皇帝越想越觉得不安。（《明史·石亨传》卷173）

有一天他召李贤问道："该怎么处置当下的事情？"李贤说："惟在独断，可以革之。"明英宗听后赶紧解释："不是朕不自断"，随即他举出某人某事，"都是朕没依从他们"。李贤说："倘若经常这样，那么皇上为难的问题就能得到解决了。"明英宗说："对于他们的请求，朕依了他们就高兴，不依他们就怫然于色。"李贤说："对于他们的请求，要是于理不合，果不可行，那就适当做些解释，让他们明白那个理就行了。"听到这里，明英宗好面子的心理问题还是没解决，于是这般说道："以后他们提出用人，先生要是觉得不当的，就明确表达出来，并坚持下去！"李贤十分机智地回答道："小臣倘若时常提出反对意见，他们必定会怨恨小臣。惟陛下明见，自以为不可，或许能渐革之。"明英宗听懂了李贤的话中话，并有了灵感，当即应声说"好！"对于石亨等有事没事老要进见所带来的疑难困惑，明英宗随后就有这般处置方法。有一次，他召见李贤，说："先生有文书整理，每日当来。其余总兵等官无事亦频来，甚不宜。令左顺门阍者（指宦官）今后非有宣召，不许擅进！"（【明】李贤：《天顺日录》卷1；《明史·石亨传》卷173）

第5章 石曹之变 天顺『顺天』？

原本想见皇帝就可以入宫进见,现在突然间有个新规定,没事不能进见。这对于一般朝廷大臣来说或许能感觉出这里边出问题了,接下来自己就应该谨慎行事。但对于石亨、曹吉祥等没脸没皮的武夫来说,他们还真不太把这当回事呐。除了进宫见不到皇帝当场会不舒心一阵外,随后他们便将之抛到九霄云外,继续逍遥自在,为所欲为。据说那时石亨曾上请皇帝,让朝廷内官监为他建造府第,即公款造私房,共造得大小房屋 386 间。这是何等样的规模?但因为畏惧石氏权势,大家谁也不敢向皇帝提及。(《明英宗实录》卷 310)

天顺元年(1457)十月的一天,明英宗想登祥凤楼看看京城风光,随即叫上恭顺侯吴瑾、抚宁伯朱永等伴驾。那时石亨的忠国公府第刚刚造好,壮丽逾制。明英宗与诸伴驾一到祥凤楼顶就被眼前的这一大群气派的楼阁所震慑,不过皇帝毕竟不同于普通人,即使内心被震撼了,但说起话来还是有"分寸"。明英宗回顾头去问身后的伴驾:"你们可知这群新楼阁是谁家的?"朱永等假装不知,吴瑾叩首回答:"这可能是哪个亲王的王府吧!"明英宗听后笑了笑,说:"不是的。"吴瑾继续装傻,问道:"不是王府,那谁敢造这样气派、僭越的楼阁府第?"明英宗把头转向太监裴当,问道:"你听说过是哪个亲王的王府?"(【明】叶盛:《水东日记·石亨新第》卷 32;《明史·石亨传》卷 173)

明英宗明知故问,但又含而不露,这对于一般人臣来说理应有所收敛和警觉了。但石亨这个无耻之徒却依然我行我素,一门心思就想着如何显摆,就像现在突然暴富起来的那一小部分人那般肤浅。富了还要富,舍不得自己掏腰包,最好什么都由公家来买单。当年的石亨就是这么一个专门慷公家之慨的大蠹虫。天顺元年(1457)十一月的一天,他向天顺帝上奏,请求为他陕西渭南的祖墓立碑。天顺帝听后也没多大考虑,只想着不就是为死去的人立个碑,多大的事,允准了。谁知没过多久,工部即建设部官员前来上奏说,为了给忠国公家修造祖墓碑,请令陕西布政司委官去采石,翰林院文官为石家地下老爷爷、老奶奶们撰写歌功颂德的碑文,另外还要征发忠国公石亨原籍渭南县及附近州县民夫专门去服役劳作,修墓树碑。明英宗听到这里头都大了,随后命令工部官员去查查看，永乐年间有没有这类事例。工部官不久回来复奏，查无前例！这下明英宗可不爽了，命令石亨自己依照定制为祖墓树碑，以尽孝心。而对于工部官"失于查例之罪姑不问"（《明英宗实录》卷284；《明史·石亨传》卷173）。

○ 从最令人诟病的石、曹党羽陈汝言入手，敲山震虎，收回兵部权力

这事处理完时，大约已是天顺元年（1457）的年底，一向优柔寡断的明英宗此次处置事情雷厉风行，毫不含糊，这对于石亨辈来说决不是什么好兆头。不过此时曾经有过人生大起大落的明英宗比起别的皇帝来或许有着更多普通人的生活体悟，或言更具有人情味。既然是年底了，那就大家好好地过个年。不过新年一过，他立马来了精神，从石亨集团中最令人诟病的那个兵部尚书陈汝言入手，来个敲山震虎。天顺二年（1458）正月初二，他暗示六科给事中和十三道监察御史对陈尚书合章奏劾。

陈汝言就是前面我们讲过的常常使坏的、被岳正骂为小人的天顺之初兵部尚书，直隶潼关卫军余家庭出身，为人阴险，喜欢投机取巧，一心想着出人头地，但苦于没有门路，看到大明出仕为官唯一可走的捷径就是考科举，他便沉下心来读书。当时都御史陈镒镇守陕西道潼关，陈汝言听说读书人出身的陈都御史很喜欢古书，于是想方设法弄了些古籍到潼关去献书，由此认识了陈镒，并很得他的喜欢。随后陈汝言被携入关，补西安府学军生，后经陕西乡荐，登正统壬戌科进士，旋被擢升为户部主事（《明英宗实录》卷335）正统十四年（1449），陈汝言受命查处两淮盐钞案件，将好官盐运使耿九畴等送进了监狱（《明英宗实录》卷178）。

景泰帝上台后陈汝言受命往山东、河北等地区宣谕，安抚那里新旧安插的达官、达军和达民。（《明英宗实录》卷183，《废帝郕戾王附录》第1）后升官为户部员外郎、郎中。（《明英宗实录》卷224，《废帝郕戾王附录》第42）夺门之变后的第4天，因投靠石亨，他官升户部右侍郎。6天后他因走通了太监曹吉祥的门路而得到举荐，由户部右侍郎转为兵部右侍郎。（《明英宗实录》卷274）随后，他好运不断，先是儿子陈洪范被升为副千户，世袭锦衣卫带俸。（《明英宗实录》卷

276)接着是天顺元年(1457)六月,武功伯兼华盖殿大学士、兵部尚书徐有贞和吏部尚书兼翰林院学士李贤因事下狱,他受天顺帝特命,由兵部右侍郎升为掌部事负责人。没过几天,通过忠国公石亨举荐,陈汝言出任兵部尚书。(《明英宗实录》卷279)从这一天开始到天顺二年(1458)正月初二日,前后担任兵部尚书之职半年左右,陈汝言就为言官们所劾,被下大狱。

从人生的巅峰一刹那间跌到了低谷,这样的大起大落从根本上来讲实在是陈汝言咎由自取。从当时言官们的弹劾奏章内容来看,他犯有如下罪恶:

第一,品行不端,为人险谲,凡奸伪鄙亵之事,无不为之。在工作中只要对自己有利的,陈汝言不惜出卖良心与灵魂,什么坏事都干得出来,但又不留痕迹。前面提到的处理两淮盐钞案时,他就是因为接受了别人的贿赂而不露声色地将好官耿九畴送进了监狱。史书说他奸诈到了这般程度,"同事之人为其所卖不之觉也"(《明英宗实录》卷335)。古话说得好:多行不义必自毙。陈汝言作恶多端,时间一长,终为人们所发现,因此说他出事是迟早的事。

第二,通过歪门邪道得以迅速升迁,而一旦得势了,便胡作非为。夺门之变时陈汝言还是个郎中(官名,不是民间对医生的别称。笔者注),通过投靠"夺门大功臣"石、曹,在几天时间里,从一个中央朝廷中层干部直升为副部级领导,旋又从财政部转到国防部,再用半年不到的时间从副部级转为正部级,简直就是坐了直升机上来的。一旦上来了,他的小人嘴脸立马暴露无遗,"既得志,扬扬自得,旁若无人,遇事慨然自任,攘臂放言,略无忌惮,有所施为,恐众不从,辄假称上旨。文武大臣惴惴奉承之惟谨,道路视之以目。屡于上前历诋公卿,务偿好恶朝士,有与之同年登进士者,援引多至大官,有拂逆者亦必挤之。而武将中以贿得迁转者尤众"(《明英宗实录》卷335)。

第三,隐瞒事实真相,购置驸马住宅,私役军匠千人,造舍违式。

明洪武时期实行这般做法,朝廷给重要部院大臣配备标准住宅,(详见笔者:《大明帝国·洪武帝卷》中册,东南大学出版社2014年1月第1版)这样的祖制后来很大程度上被继承了下来。陈汝言出任兵部尚书，住的理应是部级领导干部的住宅。可他很不满意，变着法子购置、建造逾制豪宅。天顺元年（1457）十一月，他上奏朝廷说："臣旧居既矮又小，忠国公石亨、太平侯张轨到臣家里来，每次见到低矮的厅堂就要为臣上请。臣奋激阻挡，不让他俩来劳烦皇上。见到臣这般坚持，忠国公和太平侯出于同情，就各自掏了银子200两，想资助臣另买一处住宅。今臣将朝廷先前赏赐的150两银子也加在里头，买得一个退休官员井氏的住宅，现在打算搬迁过去，不敢不以闻。"明英宗听后没太留心当回事，后来有人向他检举：陈汝言隐瞒了事实的真相，他所购买的新居是故驸马都尉井源的住宅。（《明英宗实录》卷284）

一个尚书住上驸马爷的房子，这本身就已经逾制了，但他还不满足，又私役军匠1000余人，建造违式豪宅。（《明英宗实录》卷286）

第四，买官卖官，肆意贪渎，什么样的事情他都敢干。由于兵部尚书掌握着军官们的铨选、晋升等方面很大的权力，因此即使像杨能、石彪等高级将领也都曾给陈汝言行过贿，据说当时向他行贿的就有14个中高级武官。正因为贪婪到了几乎疯狂的地步，在半年左右的时间里，陈汝言收受的财物赃款"累巨万"（《明史·于谦传》卷170）。石彪是石亨的侄儿，连他的钱财陈汝言也敢要，这岂不是自找绝路！更令人不可思议的是，什么样的事陈汝言都敢干，连"天子门生"也不放过。岳正被贬后，他派人跟踪，然后到天顺帝面前去告岳正的黑状；更为甚者他还敢假传圣旨，恐吓众臣。（《明英宗实录》卷335）

最令人难以置信的是，陈汝言最终还将整人的矛头指向了曾经帮助过自己的政治大贵人石亨与曹吉祥身上，这究竟是为何呀？因为在他看来，当时有分量的异己大臣都被——贬黜了，唯有石亨、曹吉祥有实力治他或害他。为了确保自身仕途日后永不败亡，他找机会在皇帝面前极言曹、石之恶，并说如果不马上将这两大奸恶佞臣除去的话，大明指不定哪天要出大祸害来了。陈汝言自以为聪明，说得过瘾，没想到自己才说完没多久，宫中眼线就将他在御前"告密"之言给捅了出去。石亨、曹吉祥闻讯后迅速来个大转向，当有人向陈汝言发起进攻时，他俩表现出高度的配合。皇帝朱祁镇觉得，该是收拾陈汝言的时候了！天顺二年（1458）新年一过，

他密令言官们数言其恶,遂命将其逮捕入狱。(《明英宗实录》卷335)

陈汝言被逮后,明英宗让廷臣们对陈部长及相关涉案人进行会审,最终判决:禁锢陈汝言兄弟,杨能、石彪等陈状反省。而后不久,明英宗又意味深长地在宫廷内办了一场展览会,将陈汝言贪赃所得的巨万赃物陈列出来,叫大臣们来参观。当看到石亨等来到现场看展览时,皇帝朱祁镇愀然说道:"于谦被遇景泰朝,死无余资。(陈)汝言抑何多也!"石亨低着头,无言以对。(《明史·于谦传》卷170)

陈汝言被下大狱,兵部即国防部顿时缺了个主管领导,亟须迅速补充。忠国公石亨利用斋宿之机来到内阁朝房,看见阁臣李贤在值班,便假装串门似地走了进去,随即聊起了未来兵部尚书的人选问题。他问李贤:"先生,以您之见,目下谁出任兵部尚书最合适?"李贤说:"以在朝大臣而言,惟都御史两人中选一个。"石亨问:"谁?"李贤说:"马昂比较合适。"石亨听后没吭气,随后他又去找吏部尚书王翱商议该事。王翱考虑到马昂是自己的老乡,便故意回避而提出了新人选——工部尚书赵荣。但李贤坚持推荐马昂,并说:"此议对之天地鬼神,务出至公。"王翱、石亨见到李贤从公正立场出发坚持自己的观点,最终也就同意了他的主张。这事过后没多久,有一天明英宗突然召见李贤,要他推荐兵部尚书的候选人。李贤不假思索地说出了马昂的名字,明英宗听后也很以为然,但李贤还是向皇帝建议,敕令朝廷大臣共举堪任兵部尚书的人士,如果有别的比马昂更合适的,那就用别人,不然的话就用马昂。明英宗采纳了李贤的建议,下令廷推。廷推结果与李贤的举荐相符,马昂就此出任兵部尚书。(【明】李贤:《天顺日录》卷1)

○ 逐渐找到感觉,从中央到地方一步步地收回权力,恢复巡抚制度

不费周折地将兵部尚书人事变动给搞定后,逐渐找到感觉的明英宗又想到了石、曹势力渗透的中央另外两个要害衙门——户部和吏部。前文已述,户部尚书沈固与石亨家族等有着千丝万缕的联系,这一潭子水太深,不能贸然行动。那么吏部呢?吏部尚书王翱是个可靠的老臣,这就不用多说了。而新任吏部左侍郎即组

织人事部第一副部长孙弘是个人人皆知的粗鄙无籍之徒,就凭这一点去动他,那也可谓大快人心。但问题的关键在于他与石亨既是老乡又是铁哥儿们的关系,且此人处事十分狡猾,因此对待这样的石、曹私党一定要处置谨慎。于是明英宗在处置完陈汝言案件后耐心地静观了一阵,想等待合适的时机再下手。

要说复辟皇帝明英宗这人本事倒没有什么,但运气却似乎特别好。天顺二年(1458)五月,孙弘闻丧,按照古时候的规矩,无论你做大多的官,一旦老家的父母死了,做儿子的必须要回乡奔丧守孝,这在当时有个专用的名词,叫"守制"。但有时因战争或国家处于紧急状态下等方面的原因,做官者或领兵打仗的将领不能回家守制,那就得由皇帝下发敕令,让他在职守孝,这在当时也有个专门名词,叫"夺情视事"。土木之变后,北疆不宁,狼烟四起,景泰帝经常敕令朝廷大臣夺情视事。时间一长,夺情视事似乎成了一个不成文的规定。延及天顺朝开启,很多大臣闻丧后都会习惯性地沿袭前朝的做法,夺情视事,在职守孝。说到底就是他们不肯长时间离开官场,以免发生不测。当然"夺情视事"要想顺利进行,最为关键的还得要看皇帝老爷批不批准。无籍之徒孙弘闻丧后不肯离开京城,写了奏折上呈给天顺帝。天顺帝接奏后犹豫起来,而后令人将阁臣李贤召来,问道:"孙弘在吏部岂能胜任其职?"李贤听后巧妙地回答:"诚如圣上所说,孙弘这个人当过知县,因为考满来北京,找到老乡忠国公石亨这门路,才得以留京工作。后来又听石亨说他夺门迎驾有功,让他升为了工部侍郎。再接下来便是忠国公在皇上您面前不断地为他说好话,谋得了现在这个吏部左侍郎之职。不过,士大夫们听说后都十分鄙视他。"明英宗听到这儿,心里便落定了,随即下令,命孙弘回家守制。而后他又跟李贤说:"吏部侍郎是掌管天下官吏权衡的朝廷大员,不是其他部院衙门的官员可比的,一定要得人。先生以为谁能胜任此职?"李贤回答道:"以微臣来看,在朝的大臣中没有比礼部两侍郎邹干、姚夔中挑选一个更合适的了。"明英宗又问:邹、姚两人中哪个更优? 李贤说:"邹干为人端谨,但规模稍狭;姚夔表里相称,有大臣之量。"听到这里,明英宗终于有了主意,随即下令,由明初有名的孝子姚伯华之孙姚夔出任吏部左侍郎,接替守制的孙弘之职。据说该皇命下达后,士类皆悦。(【明】李贤:《天顺日录》卷1)姚夔后来成为成化年间的一代名臣。

就在逐渐收回朝廷中央要害衙门权力的同时,明英宗在李贤、王翱等名臣的辅佐下,开始部分纠正复辟上台之初因石亨等人影响而实施的错误举措,恢复各边地的巡抚。

明代巡抚制度萌生于洪永时期,初步成型于仁宣时代。(详见笔者:《大明帝国》系列之⑨《洪熙、宣德帝卷》上册,东南大学出版社2014年1月第1版)明英宗幼冲即位后继承了祖宗的做法,曾先后向各地派出了不少巡抚、镇守和提督军务等官。但那时的朱祁镇岁数太小了,更多可能是在"三杨"等辅政大臣的协助下完成朝廷政务的处置,颇有小和尚念经有口无心之味道。但就巡抚制度设立本身而言,它具有相当积极的意义。以年富出任大同巡抚官为例,他曾有力地遏制了当地驻军军官的腐败贪污与胡作非为。

景泰二年(1451)春,因总兵官定襄伯郭登奏请,景泰帝朱祁钰命循官良吏年富以左副都御史(《明史》在此有误,笔者注)之衔巡抚大同,提督军务,兼管粮饷,替代早已与当地权贵合伙起来大肆奸贪的原巡抚、左都御史沈固。(《明英宗实录》卷202,《废帝郕戾王附录》第20)就说那时的大同处于明蒙之间战火之余,沈固留下的是一副烂摊子:法度废弛,弊病百出,士卒疲惫,人民艰难。年富上任后全心想要抚恤军民,他奏请景泰朝廷,减免当地赋税杂役负担,"罢诸州县税课局,停太原民转饷大同"。最令人刮目相看的还是他敢于与营私舞弊的当地驻军军官相抗衡。当时武清侯石亨、武安侯郑宏、武进伯朱瑛经常派家人到大同国库里去领取银两和布匹,籴米作为军饷,然后再将国家配额中军饷给私吞,干没中饱,不计其数。年富发现这些蠹虫所做的罪恶勾当后毫不犹豫地上奏景泰帝,请求朝廷按治。(《明史·年富传》卷177)

景泰帝接受了年富的建议,下令将石亨等军官家的犯事家人抓了起来抵罪。但可能考虑到大同是边关要地,景泰帝没有进一步处置驻军军官石亨等人。这下可让石亨等觉得自己格外神气,没多久,他又派手下士卒偷偷地出关去做生意。年富知道后又毫不留情地上奏朝廷,弹劾石亨擅权胡为。朝廷降敕予以严斥。面对违法犯罪事实,石亨无话可说,只得认罪。景泰帝又从边防大局出发,再次宽恕了石亨等人的罪行,但同时向他们发出了严厉警告。稍后年富又"削襄垣王府菜户,又杖其厨役之署教授事者。又劾分守中官韦力转、参将石彪及山西参政林厚罪"(《明史·年富传》卷177)。为此,石亨等当地驻军军官、宦官及藩王等对年富为代表的中央巡抚官特别痛恨,几次在皇帝朱祁钰面前撅拾年富罪行,并说不宜以文臣来节制武官。但景泰帝要比皇兄明英宗清醒得多,加上当时辅政的于谦又是个精忠报国的大忠臣,因此石亨等人想陷害年富和废弛巡抚制度的阴谋始终没能得逞。(《明史·年富传》卷177)

夺门之变后,石亨、曹吉祥等以大功臣自居,不断唆使复辟皇帝大杀景泰大臣,废除景泰"新政",来个彻底的"拨正反乱"。糊涂的明英宗正是在这样的情势下,给户部、兵部大臣下令:"各处巡抚、提督等官的添设都是一时权宜之计,朕现在复位了,凡事都按祖制行事(他不明祖制中有巡抚之制含义,笔者注),宜将各处巡抚、提督等官取回,各处边备及军民事务就让当地驻军的总兵等官去处理吧。要是有什么不便或有不法之事,让巡按御史究治,一旦有十分严重的事情,就上奏到朕这里来。"(《明英宗实录》卷274)

此项敕令一出,年富等各地巡抚、提督官被纷纷召回,武清侯石亨、武安侯郑宏、武进伯朱瑛等一大批军官们立即像没有羁绊的野兽一般,肆意贪暴,为所欲所。

这样的格局持续了一年多,大约到陈汝言案件尘埃落定时,明英宗如梦初醒,巡抚制度万万废不得啊!天顺二年(1458)四月,他召李贤于便殿,说:"如今各边革去文臣巡抚,十分狼狈,军官纵肆贪暴,士卒疲惫,军力斫丧。"随即他对革除巡抚制度作了一定的反省:"朕初复位,奉迎之人纷然变更,以此不便,只得依从,今乃知其谬。卿为朕举进才能者用之。"(【明】李贤:《天顺日录》卷1)

李贤听到皇帝终于醒悟过来了十分高兴,当场回对道:"辽东、宣府、大同、延绥、宁夏、甘肃等六处需要巡抚官最急。"明英宗说:"那就有劳先生与王翱、马昂商议一下,多推举几个巡抚候选人,这样我朝廷也有选择的余地,当然务在得人。"李贤领命后随即找王、马两大臣迅速行动起来,总共选得12人,将他们的情况介绍做了简单的整理后便上呈了天顺帝。天顺帝"遂定浙江布政白圭在辽东,山东布政王宇在宣府,佥都御史李秉在大同,监察御史徐瑄在延绥,山西布政陈翼在宁夏,陕西布政芮钊在甘肃,俱以京官巡抚其地"。随后他颇为感慨地说:"武人所以恶文臣者,只是不得遂其私耳。在任者即日遣使召之。"在旁的兵部尚书马昂听后赶紧进言:"贵州贼情甚急,速得一人往理其事。"当时浙江布政使白圭因考绩刚好到北京,于是明英宗当场接受建议,做些变动,升白圭为右副都御史,赞理贵州军务,以太仆卿程信为佥都御史,取代先前拟定的白圭巡抚辽东。(【明】李贤:《天顺日录》卷1)

天顺二年(1458)五月十六日,明英宗又下令,升陕西布政司左布政使芮钊、山西布政司右布政使陈翼、山东布政司右布政使王宇俱为都察院右副都御史,支从二品俸,分别巡抚甘肃、宁夏、宣府。数日后,他又命都察院右佥都御史李秉巡抚大同,并铸巡抚甘肃、宁夏、大同三处关防。(《明英宗实录》卷291)

明英宗的这一招棋下得水平很高,在没有针对具体军中之人的前提下,恢复了各边地巡抚、提督制度,这不仅加强了明廷对边疆要地的监督,而且还在相当程度上制约了地方驻军军官们的任意胡为——如刚刚说过的都察院右佥都御史李秉巡抚大同后,"总兵辈多不乐之"(《明英宗实录》卷301)。

● 权倾朝野的石亨、石彪叔侄:灰飞烟灭　天顺帝:逐渐升级,否定"夺门"

其实这时"多不乐"的何止是边疆与地方的总兵官辈,在朝廷中掌控着军事大权的石亨、曹吉祥等夺门"功臣"对复辟皇帝找到感觉、不断地收回大权及其相关举措"多不乐"。聪明的臣下对于这样的情势应该有着足够清醒的认识,理应采取的最佳处置方法就是"功成身退",这样方可保全自己及其家族。但那时的曹、石恰似坐上太空火箭似的,想下来都不容易。一来他们发动夺门政变不就是贪图权势与利益的最大化,何为最大化? 就是欲壑难填;二来就凭揪住时机发动政变进而位极人臣的头脑而言,他们或许能想到功成身退,但又不能不为自己的未来作些估测,而这样的估测恰恰又让他们感到可怕:一旦自己不在其位了,谁能保障会不遭受清算呢？既然功臣身退的安全都无法保障，倒还不如继续抓住手中之大权再好好地大干一番，更何况现在复辟皇帝还需要咱们。

○ 北疆局势的变化与石亨侄儿石彪军事才能的凸显

石、曹的这般看法应该说还是有着一定的依据的。那时"太监曹吉祥与刘永诚、吴昱、王定同理（京军）各营军务"（《明英宗实录》卷277），操纵了京军三大营，开了有明一代太监总督京军之先河。天顺二年（1458）四月，与怀宁伯孙镗一起总管三千营的太平侯张轨因病去见阎王，糊涂的明英宗任命曹吉祥之子昭武伯曹钦同督操练三千营，换言之，曹氏父子掌控着京军精锐之大权。

再说石亨家族，那时"忠国公石亨与会昌侯孙继宗总管五军营"（《明英宗实录》卷277），又兼理后军都督府事。天顺二年（1458）十一月，明英宗又命总兵官、忠国公石亨招募的6000名年力精壮的报效子弟立为忠义营（《明英宗实录》卷297）。更让人觉得不可思议的是，忠国公石亨的侄儿石彪雄踞北疆大同，晋位定远伯。换言之，握有军事大权的石家叔侄内外相维，遥相呼应。按理说这样的局面是君主最不愿意看到的，但复辟皇帝朱祁镇却不仅允许其存在了好长一段时间，而且还不停地予以赏赐，尤其是对石彪，这是为何？是昏庸之主天顺帝又开始大大犯浑？

不，事情的主要缘由是，天顺初年开始，北疆地区的蒙古侵扰问题又变得日趋严峻，大明朝廷不得不要倚重石家叔侄尤其是骁勇善战的石彪等将领来维护北方边疆安定。读到这里，读者朋友可能要问了，不是当年景泰朝重用了于谦，采取了许多得力的措施，不仅打退了瓦剌人的进攻，而且还在一定程度上促使其分裂、衰落，怎么现在北疆上又有北虏为患？

我们不妨将历史镜头作个回放：自从土木之变俘虏大明正统皇帝以后，瓦剌权臣太师也先愈发猖狂。但后来在与明朝的军事交锋中却多次败北，最终于景泰元年（1450）八月不得不将那只"烫手的山芋"明英宗归还给了大明朝廷。就真实内心角度而言他是不乐意这么做的，遂将自己军队在与景泰朝交战中的屡屡失利归咎于瓦剌名义上的第一人物脱脱不花王，老怀疑他暗通明朝，将要谋害自己，于是找准机会，整顿兵马对其发起了袭击。"也先杀脱脱不花,收其妻子孳畜,给诸部属,而自立为可汗。"明廷就此开始称也先为瓦剌可汗,这是景泰二年(1451)发生的事情。这事过后没多久,也先所部阿剌知院发动"谋逆政变",杀了自己的顶头上司也先,想以此来掌控住瓦剌的大权,并欲称雄漠北。没想到这一切早被瓦剌宿敌鞑靼暗暗地看在眼里,鞑靼首领孛来乘着瓦剌发生内讧之机,率领军马进攻阿剌知院,并杀了他,随后便立了脱脱不花之子麻儿可儿为汗,号"小王子"。经过这般折腾,瓦剌衰落了下去,而鞑靼势力却在不断地强大起来。(《明史·外国八·鞑靼传》卷327)

天顺初年鞑靼首领孛来和他的部属毛里孩雄视漠北各部,屡次率领军马前来大明边地骚扰(景泰时孛来、毛里孩与明朝大体能平安相处,笔者注)。为此,复辟即位上台的天顺帝朱祁镇很是头疼。天顺元年(1457)四月,明廷派遣都督马政"往赐故伯颜帖木儿妻币",孛来扣留了明朝使者,随后派了他的使臣上北京,说是要向朝廷奉献传国玉玺。

传国玉玺是个老掉牙的话题,元亡明兴之际,徐达大军直抵北平,元顺帝带了传国玉玺等北逃蒙古荒原,后来的北元主和鞑靼头领一直捂着这个象征着国家权威正统的"宝贝",屡次向明朝叫板。但他们到底是否真有传国玉玺? 只有天知道,反正明初朱元璋叫人刻了好几方玉玺,其中有一方国玺被建文帝出亡时带走了,后来篡位上台的明成祖叫人再补。由此开始,那方所谓自秦朝流传下来的、后被元顺帝带走了的传国玉玺究竟有没有,还要不要? 这对于明朝列帝来说没多大的诱惑力,因为掌控住枪杆子——军事才是稳住江山社稷的根本啊! 所以当鞑靼首领孛来派人来向明廷重弹老调时,向来做事磨蹭的明英宗这回却十分干练地回答道:"你们所说的什么传国玉玺早已不是真的,即使是真的,那也是短寿的秦朝留传下来的不祥之物。你们高兴奉献就送来,不高兴的话,你们自己留着吧,悉听尊便。但朕要告诉你们的是,我朝廷特使可不能随便扣留,否则当心祸害降临到你们头上!"可孛来对于天顺帝的回复与警告根本没当回事,继续派遣手下军马"数寇威远诸卫"(《明史·外国八·鞑靼传》卷327)。

天顺元年(1457)五月,孛来指挥鞑靼兵马进犯宁夏洛阳川。明军西路参将种兴率领1000余人冒进,中了敌人埋伏而被杀于阵。宁夏总兵官都督同知张泰派人飞奏朝廷,请求增派选智勇都指挥前去协助作战和守备。(《明英宗实录》卷278)天顺帝接奏后命令石亨、石彪叔侄率军赶赴过去剿寇,出人意料的是,身经百战的忠国公石亨这次却无功而返,而他的侄儿年轻将领石彪竟取得了战斗的胜利。天顺帝闻讯后喜不胜收,随后便命石彪为总兵官,令其统领大军,征讨犯边北虏。(《明史·外国八·鞑靼传》卷327)

○ 边升官边腐败的"军二代"石彪领军西征,凯旋后受封定远侯

石彪,忠国公石亨从子,属于军官子弟,骁勇敢战,善于用斧打仗。正统末年,积功至指挥同知。也先逼京师时,他参与北京保卫战。瓦剌军北撤时,他率领部分兵马进行追击,颇有斩获,进署都指挥金事。景泰改元,诏予实授,充任游击将军,守备山西大同威远卫。有一次,敌人围攻土城,石彪发现后立即令人用炮铳轰击,当场打死敌人100多人,其余的见到石彪及其军士这么勇猛,吓得纷纷遁去。那时,北疆上大明派了许多支军队进行巡逻,对于来犯之敌予以坚决痛击。而在这些军队中,石彪勇冠流辈,每战必捷,因此一年中他连连升迁,官至都督金事。(《明史·石亨传附石彪传》卷173)

不过就像现在社会中一些"特别有本领"而不断上升的官员,石彪也是边升边腐。正当他个人仕途阳光灿烂之际,"心术险谲"和"矜能恃功"(《明英宗实录》卷312)的秉性使得他仗着叔叔石亨的威势,多次纵容家人强占民田,又招纳流民50余户,擅自派他们越关,在边外进行田地开垦,发展个人农庄经济。不料为给事中李侃和御史张奎所劾。当时朝廷从北疆军事安全大局出发,宽宥了石氏叔侄之罪,只令他们给还民产,遣返流亡农户而已。景泰三年(1452)冬,石彪因功充任右参将,协守大同。这时大同参谋军事的左都御史沈固已被提督军务的左副都御史年富所取代(《明英宗实录》卷202,《废帝郕戾王附录》第20),而后不久石彪叔叔武清侯石亨与武安侯郑宏、武进伯朱瑛私嘱都御史沈固,大肆侵吞大同国库银两、布帛事件又为年富所发觉、纠劾,3个高级军官家人都受到了相应的处罚。(《明英宗实录》卷206,《废帝郕戾王附录》第24)为此,石亨、石彪等人对年富恨之入骨,但苦于景泰帝爱惜和保护清官良

吏，所以这些心术险谲之人的报复阴谋一直未曾得逞。

明英宗复辟后，石彪被召回京。当时他的叔叔石亨正权倾朝野，屡言不宜以文臣节制武将，说动复辟皇帝于天顺元年（1457）正月底撤销巡抚官制度。(《明英宗实录》卷274)石家"仇家"、提督大同军务左副都御史年富正是在这样的情势下被召回。不过石氏叔侄至此还不罢休，又信口雌黄地诬陷年富曾在大同违法乱纪。复辟皇帝下令将年富逮捕入狱，经审讯，"多不实"。可皇帝朱祁镇似乎还不信，又"差给事中、郎中等官往覆勘，亦言其诬"，遂令年富致仕。(《明英宗实录》卷276)

而就在这期间，石彪凭着叔叔石亨的权势与关系晋升为都督同知，后以游击将军之衔赴大同，巡边御敌。天顺三年（1459）六月，他与参将张鹏等巡哨到磨儿山，突然遭遇北虏1000余人的袭击。只见石彪毫不畏惧地率领壮士们奋勇冲杀，斩鞑靼把秃王，搴其旗，俘斩120人。随后便乘胜追击，追至三山墩，又斩杀了72个敌人。天顺帝闻讯后相当高兴，在懦将成堆的明军中骁勇善战的石彪无疑是一员不可多得的猛将，为了确保大明北疆的安全，他决定要好好重用和升赏这员猛将，于是于天顺元年（1457）七月"封后军右都督石彪为定远伯，子孙世袭"(《明英宗实录》卷280；《明史·石亨传附石彪传》卷173)。后赐勋号为"奉天翊卫宣力武臣阶，特进荣禄大夫柱国，食禄一千一百石，子孙世袭，本身免一死，子免一死，追封其三代及妻"，并给授诰券。(《明英宗实录》卷281)

天顺元年（1457）十二月，鉴于鞑靼头领孛来率领人马屡次犯边和大明西北宁夏诸镇守军连连失利的不堪情势，复辟皇帝朱祁镇决定，将派遣总兵官统帅大规模的明军进行征讨。可能是考虑到当时石家叔侄的权势已经过大的因素，此次天顺帝做了另外的人事安排，任命太傅、安远侯柳溥佩平虏大将军印充总兵官，右都督过兴充左副总兵，都督同知雷通充右副总兵，武平伯陈友充游击将军，往陕西行都司选调官军土兵，剿杀胡寇。同时任命宣城伯卫颖佩平羌将军印充总兵官，镇守甘肃。(《明英宗实录》卷285)

天顺二年（1458）夏季开始，孛来又率部屡寇凉州、永昌、古浪、庄浪、山丹和甘州诸处。当时大明西北边地军事作战总兵官就是前文说到的柳溥，柳溥是安远侯柳升的儿子。柳升是永乐时期跟随英国公张辅远征安南、取得富良江大捷的那位有名的战将,也正因为在安南战场立有战功,他被明成祖封为安远伯,后又晋升为安远侯。柳升最终死于安南倒马坡(《明史·柳升传》卷154),其爵位由儿子柳溥来继承。但这个柳溥似乎一点也没有遗传父亲的军事基因,既无勇又无谋,见到敌人上门来了,他下令闭门不战,任由鞑靼骑兵抢掠民财、烧毁站堡,无恶不作。据甘肃总兵官、宣城伯卫颖等上奏说:当时鞑靼杀戮大明官军男女1400多人,掳掠500余人和马、骡、牛、羊82000匹及仓粮700余石,焚毁草20000束以及驿站、屯堡、墩台数处。(《明英宗实录》卷296)

明英宗闻讯后深为震惊,天顺二年(1458)七月不得不下令,命定远伯石彪充总兵官,佩征夷将军印;左都督刘深充副总兵,往宁夏等处,剿杀贼寇,仍敕沿边诸将互相应援。(《明英宗实录》卷293)随后令柳溥革职闲住。(《明英宗实录》卷298;《明史·外国八·鞑靼传》卷327)

天顺三年(1459)正月,鞑靼首领孛来率20000人马侵入安边营进行抢掠。定远伯石彪与彰武伯杨信、右佥都御史徐瑄、都督佥事周贤、都指挥李鉴等统领军马前去追剿。在经过一系列作战后,明军将士掣夺了敌人旗号、喇叭,斩获其部将鬼力赤和平章等。其余敌人见到情势不妙,赶紧逃跑。石彪率领众将立即予以追击,追至快要出境的昌平墩地界时,敌人又突然汇聚起来对抗,由此双方"转战六十余里,交锋数十余合",直到野马涧半坡墩时,明军又大败敌人,生擒47人,斩首513级,夺回驼67只、马510匹和被掠男女18人及驴、骡、牛、羊等20000余匹。(《明英宗实录》卷299)

捷报传至北京,天顺帝十分高兴地说道:"石彪等人能奋勇杀敌,忠勤可嘉。有功官军将士,应该明白造册,以待升赏。"(《明英宗实录》卷299)

天顺三年(1459)二月,总兵官、定远伯石彪上奏:"鞑靼人马已离开了大明西北边疆,向着东北方向去了。"明英宗敕令他领军回大同。(《明英宗实录》卷300)而后不久,天顺帝可能考虑到那时黄河已经解冻,鞑靼骑兵很难越过这道天然屏障而前来内犯,于是又敕令石彪及西征游击将军武平伯陈友等一同回北京。四月,明英宗正式下令,进封定远伯石彪为定远侯,武平伯陈友为武平侯,各加禄米100石。与此同时,他对甘肃副总兵、都督同知毛忠和右参将都督佥事李荣等有功将士也都进行了封赏。(《明英宗实录》卷302)

○ 石氏功高震主,明英宗在李贤的开导下逐渐开始重新审视"夺门"问题

掌控京军兵权的叔叔石亨早已为忠国公了,现在侄儿石彪又被封为定远侯,石氏叔侄可谓是位近人主,威风八面。明代著名史学家王世贞在统计有明一代叔侄封爵时曾这么说道:"洪武初,归仁伯陈友富、怀恩伯陈友直、侄归德侯(陈)理以降附封。又景泰、天顺间,石亨以忠国公总禁兵,而侄(石)彪以定远侯为征西前将军镇大同。杨洪总禁兵,封昌平侯,及弟武强伯(杨)能(杨能实际上是杨洪的侄儿,王世贞搞错了,笔者注)、从子(杨)信封彰武伯,为西北大将。"(【明】王世贞:《弇山堂别集·皇明盛事述二》卷2)在王世贞所列的明代叔侄封爵里头,陈友富、陈友直及陈理都是在陈友谅败亡后,明朝开国君主朱元璋为了安抚"大汉"故国臣民才封他们为侯、伯的,且昙花一现,陈理后来被老朱皇帝赶到了朝鲜去当"客家"侯爷。景泰、天顺年间能与石亨、石彪叔侄封爵相提并论的也只有杨洪家族了。史称"(杨)洪父子兄弟皆佩将印,一门三侯伯。其时称名将者,推杨氏"(《明史·杨洪传》卷173)。但杨洪早在景泰二年(1451)就病死了,即使这样,杨洪嫡子杨杰等还十分谨慎地对待眼前的荣华富贵,曾上书朝廷,说:"臣家一侯三都督,苍头得官者十六人,大惧不足报称。乞停苍头杨钊等职。"朝廷接奏后下诏许之,但仍令给俸。(《明史·杨洪传》卷173)

我们再来看看那时的石亨、石彪叔侄是如何表现的。石亨是因为发动夺门之变立有"大功"而被封为忠国公的,他在天顺朝"权侔人主"自然就不用多说了。侄儿石彪偏偏又"骄横如(石)亨"(《明史·石亨传》卷173),接到天顺帝的回还敕令后,他先回了"老巢"大同,然后再晃晃悠悠地从大同上北京。而就在这时,比他路程要远得多的武平侯陈友却在天顺三年(1459)六月十七日便回到了京城,整整比石彪要早到半个月。石彪对于自己的姗姗来迟非但没有清醒的认识,反而还十分自大地向天顺皇帝上请要特权,说自己从大同带来的24个侍从军官应该要让他们留在京城,跟随使

唤,至于他们的军饷开支则仍由大同原卫来负责。明英宗当场允准了他的请求。但不久户部官员听说此事后便上请说:像石彪将军侍从这样来京类于官军存操,按例得给他们每人每月米粮4斗。明英宗未加思索地又允准了。(《明英宗实录》卷305)如此下来,石彪更为骄傲自大,自恃功高,忘乎所以。他和他的叔叔"两家蓄材官猛士数万,中外将帅半出其门。都人侧目"(《明英宗实录》卷305)。

一个臣子家族权势发展到了如此地步,即使复辟皇帝明英宗再糊涂也不会不意识到其潜在的危害,但迫于北疆不容乐观的情势,需要像石彪这样勇猛的大将来予以震慑,故而他又不敢对石氏家族轻举妄动。皇帝的这种两难抉择的焦虑在李贤、王翱等亲密大臣面前时不时地有所流露,立即引发了这两位近臣为君分忧的深层思考。

有一天,李贤给明英宗上了一道奏疏,疏文是这样说的:"胡虏为中国患,不过苟图衣食而已。往者每岁进贡,赖此赏赐,衣食充足,不来侵犯。今虏酋孛来自为悖逆,心怀疑惧,不敢进贡,衣食无所仰赖,遂至穷困,所以数来犯边。朝廷宜体天地之量,出榜招谕,或给与米粮,助其衣食,使之改过自新,照旧进贡。如彼听信,不惟免兴师之费,边境人民俱得安生;如或冥顽不悛,然后出兵剿杀。庶恩威兼尽。"(《明英宗实录》卷302)

明英宗接受了李贤的建议,令人落实下去。非常可喜的是,而后北疆的形势似乎也开始好转起来,"狡兔死走狗烹"的时机正在变得逐渐成熟。不过要想彻底铲除石亨之类的奸佞大恶,光在政治、行政和军事等方面巧施密计还不够,必须得让当今天子从根本上改变对曹、石之辈及其发动夺门之变的看法。而鉴于当今天子胆小、多疑又盲目自大等复杂的心理特征,李贤觉得只有一如既往地小心做事,找准机会再给他开开窍。

正如俗话所说的那样:机会往往是给有心人准备的。就在石彪、陈友回京之前的天顺三年(1459)五月的一天,明英宗在文华殿召见李贤,讨论夺门之变后的政治得失。他问李贤对石亨、曹吉祥等人奉迎他复位有着怎样的看法。李贤说:"当时他们也曾邀请臣一起密谋,但臣以为不可,因而也就不敢参与其中。"明英宗好奇地追问:"为何不可?"李贤一脸严肃地回答:"天位乃陛下所固有的,倘若景泰帝真的一病不起了，文武百官便会上表，请求陛下您出来复位，哪里用得着如此劳烦、纷乱？曹、石之辈之所以迎复陛下，说白了就是贪图富贵，绝非为社稷考虑。那时如果景泰帝事先发觉的话，石亨之辈何足悯惜，只是不知置陛下于何地？幸亏后来事成了，此辈得以贪天之功。天下人心之所以归向陛下，是因为陛下您在正统十几年间，凡事减省，与民休息。如今陛下德政已为此辈损害了大半。"明英宗听后深以为然。(《明英宗实录》卷303)

复辟皇帝的内心深处有了变化，但在外在行动并没有马上表现出来。这对于曾捕捉时机发动政变的高级政治赌徒石亨来说，皇帝的有意疏远，皇帝的含而不露，他多少还是能体悟出来的。翻阅大明官史记载，自李贤与复辟皇帝密谈迎复之事后，曾"无日不进见"和"无日不请功"的忠国公石亨几乎"毫无所为"。(《明英宗实录》卷303～卷306)

○"军二代"定远侯石彪谋镇大同，结果反将自己送进了锦衣卫大牢里头

而与其相反，年轻气盛的石家"军二代"石彪不仅没看懂这样微妙的局面，不懂得功高震主的道理，反而变本加厉地居功逞能。先是他蔑视大同总兵官李文，数次以言语侮辱之。后来他又觉得自己立了那么大的功劳，居然还憋屈做个游击将军，位居李文之下，于是想到就该取而代之，要做就做镇守大同一方的最高领导。只有这样，他们石家两代人在大同创建起来的庞大产业才能永久地维护好。石彪的这般狂妄从表面角度来看在李文那里似乎是占了上风，可人家李文也不是什么省油的灯。听说石彪曾想在威宁海子建立城堡，他就乘机制造流言，说石彪有不轨之谋，并将这类流言蜚语故意往上传播，让天顺皇帝也听到。要说皇帝最为忌讳的就是臣下有不轨之谋，做臣子的你没有什么能耐，混混日子，皇帝老爷不太把这当回事，他最怕的就是臣下太有能耐、太有才，进而便有谋不轨之举。当时的天顺帝就拥有这样的心理，听到有关石家"军二代"的传闻，他没有公开表什么态，只是默默地记着，等待时机。而这时的石彪已迫不及待了，他要在自己手上将大同打造成石家宏业的永恒大本营，于是想到了一招，主动上请。天顺三

年(1459)八月,他派遣已退休的大同千户杨斌等53人到北京明皇宫,诣阙乞留石彪镇守大同。本来就对石彪起了疑心的天顺帝听到杨斌等人的乞留请求后,愈发觉得这边有名堂,遂令将杨斌等人逮捕入狱鞫问。(《明英宗实录》卷306)

刚巧这时,鞑靼首领孛来派遣部下前来北京进贡,他们在拜见明英宗时邂逅了石彪。一见到石彪,鞑靼人立即一一跪倒在地伏拜,称他为"石王"。这样的场面让人看见了可能会产生两种截然不同的想法:第一,石彪威震漠北,鞑靼人对他充满了敬畏之心。有他镇守北疆,大明边务可以无忧;第二,鞑靼人害怕石彪,石彪要是在北疆长时间待下去,一旦他真有了不轨之心,鞑靼人何尝不是他的外援,想当初朱棣起来造反就是勾结了北房,那北房骑兵南下时势不可挡,建文皇帝的江山社稷眼睁睁地让他们给搞没了。明英宗目睹了殿廷上意外的一幕,他的头脑中闪现着的偏偏是第二种想法,且还不停地联想:石彪谋求镇守大同,勾结北房人,与掌控京军的叔叔忠国公石亨来个内外呼应,里应外合,到那时候我朱祁镇想当建文帝恐怕也当不成了! 想到这里,他倒抽了一口冷气,随即命令锦衣卫指挥逯杲严加审讯杨斌等人。

再说杨斌等人到了锦衣卫大牢里头,即使嘴巴再严实也会被撬开来,那让人毛骨悚然的刑具一般人见了就会尿裤子。杨斌等人尽管在战场上曾与死神擦肩而过过,但对于锦衣卫狱中的酷毒刑具所带来的生不如死之滋味还是第一次品尝到,没多久他们扛不住了,最终不得不招认:诣阙乞留石彪镇守大同确系石彪本人授意指使。天顺帝获悉后马上指示言官们弹劾石彪,遂于天顺三年(1459)八月初一日下令,将石彪下锦衣卫狱。(《明英宗实录》卷306;【明】谈迁:《国榷》卷32)

让天顺帝没想到的是,就在言官们秘密向他上呈联名奏疏,打算第二天早朝弹劾石彪时,有人将消息偷偷地泄露给了石彪。虽然第二天石彪还是被逮住了,但天顺帝为此却十分恼怒。他将阁臣李贤召来,说:"群臣党恶如此,不可不戒!"李贤回答:"诚如旨意,恳请陛下立即下敕戒谕。"(【明】李贤:《天顺日录》卷1)随后皇帝朱祁镇降下戒谕,其文道:"我太祖高皇帝创业垂统,立纲陈纪,以临天下,其于文武百官谆谆告诫,又制为《铁榜》,省谕功臣。是以当

第5章 石曹之变 天顺"顺天"?

时臣下,罔不循理守法,无敢私交。近年以来,公侯驸马伯、五府、六部、都察院等衙门大臣,及近侍官员中间,多有不遵礼法,私相交往,习以为常,甚至阿附势要,漏泄事情,因而结构弊出百端。且如定远侯石彪,图谋镇守,私令跟随指挥等官,虚捏奏词投进。及至事发被劾,辄有情熟近侍等官,潜报消息。官之不正,莫甚于此。此而不禁,何以为治?今后尔文武大臣无故不许互相往来,给事中、御史亦不许私谒文武大臣之家。违者治以重罪。敢有阿附势要、漏泄事情者,轻则发戍边卫,重则处死。锦衣卫指挥乃亲军近侍,关系尤重,亦不许与文武大臣交通。如违,一体治罪不宥。其各卫指挥以下,非出征时不得辄于公侯之门侍立听候,违者照《铁榜》事例处治。尔文武百官,其恪遵朕言,敦行正道,庶几永保禄位。钦哉!"(《明英宗实录》卷306)

明英宗的这道敕谕说得很明白,下得也很及时,明廷上下文武百官互相私谒、国家机密时不时被泄露之歪风当即被刹住,究治石氏权党运动由此正式拉开了序幕。

○ 天顺帝不紧不慢坐实石彪死罪,第一次公开表示对"夺门"有否定之意

石彪虽然被逮捕了,但真要治他的罪还非得要有十分充足的理由和证据,最好是铁证,否则石亨之辈决不会善罢甘休。那么到何处去找他犯罪的铁证呢?大同!既然石彪想取代李文镇守大同,那说明大同这个地方是他们石家在京城外的大本营。明英宗经过几天的思考后终于拿定主意,于天顺三年(1459)八月中下旬派遣左佥都御史王俭、锦衣卫指挥佥事逯杲前往大同去调查,随即逮捕了党附石彪的都指挥使朱谅等76人,将他们械送到京,进行一一详细鞫治。(《明英宗实录》卷306)

要说这时人们的眼睛一下子又都擦亮了,尤其是肩负特殊皇命的锦衣卫特务们那更是不得了,在都指挥使朱谅等人入狱后10天,锦衣卫指挥佥事逯杲发现,大同等卫都指挥同知杜文等33员,俱无军功,阿附定远侯石彪,冒升官职。天顺帝听说后下令,将杜文等械送至京鞫治。(《明英宗实录》卷306)而就在这时,兵部官也上奏说:"奉旨查自大同来京的军官数,都指挥、指挥、千户、镇抚等

官,石宁等共56员,俱系忠国公石亨亲属。恳请皇帝陛下指示,对他们做何种处置?"天顺帝回答:"凡杀贼升职者不动,但报夺门、守门升者俱革职。有官者调外卫差操,无官者发回原籍当差。"(《明英宗实录》卷306)

这是夺门之变以来明英宗第一次公开对"夺门""守门"之事作出的否定性御裁。而从上述兵部官与皇帝的一问一答中,人们也不难看出,随着对石彪案件调查的深入,石氏家族的头号人物石亨也自然而然地逐渐进入了被调查处置的范围。天顺三年(1459)九月上旬,兵部官上奏:"中军都督佥事杜清、锦衣卫千户刘盘等20人,俱系夺门有功人员。恳请皇帝陛下指示如何处置。"明英宗下令:杜清带俸不管事,刘盘以下者俱革职务(《明英宗实录》卷307)。

在夺门之变后投靠石亨、石彪叔侄的冒功升职军官被一一清查处置的同时,朝廷内外因冒夺门迎驾之功而升秩的文官也开始被调查处理。天顺三年(1459)九月下旬,明英宗降吏部左侍郎孙弘为云南大理府通判,通政司右通政刘文为云南临安府同知,翰林院学士黄谏为广东广州府通判,光禄寺寺丞金铭为广州右卫经历,兵部主事杨福、宋谅、潘荣为广西庆远等卫知事,太仆寺寺丞蒋道隆为湖广新化县主簿……(《明英宗实录》卷307)

石亨、石彪叔侄名下冒夺门迎驾之功升秩者相继被查革,但在案件的审查中很多时候都会牵扯到这样的一个问题,是不是应该将所有的冒夺门迎驾之功升秩者全部予以查处?法司部门为此作了专门的上请。皇帝明英宗自己拿不定主意,令人将阁臣李贤召到宫中,问道:"全部查处是否可行?会不会惊动得太多?"李贤回答说:"全部查究肯定不行,那会弄得人心惶惶,甚至还有可能会引起激变。不过那些冒功升职者现在肯定心里不安,想来自首,但又不敢,正犹豫不决着。倘若朝廷明示:自首者可以免罪,那可是个十分妥当的策略。"(【明】李贤:《天顺日录》卷1)明英宗很高兴地接受了建议,于天顺三年(1459)十月庚午日下令:"冒报夺门有功升官者能自首改正,免罪;敢隐者,罪而降调之。"(《明英宗实录》卷308)此令一出,冒功升职相继自首者多达4000多人(【明】李贤:《天顺日录》卷1),而石亨门下的就有1000余人。至此,"由(石)亨得官者悉黜,朝署一清"(《明史·石亨传》卷173)。

有着千丝万缕联系的4000多名冒功升职者自首了,这在外围上更加有利于对石亨、石彪叔侄犯罪事实的调查。不过在当时朝廷公开说辞上主要还是查处石彪的不法之事。先是天顺三年(1459)九月初一,明英宗命锦衣卫指挥使门达上都察院,会同法司部门官员一同鞫审石彪,获"得其绣蟒龙衣及违式寝床"(《明英宗实录》卷307)。石彪私置绣蟒龙衣及违式寝床,这可犯下了僭越国制的大罪。但他曾被朝廷封为定远侯,可享有两次免死特权。于是办案人员不得不再加大力度,查找他更多的重大犯罪事实。案件查究进行到天顺三年(1459)十月中旬时,终于有了突破性的进展。巡抚大同右副都御史王宇上奏说,他利用自己巡抚当地的有利条件,查到了一起石彪做下的多年沉案。(《明英宗实录》卷308)

石彪这个"军二代"武功不错,但人品极差,几乎可以说他是个人渣。在大同出任游击将军时,他不仅招权纳贿,中饱私囊,私役军士垦地种植,将自己的家族经济做大做强,而且还欺侮藩王,禁死手下军士,甚至还曾强奸妇女。

玉林卫(今山西省右玉县)一个军士家里有个美若天仙的女儿,有一天被石彪看到了,他立即心猿意马,总想着怎样才能弄到手。要说石彪这人有的是一肚子坏水,他深知有权不用过期作废的道理。有一天他找到该军士的顶头上司卫指挥,让卫指挥给该军士安排一个出远差的任务。然后他乘着该军士出差不在家的时机,夜里闯到了他的家里去,将他的女儿给强奸了。就此石彪还不"过瘾",第二天又将该漂亮女孩强行带到营中,强迫她天天与他发生关系。10天后终于觉得玩腻了,他就让手下人将该漂亮女孩送回家去。(《明英宗实录》卷308)

再说那个出远差的军士回来后知道了事情的真相,气得快要疯了,后恢复理智,来到官府衙门告状申冤。可衙门里的人哪个敢接控告"石王"的案子。军士欲哭无泪、告状无门,但无论如何,他还是不停地到处努力着。而就在这时,石彪耳闻了军士到处告状的风声,怕朝廷知道后会对自己不利,他干脆令人将那个到处告状的军士给抓起来,打入玉林卫大牢。这下可好了,军士一进监狱,便开始遭受非人的侮辱和折磨,没多久便死于狱中。(《明英宗实录》卷308)

明英宗接到巡抚大同右副都御史王宇的奏折后,为了将石彪案做成铁案,便令佥都御史王俭、锦衣卫指挥佥事逯杲再前往案发地山西去查验事实,最终查证,石彪强奸和故意因人致死皆属实。依照《大明律》,法司部门拟处石彪死刑,加上他欺侮藩王,再次论处他死罪。两次免死特权机会都已被用光,而石彪私置绣蟒龙衣及违式寝床之罪尚未来得及追究,所以法司部门上奏皇帝,请示如何处置。明英宗下令,"仍固禁之"(《明英宗实录》卷308)。

○ 逐渐升级,将握有军事大权的忠国公石亨收入大网,否定夺门"功臣"?

至此,石彪死罪坐实,下一步就该轮上处置他的叔叔石亨了。其实石亨在侄儿出事之前就已经感觉到了情势不对劲,故而那时他的言行举止相对于过去要收敛得多了。可让他没有想到的是,石家罹祸这么快。侄儿被捕的第三天,他满腹怨气地给皇帝朱祁镇上疏请罪:"臣素知侄彪不才,难居重任。天顺元年(1457)朝廷欲令充大同总兵官,臣再三恳辞而止。近日征西回至大同,臣恐其在彼生事,又奏取回。今乃妄为,冒干天宪,实臣素不能教训所致,请并下狱。"明英宗接奏后回复:"石彪贪图权利,欺罔朝廷。朕遵祖宗法度,特置于法。今彪已自服罪,于卿无预,不必介意。"(《明英宗实录》卷306)

明英宗很会说话,上述这段最高指示的意思是,你侄儿犯的事,我也没办法,只能按照祖宗法度来处置,这与你石亨无关,你也不必介意。皇帝说不必介意就没事了?看到近日"文武大臣无故不许互相往来"的戒谕和朝廷上下百官们那怪怪的眼神,石亨感到事态正在变得日趋严重,苦思冥想了好几天,终于"一改"昔日肆行之脾性,诚惶诚恐地给明英宗上奏说:"顷者臣侄彪不才犯法,实由臣不能修身齐家所致。臣已具奏伏罪,寻蒙恩宥。伏望皇上悯臣愚昧,将臣同臣弟侄在官者俱放归田里,以终余年,则臣虽死,九泉之下亦不胜感恩矣。"明英宗接到奏章后继续"大打太极",安抚道:"石彪自犯法,于卿无预。卿当尽忠以辅朝廷,不必疑虑。所辞俱不允,毋再烦扰。"(《明英宗实录》卷306)

石亨真的可不必疑虑、烦扰吗?时至天顺三年(1459)九月初,石彪私置绣蟒龙衣及违式寝床之事被查实,石家亲属和同党也被一一论处,想辞官回乡都弄不成的忠国公石亨此时不得不接受皇命——"养病"(《明英宗实录》卷307),这是中国官场上常见的"景观",也是当时明英宗给了石亨一个体面的台阶下。石亨当然懂得这里边的意思,3天后他上疏请求辞职:"臣奉命管五军营及掌后军都督府事,今以疾废,蒙恩优养,不能莅事。乞改命能者。"可明英宗依然"温情脉脉"地安抚着,并这般说道:"既病宜加调摄,公务暂遣人代理,病愈仍复治事。"(《明英宗实录》卷307)

不露声色,慢慢收拾,对于昔日发动政变且长期握有京军大权的忠国公,天顺帝可谓是小心再小心地对待着。与此同时,他加紧对相关部门的催促,要他们尽早尽可能多地查找出石亨的重大犯罪事实。果不出复辟皇帝所料,10多天后有关石亨所犯之事被一一抖了出来。

先是行事校尉缉知并于九月十二日上奏说:"义勇后卫指挥邹叔彝尝往来忠国公石亨家,讲论遁甲兵法及太乙书数。"(《明英宗实录》卷307)"遁甲"是中国古代方士术数之一,又称为"奇门遁甲",主要是用来预测祸福吉凶的,而"太乙"是古人用来推算国家政治命运和气数等的术数。两者皆有"通天之道",非人臣所宜预知的,因此说锦衣卫校尉的这个上告还是挺有分量的。明英宗据此下令,逮捕指挥邹叔彝,交法司部门鞫问。(《明英宗实录》卷307)

数日后又有人来告:忠国公石亨私自派遣义勇后卫指挥同知裴瑄出居庸关买木材,刚巧碰上兵部召裴瑄。因为找不到裴瑄,兵部就将这事上报给了天顺帝。天顺帝下令,去向石亨要人。石亨隐瞒不说,皇帝只好派遣锦衣卫指挥金事逯杲上大同去查查看。巧了,就在大同当地,逯杲将裴瑄逮了个正着,随即把他押赴北京,打入大牢。经三法司会审,终于查得事情真相,发现案件牵扯到了石亨,于是法司官员上请,要求治石亨罪,并弹劾守居庸关都指挥金事仲福仅凭石亨私信就放裴瑄通行,"即纵瑄出关,阿附之罪尤重"。天顺帝下令,姑宥石亨之罪,降仲福为指挥使。(《明英宗实录》卷307)

这事过后没几天,都察院官员上奏:"忠国公石亨擅遣大同前卫带俸指挥同知卢昭,前往直隶武平卫追捕逃亡奴仆。目前卢昭

已被逮按治,请治石亨罪。"天顺帝发话:"姑宥石亨。"(《明英宗实录》卷307)

天顺三年(1459)九月底,法司官员上奏说:"忠国公石亨不能训戒其侄彪,且受其所送违禁寝床,请治亨罪。"明英宗再次下令:"姑宥石亨之罪,其违禁寝床没收入官。"(《明英宗实录》卷307)

时至十月上旬,锦衣卫又上奏说:"据指挥佥事逯杲讲,石彪弟弟石庆数次从居庸关抵大同,擅乘官马。官员们伺候不周,他动辄詈骂,将参将张鹏等当作奴隶一般使唤。现在石庆尚未逮捕到案,请皇上明示。"天顺帝命人向石亨要人。(《明英宗实录》卷308)

皇恩浩荡,即使石亨犯下了这多的罪行,但皇帝依然不愿做那被人指摘的忘恩负义之小人。可这时大明朝廷大臣们却似乎更"讲原则""讲大局""讲政治",他们络绎不绝地上章弹劾石亨。这样的不懈努力一直坚持到了十月下旬时,大家终于从"仁慈"的皇帝那里得到了较为正面的回答:"(石)亨招权纳赂,窃弄威福,纵容(石)彪奸贪坏法,欺罔朝廷,论法本难容。念其曾效微劳,姑从宽贷。其令闲住,不许管事朝参。"(《明英宗实录》卷308)数日后天顺帝又下令,停止支付忠国公的岁禄。(《明英宗实录》卷308)

○ 正式否定"夺门",石亨瘐死狱中,石彪被诛,权倾朝野的石氏灰飞烟灭

从天顺帝对待石亨之事的处置来看,他一拖再拖,这究竟为何呀?

在笔者看来,大致有三个方面的原因:第一,天顺帝本身性格中就有处事犹豫不决的毛病,这很有可能是由于他从小起就与宫中女人长期待在一起的缘故吧。第二,天顺帝之所以能复位极大程度上是靠了石亨、曹吉祥之辈的拥戴,由此他在内心深处还是充满了对他们的感激之情。而自小起他又是跟着奶奶张太后在宫中学过佛,佛教中的"忍"对他的影响似乎很大,所以在对待石亨之流横行不法、肆意作恶时,他很大程度上还是采取了忍的态度,包括最后查究处理他们时也是如此。第三,纵然石亨、石彪叔侄犯下了招权纳贿、欺男霸女等诸多的罪行,但在传统中国社会里,这些又算不上多大的事。只有发现他们犯有谋逆、谋反等十恶不赦大罪,

才足以将其彻底搞垮。因此在当时天顺帝看来,只有耐心地等待。而为了心中等待的那一天早早到来,朱祁镇和李贤等在思虑一番后就开始行动,对深究石氏权党运动进行催化。

天顺三年(1459)冬季的一天,明英宗召内阁阁臣李贤到殿,说起了当下彻查石氏权党,进而又论及迎驾夺门之功。"夺门"之说自明英宗复辟政变上台以来天天在用,每天早朝时,掌管朝会仪节的鸿胪寺在宣唱石亨、曹吉祥、张軏等夺门"功臣"入殿时,都要在他们的名字前加上这样的官职定语,"辄以'夺门'为题"。当时一些文臣听后觉得很不舒服,翰林院编修尹直曾与阁臣彭时私下这般议论道:"所夺者何门? 禁门岂可夺,当时景帝果薨,群臣万姓不能不拥戴上皇以复宝位,何烦用兵蹀血于禁门耶? 况当日景帝已拟力疾出视朝,若南宫出稍缓,事即不成,不知石亨辈置上皇于何地? 此乃侥幸贪天之功,非万全之策。而今乃以夺门归其功,果何谓耶?"彭时听后觉得尹直说得十分在理,便找了个机会同李贤说了这事。但因为李贤起初是由石亨、张軏举荐入阁的,所以他对"夺门"异议之说一直不敢正面言及。(【明】尹直:《謇斋琐缀录》卷2)

到了天顺三年(1459)八九月间,石亨保荐的夺门迎驾冒功者纷纷落马,李贤这才乘势向天顺帝提出了应该否定"夺门"之说的建议。而后的一个多月里,随着石亨等夺门"功臣"的权党罪恶不断地被揭发出来,天顺帝对这些人的憎恶也与日俱增,夺门否定之形势完全成熟。所以当天顺三年(1459)冬季的那一天,明英宗召见谈论迎驾夺门之功时,李贤就直截了当地谈了自己的看法:"陛下,迎驾之说是可以的,'夺门'两字怎么能流传给后世人们呢? 就当时形势而言,景泰帝真的不行了,陛下就该复位,这事天命人心没有不顺的,何必夺门呢? 况且后宫内廷之门岂能说是夺来夺去的? 大肆倡言夺门者,就是想要夸大他们的功劳啊!《易经》中说:'开国承家,小人勿用!',一旦用了,那就必定会搅乱邦国。这话在今天看来还真是验真了,尤为让人觉得可信!"明英宗听到这里,深以为然,遂下令:"今后凡有奏请一类的,决不可用'夺门'二字。"(《明英宗实录》卷310)

天顺皇帝正式否定和禁止"夺门"之说,对于石亨为代表的夺门"功臣"来说无疑是致命的一击。随后天顺帝又采取了看似不经意但影响很大的举措,天顺三年(1459)十二月下旬,他升侦缉石氏不法之事有功的锦衣卫指挥佥事逯杲为指挥同知。(《明英宗实录》卷310)

这下逯杲更加卖力地工作了,尽一切可能要寻找到置石亨于死地的"有力"证据。功夫不负有心人,天顺四年(1460)正月中旬,他终于找到了,随即上奏天顺帝,说:"忠国公石亨怨望愈甚,与其侄孙石后等日造妖言。近来我朝廷光禄寺失火了,石亨知悉后便讲:'天开眼啊!'他还蓄养了20多个无赖之徒,专门伺察朝廷动向。观其内心实在是怏怏不快,怀有不轨之念。"(《明英宗实录》卷311)就在这时,石亨的"家人传说怨谤,有不轨之谋"(【明】李贤:《天顺日录》卷1)。

忍无可忍的明英宗终于要出手了,当他将逯杲的奏章交予在廷文武大臣一一阅读后,大家都义愤填膺地说道:"石亨罪大恶极,陛下,您可不能再宽宥他了。"明英宗当即说:"石亨之罪,于法难容,朕念其微劳,屡次曲法宽宥,特令他闲住,目的就是为了保全他。可哪想到他不自悔悟,竟敢背义孤恩,肆为怨谤,潜谋不轨。让锦衣卫将他逮到朝堂上来,百官们好好会审一番。"(《明英宗实录》卷311)

经过两天的廷审,天顺四年(1460)正月二十七日,百官们拟判:"石亨诽谤妖言,图为不轨,具有实迹。论谋叛罪,当斩,其家当籍。"明英宗允准,并令内官同御史及锦衣卫官等前去籍没石氏家产。而在此前两天,石彪家也被籍没(《明英宗实录》卷311)。天顺四年(1460)二月十六日,石亨瘐死于狱中。(《明英宗实录》卷312)4天后他的侄儿石彪被诛。(《明英宗实录》卷312)又3天后,石亨侄孙"石后坐妖言诛,籍没其家"(《明英宗实录》卷312),石氏家族就此断嗣。石氏在北京、陕西和山西的家产、庄田也纷纷被没收充公(《明英宗实录》卷311)。至此,持续半年之久的清除石亨、石彪权党运动结束。

● **兔死狐悲,曹吉祥父子铤而走险,发动武力叛乱,招致灭顶之灾**

徐有贞被贬黜,许彬被挤走,张轨夭灭,杨善夭灭,石亨瘐死(实际上为明英宗指使的锦衣卫折磨而死的)、石彪被诛……想当年夺门迎驾的六七个大"功臣"中只剩下曹吉祥了。

○ 曹吉祥父子嘀咕:石亨、石彪叔侄被诛了,下一个轮到我曹家人挨斩了?

曹吉祥,我们在前文中已经讲过他,客观而言,他早期还是立了些功的,参与远征北疆兀良哈和镇压南方邓茂七、叶留宗起义,镇守云南,监军麓川之役,等等。从明代官史记载来看,在天顺帝复辟之初,他已官至宦官系统的最高级别——太监(当时他的职务是司设监太监,而不是有的书上所说的司礼监太监,可见《明英宗实录》卷274),再往上已没级别可晋升的了,所以明英宗在感谢夺门有功之臣时,只能对曹吉祥的嗣子曹钦大加升赏。

天顺元年(1457)正月时,曹吉祥嗣子曹钦还是锦衣卫带俸指挥佥事,(《明英宗实录》卷274)可能相当于现在人们所说的拿了钱不管事的调研员。但到了这一年的年底时,曹钦便由左都督晋封为昭武伯,"子孙世袭,追封三代"(《明英宗实录》卷285)。简直就是坐了直升飞机上来的。也在这一年,因都督张軏病亡,天顺帝命曹钦与其父亲曹吉祥等共掌京军大权。明朝的这位复辟皇帝就曹氏父子的封赏问题上犯了两大忌讳:第一,打破了大明内官子弟不得封爵的祖制;第二,打破了大明内官和他的子弟不得共同典掌京军大权的祖制。就如当年他的曾祖父朱棣迁都北京将大明帝都置于时时都会受到北虏惊魂的北疆线上那般肤浅短视,昏庸的明英宗破坏严抑宦官之祖制的这种行为,不知不觉地为自己日后埋下了巨大的祸根,因为宦官掌握了京军兵权,一旦他们与君主翻脸,就会变生肘腋,最先倒大霉的就是君主本人。在历史上这样的宦官之祸时有发生,以汉唐为甚。而对于如此常识性的历史教训,明英宗却似乎充耳不闻,抑或他根本就不知。

直到处置石彪案件开启后,政治智商并不高的明英宗才似乎隐约感觉到了潜在的麻烦与危险,所以在清除石氏权党之患时,他对于曹氏父子表现出极大的"宽容",目的就是为了防止曹、石联手,来个狗急跳墙,鱼死网破。但从当时案件查处的实际角度来讲,要想避免牵扯曹氏也难。天顺三年(1459)十月,明英宗下令,凡冒报夺门有功升官者自首改正，则可免罪，隐瞒不自首者，则要治罪，或降职调用。(《明英宗实录》卷308)这道圣旨本身就隐含了这样的意思：包括石亨、曹吉祥门下在内的所有冒报夺门有功升官者都是这场运动所要整治的对象，大家还是识趣一点吧。而在随后一个月左右的时间里，石亨已经由"养病"变为了"有罪闲住"，停发岁禄(《明英宗实录》卷308)；石亨部下冒报夺门有功升官者自首的多达1505人，都督张軏已于一年多前病亡，他的部下冒报夺门有功升官者自首的也有1289人，唯张軏和曹吉祥部下无一人首告。而据当时兵部掌握的情况来看，张軏部下冒功者至少有936人，太监曹吉祥部下冒功者至少有271人。为此兵部官上请朝廷："(张)軏、(曹)吉祥下独无一人首告，恐有朋比欺罔，宜行五军(都督府)并中外都司卫所，但有冒升者，限三月内首告改正。违者，在内(指京师)从监察御史、锦衣卫、五城兵马司，在外从巡按御史、按察司官廉察得实，不限职之大小，俱连家属谪两广、贵州充军，庶使法令昭明，人知警惧。"明英宗接受了奏请，随即发出了敕谕。(《明英宗实录》卷309)

敕谕发出后的第8天，曹吉祥部下冒夺门迎驾之功升官者72人出来自首，请求改正。明英宗获悉后降旨：鉴于这些自首的人中或有不系冒滥者，还是让太监曹吉祥自己去审核，是存留还是革除，也由曹太监自行定夺。(《明英宗实录》卷309)

天顺皇帝的这般做法是为了安慰曹吉祥，以防他发生过激反应。但在随后的第4天，经阁臣李贤的耐心开导，天顺帝终于对夺门之变有了全新的认识，并下令："(以后)凡有奏请，不用'夺门'二字。"(《明英宗实录》卷310)这道御令从根本上彻底否定了曹、石等"夺门功臣"密谋发动的那场政变。皮之不存，毛将焉附，既然"夺门"之说都不能提了，"夺门"之功又从何谈起。但曹吉祥似乎没有充分意识到这一点，在上报自查那72个冒夺门迎驾之功升官者时，他还自作聪明，庇护冒功的，向皇帝谎称，只有金吾右等卫都指挥同知虞得等31人冒功升了三级。在场的兵部官听到后主张"如例革之"。天顺帝没同意，而是这样说："只革一级，并不以为例。"这实际上是再次表达出了皇帝对太监曹吉祥的特殊宽容。(《明英宗实录》卷310)

这事过后5天,即天顺三年(1459)十二月丙辰日,又有两批曹吉祥部下冒迎驾功升官者出来自首。先是金吾左等卫带俸都指挥使杨义等68人冒功升了三级,后又有大汉千户周政等35人也是冒功升了三级,他们都自首请求改正。天顺帝下令:这103名曹太监老部下只降一级——再次表明了天顺朝廷对于曹氏及其部下的格外恩遇。(《明英宗实录》卷310)

那么皇帝的真正意思是什么呢？在石亨、石彪叔侄双双被逮的情势下,谁都看得懂,等待他们的将是死刑的判决,而原本与石氏穿着连裆裤的曹吉祥和他的嗣子曹钦的内心现在不能不打鼓起来:下面就轮到我们曹家了吧?! 为了避免落得石氏叔侄那般束手就擒的下场,曹家人必须要行动! 天顺三年(1459)十二月下旬的一天,昭武伯曹钦给朝廷上了个奏章,说自己身体不好,请求皇帝同意他辞去"伯爵、解府事及兵权"。这是中国传统社会里官场上常用的手法,目的是测试一下上方对自己的态度,并没有什么新的创意,一看就让人懂的。天顺帝接到这个奏章后采取了与先前对付石氏叔侄一样的手法,大打太极,让人迷糊,他回复道:"既然昭武伯有病,那就好好养病,至于所请之事,一概不允。"朝廷发出这样的圣旨让人感觉皇帝对曹氏还是挺眷顾的。(《明英宗实录》卷310)可曹氏父子也不傻,即将被拉出去开刀问斩的石家叔侄刚开始也是受到当今皇帝的这般恩遇的,可现在呢？

天顺四年(1460)二月,石亨、石彪叔侄相继伏法。曹吉祥耳闻目睹后"亦自以与石亨同功一体之人,亨既被诛,愈不自安"(《明英宗实录》卷330;《明史·宦官一·曹吉祥传》卷304),"亨败已且不得独完"(【清】谷应泰:《明史纪事本末》卷36),于是"渐蓄异谋"(《明史·宦官一·曹吉祥传》卷304),赶紧做好准备。怎么准备呢？曹吉祥先前长期在外军旅中任监军等职,由于是代表皇帝出来监军的,因而他手上有着很大的权力,常常将善于骑射又十分勇猛的"达官"(即投降过来的少数民族军官)挑选出来,共计选得110人,然后再将他们组织起来,随时跟随他出征。夺门之变后,这些人"随(曹)吉祥以夺门迎驾,功累受升赏者甚众,皆感戴吉祥"(《明英宗实录》卷330)。石家出事后,曹吉祥天天犒劳这些达官,每月都给他们丰厚的米、银、布等作为俸禄,"遂相与为死党。诸达官日出入其门,惟恐吉祥败而已随之黜退也"(《明英宗实录》卷330)。

○ 明英宗自己种下的祸根——曹吉祥之子曹钦想学曹操,过把皇帝瘾

再说曹钦看到父亲有这帮子达官武装力量拥戴着,心里便飘飘然,就想利用这股势力和父子两人手中掌控着的京军,找准机会,发动政变,自个儿弄个皇帝当当!说到这当皇帝的事儿,老曹家是宦官,历史上还曾有过宦官子弟当天子的?纨绔子弟曹钦胸无点墨,只好将门客冯益叫来问问。冯益听了曹钦问的问题后笑着说:"有啊,君家魏武,其人也。"(《明史·宦官一·曹吉祥传》卷304)这话意思是,当年当皇帝的魏武帝曹操就是宦官的后代。(实际上曹操并没有称帝,他的魏武帝之称呼是追尊的,曹魏称帝的是曹操之子曹丕,笔者注)曹钦听到冯益这般说辞后相当兴奋,日犒达官们,以待合适时机下手。那什么叫合适时机?曹钦自己也不知道,反正跟感觉走吧。这样跟着感觉走的日子过了几个月,到天顺四年(1460)四月时突然有事找上门来了。

那时昭武伯曹钦与怀宁伯孙镗掌管的京军三千营里有士兵不堪军官们的欺凌压榨,出亡为"强盗"。因为是京军中出的事,所以朝廷对此十分重视,限定曹钦和孙镗两个军队领导在3个月内破案。一晃3个月过去了,连个"强盗"影子也没逮着。明英宗为此十分光火,在对曹、孙严责一番后再给了一个月的期限,但结果他们还是没逮到。这时,锦衣卫上奏说:"强盗"已经到了某地去了。曹、孙听说后来个鹦鹉学舌。这下可把明英宗气坏了,当即痛骂他们"自无能为,依随他人行事,如何掌兵马,汝其仍究捕之不获,必重罪!"(《明英宗实录》卷318)

皇帝的痛斥,自身的无能,曹钦正在郁闷着该如何应对,不料自己府上又出事了。听人说曹家家人曹福来经常在外面说些不该说的话,这岂不是给我曹钦找麻烦添堵吗?想到这里,他欲将曹福来关起来了事,但忽然又想到这个曹福来到外省去办事了,不知道他什么时候能回来?回来时他会不会让皇帝的秘密警察锦衣卫给"接去"?这都是说不准的事,尤其这样悬着,倒不如自己来解决。曹钦灵机一动,一边令人外出寻找,一边将曹福来妻子叫来,让她

上衙门里去上告,说自己的丈夫得了精神病,一天到晚胡言乱语,不知道现在到了哪里去。果不出曹钦所料,锦衣卫指挥逯杲听说曹家有人"走失"了,赶紧上奏皇帝,请求对其进行搜捕。非常巧合的是,这时曹钦派出的人找到了曹福来,把他带回了曹府,随即开始拷掠,几乎将他打死。六科给事中、十三道监察御史闻讯后觉得火候到了,于是连章弹劾曹钦擅自用刑,请求将该案交由法司部门处置。明英宗接奏后将弹劾奏文拿给曹钦看,并训斥道:"立马改过,如再不悛,必罪不宥。《明英宗实录》卷329;《明史·宦官一·曹吉祥传》卷304)

8天后的天顺五年(1461)七月初一日,天顺帝又专门为此事敕谕公侯、驸马、伯、都督等官,说:"大臣以忠君为本,忠君以守法循理为先,能守法循理,然后可以永保禄位。且如昭武伯曹钦,其家人百户曹福来在逃,所司已奏行捕治,钦乃自令家人曹亮,不给文引,寻获,于私家捆打。夫职官有罪,当送法司,家人出外,当给文引。钦任情行事如此,揆之理法,实难容恕。朕念其初犯,姑从宽贷,尚虑尔公、侯、驸马、伯、都督抑或有似此者,今后尔等凡百行事,各宜循理守法,毋自专以干常宪,毋自纵以违旧章,庶几不失大臣之体。尔等其钦承朕命毋忽!"(《明英宗实录》卷330)

为了一个家人拷掠之事皇帝特地降下戒谕,曹吉祥、曹钦父子感觉味道不对劲,石家灭了才一年多,现在轮到他们曹家了,赶紧行动!那具体怎么做呢?曹吉祥想起了当年夺门政变之事,选了个好日子来个马到成功。想到这里,他就去找自己的死党、掌钦天监事太常寺少卿汤序看看天象,想择个佳日吉时。汤序听后便说:天顺五年(1461)七月初二拂晓最吉。因为这一天的拂晓时刻是大明西征军将士即将出发之时,作为西征军的统帅、兵部尚书马昂和怀宁伯孙镗就得在这个时刻向皇帝陛辞,然后再远行去征讨侵扰甘凉边境的鞑靼孛来部。曹吉祥、曹钦等随后预谋:乘着马、孙去向皇帝告别、开启朝门之际,曹钦率领军队由外入内,曹吉祥以禁兵相应,内外夹击,杀了马昂和孙镗,这样就会使得朝廷一时无人组织和统领讨逆部队,然后便由他们曹氏来夺取帝位。(《明英宗实录》卷330;《明史·宦官一·曹吉祥传》卷304)

商量妥当后就开始各自行动,曹钦召集那些曹家蓄养的达官及其同党夜饮,并对他们进行了厚赠,只等着天亮之际立即动手。而就在这夜里,怀宁伯孙镗与恭顺侯吴瑾等都各宿在了朝房里,想等到天蒙蒙亮时就去与天子道别西行。这时曹钦手下有个叫马亮的达官都指挥使因为害怕造反不成,就乘人不备偷偷地从曹家溜了出来,慌慌张张地闯到了吴瑾夜宿的朝房,将曹钦谋反的计划原原本本地说了一遍。吴瑾听完后立即将该事告知了孙镗。两人当即决定,飞报天子朱祁镇。但怎么个上报法?那时天还没亮,宫门都关着。孙、吴两人灵机一动,从长安右门门缝中投疏入宫,由于时间紧迫,加上两人都是武夫,上呈疏文只写:"曹钦反!曹钦反!"(【清】夏燮:《明通鉴》卷28;《明英宗实录》卷330)

明英宗拿到疏本后一看,当即吓得几乎要瘫倒,过了好一阵子,情绪才稍稍稳定,他马上以他事召见太监曹吉祥。曹吉祥不知底细,立马赶去。到宫门口时,守卫者用绳子将他吊进了宫中,这也是大明宫中夜见皇帝惯用的方法。见到曹太监来了,依然怒气冲冲的皇帝朱祁镇立即下令:将这该死的狗奴才关押起来,并敕命侍卫和各部门关闭皇城四门和京城九门。(《明英宗实录》卷330)

○ 曹吉祥养子曹钦铤而走险发动武装叛乱,天顺朝文武大臣仓促应对萧墙之祸

而就在这时,曹钦突然发现马亮不在了,马上意识到,大势不好,事情有可能败露,于是率领一拨人马直接冲向锦衣卫指挥同知逯杲家。逯杲原本是由曹吉祥举荐而得以升官的,后来为了拍皇帝的马屁,他死力伺察曹府阴事。为此,曹钦对他恨之入骨,一发动政变就要去找逯杲算账,刚好在逯杲家门口不远的地方,两人相遇了。曹钦二话没说,见到仇人上前就一刀,当场便把逯杲的头颅给砍了下来,随即令人将其碎尸万段。然后他带人冲向西朝房,去找都御史寇深去算账。寇深原本与曹钦关系不错,但由于在曹福来事件上寇深主持了言官们的弹劾,由此让曹钦给恨上了。来到西朝房,见到寇深,曹钦令人举刀便砍,把寇深从肩膀往下砍成了两半。随后他又率人往东朝房去,想找内阁大学士李贤。(《明史·宦官一·曹吉祥传》卷304;《明英宗实录》卷330)

那时李贤已到了东朝房,听到外面战马嘶鸣,人声喧嚣,以为

是西征军将要出发,因而他也就没多大在意。过了一会儿,他听到有人在喊他的名字,就想出门去看看,刚出去就遭一武士一刀。幸亏李贤反应快,一躲闪,刀从肩膀上擦过,但刀刃割伤了他的耳朵。那武士正想再补一刀,曹钦赶到,斥退了武士,随即握着李贤的手,连声说:"别怕,别怕!"说着,他将手里拎着的逯杲人头在李贤面前晃了晃,然后指着说:"要不是因为此贼所害,我怎么会有今日之举?你可帮我写个奏章,就说今日举兵就是为了复仇。"李贤见到这番情景,不敢不答应,但又怕自己落下不好的名声,于是托辞手头没有笔墨,不好写奏章。曹钦抬头一看,吏部尚书王翱夜宿的朝房里正亮着灯,于是令人扶着李贤上吏部朝房去,向王翱借了笔墨纸写起了奏章。奏章写好后,李贤拉了王翱一起来到东长安门,将奏章从门缝中投了进去。(《明史·宦官一·曹吉祥传》卷304;《明英宗实录》卷330)

这时,一路"随行"过来的曹钦见到东长安门死死地关着,心里顿时火腾腾的,令人放火烧,但还是"不得入",于是只好转向西长安门,门内守卫官军拼死抵抗,且拆了御河岸的砖石来堆塞宫门,终使曹钦"不得入"。这时急红了眼的曹钦想加害李贤,王翱凭着自己与曹钦的交情为李贤求饶,李贤这才保住了一命。曹钦见到西长安门攻入无望,便转向东安门去。而就在这时,恭顺侯吴瑾正带了几个人在侦查叛军情况,不曾想到遭遇了奔向东安门的曹钦,双方由此展开了激战,吴瑾力战而死。(《明史·宦官一·曹吉祥传》卷304;《明英宗实录》卷330)

再说曹钦来到东安门,任凭怎么猛烈冲击,那大门还是纹丝不动。曹钦黔驴技穷,只好再令人纵火焚烧。大火中坚实的东安门逐渐被烧坏,眼看就可以进入了,哪想到宫门内的守卫者也堆起了一大堆柴火开始在里边焚烧,顿时东安门一片火海。(《明史·宦官一·曹吉祥传》卷304;《明英宗实录》卷330)

再说孙镗自东长安门投疏后,就想去召集将士,平定叛乱。他先来到太平侯张瑾家,张瑾就是那个力主杀害爱国英雄于谦、范广的佞臣大恶张軏之子。张軏凶恶无比,可他的儿子却是个贪生怕死的缩头乌龟,听说有人叛乱,他的两腿就直抖擞,哪敢出去平乱。孙镗没法,只好走出张府,跟自己的两个儿子孙辅、孙轧说:"征西官军多从京城宣武门出发,你们赶紧赶往那里去,见到他们就说:'法司部门大牢里的囚犯们越狱造反了,谁要是能逮住了越狱犯,谁就会得到重赏。'"孙辅、孙轵依之行事,官军将士们听说后马上云集起来,一下子聚集了2000多人。孙镗对着这2000多号兵士大声喊话:"勇士们,你们看到西长安门上的火光吗?那是曹钦造反了!叛党人数不多,大家奋勇杀之,朝廷必定会好好升赏的!"众将士听后纷纷说:"好!"随即跟着孙镗向西长安门方向进发。(《明英宗实录》卷330)这时,工部尚书赵荣也披甲策马,在大街中飞驰,且高声喊道:"曹贼作逆,壮士同我讨罪!"有不少人听到后跟了上去。这样一来,又集合起了数百人,赵荣随即带了这些人前去平乱。(《明史·赵荣传》卷171)

这时,叛军头目曹钦发现西长安门进不去,又转向进攻东安门。孙镗发现后紧跟过去。时间一分分地过去,天色也渐渐地亮了起来,曹钦叛党中有不少人开始偷偷开溜,但大部分人还是跟着主子玩命。孙镗乘势发起猛烈进攻,叛党分子向着东华门方向退去,李贤、王翱等遂获救。孙镗率军一路追击,到达东华门附近时,遭遇到了曹铉、曹镥的顽固抵抗,双方互有死伤,从早晨一直到中午都未能分出胜负来。午后叛军开始出现不敌之势,先是曹镥被击斩,接着是曹钦本人也因中流箭而受重创,随即他策马后退。退到东大市街时,他似乎觉得没路可退了,便与孙镗军再次展开死战,这样的对垒作战持续了大约半天。到了傍晚时分,在曹铉率领的100多名骑兵发动的三次猛烈冲锋进攻下,孙镗军开始出现了动摇。这时的孙镗果然采取措施,斩了后退者,命令神臂弓手一齐发箭。曹铉人马终于抵挡不住雨点般的射箭,四处溃散,就连曹铉本人也被杀了。孙镗儿子孙轵见此情景,跃马挥刀,勇往直前,冲到了曹钦身边,举刀便砍。曹钦迅速阻挡,只伤及右臂,众叛乱者见到主子被砍,立即围了上来,将孙轵给围杀了。但整个战斗局势还是往着叛军不利的方向发展着,曹钦见之,感觉在此恋战绝对无望,于是率领数骑去攻安定、东直、齐化等门。诸门尽闭,曹钦只好带领残部逃回自己的家中,作最后的挣扎。(《明英宗实录》卷330;《明史·宦官一·曹吉祥传》卷304;《明史·孙镗传》卷173)

曹钦逃回家中时,孙镗率军追击过去。而就在这时,天顺帝的母舅、会昌侯孙继宗率人马也赶来支援。此时天色已暗,突然间又下起了倾盆大雨。孙镗率兵直挡叛军前锋,兵部尚书马昂统领精兵在外殿后,会昌侯孙继宗继之,整个曹宅被层层包围。曹钦不甘失败,数次组织家中兵勇及达官出击。就在这时,孙镗下令:"凡是能杀叛党的将士,一旦获得曹氏家族财产,就归他所有!"此令一出,官军将士奋呼而入。曹钦眼见大势已去,投井自杀。曹氏屋宇夷为瓦砾,其内财物早就被抢劫一空,人口被屠杀殆尽。包括曹钦哥哥都督曹铎、弟弟指挥曹铉及堂兄都督曹镳,皆为官军所杀,其亲党同谋之家,也为之一空。(《明英宗实录》卷330)

3天后,曹吉祥被磔于市,同时被磔的还有曹钦、曹铎、曹镳等人的尸体。(《明英宗实录》卷330)掌钦天监事太常寺少卿汤序、曹家门客冯益及曹氏姻党皆伏诛,其家籍没。马亮以告反者,授都督。兵部尚书马昂、吏部尚书王翱和吏部尚书兼翰林院学士李贤等因在平乱中表现杰出,皆被晋升为太子少保,工部尚书赵荣兼为大理寺卿,孙镗晋爵为侯。(《明英宗实录》卷331;《明史·李贤传》卷176;《明史·王翱传》卷177;《明史·宦官一·曹吉祥传》卷304)

● 内心惶惶　特务张狂

曹氏之乱终于被平定了,想起这场动乱的前前后后,就让人心惊肉跳。好险啊,曹氏叛党居然火烧东西长安门、东安门,激战皇城,要是他们一旦得逞的话,再往里走近一点,就是大明皇家宫廷了。每每静下来想起这些,天顺帝朱祁镇总是唏嘘不已,先前自己总以为那些没了男人命根的人就不会有常人的那种非分欲望,是最为可靠的人,谁能想到他们却这样对待他。看来啊,还是锦衣卫最好。想当年正统时期一个个"违法乱纪"的高级官员都被撕下了"画皮",还不是靠了马顺等忠实可靠的锦衣卫领导与骨干的卖力工作(《明史·宦官一·王振传》卷304);检举揭发于谦、王文等"朋奸恶党"图为不轨,甚至"谋反",那也是由锦衣卫出了大力(《明英宗实录》卷274);再说那石亨、石彪叔侄"肆为怨谤,潜谋不轨"(《明英宗实录》卷311),还是靠了锦衣卫指挥同知逯杲死力伺察,朝廷才得以及时发现;更别说那一提起就让他将心提到喉咙口的曹氏之乱,想当初也是逯杲等锦衣卫头目最先发现其不对劲(《明英宗实录》卷329)……接二连三的政治变故给予天顺帝太多的震动,让他一静下心来就会有岌岌可危之感,唯恐底下朝臣朋比为奸,图谋不轨,甚至弄不好自己会重蹈景泰覆辙,于是他就"倚锦衣官校为耳目"(《明史·佞幸·门达传》卷307),日夜伺察群臣。继明初太祖、太宗之后,有明一代进入了锦衣卫特务猖獗的第三波高峰期。(可参见笔者:《大明帝国》系列之②《洪武帝卷》中册和《大明帝国》系列之⑦《永乐帝卷》上册,东南大学出版社2014年1月第1版)

● "小特务"逯杲后来者居上,成为天顺朝前期复辟皇帝的"至爱"

在锦衣卫特务再度猖獗的明英宗天顺时代,有两个秘密警察头目逯杲和门达相继得以"大幸"(《明史·佞幸·门达传》卷307)。

○ 老牌特务门达在景泰朝没混出名堂,到天顺朝开启后就有了"进步",但不久又被人挤兑了

门达,北京顺天府丰润人,袭父职为锦衣卫百户。因他性格机警沉鸷,在明英宗正统年间就已初露头角,正统末进为千户,理镇抚司刑。(《明史·佞幸·门达传》卷307)景泰帝上台后严抑锦衣卫,门达等久未升官。景泰五年(1454)十月,浙江处州有个逃犯逃到北京,与门达及校卒在路上相遇,校卒认出了逃犯,门达立即上前擒获,由此他被提升为正千户,仍理镇抚司刑狱。但门达对于这样的升职很不满意,认为景泰帝应该酬谢给他更高的官职,于是上奏乞恩求升。景泰帝可不像他哥哥明英宗那样脑子糊里糊涂,他很重视政治场上的正能量,接到门达的上请后便说:"门达这人很无耻,自个儿来向朕要官。这样吧,升他个卫指挥佥事,但叫他带薪差操去。"兵科左给事中王铉等听说后上奏说:"门达这人通晓刑名,皇帝陛下理应让他继续任职。"景泰帝说:"门达不进退,岂能分理词讼?"当即拒绝了王铉的建言。(《明英宗实录》卷246,《废帝郕戾王附录》第64)一直到景泰七年(1456)十二月,景泰帝才命锦衣卫带俸指挥佥事门达理卫事,兼镇抚司问刑。(《明英宗实录》卷273,《废帝郕

第5章 石曹之变 天顺『顺天』?

庶王附录》第91)

夺门之变发生时,据称门达也参与其中,故事后他被升为锦衣卫指挥同知,仍理卫事兼镇抚司问刑。(《明英宗实录》卷274)两个多月升为锦衣卫指挥使。(《明英宗实录》卷276)但升官后的门达仅干了两个月就觉得力不从心,于是上请,只管一事。天顺帝令其专理镇抚司刑名事。(《明英宗实录》卷278)

那时有个浙江人叫谢通,他在锦衣卫里辅佐门达打理镇抚司事。门达对他很信任,两人用法仁恕,许多重狱多得以平反,有罪者以下禁狱为幸,朝士翕然称赞门达贤德。但好景不长,才复辟即位的天顺帝需要更加凶猛的鹰犬为自己搏击,门达的这等表现显然不吻合他的内心真实需求,于是一个更为阴鸷歹毒的锦衣卫特务逯杲迅速地得以大幸,门达反而开始受制于他。(《明史·佞幸·门达传》卷307)

○ 天顺帝内心很阴,需要更为凶猛的犬鹰为其搏击——小特务逯杲迅速发达

逯杲,河北真定府安平人,原系锦衣卫校尉,是门达及指挥刘敬的心腹爪牙。夺门政变突发时,他参与其中。天顺朝大治景泰"奸党"运动开启后,心底阴暗的逯杲将自己的锦衣卫领导百户官杨瑛给绑了起来,指控他为景泰帝心腹内官张永的亲属(《明英宗实录》卷274),而后又在朝堂上将千户官刘勤给抓了起来,说他曾诽谤过当今皇帝。(《明英宗实录》卷275)杨、刘等人随即被杀,逯杲踩着他们的白骨想往上爬,但又不那么如意。后来他找到了同样心底阴暗的大奸恶杨善为他说话,这才官升为锦衣卫百户官。旋以捕妖贼郭贵功,他晋升为副千户。(《明英宗实录》卷280)

要说此时的逯杲可谓眼界大开,看到天顺朝说话很有分量的大人物就数曹吉祥、石亨等,他就没脸没皮地上曹府去求迁。曹吉祥倒也爽快,为他谋了个锦衣卫指挥佥事之官,这是天顺元年(1457)十二月的事。(《明英宗实录》卷285;《明史·佞幸·门达附逯杲传》卷307)

当然逯杲晋升得如此之快更多是由于当时大明帝国第一人的特殊需求。天顺帝"以(逯)杲强鸷,委任之,杲乃摭群臣细故以称

帝旨。英国公张懋、太平侯张瑾、外戚会昌侯孙继宗兄弟并侵官田，杲劾奏，还其田于官。懋等皆服罪，乃已"(《明史·佞幸·门达附逯杲传》卷307；《明英宗实录》卷307)。连公侯和当朝皇帝舅舅家的不法之事都敢纠劾，逯杲的胆子确实不小。其实那时的复辟皇帝内心积压着更多的是对夺门之变后权倾朝野的曹、石等"大功臣"的不满，为了能将他们一一除去，他正需要逯杲这样办事得力的锦衣卫特务。石亨侄儿石彪因指示手下军官上请镇守大同而获罪下狱，疑心重重的明英宗就派了逯杲上大同去查究。逯杲一下子就为皇帝主子逮来了朱谅等76个石彪同党，后又发现石彪弟弟石庆所犯下的罪行，"连及者皆坐"，由此逯杲晋升为锦衣卫指挥同知。(《明英宗实录》卷310；《明史·佞幸·门达附逯杲传》卷307)

天顺四年(1460)正月，逯杲上奏朝廷，说石亨"心实怏怏，怀不轨"，由此将夺门"第一功臣"忠国公石亨送上了不归路。差不多与此同时，天顺朝廷颁诏革除"夺门"之功，逯杲和门达、袁彬等上疏自陈："臣等累蒙升职，俱出特恩，非夤缘石亨奏请。"天顺帝为之优诏留任，说："门达、逯杲等都是因为勤于职守才升至今职的，不是冒了夺门功，继续安心工作吧！"(《明英宗实录》卷312；《明史·佞幸·门达附逯杲传》卷307)

明英宗是真糊涂还是假糊涂，我们不得而知，但有一点却是事实，自清除石氏权党以后，皇帝更加倚重逯杲了。而逯杲也不含糊，愈发死力效命，由此他的权势开始超过了老领导门达。逯杲经常派遣校尉到四面八方去侦查个人阴事，要是谁被盯上了，识趣一点的赶紧送上黄金、白银或美女，供其笑纳享用；要是有人拎不清，不孝敬他，那就被逯杲等人抓起来，再送到门达那里，锻炼成狱。因此朝廷内外文武百官包括总兵官、镇守、巡抚、巡按和地方三司、州府县各级官员没有不害怕这些锦衣卫特务的。一旦见到他们来了，往往先以美味佳肴盛情款待，时不时还会叫上美女歌妓作陪，再馈送他们一堆的金银财宝，目的就是为了避免灾祸降临到自己的头上。哪怕是当时位极人臣的皇室亲藩也不敢对他们怠慢。(《明英宗实录》卷318；《明史·佞幸·门达附逯杲传》卷307)

据说当时逯杲和门达都给自己手下的锦衣卫特务下派了抓人的指标，在他们的眼里，抓的人越多在皇帝面前就越有功。天顺四年(1460)八月,各地官员都到北京朝觐天子,明英宗想借此机会整饬一下地方吏治,逯杲、门达领悟了主子的旨意,对各地来京的朝觐官细察不懈,官员中因此而获罪者甚众。

再说这些被派出去侦查、提问官员、百姓的锦衣卫校尉,一旦到了地方上就任意非为,尤为凶恶暴虐。他们每到一府、一卫或一县,常常会毁损数家大户。而在京城内外办案时,他们则往往强占民田、包揽税粮,嘱托公事,无所不为,莫敢谁何。正因为天顺朝的锦衣卫有着无限的权力,专横跋扈,牛气冲天,所以当时社会上不少奸民见之偷偷仿效,假冒锦衣卫,出入乘传,来来往往,一无所忌,诈取财物,祸害良善。忽然有一天生性狡黠的逯杲发现了这个问题的严重性,生怕再这样下去,弄不好会引起激变,于是他上请皇帝,让都察院出具榜文,对假冒锦衣卫校尉行事害人者进行严禁。(《明英宗实录》卷318;《明史·佞幸·门达附逯杲传》卷307)

○ 伤天害理,什么样的坏事都敢干,逯杲成为天顺帝的"至爱"

假冒锦衣卫的奸民会狐假虎威,诈取财物,祸害良善,那真的锦衣卫就会秉公行事,安国抚民?恰恰相反,他们更是无恶不作,不说一般臣民常常成为其祸害的对象,就连贵为一人之下万人之上的皇室亲王,一旦要是让他们给瞄上了,那也在劫难逃。

天顺四年(1460)十二月,逯杲派出的锦衣卫校尉报告说,宁府弋阳王朱奠壏与他的母亲有乱伦关系。这是羞死人的大丑事,逯杲将之上奏给了明英宗。明英宗听后甚为愤怒,觉得弋阳王母子将大明皇家的脸面给丢尽了。不过为了谨慎起见,他还是决定,由中央朝廷再派人南下去调查,同时致书弋阳王哥哥宁王朱奠培和瑞昌王朱奠㙺,让他们详细说说事情的真相:"弋阳王奠壏淫乱事乃天地所无有,禽兽中所不为,不幸于宗室中见之。朕虽欲隐忍不发,然祖宗在天之灵决不能容,特遣右副使李广、驸马都尉薛桓、锦衣卫指挥逯杲审勘,其所勘事情止可与瑞昌王预知。果有此事,宜尽情直说;果无此事,亦须明白开陈,此系重情,务得其实也。"(《明英宗实录》卷323)

大约一个月后宁王朱奠培和瑞昌王朱奠㙺回奏,"称俱无知见的确",即说没有确切的证据能证明弋阳王母子有乱伦之事。差不多与此同时,钦差特使李广、驸马都尉薛桓、锦衣卫指挥逯杲到江西走了一圈也回来说,找不到真凭实据。但疑心病十足的明英宗还是复信给宁王和瑞昌王,说:"你们俩都说那事没有真凭实据,似有隐讳推托。要是日后事情真败露了,那你们俩也脱不了干系。"(《明英宗实录》卷324)御书下发后,江西宗室方面无法应对。等了一个月还没等到所要结果的明英宗于天顺五年(1461)二月跟内阁阁臣李贤这样说道:"看来锦衣卫以前说的那个弋阳王母子乱伦之事还真是不实。朕也在想,'宗室中岂愿有此丑事?彼初既以为实,今却云无此事,以此观之,其余所行,枉人多矣。'"李贤回对:"诚如圣谕。"明英宗继续说:"看来法司部门官员是明知有冤枉,但由于他们害怕锦衣卫,所以才不敢辨理。"李贤听到这里,觉得皇帝终于明事理了,于是乘机进言:"陛下不妨下旨给法司部门,只要他们发现有冤枉的,就与锦衣卫辨理,不许畏势避嫌。"明英宗听后觉得这主意不错,于是召来法司官员当面戒饬:"刑狱,国之重事。今后但陈冤枉者,须加研审;当辩者辩之,不许畏避嫌疑,致人冤枉!"(《明英宗实录》卷325)

当朝天子有这样的觉悟和果敢的行为,岂不是做臣民的福分。不过你千万别高兴得太早,人家英宗皇帝英明之举还没有完全展现出来呐。有一天他召李贤谈论政事,说着说着,不知怎么又扯到了那子虚乌有的弋阳王母子淫乱之事。因为看到皇帝心情好且觉悟高了,李贤就乘势做进一步发挥:"清平之世,若刑狱枉人,实伤和气,惟陛下明见如此,斯民幸甚至!"(【明】李贤:《天顺日录》卷2)没想到话音刚落,明英宗的脸上出现了尴尬的神色。李贤的这话是什么意思,是说我天顺时代冤狱遍地?伤了天地和气?弋阳王之事本来是逯杲等人说确有其事,现在怎么反而要我朝廷为此背负恶名?朱祁镇越想越觉不对劲,随即将逯杲给叫来,责问道:"弋阳王的事情为何前后不一,你不是跟朕说过确有其事,怎么到头来又说没了呢?"见到皇帝发怒了,逯杲害怕至极,心想只有坚持到底,才能使自己和皇帝都有面子,于是他边叩首边应对道:"陛下,小臣所言句句属实,绝无半点虚假。"明英宗听到这里,犹如找到了救命稻草,马上顺势说:"既然你说的都属实,那就传朕的敕令下去,命弋阳王母子自尽。为了不让他们的脏秽之躯玷污了我大明帝国的纯洁,等朱奠壏母子自尽后,让人将他们的尸体给烧了。"据说后来"方舁尸出焚,时雷雨大作,平地水深数尺,父老无不惊愕,以为逯杲上罔朝廷,诬陷宗室,故有此异云"(《明英宗实录》卷328;《明史·佞幸·门达附逯杲传》卷307)。

一出莫名其妙的冤案悲剧就此发生了,而这样的冤案在天顺年间不是偶尔才有,而是时不时地冒出来。弋阳王冤案发生后的一个月,河南弘农卫有个叫李斌的指挥使被锦衣卫特务扯上了谋反大案,就此稀里糊涂地搭进去了好多条人命。

要说这个叫李斌的指挥使本来也不是什么好人,他手下有个叫陈安的千户官与同僚忿争相殴,因为气不顺最终告状告到了李斌那里。李斌没理睬,陈安为此怀恨在心,想上奏朝廷诬告他。哪知道李斌获悉后首先采取了行动,找了个罪名将陈安给逮捕入狱,并在自己管辖的卫监狱里将他给勒死了。陈安家属看到原本活蹦乱跳的陈安说没了就没了,觉得实在是太冤了,他们想了法子,上奏朝廷诉冤。明英宗听说后派了巡按御史邢宥前去鞫问此事。李斌听到朝廷派了巡按御史来过问案件,顿时心里就发慌,心想怎么办呢?忽然他想到了朝廷权臣石亨。那时石亨还没有出事,在朝廷上下说话还是蛮有分量的。在接受了李斌贿赂后,石亨就开始考虑如何为他消灾。巧了,那时刚好河南按察使王概到北京来,他在拜谒石亨时,石亨就托他回河南后给在那里办案的巡按御史邢宥捎个话,叫他不要太为难李斌,无论怎么都不要给李斌定重罪。话带到后,邢宥在办案时,叫检尸官假模假样地走过场,然后上报说:陈安之死系自杀。邢宥随即给李斌定了个擅执军职罪,赎绞还职。这事似乎也就这样过去了。(《明英宗实录》卷329;《明史·佞幸·门达附逯杲传》卷307)

后来石亨"谋不轨",事发不久便与侄儿石彪等相继而亡。明英宗耿耿于怀,老觉得有人要害他,于是授意锦衣卫加紧侦查、监视石氏余党和与石氏有关系的各种人。为了博得当今天子的欢心,锦衣卫特务们什么样的缺德坏事都能干得出来。

天顺五年(1461)六月,有个校尉报告说:"李斌家藏有妖书,并自称他家弟弟李健当有大位,即为当皇帝的命。且李斌还暗中勾结蒙古骑兵,打算为石亨报仇。"逯杲听到这个消息后如获至宝,立马上奏给明英宗。明英宗当即下令,将李斌打入锦衣卫大狱,籍没其家。门达接手李斌案后又迅速展开工作,最终将案子做成了谋反大案。明英宗为了"谨慎"起见,还特地两次命令廷臣会审该案。廷臣们不是傻子,皇帝的意思够明了,李斌家就是犯了谋反大罪!于是李斌、李健被凌迟处死,"其连坐斩罪者26人,绞者2人,为奴婢者46人。时论冤之"(《明英宗实录》卷329;《明史·佞幸·门达附逯杲传》卷307)。

正因为逯杲为首的锦衣卫特务伤天害理,什么样的坏事都敢做,所以他们结下了很多的冤仇。为防止仇家上门复仇,即使是权倾朝野志得意满之时,逯杲除了办理公务外出外,一般都宅在家里,杜门绝客,不是交情很深的人想要找他办事都不太可能。明英宗知道后十分开心,认为自己没看错人,逯杲是个公私分明、讲究政治的好干部,故而十分宠信和倚重他。而逯杲也由此逃过了一次次的仇家暗杀。不过正如俗话所说的那样,人算不如天算,坏事做多了,总会有清算的一天。逯杲原本是由石亨、曹吉祥举荐而得以晋升的,但后来却反噬他们。这样过河拆桥的小人嘴脸,即使在无耻之徒曹氏父子看来,那也是实在难以容忍的。天顺五年(1461)七月初二日,曹钦发动叛乱伊始,首先杀的就是逯杲,并将其碎尸万段。不过明英宗听说后却十分悲痛,念念不忘,追赠其为锦衣卫指挥使(《明英宗实录》卷330),且还优给他的儿子逯增指挥佥事俸。(《明英宗实录》卷340;《明史·佞幸·门达传附逯杲传》卷307)

● **老牌特务头子门达成了天顺朝后期昏庸之主的铁杆鹰犬,危害四方**

大坏蛋逯杲死后,善良的人们终于松了口气,这下大家可以过上安稳的日子!不过,这高兴得似乎太早了一点,人家天顺帝还没有发话呐。自石、曹之乱后,本来心理就十分脆弱的复辟皇帝老感觉自己不安全,所以在逯杲被杀后没过几天,他就擢升锦衣卫指挥使门达为都指挥佥事,仍掌卫事。由此一来,门达权势开始迅速膨胀。(《明英宗实录》卷330)

○ 门刘两亲家一南一北掌控住了当时大明秘密警察队伍的大权,势焰熏天

门达权势的迅速膨胀除了复辟皇帝格外垂爱之因素外,还与逯杲的死去有着很大的关系。逯杲原本是门达的部下,得志后他恣意妄为,居然将自己的老领导门达也没放在眼里。为此,门达曾利用工作之便将他赶了下去。但不久之后逯杲又复官了,且时时刻刻想报复门达,门达因此而惴惴不敢放肆。现在可好了,逯杲死了,没人敢与门达较劲了,门都指挥佥事变得愈发张狂。他仿效逯杲的做法,在四面八方广布锦衣卫旗校,由此大明上下告讦日盛,朝廷内外人人谨小慎微,惟恐招惹了这些灾星。天顺帝见此却很高兴,认为门达十分能干。(《明史·佞幸·门达传》卷307)

门达得势、猖獗还有一个极为重要的缘由,那就是他与他的亲家刘敬双双把持着锦衣卫的领导大权。刘敬在景泰年间就已为锦衣卫指挥同知。天顺元年(1457)他升为指挥使,后不久又升为都指挥佥事,仍管卫事。也就是说,他与门达的地位与权势大致相当,但做事却远不如门亲家。天顺初元因故纵反贼罪,刘敬被降为山东东昌卫指挥使,后来又因妄报功次事发,被贬降为辽东三万卫千户。天顺五年(1461)九月,因门达的反复推荐,刘敬被刚经过曹氏之乱而惊魂未定的明英宗擢升为南京锦衣卫指挥佥事,由此门刘两个亲家一南一北掌控住了当时大明帝国秘密警察队伍的大权,势焰熏天。(《明英宗实录》卷332)

权势大不是光用于显摆的,而必须要让人们充分地感受到。那怎么让人感受到呢? 一般的小鱼小虾都上不了档次,要搞就搞条大鱼,当时的门达就是这么想的。天顺五年(1461)十二月,乘着当时清除曹氏余党运动的深入展开,掌锦衣卫事、都指挥佥事门达等上奏说:"锦衣卫带俸都指挥同知孙绍宗等官军67人,曾冒擒斩曹贼之功,受赏白金若干,请皇帝陛下治其冒功之罪。"孙绍宗是明英宗的小娘舅、会昌伯孙继宗和当今皇太后孙氏的弟弟,属于关系最近的皇亲国戚。连这样的重量级势要人物,门达都敢奏劾,明英宗当然要对他刮目相看了。不过碍于皇太后"母亲"和舅舅的情面,明英宗对冒功之人做了区别对待,命令孙绍宗及其侄儿6人具

实自陈,并宽宥其罪;其他61人退还赏赐,且下诏狱,具体案件由门达主管的锦衣卫镇抚司详细鞫问。(《明英宗实录》卷325)

天顺六年(1462)八月,户部山西司库发生了折粮银被盗案,巡城御史徐茂劾郎中赵昌等犯有疏忽罪。赵昌和主事王圭、徐源等为此辩解,说:"按照《大明律》条文而言,仓库被盗没被发觉,那就不应该追究仓库主管者之责。况且现在无论是官府还是民家,一旦发生被盗,都是治罪捕盗不力之人,没听说过要治罪被盗者的。现在应该负责捕盗的巡城御史徐茂不去好好地捕盗,反而转过来奏劾我们这几个被盗官方仓库的主管者,这是哪门子的事啊?"就在这争执过程中,锦衣卫上奏说:盗库之人抓到了!锦衣卫头子门达乘势纠劾起被盗官方仓库主管者赵昌及主事王圭、徐源等,指摘他们挟恨妄奏,支吾奸诈,并上请皇帝对他们严加惩治。明英宗不辨是非,下令将赵昌等下狱,由刑部来负责审判。刑部官据实拟判,赵昌等人当赎还职。可明英宗却认为判得太轻了,随即分别将他们贬黜,赵昌调为湖广长沙府同知,王圭调为黄州府通判,徐源调为永州府通判。(《明英宗实录》卷343;《明史·佞幸·门达传》卷307)

○ 无罪生有,小罪重罚,天顺时秘密警察监狱人满为患,不得不进行扩建

同样莫名其妙的事情一个月后再次——发生了。天顺六年(1462)九月,有人告讦:监察御史樊英到六合县时屡次上丁忧在家的主事郑瑛府上去喝酒,纳贿废法。明英宗听说后命令给事中赵忠、百户陆瑄前去核实。结果两人发现:所告不实,实际情形应该是,樊英与郑瑛因为是同年进士,有时空下来了两人会聚聚,喝口酒,至于纳贿废法就无从说起了。明英宗听到这样的结果很不满意,于是令人将樊英和郑瑛给抓起来,逮到北京,打入锦衣卫大牢,由门达来专门审讯。门达动用锦衣卫狱里的各种酷刑,专干迎合君主畸形心理的缺德事,因而什么样的审讯结果他都能获得。原本什么事也没有但可能因为得罪了人的樊英、郑瑛,在锦衣卫的积极"高效"工作中就"有贿赂迹,而给事中赵忠、百户陆瑄核报不实"。门达将之上请皇帝,赵忠、陆瑄也由此下大狱,鞫送法司,论赎徒还职。可明英宗认为,法司部门的判决太轻了,于是降旨:赎

第5章 石曹之变 天顺"顺天"?

徒罪结束后,外调赵忠为山西太原府平定州判官,陆瑄依原判决。(《明英宗实录》卷344;《明史·佞幸·门达传》卷307)

大约又过了一个月,有个军士的妻子到北京明皇宫大门口击登闻鼓喊冤。当天轮值的是给事中程万里、袁芳、孙敬、夏时、张璇等5人,听到有人猛敲登闻鼓,想去接待,但又考虑到今天为斋戒日,不宜处置刑名之事,于是也就没去受理那诉状。这事很快就过去了,但没想到的是,不知怎么的后来给门达知道了,为了表现自己,他上奏天顺帝,诬称程万里等蒙蔽圣上。程万里等闻讯后赶紧辩解:"按照我大明朝惯例,祭祀斋戒日不奏刑名,不受其状。我们正是这样考虑才没去受理那击鼓女子的诉状!"但刚愎自用的天顺帝哪听得进臣下的半句辩词,火气腾腾地下令,将程万里等5人下锦衣卫狱。(《明英宗实录》卷345;《明史·佞幸·门达传》卷307)

正因为有着太多的无罪生有,小罪重罚,天顺时期动辄就将人送入锦衣卫诏狱,由此使得那人间地狱赋予了一个更新的意义,成为了人满为患的"犯事"官民的生死集散地。也正因为被打入诏狱的人实在是太多了,天顺六年(1462)八月,即平定曹吉祥、曹钦之乱一年后,为防止发生意外,锦衣卫都指挥佥事门达上请明英宗,增高锦衣卫狱城墙。(《明英宗实录》卷343)而后他又奏请,利用北京城西武邑库空地扩建锦衣卫狱房。天顺帝皆予以允准,并令工部督官建房。(《明英宗实录》卷344;《明史·佞幸·门达传》卷307)

○ 门达为首的锦衣卫不仅为非作歹,践踏大明司法,而且还干政害人

门达为首的锦衣卫势力在天顺朝的猖獗不仅仅体现在司法及其相关领域中利用其特殊权势为非作歹,而且还常常表现在政治领域中巧言令色,干政害人,肆意胡为。

天顺初年,刑部尚书刘广衡病卒,刑部头把交椅出现空缺。阁臣李贤向天顺帝推荐了山东布政使陆瑜。门达耳闻后便在皇帝面前进谗,说陆瑜曾以金银财物贿赂李贤,李贤则酬以尚书之位。天顺帝听后果然起了疑心,直到半年后才弄清了事情的真相,下诏召陆瑜进京任刑部尚书之职。(《明史·佞幸·门达传附逯杲传》卷307;【明】李贤:《天顺日录》卷1)

可能是岁数大了的缘故,南京前府掌府事忻城伯赵荣、都督同知范雄、右府都督同知张斌、都察院左都御史石璞、户部左侍郎马谅等对门达的锦衣卫来来往往反应不灵敏、不热情。天顺七年(1463)五月,门达侵夺了当时大明吏部官员的权力,直接上奏皇帝,说:赵荣等俱年老昏愦,不能任事。糊涂的天顺帝在没做任何调查的情况下就下令,让这5位高官退休回家。(《明英宗实录》卷352)

天顺七年(1463)八月,有行事校尉上言说:陕西右参政娄良总督粮储,发现当地大户苏海等50余人奸诈顽劣,违抗朝廷指示,不纳边粮,便将他们给抓了起来,遂令人将施刑的荆杖放在水里泡,然后又在火上烘烤,再给那50人一一施刑,真是残酷无比。天顺帝听完后不做任何调查就降旨,将娄良等逮到北京来,下锦衣卫狱。(《明英宗实录》卷356)

差不多与此同时,"湖广参议李孟芳,陕西按察使钱博,福建佥事包瑛,陕西佥事李观,四川巡按田斌,云南巡按张祚,清军御史程万钟及刑部郎中冯维、孙琼,员外郎贝钿,给事中黄甄,皆为校尉所发下狱"。福建佥事包瑛等都是好官,他们受不了侮辱和锦衣卫的酷刑,不胜悲愤,自缢而死,"其他多遣戍"(《明史·佞幸·门达传附逯杲传》卷307)。

天顺七年(1463)十月,有个叫朱贤的监察御史为国建言,上奏朝廷说:"我大明帝国应该多取进士,以备未来国家所用。"天顺帝听了很不舒服,随即下令,将朱贤下锦衣卫狱。锦衣卫都指挥佥事门达获悉后上言说:"进士出身的人当了官,以贪墨奸诈而最终落败的很多很多。现在朱贤居然谏言,要多取进士,并认为那才是人才辈出的良途,简直是一派胡言,陛下应该将他重重治罪。"天顺帝听后觉得有理,就让法司部门给朱贤拟罪。法司部门官员认为:朱贤进谏并没有犯什么罪,景泰朝还鼓励大家上言呐,但现在皇帝的旨意又不能违抗,也不敢违抗,于是他们给朱贤定了个"当徒还职"。天顺帝觉得判得太轻了,将交完赎罪金的朱贤贬为四川忠州花林水驿驿丞,即相当于四川忠县一乡下水上派出所所长之职。(《明英宗实录》卷358)

上述这个事件影响很坏,自那以后,天顺朝的大臣们再也不敢对朝廷政治多言一句了。由此笔者在想,在一个全国性的讲坛上有人竟信口雌黄地将明英宗抬得很高,其依据何在？我怎么也看不出明英宗是个好皇帝,恰恰相反,他是个昏庸无能之君。

天顺七年(1463)十月,有人向朝廷密告,说盐徒刘清等人将有可能作乱。天顺帝听后很当一回事,下令张榜悬赏捉拿刘清等。刘清被逼无奈,带了几个人逃往广州去,没想到就在那里的大街上让人给认了出来,于是他们只好再逃,逃往惠州。就在这时,广东都指挥使司命令广州卫千户周清前去追捕亡命盐徒刘清等。可能是因为周清对当地环境熟识的缘故吧,没费什么周折他便将刘清一伙人给擒获了,随即将他们押往北京。而就在这械送途中,几个盐徒很不老实,总想设法逃走。千户周清从广东出发时带了好多的东西,大概是想上北京活动一下的,因此这一路上走得很不顺溜。看到有几个盐徒老想逃跑,他一恼怒就去教训教训他们,没想到把人给打死了。而就在这过程中,所谓作乱盐徒之首的刘清却在一旁静观着,打死人的事他看到了,千户周清带的包袱里的东西也给他看到了。到了北京,领受皇帝旨意的三法司开始审理刘清案,刘清抖出了周清擅杀盐徒之事,并说周清将赃物匿藏了起来,想占为己有。法司官不信,刘清说:"你们要是不信,就去搜周清的行李包袱。"刑部尚书陆瑜、都指挥门达等令人去搜,果然搜得精美酒器等物,于是他们判决周清死罪。天顺帝获悉,不知怎么地,这次格外"仁慈",将周清的死刑改为了充军刑。(《明英宗实录》卷358)

但在更多的情况下,天顺帝往往小题大做,由锦衣卫实施操作,变着手法加重惩治不听话的"违法者"。譬如枷号在正统年间是家常便饭的事情,那时宦官王振擅权,户部尚书刘中敷、右侍郎吴玺、陈瑺、国子监祭酒李时勉等,甚至连驸马都尉焦敬都受过枷号的摧残。天顺朝开启后,明英宗故伎重演,以此来折磨大臣。

天顺七年(1463)四月,监察御史李蕃巡按大同、宣府。有人向上告讦,说李蕃"擅挞军职及用军容迎送"。六科给事中接受密旨,弹劾李蕃假张威势,毫无忌惮。天顺帝下令,将李蕃打入锦衣卫狱,后命给他枷号长安左门外,不多时李蕃毙命。五月,有锦衣卫校尉上告:巡按辽东的监察御史杨珽擅挞军职。明英宗不问是非地下旨,令杨珽枷号于都察院门前。(《明英宗实录》卷352)六月,又有锦衣卫校尉"廉得监察御史韩祺巡按山西,擅作威福,与厮役者为淫戏"。天顺帝下令,韩祺枷示长安左门外。没多久,韩御史便一命呜呼。(《明英宗实录》卷353)十一月,有个叫丁礼的校尉听人说湖广布政司参议李孟芳"有贪淫迹",随即向上做了汇报。都指挥佥事门达立即以之上言,天顺帝命锦衣卫将李孟芳逮至京师,下诏狱……(《明英宗实录》卷359)

○ 猴精的门达专门给文臣们找茬,可大明刑部有人就不信这个邪,于是……

李蕃、杨埏、韩祺、李孟芳……天顺后期倒大霉的大多是文职官员。究其缘由,据说门达的同事锦衣卫指挥佥事吕贵曾十分诡异地告诉门达:"武臣不易犯,曹钦可鉴也。独文吏易裁耳。"经这么一点拨,门达茅塞顿开,且深以为然,"故文吏祸尤酷"(《明史·佞幸·门达传》卷307)。

天顺七年(1463)十二月,刑部鞫问一个无赖之子。说实在,对于无赖,还真没有什么好办法。想当年明朝开国皇帝朱元璋发明了一个"绝招":将无赖们送到"逍遥城"里去,让他们不干活逍遥而亡——实际上是饿死的。子孙没有祖宗那么有才,但总不能不对这样的人与事有个说法吧。天顺帝下令,将无赖之子枷号一夕,以示警众。哪想到,当天夜里,这无赖之子挣脱了木枷,逃得无影无踪。这下事情可变得复杂了,六科给事中弹劾兵马司,说他们缉捕不力,玩忽职守。刑部本来的工作流程已完成,出了这样的意外与其也无多大的关系。但因为刑部尚书陆瑜、左侍郎周瑄、右侍郎程信等平日里对门达所兴冤狱委曲开谕,多加救正,同时他们还经常告诫部下,不要怕得罪人,要力求最大限度地依法定罪量刑。门达听说后很不高兴,"因并构之"(【清】夏燮:《明通鉴》卷29)。现在刑部审案完了的无赖之子逃没了,这岂不是整治他们的绝好机会么,于是他嗾使六科给事中上奏说,之所以有今天这样的事情出现都是由于刑部尚书陆瑜、左侍郎周瑄、右侍郎程信、该司署员外郎吴锡、主事裴洁等平日里宽纵所致的。天顺帝接奏后不分青红皂白,下令将陆瑜等四五位刑部大员一同打入锦衣卫大牢。(《明英宗实录》卷360)

刑部广东司主事毛吉是景泰五年(1454)进士,为人耿直,刚正不阿。天顺年间,锦衣卫势力猖獗,"卫卒伺百官阴事,以片纸入奏即获罪,公卿大夫莫不惴恐。公行请属,狎侮官司,即以罪下刑部者,亦莫敢捶挞"(《明史·毛吉传》卷165)。而毛吉却执法不挠,对于送到刑部的锦衣卫犯法官校"必重惩之"。俗话说:打狗要看看主人,可这个毛吉却偏不这样。这下可让锦衣卫大头目门达给恨死了。门达"怙宠肆虐,百官道遇率避马",唯独毛吉依然坐在马背上,只举着鞭子向他拱拱手而已,为此门达"怒甚"。刚好有一天,毛吉生病了,来不及向上面请假,误了朝参,为人所纠劾,下锦衣狱。门达听说毛吉被送到他这里来了,顿时欣喜若狂,随即从锦衣卫士卒中挑选出几个特别身强力壮者,抡巨杖轮番施刑,打了15杖,将毛吉打得肉溃见骨,幸好毛吉年轻命大,没死。(《明宪宗实录》卷19;《明史·毛吉传》卷165)

天顺时期因为锦衣卫太有权势了,在朝堂上就将大小臣工整得几乎都服服帖帖,而一旦外出行事了,那他们更是神气活现,八面威风,地方有司衙门唯恐逢迎不及。有人见之,觉得有机可乘,于是荒唐一幕上演了。

陕西生员(明清州府县学学生统称)马云因犯有过失而被贬黜为民,但他于心不甘,为民赴京陈情,不料又没达到目的。不过这一路上他看到了锦衣卫的神气样,顿生了一个"金点子"。回乡后他冒充锦衣卫镇抚,逢人便说自己是奉皇命还乡葬父的。陕西地方官府听说后唯恐得罪了这位"通天人物",纷纷备了赙仪前往马云家里去吊唁。要说当时前来吊唁的地方大员可多了,有陕西布政使孙毓、杨璇,参政张用瀚、张绅,参议柳荣,陕西按察司副使刘福、姚哲,佥事叶禄等。这样的活丑闹剧不久就被人戳穿,朝廷法司部门上请,要将陕西布、按两司衙门官员下巡按御史讯问,孙毓等听说后赶紧上疏谢罪。令人大惑不解的是,事后天顺帝非但宽宥了孙毓等人的失礼之罪,而且对导演这一出闹剧的马云没作任何追究。(《明英宗实录》卷357)这真可谓是天顺朝的一大奇特风景!

当然,假冒锦衣卫的事情不仅陕西一地才有,其他各地也时有发生,且"锦衣卫旗校多诈称缉事,四出逼取军民官贿赂"。对此,锦衣卫大头目门达逐渐感到其潜在的麻烦和危险了,于是上奏,

"自输钤束不严之罪"。天顺帝觉得自己现在当皇帝当得有滋有味,帝国社会各阶层都怕他的特别代表——锦衣卫,这说明当下的锦衣卫很有功效,既然很有功效,又从何论及什么可治之罪呢?所以他最终"诏宥之"(《明英宗实录》卷353)。

● 昔日漠北共患难的"哥儿们"袁彬差一点就在糊涂皇帝眼皮下丢命

面对天顺朝锦衣卫恣意横行已成巨患的不堪情势,李贤等正直朝臣深以为虑,多次在天顺帝情绪好的时候婉言相告。有一天,看到皇帝精神状态很好,李贤乘机说道:"今天下百姓颇安,惟有一害。"天顺帝听了很好奇,就问了:"何害?"李贤回答道:"这一害就是锦衣卫官校。他们一旦出外,如狼似虎,贪财无厌,宁有纪极!"天顺帝听后似乎有所醒悟,随即这么表态道:"此辈出外,谁不畏惧? 其害人不言可知。今后非大故重事不遣!"李贤听到这里,赶紧说:"陛下英明,如此下令,实乃社稷万民幸甚!"(【明】李贤:《天顺日录》卷1)但实际上天顺帝并没有听从李贤的建议,而是在怀疑他所说的话是否属实,在随后10余天的时间里都没有召见他,而是暗中密令锦衣卫指挥逯杲(当时他还没死)秘密察访各处,果然发现有一个锦衣卫校尉借着缉事之名敲诈勒索了三四千两银子。这时天顺帝终于相信李贤的话了,随即召来锦衣卫大头目门达,告诫道:"今后差官校如有似前求索者,一体重罪不饶。"(《明英宗实录》卷296)

但"锦衣卫官校差出提人,惟财是图,动以千万计"(【明】李贤:《天顺日录》卷1)。所以李贤规谏天顺帝少派官校外出,从根本上来讲就等于断了门达为首的锦衣卫特务的发财之路,这还了得? 门"达衔(李贤)次骨"(《明史·李贤传》卷176)。

天顺末年,有一次门达听人说,地方朝觐官来京师后为了能与中央朝廷"保持高度一致",常常通过鸿胪寺序班的人向上报告。这看门人要是不向上报告,你纵有一万颗向着中央朝廷的忠心和红心都无从表达,因此在朝觐官中有一些脑袋活络的往往会使上一些银子。门达知道后十分来劲,让校尉们睁大眼睛死命地盯着,这样就一下子察得向朝觐官索要财物的鸿胪寺序班共有20余人,当即将其全部打入锦衣卫狱。阁臣李贤听说后觉得,这做得实在是太过分了,于是规劝门达:"抓一两个做得过头的或领头的就可以了,何必要牵扯那么多人?况且鸿胪寺序班这帮子人索要的也就是十几两银子,比起你们锦衣卫官校外出取于人以千万计,那简直是一个零头都不到啊!"门达闻后无语,但从心里恨透了李贤。(《明英宗实录》卷359)后来听说门达派人出外专门访拿诈冒校尉的消息,李贤又很不客气地跟门达说:"校尉得财,故人诈为之。"当场门达被噎得说不出话来,但"因是恶贤,且以其势与已抗,恐其于上(指皇帝)前言己过恶,故欲害之"(《明英宗实录》卷359)。门达怎么害李贤呢?"因袁彬狱陷贤,贤几不免。"(《明史·李贤传》卷176)

○ 昔日为俘虏皇帝暖脚的锦衣卫校尉袁彬在天顺初年可谓恩宠日隆

袁彬就是我们在前章里头讲过的在明英宗被俘漠北时那个常常用自己胸膛为主子暖足的锦衣卫校尉。他与哈铭、沙狐狸等几个底层人一起,以普通人心之善来温暖遭受遗弃的俘虏皇帝,应该说那时他们之间的关系最纯正,谁也料想不到后来的局势变化,包括明英宗在内。景泰元年(1450),明英宗让景泰朝廷给迎回,袁彬被授予锦衣卫试百户,就是说相当于一个百户官,但还不是正式的。夺门之变后,明英宗复辟称帝,贵为天下第一人,不过好在他还没忘记昔日共患难的"哥儿们",遂擢升袁彬为锦衣卫指挥佥事(《明英宗实录》卷274),不久又进其为指挥同知(《明英宗实录》卷276)。

那时的天顺帝可有人情味了,时时挂记着袁彬的好。袁彬有什么请求,只要他说出口,天顺帝没有不答应的。当时朝廷清除景泰朝"奸党"分子,内阁阁臣商辂也由此被贬黜为民。袁彬看中了商辂在京城中的房子,天顺帝知道后毫不犹豫地给了他。但随后袁彬发现商辂的府宅并不好,地势低洼,很容易积水为患,于是上请另建一处。天顺帝又答应了,让工部给他另造府第。(《明英宗实录》卷282)

有了良宅还得要有美妻美妾,袁彬的心思,天顺帝怎么会不懂呢?为了给昔日"哥儿们"足够的面子,在袁彬娶妻的那一天,天顺帝特地让自己的小舅舅外戚孙显宗去主持婚礼,并赐予一大堆的皇家宝物与钱财。平日里一旦宫廷要有什么宴会，天顺帝总会想着袁彬，令人将他召入宫内一起聚聚。回想起当年在漠北的峥嵘岁月，两人感慨万分，然后又破涕为笑，好不亲热欢快！这样的日子过了近一年，到了天顺元年（1457）十二月时，袁彬又升官了，晋升为锦衣卫指挥使（《明英宗实录》卷285），与都指挥佥事王喜同掌卫事。（《明史·袁彬传》卷167）

袁彬的这种平安幸福日子随后又过了两年，到天顺三年（1459）十二月时他出事了。

有一天，太监夏时找到锦衣卫掌卫事都指挥佥事王喜和指挥使袁彬，想让他俩出面派手下一个叫季福的百户上江西去办些公事。两个锦衣卫领导没多想就同意了。很快季福从江西办完事回到了北京。哪想到这事后来被天顺帝知道了，他很不高兴，说："季福是朕的奶妈之丈夫，不是阿猫阿狗就能呼来唤去的，这事一定要追查，究竟谁是幕后主使呢？"王喜和袁彬听说后吓坏了，赶紧主动出来认罪。天顺帝不信他俩是主使，要他们大胆讲出幕后之人，不许隐瞒。王喜和袁彬边说："去江西是季福自己主动要求去的，臣等派遣他只不过是受人之托而已。"天顺帝听后依然怒火未消，下令将他俩下都察院狱。到了那里，王喜和袁彬终于说出了幕后主使是太监夏时。由此，太监夏时也被捕入狱。不过天顺帝对宦官似乎情有独钟，不久之后他便降旨，宽宥夏时。后来法司部门论及王喜和袁彬所犯之罪就在于奏事不实，当赎徒还职。天顺帝允准，并随后发出戒谕："自今敢徇内外官私嘱遣官者，必杀无赦。"（《明英宗实录》卷310）

天顺四年（1460）十二月，监察御史杨绍等人监押强贼四人前往行刑处，不曾想到夜里逃掉一个。王喜和袁彬坐失囚罪，王被解职，袁被罚俸三月，"遂掌锦衣卫事"（《明英宗实录》卷323）。天顺五年（1461），袁彬以平曹钦叛乱之功，晋升为都指挥佥事。（《明英宗实录》卷331；《明史·袁彬传》卷167）

○ 明英宗落难时的"哥儿们"袁彬遭遇锦衣卫老牌特务时会发生什么？

袁彬升至都指挥佥事，对于天顺帝来讲也算对得起"老哥儿们",苟富贵勿相忘。但老特务头子、锦衣卫都指挥佥事门达却对此极不乐意,那时他的"权势隆赫,同列皆下之,惟都指挥佥事袁彬恃恩不为之下,遂有隙"(《明英宗实录》卷359)。

门达对袁彬看不顺眼,明的找不到他的茬子就来暗的。天顺七年(1463)十一月,袁彬小老婆的父亲千户王钦仗着女婿是都指挥佥事的官衔,向人诓骗钱财。门达派人暗暗查得后就想以此来整倒袁彬,他立即奏请天顺帝,说说应该将袁彬下大狱。天顺帝当即将该案交由法司部门去处理。由于袁彬平时为人不错,加上所犯之事又是他的小老婆父亲干的,所以法司部门最终判决他赎徒罪还职。门达听到这样的审判结果当然是很不高兴了,总想着要将袁彬置于死地而后快。(《明英宗实录》卷359;《明史·袁彬传》卷167)

刚巧那时有个叫赵安的人因罪被逮在锦衣卫狱受审,门达由此心生一计。赵安最初就是锦衣卫力士,在袁彬手下做过事,后因罪被谪充铁岭卫军,遇赦还京,改为府军前卫。门达就此做文章,使用酷刑让赵安说:自己之所以能改为府军前卫是因为袁彬为其请托而得的。随后门达便将之上报给了天顺帝,并说袁彬曾接受了石亨、曹吉祥的贿赂,多用公家木头建造他的私人府第,还向督工内官索要砖瓦,抢夺别人家女孩为妾,等等。天顺帝听后很不高兴,当场就跟门达说:"袁彬背负朕了,不过他是朕的故人,你爱怎么处置就怎么处置,只要你给朕一个活的袁彬就行了。""哥儿们"皇帝这番发话,袁彬可遭殃了,下狱后备受拷掠,几次被弄得死去活来,最终不得不诬伏。(《明英宗实录》卷359;《明史·袁彬传》卷167)

○ 昏君将患难"哥儿们"投入大狱,受过滴水之恩的漆工杨埙舍命相救

再说门达拿到了袁彬签字画押的审讯记录后欣喜若狂,立即上奏给天顺皇帝。眼看冤狱即将做成,有人挺身而出,救袁彬于危难之中。那么这个挺身而出的英雄好汉是谁呢?说来大家可能要不信,他是一个底层人,军匠余丁漆工杨埙。杨埙昔日受过袁彬的恩惠,总想着要好好报答他,但苦于一直没机会。这一回听说大恩人无辜受难,他心急如焚,赶赴明皇宫大门口,猛击登闻鼓,为袁彬喊冤。他随即上疏道:"昔日驾在北庭,独袁彬以一校尉保护圣躬,

备尝艰苦。今猝然付之刑狱,诚所不解。乞赐御前录审,俾死无遗憾。"而后他又列举了门达做下的诸多不法之事。天顺帝接奏后立即大怒,命令将杨埙一并逮捕入狱审讯。

这下门达可乐坏了,心想:这次可让你这个狗拿耗子多管闲事的杨漆匠好好地见识见识我锦衣卫的厉害。他命人用巨杖给杨埙捶击,边施刑边问:"你身为一个漆匠,怎么会为锦衣卫都指挥佥事袁彬喊冤?一定是有人背后指使你这么干的,快说,这个人到底是谁?"杨埙忍受着巨大的痛苦,边受刑边想:以今天的这副架势来看,要是不尽早动动脑筋的话,很有可能就要死在这里了。自己死了事小,可袁都指挥佥事的冤就无法伸了。想到这里,他灵机一动,顺着门达的话语思路说:"小人是一介漆工,哪懂得怎么帮人伸冤,要不是内阁李学士帮着小人起草奏疏,小人哪会写得出那么好的诉状来呀。"说到这里,杨埙发现门达似乎听得很专心,于是他继续说道:"只可惜小人在这里说了,无人见证,还不如上请朝廷会集多官进行廷审,小人也好当着众大臣的面一一道来,这样李学士也就无法脱罪了。"门达听到这里,真是喜出望外,立即令人停止给杨埙行刑,供他酒肉吃喝。随后门达抓住分分秒秒整理出了一份像样的审讯记录,再跑到天顺帝面前去说:"杨埙一案的幕后主使找到了,他就是内阁大学士李贤!请陛下下令,让刑部、大理寺和都察院三法司官到午门外共同会审杨埙一案。"天顺帝允准了,并派了太监裴当去当监审。门达看到皇帝同意了他的奏请,顿时心里得意洋洋,随即想命令手下人去抓李贤来一起受审。太监裴当当即反对:"大臣不可辱,况且这只不过是一件小事。"(《明英宗实录》卷359;【明】尹直:《謇斋琐缀录》卷4)

午门会审开始后,杨埙当场就大呼冤枉,边说事边从怀里掏出一块熟肉,然后指着这块熟肉大声说道:"这是门都指挥佥事给我吃的酒肉,他诱使我要将内阁李学士李阁老牵引进来。李阁老是大贵人,我一市井小厮,如何见得阁老?鬼神昭鉴,此实门达教我指也。我注定要死的,为何要冤枉好人呢!"一起受审的袁彬此时也乘机历数了门达贪污受贿仗势欺人的诸多罪状。三法司官因为害怕门达,不敢将袁彬的原话上奏上去。午门会审最终拟定,判处袁彬赎绞,杨埙斩刑。判决结果上呈后,天顺帝似乎看出了一些名堂,特命袁彬赎绞罪后调往南京锦衣卫,带俸闲住,杨埙则继续禁锢于狱中。(《明英宗实录》卷359;《明史·佞幸·门达传》卷307;【明】尹直:《謇斋琐缀录》卷4;【明】王世贞:《锦衣卫志》)

通过午门会审,袁斌冤案真相才基本大白,门达诬陷李贤的阴谋被公之于众,但糊涂的天顺帝却并没有因此而下旨切责构陷者。门达继续领着锦衣卫缉事者们四处横行不法,"时锦衣卫缉事者,遍满天下,媒蘖人过。所至索贿,稍不如意,辄滥及无辜,百司皆戢兢度日"(《明英宗实录》卷355)。终天顺一朝,锦衣卫特务的猖獗与肆虐成为了当时的一大祸害,这给本来已经晦暗的天顺政局增添了更多森然可怖的气氛。

● 天顺顺"天"? 天不欢颜?

其实复辟皇帝明英宗当政时还有一大祸害,那就是在前文中我们已经提到的宦官擅权。

● 始终不渝地"爱着你们"——大珰王振及后续的不男不女之人

宦官擅权曾在正统朝产生了一个最为直接的后果,那就是正统帝在大珰王振的蛊惑下贸然御驾亲征,数十万随驾亲征队伍全军覆没,连堂堂大明天子都当了瓦剌人的俘虏。按理说,这样的教训够深刻的了,可昏庸的明英宗朱祁镇在经历了一年的俘虏生涯和七年的软禁生活后却并没有因此而彻底醒悟。恰恰相反,他依然心心挂念着自己的"好父师"王振。天顺元年(1457)十月,朱祁镇因"悯念"而下令葬祭王振,并高度评价他"恭勤、端谨"(《明英宗实录》卷283)。谁要是说了有关"王先生"的不好听的话,他就跟谁急。前文说过,广西右参政罗绮在听说明英宗令人用香木雕刻成王振模样而将其礼葬的消息后,曾带着轻蔑的口吻苦笑道:"这是朝廷失政啊!"就因为说了这么一句话,明英宗获悉后立即下令,将罗绮等下大狱,并籍没其家。(《明英宗实录》卷288)

天顺朝开启后昏庸之主的如此之举寓意着什么?暂且不说时时刻刻保持着高度政治意识的大明朝廷内外的"公务员"们,连那时据说已经跳出六尘外的出家人也看得一清二楚。为了能与中央朝廷保持高度的一致，天顺三年(1459)正月，僧录司右觉义兼智化寺住持僧然胜上章奏请："故太监王振有功社稷，赐祠额名'旌忠'，已立'旌忠'碑于祠前，乞赐赠谥，实万世旌忠之劝。"明英宗闻奏后龙颜大悦，令礼部议行之。(《明英宗实录》卷299)

一个死去了的祸国殃民的大奸恶到了天顺时期立即变成了朝廷旌表的"大忠臣"，人人得而诛之的大妖孽不仅成了复辟皇帝眼里的"大英雄"，而且还为他招魂祭葬，天顺朝真是个大魔镜，使人变成了鬼，使鬼变成了人！

势态的恶化至此还仅仅是开了个头，在昏聩无能的朱祁镇统治下，曾经被景泰朝严抑的宦官势力再次猖獗起来。对此，清代学者曾这么说道："英宗始任王振，继任(曹)吉祥，凡两致祸乱。其他宦者若跛儿干、亦失哈、喜宁、韦力转、牛玉之属，率凶狡。"(《明史·宦官一·曹吉祥传》卷304)王振、跛儿干、喜宁和曹吉祥等奸恶阉竖是如何作恶祸国的，前文已述，在此不再赘言。下面我们着重要讲的是一个级别并不算太高的宦官韦力转，想通过对他作恶历史的叙述，以此来窥见明英宗复辟上台后再次宠信宦官所带来的祸害。

韦力转，正统、景泰年间因长时间在大同监军有功而先后被提升为都知监右监(《明英宗实录》卷112)、右少监和左少监(《明英宗实录》卷198，《废帝郕戾王附录》第16)。少监在宦官系统属于中高级领导干部，比太监级别要低一点，但因为他出镇在外，是代表皇帝行使监督权的，所以也就特别有威势。明朝宦官集团这种特殊群体势力是从永乐破坏祖制起而逐渐形成的，朱棣及其子孙们在倚重锦衣卫的同时，对宦官格外喜爱和青睐，常常让他们出使、镇守、监军、监督、监审。明英宗冲龄登基，在"父师"王振等宦官的深度影响下逐渐学会掌控皇帝权柄，利用宫廷内使直接操办各种事务。习惯成了"自然"，景泰帝上台后，尽管采取了一些措施压抑宦官，但在一定程度上还是沿袭了先前的做法，委托和派遣一些内侍办理皇差。这些内侍在京城皇宫里头个个恭顺得不能再恭顺，但一旦离开了皇帝老爷的视线，就人人都变成了凶神恶煞和活阎王。

景泰二年(1451)六月，大同右参将都督同知许贵上奏说，负责监军大同的右少监韦力转想叫一个军士家的漂亮媳妇陪他睡觉，不曾料到对方不乐意。为此,韦力转极其恼火,当即将漂亮女人的丈夫即那个军士抓起来杖击一通,可能是因为下手太重了,一下子就把人给打死了。军士被打死了,可韦少监内心的欲火还是旺旺的,怎么来解决这个心理问题呢?这时的韦力转已将罪恶的眼光由外转向了内部——自己养子的媳妇。这小女子放得开,与没那个玩意的丈夫养父玩玩,多大的事呀!当两人苟合正在进行时,养子听说后可受不了了,大叫大闹。韦力转正玩在兴头上,哪受得了这等干扰,令人将养子绑起来,随即把他给射死了。除此之外,韦力转"妄报家奴数人杀贼,功得升指挥、千百户、镇抚"。景泰朝廷接到许贵的上告后,命令巡按直隶御史郑韶查究事实真相,结果发现许贵上告的韦力转所犯之事一半属实,还有一半尚待进一步查实。(《明英宗实录》卷206,《废帝郕戾王附录》第24)

为了加紧对北疆重镇大同的监察,差不多与此同时,景泰帝重新委任清官都御史年富总督大同钱粮,旁及对其他事务的监督。韦力转和山西省衙右参政林厚等贪官污吏为之很不舒服,他们很快地勾结起来,以林厚的名义上奏朝廷,诬陷都御史年富粗暴不法。景泰帝可比他哥哥明英宗要明事理多了,他下诏回复:"此必(林)厚怨(年)富而诬之,朕以边事付(年)富,岂听一人言而遽加辱耶!"(《明英宗实录》卷221,《废帝郕戾王附录》第39)可韦力转等人还不死心,于第二年即景泰四年(1453)亲自上阵,向景泰帝诬告都御史年富犯有"侵盗官银、奸宿淫妇及纵子芳往来所部,受指挥等官贿诸不法事"。景泰帝接奏后委托巡按御史璩安对此展开了调查,结果发现,多有不实,韦力转的阴谋又一次没得逞。(《明英宗实录》卷230,《废帝郕戾王附录》第48)

夺门之变后,曾经救助过俘虏皇帝明英宗的霍瑄以工部右侍郎之衔参政大同府事。由于石亨等人的蛊惑,复辟皇帝撤销边地巡抚,调走年富等。事出突然,年富家里人没来得及与年老爷一起走。当时已升为镇守太监的韦力转听说后,就想着要将自己对年富的仇恨报复在他的家人头上,于是开始构谋陷害。但让他不曾料到的是,当时以参政掌大同府事的霍瑄为人还算正派,做事也有章法。听说年家人没来得及走,他就令人将他们护送走。这下可惹恼了韦力转。韦太监让人将霍瑄抓起来,杖击十余下。一个朝廷命官、堂堂工部右侍郎被一个镇守太监打了十几杖，霍瑄越想越火，无论如何也不能咽下这口恶气，想到这里，他给天顺朝廷上言，揭露韦力转"宴辄命妓为戏，借用金器如王者，复强取所部女子为妾诸不法事"。明英宗接奏后大怒，派人上大同去逮捕韦力转。（《明英宗实录》卷278）

这下血债累累的韦力转可要得到应有的惩治了？善良的人们往往是这么想的。但什么样的案子一旦到了糊涂皇帝朱祁镇的手里，即使再清楚也会变糊涂。韦力转被逮到锦衣卫狱后立即反告霍瑄，说他"尝同都御史年富侵盗官物，且行贿于都督石彪，强娶所部女子十三人为妾"。天顺帝听说后便让大明都察院来审理该案子。都察院官员提出，最好的审理方法就是将韦力转与霍瑄弄在一起，当面对质。皇帝允准之。这下可好了，对质场面上再也分不清楚谁在说谎，谁在说实话。天顺帝最终来个御裁：对于韦力转与霍瑄各自的罪行皆宽宥之。（《明英宗实录》卷279）

霍瑄是幸运的，因为在明英宗落难时他曾出手相助过，所以才没被治罪，而其他的人一旦要是与复辟皇帝的"至爱"人群宦官发生哪怕是一点点的纠纷或不快，那可就要倒大霉了。

天顺五年（1461）五月，有个中官在广东办皇差，路过南雄府时，他仗着自己的特殊身份向南雄府知府刘实索要财物。刘实是个为人廉介、清净寡欲的好官，靠着自己的微薄薪水过日子。虽说南雄是个好地方，年仅商税就有数万，历任知府都中饱私囊，唯刘实上任后切切爱民，将府内小金库全部充公，自己不取分文，因而也就没有什么钱财去孝敬阉竖了。没索要到钱财的中官就此恼羞成怒，利用参谒的机会，命令左右随从摔打刘实。刚巧那天有100来个役夫在府内服役，听说自己尊敬的知府大人被打了，大家立即不约而同地冲了进来，护着刘实离开。中官为此恼羞成怒，倒打一耙，在上奏奏疏中胡说是刘实殴打朝廷特使，并诬陷他毁坏敕书，对朝廷大不敬。刘实知道后也上书，揭露中官的贪婪残酷之状。天顺帝朱祁镇弄不清是非，下令将他俩一并逮到北京去，想当面诘问清楚。可审了半天，他还是稀里糊涂没弄明白是非曲直，于是命令，将两人都关进锦衣卫狱。可能是做贼心虚的缘故，中官到了锦衣卫狱里头逐渐变得"老实"了，一五一十地说出了事情的前后经过。而就在这时,刘实也在狱中上书说:"臣官三十年,未尝以妻子自随,食粗衣敝,为国家爱养小民,不忍困之,以是忤朝使。"天顺帝看了刘实的上书,愤怒的情绪舒缓了些,随即降旨放了他。可哪想到,这时的刘实因受不了锦衣卫的酷刑和恶劣的环境已"病"死在狱中。刘实"在官逾三十年,不携妻子所至,环堵萧然,敝衣粝食晏如也。及其得罪,方见知于上而遽卒,士论惜之"(《明英宗实录》卷328;《明史·刘实传》卷161)。

天顺六年(1462)年初,内官弓胜奉诏上山西去抓捕危害一方的老虎。这本来是件小得不能再小的事情,可在宦官弓胜看来却不是这样的,他神气活现地一路前行,每到一处就向当地官员索要钱物。地方官见到"瘟神"来了,能弄就弄些银子将他们打发走。所以这一路走过来,弓胜收获多多,也特别来劲。当走到代州崞县时,他依然狮子大开口,没想到知县杨庆只是稍稍"意思"了一下,这下可将阉竖弓胜给惹怒了,他当场就想将杨庆杖击一通。可杨庆没被吓倒,相反还十分愤怒地斥责弓胜以捕虎为名,祸害百姓,并命令当地县民抬着被抓捕的老虎,催促弓胜一行迅速离开。弓胜为此气得咬牙切齿,随后添油加醋地向上告"黑状",说杨庆如何不尊朝廷特使。天顺帝接奏后下令,将杨庆逮至北京,下锦衣卫狱。都察院官员为了迎合皇帝的心理,居然上奏说杨庆不安分,对抗朝廷内使,理应处以重罪。天顺帝依然弄不清是非,遂令将杨庆监禁于锦衣卫狱里头,待日后慢慢再说。至于那个生事的阉竖弓胜,朝廷什么说法也没有,他依然逍遥法外。(《明英宗实录》卷337)

● 其实你们不懂我的心:"天顺"即为天命所归者,岂容亵渎?

天顺朝时不仅内官、内使"碰"不得,就连这些皇家奴才之家人也不能"碰",否则就让你吃不了兜着走。天顺六年(1462)十一月,国子生金鼐因看不惯太监傅恭家人狗仗人势的那个样,动手打了他们,这下可把事情弄大了。朝廷法司部门对金鼐进行论罪,判处赎杖。天顺帝获悉后改判,命锦衣卫对金鼐枷以示众。(《明英宗实录》卷346)

法司部门拟定的赎杖实际上是将肉体刑转换为财产刑,明英宗喜欢给犯人施以枷号。枷号是肉体刑与耻辱刑的结合，由此看来复辟皇帝不仅在事实上加重了对犯人的处罚，而且在更大层面上想起到加大对犯人的羞辱和警示人们的作用。那么这个警示又是什么？

天顺六年（1462）七月，镇守通州都指挥同知陈逵与他部队驻扎地通州的知州卢遂、同知黄仲宽相讦上奏，反正谁也没有什么好话，多少年前的烂事都被翻了出来。朝廷接奏后却很重视，派了锦衣卫千户高安前去调查、核实。陈逵听说后反应快，当朝天子宠信锦衣卫，如今锦衣卫爷们来了，这可万万得罪不起的。于是他赶紧准备了一大堆的银两，等高安一到就送给了他。再说高安是个老江湖了，拿人钱财，与人消灾么。通州走一圈，回到北京，他就跟天顺帝说：卢遂和黄仲宽这两个地方官有贪淫之迹。当说及都指挥同知陈逵是否有不法之事时，他就轻描淡写地说了几句。没想到的是，这一次天顺帝的脑子蛮清醒的，他执意要弄清楚通州那里领导干部的问题，于是命令陈逵自己上奏说个明白。陈逵接到皇命后岂敢懈怠，马上上奏说："小臣曾令仆人耕种官地，逼迫小民交纳柴草、豆料。但太监韩亮、傅恭、裴当、李杰及内官陈政等朝廷近侍内臣经过通州时，小臣可恭谨了，州县官不为他们配役夫，小臣为此还打过这些不识相的地方官；有时小臣会给州卫官一些银子，让他们代替小臣招待一下朝廷近侍内臣；小臣要是有空的话就会将朝廷近侍内臣邀请到自己的府宅去小饮几盏，有时近侍内臣会发火甚至杖杀军士，这类事情以前从未上报过，但小臣实在是尊敬近侍内臣。伏乞赦小臣之罪！"天顺帝接奏后叫刑部处理这事。刑部认为，应该马上将陈逵抓起来好好鞫问一番再定罪。天顺帝听后笑着说："既然陈逵认罪了，就饶了他吧！"（《明英宗实录》卷342）

在复辟皇帝眼里，既然对皇帝特使、朝廷代表十分恭谨，那就意味着对皇帝本人的恭谨和忠诚。相反，给近侍内臣颜色看，或与他们过不去，那就是与皇帝过不去，随之而来的将是朝廷的严惩不贷。更别提那"制造妖言"和"图谋谋反"了，只要有一点点的嫌疑，哪怕连嫌疑的证据都没有，一旦有人告讦了，天顺帝都要不遗余力甚至丧心病狂地予以坚决打击。由此我们也就不难理解为何天顺年间锦衣卫、宦官内使那么猖狂，告讦那么盛行。

第 5 章 石曹之变 天顺"顺天"？

天顺七年(1463)五月,河南裕州有人上奏告讦:知州秦永昌贪暴,"打死人命数多,且尝衣黄阅民兵"。天顺帝接奏后派遣锦衣卫前往裕州核查,遂将秦永昌逮到北京,且籍没其家,将秦家搜出来的财物放在外廷办展览,让廷臣们一一去参观。内阁臣李贤暨诸大臣懂得天顺帝的心理,他最痛恨的是官员贪淫和以下犯上的"谋不轨"。现在这个秦永昌居然穿着黄衣(类天子服色)阅兵岂不是有"谋反"之嫌,故大家上请诛杀秦永昌,以戒有司之不法者。天顺帝自然接受了上请,不仅诛灭了秦永昌,而且还将他的"罪行"榜示天下。(《明英宗实录》卷352)

事情到此应该差不多了?不,这还仅仅是开了个头,经过两三个月的明察暗访和诏狱审讯,有司发现秦永昌案案发地河南地方官皆有不可逃脱的失察"故纵"之罪。对此,天顺帝又专门下令,现任的河南左布政使侯臣,参政萧俨、谢佑,参议王铉,按察使吴中,副使张谏、项聪,佥事王绍等罚俸三年,佥事高逵冠带闲住。现巡视河南的监察御史吴玘、梁觐,原河南监察御史现为浙江佥事陈璧、台州府知府邢宥,俱降为县丞。(《明英宗实录》卷355)

对于天子圣威只要有半点冒犯,哪怕是捕风捉影的亵渎,天顺帝立即上纲上线,且还穷追猛打。那么他究竟为何会这般敏感、脆弱和走极端呢?我想大概有两个方面的原因:

第一,当过1年的俘虏且被软禁了7年的朱祁镇不仅深刻懂得自由的重要,更会看到专制皇权来之不易。无论是他自己还是他的弟弟朱祁钰在皇权的得与失问题上都是一转眼间的事情。试想当年上北方去御驾亲征瓦剌,他不就是学学父祖的模样,至于真正玩命打仗的那是无数"穷二代"或言"穷N代"的事情。可没想到的是,眼睛一眨,数十万军队没了,随之皇位也被人占了。再说皇弟朱祁钰,那可谓真正天底下第一号"大冤鬼",他什么迹象也没看出来,睡了一夜,第二天起来,突然发现自己已经被赶下台了,这叫什么事?

第二,皇帝即为天子,天子就是上天之子,代天行事。明英宗第一次登基时的年号叫"正统","正统"天子即为正统的上天之子的意思;他第二次登基上台时的年号叫"天顺","天顺"者,"盖上天眷顾之自然,亦臣民亿兆不谋同然之心也"(《明英宗实录》卷361)。

这话蕴含了这样的意思,明英宗之所以能复位是因为他本身就是天命所顾者、所顺者,否则怎么在瓦剌当俘虏时,喜宁唆使也先几次想谋害这位"伟大君主"都没成功?否则怎么皇弟朱祁钰在当皇帝时突然间他的皇太子死了,皇位也在一夜之间"奉还"给了他的哥哥呢?这不是"天顺""天命"还是什么呢?"彼贪天之功者,上固洞烛之,是以终不容其欺冒,日月无私照,照之者情罔克隐;雷霆无私断,断之者慝罔所逃。何其圣哉!古之圣人喜怒以天理、不以己者,政若兹。"(《明英宗实录》卷361)

● 明英宗虽是"五好"家长,却绝不是个好皇帝!

既然自己是天命所归者,天命所顺者,那就可以随心所欲?不,在经历了人生大起大落的天顺帝看来不是这样的。诚然,正统的上天之子是秉承天命而统治天下万民的,但天命不会永眷,当天子言行不合天理时就会遭受上天的警告、谴责甚至抛弃。那么作为天子如何为好?在天顺帝看来就要向固守天命的祖宗看齐,"不以己"而"以天理"(《明英宗实录》卷361)来规范自己的言行,因为自己是天子,是介于天神与地上万民之间的特殊中介,所以作为天下第一人的第一大要务就是要特别重视敬天和谨天戒。那么他做到了吗?

天顺五年(1461)四月乙未日,明英宗召内阁阁臣李贤入内谈事,顺便讲起了自己每日的作息时间安排:自复辟上台起,他每日早晨五鼓初就起床,穿上斋服拜天,即使得了足疾不能起拜,他便跪着拜,拜完后批阅司礼监送来的章疏,再上奉先殿朝庙行拜礼,八庙皆拜,然后临御朝会。朝会结束他去朝见母后,回宫后继续阅读奏牍,与大臣在文华殿商议和讨论政事的处理,处理结束了他才进膳。用餐一结束,他又开始批阅奏章,然后稍稍休息。大约到下午三点左右他又开始阅读章疏,直到晚上。明英宗又说:自己饮食不挑,十分随意,穿衣服也是很随便,"虽着布衣,人不以为非天子也"。李贤听后赶紧应对:"如此节俭,益见盛德。上节俭则下民自然富矣。"明英宗这天似乎精神很好,随即又说道:"《四书》《尚书》朕尝读遍,如'二典''三谟'真是格言,帝王修身、齐家、敬天、勤民、用人为政之道,尽在其中矣。"听到这里,李贤十分智慧地回答:"然愿陛下体而行之,幸甚!"(《明英宗实录》卷327;【明】李贤:《天顺日录》卷2)

由此,我们是否可认为天顺帝是个敬天勤政又俭朴好学的"好皇帝"?此时下结论似乎显得太草率了。不过从这段对话中我们也可以看出:自称"天命所顺者"的明英宗是在按照儒家的"修身、齐家、治国、平天下"之理想来做自己的行动指南。修身,天顺帝自己认为已做得相当不错了。但实际上他很无耻,读者朋友不妨回想一下,当年他当瓦剌人的俘虏时,居然领着敌人在大明边疆上到处扣关,这与卖国贼相差多少?这位皇帝的"身"修得有多好?

再看看"齐家",在这一点上,明英宗倒是值得人们称颂的,笔者将他称为"五好家长"。

○ 明英宗是个好丈夫,对每个妹妹均施着爱——"红旗不倒又彩旗飘飘"?

作为"五好家长"的明英宗"第一好"就是好丈夫。明初列帝都只立一个皇后,从明英宗父亲明宣宗起,废后立妃事情时有发生,而明英宗本人在这方面做得不错。他的正宫皇后姓钱,海州人,平民出身。正统七年即朱祁镇虚16岁时完婚,两人感情一直不错。土木之变突发,朱祁镇当了瓦剌人的俘虏。钱皇后与婆婆孙太后一起倾后宫之所有,令内官封箱装车,秘密运往关外,想以此来换回皇帝丈夫。不曾想到,让瓦剌"绑匪"好好地诈了一大笔。见到夫君久久不回,钱皇后日夜哀泣吁天,哭累了直接卧在地上,时间一长,她的一条腿废了,成了一个瘸子。又后来因为哭得多了,一个眼睛也哭瞎了,成了半个瞎子。瘸子加瞎子,重新登基的明英宗并没有嫌弃她,而是仍让她当皇后。这是因为除了前面讲过的那段非常经历外,在南宫软禁的7年时间里,钱皇后经常帮助丈夫舒缓、排解心里的苦闷,使他度过了那漫长又难熬的日子,因此复辟后的明英宗对钱皇后更是刮目相看。(《明史·后妃一·钱皇后传》卷113)

钱皇后有两个弟弟,大弟弟钱钦继承父亲官位,任锦衣卫指挥使,次弟叫钱钟,好像没有什么官职。兄弟俩在正统十四年(1449)跟随姐夫明英宗一起远征瓦剌,皆殉难于土木堡。钱钟遗腹子钱雄继承了伯伯的职位,天顺年间嗣任锦衣卫都指挥使。但即使这样,与大明皇家其他外戚相比,钱皇后娘家势力显得格外单薄,明英宗想加封个侯爵或伯爵给钱家,可贤惠的钱皇后无论如何不同意。(《明宪宗实录》卷186)

正因为如此,钱皇后在明英宗心目中的地位相当之高,临终时还遗命曰:"钱皇后千秋万岁后,与朕同葬。"内阁大学士李贤退而书之册中。(《明史·后妃一·钱皇后传》卷113)

明英宗在坚持恪守名分等级制的前提下,对其他嫔妃"妹妹"也不错,似乎没有专宠哪一个美女。史料记载:高淑妃、周贵妃、万宸妃、王惠妃、韦德妃等都有生育,其中长子即后来的明宪宗朱见深、六子崇王朱见泽由周贵妃所生;次子朱见潾、三子朱见湜(尚未封王就夭折)、七子朱见浚和八子朱见治为万宸妃所生;五子朱见澍为高淑妃所生;九子朱见沛为韦德妃所生。(《明史·诸王传四》卷119)由此看来,明英宗对每个"妹妹"都予以了爱,是个多妻制下的好丈夫。天顺复位后不久,长子朱见深也被重新立为皇太子。宦官蒋冕可能受了朱见深母亲周贵妃的委托,曾跟明英宗说:"太子复位了,那他的母亲怎么办?"明英宗毫不含糊地回答:"当为贵妃。"(【明】李贤:《天顺日录》卷1)这话意思是,钱皇后的皇后之位是万万不能动的!因此说,作为丈夫,明英宗绝对称得上是个有原则的好男人。不仅如此,他临终时还嘱咐皇太子朱见深、太监牛玉、傅恭、裴当、黄顺、周善等曰:"殉葬非古礼,仁者所不忍,众妃不要殉葬!"(《明英宗实录》卷361)

明英宗的这项遗嘱以明令的形式废除了明朝开国以后长期实行的后妃殉葬制度,这不能不说是历史的进步。据说此旨一经传出,"阁臣捧诏惊怆,以为真盛德事"(【清】夏燮:《明通鉴》卷29)。

○ 明英宗是个好父亲——皇长子朱见深后来顺利即位了

明英宗不仅是个好丈夫,而且还是个好父亲。史料记载:他一生共生有9子8女。对于这么多的子女,他似乎也没有特别的偏爱。遵循祖制,长子出阁受教,诸皇子一起在文华殿读书,"择贤以导,而无偏爱"。长女重庆公主下嫁之日,他亲送到东华门。但后来重庆公主夫家强求庄田,明英宗毫不留情地命令法司予以治罪,

"谪戍边方"(《明英宗实录》卷361)。

天顺晚年,有人在明英宗面前谮毁皇太子朱见深,病重中的明英宗为此产生了疑惑,曾秘密召见阁臣李贤,问道:"当今庶事颇宁,而大者反摇,奈何?"李贤顿首伏地回答:"此大事,愿陛下三思。"明英宗听后又问:"然则必传位太子乎?"李贤顿首回对:"宗社幸甚。"明英宗随即传旨召见皇太子。皇太子到后,李贤扶着他上前去。太子抱着父亲的脚抽泣不已,明英宗也为之泪下。(《明史·李贤传》卷176)

○ 明英宗是个好儿孙——至死都没弄清自己的生母是谁,但注意"安定团结"

除了好父亲和好丈夫外,明英宗还是个好儿孙。作为好儿孙,明英宗对于奶奶张太皇太后和"母亲"孙太后都十分孝顺,基本上是每日一朝,有命则两日一朝,盛暑或隆冬季节大概是五日一朝。其实复位后明英宗对孙太后的孝顺,很大程度上是在感谢她在他北狩被俘、南宫软禁和夺门之变时的关怀与帮助,换言之,要是没有特殊地位的孙太后之力挺,夺门之变或言天顺复位能不能成功还是个未知数。对此,复辟上台后的明英宗感激不尽,为了表达内心的感恩和诚孝之心,天顺元年(1457)十二月他特召内阁阁臣李贤商议给孙太后上徽号之事,并真诚地向下臣征求意见:"朕惟母后恩深,无以为报。况朕居南宫七年,危疑之际,实赖保护。今又定策禁中,俾朕复位。欲仿前代上徽号,少伸孝情,如何?"李贤回答:"陛下此举,莫大之孝也!"(《明英宗实录》卷285)随后的天顺二年(1458)正月明英宗正式给孙太后上徽号为"圣烈慈寿"(《明英宗实录》卷286)。这在明朝历史上尚属首创。天顺六年(1462)九月,孙太后驾崩,明英宗又极尽人子之孝,为她上尊谥为"孝恭懿宪慈仁庄烈齐天配圣章皇后",合葬于明宣宗的景陵,祔太庙。(《明英宗实录》卷345;《明史·后妃一·孙皇后传》卷113)

想当年明宣宗与这老美女爱得死去活来,有关他们风流韵事的各种版本在大明朝廷上下早就流传开来了,几乎无人不晓,只不过老美女活着时大家都不敢当面讲而已。现在这对活宝男女都走了,顾忌少了,有关他俩当年如何联袂演戏、逼迫正宫娘娘胡善祥让位之真相也逐渐地为人所熟知。

明英宗朱祁镇之父明宣宗的第一个皇后是胡善祥,但他并不喜欢她,而喜欢上了长相美艳且较有城府的妃子孙氏。孙氏与胡善祥都没有生育儿子,但孙氏脑子活络,在别人的协助下,将一宫女生的孩子窃为己有,这孩子就是后来的明英宗。(《明史·后妃一·孙皇后传》卷113)而自从有了这孩子,明宣宗与孙氏联手唱戏,逼迫当时的宫中第一人张太皇太后让步,废了十分贤惠的胡皇后,将艳妃孙氏扶上正位。皇后胡善祥无故被废,朝野上下都为之愤愤不平,但也仅敢怒而不敢言而已。张太皇太后看到儿媳胡氏可怜,常将她召到清宁宫去居住,内廷有什么宴会,她总让胡善祥坐到新皇后孙氏的上手。为此孙氏怏怏不乐。

日子过得很快,一转眼就是正统七年(1442),经常保护自己的张皇太后突然驾崩,胡善祥哭得死去活来,可能因为伤心过度,她在正统八年也"走"了。由于当时孙氏主持着宫中事务,胡氏去世后只被尊谥"静慈仙师",以"嫔御礼葬金山"(《明史·后妃一·胡皇后传》卷113)。一个皇后无故被废又在身后落到这般地步,善良的人们不能不为之暗暗叫屈啊!无奈"人畏孙太后",不敢公然提出异议。(【清】夏燮:《明通鉴》卷29)

天顺六年(1462)九月,孙太后驾崩。贤惠的钱皇后看到形势成熟,就找个机会将宫中流传的有关孙氏窃子之说告诉皇帝丈夫,并劝说他复胡氏位号。天顺帝拿不准主意,征求阁臣李贤的意见。李贤听后当即说道:"陛下此心,天地鬼神实临之。然臣以陵寝、享殿、神主俱宜如奉先殿式,庶称陛下明孝。"天顺帝听后决定,为自己父亲当年的风流"买个单",画上一个圆满的句号。天顺七年(1463)闰七月,他为胡皇后上尊谥为"恭让诚顺康穆静慈章皇后",并重修陵寝,但不祔庙。(《明史·后妃一·胡皇后传》卷113;《明英宗实录》卷355)

明英宗为亲生父亲和"养母"补过,按照皇后礼仪重葬嫡母胡氏,这在极重孝道的传统社会里,他可称得上是个大孝子了。

○ 明英宗是"好家长"、好族长——释放建文幼子,恪守祖制以待皇族内外

不过光孝还不够,在传统儒家那里,一个齐家治国平天下的模

范执行者还必须要做到"友",或言"兄友弟恭",即如果是做哥哥的就必须要友爱自己的弟弟、妹妹;如果是做弟弟、妹妹的就必须要恭敬自己的哥哥、姐姐,这就是明代官史上所谓的"友于同气"(《明英宗实录》卷361),那么明英宗"友于同气"了吗?

天顺帝最近的"同气"男性只有景泰帝朱祁钰一人。正统年间朱祁镇在"友于同气"方面做得还是不错的,即位后的第二个月就封弟弟朱祁钰为郕王,差不多与此同时,对其他皇家宗室也进行了相应的封赏。(《明英宗实录》卷2)但自天顺朝开启始,明英宗在对待皇弟朱祁钰可就不咋样。景泰帝到底是怎么死的,恐怕永远是个谜了。景泰帝死后,皇兄天顺帝不仅下令毁掉景泰帝当政时为自己修筑得已差不多的陵寝,以亲王礼仪将其另葬于金山,不让他与明朝历帝共眠天寿山,而且还将为皇弟专门提供性服务的美女们——殉葬。不过在这处理过程中天顺帝似乎还做了一个额外的"开恩",将景泰帝废后汪氏给留了下来,由此有人吹捧其为"仁德"之举,真是这样吗?

据说有关是否要让汪氏一起殉葬问题,天顺帝曾征求过李贤的意见。李贤说:"汪妃虽曾是景泰帝的皇后,但不久就遭废弃幽闭,与两个女儿相依为命。倘若再将她也给殉葬了,情所不堪,再说那两个女孩子年纪尚小,尤可矜悯。"天顺帝听后便说:"先生说得很有道理。朕起初没考虑到这一点,只想着朕的弟媳比较少,且也不宜留在宫中。"

景泰帝睡过的女人都殉葬,唯一留下的弟媳只有汪氏,那能否让她继续待在宫中?皇家大家长、"好兄长"朱祁镇已经说了"不宜!"既然不宜,那怎么处置呢?这时有人上请朝廷,提议让汪氏搬回郕王府去住。对此,天顺帝又拿不准主意,便问李贤。李贤回答:"如此诚便。但衣服用度不可缺减。"天顺帝说:"朕更欲加厚,岂可减乎!其原侍宫人悉随之,复遣老成中官数人以备使令。"由此汪妃母女才得以真正保全。(【明】李贤:《天顺日录》卷1)

那么究竟是什么原因使得气度跟小人一般的明英宗最终对政敌之妻汪氏及其女儿网开一面了?《明史》记载说:"宪宗复立为太子,雅知(汪)后不欲废立,事之甚恭。因为帝言,迁之外王府,得尽携宫中所有而出。"(《明史·后妃一·汪皇后传》卷113)这话意思是,皇太子朱见深听到婶婶去留为难的消息后,为了报答当年婶婶汪氏反对叔叔景泰帝废除他皇太子之位而遭黜斥之大恩,他主动上请父亲明英宗妥善安置"同气"之遗孀。由此看来,明英宗在对待"同气"问题上并不怎么"友"!也许是因为感觉到自己在这方面做得欠缺,随后便想在别的方面做些补充;也许是因为7年南宫囚禁生涯给自己带来了太多的深刻领悟,明英宗在复辟后还做了一件"优"待隔代"同气"之事——释放建文帝后代。

在以前的系列丛书中我们已经详细地讲述了建文朝的历史,在此不作赘言。人们普遍关心的问题是建文帝后来找到了吗?他的兄弟及其子孙结局又是如何的?对于前者,笔者已在《大明帝国》系列之⑥《破解大明第一谜案》中做了专述,在此恕不多言;对于后者,最近几年冒出了许许多多的建文帝"子孙"。那么当年建文帝兄弟及子孙到底有着怎么样的结局呢?

据正史记载,建文帝的大弟吴王朱允熥在朱棣篡位后被降为广泽王,居漳州。没多久他被召还京,废为庶人,禁锢在凤阳,永乐十五年(1417)暴卒。二弟衡王朱允熞在朱棣篡位后被降为怀恩王,居建昌。后与哥哥朱允熥一同被禁锢在凤阳,最后也是莫名其妙地死在了那里。三弟徐王在朱棣篡位后被降为敷惠王,随母吕太后居住在懿文太子陵。永乐二年(1404)被改为瓯宁王,奉太子祀。永乐四年(1406)十二月,邸中突发大火,暴薨,时年16岁。(《明史·诸王三·兴宗诸子传》卷118)

又据正史所载:建文帝儿子有两个,长子朱文奎,建文元年立为皇太子。朱棣打入南京时,7岁的建文太子莫知所终。少子朱文圭当时只有两岁,被朱棣幽禁在中都凤阳广安宫,号为"建庶人"。(《明史·诸王三·惠帝诸子传》卷118)自那以后,这个建庶人被关了55年,似乎一直没人去关注他。就在大家快要忘掉时,天顺帝忽然想起了他。

有一天,天顺帝对阁臣李贤说:"建庶人辈无辜淹禁将五六十年,于亲亲之意,实所不忍。"李贤回应:"陛下此一念,天地鬼神实临之,太祖在天之灵实临之,尧、舜存心不过如此。"在得到正面的肯定回答后,天顺帝决定,释放建庶人一行。随即他将该事上请孙太后,孙太后也表示同意。可左右近侍却认为不可。对此,天顺帝

说道:"有天命者,任自为之。"左右近侍听到这话顿时愧服。(【明】李贤:《天顺日录》卷1)

天顺元年(1457)十月,皇帝朱祁镇命令宦官在凤阳为建庶人建造房屋。工程完毕后,他跟李贤说:"现在可以将建庶人一行送去了。"(【明】李贤:《天顺日录》卷1)随即又敕令军卫有司每月供应"食米二十五石、柴三十斤、木炭三百斤,听于军民之家自择婚配,其亲戚许相往来,其余闲杂之人并各王府不许往来交通"(《明英宗实录》卷283)。

此次释放包括建庶人朱文圭、吴庶人的80多岁庶母杨氏姐妹五六人,并给与宦官20人、婢妾十数人供其使令。但实际上这样的释放,已没什么实质性意义了。朱文圭两岁开始被禁锢,放出来时已经57岁,"见牛马亦不识",且没多久就死了。不过在天顺帝看来是他践行儒家的"亲亲之礼"了。对此,李贤等人拍马屁说:"此乃真帝王美事!"(【明】李贤:《天顺日录》卷1;《明史·诸王三·惠帝诸子传》卷118)

无论怎么看待天顺帝释放建庶人,其中有一点值得肯定,那就是他为自己太爷爷的绝对缺德作恶补了个过。在那个年代有着如此之举的朱祁镇,可算得上是个皇家好儿孙了。

不过作为一个"称职"的帝王在宗法制盛行的传统社会里,还必须是一个合格的皇家宗族大族长。那么明英宗做好了吗?明代官史说他"亲藩有愆必斜,而若襄王之属高行懿,则敬爱锡赉恐弗及;勋贵有过弗贷,而若会昌侯之为元舅,则加爵委权无所吝"(《明英宗实录》卷361)。

溢美之词不足全信,但从《明英宗实录》中的记载来看,作为皇家宗族内的大族长朱祁镇基本上还是按照祖制章法行事的,虽然对于大家族内很多远居的皇亲国戚家里家外发生的案子断不清楚——那是他的能力水平有限所造成的。但从整体上来讲,他还是有所作为的,马马虎虎算得上是个合格大家长、大族长。

● 天不欢颜,因为天顺帝并不顺"天",还是早早归天!

好家长、好族长、好儿孙、好父亲、好丈夫……在修身与齐家方面,对照儒家的理想要求,明英宗自个儿认为已做得蛮好的了。(《明英宗实录》卷327;【明】李贤:《天顺日录》卷2)那么对于治国平天下?那就更不在话下了!清代人编撰的《明史》说,明英宗"前后在位二十四年,无甚秕政。"(《明史·英宗后记》卷12)明代官史更是说:天顺"复位之初,励精图治,急于用人,文武之臣一接见间,言有可采、才有可取者,辄加委任,已而觉其非是,则疏斥之不顾。尔后益明习国家事,百司奏章一览即见大意,处断出人意表,廷臣才行高下、心术邪正,无不洞烛其微,小有过失,必黜罚以示惩,其能自新,旋复甄用,虽屡进屡退,不以为嫌,尤恶赃吏,事觉必穷治之,不少贷,甚至遣人伺察,使有所警畏而改行,曰:'贪风息则天下治矣!'"(《明英宗实录》卷361)

○ 天顺朝的灯下黑——政治腐败藏头露尾

上述官史有着相当的马屁成分——在编撰官史的犬儒眼里,天顺朝开启后穷追不歇、肆意杀戮所谓的景泰"奸党"之血腥罪恶不见了;"拨正反乱",打断大明"中兴"进程的倒行逆施不见了;大加升赏奸佞大蠹,造成朝廷上下魑魅魍魉粉墨登场的不堪格局不见了;养虎为患,纵容权臣武夫与阉竖日益坐大,密谋发动叛乱所造成的狼狈局面也不见了……

不过上述史料倒也道出了天顺时代明英宗治国平天下所用的两大"秘籍"或言所抓的两大"法宝":一个就是极虑励精图治而乾纲独断;另一个则是为了稳固统治和惩治贪腐而宠信、重用锦衣卫,大行告讦。

天顺五年(1461)五月,有一天上早朝,朝堂上出现了稀稀拉拉的局面,天顺帝发现不太对劲,就让人查一下到底有多少个朝臣没来上朝。结果发现共有98人缺勤,据说都是生病了。天顺帝不信,便派锦衣卫上缺勤大臣家里去秘密查访。让人大跌眼镜的是,这98人皆"不病,遂下锦衣卫狱,鞫送都察院,论赎杖还职"。天顺帝下令:98个缺勤大臣停俸一年。(《明英宗实录》卷328)

天顺七年(1463)正月是大明地方官朝觐的月份,天顺帝令吏部官员认真考察朝觐官,结果发现左布政使张文昌等1416员,俱年老有疾,知府李琏等213员,俱罢软无为,左参议张琛等13员俱

犯赃。皇帝下令：老疾者致仕，罢软者冠带闲住，有赃者罢为民。(《明英宗实录》卷348)

由此看来天顺帝治国还是挺威猛的，那么如此行政的实际效果又将是如何呢？据《明英宗实录》所载：天顺七年(1463)即明英宗当政最后一个完整年份里，确实少了官吏贪淫的记载了。但这是表面的，如果一涉及案子，稍稍掀开点盖头，你就会发现腐败依然如故。

刑部员外郎贝钿因为与小军官百户李荣是好朋友，所以一旦空下来他就往李家跑，时间一长，便与李荣的妻子杜氏也熟了。后来李荣死了，杜氏年轻轻地开始守寡。守寡的日子可不好熬，贝钿看在眼里，喜在心里，时间稍稍久了一点，他就开始帮死去的朋友种起了那块"空闲之地"。再说杜氏也非一般女流之辈，看到贝钿有权有势，就乘着两人温存的美妙时机请托贝郎君办事。两人权色交易进行得很隐秘，一直未被人发现。(《明英宗实录》卷359)

天顺七年(1463)十一月发生了一桩案子，有个叫马祥的百户官家中女儿马氏与指挥赵禄通奸。古时候人很讲究贞操，女孩子还没出嫁就与人乱搞，那她很可能一辈子就没人要。马祥知道丑事后十分恼怒，来到衙门诬告指挥赵禄强奸了自家的女儿。这一告，事情就变得复杂了。案件到达朝廷刑部时，由郎中冯维审理。这时马祥突然反悔了，怕诬告的真相一旦败露，自己要反坐诬告之罪，于是就想马上平了这个案子。但怎么个平法呢？自己与主审官冯维又不熟，忽然他想起了贝钿与冯维是同衙门的同事，而贝钿的情妇杜氏又是个见钱眼开的女人，只要搞定了杜氏，这桩案子没有平不了的。马祥于是贿赂杜氏，余下的就按照他所设计的那样，冯维网开了一面。这事似乎也就这样过去了。(《明英宗实录》卷359)

哪想到这时杜氏死去的丈夫李荣侄儿李刚想继承叔叔李荣的军官职位，可杜氏不同意，她认为李刚不是李荣的儿子，不配继承，且还经常詈骂李刚。李刚遂与杜氏争讼起来。案件弄到了刑部，由刑部郎中孙琼主审。贝钿听说老情人卷入了案子里头，赶紧出来捞人，通过贿赂孙琼，对外声称杜氏有病，不能关在牢里头，案件由此也就草草了结了。有个叫黄甄的给事中与李刚是邻居，由于李刚经常借东西不还，黄甄就对他谩骂。李刚受不了，便到处说黄甄、贝钿都与杜氏有着不正当的男女关系,还揭发了好多杜氏与贝钿的请托受贿之事。锦衣卫校尉在街头听到了这样的传闻,就去告诉了天顺帝。天顺帝下令将涉案者通通下锦衣卫狱进行审讯。审讯下来大体弄清了案件的真相,锦衣卫头子门达上请,让三法司再会审一次,皇帝允准了。三法司会审结果,拟判贝钿赎徒除名,冯维、孙琼赎杖,黄甄赎笞,俱还职。天顺帝看到这样的判决后很不满意,改为贝钿在刑部衙门前枷号,冯维、孙琼发铁岭卫充军,黄甄如拟。"床上高手"贝钿最后竟被枷号折磨致死。(《明英宗实录》卷359)

监察御史张祚等接受皇命到云南巡按,看到京城反贪淫工作抓得紧,他就想利用外出巡按的好机会美美地捞一把,于是在到云南不久就接受了大理卫指挥使鲍昭的贿赂,违规排列官员座次,将官小的鲍昭之公座金到官大的指挥使胡春之上,让密访的锦衣卫给侦察到了。(《明英宗实录》卷360)

御史程万钟受命清理云南军伍,与张祚有着一样的心理,他以为到了天高皇帝远的云南就可以放任自流。就到那里的第二天,他便召女人来淫乐。玩女人要付钱的,否则哪个女人肯陪你玩呢?程万钟熟悉此道,一上任就利用职务之便收受寻甸土官知府安晟等人的贿赂。正当他身心都得到大大满足时,锦衣卫校尉将他的不法之事告诉了天顺皇帝。(《明英宗实录》卷360)

天顺七年(1463)闰七月,皇帝朱祁镇下令将张祚、程万钟执拿回京审问。十二月,三法司和锦衣卫审得并拟判:"张祚受枉法财,当充军;程万钟受不枉法,当为民。"天顺帝接到三法司的拟判奏章后很不满意,命令对张祚、程万钟继续进行审讯,让他俩好好交代出所知道的同类贪淫之徒的姓名。于是工部主事黄鉴、请匠进士张伦赍诏至云南受赂和御史魏瀚巡按云南有淫行等事都被一一揭发了出来。但这些所谓的不法之事属实不属实,却是一笔糊涂账,直到天顺帝驾崩时,这些案件还没有审结。(《明英宗实录》卷360)

案件长时间审结不了,一方面或许是由于案中有案,贪淫之迹在深水处,不易发觉,而另一方面也不排除锦衣卫诬告。明代官史记载:当时锦衣卫头子门达"素恃恩宠,不畏法度,以至内直垂帘,全无忌惮,窃弄威权,大张声势,忤其意者,过求细故,必加陷害,屡兴大狱,巧于锻炼,别置狱舍,以鞫罪囚;有不承服,辄称奉旨,残酷特甚,荐用官校,以为牙爪,分遣于外,骚扰州县"。于是"官校分行中外,缉访事情,搜求幽隐,索取货贿,内外官僚重足而立,由是诡服诈冒者接迹于途,天下骚然不安"(《明宪宗实录》卷2)。

○ 明朝中期的经济病大多形成于明英宗时代:庄田、开采银矿、采办珠宝

与此同时,在经济领域里"诸王、外戚、中官所在占官私田,或反诬民占,请案治。比案问得实,帝(指明英宗)命还之民者非一。乃下诏禁夺民田及奏请畿内地。然权贵宗室庄田坟茔,或赐或请,不可胜计"(《明史·食货一·田制》卷77)。最令人百思不得其解的是,身为天子应以四海为家,可天顺帝却不明是非地接受近侍的馊主意,设立多处皇庄,正式开启了明代历史上的皇庄经济。皇庄最早出现是在洪熙时,"有仁寿宫庄,其后又有清宁、未央宫庄"。但那时还零零碎碎,到了天顺朝时明英宗干脆来了个大手笔。天顺三年(1459)四月,"以诸王未出阁,供用浩繁,立东宫、德王、秀王庄田"(《明史·食货一·田制》卷77;《明英宗实录》卷302)。

其实这些皇庄虽说是皇帝家私人所有,但实际经营运作在很大程度上是由宫廷宦官等来完成。而宦官在这过程中又乘机强占土地为己有,或献给皇帝,争取更多的权势利益。正统六年(1441)三月,御马监故太监刘顺家人上奏,请将刘顺在世时获得皇帝钦赐和自置的庄田、塌房、果园、草场共26所,及草场等10所,计地468顷献出,进献由此而始。"宦官之田,则自尹奉、喜宁始。"天顺二年(1458)十月,明英宗以已故太监马旺庄田赐予太监裴当。(《明英宗实录》卷296)"宪宗即位,以没入曹吉祥地为宫中庄田,皇庄之名由此始。其后庄田遍郡县。"(《明史·食货一·田制》卷77)

宫廷皇室领头广占田地、设立庄田,明朝土地兼并问题愈演愈烈。对于这样的格局所带来的巨大危害,自视天命所顺的明英宗却浑然不觉。不仅如此,不断膨胀的宫廷与帝国政府开支又促使他将眼光盯向了采矿经济,即"坑冶之课"。明代坑冶之课有金银、铜铁、铅汞、朱砂、青绿,"而金银矿最为民害"(《明史·食货五·坑冶志》卷81)。

正因为如此,明朝前期列帝对于金银矿开设及其课税都有着很多的限制,正统年间福建、浙江发生矿徒起义就是由于课税太重的缘故。景泰之初,曾将其关闭,后虽复开,但将浙江银场并入福建,这样也就缩小了危害的范围。明英宗复辟后又开始扩大,天顺四年(1460)皇帝朱祁镇命"中官罗永之浙江,罗珪之云南,冯让之福建,何能之四川。课额浙、闽大略如旧,云南十万两有奇,四川万三千有奇,总十八万三千有奇"(《明史·食货五·坑冶志》卷81)。虽说天顺帝个人似乎是十分节俭,但至此我们看到一个自诩为"天命所顺"的君主已不知不觉地将他的魔爪伸到了祖宗限定范围之外更广的区域,榨取了更多的民脂民膏。明朝中期的诸多经济病症就是在这个"天顺"君主绝对专制时代形成的。

○ 明朝军事战斗力再次下降,影响大明历史110余年的"河套之患"由此形成

更为糟糕的是,在军事方面,自天顺帝复辟上台后,诛杀于谦等所谓的"奸党",废除景泰"新政",罢黜团营制,恢复被时代淘汰的"三大营制",使得本来已经开始走上"富国强兵"中兴之路的大明帝国又倒退了回去。其最为突出的表现在两个方面:第一,天顺帝秉承明初两祖(明太祖、明成祖)"右武抑文"的衣钵或受锦衣卫指挥金事吕贵的"武臣不易犯……独文吏易裁耳"的谬论之影响,将帝国整饬吏治的重点锁定在文臣官僚身上,对武臣违法乱纪则予以十分的宽容,哪怕是充分掌握了他们的犯罪证据,天顺帝在很多情况下都要加以宽宥,即使是到了从严治理贪淫的天顺末期也是如此。如天顺七年(1463)三月,宁夏协同守备西路署都指挥冯纪坐挟势预支廪米,操备都指挥刘英与他的干儿子媳妇通奸。陕西按察司将之上报给朝廷。天顺帝下诏给巡按御史执问,镇守太监王清、总兵官都督同知张泰获悉后上奏说:边情警急,乞俟宁息之日就逮。皇帝朱祁镇就此再也不闻不问。(《明英宗实录》卷350)

天顺帝对军官们的格外开恩,不仅仅纵容了他们作奸犯科和违反乱纪,而且还大大地削弱了大明军事战斗力和国防力。

天顺时期大明军事国防力大倒退的第二个方面主要体现就在于"河套之患"也在此时形成了。景泰时期虽然北疆虏寇未靖,但

由于皇帝朱祁钰用人得当,兵部尚书于谦指挥调度正确,整个北疆终无大患,基本上恢复到了宣德与正统交替时期的状态。但自明英宗复辟上台后,重新崛起的鞑靼在首领孛来率领下,联合毛里孩经常南下骚扰大明北疆。复辟皇帝虽然屡遣大将军统军出征,但败多胜少。天顺三年(1459)石彪受命西征,大败北房,为大明帝国挣回了一点脸面。但没想到这位石将军后来居然与叔叔石亨"图谋不轨",终为天顺所灭。

就在石氏叔侄相继败亡之际,天顺四年(1460)八月,孛来与毛里孩等兵分三路从大同出发,南下进攻大明山西诸州,兵锋直抵京师。(《明英宗实录》卷 318)第二年(1461)七月,孛来又犯西北甘肃,天顺帝接到边关急报后,派遣大将领军西征。而就在这时,孛来耍起了乞和的把戏,三次要求明廷议和。天顺帝在没有深刻领悟对方真实意图的情势下就与之和谈。和谈以后的天顺五年(1461)十月,孛来退居塞外,派遣使者随锦衣卫带俸都指挥使詹昇等来京朝贡,表示愿受约束,但又提出要求,将贡道由山西大同进入改为陕西兰县。毫无军事战略意识和长远之见的天顺帝居然当场同意了。自此以后,鞑靼人借着朝贡的名义逐渐定居河套,时不时地出来大肆劫掠大明边地。明朝历史上长达 110 余年的河套之患就此开始逐渐形成。(《明英宗实录》卷 333)

○ 天不欢颜,不合格的君主——天顺帝没顺"天",还是早早归天吧!

无需更多的例证了,上述诸方面就足以使我们看到,复辟上台后的明英宗在治国平天下方面做得很不合格、很不称职。虽然讨了个大便宜再次上台当政,虽然自身也算尽心尽职地恪守祖制和君道,但作为大一统帝国的君主朱祁镇实在是能力与水平有限,他治下的大明简直就是一个烂摊子。明英宗的如此作为在天顺时期连头带尾持续了 7 年,可能上苍也看不下去了,终于在天顺八年(1464)年初让他归天去。

说起天顺帝的归天,笔者一直很纳闷,他得的只是脚气病,最终却因此要了他的命。据明代的官史记载,朱祁镇的脚气病最早发病是在天顺四年(1460)七月,因为初发,症状比较轻,只是"步履不便",大概经过七天的调理,恢复了正常。(《明英宗实录》卷317)随后一年多的时间里,未见到他脚气病复发的记载。天顺五年(1461)的一天,他还跟内阁阁臣李贤说道:"朕在宫中,虽极热不挥扇,虽隆寒不近火。"(《明英宗实录》卷327)这说明复辟皇帝身体很好。但到了天顺六年(1462)二月十一日时,他的脚气病又发了,且病得很严重,"痛苦难堪,伏枕逾旬不能动履"(《明英宗实录》卷337)。自此以后,病情时好时坏,一直未能根除。天顺七年(1463)十二月,朱祁镇的脚气病加重、恶化,新年正月初二时他已卧床不起。

  天顺八年(1464)正月十七日明英宗驾崩,刚好是他复辟登基上台7周年日,巧乎?天命所顺乎?

  脚气病要了人的命,这在笔者及好多人看来简直是不可思议,中医说脚气是由湿寒、风毒之气从脚部逆袭所致的,西医说脚气病实为人体内严重缺乏维生素B_1所致的。不论中西医怎么说,一个30多年的青壮年居然被脚气病给击倒,这在我们现在人看来实在是匪夷所思。要知道我们现实生活中有多少人患有脚气病而几十年不去医治,但照样什么事都没有呀!笔者在想:会不会是老天看不下去了,这个前后当政22年"合符于太宗皇帝",若加上他当太上皇的那8年,"先后三十年,于太祖皇帝仅少一年……并于开创之祖宗",不仅着实有愧,而且还在糟蹋大明帝国,尤其这样,还不如让他早早去也。天顺本想顺"天",可又没顺"天","天"不欢颜!

  天顺帝驾崩时38虚岁,死后葬于天寿山裕陵,谥号为"法天立道仁明诚敬昭文宪武至德广孝睿皇帝",庙号"英宗"。(《明英宗实录》卷361)"睿皇帝"的"睿"字,按照《谥法》之解释,应该为"圣""聪明"等意思,"英宗"的"英"是"出类拔萃"的意思(苏洵《谥法》卷3)。其实明英宗既不聪明又不出类拔萃,是个二三流的皇帝。他死时将一个烂摊子的大明帝国交给了他的皇太子朱见深,那么朱见深能肩负起这副重担吗?请看《大明帝国》系列之⑮、⑯《成化帝卷》上、下册。

第5章 石曹之变 天顺『顺天』?

大明帝国皇帝世系表
（18帝，1368—1645年，共计277年）

景泰、天顺帝卷 下

```
                                    ①明太祖    朱元璋    洪武三十一年    戊申    1368年
                                              ↓
懿文太子  朱 标                      ③明太宗    朱 棣    永乐二十二年    癸未    1403年
                                   （明成祖）
                                              ↓
②明惠帝  朱允炆  建文四年  己卯  1399年   ④明仁宗    朱高炽    洪熙一年      乙巳    1425年
                                              ↓
                                    ⑤明宣宗    朱瞻基    宣德十年      丙午    1426年
                                              ↓
⑥明英宗  朱祁镇  正统十四年  丙辰  1436年 → ⑦明代宗    朱祁钰    景泰八年      庚午    1450年
                                              ↱
                                    ⑧明英宗    朱祁镇    天顺八年      丁丑    1457年
                                              ↓
                                    ⑨明宪宗    朱见深    成化二十三年    乙酉    1465年
                                              ↓
                                    ⑩明孝宗    朱祐樘    弘治十八年    戊申    1488年
                                              ↓
⑪明武宗  朱厚照  正德十六年  丙寅  1506年 → ⑫明世宗  朱厚熜    嘉靖四十五年    壬午    1522年
                                              ↓
                                    ⑬明穆宗    朱载垕    隆庆六年      丁卯    1567年
                                              ↓
                                    ⑭明神宗    朱翊钧    万历四十八年    癸酉    1573年
                                              ↓
                                    ⑮明光宗    朱常洛    泰昌一年      庚申    1620年
                                              ↓
⑯明熹宗  朱由校  天启七年  辛酉  1621年 → ⑰明思宗    朱由检    崇祯十七年    戊辰    1628年
                                              ↱
                                    ⑱明安宗    朱由崧    弘光一年      乙酉    1645年
```

注释：

①明朝第二位皇帝是朱元璋的皇太孙朱允炆，建文四年时，他不仅被"好"叔叔朱棣从皇位上撵走，而且还被"革除"了建文年号，改为洪武三十五年。

②明朝开国于南京，从正宗角度来讲，很难说迁都是朱元璋的遗愿。因此，大明的覆灭应该以国本南京的沦陷作为标志，弘光年又是大明皇帝的子孙，他称帝于南京，应该被列入大明帝国皇帝世系表中。

③上表中↓↘表示皇位父子或祖孙相传，→(表示皇位兄弟相传。

④明安宗朱由崧是老福王朱常洵的庶长子，明神宗万历皇帝朱翊钧之孙，也是明熹宗朱由校、明思宗朱由检的堂兄弟。

后　记

　　《大明帝国》系列 10 卷修订出版后,我已经精疲力竭,只想好好地休息一番,甚至还曾想辍笔不作。因为在那时的我看来,再怎么说,自己已将明代开国兴盛史向海内外的广大读者朋友做了交代。而就在此前后,网上不断有网友来信或留言,问我:何日才能读到下面的几朝历史书?我语塞了,不知道如何回答。甚至有热心网友来电,催促我赶紧写完明代史,接着再将清代史重写一遍。这是年轻一代的要求。而老一代读者朋友们或言师友们又有着怎样的想法呢?每当我到南京广电大厦或电视台去做大型讲座时,总有一些老年朋友很早就等候在那里,一见到我,就追问不歇。我大学时代的老师、现年已 83 岁的杨增麒先生也时不时地来电,要我将下面几朝的历史赶紧写出来。几乎与此同时,亦师亦友的老乡、原中共江苏省委宣传部常务副部长王建邦先生和我近年结识的忘年交张群先生等先后也多次来到我处,而每次他们来都要催问我:何时能将余下的明史全部写完,且说有相当一批的老年朋友正期待着《大明帝国》系列的后续之作尽早问世。由此看来,我原本想歇一歇可就歇不成了,能做的就是立即投入精力,继续研究和撰述下去。

　　众所周知,明朝在经过 70 余年的兴盛发展后,到了宣德正统交替之际开始步入转折下滑时期。这一段的历史特别复杂,要想把它讲清楚,实非易事。再说当下我国出版行业中的图书定价很特别,它不像国外,一本原创新作低则定价几十美元,高则几百美元。我们的图书市场通行规则似乎是定价定得越低越好——尤其是现在的图书馆采购和普通读者购买。鉴于此,我原来只想将正统、景泰和天顺三朝两帝(明英宗和明代宗)统治时期发生的历史事件简单地说清楚,免得"块头"大了,让人望而却步。但随后发生的一系列事情却改变了我原本的计划。

大约在 2014 年年中，我接到了 China Institute in America 和美国中文电视台 Sinovision 发来的讲座邀请，随即便开始了讲座准备，而后订好票到上海去乘飞机。就在这个过程中，我耳闻了刘学照先生身体不适的消息。

刘学照先生是我十分尊敬的老师。在华东师范大学攻读硕士研究生时，我选了他的课。就此我们成了不是一个师门的师生。那时的老师可没有现在大学里的硕导、博导这么牛、这么忙，整日屁颠屁颠地跑课题、做项目，不见人影。当时我们这些研究生若想要向老师请教，随时都可以。加上刘先生性格温和，为人谦逊，对于晚辈学生尤为关爱。正因为如此，他的家"细流斋"成了我们研究生经常惦记着要去的地方。而一旦我们去了，师母马老师总会先出来沏茶招待，随后便是刘老师从书屋中走出来笑脸相迎，绝不分是否为刘门弟子。这样，时间一长，我和其他几个同学与刘老师的师生关系也就变成了无话不说的知己朋友关系了。

一转眼三年时间过去了，我在办完毕业离校手续后来到南京工作。随后便是按部就班的生活工作，直到孩子的出生。因为我与内人都是外地人，父母不在身边，在宁带着孩子，生活中每时每刻，我们俩各自的角色谁也不能有片刻或缺。虽然工作的拖累和生活的无奈使得我与刘老师的见面变得越来越少，但我们之间的书信和电话联系却一直不断。一晃 20 余年过去了，2011 年深秋，刘老师来南京参加纪念辛亥革命 100 周年学术研讨会，我闻讯后立即赶往挹江门附近的宾馆去拜见他。说实在话，当时我真不敢认，昔日红光满面笑脸盈盈的恩师已变得满头白发、憔悴不堪。或许是因为看懂了我的心理，刘老师当即主动介绍起自己受邀来宁参加学术活动的行程安排，随即话锋一转，嘱咐我抓紧时间，将已经开始撰写的《大明帝国》系列继续写下去（我的首部明史之作就是他作的序），但就是不提他自己的病情，大概是生怕我为他担忧和难过。而后不久我听闻，刘老师住进了华东医院接受手术。不巧的是，那时我的孩子正好参加高考，做父亲的我无论怎么说都不能离开啊！就这样又一次错失了探望、慰问恩师的良机。这样的遗憾过了几年，我便接到了美国发来的讲座邀请，当时就马上想到，此次路过上海，我无论如何都要去刘老师家，探望他老人家一下。为了慎重起见,我先挂了一个电话,但出人意料的是他家没人接听。一种不好的感觉立即在我的脑海中盘旋:恩师的健康状况又出问题了?没过几天从刘门师兄那里我终于打听到,刘老师确实又住院了!

当我来到华东医院病房时,已经骨瘦如柴的恩师正插着管子躺在病床上。见到我与内人的突然到来,他一脸的惊喜,当即竭力撑起身子,向我们表示致谢。而后他颤颤巍巍地跟我说:"你的《大明帝国》系列写得很好,在上海书店里头都能看到。眼下你正直壮年,要抓紧时间,把整个明代史重写一遍!"我的眼眶一下子湿润了,还想听听恩师的其他嘱咐,但此时的他已气若游丝,处于半醒半昏的状态。

从华东医院出来,我带着极其沉重的心情乘上了前往纽约的国际班机,在 China Institute in America 和美国中文电视台 Sino-vision 等机构做完讲座与节目后,又急急忙忙地赶往宾夕法尼亚州为孩子的深造联系和落实相关的事宜。

而就在此时,一件"巧事"发生了,我收到了许倬云先生的电子邮件。许先生是当代美国著名的历史学家、夏威夷大学和匹兹堡大学名誉教授、海外国学大师。无论是从年龄还是从学识、资历等角度来说,我与许先生都相差一大截,但这些并不妨碍我们之间的联系和友情。许先生是江苏无锡人,1949 年赴台,师从历史学家傅斯年先生研究中国古代历史与文化,曾任台湾"中央研究院历史语言研究所"研究员和台湾大学历史系教授兼主任,后赴美工作,并就此生活在那里,曾任匹兹堡大学、夏威夷大学、杜克大学历史系教授和讲座教授等职。他著作等身,学富五车。不过对于这些,20 世纪 80 年代以前的中国内地的学者知之甚少。我最早是在 90 年代初通过阅读许先生的大作《西周史》而"认识"他的,后来又陆陆续续拜读了他的《中国古代文化的特质》《历史大脉络》和《大国霸业的兴衰》等著作,心里就萌生要拜访请教的念头。但由于种种原因,一直未能如愿。

或许正如佛教所说的:人生一切都是缘。一个偶然的机会,我获得了许先生的网上通信地址,随即冒昧地给他去信,并寄上了我最初撰写的《大明帝国》几册书。没想到许先生不仅很快地给我回信了,而且还对拙著予以了充分的肯定,这一切想来真让人感动不已。

一来二去,转眼之间,我和许先生在网上的交往已有数年了。网上交往虽然有快捷、方便的优点,但人与人之间无法近距离、直接面对面地沟通,这样的缺憾一直令我无法释怀。

2014年当我接到China Institute in America发来的讲座邀请时,就萌发了要去拜访许先生的想法。但随后听说他年事已高,身体很不好,且近来又接受了手术,当时我的心里不停地嘀咕:他会不会不能或不愿见我这个小辈?经过反复的思考,最终我还是发出了请求拜见的电子邮件。没想到两天后他就回信了,对我的造访表示十分欢迎。就在我启程前往匹兹堡时,许先生通过电子邮件对我的一路行程与住宿予以相当的关照;当我登临许府时,刚动过手术不久的许先生在夫人的帮助下,穿戴十分整齐,坐在轮椅上到家门口来迎接我,着实让我感动万分。当时我要行小辈礼,可许先生无论如何也不同意,并真诚地说道:"我们都是学人,学人应该皆平等,不分辈分大小。您主攻中国历史后半段,我着重研究中国历史前半段,我们各自相向走一步,中国历史就接通了……"

在匹兹堡时,我曾两度造访许府。考虑到许先生动过手术没多久,每次造访我都将时间预设得很短。可一旦我们谈开了,却是数小时还无法结束。许先生和许师母待人热情,慈祥可爱又可敬。当获悉我在中国大陆内地无法查阅到《琉球实录》时,许先生当即提出,让他还在台湾的学生或友人帮着抄录,着实让我感动不已。最后许先生还叮嘱我:不论有多大的不易,你一定要将你的《大明帝国》系列继续写下去!

又一个尊敬师长的叮咛与嘱咐,我感到自己肩上的担子不轻啊!

从许先生家出来后,应安徽电视台编导朋友之托,我乘机前往美国西海岸的斯坦福大学胡佛研究院,想查阅一些民国时期有关中国远征军的名人日记或官方档案史料。查阅史料,本是一件十分枯燥的事情,加上胡佛研究院对于一些名人日记等特别史料不许复印、不许拍照,唯一可做的就是手抄。手抄,对于历史学专业出身的我来说,并不是什么难事,无非是每日定时去"上班干活"。

时间一天天地过去,原先赶时髦来看民国名人日记和笔记的美女帅哥们后来来得越来越少,最后只剩下我们几个正襟危坐的中老年人。有一天,有位老先生在胡佛研究院关门时突然问我:"你是不是那个撰写《大明帝国》的马某人?"我说:"正是晚辈!您怎么知道我的名字?"老先生笑盈盈地说:"我是历史爱好者,在美国的书店里看到了你的大作,买了一套回家读了,上面就有你的照片与简介……"原来如此,我当即十分惊讶和感动。据现场的另一位老者彭先生介绍,喜爱拙著《大明帝国》系列的老先生姓YUAN,以前是斯坦福大学的教授,现已退休,因为酷爱明史和民国史,一旦空闲下来他就到处寻找和阅读这方面的图书。还没等介绍完毕,YUAN先生就十分热情地发出了邀请,要我到斯坦福大学边上的"杭州小镇"共进晚餐。在国外中餐消费是相当昂贵的,当听到邀请后我立即婉言谢绝。哪想到 YUAN 先生执意不肯,最终我不得不听从他的安排。那一顿晚餐他足足花费了500美元,我只觉得很不好意思,用餐结束时,赶紧向他致谢告别。可出人意料的是,YUAN 先生再次向我发出了邀请——喝咖啡去!我听后无论如何也不肯答应,他只好改口说:"我们继续去探讨明史!"这下可把我给"将"住了。

在"杭州小镇"附近的咖啡厅里,我们海阔天空地谈论着,从朱元璋说到崇祯帝,从辛亥革命说到国民党败逃台湾……不知不觉谈到深夜。忽然间我想到了一个问题,便问 YUAN 先生:"您为什么会错爱马某的《大明帝国》系列呢?"他笑呵呵地回答:"中国史的研究肯定是中国本土胜于海外,但中国大陆近年来的戏说历史太多,很多书都没什么史料依据,凭空胡说,哗众取宠,无非是吸引吸引人们的眼球。就我们海外华人朋友所知的,您的大作说史有根有据,且还十分客观,没有那些陈旧的意识形态标签化,价值中立,所以好多人都喜欢。我不仅在美国,而且在香港、台湾和澳门等地的书店里都见到过您的大作。我希望您抓紧时间将余下的明史全写出来,不要辜负了海内外读者朋友的期望!"

YUAN 先生的殷切希望,许先生的珍重叮咛,刘学照老师的病榻嘱托,还有国内外一大批朋友的期待,带着沉甸甸的心情,我回到了南京,立即开始投入更多的精力修改写作计划,将原来简写的正统、景泰、天顺朝历史改为详写。这下可好了,一写就是两年,整整四册,近百万字。

当今中国社会流行着这样一句话:要懂得感恩。已过知天命年龄的我何尝不懂?

我之所以能拥有今天这样的一点成绩,除了要感谢上述几位尊敬的师长和朋友以外,还要感谢原南京市委宣传部叶皓部长、曹劲松副部长、龚冬梅主任,中央电视台池建新总监,安徽电视台禹成明副台长,原南京电视台陈正荣副台长、新闻综合频道傅萌总监,江苏教育电视台张宜迁主任、薄其芳主任,东南大学出版社江建中社长、张新建总编,江苏省社会科学联合会吴颖文主任,南京市政协副主席余明博士,南京阅江楼风景区管理委员会韩剑峰主任,新华报业集团邹尚主任,南京明孝陵博物馆任青馆长,原南京静海寺纪念馆田践馆长,原南京阅江楼邱健乐经理,南京市社会科学院陈正奎院长、严建强主任、顾兆禄主任,南京市新闻出版局蔡健处长,南京市档案局徐康英副局长、夏蓓处长,福建省宁德市政协主席郑民生先生,中共宁德市委政策研究室吴泽金主任,蕉城区统战部杨良辉部长等领导的关怀(特别注明:本人不懂官衔大小,随意排列而已,不到之处,敬请谅解);感谢中央电视台裴丽蓉编导、徐盈盈编导、戚锰编导,江苏电视台公共频道贾威编导、袁锦生编导,江苏教育电视台苍粟编导、夏恬编导、赵志辉编导,安徽电视台公共频道制片人张环主任、制片人叶成群先生、舒晓峰编导、唐轶编导和海外中心的吴卓编导、韩德良编导、张曦伯编导、李静编导、刘小慧编导、美女主持人任良韵,南京广电集团谢小平主任、王健小姐,南京电视台张建宁主任、主持人周学先生、编导刘云峰先生、李健先生、柏新民先生、卞昌荣先生、熊晖女士,南京电视台十八频道主持人、我的电视节目搭档吴晓平先生,江苏广播电视总台陆正国先生、吕凤华女士,新华报业集团黄燕萍女士、吴昌红女士、王宏伟先生,《现代快报》刘磊先生、胡玉梅女士,《金陵晚报》郑璐璐主任、于峰先生,南京图书馆周立锦主任、施吟小姐、张雅伟先生,金陵图书馆袁文倩主任和郁希老师,太仓市图书馆周卫彬馆长,南京静海寺纪念馆钟跻荣老师,南京科举博物馆金戈主任,南京郑和研究会陈平会长、张元启副会长,南京海军指挥学院庞继先教授，南京博物院章义平主任，东南大学出版社经管分社刘庆楚分社长、谷宁主任、彭克勇主任、丁瑞华女士、马伟先生、杨澍先生、丁志星女士，南京明孝陵博物馆向阳鸣主任、王广勇主任、臧卓美女士和姚筱佳小姐，江苏省郑和研究会秘书长郑自海先生和郑宽涛先生，天津南开大学历史学院何孝荣教授，北京师范大学教育学院孙邦华教授，中国政法大学林灿玲主任，南京大学王成老师和周群主任，东南大学袁健红院长、傅兆君教授，苏州大学社会发展学院高峰副院长，南京理工大学人文学院李崇新教授，南京财经大学霍训根主任，常熟理工学院沈潜教授，江苏经贸学院胡强主任、吴之洪教授，南京总统府展览部刘刚部长，南京出版社卢海鸣总编，南京城墙办朱明娥女士，《中国大学教学》编辑部陈立民先生，福建宁德三也农业开发有限公司董事长池致春先生，原徐州汉画像石馆馆长武利华先生，无锡动漫协会会长张庆明先生，原南京城市记忆民间记录团负责人高松先生和篆刻专家潘方尔先生以及我的律师朋友裘国宁女士等给我的帮助与关怀（至于其他出版界朋友对我的帮助，那实在太多了，怕挂一漏万，干脆就一个也不谢了）。

还要感谢联合国 Chinese Language Programme 何勇博士，美国哥伦比亚大学王成志主任，普林斯顿大学 Martin Heijdra 主任，斯坦福大学 Visiting Scholar Helen P. Youn，斯坦福大学胡佛研究院图书馆及档案馆主任 Thu-Phuong Lisa H. Nguyen 女士和 Brandon Burke 先生，美国中文电视台美女主持人谭晶女士，美国纽约美中泰国际文化发展中心总裁、著名旅美艺术家李依凌女士，美国（CHN）总监柯伊文先生，泰国国际书画院院长李国栋先生，日本关西学院法人代表阪仓笃秀教授，世界报业协会总干事马英女士，澳门基金会理事吴志良博士，澳门《中西文化研究》杂志的黄雁鸿小姐等海外师长与友人对我的关心与帮助。

此次出版配有英文书名，在此要感谢我的老朋友王轶军先生的热心帮助与全程把关。

在此还要特别感谢老一辈著名明史专家、山东大学教授黄云眉先生的大作《明史考证》对我的启迪以及他的海内外儿孙们对我的抬爱，特别感谢我在南京的学业导师潘群先生和师母黄玲女士严父慈母般的关爱。

后记

还要特别感谢厦门涵雅斋工作室郭伟涵先生的认真审校。

顺便说明两点：①本著依然采用史料出处随后注的方法，做到说史决不胡说、戏说，而是有根有据。本书稿原有所有史料全文，后考虑到篇幅太大和一般读者可能阅读有困难，最终决定将大段古文作了删除，大多只保留现代文。也承蒙东南大学出版社的朋友，尤其是谷宁主任、马伟先生和张万莹女士的关爱，本书依然拥有现在这个规模。如读者朋友想核对原文作进一步研究，可根据书中标出的史料出处一查便是。②由于本著引用史料中最多的《明英宗实录》内含有《废帝郕戾王附录》，因此在注释中使用的标点比较特别，因为自《明英宗实录》卷一百八十三起到卷二百七十三，其后都标有《废帝郕戾王附录》卷××，它们属同一著作，如果中间用顿号，显然并不合适，于是用逗号，由此全书中并列注释引用书之间用分号隔开，特此说明。

最后要说的是，下列同志参与了本书的图片收集、资料整理、文稿起草等工作，他们是马宇阳、毛素琴、雷扣宝、王鲁兴、王军辉、韩玉华、林成琴、熊子奕、舒金佳、雷晟、黎杰、陈昊等。

马渭源
于南京大明帝国黄册库畔
2016年1月31日初稿
2016年4月10日定稿
电子邮箱：mwynj@sina.com